U0824425

涉案企业合规手册

The Handbook of Criminal Compliance and Monitorships

皇甫长城
陈超然
周万里
—— 主编

法律出版社
LAW PRESS·CHINA
北京

图书在版编目(CIP)数据

涉案企业合规手册 / 皇甫长城，陈超然，周万里主编. -- 北京 : 法律出版社，2023
ISBN 978 - 7 - 5197 - 8137 - 8

Ⅰ. ①涉… Ⅱ. ①皇… ②陈… ③周… Ⅲ. ①企业法 — 中国 — 手册 Ⅳ. ①D922.291.91 - 62

中国国家版本馆 CIP 数据核字(2023)第 136856 号

涉案企业合规手册
SHEAN QIYE HEGUI SHOUCE

皇甫长城　陈超然　周万里　主编

策划编辑 蒋　橙
责任编辑 蒋　橙
装帧设计 李　瞻

出版发行 法律出版社
编辑统筹 法律应用出版分社
责任校对 朱海波
责任印制 刘晓伟
经　　销 新华书店

开本 710 毫米 × 1000 毫米　1/16
印张 40　　**字数** 758 千
版本 2023 年 10 月第 1 版
印次 2023 年 10 月第 1 次印刷
印刷 天津嘉恒印务有限公司

地址：北京市丰台区莲花池西里 7 号(100073)
网址：www.lawpress.com.cn
投稿邮箱：info@lawpress.com.cn
举报盗版邮箱：jbwq@lawpress.com.cn

销售电话：010 - 83938349
客服电话：010 - 83938350
咨询电话：010 - 63939796

版权所有 · 侵权必究

书号：ISBN 978 - 7 - 5197 - 8137 - 8　　**定价**：158.00 元

凡购买本社图书，如有印装错误，我社负责退换。电话：010 - 83938349

大夏合规丛书序言

大夏源自“光大华夏”，其英文词为“Great China”，也被直译为“伟大的中国”。中国之伟大，不仅在于国力，更在于人心。悠悠历史，谦谦君子，中国人自古便崇尚德行，深知“不以规矩，不能成方圆”。在利字当头的市场经济环境中，诚实守信成了稀有品德，合规文化更是参差不齐。在这样的大环境下，合规与道德越来越受到国家和社会的重视。为了传播合规文化、合规理念和合规学知识，“大夏合规丛书”（Great China Compliance）应运而生。

合规无处不在，以至于我们感受不到它的存在。自2018年4月中兴通讯出口管制案以来，合规受到国家前所未有的重视。从国家标准化管理委员会2017年制定的《合规管理体系　指南》和国务院国资委2018年发布的《中央企业合规管理指引（试行）》，到国家发展改革委等七部门2018年发布的《企业境外经营合规管理指引》和国务院反垄断委员会2020年发布的《经营者反垄断合规指南》，再到最高人民检察院2020年3月试点企业合规不起诉制度和2021年3月人力资源和社会保障部办公厅等三部门公布新职业“企业合规师”，我们看到合规的制度化、职业化和科学化的发展趋势。随着合规的“春天”到来，合规学在兴起。在省、直辖市的层面，江苏、上海、深圳等发达地区的政府和司法机关也颁布了诸如江苏省《省属企业合规管理指引（试行）》（2019年）、上海市《国资委监管企业合规管理指引（试行）》（2019年）和《经营者竞争合规指南》（2021年）及深圳市《反贿赂管理体系》（2017年）的合规规范。在金融行业，合规法律的制定更早。

国际上的合规研究由来已久。目前，美国、英国、欧盟、德国、国际标准化组织、经合组织、联合国和世界银行集团等国家和组织力推合规的制度建设。例如，美国的《反海外腐败法》（1977年）对反腐败合规提出要求、英国的《反贿赂法》（2010年）规定“商业组织预防贿赂失职罪”、欧盟的《通用数据保护条例》（2018年）及世界银行集团的《诚信合规指南》（2010年）等我们也耳熟能详。

我国不合规案件的发生、国际上日益成熟的合规法律法规及合规标准,给我国的合规科学提出了巨大的挑战,同时也带来前所未有的机遇。目前我国的高等教育体系中还没有哪个学科能够完全涵盖合规科学。从目前研究成果和实践运用来看,合规学是一门以合规为研究对象的交叉学科。它不仅涉及法学和管理学,还与经济学、心理学及伦理学有着密切的联系。因此,大夏合规丛书从交叉学科的视角,试图给读者展现合规学的全貌。

合规虽无处不在,但有效的合规,需要系统化和科学化的合规专业知识。大夏合规丛书是传播和分享合规专业知识的媒介。只有全社会认识到合规和道德在商业社会中的重要价值,并践行合规要求和道德规范,才能形成"联合行动"的氛围和效果。

祝愿读者知行合一,行稳致远。

以此为序。

周万里

2021 年 4 月 14 日

本书序言

寓爱于管，以案明规。由最高人民检察院部署推进的涉案企业合规改革试点，是贯彻落实习近平法治思想、党中央重大决策部署的生动实践，是新时代新征程下检察机关服务保障经济社会高质量发展的履职创新。自2020年以来的这三年，我们见证了改革试点从6家试点检察院的“星星之火”到全国全域全面推开的“燎原之势”，考察模式从“摸着石头过河”到第三方监督评估机制的“四梁八柱”搭建完成，办理成效从着眼个案效果的“就案办案”，到治理一片、一个行业的社会治理检察效果的提升。上海作为改革创新的前沿阵地，在制度构建、案例培育、机制创新、行业治理等方面均卓有成效，第三方监督评估机制实质化运行，多件案例入选最高人民检察院的企业合规典型案例，规范的检察办案流程，以及探索总结的社会调查、繁简分流、异地协作等机制在全国推广，为合规司法改革大局持续注入“上海活力”。

与此同时，我们也认识到，当前，这项改革正发生着从“有没有”“要不要”向着“好不好”“实不实”的深刻转变，如何对改革中涉及的基础理论争议、工作推进困境及专业融合发展等课题进行精准破题、高效解题，需要通过更深层次的多方合作提供强有力的智力支撑和实践样本。我们在梳理研究中发现，企业合规的研究尤其是针对企业合规司法改革的理论探讨，可谓“百花齐放”，但是，全面、深入的实务操作指南还比较欠缺，并且各地检察机关和第三方组织在办理合规案件时的做法差别很大，这对保护涉案企业的合法利益、建设全国统一大市场、确保司法公正、法律的确定性和可预见性，以及进一步推进涉案企业合规司法工作，是非常不利的。本书的初衷，是为企业合规案件的办案检察官、第三方机制管委会、第三方组织专业人员、涉案企业等，提供理论扎实、结构清晰、具有国际视野的、成体系的工作指引。

2022年9月14日，上海市人民检察院与华东师范大学秉持“共建、共育、共赢”的总体思路，共同建立“上海企业合规检察研究基地”，旨在打造改革试点工作的高级智库，在企业合规基础研究、应用方案研发、人才培养、研讨活动和国际交流五大方面，深化检校合作,以更高站位、更大格局凝聚合力,为推动构建中国特色现代企业合规司法制度贡献智慧和力量。本书作为上海企业合规检察研究基地和世界银行项目“大夏合规”的重要研究成果,镌刻着极为鲜明的“理论+实践”的融合基因,是合规实务人员为合规实务人员写的一本书。作者都是涉案企业合规办案检察官、合规监管人或第三方机制管委会工作人员,拥有丰富的合规实务经验。

全书共分为三篇三十一章。上篇“原理”包括五章,系统阐释涉案企业合规改革的重要概念、理论依据、功能定位、政策导向、发展脉络等基础问题,重点探索涉案企业合规与法律政策、刑法、刑诉法、公司治理等的有机互动与协同发展。中篇“第三方监督评估机制”包括十四章,提炼司法实践,分层次、分节点详细解析第三方机制和程序的重点、难点问题,既有第三方监督评估机制管委会、专业人员名录库等组织架构的介绍,又有第三方监督评估机制从启动、运行和处理规则阐述,还有繁简分流、行刑衔接、异地协作等机制的积极探索,具有很强的实务指导性。下篇“涉案企业合规计划”包括十二章,全面展现涉案企业合规计划的建设、评估和审查的全过程,涉及的专项合规领域,包括反腐败(反商业贿赂)、税务、招投标、数据保护与安全、安全生产、生态环境保护等,部分章节提供可操作、可复制、可推广的合规计划模板,为涉案企业建设合规计划、第三方组织评估合规整改、检察机关审查合规评估活动等,提出建议或方案。另外,下篇还阐述了中小企业合规整改的特殊问题,探索了检察公益诉讼合规整改。本书的定位是,兼具检察机关办理合规案件的参考文本、第三方组织监督评估的行动指引、涉案企业建设合规计划的操作范本、合规研究者的理论素材“四重属性”的企业合规实务操作指南。

本书编写得到国家检察官学院、上海市第三方监督评估机制管委会、众多致力于涉案企业合规研究和从事第三方监督评估工作的专家的大力支持,在此表示感谢!

实践没有止境,理论研究也没有止境。期待本书的付梓可以助力深化涉案企业合规改革,为构建中国特色现代企业合规司法制度贡献绵薄之力。

皇甫长城、陈超然、周万里

2023 年 3 月 1 日

编写分工

第一章	涉案企业合规概述	陈超然
第二章	涉案企业合规法律政策	操宏均
第三章	合规与单位犯罪	张伟
第四章	企业合规与诉讼法	王晗
第五章	企业合规与公司治理	衣小慧
第六章	第三方监督评估机制的基本概况	皇甫长城、陈超然
第七章	第三方监督评估机制管委会	别宗、郑婷
第八章	第三方监督评估机制专业人员名录库	张楚昊
第九章	第三方监督评估机制的启动	戚永福、曹振
第十章	第三方监督评估组织的运行规则	戚永福、曹振
第十一章	涉案企业合规建设	时明清
第十二章	涉案企业合规评估的基本方法	时明清
第十三章	评估的基本标准	虞思明
第十四章	合规考察报告	虞思明
第十五章	第三方监督评估机制的监督	张楚昊
第十六章	检察机关处理决定	戚永福、曹振
第十七章	繁简分流程序	谭尘、孙宋龙
第十八章	异地协作	陈超然
第十九章	行刑衔接	陈超然
第二十章	反腐败合规计划	周万里
第二十一章	招投标合规计划	白如银
第二十二章	数据合规计划	涂龙科、刘东
第二十三章	安全生产合规计划	赵运锋
第二十四章	食品安全合规计划	陈龙鑫、阴明皓

续表

第二十五章	生态环境保护合规计划	邵聪
第二十六章	知识产权合规计划	付红梅
第二十七章	反洗钱合规计划	蔡桂生
第二十八章	海关事务合规计划	吴展
第二十九章	税务合规计划	周万里
第三十章	检察公益诉讼合规整改	吴晓东、蔡博豪
第三十一章	涉案中小企业合规	孙宋龙、许宁

作者简介

按姓氏笔画排序

王　晗

上海市人民检察院检察官助理，法学硕士，上海企业合规检察研究基地特约研究员。从事上海市涉案企业合规改革制度文件起草、机制构建、专题调研等工作，参与完成企业合规等领域省部级课题。

付红梅

上海市浦东新区人民检察院检察官，硕士，上海企业合规检察研究基地特约研究员。参与起草《企业知识产权合规指引（试行）》，在《人民检察》《中国检察官》等刊物公开发表调研文章二十余篇。

白如银

就职于某央企，公司律师，国有企业一级法律顾问。中国招标投标协会、中国物流与采购联合会公共采购分会专家。专注招投标合规研究与实务。

刘　东

上海市杨浦区人民检察院检察官助理，法律硕士，上海企业合规检察研究基地特约研究员。在《人民检察》《中国检察官》等刊物发表多篇论文。获第一届“刑事犯罪与企业合规”高峰论坛一等奖，获2021政法智能化建设智慧检务论文一等奖等。

许　宁

上海市金山区人民检察院检察官助理，法学硕士。参与上海市检察机关多项企业合规课题研究，在《犯罪研究》等刊物发表多篇学术论文。

孙宋龙

上海市金山区人民检察院检察官助理,法学硕士,上海企业合规检察研究基地特约研究员。参与最高人民检察院和上海市检察机关企业合规多项规范性文件的起草,在《人民检察》《中国检察官》等刊物发表多篇企业合规学术论文。

衣小慧

法学博士,国家检察官学院讲师,《国家检察官学院学报》编辑。美国加州大学戴维斯分校访问学者。中国政法大学民商法专业毕业,擅长民商法尤其是公司法领域,以及民事检察等相关领域。

阴明皓

上海市松江区人民检察院检察官助理,刑法学硕士。

吴　展

法学博士,上海海关学院海关法律系副教授,兼职律师。担任上海市涉案企业合规第三方监督评估机制专业人员等社会职务。主要从事海关法理论与实务工作。

吴晓东

上海市人民检察院第二分院四级高级检察官,法律硕士。2021 年度全国检察机关公益诉讼优秀办案团队成员,第一届上海检察机关公益诉讼业务标兵,上海检察机关专业化办案团队核心成员,参与办理的案件曾获评最高人民检察院公益诉讼“精品检察建议书”。

时明清

先正达集团中国合规总监、上海市企业合规第三方监管专业人员。曾在君合律师事务所上海分所、西门子(中国)有限公司、西门子医疗系统有限公司等工作。

张　伟

华东师范大学法学院副教授,硕士研究生导师,法学博士、博士后,研究方向为刑法教义学,在《法学家》《清华法学》等刊物发表学术论文三十余篇,出版个人专著两部,主持国家社科基金项目、教育部课题等若干项,兼任中国犯罪学会理事,上海市人民监督员。

张楚昊

上海市普陀区人民检察院第六检察部副主任，法学硕士，上海企业合规检察研究基地特约研究员。主要从事金融犯罪、知识产权犯罪刑事检察工作，参与上海市普陀区涉案企业合规第三方监督管理委员会及第三方专业人员名录库组建工作。在企业合规知识产权领域有着丰富的实践经验。

陈龙鑫

上海市松江区人民检察院政治部副主任，法学硕士，上海企业合规检察研究基地特约研究员。

邵　聪

苏州大学王健法学院讲师，法学博士，江苏省检察院企业合规推进组专家库成员。

别　宗

上海市工商业联合会商会和法律服务部副部长，黄浦区政协委员。

郑　婷

世界银行项目大夏合规项目助理，上海企业合规检察研究基地科研助理。

赵运锋

法学博士，教授，上海政法学院企业风险与法律合规研究中心主任，上海市曙光学者。德国波恩大学访问学者，中国刑法学会理事，上海市案例法学研究会秘书长。

涂龙科

上海社会科学院法学研究所研究员、法学博士，博士生导师，法学所学术委员会委员、法学所刑法室副主任、法学所青年中心主任。出版《网络交易视阈下的经济刑法新论》《经济规范特性研究》《刑法制度比较研究》等学术著作四部，参与撰写学术著作、教材近十部，主编论文集三部。主持国家社科基金后期项目一项，省部级项目五项，其他各类课题十余项。

曹　振

上海市奉贤区人民检察院检察官，上海企业合规检察研究基地特约研究员。上海犯罪学学会经济犯罪防控委员会研究员。曾参与上海市涉案企业合规改革制度起草等工作，长期办理涉企犯罪案件。

戚永福

上海市奉贤区人民检察院党组成员、副检察长、三级高级检察官。上海市奉贤区法学会副会长，上海企业合规检察研究基地特约研究员。曾长期参与上海市检察机关司法改革、涉案企业合规改革制度文件起草、专题调研等工作，参与完成国家社科基金重大项目、国家检察官学院科研基金资助项目等省部级以上课题十余项，发表调研论文二十余篇。

虞思明

复旦大学法学博士，美国加州大学伯克利分校法学硕士。现任上海博和汉商律师事务所高级合伙人，上海市律师协会刑事合规委副主任，兼任上海市企业合规第三方监督评估机制专家库成员，华东师范大学企业合规研究中心研究员。

蔡桂生

德国波恩大学法学博士，北京大学法学院博士后。发表《也论刑法中的财产概念》《医疗刑法中的假设被害人承诺》等论文四十余篇。擅长刑法原理、经济刑法、国际刑法。

蔡博豪

上海市人民检察院第二分院检察官助理，法学硕士，曾公开发表多篇学术研讨论文。

谭　尘

上海市金山区人民检察院副检察长，法律硕士，三级高级检察官，上海企业合规检察研究基地特约研究员。主持或参与最高人民检察院和上海市检察机关多项企业合规重点课题研究，在《人民检察》《犯罪研究》《检察日报》《中国检察官》等刊物发表学术论文数十篇。

操宏均

最高人民检察院法律政策研究室干部,法学博士,兼任中国犯罪学学会副秘书长、常务理事。

规范性文件简称

全称	简称
关于建立涉案企业合规第三方监督评估机制的指导意见(试行)	合规指导意见
《关于建立涉案企业合规第三方监督评估机制的指导意见(试行)》实施细则	合规指导意见实施细则
涉案企业合规第三方监督评估机制专业人员选任管理办法(试行)	第三方人员办法
涉案企业合规建设、评估和审查办法(试行)	合规评估办法
涉案企业合规第三方监督评估机制管理委员会办公室规则	第三方机制管委会办公室规则
最高人民检察院关于涉案企业合规改革中案件办理有关问题的会议纪要	会议纪要
关于推进行政执法与刑事司法衔接工作的规定	行刑衔接工作规定
人民检察院审查案件听证工作规定	听证工作规定

目　录 / Contents

上　篇

原理

中 篇

第三方监督评估机制

下 篇

涉案企业合规计划

附 录

上篇

原　理

第一章　涉案企业合规概述

第一节　企业合规与涉案企业合规

一、经营风险与企业合规建设

“合规”(compliance)的本意为规则之遵守，但又并非一般意义上的遵纪守法，而是企业自主构建的一套以防控违规风险、避免不利后果为直接目的的守法机制。[①] 企业等市场主体是我国经济活动的主要参与者、就业机会的主要提供者、技术进步的主要推动者，其内部风险防控直接影响行业乃至市场经济的健康发展。正是因为企业经营活动存在相关的风险，有可能影响其生存和发展，才需要考虑企业合规问题。有学者指出：“为何企业特别强调合规制度，要从企业的经营特性寻找合规制度的本源和起因。企业作为‘经济人’，首要的目标是逐利，其决策和行为模式的基石乃经济理性。企业的这种逐利本性无疑对社会可能产生一定影响。在法人分类上，企业是营利法人，不是公益法人。营利组织为了自身的利益追求往往可能疏于自我约束而触犯法规。因此，企业的自我约束即合规成为国家重点关注的目标。”[②]因此，企业合规作为公司治理的重要组成部分，已经成为企业提升核心竞争力、防范市场风险和法律风险的重要手段。

从我国企业的情况来看，存在多种多样的合规建设实践。一是国外长臂管辖带来的合规建设。1977 年，美国颁布了《反海外腐败法》(Foreign Corruption Practices Act, FCPA)，确立了反腐败条款，明确禁止企业向外部人员特别是外国公职人员行贿。之后英国、法国等国家陆续出台一系列反腐败法案，要求企业实施主动的反贿赂、反腐败机制。联合国、世界银行、经济合作与发展组织(OECD)等也相继制定了一系列国际公约和指南，指导企业建立有效的合规体系。此类合规建设，是在美国等国家长臂管辖的压

① 参见张远煌等：《企业合规全球考察》，北京大学出版社 2021 年版，序言第 1 页。

② 卢勤忠：《民营企业的刑事合规及刑事法风险防范探析》，载《法学论坛》2020 年第 4 期。

力下，在国际组织的推动下，企业特别是跨国企业在反腐败、反欺诈、反贿赂等方面积极建设，达成了合规管理的共识。国外长臂管辖对海外贿赂、腐败、欺诈行为的关注，导致此类合规建设的范围主要集中在反腐败、反欺诈、反贿赂等领域。①

二是行业主动构建的合规建设。我国加入世界贸易组织以来，从国外引进合规理念，再结合实际建设合规管理机制。金融行业在合规建设方面走在前端。2006 年 10 月 25 日，中国银监会②发布《商业银行合规风险管理指引》和《商业银行内部控制指引》，要求商业银行建立合规风险管理体系，特别是合规绩效考核制度、合规问责制度和诚信举报制度三个基本制度。2007 年 9 月 7 日，中国保监会③发布《保险公司合规管理指引（试行）》，要求保险公司确立合规岗位独立制度、风险管理协作机制、合规政策评估制度。2008 年 7 月 14 日，中国证监会发布《证券公司合规管理试行规定》。自此，我国金融机构全面进入合规建设时代，并陆续出台了许多关于合规管理的文件。此类合规建设，是以行业为主导的，合规得以在相关行业内成体系地构建，而且合规管理的范围从遵守有关法律法规、国际条约、监管规定、行业准则、商业惯例等外部规范扩大到遵守企业内部制定的章程、规章制度、合作协议、对外承诺和诚实守信的道德准则。④

三是国资委带动的合规建设。2014 年 10 月 23 日《中共中央关于全面推进依法治国若干重大问题的决定》出台后，国务院国资委在同年 12 月 18 日发布《关于推动落实中央企业法制工作新五年规划有关事项的通知》，指出，"合规管理是深化企业法制工作的新要求，也是提升依法治企能力的新抓手"，要"大力加强企业合规管理体系建设"。2016 年 4 月 18 日，国务院国资委确定中国石油、中国移动、中国中铁、招商局集团和东方电气 5 家中央企业作为合规管理试点企业，探索开展合规管理体系建设。2018 年 11 月 2 日，国务院国资委发布了《中央企业合规管理指引（试行）》，同年 12 月 26 日，国务院国资委会同国家发改委、外交部、商务部、人民银行、外汇局、全国工商联共同颁布了《企业境外经营合规管理指引》，标志着国有企业合规体系的形成。此类合规建设，由国家统一部署试点和实施，在多领域、多层次的实践中形成了完整的合规管理体系，而且基于中央企业的经营地位和经营规模，合规管理体系标准在一定程度上外化为行业标准，可以带动产业链上下游企业一起形成全面合规的氛围。⑤

四是国际标准化组织推动的合规建设。2014 年 12 月 15 日，国际标准化组织发布

---

① 参见孙旭：《深度合规管理：体系、审查和实践》，上海人民出版社 2020 年版，第 47～52 页；李素鹏、叶一珺、李昕原：《合规管理体系标准解读及建设指南》，人民邮电出版社 2021 年版，第 163～192 页。

② 现为银保监会。

③ 现为银保监会。

④ 参见孙旭：《深度合规管理：体系、审查和实践》，上海人民出版社 2020 年版，第 52～55 页。

⑤ 参见孙旭：《深度合规管理：体系、审查和实践》，上海人民出版社 2020 年版，第 56～60 页。

ISO 19600《合规管理体系 指南》，其目的是公司、企业或其他任何一个组织设立一套行之有效的合规管理体系并对该体系的实施、评估、维护和改善提供指导。[①] 虽然当时该标准还不是一个认证标准，但是按照该标准建立合规管理体系，通过第三方考察并获得第三方出具的合规管理体系符合性评价报告，可以证明企业合规管理体系是否完善和运行有效。因此，2017 年 8 月 1 日，以 ISO 19600 为基础，结合我国实际，国家质检总局[②]、国家标准化管理委员会正式发布 GB/T 35770《合规管理体系 指南》，成为国内合规管理体系构建和意识提升的重大事件。2021 年 4 月 13 日，国际标准化组织发布 ISO 37301《合规管理体系 要求及使用指南》，取代 ISO 19600《合规管理体系 指南》，合规标准也从推荐性标准正式变成认证性标准。此类合规建设，由于其依据的国际标准化组织《合规管理体系 要求及使用指南》适用于全球任何类型、规模、性质和行业的组织，可以在全球范围内用于认证，可以为各类组织开展合规建设提供系统化方法，可以为监管机构、司法机关判断合规成效提供依据，进而便利了全球范围的贸易、交流与合作，更加具有规范性和贯通性。[③]

以上种种合规建设，共性都在于鼓励企业以有效防控风险为目标，以企业和员工经营管理行为为对象，积极开展有组织、有计划的管理活动。有的学者将合规管理过程概括为“定规、执规、评规、治规”。“定规”是指在识别合规义务和合规风险的基础上，制定相关的规章制度；“执规”是指遵守和执行前序制定的规章制度；“评规”是指对合规行为的监督以及对合规管理效果的评价；“治规”是指对违规行为的追责、对合规行为的激励，以及对合规管理的持续改进。[④] 这 4 个步骤循环往复，反映了合规建设的过程。

二、刑事风险与涉案企业合规

经营行为之所以会产生刑事风险，是因为企业经营者的合规意识淡薄和企业管理缺陷。一方面，企业经营者的合规意识淡薄，对合规体系建设的认识不到位，片面追求短期经济利益最大化，缺乏对企业可持续发展的整体谋划。特别是某些中小微企业，基于合规成本的考虑，不仅欠缺建立必要合规管理制度的积极性，甚至为了获取经济效益走上违法犯罪的道路。另一方面，企业内部存在治理结构的虚化和管理制度混乱的问题。现代公司制度存在的基石——所有者与经营者制衡的机制在不少企业的法人治理结构中形同虚设，有的管理层凌驾于内部控制之上，相关管理制度并未得到有效执行；

---

① 参见杨涛、何璇：《ISO 19600〈合规管理体系 指南〉国际标准解读》，载《大众标准化》2017 年第 5 期。

② 现为国家市场监督管理总局。

③ 参见钱悦：《“全球化合规”时代下的合规管理——基于 ISO37301 标准的分析和思考》，载《通讯管理与技术》2021 年第 3 期；周万里主编：《合规管理体系手册》，法律出版社 2023 年版。

④ 参见李素鹏、叶一珺、李昕原：《合规管理体系标准解读及建设指南》，人民邮电出版社 2021 年版，第 2 页。

有的内部控制制度实施,也存在很多漏洞,相关规定并没有覆盖到企业的各个业务领域和运行环节;有的企业没有相应的风险管理机构、人员和防范制度,任由风险发生,导致企业经营者在相关环节面临的刑事风险增加。

刑事风险具有分布面广、爆发点多的特点。刑事风险具有演进性,《刑法》是国家法律体系中的最后法和保障法,实践中其他所有的法律问题,都有可能演变和升级为刑事问题或犯罪问题。刑事风险还具有广泛性,刑事风险贯穿企业经营者的整个职业生涯,发生于从企业创立、日常运营直至破产清算的全过程,其爆发的范围远比民商事法律风险广泛,引爆点也比民商事法律风险更多。刑事风险更具有严厉性,民商事法律风险,主要涉及民事赔偿和经济利益的损失,但刑事风险一旦爆发,不仅会导致更大的经济损失,而且足以导致企业家的终局性失败,使其失去从头再来的机会,同时企业也往往会因此遭受重创甚至倒闭。刑事风险的演进性、广泛性、严厉性表明企业合规十分必要。刑事风险距离企业和企业家并不远,其爆发概率的高低,不仅与企业经营者的不良经营理念和行为模式息息相关,而且就存在于日常性的"越轨"经营和不规范的管理活动的累积之中;另外,鉴于刑事风险可以引发"灭顶之灾"的特殊严厉性,对刑事风险要立足于事前有针对性的防范,不能寄希望于爆发后"舍财免灾"式的救济,更不能心存事后可以逃避处罚的侥幸。①

从整个社会层面来说,企业作为社会财富的创造者和社会创新的重要推动力量,企业及其经营者犯罪不仅意味着企业本身效益的减损,还意味着其所累积的资源没有用于增进社会财富,而是起了反向作用——对社会经济体的深度危害。同时,在企业及其经营者犯罪的背后,还涉及企业的发展和职工权益及有业务往来的关联方的利益,其负面扩散效应十分巨大,以致成为制约经济发展和影响社会安定的现实因素。② 因此,面对企业经营过程中带来的刑事风险,有必要通过合规建设予以消除。涉案企业合规,是最高人民检察院会同全国工商联等部门共同推动的,重点是对办理的涉企刑事案件,在依法作出不捕、不诉或者根据认罪认罚从宽制度提出轻缓量刑建议的同时,督促涉案企业作出合规承诺并积极整改,促进企业合规守法经营,预防和减少企业违法犯罪。其与传统的合规建设相比,在于引入了刑事激励机制。在涉案企业合规的框架下,一个企业涉嫌犯罪后,如果建立并实施了有效的合规计划,就能将其作为无罪或者罪轻抗辩事由,争取不被定罪或者宽大处理的结果。有的学者指出:"传统的合规建设,并不是企业

---

① 参见北京师范大学中国企业家犯罪预防研究中心课题组:《民营企业家刑事风险分析与对策建议报告》,载《河南警察学院学报》2015 年第 4 期。

② 参见张远煌、操宏均:《治理语境下刑法对市场经济秩序的非理性规制及其克服——以企业家犯罪实证考察为视角》,载《山东大学学报(哲学社会科学版)》2015 年第 5 期。

基于守法的社会责任针对自我预防犯罪而设计和开发的,而是为了应付外部监管,规避民事法律风险或行政监管风险而拟定和实施的。从政策考量角度讲,要想激发企业主动守法,自我预防犯罪,如果没有一套'让合规者享受优待、让违规者付出代价'的强大外部监督机制,企业合规就只能是敷衍应对,不仅企业内部的'法规忠诚'机制难以建立,也达不到促使企业自我预防犯罪的目的。"①借助于刑事法律手段的威慑效应和强制效力,涉案企业合规能够在企业治理中发挥特殊作用。它以制度化方式着力于事前的预防与事中的补救,通过明确的合规指引与配套的合规激励机制,促使企业基于利弊权衡主动发现和消除犯罪隐患,使犯罪尽量不发生;同时在发生犯罪的场合,即使企业存在治理缺陷方面的诱因,只要企业能够及时处置和主动报告,避免危害结果扩大,并承诺"亡羊补牢"的事后整改,在处罚上仍然可以获得优待。②

涉案企业合规意义不仅在于企业治理层面。从政治、经济、社会层面来看,涉案企业合规首先有利于助推法治化营商环境建设。企业作为经济活动的主要参与者、社会财富的重要创造者,是市场经济的基础。无论是服务保障"六稳""六保",还是推动形成以国内大循环为主体、国内国际双循环相互促进的新发展格局,关键都在保企业。只有企业"活下来""留得住""经营得好",社会才有稳的基础。如果说严惩涉企刑事犯罪是对企业外部营商环境的优化,那么涉案企业合规就是从企业内部入手,以法治手段化解法律风险,体现对市场主体的真"严管"、真"厚爱",做好对涉案企业负责人依法不捕、不诉、不判实刑的"后半篇文章"。其次,有利于促进国家治理体系和治理能力现代化。近年来,涉企犯罪由于其成因复杂、涉及面广、后续影响大,受到社会各界的广泛关注。刑事处罚作为打击违法犯罪行为的"最后一道防线",存在固有局限性。涉案企业合规改革试点,使治理模式从传统的"一诉了之"或"一放了之"调整为"宽严相济""疏堵结合",通过督促企业建立风险防控体系,对企业犯罪从单纯的末端处理转化为与前端治理并重,与有关单位一同综合运用经济、行政、刑事等手段促进企业走上守法经营的坦途。最后,有利于增强我国经济发展和对外开放的质量优势。法治是市场经济运行的内在要求和根本保障。随着我国经济社会进入高质量发展阶段,如何统筹国内法治和涉外法治,运用法治思维和法治方式强化企业合规管理,推动形成合规经营文化,进而增强我国企业"走出去"发展的核心竞争力,已经成为现阶段国家治理的重要命题之一。涉案企业合规就是在法治轨道上督促涉案企业查漏补缺,补强风险防控的短板和薄弱点,推动企业可持续发展。

---

① 张远煌等:《企业合规全球考察》,北京大学出版社 2021 年版,第 3~5 页。

② 参见张远煌等:《企业合规全球考察》,北京大学出版社 2021 年版,第 23~24 页。

第二节 涉案企业合规的变迁

一般认为涉案企业合规,始于20世纪90年代的美国,后来逐渐被其他国家普遍接受。[①] 对于我国来说,2021年6月3日,最高人民检察院、司法部、财政部、生态环境部、国务院国有资产监督管理委员会、国家税务总局、国家市场监督管理总局、全国工商联、中国国际贸易促进委员会共同下发《合规指导意见》,这是合规进入我国司法程序的重要标志。合规是舶来品,涉案企业合规的定名立相也经历了一个过程。

一、从执法领域到司法领域

我国的合规建设近年来快速发展,金融等行业早已开展了合规建设,2017年国家质检总局、国家标准化管理委员会正式发布GB/T 35770《合规管理体系 要求及使用指南》,2018年国务院国资委发布了《中央企业合规管理指引(试行)》。合规首先已经作为行政监管激励措施在执法领域予以适用。比如,行政和解机制的引入。2015年中国证监会发布了《行政和解试点实施办法》,行政相对人涉嫌违反证券期货法律、行政法规和相关监管规定的,中国证监会在进行调查执法过程中,可以根据行政相对人的申请,与其就改正涉嫌违法行为、消除违法行为不良后果、缴纳行政和解金、补偿投资者损失等进行协商,达成行政和解协议,并终止调查执法程序。行政和解改变了过去行政监管机关动辄严厉处罚的局面,通过督促企业建立合规机制进行整改、堵塞制度漏洞的方式帮助其改善公司治理结构,防止再次出现违规行为。[②] 又如,确立了企业的严格责任,2017年修订的《反不正当竞争法》第7条在公法领域第一次引入严格责任原则。企业的工作人员只要实施了商业贿赂行为,就应当认定为经营者的行为,推定企业承担行政责任,但是有证据证明工作人员的行为与为经营者谋取交易机会或者竞争优势无关的除外。"有证据证明该工作人员的行为与为经营者谋取交易机会或者竞争优势无关",是指经营者已制定合法合规合理的措施,采取有效措施进行监管,不应放纵或者变相放纵工作人员实行贿赂行为。[③] 合规可以成为行政领域无责任抗辩事由。再如,建立了强制合规制度。2017年,中国证监会发布《证券公司和证券投资基金管理公司合规管理办法》,要求中国境内设立的证券公司和证券投资基金管理公司,一律实施合规管理,依法建立合规机构,否则将强制取消其证券营业资格。中国证监会在发现和调查相关证券

---

① 参见陈瑞华:《企业合规制度的三个维度——比较法视野下的分析》,载《比较法研究》2019年第3期;万方:《企业合规刑事化的发展及启示》,载《中国刑事法杂志》2019年第2期。

② 参见陈瑞华:《企业合规的基本问题》,载《中国法律评论》2020年第1期。

③ 参见吴楠:《砥砺前行 贯彻落实新〈反不正当竞争法〉》,载《中国工商报》2017年11月9日。

企业违规案件过程中，可以根据这些企业建立合规管理制度的情况，对其采取从轻、减轻处罚的措施，甚至可以不予追究行政责任。①

美国制裁中兴通讯股份有限公司（以下简称中兴通讯）事件对我国涉案企业合规进程影响很大。中兴通讯是中国最大的通信设备上市公司，业务遍布全球。2012 年，中兴通讯将一批搭载了美国科技公司软硬件的产品出售给伊朗电信，该笔生意涉嫌违反美国对伊朗的出口禁令，美国商务部就此展开调查，之后美国司法部也介入了调查。2016 年，美国司法部与中兴通讯达成暂缓起诉协议，中兴通讯开展相应的合规监管。但是中兴通讯没有按照美国标准完善出口管制，美国于 2018 年激活禁止令，禁止美国公司向中兴通讯销售任何零部件、商品、软件和技术，直到 2025 年 3 月 13 日。该制裁导致中兴通讯的主要经营活动几乎处于停滞状态，不得已重新进行整改。② 随着中兴通讯事件，以及之后华为事件的持续发酵，涉案企业合规不仅引起我国政府和企业的重视，而且在学界引起激烈的讨论。虽然国有企业、上市公司等普遍建立了合规管理体系，但整体上我国企业的合规意识普遍较低，未能认识到合规管理对于自身规范经营活动和预防刑事犯罪风险的重要性。同时，在合规问题上，我国刑事立法和司法都比较滞后。由此，有的学者便指出："刑事合规的演进与政策意境决定了其不仅包含传统企业合规自主防控法律风险的目标导向与自我监管、自我约束的守法机制，而且有着比传统企业合规更为高远的价值导向，本质上是对传统企业合规的再造。以针对企业自身合规缺陷（制度、机制及文化缺陷）的预防性刑事责任追究为立足点，以刑事及非刑事的预防激励措施为手段，激发企业自我预防的动力，形成国家—企业合作预防的治理格局，以此兼收增强国家防控企业犯罪能力、避免事后打击之负面效应、促进企业守法经营以及提升企业可持续发展能力的功效，才是刑事合规政策导向的精髓。"③此时，最高人民检察院勇于担当，积极探索，启动了涉案企业合规改革试点。

二、从六地探索到十省推进

（一）试点推进

2019 年 12 月，最高人民检察院检察理论研究所（以下简称最高检理论所）组织科研力量对企业合规展开研究，向最高人民检察院党组提交了《检察职能有待拓展的空间：刑事合规监督》的专题报告。报告认为，检察机关可以以刑事检察为龙头，构建企业刑事合规的检察监督机制，并将其作为检察机关参与优化营商环境的着力点和依法平等保护民营经济健康发展的切入点。具体的路径有两条：一是探索企业附条件不起诉制

① 参见陈瑞华：《论企业合规的中国化问题》，载《法律科学（西北政法大学学报）》2020 年第 3 期。

② 参考周万里、陈泉程：《中兴通讯出口管制案的合规分析》，载《新产经》2019 年第 4 期。

③ 张远煌等：《企业合规全球考察》，北京大学出版社 2021 年版，序言第 9 页。

度;二是在对单位犯罪适用认罪认罚从宽程序中,对涉案企业提出合规整改检察建议并将整改情况作为定罪量刑的酌定情节。报告还提出,可以考虑在一些有条件的地方检察院先行先试,以便总结经验,探索刑事合规检察监督的中国道路。①

2020 年 3 月,最高人民检察院启动涉案企业合规改革试点工作,在上海浦东、金山,江苏张家港,山东郯城,广东深圳南山、宝安 6 家基层检察院开展第一期试点。启动之初还称为"企业犯罪不起诉改革"。2020 年 9 月,最高检理论所在深圳举办了"企业合规与司法环境优化"研讨会,将试点改革的名称调整为"企业犯罪相对不起诉适用机制改革"。2020 年 11 月,最高人民检察院召开专题会议,成立企业合规问题研究指导工作组,统筹推进企业合规问题的理论研究和实务指导,确保相关工作严格依法、稳妥有序。会议统一了"企业合规"的称谓,对试点推动过程中遇到的一些实际问题予以明确,比如鉴于我国法律尚未规定涉企业附条件不起诉制度,在法律没有修改之前,将相关探索和认罪认罚从宽、检察建议相结合,酌情考虑适用相对不起诉和从宽处罚;同时要求涉及企业的刑事案件,检察机关在职责内,要积极了解、促进企业合规经验,合规的推动落实,不合规的推动整改。

(二)六地探索

美国等国家涉案企业合规开展较早,形成了内容丰富、可操作性强的规范体系。我国涉案企业合规起步之初,当然需要试点探索不同路径。由于顶层设计是要求未授权不得突破现行法律,因此试点探索的重点不是学习国外的暂缓起诉(附条件不起诉),而是建构涉案企业合规运行模式。

1. 上海金山、浦东

第一批试点过程中,上海因企制宜探索合规繁简分流,创制"范式""简式"两种合规模式。对于合规整改要求较高且规模较大的企业,按照完成的"范式"合规程序,依法严格敦促企业进行合规整改,对于整改要求较低的中小微企业,探索适用"简式"合规程序,在落实合规第三方监督评估机制(以下简称第三方机制)的大框架下,探索通过制发以合规为重点内容的检察建议、适当简化监督评估环节等方式,推动合规质量和效率的有机统一。金山探索了"第三方监管人 + 企业合规监督管理委员会"双层结构。第三方监管人是在刑事诉讼程序中受企业委托或者检察机关指派,对涉案企业的合规工作进行调查、规划、监督、咨询的律师事务所、会计师事务所、审计师事务所等专业化的机构或者人员。监管委员会则由检察机关会同有关行政执法单位、工商联等成立。第三方监管人注重微观的把控和监督,负责对企业合规计划的落实情况进行监督、指导。监管

① 参见董坤:《论企业合规检察主导的中国路径》,载《政法论坛》2022 年第 1 期。

委员会则负责宏观的指导、监督、争议解决，既促使第三方监管人更好履职，为第三方监管人开展工作提供咨询、指导，对第三方监管人按期出具的监管报告进行审核；又保障涉嫌犯罪企业的合法权益，对第三方监管人在工作中实施的违法违规以及侵害企业合法权益等行为进行调查，并作出处理，使第三方监管人承担包括丧失监管资格在内的相应后果；还更好发挥行政机关作用，行政机关作为监管委员会成员，能够对第三方监管人出具的监督考察报告发表“弹劾性”意见，并将在考察期结束后对企业的整改情况作出评估，反馈至检察机关，同时也可以参与检察机关组织的不起诉公开听证程序并发表意见。①

同时，上海检察机关在探索时还注重合规程序的精细化。比如严格开展合规社会调查，检察官需要实地走访涉案企业、当地政府部门、区工商联等单位，调查了解企业的经营规模、发展情况、行业评价、社会贡献，以及刑事处罚后可能造成的社会影响，同时依托上海市大数据中心、“信用上海”、社会信用查询平台等数据信息，形成综合报告予以推送，使办案单位通过比对企业生产经营、行政处罚、司法诉讼等信息，全面审查涉案企业合规必要性，确保将具有合规基础条件和整改意愿的企业纳入企业合规程序。② 比如加强异地协作，浦东新区依托长三角一体化协作机制，与浙江嘉兴等地检察机关紧密合作，确定了“委托方发起”“受托方协助”“第三方执行”的合规考察异地协作模式。金山区人民检察院与无锡市惠山区人民检察院联合制发检察建议，并异地组建第三方监督评估组织（以下简称第三方组织），推动涉案企业生产安全问题整改到位。比如提炼专项合规标准，浦东新区人民检察院通过“合规风险告知＋实地监督评估＋有效评估论证”，形成了相关犯罪的有效性评估标准，并在梳理知识产权领域法律风险的基础上，相继出台《企业知识产权合规标准指引（试行）》，引导区域企业加强特定领域的合规管理。③

2. 江苏张家港

张家港检察机关为了探索涉案企业合规不仅进行了内部机构重组，而且推动了全市层面广泛参与。成立了第四检察部，配备 3 名员额检察官、2 名检察官助理，专门负责涉企案件的办理，推进企业合规建设；高标准建设了企业合规法治护航中心，全天候对企业家开放，帮助企业营造合规文化，提升合规意识。④ 提请市委、市政府联合印发《关

---

① 参见谈倩、李珂：《我国企业合规第三方监管实证探析——以检察机关企业合规改革试点工作为切入点》，载《中国检察官》2021 年第 11 期。

② 参见余东明、张海燕：《给“犯了小错”企业改过自新的机会》，载《法治日报》2022 年 2 月 24 日。

③ 参见余东明、张海燕：《给“犯了小错”企业改过自新的机会》，载《法治日报》2022 年 2 月 24 日。

④ 参见邓根保：《“六个一”积极探索企业合规建设》，载《检察日报》2021 年 8 月 11 日。

于推进企业合规建设工作的意见(试行)》,成立由市检察院牵头的合规监管委员会,统筹推进全市涉案企业的合规建设,成员包括法院、公安机关、司法行政部门、市场监管部门、工商联等32家单位。①

张家港在试点过程中不仅规范了涉案企业的合规流程,而且建构了专业的合规监管人队伍。制定《企业犯罪相对不起诉适用办法》将调查评估、合规承诺、监督考察、处理决定4个流程予以明确。在调查评估环节,检察机关通过走访、发函等形式开展办案影响评估;在合规承诺环节,企业自愿作出合规承诺,确定6个月至2年的考验期;在监督考察环节,成立由行政机关业务骨干和相关专家组成的监督考察组,对承诺完成情况进行评估,邀请人民监督员参加评估过程和拟不起诉公开听证会;最终,评估合格的,对企业作出相对不起诉决定,对直接负责的主管人员和其他直接责任人,视情依法予以相对不起诉或者从宽处理。② 由市合规监管委员会负责组建合规监管人队伍,由市司法局负责组织遴选、推荐律师事务所,市财政局推荐会计师事务所,各行政机关负责组织遴选、推荐专业骨干,共同组成合规监管人队伍,包括应急管理、市场监管、生态环境、税务等行政部门专业骨干61人,11家律师事务所,7家会计师事务所,并细分为安全生产、环境保护、税务管理、知识产权4个专业化合规监管小组。③

张家港不仅重视推动事后合规,而且积极鼓励事前合规。企业为预防犯罪而建立防范机制,涉罪前形成合规体系,为主动合规;企业在涉罪后,作出合规承诺和规划,则为被动合规。涉案企业合规的目标应为积极有效预防企业犯罪,而推动事前合规是预防企业犯罪的最佳方式。推动事前合规的方式就是构建分级评价制度体系。检察机关根据拟评价企业的性质,牵头组织由司法行政机关指派的相关领域专家,成立评估小组,对企业刑事合规情况进行综合评估并确定等级。对评定相应等级的企业,由市政府颁发证书和牌匾。等级评定实行动态管理,将确定的优质、良好、达标等级结果向社会公示,纳入社会信用评价体系。检察机关在办理企业犯罪案件时,可以根据企业被评定的合规等级,对犯罪嫌疑企业、犯罪嫌疑人决定适用不起诉等宽缓处理机制。评价结果与相关行政主管部门实时共享,作为对企业奖惩的重要参考。④

3. 山东郯城

郯城县在试点过程中,一开始是不断细化完善企业相对不起诉工作机制,后面重点

---

① 参见邓根保等:《涉案企业合规第三方监督评估机制的建立与运行》,载《人民检察》2021年第20期。

② 参见邓根保:《"六个一"积极探索企业合规建设》,载《检察日报》2021年8月11日。

③ 参见邓根保等:《涉案企业合规第三方监督评估机制的建立与运行》,载《人民检察》2021年第20期。

④ 参见邓根保、王永虎:《企业刑事合规与法治化营商环境构建研究——以张家港市检察院监督企业刑事合规实践为视角》,载孙勤、高景峰、王轶主编:《做优刑事检察之涉案企业合规制度与检察履职——第十七届国家高级检察官论坛论文集》,中国检察出版社2021年版,第286~287页。

在第三方机制建设上下功夫，与全国试点进程亦步亦趋。其特色在于“以第三方监督评估机制建设为抓手、打造中小微企业合规典范”。一是确定符合实际的考察期限，从第三方监督评估实效性出发，结合中小微企业的成长周期及生产经营实际，规定监督考察期限一般为3个月，期限延长以2次为限，每次不得超过3个月，既体现“短、平、快”的特点，又保障诉讼进程。二是发挥社会调查的基础性作用。把社会调查作为试点启动第三方机制，启动试点前，由民营企业检察服务团深入企业及行业主管等部门，充分听取各方意见，重点调查核实企业生产经营规模、税收等情况，研判涉案企业的不合规之处，为案件全面审查、综合评估及第三方组织合理确定合规计划类型做好前期准备工作。三是推行专案考察制度。根据案件类型由对口行政主管部门实行专案考察，制定《常见、多发罪名监督评估指引》，对生产、销售伪劣商品等7种常见类型犯罪企业的第三方监督评估提出明确要求，推动符合地方实际的中小微企业合规监督评估体系的建立。①

4. 深圳南山、宝安

深圳南山、宝安在试点过程中，突出体制机制创新，构建不同类型的合规监管模式。一是“先作出相对不起诉处理再对企业进行合规监督考察”模式，此种模式旨在推动涉案企业合规与依法适用不起诉相结合，同时通过开展法治宣讲及进企业回访等方式，督促企业完善内部架构及制度规范。二是“听证+不起诉+检察建议”模式，该模式是通过召开案件公开听证会，邀请人大代表、律师以及工商联等代表对案件开展合规风险审查，结合企业的犯罪情节、法益修复等情形，决定是否作出不起诉决定，并针对企业管理漏洞及可能存在的合规风险制发检察建议。三是“第三方监管+刑事合规专员监管+不起诉”模式，此种模式下，由具有多年检察工作经验、能够统筹了解各业务部门案件情况的检委会专职委员担任刑事合规专员，同时组建包括律师事务所、会计师事务所、高等院校等单位及个人在内的第三方监管人库，由第三方监管人辅助检察机关对涉案企业开展专项合规建设监管。第三方监管人认为涉案企业在考察期内采取的各项合规措施符合其合规承诺及考察标准的，向检察机关出具监督考察报告，刑事合规专员及承办检察官对此进行监督审核，评估合格后再作出不起诉决定。②

深圳的亮点是引入了境外独立监管人制度。独立监管人制度是英美国家暂缓起诉协议和不起诉协议的一部分，协议由政府监管机构与企业签订，独立监管人由政府监管

---

① 参见孟珍：《检察机关涉案企业合规试点实证研究——以郯城县人民检察院为例》，载孙勤、高景峰、王轶主编：《做优刑事检察之涉案企业合规制度与检察履职——第十七届国家高级检察官论坛论文集》，中国检察出版社2021年版，第596~599页。

② 广东省深圳市南山区人民检察院、深圳大学合规研究院联合课题组：《企业合规建设的“一案一议”模式——基于深圳市南山区人民检察院实践的分析》，载《中国检察官》2021年第23期。

部门委任，并负责进驻企业履行监督职责，独立监管人的薪酬由公司支付。[①] 深圳两家试点检察院均创造性地引入外部机构担任独立监管人，在协助检察机关开展合规监督考察的同时，为涉案企业量身定制合规计划。帮助企业查漏补缺，排除内部风险隐患。南山区人民检察院联合相关部门，遴选了包括律师事务所、会计师事务所、税务师事务所、高校合规研究院等20家专业机构和14名机关单位在职人员组成第三方监管人员库，协助检察官开展合规培训、进行监督考察、出具评定意见等。[②] 宝安区人民检察院联合区司法局制定《关于企业刑事合规独立监控人选任及管理规定（试行）》，为合规不起诉机制的落地执行提供了配套措施。规定定义的独立监控人，是指受犯罪嫌疑企业委托，对企业刑事合规情况进行调查、规划、监督的律师事务所。犯罪嫌疑企业可以委托刑事合规独立监控人对企业的合规情况进行调查，协助企业制定合规计划并监督执行，针对企业合规建设出具阶段性书面报告，作为检察院对犯罪嫌疑企业作出相应处理决定的参考。[③]

深圳也依托跨部门协作拓宽合规建设路径。在试点过程中，两家基层人民检察院均立足于法律监督职能，推动构建跨部门的企业合规沟通协作机制。宝安区人民检察院针对物流领域的企业合规，联系宝安区工信局等部门制定了《加强行业合规管理协作暂行办法》，在深圳市范围内率先探索“行业自治＋行业合规”的双重服务模式。还推动成立全国首家区级合规委员会，探索构建“大融合、大监督、大服务”的企业合规建设格局，并对行政执法机关及公检法三家单位在办理涉企案件过程中如何适用企业合规程序作出规定，将合规整改节点推至行政执法阶段，对各个阶段的合规整改情况予以互认，进一步增强合规整改效果。[④]

（三）十省推进

2021年4月初，最高人民检察院启动第二期涉案企业合规改革试点工作，试点范围较第一期有所扩大，涉及北京、辽宁、上海、江苏、浙江、福建、山东、湖北、湖南、广东10个省（市）。到2021年7月，有10个省级检察院已选取确定27个市级检察院165个基层

---

① 参见朱列玉：《我国涉案企业合规独立监管人制度研究》，载孙勤、高景峰、王轶主编：《做优刑事检察之涉案企业合规制度与检察履职——第十七届国家高级检察官论坛论文集》，中国检察出版社2021年版，第539页。

② 参见蒋一可：《合规视域下企业犯罪不起诉机制研究——基于深圳检察机关的改革试点经验》，载孙勤、高景峰、王轶主编：《做优刑事检察之涉案企业合规制度与检察履职——第十七届国家高级检察官论坛论文集》，中国检察出版社2021年版，第554～555页。

③ 参见马明亮：《论企业合规监管制度——以独立监管人为视角》，载《中国刑事法杂志》2021年第1期。

④ 参见吴澍农、黄美华、王德明：《企业刑事合规的检察维度——以不起诉为视角》，载孙勤、高景峰、王轶主编：《做优刑事检察之涉案企业合规制度与检察履职——第十七届国家高级检察官论坛论文集》，中国检察出版社2021年版，第576～578页。

检察院作为试点院开展改革。最高人民检察院对试点工作提出三个阶段性目标：一是通过为期一至二年的试点，及时有效惩治预防企业违法犯罪，推动营造法治化的营商环境，为经济社会高质量发展提供更加优质的法治保障；二是总结试点经验，在扩大试点后一年左右，申请全国人大常委会授权开展涉企业犯罪附条件不起诉试点；三是在总结试点经验的基础上，提出建立涉企业犯罪附条件不起诉制度的立法建议，推动相关立法修改。这是一个阶梯性的推进计划。

有的地方探索了不同模式，比如，行政机关单一监督评估模式。宁波市检察机关出台《关于建立涉罪企业合规考察制度的意见》，在合规考察中引入行政监管手段，将行政机关作为合规考察主体，负有对企业按照专项合规计划进行合规建设的日常监管职责，包括提出完善合规计划的建议、定期派员对合规建设进行考察和评估、及时向检察机关通报涉罪企业违规行为等，考察期结束后须向检察机关提交涉罪企业合规考察评价报告。[①] 又如，深圳市检察机关在总结南山、宝山探索的基础上进一步深化，一是成立一个专门的企业合规工作机构，挂牌成立了企业合规办公室，统筹协调全市检察机关开展企业合规工作。二是构建一个覆盖事前、事中、事后全链条的涉案企业合规机制，事前，建立合规预防宣讲制度，通过分批次、大规模对全市企业开展合规宣讲、培训，加强企业犯罪事前预防工作；事中，探索合规激励机制，借助第三方专业力量，对诉讼中的涉案企业提供精准合规指引，督促企业进行合规整改，堵塞管理漏洞；事后，对已开展合规建设的企业进行跟踪指导与服务，同时对案件已办结且有合规必要的企业有针对性地发出检察建议，督促其开展合规建设。三是建立一套完善的企业合规工作制度。深圳市人民检察院制定出台《深圳检察机关企业合规工作实施办法（试行）》，并会同市司法局、财政局等出台《企业合规第三方监督评估机制管理委员会及第三方监控人管理暂行规定》《企业合规第三方监控人名录库管理暂行办法》，第三方监督评估机制管理委员会（以下简称第三方机制管委会）的日常工作由检察机关负责，第三方监控人名录库由司法局负责日常管理。四是预设了附条件不起诉制度，结合中央全面依法治国委员会出台的《关于支持深圳建设中国特色社会主义法治先行示范城市的意见》明确指出，要探索完善附条件不起诉适用范围要求，对企业犯罪附条件不起诉制度进行了超前设计。五是突出以个案合规促进行业合规，针对具有行业犯罪风险的合规建设事项，对相关企业进行整改验收后可向相关行政主管机关、行业协会发出检察建议书，建议其对同类型企业开展

---

① 参见王永远、李华、刘备：《企业合规改革视野下第三方监督评估机制的正当性推演及完善建议》，载孙勤、高景峰、王轶主编：《做优刑事检察之涉案企业合规制度与检察履职——第十七届国家高级检察官论坛论文集》，中国检察出版社 2021 年版，第 576 ~ 578 页。

检查,并参照涉案企业整改方案进行整改。①

三、从一家独奏到多家联台

最高人民检察院在第一期企业合规改革试点开展过程中,对于多方参与的涉案企业合规第三方机制的基本框架就有过设计,在综合各地试点情况后,提出对引入第三方考察评估的必要性、可行性要充分研究论证,在目前情况下,将涉案企业合规审查与检察建议制度结合起来推进较为简便可行。具体而言,检察机关可以结合司法办案发现、分析企业管理制度上的漏洞和问题,在检察建议中有针对性地指出问题,提出整改建议要求;企业整改进程中,由第三方专家进行监督、评估验收,以确定整改是否到位,再结合认罪认罚从宽制度提出处理意见。之后,在进一步对试点模式评估后,要求推进建立第三方监管制度,检察机关对涉案企业合规试点不能脱离现有的检察职能,也不应替代企业内部的法律顾问工作,各地要探索建立第三方监管机制,督促落实企业合规承诺;同时要会同其他人员、单位共同推进,第三方组成可以包括律师、审计师、会计师,还可以包括市场监管部门、工商联、企业协会等。试点检察院要积极推动第三方监管机制的建设及运行。2021 年 3 月,最高人民检察院正式提出要协调工商联、财政、国资、司法行政、市场监管等部门,联合成立一个规格较高的第三方监管组织的管理委员会,并建立例会制度,借鉴“巡回检察”等工作模式,监督企业合规第三方监管组织依法、公正、客观履职,及时解决机制运行中遇到的各类问题,这一多方联台的方案得到其他单位的充分肯定和积极响应。2021 年 6 月 3 日,最高人民检察院举行新闻发布会,会同国务院国有资产监督管理委员会、全国工商联、中国国际贸易促进委员会等单位发布《合规指导意见》,同时总结前期企业合规试点经验,发布企业合规试点典型案例。涉案企业合规第三方机制的确立标志着我国涉案企业合规程序基本定型。

第三方机制管委会承担对涉案企业合规第三方机制的宏观指导、具体管理、日常监督、统筹协调等职责,并由工商联和国有资产监管部门、财政部门分工负责管委会的日常工作;也注意发挥律师协会、注册会计师协会、注册税务师协会等相关行业协会、商会、机构在企业合规领域的积极作用,形成多方合力。2021 年 9 月 3 日下午,涉案企业合规第三方机制管委会第一次联席会议在京召开,同时第三方机制管委会办公室揭牌,一方面要求深入推进管委会各项重点工作,抓紧会签印发第三方机制相关配套文件、组建国家层面第三方机制专业人员库、研究制定常见涉企犯罪合规考察标准、开展对试点地区的巡回检查等工作,为第三方机制规范有序运行提供有力保障和支撑;另一方面要求深化拓展管委会日常沟通联系机制,推动建立有效的履职平台、信息交流平台、人员

① 参见李小东:《涉案企业合规建设“深圳模式”的探索与实践》,载《人民检察》2021 年第 20 期。

交流平台，提升第三方机制相关工作的专业化和规范化水平。2021 年 11 月 22 日，作为多家联台的重要成果，《合规指导意见实施细则》和《涉案企业合规第三方监督评估机制专业人员选任管理办法（试行）》（以下简称《第三方人员办法》）同时颁布，进一步规范了第三方机制管委会、第三方机制专业人员名录库、第三方机制这三个重要制度。2021 年 12 月 16 日，涉案企业合规第三方机制管委会公布了第一批第三方机制专业人员，207 人成为国家层面第一批第三方机制专业人员，跨界融合、多方协作的第三方机制初见雏形。2022 年 1 月 14 日，涉案企业合规第三方机制管委会制定了《涉案企业合规第三方监督评估机制管理委员会 2022 年工作要点》和《第三方机制管委会办公室规则》，进一步规范了第三方机制管委会工作。2022 年 4 月 20 日，最高人民检察院、司法部、财政部、生态环境部、国务院国有资产监督管理委员会、国家税务总局、国家市场监督管理总局、全国工商联、中国国际贸易促进委员会共同下发《合规评估办法》，进一步规范第三方机制有序开展。

四、从地区试点到全国推进

《合规指导意见》出台后，第二期涉案企业合规改革试点工作的路径更加明确，各地更加积极主动，试点范围扩展至 62 个市级检察院、387 个基层检察院；还有部分非试点省份检察机关主动根据本地情况在试点文件框架内探索推进相关工作，案件类型不断丰富、拓展。各地也对工作机制予以进一步完善。比如，上海市检察机关出台《上海市检察机关办理涉案企业合规试点案件工作规定（试行）》并附文书格式样本，在省一级层面统一规范检察机关办理合规案件的具体流程、衔接机制、文书制作等问题，设置专章专款对第三方机制启动、运行阶段的检察履职行为进行规范，并细化异地协作、司法处理等环节的内部程序，确保司法办案与第三方机制运行紧密对接、形成闭环。又如，江苏省检察机关创新推进企业合规教育基地建设，通过案例展示、影音播放、情景模拟、法律体检、实境教育等多种形式，一方面全面展示检察机关企业合规改革试点工作业绩，另一方面为相关行业协会、商会、企业及其从业人员开展“定制式”合规教育和法律服务，助力企业防范经济风险和法律风险，促进企业依法合规经营。再如，湖北随州市检察机关规范审查标准，对未通过合规考察的依法提起公诉，在一起非法占用农用地案件中，第三方评估组织针对涉案企业申请合规监管动机不纯、认罪不实、整改不主动不到位等情况，综合给出合规考察结果为“不合格”，检察机关据此依法提起公诉，坚决防止整改效果不好的企业通过合规逃避刑事制裁。

2022 年 4 月 2 日，全国检察机关全面推开涉案企业合规改革试点工作部署会召开，要求前期改革试点地区检察机关要在“深化”上下功夫，协同健全完善第三方机制管委会联席会议、办公室以及联络员、联系人等各项制度机制，助力管委会充分发挥“指挥部”的职能作用，提升涉案企业合规改革专业化规范化协同化水平；其他地区检察机关要在“做实”上下功夫，抓紧会同本地工商联，与相关执法司法机关等部门沟通协调，加快建立本级第三方机制管委会。省级检察院可以结合本省情况，制定《合规指导意见》的具体实施办法和配套文件，推动与管委会各成员单位会签印发；各地检察机关都要在“拓展”上下功夫，可以会同工商联，积极协调应急管理、海关、证券监管等部门，适时“扩容”第三方机制管委会成员单位，更加广泛凝聚改革共识、形成改革合力；要抓紧完成省级、地市级专业人员库的组建工作，积极推动有条件的县级第三方机制管委会组建专业人员库，为第三方机制有效运行提供坚实人才保障。特别是要落实人员库分类组建要求，以适应办理不同类型企业合规案件的需要。

第二章　涉案企业合规法律政策

改革开放以来，随着我国社会主义市场经济体制的不断完善，中国经济持续稳定增长，各类市场主体蓬勃成长，已成为社会财富的重要创造者、经济增长的"发动机"和稳就业、稳市场的"顶梁柱"，在国家发展中发挥着十分重要的作用。企业作为市场主体是经济的细胞，企业有活力，经济才能健康发展。正如习近平总书记在2020年7月召开的企业家座谈会上深刻指出的，"市场主体是经济的力量载体，保市场主体就是保社会生产力""要千方百计把市场主体保护好，为经济发展积蓄基本力量"。① 然而，就在我国经济一路高歌猛进的同时，很多企业在市场经营活动中依法合规经营的情况并不尽如人意。基于此，检察机关立足于"检察工作是政治性极强的业务工作，也是业务性极强的政治工作"②的基本定位，深刻理解、把握中央重要战略决策部署，以检察履职更好地服务经济社会高质量发展，全面贯彻习近平法治思想，积极融入社会治理、促进诉源治理，立足执法司法工作实际，积极开展涉案企业合规改革试点，并在实践中不断摸索出备受社会各界认可的涉案企业合规法律政策，为推进涉案企业合规改革走深、走实提供了政策指引。

一、涉案企业合规法律政策形成的主要因素

开展涉案企业合规改革试点，是检察机关全面贯彻习近平法治思想，充分发挥检察职能优势，更好推动企业依法守规经营，服务经济社会高质量发展的一项重要制度创新。作为一项全新的改革试点工作，要深入把握涉案企业合规法律政策，就必须以体系化、系统化思维审视这一问题，有必要客观审视影响涉案企业合规法律政策形成的相关主要因素，这些因素具体主要表现为以下几个方面。

---

① 《在企业家座谈会上的讲话》(2020年7月21日)，载中国共产党新闻网，http://jhsjk.people.cn/article/31792294,2022年9月10日访问。

② 检察日报社评:《以空前力度推进政治性很强的业务建设》，载《检察日报》2019年2月11日。

(一)大环境因素

当前我国的发展环境面临深刻复杂变化,我国经济社会发展面临诸多挑战。加之,新冠疫情全球大流行对世界经济产生巨大冲击,全球产业链供应链受阻,贸易和投资活动持续低迷,我国很多市场主体也面临前所未有的压力。机械司法动辄剥夺涉案企业家的人身自由,势必加剧市场主体的压力与困难,而对有轻微犯罪行为的企业家依法不捕、不诉后"一放了之",导致企业违规违法成本极低,也不利于促进企业整改和依法合规发展。

因此,检察机关以改进司法办案为切入点,积极探索开展涉案企业合规改革试点,其出发点就是既要防止"办了案子,垮了厂子",也要体现对市场主体的真"严管"、真"厚爱",促进涉案企业脱胎换骨,走上依法合规经营轨道,进而推动营造法治化的营商环境,加快构建国内国际双循环新发展格局。

(二)政治因素

在"使市场在资源配置中起决定性作用"的大格局下,企业与市场、政府、社会的交互关系势必会更为密切。新型政商关系,是指建立在制度化法治化基础上的平等、独立、合作和互补的民营企业与政府之间的关系,与完善的市场经济相适应,具有鲜明的非人格化特征。与之相反,传统的政商关系,是建立在非正式的人际关系基础上的,尤其是建立在官商个人利益基础上的政商关系,依存于不完善的市场经济,具有浓厚的人格化特征。① 正是基于这种新型政商关系的定位,在协调推进"四个全面"战略布局和"五位一体"总体布局的引领下,尤其是在更加强调"使市场在资源配置中起决定性作用"和全面推进依法治国的语境下,我国社会经济发展环境正在面临深刻的变革,此时各类市场也必须顺应时代变革要求,摒弃企图通过政商联姻而获取资本的老路。

2018 年 11 月、2020 年 7 月,党中央先后两次召开企业家座谈会,习近平总书记强调要鼓励、支持、引导、保护民营经济健康发展,给予各类市场主体平等保护。为贯彻落实党中央关于依法保护民营经济健康发展的决策部署和习近平总书记系列重要讲话精神,最高人民检察院进一步明确了涉案企业办理的司法政策,即只有坚持对各类市场主体真"严管"、真"厚爱",实现"三个效果"的有机统一,紧密结合司法办案引导各类市场主体走上合法合规经营的发展正道、坦途,才能做到持之以恒、久久为功。

(三)社会因素

近年来,随着经济社会的发展,我国刑事案件发生了结构性变化,经济犯罪持续增长。如最高人民检察院的统计显示,2017 ~ 2021 年,检察机关办理的单位犯罪案件共涉

---

① 参见孙丽丽:《关于构建新型政商关系的思考》,载《经济问题》2016 年第 2 期。

及单位3.9万个,其中,涉及非国有公司企事业单位3.2万个,占比81.8%,并且2020年之前单位犯罪案件数量整体呈递增趋势。[①] 最高人民检察院的统计数据显示,2015~2019年,全国检察机关受理审查起诉经济犯罪案件人数的平均升幅为8.9%,平均约占总体刑事犯罪受理人数的7.7%。[②] 经济运行中的矛盾风险不断显现,特别是历史积累的金融领域风险逐渐暴露,各类市场主体实施的非法吸收公众存款、非法经营、虚开增值税专用发票等经济犯罪明显增多。经济犯罪因涉及社会治理中的系统性、深层次问题,以自由刑为中心的刑罚体系难以取得良好的社会治理效果。检察机关开展企业合规改革试点,旨在通过灵活运用不捕、不诉、认罪认罚从宽、检察建议等手段,既惩治企业犯罪,又促进企业合法经营,推动建立现代企业制度,打造良好的法治化营商环境,推动形成国内国际双循环新发展格局,服务保障"六稳""六保"和促进经济社会高质量发展。

（四）企业犯罪因素

与一般普通犯罪相比,企业犯罪造成的直接经济损失相当惊人,"杀伤力"也很大。例如,深圳航空有限责任公司原董事长、董事、财务总监等6人挪用该公司资金数额竟高达20.3亿元,[③]又如,在托普集团创始人宋如华案中,法院认定其挪用资金也高达3.4亿元。[④] 诸如此类案件不胜枚举。与此同时,企业犯罪通常具有持续性,犯罪人的犯罪过程通常持续至案发。实践中,一些实施融资犯罪的企业(家)甚至在被举报一刻仍处心积虑地"拆东墙补西墙"。

同时,企业犯罪还具有一些间接性危害。首先,企业犯罪将直接导致交易成本增加,阻碍社会生产效率的提高。由于企业犯罪是发生在企业日常的经营管理活动中,直接发生在市场经济的大环境中,市场经济有序开展的前提就是诚信基石,而企业犯罪将直接动摇社会的诚信基石,导致"潜规则"盛行,诚如"潜规则概念之父"吴思在揭示潜规则的形成时指出的,"在潜规则的生成过程中,当事人实际并不是两方,而是三方:交易双方再加上更高层次的正式制度代表"。[⑤] 这样原本两个人的交易实际上变成了三方的交易,增加了交易成本,使得交易方不得不将原本可以用于改进生产提高产品质量的这

---

① 《最高检案管办负责人就2022年1至6月全国检察机关主要办案数据答记者问》,载最高检官网,https://www.spp.gov.cn/xwfbh/wsfbt/202207/t20220720_565763.shtml#3,2022年9月24日访问。

② 《最高检举行"依法督促涉案企业合规管理 将严管厚爱落到实处"新闻发布会》(2021年6月3日),载最高检官网,https://www.spp.gov.cn/spp/zgjjxyfdcsaqyhggl/xwfbh.shtml,2022年9月3日访问。

③ 参见高鑫:《深圳航空原实际控制人李泽源涉嫌挪用20亿被公诉》,载正义网,http://news.jcrb.com/jxsw/201304/t20130403_1081580.html,2022年9月23日访问。

④ 参见吴柳锋:《托普创始人宋如华 一审获刑九年》,载《华西都市报》2013年10月15日,第a08版。

⑤ 吴思:《潜规则:中国历史的真实游戏》(修订版),复旦大学出版社2009年版,第194页。

种投入用于应付增加的第三方,而在交易中显然这个第三方并不能创造实际价值,那么这种额外负担最终将直接通过各种方式转嫁给普通民众。

其次,企业犯罪本身就意味着企业内部高级管理人员这样一类高质量人力资源的流失。企业犯罪直接意味着历经多年摸爬滚打而跻身社会中上层这样一批白领人才的流失,当前中国的企业家队伍无论是在数量上还是在素质上都不理想,如2013年中国企业家调查系统针对“企业家对企业家队伍的数量和素质进行评价”展开了调查,结果显示,认为企业家队伍的数量“非常充足”或“比较充足”的占32.2%,“一般”的占32.8%,“比较缺乏”或“非常缺乏”的占35%,总体评价值仅为2.97分,与满分5分相距甚远。同样地,认为企业家队伍的素质“非常高”或“比较高”的仅占15.6%,“一般”的占56.7%,“比较低”或“非常低”的占27.7%,总体评价值为2.87分,与满分5分也是相距甚远。① 因此,针对我国企业家队伍的这种现状,因为企业犯罪而陨落的企业高级管理人员对于我国企业家队伍建设来说无疑是雪上加霜。

另外,企业犯罪直接向社会传递着负面价值导向,不利于社会发展。在现实生活中,企业高级管理人员往往被视为社会精英,在整个社会结构中往往处于中上层,这些人往往会被贴上成功“榜样”标签,对社会成员具有一定的示范效应,尤其对激励青少年成长意义重大。而企业犯罪则意味着这种示范是一种负面消极的,直接与积极向上的社会主流价值相违背,而且势必会诱发一些安分守己的市场经济主体纷纷效仿,因为“竞业活动强制所有参与竞争者去适应环境,参与竞争者被迫不是面临着守法而处于竞争劣势,就是如法炮制,以非法对非法,形成竞业的对等状态”。② 尤其是实施犯罪行为者未被及时追究,那么这种行为就会像瘟疫一样迅速蔓延于市场经济的每一个角落,最终将会出现“劣币驱逐良币”的恶性循环。

再次,企业犯罪不仅会导致企业高级管理人员自身的毁灭,也会引发一系列的连锁反应,甚至影响社会的稳定。中国民营企业的运转在很大程度上还依赖于民营企业家,尤其是内部治理机制不健全的企业,往往是一旦民营企业家出了问题,也就意味着一个民营企业将会受到巨大的冲击,如资产被冻结,工厂被查封等,甚至倒闭。紧接着,这种危害就会波及企业的全体员工,进而又通过企业员工波及其背后成千上万的家庭。

最后,企业犯罪直接背离企业(家)履行社会责任的初衷,阻碍社会的健康发展。目前,人们要求企业以及企业家承担社会责任的呼声高涨,并逐渐成为共识。随着社会分工的日益精细化,以及随着企业社会角色的不断拓展和“欧风美雨”的浸染,在20世纪

---

① 中国企业家调查系统:《中国企业家成长20年:能力、责任与精神——2013·中国企业家队伍成长二十年调查综合报告》,载http://www.ceoinchina.com/Item/16737.aspx,2022年9月23日访问。

② 林山田、林东茂、林灿章:《犯罪学》(增订3版),三民书局2006年版,第488页。

80 年代之后，我国学者也开始对企业社会责任进行研究，正是在这样的一种大背景下，越来越多的企业(家)投身于慈善事业、光彩事业等公益事业，如有关报道显示，自 2007 年有全国性的捐赠统计以来，民营企业的捐赠数额一直都占据企业捐赠总量的一半以上。[①] 而企业犯罪则不仅颠覆了企业家作为我国公益事业中流砥柱的光荣形象，也会因为这种不良的示范效应招致否定评价，进而在一定程度上影响他人投身光彩事业的积极性。因此，当前亟须理性且充分看待企业犯罪及其危害，不可忽略其给我国社会经济发展造成的巨大危害。

(五)国际因素

自 20 世纪 90 年代以来，一些西方国家在办理涉企犯罪案件中通过暂缓起诉和不起诉协议的适用，将企业合规纳入刑事责任制度，开展企业合规已经成为域外法律制度和执法司法机关保护市场主体的主要做法。比如，2001 年前后随着安然案件、世通案件和安达信案件的发生，美国联邦检察机关对这些企业提起公诉所带来的企业破产、员工失业的重大教训，促使美国司法部转变起诉政策，逐步将“审前转处协议”制度(pre-trial diversion agreement)[②]适用到涉企犯罪案件中。美国联邦检察机关与涉案企业达成“暂缓起诉协议”，要求涉案企业缴纳高额罚款，上缴全部违法所得，向所有因犯罪行为受到损失的被害方进行赔偿，并重建或者完善合规管理体系。如果企业遵守了协议的要求，考验期结束美国联邦检察机关就可以不起诉而结案。这一针对涉案企业的暂缓起诉制度，目前已经被英国、法国、加拿大、新加坡、澳大利亚等国家效仿，如英国《犯罪与法院法》(Crime and Courts Act)规定，反严重欺诈办公室(Serious Fraud Office)和皇家检察署(Crown Prosecution Service)均可以与涉嫌犯罪的企业自愿达成暂缓起诉协议，协议经法官审查和批准后生效。英国暂缓起诉协议的适用对象仅包括企业，自然人被排除在外。同时，协议在法官审批之后必须公之于众。[③]又如，加拿大“暂缓起诉协议”的适用对象同

---

① 参见杜啸天：《我国慈善捐赠额连续两年下降》，载《南方日报》2013 年 9 月 22 日，第 4 版。

② 审前转处协议制度，又称“审前转换协议制度”或者“审前转换制度”，起初，这种制度出现在美国少年司法程序之中，被用来处理那些涉嫌犯有轻微犯罪的未成年人，后拓展至毒品案件、公司犯罪等多个领域。审前转换协议制度包括“暂缓起诉协议”(Deferred Prosecution Agreement, DPA)和“不起诉协议”(Non-Prosecution Agreement, NPA)，主要内容是检察官与被告方达成协议，承诺设置一定的考验期，在考验期之内暂时不对其提起公诉，被告方在此期间要履行一系列的义务，如自愿承认被指控的犯罪事实、赔偿被害方、承诺全力配合调查等。在考验期结束后，检察官经过审核认为被告方履行了协议义务的，就可以放弃对被告方的起诉，案件以被告人受到无罪处理而告终。它与辩诉交易制度不同的是，检察官接受上述两种审前转处协议的企业，在考验期结束后一旦认为企业遵守了协议要求的，就可以不起诉而结案。具体内容参见陈瑞华：《企业合规视野下的暂缓起诉协议制度》，载《比较法研究》2020 年第 1 期；陶朗逍：《美国企业犯罪的审前转处协议研究》，载《财经法学》2020 年第 2 期。

③ See Michael Bisgrove & Mark Weekes, *Deferred Prosecution Agreements: A Practical Consideration*, Criminal Law Review 416 – 438(2014).

样只包括企业。[①] 澳大利亚的“暂缓起诉协议”制度主要适用于贿赂、内部交易等其他企业犯罪案件。皇家检察院与涉案企业自愿达成协议后经法官审批生效，协议内容同样需要公之于众。[②] 法国在借鉴“暂缓起诉协议”制度的基础上，设置了“基于公共利益的司法协议”(CJIP)，该协议仅适用于腐败和洗钱领域，适用对象为公司、企业。[③] 由此可见，企业合规在保护企业生存与发展方面发挥了较好作用，也使企业在受到严厉经济制裁中受到教训。此外，联合国、世界银行等国际组织也先后制定了合规标准和要求。

从国际上看，合规日益成为企业的核心竞争力，是各国企业开展对外贸易、境外投资等相关业务的重要制度保障。近年来，中兴事件、孟晚舟事件等固然反映了我国企业不同程度地存在合规意识缺乏、合规制度不健全等问题，但更暴露出我国在应对美国等西方国家以西式“合规”为名、行司法霸权之实方面的法律短板。习近平总书记强调，“从国际看，世界进入动荡变革期，国际竞争越来越体现为制度、规则、法律之争”。[④] 探索建立中国特色的企业合规制度，对于运用法治手段开展国际斗争，延伸保护我国海外利益的安全链，为更高水平的对外开放提供司法保障具有重大的现实意义。

二、涉案企业合规法律政策形成的历史沿革

“法律不是理性的结果，而是经由持续的民族精神力量所产生的。”[⑤]作为一项全新的改革试点工作，法律政策指引尤为重要，涉案企业合规法律政策也是伴随着实践的不断深入开展而逐渐走向成熟的。因此，要全面理解与把握涉案企业合规法律政策，就有必要对这一政策形成的来龙去脉进行全面分析。根据涉案企业合规改革试点工作开展情况，我们将从三个时间段理解这一政策。

(一)试点前的法律政策

自1992年党的十四大提出建立社会主义市场经济目标以及明确非公有制经济发展地位以来，我国民营经济得以蓬勃发展，尤其是自2012年党的十八大以来，党中央更是进一步肯定和提升了民营经济在我国市场经济中的地位，更是高度重视民营经济发展中的重大现实问题，通过“两个毫不动摇”“三个不变”“构建亲清新型政商关系”“平等

---

① See Jennifer Wells, *The U. K.' s Deferred Prosecution Agreements Are Instructive for the SNC-Lavalin Drama*, The Wall Street Journal, Feb. 15, 2019.

② “Australia: Business Crime 2019”, https://www.iclg.com/practiceareas/businesscrime/australia, 最后访问日期:2022年9月23日。

③ 参见陈瑞华:《法国〈萨宾第二法案〉与刑事合规问题》，载《中国律师》2019年第5期。

④ 《全面推进中国特色社会主义法治体系建设》，载《习近平谈治国理政》(第四卷)，外文出版社2022年版，第300页。

⑤ 此为历史法学派代表人物萨维尼经典论述。转引自[德]考夫曼:《法律哲学》，刘幸义等译，法律出版社2004年版，第35页。

保护”等积极信号的传递，让中国的民营经济在国民经济中的地位完全实现了从“必要补充”到“重要组成部分”再到“同等重要”的更迭。

近年来，为贯彻落实党中央关于依法保护企业尤其是民营企业健康发展的决策部署和习近平总书记系列重要讲话精神，最高人民检察院先后制发多个司法解释（司法解释性质文件），如2016年2月19日，最高人民检察院发布《关于充分发挥检察职能依法保障和促进非公有制经济健康发展的意见》；2016年7月7日，最高人民检察院发布《关于充分发挥检察职能依法保障和促进科技创新的意见》；2017年1月6日，最高人民检察院发布《关于充分履行检察职能加强产权司法保护的意见》；2017年12月4日，最高人民检察院发布《关于充分发挥职能作用营造保护企业家合法权益的法治环境支持企业家创新创业的通知》，从政策理解到法律适用，再到办案方式、法律服务、合作交流都给出了具体的说明。2018年11月，为顺应民营经济发展的新形势，以及贯彻落实修改后的《刑事诉讼法》，以问题为导向，最高人民检察院对上述文件进行梳理总结，从中梳理了11个问题，①进一步统一规范涉民营企业案件办理的司法标准，既涉及罪与非罪、兜底条款的限制理解、单位犯罪认定等实体法上的具体问题，也涉及查封、扣押、冻结等强制性措施的具体适用、逮捕、起诉、认罪认罚适用等程序性问题，还涉及帮助民营企业防控风险等社会治理方面的内容，通过一问一答的形式，为各级检察院办理涉民营企业案件提供可操作性的指导。同时，强调人民检察院办理涉民营企业案件，要把控舆论影响和准备风险预案，以合法的办案方式和有效的治理措施，避免给企业的正常生产和工作秩序造成影响，尽可能维护民营企业的声誉。② 2020年2月，在中央政法委领导下，最高人民检察院会同最高人民法院、公安部、司法部共同制定《关于政法机关依法保障疫情防控期间复工复产的意见》，为企业有序、顺利复工复产，维持正常的经济社会秩序提供优质高效、坚强有力的执法司法保障；同年7月，最高人民检察院又出台《关于充分发挥检察职能服务保障“六稳”“六保”的意见》，进一步细化保障民营经济的具体举措，为克服新冠疫情的不利影响、促进恢复正常的经济社会秩序、护航民营经济健康发展提供有力保障。

---

① 参见王治国、徐日丹：《最高检明确规范办理涉民营企业案件执法司法标准》，载 https://www.spp.gov.cn/spp/tt/201811/t20181115_399230.shtml，最后访问日期：2022年9月10日。

② 最高人民检察院《明确规范办理涉民营企业案件执法司法标准》。关于如何帮助民营企业防控风险。最高人民检察院强调，人民检察院办理涉民营企业案件，要做好风险防控预案，避免因办案时机或者方式的把握不当，严重影响民营企业的正常生产、工作秩序或者引发群体性、突发性事件。同时，在办案过程中要积极采取有效措施，充分做好以案释法工作，帮助民营企业化解矛盾。要慎重发布涉及民营企业案件的新闻，对涉及案件情况的相关报道失实的，应当及时采取适当方式澄清事实，在法律允许的范围内合理顾及民营企业关切，最大限度地维护民营企业的声誉。

通过对这些文本的解读以及对生动的涉企司法实践的总结，不难发现在开展涉案企业合规改革试点之前，司法机关在办理涉企业尤其是涉民企案件时，在实践中不断摸索，提出了一些备受社会各界认可的政策、原则等，为司法机关办理涉企犯罪案件提供了指引。

一是坚持依法平等保护的基本原则。不因经济主体身份差异而区别对待，在诉讼地位、诉讼权利、法律适用、法律责任、法律服务等方面予以平等对待。

二是坚持依法审慎办理涉企刑事案件。由于企业犯罪多数属于法定犯罪的范畴，必须严格遵守罪刑法定原则，对于形式上违法实质上不够罪的，或者罪与非罪界限不清的，法律规定模糊的，刑法适用应该体现谦抑性和最后必要手段性。

三是坚持少捕慎诉的基本理念。涉及企业的案件要谨慎采取强制措施，对涉嫌犯罪的企业负责人尤其是民营企业依法能不捕的不捕、能不诉的不诉、能适用缓刑的就不提出判实刑的量刑建议，能不查封、扣押、冻结财产的就不查封、扣押、冻结，而不是“构罪即捕”“一诉了之”，要努力依法维护涉案企业的正常生产经营秩序。

四是坚持以人民为中心的办案理念，最大限度减少办案对企业的负面影响。在办理涉企业案件时，坚决防止“案子办了，企业垮了”，积极主动做好办案可能诱发的风险研判，对可能引发的突发性群体事件做好预判和预案，加强释法说理，慎重披露涉及企业案件信息，掌握案件办理时机，在法律范围内最大限度地降低办案带来的影响。

五是坚持共赢双赢多赢。通过办理涉企业案件，帮助企业合规守法经营，有效整合社会力量，提升经济领域社会治理能力和水平。

（二）试点中的法律政策

2020 年 3 月，最高人民检察院确定上海浦东、金山，江苏张家港，山东郯城，广东深圳南山、宝安 6 家基层检察院作为试点单位，开展“企业犯罪相对不诉适用机制改革”试点。试点检察院对企业涉经营类犯罪，重在落实“依法能不捕的不捕、能不诉的不诉、能不判实刑的提出适用缓刑的量刑建议”检察司法政策，探索督促涉案企业合规管理，促进“严管”制度化，不让“厚爱”被滥用。通过前期试点，检察机关在办理涉企刑事案件过程中，围绕推进企业合规建设进行一些探索实践，积累了一些经验做法，受到企业的普遍欢迎，也得到当地党委政府和社会各界的认可、支持。2020 年 11 月，最高人民检察院专题研究检察机关开展企业合规试点问题，并决定成立企业合规问题研究指导工作组，统筹推进企业合规问题的理论研究和实务指导，确保相关工作严格依法、稳妥有序。2020 年 12 月，最高人民检察院邀请专家学者、企业、试点地方三级院代表召开检察机关企业合规试点工作座谈会,[①]听取前期试点单位的工作情况汇报以及专家学者、企业代表的意见建议,对下一步依法有序开展试点工作作出部署要求,重在严格依法推进试点,确保涉案企业把合规承诺落实到位。

为进一步充分发挥检察职能作用,推进企业合规改革试点向纵深发展,并为下一步立法完善积累实践经验,在总结第一期试点经验的基础上,2021 年 3 月最高人民检察院决定扩大试点范围,部署在北京、辽宁、上海、江苏、浙江、福建、山东、湖北、湖南、广东 10 个省(市)开展为期一年的第二期试点工作,并制发《关于开展企业合规改革试点工作方案》,为深入推进涉案企业合规改革试点提供了规范指引,不仅明确了企业合规改革试点工作的内涵、目标和原则,还细化了适用的企业范围、案件类型,以及试点形式、内容等方面。从规定的具体内容来看,方案关于这些问题的阐释、细化,实际上是对相关法律政策的具体化,有的甚至直接将相关法律政策条文化,如在阐释企业合规改革试点工作的内涵时,明确指出开展企业合规改革试点工作,是指检察机关对于办理的涉企刑事案件,在依法作出不批准逮捕、不起诉决定或者根据认罪认罚从宽制度提出轻缓量刑建议等的同时,针对企业涉嫌的具体犯罪,结合办案实际,督促涉案企业作出合规承诺并积极整改落实,促进企业合规守法经营,减少和预防企业犯罪,实现司法办案政治效果、法律效果、社会效果的有机统一。又如,在确立企业合规改革试点工作的目标和原则时,指出检察机关开展企业合规改革试点,旨在充分发挥检察职能,加大对民营经济的平等保护,更好落实依法不捕不诉不提出判实刑量刑建议等司法政策,既给涉案企业以深刻的警醒和教育,防范今后可能再发生违法犯罪,也给相关行业企业合规经营提供样板和借鉴,为服务"六稳""六保",促进市场主体健康发展,营造良好法治化营商环境,推动形成新发展格局,促进经济社会高质量发展,助推国家治理体系和治理能力现代化提供新的检察产品,贡献更大检察力量。检察机关开展企业合规改革试点,必须坚持党的领导,在党委及政法委的领导下稳步推进改革试点工作。必须坚持检察职责定位,立足于刑事、民事、行政、公益诉讼"四大检察"职能,服务保障经济社会高质量发展。必须坚持严格依法有序推进。同时,将企业范围拓展到各类市场主体,主要是指涉案企业以及与涉案企业相关联企业。国企民企、内资外资、大中小微企业,均可列入试点范围。案件类型也包括企业经济活动涉及的各种经济犯罪、职务犯罪。

由此可见,第二期试点工作重在"有序"和"规范"上狠下功夫,促进"严管""厚爱"并行不悖。截至 2022 年 3 月,试点范围扩展到 62 个市级院、387 个基层院,[②]各项相关

① 参见邱春艳、李钰之:《创新检察履职,助力构建中国特色的企业合规制度》,载《检察日报》2020 年 12 月 28 日。

② 参见李英华:《涉案企业合规改革用好第三方机制》,载《检察日报》2022 年 6 月 28 日。

工作稳步推进。针对前期试点工作中发现的企业合规监督考察程序有待进一步规范，特别是第三方机制需要建立和完善的问题，最高人民检察院牵头会同相关部门加快推动建立相关工作机制，因为作为凝聚司法、执法、行业监管合力的有效平台，第三方监督评估工作落得实，办案质量就更高、效果就更好，第三方机制对于防范“虚假整改”“纸面合规”意义重大。基于此，2021 年 6 月 3 日，最高人民检察院牵头会同司法部、财政部、生态环境部、国务院国有资产监督管理委员会、国家税务总局、国家市场监督管理总局、全国工商联、中国国际贸易促进委员会共同研究制定了《合规指导意见》，该文件重在探索建立“检察主导、各方参与、客观中立、强化监督”的第三方机制，同时明确要求第三方机制的启动和运行，应当与检察机关依法作出不批准逮捕、不起诉、变更强制措施等决定，提出宽缓量刑建议或者提出检察建议、检察意见结合起来，在法律规定的框架内积极探索推进试点改革。2021 年 9 月，最高人民检察院、全国工商联等九部门共同成立第三方机制管委会，统筹协调推进第三方机制相关工作。为保障第三方机制规范有序运行，2021 年 11 月，最高人民检察院、全国工商联等九部门又联合下发两个配套文件，即《第三方人员办法》《合规指导意见实施细则》；2021 年 12 月，九部门组建国家层面第三方机制专业人员库。与此同时，试点地区全部会签印发省级第三方机制规范性文件，成立第三方机制管委会，旨在通过具有公信力的第三方机制对涉案企业合规承诺、整改进行客观、公正、有效的监督评估，实现司法、执法、行业监管携手促进“严管”制度化、防止“厚爱”被滥用。

（三）全面推开后的法律政策

经过两年的试点，涉案企业合规改革试点取得积极成效，探索建立了一套涉案企业合规运行机制、初步形成了企业合规第三方监管合力、依法办理了一批合规案件、积累了丰富的理论研究成果、凝聚了各方面的改革合力，涉案企业合规法律政策也越发清晰。2022 年 4 月，在总结两期试点经验的基础上，更加深刻认识到：推进涉案企业合规改革，不仅是立足发展大局大势，以发力靠前的政策导向维护经济安全稳定、服务高质量发展的创新之举；还是适应我国刑事犯罪结构变化，在涉企犯罪中落实少捕慎诉慎押刑事司法政策，综合运用经济、行政、刑事等手段，营造安商惠企法治化营商环境的重要抓手；更是依法能动履职，推动末端处理与前端治理于一体，促进涉案企业守法经营、预防再犯，同时警示其他企业，促进诉源治理的有力举措。

总结前期的试点工作情况，涉案企业合规法律政策的指引更加清晰：一是推动涉案企业合规与依法适用认罪认罚从宽制度和检察建议相结合。对于涉企案件，在坚持和落实能不捕的不捕、能不诉的不诉、能不判实刑的提出判缓刑的量刑建议等司法政策的同时，通过检察建议督促企业进行合规建设、履行合规承诺。二是推动企业合规与依法清理“挂案”相结合。通过企业合规试点工作,向企业提出整改方向和意见,同时促进“挂案”清理工作,建立长效机制,实现精准监督。如 2019 年起最高人民检察院会同公安部持续专项清理出“挂案”9815 件,对证据不足、促查无果的,坚决落实疑罪从无政策,督促办结 8707 件,企业活力得以释放。① 三是推动企业合规与依法适用不起诉相结合。依法对涉案企业及其负责人作出不捕、不诉决定,不是简单一放了之,而是通过对企业提出整改意见,推动企业的合规建设,建立第三方评估制度,进行合规考察等后续工作,让涉案企业既为违法犯罪付出代价,又吸取教训建立健全防范再犯的合规制度,维护正常的经济秩序。四是推动企业合规与经济、行政处罚相衔接。对于涉企案件,依法可以不予追诉但经济上、行政上需要追责的,向有关主管部门提出检察意见。企业不能按照合规承诺落实到位,再涉嫌犯罪的,依法从严追究刑事责任,形成威慑和警示。

三、涉案企业合规法律政策的内涵

通过前述内容的梳理,对涉案企业合规法律政策的认识更加清晰。为了更加直观形象地认识涉案企业合规法律政策,我们可以对其进行“画像式”描述,涉案企业合规法律政策,就是指在开展涉案企业合规改革试点工作时应遵循的一系列方法、措施、法令、准则等的总称,体现为以习近平法治思想为根本遵循,以宽严相济刑事政策为引领,在现有法律框架下对涉案企业开展的以少捕慎诉慎押刑事司法政策为载体的“厚爱”与督促涉案企业开展有效合规整改的“严管”相结合的积极干预措施,以促进企业合规守法经营,减少和预防企业犯罪,推动经济高质量发展。具体而言,要深刻理解涉案企业合规法律政策的内涵,还应该把握好以下几个方面的问题。

(一)目的要件

顾名思义,制定涉案企业合规法律政策的目的,直接涉及开展涉案企业合规改革试点工作的价值取向、立场方向。

因此,对涉案企业合规法律政策的目的认识必须十分清晰。具体而言,可以从不同的纬度看待这一问题,开展涉案企业合规改革试点工作的直接目的就是促进企业犯罪治理,对涉案企业给予合规整改的机会,对合规整改有效的,让它“活下来”“留得住”“经营得好”,为社会创造更多的财富。第二层级的目的,即通过积极有效开展涉案企业合规整改,以促进企业合规守法经营,减少和预防企业犯罪,促进法治化营商环境的形成,实现双赢多赢共赢。第三层级的目的,即终极目的,就是推动中国特色社会主义企业合规制度构建,实现企业违法犯罪诉源治理,助力国家治理体系和治理能力现代化。

---

① 参见张军:《最高人民检察院工作报告——2022 年 3 月 8 日在第十三届全国人民代表大会第五次会议上》,载最高检官网,https://www.spp.gov.cn/spp/gzbg/202203/t20220315_549267.shtml,2022 年 9 月 23 日访问。

三个层次相互递进,彼此关涉,共同构筑了涉案企业合规法律政策的价值体系、立场方向。

(二)核心要素

涉案企业合规法律政策的核心要素在于对涉案企业开展“严管”“厚爱”。“厚爱”,即对涉案企业不按照传统的刑事案件办理流程进行,而是积极落实“依法能不捕的不捕、能不诉的不诉、能不判实刑的就提出适用缓刑量刑建议”等。“严管”,即要求涉案企业开展有效合规整改,具体包括但不限于以下内容:对涉案合规风险的有效识别、控制;对违规违法行为的及时处置;合规管理机构或者管理人员的合理配置;合规管理制度机制建立以及人力、物力的充分保障;监测、举报、调查、处理机制及合规绩效评价机制的正常运行;持续整改机制和合规文化已经基本形成,等等。一“宽”一“严”,二者不可偏废。“宽”是基于企业犯罪法定犯罪的基本特性,防止司法实践中对涉案企业“一诉了之”;“严”是防止假整改、假合规,促进涉案企业真合规、真整改。

(三)限定条件

在理解涉案企业合规法律政策的内涵时,还必须清晰认识到作为改革试点中的涉案企业合规,必须恪守“凡属重大改革都要于法有据。在整个改革过程中,都要高度重视运用法治思维和法治方式,发挥法治的引领和推动作用”。[①] 主要表现为对涉案企业开展合规整改必须在现有法律框架下进行,即无论是“宽”还是“严”都必须依法进行。因此,不能为了追求片面的合规而突破法律规定,进而确保涉案企业合规改革试点工作规范有序推进。

四、涉案企业合规法律政策的理解与适用

涉案企业合规法律政策作为开展涉案企业合规整改的方向指引,更多地表现为理念、原则、思维方式等较为宏观抽象的体系架构,要把抽象、盖然的法律政策转化为引导涉案企业合规整改的操作指引,必须处理好以下几个方面的关系。

(一)原则性与灵活性

原则性,主要体现为要牢牢把握住涉案企业合规法律政策的精髓、核心、关键,这是开展涉案企业合规整改的根本,不能动摇。灵活性,则要求在理解与适用涉案企业合规法律政策时,不能机械僵化、教条。例如,对涉案企业开展合规整改,必须将“宽”“严”结合起来,不能“一宽了之”,也不能为了片面追求涉案企业依法合规的效果而提出不切实际的要求。又如,在决定是否适用第三方机制、是否举行听证等方面,不能简单地“一刀

---

① 《把抓落实作为推进改革工作的重点　真抓实干蹄疾步稳务求实效》(2014 年 2 月 28 日),载中国共产党新闻网,http://jhsjk.people.cn/article/24498962,2022 年 9 月 10 日访问。

切”,必须与涉案企业的相关情况、案件性质等结合起来,实现“三个效果”的统一。再如,实践中,企业的实际控制人、经营管理人员、关键技术人员等人员实施性犯罪、醉驾等犯罪的,能否对其开展涉案企业合规整改?这直接涉及对涉案企业合规法律政策目的的理解,显然开展涉案企业合规整改旨在促进涉案企业停止不法行为依法合规经营,而并不在于对特殊主体网开一面,只有抓住了根本,这些问题才能迎刃而解。复如,如果是企业实际控制人、经营管理人员、关键技术人员以外的企业工作人员实施的,与生产经营活动相关的犯罪案件能否适用企业合规?从目前相关制度规范文件来看,并没有明确规定,那么这种情况是否一概排除在外呢?显然这也要回到对涉案企业合规法律政策精神实质的理解上。因此,只要企业工作人员涉嫌犯罪与企业生产经营活动相关,充分反映出企业在经营、管理方面存在漏洞、问题,确有合规必要的,就可以对其开展合规整改。还如,合规考察期限能否做变更?一般来讲,合规考察期限一经确定,各相关方都要严格遵循期限要求,合理、有序开展合规工作。这就是基本原则,应该遵守。但是实践中总有计划赶不上变化的情形出现,所以如有特殊原因导致考察程序未完结的,应当在确保整改效果的前提下适当延长考察期限。这实际上就是灵活性的体现。当然,实践中遵守基本原则应该是常态的,灵活变通是非常态的,不能本末倒置。

(二)目的性与手段性

在理解与适用涉案企业合规法律政策时,还要考虑目的与手段的自洽性,既不能为了达到目的而不择手段,也不能为了凸显手段的优越性而舍弃目的。具体来说,涉案企业合规法律政策所蕴含的“从宽”“从严”更多是手段,旨在通过“宽”“严”的手段促进涉案企业依法合规经营。对涉案企业“从宽”,旨在让涉案企业放下包袱,轻装上阵,安心整改。因为实践中,刑事诉讼一旦启动,涉罪企业无论最终是否被定罪,都将遭受不可挽回的损失,有时甚至是“灭顶之灾”。在过去的刑事执法中,办案机关对民营企业动辄采取查封、扣押、冻结财产等侦查行为,甚至对民营企业负责人也是动辄采取羁押性的强制措施,其后果可能是“办了一个案子,搞垮一个企业”,进而引发了诸如企业停产停工、破产倒闭、员工失业乃至经济下滑等各种负面连锁反应。[①] 因此,对符合不起诉条件的涉企案件,如果涉案企业不同意开展合规整改,是否必须经过合规整改才能作不起诉?显然,对涉案企业开展合规考察的目的不仅是对涉案企业及相关人员依法作出不起诉决定,而是通过依法能动履职,督促涉案企业作出合规承诺、落实合规整改,推动末端处理与前端治理于一体,促进涉案企业守法经营、预防再犯,同时警示其他企业,促进

---

① 参见李奋飞:《论企业合规检察建议》,载《中国刑事法杂志》2021 年第 1 期。

诉源治理。因此,对于符合法定不起诉①条件的,检察机关应当依法作出不起诉决定,而不应以企业合规整改为必要前提。较为妥善的处理办法则是,对于符合不起诉条件但企业不同意做合规的,检察机关从维护企业健康发展出发,在依法作出不起诉决定的同时,可以发出检察建议,或向有关主管机关提出检察建议,推动、促进企业有效整改。同样地,对于已经提起公诉的案件,涉案企业在审判阶段向检察机关申请开展合规整改,能否撤回起诉进行合规整改,待企业合规整改到位再作不起诉处理?这其实也涉及对涉案企业合规法律政策目的与手段的理解,尽管在改革中提出了合规案件依法"能用尽用"的要求,但并不意味着为了合规而合规。"能用尽用"更多是针对符合适用企业合规改革案件范围和条件而言的,不是泛泛而论,旨在通过积极主动适用企业合规服务经济社会高质量发展。因此,对于已经提起公诉的案件不能为了合规整改而撤回起诉,对于涉案企业在审判阶段申请开展合规整改的,检察机关可以视案件整体情况特别是当事人认罪悔罪情况,与法院进行充分沟通。

(三)一般性与特殊性

一般性与特殊性旨在强调理解与适用涉案企业合规法律政策时,既要善于把握企业合规的基本要素,也要善于突出企业合规整改的针对性。一般性突出的是普遍性要求,特殊性则强调的是个性化安排。具体来讲,这个"一般性"体现为开展涉案企业合规整改的适用对象、适用条件、启动程序、整改基本流程、合规有效性等基本要求是一致的;"特殊性"体现为针对具体的个案,合规整改具体如何进行则要根据涉案企业、案件具体情况等因地制宜。例如,实践中,随着涉案企业合规改革试点的深入推进,越来越多的人开始注意到能否对涉案企业和相关人员分案处理,②尤其是涉案企业责任人员可能判处3年以上有期徒刑的案件,是否可以在涉案企业有效合规整改后作相对不起诉?显然,通常情况下,检察机关一般会根据案件具体情况、法定从轻、减轻情节,以及企业合规整改合格等酌定从轻情节,依法提出处理意见。对于符合相对不起诉条件的,一般会对涉案企业和涉案企业责任人员都依法作出相对不起诉决定。但是,在有些案件中,涉案企业责任人员可能判处3年以上有期徒刑,这显然不符合相对不起诉的条件。但如果恪守陈规,就只能是要么不整改合规都起诉,要么整改合规后都作不诉处理,这显然就是没有考虑具体案件的个性化特点,而检察机关根据涉案企业、涉案人员在合规整改

① 根据《刑事诉讼法》第175条、第177条的规定,实践中不起诉有三种类型,即法定不诉(也称绝对不诉)、酌定不诉(也称相对不诉)和存疑不诉。实践中,涉案企业合规改革主要是相对不诉。

② 关于涉案企业合规改革试点中的分案处理,不仅在理论上有学者进行了深刻分析,在实践中也进行了较好的开展,如陈瑞华:《单位犯罪的有效治理——重大单位犯罪案件分案处理的理论分析》,载《华东政法大学学报》2022年第6期。此外,在最高人民检察院发布的《涉案企业合规典型案例(第三批)》中的江苏F公司、严某某、王某某提供虚假证明文件案就对涉案企业、责任人进行了分别处理。

中的表现,依法分别作出处理决定或提出量刑建议,即分案处理则能较好地处理这一难题。同样地,无论是涉税犯罪案件,还是涉职务犯罪案件,抑或涉环保犯罪案件,对涉案企业开展合规整改,合规整改有效的标准等方面都是一样的,但是具体的合规整改项目则全然不同、侧重点也不同,这就是特殊性的体现。

第三章　合规与单位犯罪

第一节　企业治理合规化与合规治理刑事化

随着2018年美国商务部对“中兴通讯事件”①的处理，合规（compliance）、合规计划（compliance program）、刑事合规（criminal compliance）等对中国企业来说稍显沉重的术语首次被我国官方、社会组织以及学术界严肃对待。同年，我国官方有关合规的规范性文件由此前仅限于金融、保险、证券等个别行业、部分领域②朝全行业、全领域推广的重大转向：国资委发布了《中央企业合规管理指引（试行）》、发改委等七部门联合发布了《企业境外经营合规管理指引》；与此同时，中国国家标准化管理委员会也制定了《合规管理体系　指南》，作为我国企业构建合规管理制度的重要参照。这既是痛定思痛后的奋力作为，也是中国企业“安全”走向世界现实而迫切的需要。正因如此，2018年被称为中国的“合规元年”！

---

①　据美国商务部披露，中兴通讯2010～2016年，违反美国出口管制方面的规定，将内含美国制造的受限类配件和软件产品出口到伊朗，美国司法部门据此指控中兴通讯涉嫌串谋非法出口、阻挠司法以及向联邦调查人员作出虚假陈述。最终，中兴通讯与美国司法部签署了认罪协议，中兴通讯同意支付约8.9亿美元的罚金；向美国商务部工业安全局额外再支付3亿美元的守约保证金。参见 ZTE Corporation Agrees to Plead Guilty and Pay Over $430.4 Million For Violating U.S. Sanctions By Sending U.S.-Origin Items to Iran，https://www.justice.gov/usao-ndtx/pr/zte-corporation-agrees-plead-guilty-and-pay-over-4304-million-violating-us-sanctions。但此后中兴通讯依旧实施违规行为，继续向伊朗和朝鲜非法出口，严重违背和解协议相关内容，此举直接招致美国商务部于2018年4月16日对中兴通讯发布报复性制裁：7年内禁止美国企业与中兴通讯开展任何业务往来。后经紧张而艰难的谈判，最终于2018年6月7日，中兴通讯与美国商务部工业安全局达成和解协议：中兴通讯向美国政府支付10亿美元罚款，此外再支付4亿美元的履约保证金金；中兴通讯在30天内更换董事会，实行最为严格的合规管理制度。参见 Secretary Ross Announces $1.4 Billion ZTE Settlement；ZTE Board，Management Changes and Strictest BIS Compliance Requirements Ever，https://www.commerce.gov/news/press-releases/2018/06/secretary-ross-announces－14－billion-zte-settlement-zte-board-management，2020－08－24。

②　官方在合规领域较早的规范性文件主要集中在金融、保险行业，即2006年中国银监会发布的《商业银行风险管理指引》、2007年中国保监会颁布的《保险公司合规管理办法》以及2017年中国证监会发布的《证券公司和证券投资基金管理公司合规管理办法》。

一、作为企业治理方略的合规计划

合规，顾名思义，即合乎规范、规则或标准。根据《合规管理体系　指南》的规定，合规意味着组织遵守了适用的法律法规及监管规定，也遵守了相关标准、合同、有效治理原则或道德准则。因此，合规所指涉的规范实际并不限于国家的法律法规、规章制度，而且包括行业规范或标准、企业自身为实现有效治理制定的规章制度，甚至还包括行业内的道德规范。[①] 美国司法部《司法手册》(Justice Manual)规定，合规计划是企业管理部门建立的旨在预防和发现违规行为，确保企业活动符合刑事法律、民事法律、规章制度以及其他规则的制度。[②] 就此而言，认为合规计划是“企业自身关于企业犯罪预防与发现的系统性对策”或者“以总括的预防企业犯罪与发现犯罪为目的的企业组织系统”的观点[③]明显有以偏概全之嫌，合规计划并不限于刑事合规，也并非专门预防与发现企业犯罪的制度设计，合规计划旨在预防并发现企业及其职员实施的与履职行为相关的违规、违法以及犯罪活动，并借此推动企业合规与道德文化的形成与坚持。

二、合规治理刑事化及其趋势

鉴于刑事风险与刑事追诉的后果无论是对企业还是涉事雇员通常都是灾难性的，因此，刑事合规自当是合规计划的重中之重。迄今为止，围绕刑事合规的概念见仁见智，甚至有观点认为刑事合规不是一个法律概念而是一个经济概念，指出刑事合规的核心功能主要并不在于预防经济犯罪，而在于降低公司在追求经济利益时的刑事责任风险。[④] 但是，预防经济犯罪与降低公司刑事风险并不冲突，将刑事合规作为经济概念研究的同时，并不妨碍对其从法律角度展开讨论，毕竟刑事合规赖以确立的核心规则离不开刑事法律规范，“刑事合规性，意味着对刑法规范尤其是一国现行法中所包含的命令规范和禁止规范的遵守”。[⑤] 有效的合规计划确实有助于预防并发现企业的犯罪活动，这无疑是刑事法律的旨趣所在。或许可以认为，上述观念之争源于观察视角的差异：从企业角度来看，刑事合规是企业为实现利润最大化、避免竞争劣势的必要手段。就此而言，包括刑事合规在内的合规管理均是围绕实现公司的经济目标而展开的系列举措，将刑事合规作为经济学概念把握就很自然；从国家治理角度看，刑事合规是国家为避免企

---

① 参见陈瑞华：《企业合规制度的三个维度——比较法视野下的分析》，载《比较法研究》2019 年第 3 期。

② 9 - 28.800 - Corporate Compliance Programs, https://www.justice.gov/jm/jm - 9 - 28000 - principles-federal-prosecution-business-organizations. 2020 - 08 - 24.

③ 参见[日]川崎友巳：《合规管理制度的产生与发展》，李世阳译，载李本灿等编译：《合规与刑法：全球视野的考察》，中国政法大学出版社 2018 年版，第 4 页。

④ 参见[德]弗兰克·萨力格尔：《刑事合规的基本问题》，马寅翔译，载李本灿等编译：《合规与刑法：全球视野的考察》，中国政法大学出版社 2018 年版，第 57 页。

⑤ [日]芝原邦尔：《经济刑法》，金光旭译，法律出版社 2002 年版，第 127 页。

业及其雇员犯罪,通过刑事法律的激励手段,推动企业以刑事法律的标准来识别、评估和预防企业刑事风险,制定并实施遵守刑事法律的计划和措施,以及确保犯罪活动得以揭发,并在必要时受到制裁。在此意义上,刑事合规无疑是一个法律概念。

纵观国外企业合规尤其是刑事合规的演进历程,可以认为,企业犯罪丑闻是国家法律监管制度建立、完善与企业合规治理、自我管理的催化剂,“企业丑闻和企业犯罪推动了企业合规制度的不断完善发展”,①经历了犯罪丑闻的企业及其从业者深刻认识到,要想规避刑事风险,只能选择增强企业核心竞争力,并大力引入合规管理制度。② 与此同时,来自国家的合规激励也稳步跟进,为企业自觉展开合规治理提供外在动力:美国 1991 年的《组织体量刑指南》、1999 年的《联邦起诉商业组织原则》、2002 年的《萨班斯—奥克斯利法案》,英国 2010 年的《反贿赂法》,法国 2016 年的《关于提高透明度、反腐败以及促进经济生活现代化的 2016 - 1691 号法案》(又称《萨宾第二法案》),澳大利亚 2017 年的《刑事立法修正案》,意大利 2018 年的《反贿赂法案》等,均涉及合规计划并赋予其重要法律意义。此外,一些国际组织也相继发布了系列文件,如经济合作与发展组织发布的《内部控制、企业道德及合规最佳实践指南》《反贿赂合规国际标准 ISO37001》,对成员国和跨国企业提出预防腐败的要求,并明确有效合规计划的具体指标;国际标准化组织颁布了《合规管理体系 指南》,确立了有效合规的基本标准;欧盟通过了《欧盟一般数据保护条例》,其中,特别强调合规计划对于企业治理的重要性。一言以蔽之,企业合规已经成为域外企业治理的基本模式,甚至成为国家预防企业犯罪的最佳实践与世界趋势。③

相较而言,无论是合规计划(compliance program)还是刑事合规(criminal compliance),对我们来说都是舶来品,对部分企业甚至仅是一个“美丽传说”。④ 事实上,对“走出”国门做生意的中国企业来讲,合规治理尤其是刑事合规已然迫在眉睫。经历了“中兴通讯事件”的惨痛教训,在政府大力号召与强力推动下,我国相当一部分企业已经自觉或不自觉地走上了合规建设与合规治理的发展道路。但我们也应清楚地认识到,企业合规尤其是刑事合规不仅是企业的自治方式与社会责任,需要企业努力探索与积

---

① 万方:《企业合规刑事化的发展及启示》,载《中国刑事法杂志》2019 年第 2 期。

② See Harvey L. Pitt & Karl A. Groskaufmains, *Minimizing Corporate Civil and Criminal Liability: A Second Look at Corporate Codes of Conduct*, 78 Georgetown Law Journal, (1990), p. 1571.

③ 参见李玉华:《我国企业合规的刑事诉讼激励》,载《比较法研究》2020 年第 1 期。

④ 对中小企业来讲,合规意味着不堪重负,庞大的合规成本是国内绝大多数中小企业不能承受的,所以,合规对企业与企业家守法经营来说至关重要,但也会让部分企业短期内陷入绝境;对个别企业来讲“不合规或能苟延残喘,合规则意味着立即死亡”,这也从一个侧面反映了部分企业目前的合规程度以及企业的营商环境。当然,从企业长远发展角度看,合规治理才是所有企业发展的必由之路。

极践行，它更是国家有关企业治理的新模式，亟须国家层面的积极引导与制度支撑。

第二节　企业合规与单位犯罪及其预防

一、合规治理契合国家有关涉企犯罪预防及治理策略

企业与国家之所以同时钟情于刑事合规，共同推动合规计划的建设与实践，首先是因为企业与国家通过刑事合规能实现各自的利益诉求。详言之，合规计划本质上是一种广泛的预防措施，可以预测、检查并遏制任何潜在的犯罪活动。[①] 国家历来对其规范，尤其是其通过立法确立的刑罚规范能够得到遵守，通常有着浓厚的兴趣。刑事合规作为一层新的额外规则，位于法定刑事可罚性风险的前置领域，旨在避免刑事责任。[②] 因此，作为企业内控机制与自我管理的合规计划，在预防犯罪方面可能的积极作用对国家来说自然是乐享其成，这一点——前瞻性地进行犯罪预防——较之传统的犯罪治理模式即事后惩治来说优势更为明显。也就是说，国家仅需通过法律或者政策的激励，便可在最大范围内调动社会资源参与到犯罪治理的国家使命中来，不仅卓有成效，而且事半功倍。与此同时，国家虽然几乎垄断了针对包括企业犯罪在内的刑事案件的追诉权，这既是国家的权力，也是其不得不履行的使命。但残酷的现实是，爆炸式增长的犯罪数量与国家有限的刑事司法资源间的结构性矛盾在现代社会越发尖锐；对于发生在企业等社会子系统内的犯罪，国家的刑事司法通常难以介入，并因此形成犯罪黑数。有学者曾就最高人民检察院公布的商业贿赂犯罪案件数量以及单位涉案所占比例[③]提出过合理质疑，认为如此微小的商业贿赂犯罪案件（包括单位受贿案件、对单位行贿案件在内的4种罪名的案件占立案总数的2.5%）与我国普遍存在的以贿赂作为商业经营的敲门砖的现状严重不符，并明确指出这就是商业贿赂的犯罪黑数问题。[④] 作为自治与刑事追诉私权化的手段，刑事合规对于国家刑事追诉的展开同样具有重要的意义：通过法律与政策激励，企业建立监督体系或开展内部调查的方式部分转移了国家刑事追诉的负担，并因此节省了国家刑事追诉的开销；与此同时，企业内部的调查结果通常可以使国家层面的

---

① 参见［美］菲利普·韦勒：《有效的合规计划与企业刑事诉讼》，万方译，载《财经法学》2018年第3期。

② 参见［德］弗兰克·萨力格尔：《刑事合规的基本问题》，马寅翔译，载李本灿等编译：《合规与刑法：全球视野的考察》，中国政法大学出版社2018年版，第64页。

③ 2018年1～10月立案查办的8010件商业贿赂犯罪案件中，单位受贿案件79件，对单位行贿案件43件，单位行贿案件53件，介绍贿赂案件28件，这4种罪名的案件合计占立案总数的2.5%。参见杜萌、徐伟：《最高人民检察院详解2006年商业贿赂5大特点》，载《法制日报》2006年12月13日。

④ 参见李本灿：《企业犯罪预防中合规计划制度的借鉴》，载《中国法学》2015年第5期。

刑事追诉成为可能。①

事实上,通过刑事合规的实践展开,也能很好地避免传统刑事司法的负面社会效应,更好地平衡刑法在规制企业犯罪过程中的法律效果与社会效果。安达信事件就是最典型的反面案例,②其刑事追诉的社会效果在美国国内引发了广泛质疑。一个普遍印象是,"起诉法人就等于判处其死刑"。这种给法人定罪的实践确实会形成刑罚的"水波效应":严重损害与犯罪行为无关的第三人的利益,如投资者、雇员、养老金领取者、客户等,③甚至会给国民经济带来灾难性后果。在此,刑事合规为处理企业犯罪提供了有效规制思路,既确保对企业犯罪的刑法规制,满足了刑罚针对过往犯罪的报应主义思想与面向未来的预防犯罪理念,也尽量避免规制企业犯罪可能引发的"水波效应",不使与犯罪无关的无辜者以及社会经济过分受到牵连与损害。

二、合规治理是积极的一般预防理论在涉企犯罪中的体现

国家与企业在刑事合规中能够实现利益兼得固然是刑事合规得以确立并迅速普及的重要原因与现实基础,但作为一项重要的法律制度与司法实践,利益趋同尚不足以为其提供全部正当化根据,刑事合规同样需要遵循刑事立法的基本理念、有助于促成刑事司法的基本目标。

传统刑事立法与刑事司法主要是对既成非罪事实的回顾性处置与被动回应,"是针对已经犯罪的行为人这种过去的维度而言的。从这个意义上说,刑法并不直接和未来相关"。④ 传统刑法理论以对已然之罪的报应与对未然之罪的预防作为刑罚正当化根据,但对已然之罪的报应丝毫不能改变既定的法益侵害事态,而每年犯罪数量的激增这一现实让通过刑罚实现犯罪预防这一理想令人倍感狐疑。事实上,"从社会治理角度看,无论对于国家、社会还是对于被害人以及犯罪人来说,犯罪的发生、刑法和刑罚的适用,都会造成国家、社会、社会成员的损失和伤害"。⑤ 也就是说,从社会治理角度讲,对

---

① 参见[德]弗兰克·萨力格尔:《刑事合规的基本问题》,马寅翔译,载李本灿等编译:《合规与刑法:全球视野的考察》,中国政法大学出版社 2018 年版,第 64 页。

② 作为全球五大会计师事务所之一,2001 年受安然财务丑闻牵连,遭到联邦检察官起诉,最终导致其丧失为上市公司提供审计业务的资格,并因此导致安达信业务大量流失,客户中断业务联系,员工纷纷出走,仅在美国就有 2.8 万人失业。而起诉前后安达信的状况对比更令人深感震惊:2001 年,安达信在全球 85 个国家和地区曾设有 390 个分支机构,雇员总数达到 8.5 万人,全球营业额达到 93.4 亿美元。但在 2002 年年底,2300 多家上市公司客户陆续离开安达信,全球分支机构相继被撤销或被收购,雇员仅剩 3000 人。参见陈瑞华:《安然和安达信事件》,载《中国律师》2020 年第 4 期。

③ 参见叶良芳:《美国法人审前转处协议制度的发展》,载《中国刑事法杂志》2014 年第 3 期。

④ [芬]基墨:《安全、风险与刑法》,江溯译,载梁根林主编:《当代刑法思潮论坛:刑事政策与刑法变迁》(第 3 卷),北京大学出版社 2016 年版,第 297 页。

⑤ 石磊:《刑事合规:最优企业犯罪预防方法》,载《检察日报》2019 年 1 月 26 日,第 3 版。

待犯罪,与其被动打击,莫过于积极预防。我们已经进入风险社会。2020 年年初的一场席卷全球的新型冠状病毒肆虐横行,让我们深刻认识到人类社会的脆弱以及风险社会人为的不确定。没有任何时候比这一年让我们更为自己的生存安全而陷入集体焦虑了！这种焦虑促使我们在更广泛的领域团结一切力量的同时,深陷焦虑的“社会成员热切希望除去、减少这种高度、广泛的危险,热切希望在这种危险现实化之前,国家介入社会成员的生活来除去、减少这种危险”。[①] 安全问题构成风险社会理论与刑法体系之间的连接点,在刑法领域,公众对安全的现实需求会汇聚成刑事政策上的压力,最终通过目的的管道传递至刑法体系的内部,驱使刑法体系向预防目的的方向一路狂奔。[②] 各国的刑事立法明显转向预防与安全,国家在犯罪发生之前、在针对某个行为人特定犯罪的嫌疑具体化之前就尝试介入。[③] 在企业犯罪领域,刑事合规理念正好契合了风险社会中刑事政策以及刑法价值取向上的重大调整,因为“与传统刑法回顾性的处置方案不同的是,刑事合规的行事风格主要是前瞻性的”。[④] 风险刑法理论推行的“有危险就有刑罚”的扩张性入罪化原则,在前述英国《反贿赂法》中“商业组织预防贿赂失职罪”以及法国《萨宾第二法案》有关“企业强制合规制度”的立法规定中体现得淋漓尽致。与传统的消极预防与特别预防不同,通过合规计划实现积极预防不再停留在消极的一般预防所特有的刑罚威慑与空洞联想中,有针对性的合规计划在积极预防企业及其职员犯罪方面有着明确、具体的要求、方法与实现路径。为避免企业发展“装点门面式”的合规计划,有关国家立法明确提出了“有效合规计划”的概念,并明确合规的具体要求与评估标准。比如,美国《联邦量刑指南》中有关合规计划有效性的 7 项要素[⑤]既包括了实质的合规规则,也包含了形式的合规规则。其中,“不得聘用在尽职调查期间了解到具有犯罪前科记录的高管”这类实质的合规规则通过将有犯罪前科者排除在企业管理层之外而尽量确保决策层不出现“害群之马”,或者说不给有较高犯罪倾向者以“施展才华”的机会,借此避免未然之罪。与此同时,匿名举报制度、尽职调查制度等形式的合规确保了实质合规规则能够“落地生根”。

---

① ［日］关哲夫:《现代社会中法益论的课题》,王充译,载赵秉志主编:《刑法论丛》(第 12 卷),法律出版社 2008 年版,第 338 页。

② 参见劳东燕:《风险社会中的刑法:社会转型与刑法理论的变迁》,北京大学出版社 2015 年版,第 30 页。

③ 参见［德］乌尔里希·齐白:《全球风险社会与信息生活中的刑法:二十一世纪刑法模式的转换》,周遵友、江溯等译,中国法制出版社 2012 年版,第 167 页。

④ ［德］弗兰克·萨力格尔:《刑事合规的基本问题》,马寅翔译,载李本灿等编译:《合规与刑法:全球视野的考察》,中国政法大学出版社 2018 年版,第 54 页。

⑤ U. S. Sentencing Guideline Manual §8B2.1 (2011).

三、合规治理是协商治理在涉企犯罪中的应用

国家对预防企业犯罪固然有着不可推卸的责任，但企业犯罪预防更需要组织体本身的担当与作为。企业合规本质是企业的一种自我管理。① 在包括刑事合规在内的合规计划中，企业既是合规管理的对象，也是合规管理的主体。正因如此，刑事合规才被视为企业为避免自身刑事责任而对其从业人员的活动进行管理、规制以及由此形成的制度化安排与实践。当然，企业也能从自我管理中获得预期"收益"：国家对企业卓有成效的自我管理予以法律与政策上的激励。"现代国家已经以某种方式在一定程度上对刑事实体法做了扩张，但由于物力和人力的缺乏，在某些关键领域，它不能保证刑法能够在必要的范围内得以贯彻。经济刑法，尤其是公司刑法的绝大部分，都属于这些关键领域。为了提高扩张后的刑法在这些成为问题的领域中贯彻的可能性，国家越来越多地将宝押在了法定的或附随的自治化这一手段上。公司方面也积极地将自己置身于这一手段之下，以逃避扩张的刑法中难以估量的刑罚危险与部分大额的经济惩罚所带来的威胁。"②在这个意义上，可以认为，刑事合规是企业与国家在利益兼得原则下为预防企业犯罪而进行的合作治理。

企业犯罪预防与规制的合作共治模式实际上也是对此前单一国家法律规制在企业犯罪预防中低效能的反思与反应："一方面传统刑罚的威慑效果应该被肯定，另一方面也应该看到其效果的局限性，即仅依靠刑罚威慑并没有收到企业犯罪抑制的良好效果。"③"我们的结果强调了正式和非正式控制的共生关系，正式制裁并不能单独起作用。"④在预防企业犯罪中，企业与国家通过刑事合规进行的合作共治源于公共治理范式的转变，是协商治理理论在企业犯罪预防领域的运用。⑤ 基于协商民主的协商治理强调公民理性参与公共事务管理的重要作用，许多空间被创造出来以便不同的机构、中介、团体、积极分子走到一起就紧迫的社会问题进行协商。⑥ 在通过刑法预防企业犯罪领域，鉴于刑法规范的不完整性，尤其是与企业犯罪相关的罪刑规范在其法定可罚性范围的前置领域，结构上的开放性使得此类罪刑规范的行为塑造与行动指引功能几乎完全

---

① 参见李本灿：《刑事合规的制度边界》，载《法学论坛》2020 年第 4 期。

② ［德］弗兰克·萨力格尔：《刑事合规的基本问题》，马寅翔译，载李本灿等编译：《合规与刑法：全球视野的考察》，中国政法大学出版社 2018 年版，第 71 页。

③ 李本灿：《企业犯罪预防中国家规制向国家与企业共治转型之提倡》，载《政治与法律》2016 年第 2 期。

④ Sally S. Simpson, Garole Gibbs, Lee Ann Slocum, et al., *An Empirical Assessment of Corporate Environmental Crime-Control Strategies*, Journal of Criminal Law and Criminology, Vol. 103, No. 1, p. 265, 2013.

⑤ See Jorge M. Valadez, *Deliberative Democracy, and Self-Democracy in Multicultural Societies*, USA Westview Press, p. 30, 2001.

⑥ 参见张敏：《协商治理：一个成长中的新公共治理范式》，载《江海学刊》2012 年第 5 期。

没有。

与此同时,考虑到国家制定的相关规范有时并不符合企业的实际情况,参考国家法律法规与规章制度建构具体且有针对性的内部管理制度与行为指南,对企业来说显得尤为重要。为制定并实施有效的合规计划,企业无疑会整合包括内部合规官、社会咨询机构等在内的力量,因此,作为理性"公民"的企业在犯罪预防这一关乎社会治理成败的公共领域的作用举足轻重。当合规失败时,协商共治似乎成为企业唯一也是最佳出路,这一点可以从安达信拒绝协商后遭受的灭顶之灾可见一斑。企业通常会承诺"支付通过协商确定的罚款,对受害者做出经济补偿,支付检察机关的相关费用,与执法机关密切合作,执行更为严格的合规计划等"。① 作为回报,公诉机关会考虑对涉案企业暂缓起诉甚至不起诉。在此,第三方独立机构通常会被引入,与执法机构、司法机关、企业一道参与合规建设。比如,西门子腐败丑闻伴随着西门子与相关国家以和解方式解决的同时,会计师事务所和律师事务所等外部专业机构进驻西门子,开启了漫长而艰巨的独立调查。当然,有些时候,企业接受外部独立第三人的指导与监督本身就是和解协议的一部分,如中兴通讯与美国商务部工业安全局达成的《替代和解协议》即要求中兴通讯雇用由 BIS 挑选并负责的合规团队,其职责是实时监控中兴是否遵守美国的出口管制法规。② 湖南建工集团不仅定期向世界银行报告合规进展情况,而且数次接待世界银行首席合规官和独立合规监督员的现场检查,接受他们有关改进合规体系的建议和要求。③ 刑事合规是协商治理理论在企业犯罪预防领域的创造性运用,它避免了传统犯罪预防理论的局限性,突出了企业本身在犯罪预防中的重要作用,这不是单纯地将国家预防犯罪的职责转嫁给了企业,也不是所谓的"犯罪预防私有化",④毋宁是使犯罪治理在一定程度上、在某个领域转化为国家和企业的合作模式。在这种模式中,犯罪预防由单纯的国家责任变成了国家和企业的共同责任。⑤ 不仅如此,在针对未然之罪的预防过程中,

---

① Michael Bisgrove, Mark Weekes, *Deferred Prosecution Agreements: A Practical Consideration*, Criminal Law review, p. 416 – 438, 2014.

② Secretary Ross Announces $1.4 Billion ZTE Settlement; ZTE Board, Management Changes and Strictest BIS Compliance Requirements Ever, https://www.commerce.gov/news/press-releases/2018/06/secretary-ross-announces – 14 – billion-zte-settlement-zte-board-management, 2020 – 08 – 24.

③ 参见陈瑞华:《湖南建工的合规体系》,载《中国律师》2019 年第 11 期。

④ 参见[德]乌尔里希·齐白:《全球风险社会与信息生活中的刑法:二十一世纪刑法模式的转换》,周遵友、江溯等译,中国法制出版社 2012 年版,第 236 页。在笔者看来,用"犯罪预防私有化"评价刑事合规制度是不准确的,这容易给人以国家将预防和追诉刑事犯罪的职责"承包"或"转让"给私人或企业的错觉。其实,包括刑事合规在内的合规计划其实就是企业自我管理的规范化与制度化,不能因为其具有预防犯罪的功能以及其主体是企业,即认为"犯罪预防私有化"!

⑤ 参见石磊:《刑事合规:最优企业犯罪预防方法》,载《检察日报》2019 年 1 月 26 日,第 3 版。

作为理性经济人的企业，结合自身的行业特色，按照法律法规与规章制度标准，构建适合自己的合规体系；在合规失败场合，企业借助合规计划，通过与司法机关、外部机构合作，共同就企业治理中存在的漏洞与问题展开有益的磋商，获得对企业最优处置方案，以避免再次重蹈覆辙。在企业刑事合规中，企业、社会咨询机构等社会力量积极参与企业自治，司法机关与涉罪企业的合作协商既是合规管理的特色，也是协商治理理论的体现。

第三节 合规的刑法教义学意义及单位刑事归责原理

合规治理既表明了单位有关违法犯罪的基本态度，企业通过合规实践也客观展示了其在预防企业及其员工违法犯罪方面尽到了应有的责任。正因如此，有效的合规计划不仅影响涉案企业刑事责任的轻重，而且也会影响涉案企业刑事责任的有无。就此而言，有必要在刑法教义学视野下考察有效合规对单位刑事责任的意义，并在此基础上确立单位刑事归责原理。

一、作为阻却单位刑事责任事由的合规计划

考虑到风险社会“人为的不确定性”以及合规计划之于企业犯罪预防的积极功能，刑法中积极的一般预防观念兴起，“有危险就有刑罚”的扩张性入罪化原则深深地影响了企业犯罪的刑事立法政策。部分国家甚至在立法中明确践行合规是企业及其高级管理人员的法律义务，此即“强制合规义务”。最具代表性的当属法国 2016 年的《萨宾第二法案》，根据该法案成立了法国反腐败局（Agence Française Anti-Corruption，AFA），其职责之一即监督企业根据法案建立合规制度，并对合规计划的有效性进行评估。根据该法第 17 条的规定，满足以下标准的企业必须建立合规制度：（1）用工人数达到 500 人，或隶属于总部设在法国且总用工人数达到 500 人的公司集团；（2）单独报表或合并报表中的营业收入达到 1 亿欧元。在此，建立合规制度是企业及其高级管理人员（董事长、常务董事、经理等）的法定义务；对没有按照规定主动建立合规制度的企业，AFA 下设的处罚委员会有权对企业处以不超过 100 万欧元的罚款，并对高级管理人员处以不超过 20 万欧元的罚款。与此同时，处罚委员会有权继续要求企业或高级管理人员在不超过 3 年的期限内完成合规制度建设。如果企业还是未能建立符合要求的合规制度，法院有权对企业和相关自然人分别判处罚金，并对自然人判处 2 年以下监禁。如果上述法案中规定的“强制合规义务”对企业及其高级管理人员来说还只是一种行政法上的义务，尚不直接导致刑事犯罪，则怠于履行处罚委员会指示中所要求的“合规义务”则明显已经上升为一种刑事法上的义务，违反该义务的后果即刑事责任，企业面临罚款，自然人面

临监禁。从这个意义上讲,从强制合规义务中也能推导出企业的刑事责任。

比较而言,更多国家的立法目前还是倾向于在“出罪事由”方向上规定合规计划。英国于2010年颁布的《反贿赂法》第7条(商业组织预防贿赂失职罪)第2款即为范例,如果该商业组织能够证明其已经制定了预防关联人员实施贿赂行为的适当程序,则可以据此主张其不构成该项犯罪。英国司法部于2011年通过的《关于相关商事主体预防关联人贿赂所施行程序的指引》对何谓充分程序做出了详细阐述:合比例程序、高层承诺、风险评估、尽职调查、沟通交流以及监控与检讨。① 意大利2001年第231号法令第6条规定,如果企业高级职员或其下属职员从事犯罪活动,则企业应为此负责。但是,如果企业能够证明在犯罪行为发生前,企业已经采取了必要措施和适当程序预防犯罪,则免除其责任。② 2017澳大利亚的《刑事立法修正案》有关打击企业犯罪中也有类似规定。③ 美国是企业合规的发源地,时至今日,与合规相关的立法已相当完善,但遗憾的是,“联邦判例原则上不将合规管理制度作为合理注意义务抗辩的有效理由”。尽管如此,“在学说上,支持在考虑替代责任要件时考虑合规管理制度的呼声不断高涨”,但考虑到传统影响因素的存在,今后一段时间试图通过合理注意义务的抗辩以引起判例立场发生根本性转变的可能性较低,所以,有必要寻找合理注意义务抗辩以外的方法,使合规管理制度成为法人主体能运用的一项重要武器。④

二、作为减轻涉案单位刑事责任事由的合规计划

合规计划也会对针对犯罪企业的刑罚裁量产生积极影响。最具代表性者当属美国《联邦量刑指南》有关组织体的量刑规定,如果企业因其代理人实施的违法行为被起诉和定罪,有效的合规计划可以帮助减轻企业的刑罚。⑤ 具体来说,除非企业的主要目的是从事犯罪活动,否则量刑指南的刑度将按以下方式计算:(1)确定犯罪等级;(2)把罪行等级代入企业罚款表;(3)确定罪责指数;(4)对罪责指数用乘数加倍,以确定该行为在量刑指南中的最高和最低罚款数额。第三步企业罪责指数的高低可能会致使罚款额

---

① 参见印波、高远:《英国企业预防行贿失职罪的充分程序抗辩——兼谈对我国治理商业贿赂的启示》,载《河北经贸大学学报》2015年第6期。

② 参见范红旗:《意大利法人犯罪制度及评析》,载赵秉志主编:《刑法论丛》(第15卷),法律出版社2008年版,第298页。

③ 企业应当对其职员的海外贿赂行为承担刑事责任,除非其能证明企业已经建立并实施了旨在预防海外贿赂行为的适当程序。Georgie Farrant and Naomita Royan, Australia: Whistleblowing and Foreign Bribery Bills introduced into Senate, https://globalcompliancenews. com/australia-whistleblowing-and-foreign-bribery-bills-senate-20171212/.

④ 参见[日]川崎友巳:《合规管理制度的法律意义》,李世阳译,载李本灿等编译:《合规与刑法:全球视野的考察》,中国政法大学出版社2018年版,第41~42页。

⑤ U. S. Sentencing Guideline Manual § 8C2. 5(2010).

减半或加倍，而其取决于组织的规模、配合程度以及企业是否拥有有效的合规计划。最终，若企业拥有有效的合规计划，根据量刑指南，罚款数额会发生非常大的变化，因为罪责指数从9降低到了6。由于点数变化，最小倍数变成了1.2，最大2.4，罚款数额则依据指南变成了6000万～1.2亿美元，考虑到罚款的上限为1亿美元，因此，一个有效的合规计划可能将罚款参考数额降低4000多万美元。此外，若企业自觉披露违规行为并配合调查，则罪责指数还会额外降低多达5个等级，可能从最初的9变为1；与此相应，最小倍数可能会变成0.2，最大倍数变成0.4，罚款参考数额也会相应变成1000万～2000万美元，或者低于企业的盈利额。①

由此可见，企业职员(包括高级管理人员)以及企业构成刑事犯罪，并不会彻底否定合规计划在刑法上可能的积极意义。换句话说，即便不能以有效合规计划作为否定企业构成犯罪的辩护事由，但也不妨碍以此为据请求对企业从轻量刑，继而谋求企业利益最大化。从这个意义上讲，合规计划不仅具有量刑从优的价值，而且也印证了“合规创造经济价值”的论断。虽说量刑从宽使得企业在最不利的境遇中实现了利益最大化，但对企业来说，至关重要的或许并不是罚金数额的减免，而是判决有罪的结果，甚至刑事追诉的过程本身即足以宣判企业“死刑”，这一点可以从“安达信事件”的处置过程得到很好说明。② 从这个意义上说，刑事合规的量刑激励模式或有舍本逐末之嫌；与此同时，这也从一个侧面反映了赋予刑事合规以程序法的意义异常重要。

三、合规视域下单位刑事归责原理及其方向

如前所述，部分国家的立法明确规定有效合规计划可以作为否定企业刑事责任的法定事由；部分国家的司法实践显示，即便在追究企业刑事责任的情况下，合规计划对企业的刑罚裁量也大有助益。易言之，合规计划对企业自身刑事责任的生成与评价至关重要。在此，有必要立足合规计划之于单位犯罪刑事责任的积极效应思考单位犯罪的刑事责任根据，以便在单位犯罪的刑法教义学视域中为合规计划及其展开寻找嵌入点。与此同时，也可以透过合规计划重新检视甚或重塑长期以来困扰我们的单位犯罪

① 参见[美]瑞恩·D.麦克奈尔、杰伊·马丁、夏洛特·西蒙:《“事前规划”抑或“事后处罚”:合规在刑事案件中的作用》，万方译，载李本灿等编译:《合规与刑法:全球视野的考察》，中国政法大学出版社2018年版，第167～177页。

② 联邦地区检察官向安达信提出的辩诉交易建议遭安达信执行官与律师拒绝后，检察官遂向法院提交起诉书，案件进入法庭审理阶段。一审法院认定安达信妨碍司法罪名成立，判处罚金50万美元，责令5年内不得从事会计业务；安达信上诉后，二审法院维持原判；安达信继续向联邦最高法院上诉，2005年5月31日，联邦最高法院以初审法院存在程序错误为由，裁定推翻原判。但这最终并没能挽救安达信的悲惨命运，因为早在联邦检察官对其起诉后，美国证券交易委员会就停止了安达信为上市公司提供审计的资格，这一举措对安达信的经营无疑是致命性的！参见陈瑞华:《安然和安达信事件》，载《中国律师》2020年第4期。

刑事责任相关理论。

有效合规计划作为否定企业刑事责任的抗辩事由,在关键时刻能够在涉罪员工与企业之间依法实现责任切割,合规计划的这一特殊效果说明在合规治理语境下,企业员工(无论其职务高低)的不法职务或业务行为并不能必然归属于企业。就此而言,无论是在同一视理论①还是在替代责任模式下,②均无合规计划的存在空间。联邦法院在企业法人实施了合规管理制度的情况下原则上不认定其属于尽到了合理注意义务,一般不减轻或免除刑事责任,究其原因是联邦法院判例中,关于法人刑事责任的描述中普遍采用确认从业者无过失责任转移的"替代责任"有效的法理。③ 事实上,替代责任理论不仅违反了刑法中罪责自负这一基本归责原则,而且就其本质而言属于法人犯罪否定论,这在我国普遍承认单位犯罪的立法语境下明显是不合时宜的。我国刑法理论通说以及司法实践似乎更倾向于同一视理论,学界普遍将经单位集体讨论或者单位负责人决定由相关职员实施的危害行为作为单位犯罪的核心与关键。④ 很明显,同一视理论所预设的单位犯罪情境中,通过单位职员的不法行为追究所属单位的刑事责任无疑是妥善且正当的,单位通过集体研究决定实施违法犯罪活动,这意味着单位并不存在有效的合规计划,或者说单位的合规计划属于"装点门面"的。但这既不能作为否定有效合规计划可以阻却犯罪事由的依据,也不能作为同一视理论正当化的根据。事实上,在同一视理论下,是不可能主张有效合规作为阻却单位构成犯罪的事由的。同一视理论主张,单位犯罪以自然人犯罪为前提,这在很大程度上无视单位及其职员承担刑事责任根据的差异性。我国刑法中的单位犯罪实是一种特殊的犯罪聚合体,它包括两个犯罪行为,两个犯罪主体和刑事责任主体,对于自然人犯罪完全可以用传统的自然人犯罪理论对其进行处理,对于单位犯罪,因其有别于自然人,因而对其刑事责任的承担形式和根据需要加以论证。单位成员的犯罪就是自然人犯罪,而与其所属单位在刑事责任承担上并无关联。使单位责任与单位成员责任实现适当分离,有利于合理、有效地惩治单位犯罪。⑤ 不仅如此,同一视理论也不利于对公害犯罪如环境污染犯罪的惩治。大型企业排出的

---

① 主张将特定的自然人的犯罪视为单位犯罪,继而处罚单位。

② 奉行"仆人犯错,主人担责"的理念,认为单位刑事责任实质上是对单位中自然人刑事责任的分担或者转嫁。

③ 参见[日]川崎友巳:《合规管理制度的法律意义》,李世阳译,载李本灿等编译:《合规与刑法:全球视野的考察》,中国政法大学出版社 2018 年版,第 36 页。

④ 参见高铭暄、马克昌主编:《刑法学》(上编),中国法制出版社 1999 年版,第 193 ~ 194 页;陈兴良:《规范刑法学》(第 4 版)(上册),中国人民大学出版社 2017 年版,第 256 页。

⑤ 参见叶良芳:《单位犯罪责任构造的反思与检讨》,载《现代法学》2008 年第 1 期。

废水污染环境，即使不能追究任何自然人的刑事责任，也可以追究单位的刑事责任。[①] 如果说同一视理论有助于追究小规模单位的犯罪，则其明显不利于对大规模单位的犯罪的规制。[②] 在组织严密且层级复杂的组织体内，单位最高层如董事会集体研究决定实施犯罪活动几乎是不能想象的；换句话说，即便单位的决策机构声称，其完全不知情或者没有作出过类似决定，这也并不影响因单位职员的不法业务活动而追究单位犯罪的刑事责任，这既说明同一视理论的适用范围是有局限性的，也说明单位及其职员的意志与行为是不完全等同的。此外，如果同一视理论能够较好地说明单位故意犯罪，则其未必能够当然适用于单位过失犯罪的场合。

鉴于有效合规计划阻却单位承担刑事责任的立法规定与司法实践，不得不承认，单位职员的行为不能当然视为单位的行为，单位职员构成犯罪也并不意味着单位因此承担刑事责任；反之亦然。也就是说，合规计划之于单位犯罪的犯罪阻却效果迫使我们放弃同一视理论，并提示我们，单位刑事责任的根据不同于单位职员承担刑事责任的根据。"由于单位的行为通过自然人实施，从现象上看，单位的行为与单位中自然人的行为是同一的，单位并没有比单位中自然人做更多的事情，因而对单位的归责虽然要考虑能够归责于单位的行为，但更多地应该考虑单位对自然人实施危害行为的客观影响，换言之，该单位治理处于何种状态时单位应对自然人的行为承担责任。"[③]在此，组织体责任理论提供了一个可能的思考方向。"企业犯罪并不完全是由于企业内的自然人的某个决定而引起的，很大程度上是由于企业固有的管理体制的不完善或者企业的组织结构中所存在的某种缺陷而导致的。"易言之，企业刑事责任"不是从企业中的个人，而是从企业自身的组织结构、规章、政策、宗旨、文化等企业自身特征"中导出的。[④] 目前为止，学界在有关组织体责任的理解尤其是以此为基础构建单位犯罪构成要件方面虽然存在重大认识分歧，[⑤]但均认可合规计划之于企业刑事责任生成的决定性影响，并试图以合规计划及其践行为契机重构单位犯罪的构成要件。笔者认为，在组织体责任的方向上探讨单位犯罪刑事责任的基础是妥当的，也只有在组织体责任论的语境下方有进

---

① ［日］樋口亮介：《法人处罚与刑法理论》，东京大学出版会 2009 年版，第 1 页。转引自张明楷：《刑法学》（第 5 版），法律出版社 2016 年版，第 137 页。

② 参见张明楷：《刑法学》（第 5 版），法律出版社 2016 年版，第 137 页。

③ 时延安：《合规计划实施与单位的刑事归责》，载《法学杂志》2019 年第 9 期。

④ 参见黎宏：《合规计划与企业刑事责任》，载《法学杂志》2019 年第 9 期。

⑤ 比如，黎宏教授从企业文化论的角度把握组织体责任，认为各种各样的企业组织中均存在其固有的文化，在其成为促使犯罪发生的原因的场合，便可将其作为企业的主观意思归于企业自身，并将其同企业成员的犯罪行为联系起来考虑。参见黎宏：《合规计划与企业刑事责任》，载《法学杂志》2019 年第 9 期。时延安教授则认为，单位犯罪的规则基础是单位内部治理或经营结构导致危害行为发生。参见时延安：《合规计划实施与单位的刑事归责》，载《法学杂志》2019 年第 9 期。

一步探究合规计划之于企业刑事责任重塑的空间。如此方能从根本上合理解释为什么可以将良好的合规计划作为阻却犯罪的事由，以及在合规失败时即便不能因此而阻却单位构成犯罪，但依旧可因此而主张减轻甚至免除对企业的刑罚处罚。考虑到有效合规计划的基本要素均是有关企业治理结构与运营方式方面的要求，因此，将单位承担刑事责任的根据确定为因单位未践行有效合规计划而导致企业治理结构和运营方式存在漏洞与风险，并因此而引致不法结果发生。申言之，在企业存在有效合规计划——治理结构完善、运营方式合法——的情况下，企业职员的不法（业务）行为原则上当属其超越职责的个人行为，职员所属企业不应因雇员的个人行为而承担组织体责任；即便追究组织体的刑事责任，鉴于企业因有效合规计划在客观上履行了相当的注意义务，以及因此对企业的非难程度有所缓和，同时考虑针对涉罪企业特别预防的必要性较低，可以考虑对其在刑罚裁量时予以减轻甚至免除处罚。

第四章　企业合规与诉讼法

企业合规内涵丰富、辐射面广，横跨经济、法律和管理等诸多领域，在刑事司法视野下，涉案企业合规（目前更多地表现为刑事领域合规）多指为避免因企业或企业重要员工的行为给企业带来的刑事责任，通过刑事政策上的正向激励和责任归咎，推动企业制定并执行合规计划。[①] 可见，涉案企业合规并不简单等同于企业及相应行业形成了符合刑事法律规定的合规体系或认证标准，而更强调刑事语境下对其认定评价，在企业经营生死攸关的环节能否实现合规建设向出罪或宽缓处理的转化，这也是涉案企业合规与一般的公司治理合规、行业规范合规和行政监管合规的重要区别之一。换言之，国家在企业合规与刑事责任之间搭设了某种连接，通过刑事责任的加重、减轻或者免除，给予企业实施合规的压力和动力，实现企业犯罪预防从国家规制模式向国家和企业共治模式转型。[②]

综观各国刑事合规制度与实践，主要基于实体法与程序法两条路径保障政策目的实现。刑事实体法路径重在将企业经营是否合规及其合规的努力程度能否作为认定企业犯罪的阻却事由，核心是单位刑事责任的归责问题。刑事程序法路径则重在将合规整改效果作为程序上出罪机制或者量刑上的从宽情节，并在合规适用阶段、适用流程、适用方式各个层面对刑事司法程序产生作用，典型的是美国的暂缓起诉制度（DPA）和不起诉协议制度（NPA）。具体而言，检察官与涉罪企业签署暂缓起诉或不起诉协议，企业在规定的考察期内完成合规整改并顺利通过合规监督考察后，检察官可以按照协议对涉罪企业撤销起诉或者不起诉。

借鉴国外经验，结合我国的司法实践实际，最高人民检察院近年来着力推动的涉案

① 参见孙国祥：《刑事合规的理念、机能和中国的构建》，载《中国刑事法杂志》2019 年第 2 期。

② 参见李本灿：《企业犯罪预防中国家规制向国家与企业共治转型之提倡》，载《政治与法律》2016 年第 2 期。

企业合规改革试点工作主要是聚焦程序法维度，立足诉讼法领域作出的履职创新。最高人民检察院明确指出，检察机关可以将涉案企业落实合规承诺、完成合规整改的效果，作为依法作出不批准逮捕、不起诉决定或者根据认罪认罚从宽制度提出轻缓量刑建议等的考量因素，借此督促企业合规守法经营，提升企业犯罪预防和治理成效，实现司法办案政治效果、法律效果、社会效果的统一。① 从2020年试点伊始着重强调“合规不起诉制度”，到如今逐步延伸到侦查起诉审判多环节的合规宽缓处理体系，涉案企业合规的诉讼法路径越发完善。以合规不起诉为重点，以诉讼各环节宽缓处理为主线，以构建本土化的合规附条件不起诉制度为阶段目标，以诉讼法完善推动实体法下单位犯罪制度的调整，可能是目前我国检察机关探索涉案企业合规改革中行之有效的发展路径。

第一节　涉案企业合规改革的程序功能

涉案企业合规改革作为检察机关贯彻落实习近平法治思想、党中央重大决策部署的重要举措，在助推法治化营商环境建设、促进国家治理体系和治理能力现代化、增强我国经济发展和对外开放优势等方面具有突出意义，具有很强的政策价值。同时，我国企业犯罪治理日趋复杂，遇到的问题也愈加突出：一是涉企犯罪相较于传统犯罪而言更为隐蔽复杂，新技术、新类型、新领域频出，刑事侦查取证及定性难度较大，行政监管机关和司法机关预防违法犯罪应对不足；二是企业涉嫌经济犯罪，公开调查和侦查措施与企业正常生产经营之间的矛盾越来越深，如上市公司一旦陷入行政或刑事处罚风险后，会造成投资者恐慌导致市值动荡，又如大量民营企业在面临刑事追责时往往难以为继，“案子办了，企业垮了”多有发生；三是涉及国际民生、社会公共利益的经济犯罪案件多发，牵涉人数众多、案件复杂敏感，需要投入较大的司法成本，妥善处理被害人权益、社会公共利益等保护问题。② 涉案企业合规改革根植于刑事法律体系，立足在事前或事后消解企业的刑事风险，特别是其内涵与诸多程序法原理、原则紧密相关，在应对当前犯罪治理问题上存在独特的制度优势，尤其在优化犯罪治理、完善权利保护、提升经济效率等方面呈现出鲜明的程序价值，这也构成了诉讼法下合规改革的内生驱动力。

---

① 《最高人民检察院关于开展企业合规改革试点工作方案》在基本内涵中明确：“开展企业合规改革试点工作，是指检察机关对于办理的涉企刑事案件，在依法作出不批准逮捕、不起诉决定或者根据认罪认罚从宽制度提出轻缓量刑建议等的同时，针对企业涉嫌具体犯罪，结合办案实际，督促涉案企业作出合规承诺，并积极整改落实，促进企业合规守法经营，减少和预防企业犯罪，实现司法办案政治效果、法律效果、社会效果的统一。”

② 参见马明亮：《作为犯罪治理方式的企业合规》，载《政法论坛》2020年第3期。

一、犯罪治理功能

法治建设“既要抓末端、治已病，更要抓前端、治未病”。党的二十大报告强调“提高公共安全治理水平”“完善社会治理体系”，对政法机关坚持治罪与治理并重，推进诉源治理，推进国家治理体系和治理能力现代化提出了更高要求和期待。

刑事处罚作为打击违法犯罪行为的“最后一道防线”，存在固有的局限性。在面对复杂多变的涉企犯罪时，传统刑事治理体系往往是“重打击、轻治理”，依靠国家威慑和事后惩戒来遏制企业犯罪。各国的实践表明，仅依靠重刑主义在预防挽救规制层面越来越力不从心，我国也概莫能外。在愈加严密的法网下，单位犯罪多发态势并未得到有效遏制，2017～2021 年，全国检察机关共起诉单位犯罪 1.4 万件 4.7 万人，呈逐年递增趋势。发案原因主要集中在为了单位利益虚开增值税专用发票或者非法占用农用地、非法吸收公众存款、单位行贿、走私等。① 这些案件有的反映出深层次矛盾问题，有的凸显苗头性、倾向性问题，仅靠传统的刑事打击难以取得良好的社会治理效果。而且涉案单位中非国有公司企事业单位占比超八成，其对主要经营者等主管人员依赖度较高，极易在刑事处罚下一蹶不振。对于很多企业家而言，“打击犯罪的警报”仍旧离己尚远，在利益驱使下，构建一整套守法合规的经营模式是“低效率”的，而在接受刑事处罚时，企业事实上就已经被判处了死刑，补救或者拯救企业显然是“不划算”的。企业“带病经营”，直至被发现后，再在刑罚打击下“一票否决”，是大多数涉罪企业的被动应对方式，如何改变这一现状是长期以来单位犯罪治理中的难点问题。

涉案企业合规就是将治理模式从传统的“一诉了之”或“一放了之”调整为“宽严相济”“疏堵结合”，通过适用不捕不诉等激励措施，督促企业建立风险防控体系，对企业犯罪从单纯的末端处理转化为与前端治理并重，与有关单位一同综合运用经济、行政、刑事等手段促进企业走上守法经营的坦途。它既改变了传统刑事打击下涉案企业缺乏合规整改积极性的问题，以兑现程序法中激励手段，提升企业主动整改意愿，改善办理涉企案件中“一办就垮”的局面；又避免一味从宽，与前些年最高人民检察院出台的“对企业负责人涉经营类犯罪依法能不捕的不捕、能不诉的不诉、能不判实刑的提出适用缓刑建议”的检察政策紧密结合，倒逼涉案企业作出合规承诺、切实完成整改，从根源上促进解决企业刑事犯罪风险，更好地规范经营、合规管理，真正体现对市场主体的严管厚爱。据统计，2021 年单位犯罪审结数及起诉数均明显下降，前 5 年间逐年递增的态势得到遏制，这一变化在一定程度上表明，2021 年 3 月以来检察机关机关扩大涉案企业合规改革

---

① 参见最高人民检察院：《单位犯罪起诉数量从逐年递增到明显下降，涉案企业合规改革试点成效初显》，载最高人民检察院公众号，https://mp. weixin. qq. com/s/aCTUQrA0bliWqBES－－msUw，最后访问日期：2022 年 12 月 13 日。

试点,探索合规不起诉制度在犯罪治理上成效明显。

二、诉讼模式优化功能

相较于传统的对抗性刑事诉讼模式而言,建立在被追诉人自愿认罪基础上的“合作性司法”或“协商性司法”体现出多元利益平衡的优势,成为两大法系不同国家的趋同式选择,美国辩诉交易,德国自白协商以及我国的刑事和解、认罪认罚从宽制度等均是协商性司法的体现。① 涉案企业合规也属于一种在检察机关等主导下的具有激励作用的“协商合作模式”。只是在“从宽”激励下,与认罪认罚从宽制度具有的“认罪认罚”效果以及刑事和解制度所发挥的“赔偿”作用相比,涉案企业合规发挥的是督促“合规整改”功能。②

刑事诉讼模式从对抗走向合作过程中,存在两个主要问题,一是单位犯罪中如何实现恢复性司法,认罪认罚从宽、刑事和解等主要适用于自然人犯罪,未延伸到单位犯罪领域;二是如何树立协商式司法的权威公信力,避免出现“花钱买刑”等争议。国外通过协商式、恢复式司法虽然取得了一定的犯罪治理效果,但是关于刑罚裁量过于宽大、威慑力不足的批评却越来越多,那些能够有效减少再犯的措施,有时与公众对严刑的要求存在一定程度的错位。③ 而涉案企业合规作为一种新型的协商式、恢复式司法模式,在涉企犯罪领域较好地贯彻了宽严相济的刑事政策,通过不起诉、从宽量刑的激励措施,督促涉案企业激活内部的合规管理和风险控制机制,完成合规整改及经营模式改造,从而发挥预防犯罪、监控违规行为以及制度修复等作用。④ 同时,涉案企业合规与传统协商式、恢复式司法不同,它还具有“惩罚性恢复”的特点,即对于承诺建立或者有效实施合规计划的企业,并非一味从宽,而是施以监督考察,对那些拒绝建立合规计划或者合规整改不到位的企业,检察机关可以依法提起公诉,不再使其享受从宽激励措施,甚至对故意隐瞒情节、进行虚假整改的企业可以向对应的主管机关提出从严处罚、处分的检察意见。⑤ 通过设置完备的监督评估标准和流程,在恢复性框架内增加可供选择的带有惩罚性的措施,以正向激励与负向激励相结合的模式,既有效减少涉企犯罪,又不降低公众对刑事司法的信心,推动当前带有协商式色彩的诉讼模式逐步优化。

---

① 参见武晓慧:《论比较法视野下的刑事司法协商机制》,载《中国刑事法杂志》2013 年第 11 期。

② 参见陈瑞华:《企业合规基本理论》(第 2 版),法律出版社 2021 年版,第 310 页。

③ 参见[英]汤姆·布鲁克斯:《惩罚性恢复与恢复性司法》,黄云波译,载《河南警察学院学报》2021 年第 3 期。

④ 参见陈瑞华:《刑事诉讼的合规激励模式》,载《中国法学》2020 年第 6 期。

⑤ 参见最高人民检察院、全国工商联等九部门《合规评估办法》第 2 条第 2 款:对于涉案企业合规建设经评估未达到有效性标准或者采用弄虚作假手段骗取评估结论的,人民检察院可以依法作出批准逮捕、起诉的决定,提出从严处罚的量刑建议,或者向有关主管机关提出从严处罚、处分的检察意见。

三、经济效率功能

诉讼经济原则是各国刑事司法在面对案多人少、司法资源有限等现实困境时的选择,实践中辩诉交易、认罪认罚、简易程序等都带有提升经济效率的意味,特别是在涉企犯罪领域尤为重要。对司法机关而言,企业犯罪具有隐蔽性、复杂性,证据难以收集固定,新领域新类型案件多发,司法行政机关打击犯罪的能力水平有待提升,很多犯罪若没有企业的主动配合,侦查和起诉成本都会显著增加。例如,在西门子全球案中,美国司法部依据《反海外腐败法》起诉德国西门子公司,指控其向65个国家的政府官员巨额行贿,由于案情复杂、调查范围广泛且需要各国协助配合,美国司法部耗时数年、花费5亿美元才完成调查工作。[①] 对企业而言,被追诉的企业往往要付出较大的应诉成本并承担刑事处罚对生产经营的巨大打击,严重损耗经济效益,乃至产生“水漾效应”,使企业股东、投资人、员工、合作方、无辜第三人甚至社会公共利益受到损害。引入企业合规制度,可以效减少国家对司法经济的投入,减少犯罪预防支出,节约刑事司法资源,比如美国负责合规的检察官数量及相应司法投入都维持在相对合理可控的标准,取得了良好成效。同时,企业合规是在企业日常经营中融入合规整改要求,也显著减少了企业参与刑事诉讼的耗费和因此产生的利润损失,使企业“边经营、边合规、边发展”。

在我国,单位犯罪案件判决无罪、不负刑事责任及免予刑事处罚的比例均高于整体刑事犯罪的比例,侧面体现出打击单位犯罪乃至涉企犯罪的难度相对更大、要求相对更高,需要投入更多的司法资源。但需要说明的是,对我国司法机关而言,诉讼经济效果并不能充分体现。一方面,适用涉案企业合规程序并不等同于降低证据审查认定标准,或者将本来应当作绝对不起诉、存疑不起诉的案件“借道”企业合规“消化”;对于符合绝对、存疑不起诉条件的,检察机关应当依法作出不起诉决定,不以企业合规整改为必要前提,对于办案中发现企业合规方面存在问题的,可以通过制发检察建议,推动企业有效整改。另一方面,与办理普通刑事案件相比,适用合规程序的案件流程复杂、沟通协调成本更高、办案期限更长,检察官往往要做很多“案外”工作,比如需要进行社会调查判断企业适用合规程序的必要性和可行性、商请第三方机制管委会启动监督评估程序、根据监督评估报告对合规整改效果进行综合评判等;在办案期限上,为确保合规整改到位,目前一般设置3~6个月的考察期间,加之必要的协调、审批程序,办案期限一般维持在6~9个月,与常规案件诉讼进程相比,节奏明显变慢。可以说,诉讼经济功能,特别是对司法机关而言的诉讼经济功能,与我国涉案企业合规的融合方式还需要进一步发掘。

---

① 参见杨帆:《企业刑事合规的程序应对》,载《法学杂志》2022年第1期。

第二节　涉案企业合规与既有制度的关系

最高人民检察院从试点伊始就着重强调涉案企业合规改革必须在法律框架内进行,要结合认罪认罚从宽、不起诉和检察建议等既有制度依法稳妥推进。在相关文件和发布会中更是多次提出"三个结合"的要求,即把企业合规与依法适用认罪认罚从宽制度和检察建议结合起来、与依法清理"挂案"结合起来、与依法适用不起诉结合起来,并指出要将改革探索和认罪认罚从宽、检察建议制度相结合,在具体的试点推进过程中,可以结合具体情况酌情考虑适用相对不起诉和从宽处罚,这样既能取得实效,又没有制度障碍,还能深化认罪认罚从宽制度的贯彻执行。

一、与检察建议工作相结合

《人民检察院检察建议工作规定》第 11 条规定,人民检察院在办理案件中发现涉案单位在预防违法犯罪方面制度不健全、不落实,管理不完善,存在违法犯罪隐患,需要及时消除的,可以向有关单位和部门提出改进工作、完善治理的检察建议。《合规指导意见》第 14 条第 2 款规定:"人民检察院发现涉案企业在预防违法犯罪方面制度不健全、不落实,管理不完善,存在违法犯罪隐患,需要及时消除的,可以结合合规材料,向涉案企业提出检察建议。"这为涉案企业合规改革与检察建议工作相结合提供了重要遵循。在此基础上,检察机关逐步探索出了一种新型的检察建议模式——合规检察建议,通过检察建议介入企业内部管理、引导合规计划的制定和执行。其与传统的社会治理类检察建议,共同构建了改革试点与检察建议工作紧密结合的路径。

在实践中,合规工作与检察建议工作的结合之处主要有三:一是针对"标准的简式合规",涉案企业为小微企业(判断标准可以参考税务总局、统计局等行政主管单位关于大中小微企业划分办法)的,可以采用检察机关主导的简式合规,不适用第三方机制,由检察机关制发合规检察建议并开展合规考察,督促企业完成合规整改,相关考察标准参考《合规评估办法》。例如,最高人民检察院第三批涉案企业合规典型案例中的江苏 F 公司、严某某、王某某提供虚假证明文件案,就是小微企业通过落实合规检察建议获得从宽处理的。二是针对适用"简化的第三方机制"的,即对规模相对较小(不限于小微企业)、合规问题明确、监督评估专业性要求较为简单的案件,在选择适用第三方机制的前提下,可以由办案检察机关向涉案企业制发合规检察建议,明确合规整改方向,涉案企业可以不再另行提交合规计划。三是在检察机关对涉案企业已经作出处理决定后,针对案件办理过程中发现行业普遍存在的类型化合规漏洞,向行业主管机关或者行业协会等制发社会治理类检察建议,建议其督促所辖企业及时完成整改,实现从"一案合规"

到“一域合规”的转变,如最高人民检察院第三批涉案企业合规典型案例多为此类。其中,由于合规检察建议与传统的社会治理类检察建议都存在督促企业合规经营等内容,关于二者如何界分、与合规改革是何种关系等问题,也是经历了从争论到相对统一的过程。

事实上,在试点尚未启动时,通过检察建议督促企业堵漏建制、守法经营已是检察机关延伸社会治理职能的常见手段。检察机关在履职过程中或结束后制发社会治理检察建议,其中一般会有在企业治理层面,对企业违法犯罪原因的分析及整改建议,相关企业也会据此进行落实回复,属于传统的社会治理“大合规”范畴。甚至在试点初期,在最高人民检察院第一批企业合规典型案例中,上海市A公司、B公司、关某某虚开增值税专用发票案、新泰市J公司等建筑企业串通投标系列案件等,从严格意义上来说都属于诉后通过制发社会治理检察建议督促企业整改,而非真正意义上的改革试点与合规检察建议相结合。现阶段,最高人民检察院明确,对于涉案企业是大中型企业,检察机关未商请启动第三方机制,仅针对其生产经营相关问题制发有关合规整改的检察建议,并直接开展合规考察,属于检察机关在办案中促进社会治理的职能延伸,不纳入企业合规案件统计范围。

目前,关于合规检察建议的内涵,一般认为是检察机关结合司法办案发现、分析企业管理制度上的漏洞和问题,在检察建议中有针对性地指出问题,提出整改建议要求,企业改进过程中,由第三方专家进行监督、评估验收,以确定整改是否到位,再结合认罪认罚从宽制度提出处理意见。由此,明确了此种模式下与检察建议工作结合的基本流程:检察机关提出合规检察建议,企业据此制定并执行合规计划,第三方监督评估,检察机关作出司法处理。据此,可以得出合规检察建议与社会治理类检察建议的两个关键性区别:一是制发时间不同,合规检察建议需要在检察机关作出决定前,而社会治理类检察建议则一般在处理决定作出后;二是落实效果不同,合规检察机关是将涉案企业对检察建议的履行情况嵌入诉讼机制中,作为诉讼情节考量,客观上更能保证其做到刚性、做成刚性,而社会治理类检察建议的回复落实情况缺乏这种诉讼制度和刑事激励的支撑。

二、与认罪认罚从宽制度相结合

涉案企业合规改革在推行之初,就有学者将其称为“单位的认罪认罚从宽制度”,可见二者在制度构建基点上有着天然相似性。涉案企业合规本身就具备明显的协商式司法属性,在企业合规计划的内容、生成以及作用上体现得尤为明显。《合规指导意见》规定,涉案企业围绕与企业涉嫌犯罪有关的内部治理结构、规章制度、人员管理等方面存在的问题,制定并向第三方组织提交专项或者多项合规计划,由第三方组织对涉案企业合规计划的可行性、有效性与全面性进行审查，考察期满后，检察机关参考涉案企业合规计划与第三方组织合规考察书面报告、涉案企业定期书面报告等，依法作出处理决定。企业合规计划具有明显的认罪认罚协商特征：一是体现了企业的认罪答辩态度，反映的是企业内部整体对其所涉犯罪的否定意志；二是体现了企业和办案机关的协商合意，是经办案机关和第三方组织审查认可的认罪答辩；三是体现了办案机关对企业认罪答辩的激励反馈，可以作为从宽处罚的参考依据。由此，涉案企业合规改革就与认罪认罚从宽制度找到了契合点，成为融入认罪认罚从宽制度而开展的一项改革试点。

在关注二者相同点的同时，也要注重它们的区别。首先，在价值目的上，认罪认罚从宽制度实质上是案件处理制度，旨在通过认罪协商，快速办理案件，化解社会矛盾，促进社会治理。涉案企业合规除了案件办理本身外，还要关注企业合规体系的构建，警示其他企业守法经营，预防和减少违法犯罪，在程序法意义上具有犯罪治理、诉讼结构优化和经济效率等功能，同时对促进经济高质量发展和更高水平对外开放、提升国家治理能力和治理水平现代化也有着重要作用。相较于认罪认罚从宽制度对诉讼效率的追求，如前所述，涉案企业合规虽然可以节约部分侦查的办案资源，但由于要对企业适用合规程序进行调查、跟踪和把关，特别是在简式合规中，检察机关作为监督评估企业合规整改情况的主导方，更是要投入极大的精力为企业构建和执行合规体系出谋划策、督促落实和最终评定，故诉讼效率并非其追求的主要价值方向。其次，在工作重心上，认罪认罚从宽制度的重点在案件办理本身，后续延伸处理属于刑事诉讼其他流程或者社会治理检察职能等范畴。涉案企业合规的内涵更为丰富，除了在案件办理中督促涉案企业合规整改外，还关注事前预防和事后行业合规治理，实现末端处理与前端治理并重。最后，在处理结果上，认罪认罚从宽作为判断企业合规整改意愿的重要因素，其是涉案企业合规启动的前提，涉案企业在认罪认罚后，又制定并有效实施合规计划，那么其从宽幅度理应大于单纯的认罪认罚；换言之，在立法修改完善的情况下，未来应当明确企业认罪认罚可以从宽，合规整改有效又可以从宽，这样才能激发企业整改和治理的积极性。①

现阶段，涉案企业合规与认罪认罚从宽制度实践中的结合点主要包括：一是作为适用条件，《合规指导意见》第 4 条明确指出，涉案企业、个人认罪认罚是适用第三方机制的条件，亦是适用合规程序的前提。涉案企业、个人若无法认罪认罚，则表明其对于犯罪行为的性质和结果缺乏准确认识，在此情况下，希望企业能有效落实合规整改要求，

---

① 参见朱孝清：《企业合规中的若干疑难问题》，载《法治研究》2021 年第 5 期。

重塑企业治理结构是不现实的,缺乏适用合规程序的必要性、可行性。二是作为审查标准,《合规评估办法》第 3 条明确,涉案企业合规建设的首要任务,或者说评价合规建设成效的首要审核标准,就是要全面停止涉罪违规违法行为,退缴违规违法所得,补缴或缴纳相应款项,配合司法机关、行政机关及第三方组织的工作,而这也与认罪认罚的核心不谋而合。实践中,对于在合规过程中发现涉案企业故意隐瞒罪行、逃避罪责情况的处理,其核心也是把握企业是否彻底认罪认罚,需要全面评估涉案企业及个人认罪认罚情况,判断其是否违背合规整改承诺,以作出是否终止监督评估的决定。三是作为处理依据,目前,直接凭借合规整改有效进行从宽处理的法律依据不足,需要通过既有的认罪认罚从宽制度,将企业合规整改成效及个人在整改中发挥的作用,作为认定涉案企业、个人认罪认罚情况的重要参考,由此使其获得宽缓处理的机会。这是实务中利用两项制度共性探索出的试点路径,既符合严格依法,又体现刑事激励。

三、与不起诉适用相结合

《合规指导意见》第 14 条第 1 款规定,第三方监督评估报告、涉案企业合规计划等合规整改证明材料,作为检察机关是否逮捕、是否起诉、提出量刑建议、检察建议、检察意见的重要参考。可见,涉案企业合规不仅具有程序机制上的出罪作用,还具有量刑情节上的从宽效用。在现行法律框架下,对检察机关推动改革试点而言,认罪认罚从宽制度为之提供了制度基础,检察建议为之提供了路径依据,批捕和起诉裁量权则为之提供了实现可能。

涉案企业合规改革最初的名称是"合规不起诉",后续随着研究的深入,不断拓展了适用范畴,但不起诉,特别是相对不起诉仍旧是最具激励性、典型性,也是适用最广的合规从宽处理方式。关于涉案企业合规与相对不起诉之间的关系问题,笔者认为,二者虽然关系紧密,但合规整改有效并不是检察机关作出相对不起诉的必经程序和必要条件,需区分情况具体分析、具体处理。对于涉案企业、个人本身已符合相对不起诉条件的,若其不同意适用企业合规,应当依法作出不起诉决定,针对发现的企业内部合规管理漏洞,可以在作出不起诉决定的同时,制发社会治理检察建议,推动、促进企业有效整改。对于涉案企业、个人原本根据案件具体情况、法定从轻、减轻情节等仍需起诉的,经合规考察合格,检察机关可以将企业合规整改效果作为企业酌定从轻情节,将个人在企业整改中的作用等作为认定认罪认罚的重要因素,予以综合判断,若此时符合相对不起诉条件的,一般应当依法作出不起诉决定。对于涉案企业、个人本身已符合相对不起诉条件仍自愿适用企业合规的,应当在合规考察合格后,依法作出相对不起诉决定,并考虑通过行刑衔接机制给予适当激励。

四、与"挂案"清理相结合

所谓"挂案",通俗地讲,就是部分案件在办理过程中,由于侦查机关对法律政策把握不准、证据难以获取固定等原因，立案后既不及时撤案又不向前推进，出现了“疑案从挂”的现象。很多民营企业及有关人员由于“挂案”问题长期处于被追诉的状态，严重影响了正常的生产经营。为依法加强对民营经济的平等司法保护，服务保障法治化营商环境，2019 年 9 月，最高人民检察院加大监督力度，在全国检察机关部署开展涉民营企业刑事诉讼“挂案”专项清理工作；2020 年 10 月开始，最高人民检察院联合公安部开启了为期一年的新一轮专项清理工作。2019 年起持续专项清理出 9815 件“挂案”，对证据不足、促查无果的，坚决落实疑罪从无，督促办结 8707 件，[①]成效显著。

推动涉案企业合规与依法清理“挂案”相结合，是指检察机关在清理“挂案”过程中，对尚未进入检察环节的案件，通过适用涉案企业合规，积极引导企业开展合规建设。入选最高人民检察院第二批企业合规典型案例的张家港 S 公司、睢某某销售假冒注册商标的商品案就是二者相结合的代表，该案中检察机关对未进入检察环节的案件，应公安机关邀请介入侦查，深入开展个案会商认定“挂案”性质，共同推进清理。对适用企业刑事合规条件的案件，积极引导涉案企业开展合规建设，引入第三方组织进行监督评估，规范推进合规监督考察和“挂案”清理工作，建立长效机制，实现精准监督。

第三节　涉案企业合规诉讼法立法建议

在前期试点中，由于刑事激励措施缺乏配套法律制度的支撑，改革红利难以充分释放，有必要通过修改现行法律予以改善。

一、在《刑事诉讼法》中的定位

建议参考刑事和解制度纳入《刑事诉讼法》的模式，在《刑事诉讼法》第五编特别程序中增设一章，专门规定涉案企业合规在刑事诉讼流程的相关制度规范。这样设置，主要考虑的是：一方面，在特别程序中设置专章，规定更为集中，在不造成《刑事诉讼法》大范围修改的同时，推动公检法机关对企业合规改革形成有效合力，即合规特别程序在侦查、审判环节均可适用，在刑事诉讼全链条推进合规改革；另一方面，作为特别程序，重点规范的是需要适用第三方机制的附条件不起诉涉企刑事案件，对于可以依法适用相对不起诉、特殊不起诉制度的涉企刑事案件，可以按照《刑事诉讼法》的相关规定处理，类似于在特别程序中予以规定的未成年人附条件不起诉制度与其他种类不起诉之间的关系。

二、适用对象和条件

根据《合规指导意见》等规定，单位犯罪以及企业中关键人员实施的部分个人犯罪

---

① 参见《最高人民检察院 2020 年工作报告》，载最高人民检察院官网，https://www.spp.gov.cn/spp/gzbg/202006/t20200601_463798.shtml，最后访问日期：2022 年 12 月 13 日。

案件可以适用涉案企业合规，在实践中的适用效果良好，建议在修法过程中予以固定。同时，针对实践适用中存在的一些争议问题，可以在后续的司法解释或者办案规定中予以明晰，比如，对于犯罪主体是处于企业重要、关键岗位的判定，需要根据案件类型、企业治理结构等综合判定，妥善理解把握，一些扁平化管理的互联网公司等的项目负责人，对项目的处理具有较大的管理支配权力，也可以认定为处于"重要、关键岗位"；对于从事企业日常生产经营的认定，可以认为是企业业务活动本身或者其他为方便企业业务开展的关联活动。

三、附条件不起诉

建议明确规定附条件不起诉制度，为涉案企业提供更强的激励力度和更充分的整改空间，具体而言：一是可以限制一定的适用条件，即涉案人员的最高刑期限制。从改革试点的情况看，有的试点地区在规范性文件中设置了刑期条件，学术界也普遍认为，有必要参照未成年人刑事案件诉讼程序明确一个最高刑期限制。二是延长合规考察期限，试点中，合规考察期限与办案期限间的矛盾十分突出，考察期限不足使企业合规整改往往是匆匆上马、着急落地、快速考察，而合规体系特别是合规文化的建立是需要时间积淀的。建议将合规考察期限延长到"六个月以上三年以下"或者"一年以上五年以下"，兼顾不同规模企业的不同合规整改要求。三是规定分案处理规则，在刑法单位犯罪"双罚制"未作修改的情况下，可以明确对涉案企业和相关人员分案处理，便于实践中因案制宜。即合规考察完成后，检察机关可以根据案件的具体情况，对涉案企业和相关人员分案处理，依法分别作出处理决定或提出量刑建议，可以在对单位从轻处理的同时，对个人从轻处理、依法追责或者从严惩处。总体而言，坚持保企业、稳就业目标导向，对单位的从宽体现充分性，以契合国家服务保障"六稳六保"等政策要求；对个人的从宽体现依据性，将个人在企业整改中的作用等作为认定从宽的重要因素，综合其他法定、酌定从宽情节予以判定。

第五章　企业合规与公司治理

第一节　企业合规治理概述

一、企业合规概述

近年来,我国已经将企业的合规治理提上议事议程。自 2018 年以来,我国行政监管部门开始尝试在企业中全面推动合规治理体系的建设。自 2020 年 3 月以来,最高人民检察院先后进行了两期企业合规改革试点工作,旨在加大对民营经济的平等保护,既给涉案企业以深刻的警醒和教育,防范今后可能再发生违法犯罪,也给相关行业企业合规经营提供样板和借鉴。在此基础上,进一步促进市场主体的健康发展,营造良好的法治化营商环境,推动形成新发展格局,促进经济社会高质量发展,助推国家治理体系和治理能力的现代化。特别是民营企业的管理者应当积极推动本企业建构和完善合规计划,将合规计划变成一种企业治理方式,并打造出一种诚信经营、合规发展的企业文化。检察机关采取惩戒与激励相结合的机制督促企业构建合规体系,在目前"中国语境"下彰显了合规治理的司法意义。

企业合规目前已经成为全球企业治理的重要方式。合规是指对企业的一种规范化治理,这种治理的依据包括行政监管法规、刑事法规、行业准则、商业惯例及商业道德规范等。因此,我国学者将合规问题又细分为刑事合规、行政合规。合规的意思是指符合规范要求,这里的"规"包括标准、法规、法则等在内的各种规范。2018 年出台的《合规管理体系　指南》指出,合规意味着组织遵守了适用的法律法规及监管规定,也遵守了相关标准、合同、有效治理原则或道德准则。可见,合规是建立在一套规范体系上的企业管理模式或治理模式。简言之,刑法方面的企业合规是刑事合规,行政法方面的企业合规是行政合规;或者说,企业合规是一个上位概念,刑事合规、行政合规等是下位概念。从广义上说,合规计划是对商业伦理或商业道德的一种弘扬,但其核心在于刑事合规——以刑事司法视角判断。有论者指出:"广义的合规计划涵盖了从商业伦理到民事责任、行政责任，再到刑事责任的规范，层层递进，最终以刑事责任为依归和核心……合规计划以预防刑事法律风险为终极目的，以刑法激励措施作为终极推动力。换言之，合规计划以刑事激励和预防刑事法风险为核心。"这一说法可供参考。根据学界的通说，企业合规是指企业在经营过程中遵守法律和规则，为规避或减轻因违法违规经营而承担的行政责任、刑事责任和经济损失等而必须采取的一种公司治理的方式。另外，国家为鼓励企业构建或完善合规计划，需要在法律上采用激励机制，将合规作为对违规企业在行政处罚和刑事惩罚上进行减免的依据。企业合规与企业从业者特别是高管的法律责任有着密切关系，"合规"的对立面是"逾规"或"无规"，无规是没有规矩，逾规是超越规矩，这都要承担法律责任，对企业经营将构成重大风险。因此可以说，企业合规就是企业对其法律风险的防控和规避，这种法律风险主要是指行政处罚风险及刑事法律风险。

在合规法律概念中，刑事合规只是一部分，而不是全部。尤其是随着刑事合规的深入发展，大家越来越意识到企业合规不仅仅是刑事法律问题，还涉及其他法律领域，是一个全方位的法律问题，在各个相关领域都需要进行制度建设，这就由此引出了大合规的概念。在大合规概念中，与企业发展经营活动关联最密切的是公司法、企业法，在公司法、企业法中关联更具体的制度就是公司治理、企业治理。过去谈公司治理主要是从公司组织机构的设置、组织机构的职权、组织机构的运行等几个方面探讨的。企业合规制度兴起以来，更多的是从企业合规的角度探讨公司治理，或者把企业合规改革和制度建设纳入整个公司治理中，成为公司治理制度的一个重要方面。相对而言，刑事合规是小合规，它的兴起推动了商法、公司法对企业合规问题的研究。企业合规不仅是一个刑事问题，也是一个商事法律问题，它应该成为公司法制度建设中一个新的重要方向。在制度建设方面，怎样把企业合规的成果、企业合规的制度纳入公司法制度建设中，需要学者和实务工作者共同研究和推动。

从制度完备性来说，仅有刑事合规是不够的，还需要从企业制度、公司制度方面进行基础性建设。2022 年 4 月 19 日《合规评估办法》对涉案企业合规进行了界定，是指涉案企业针对与涉嫌犯罪有密切联系的合规风险，制定专项合规整改计划，完善企业治理结构，健全内部规章制度，形成有效合规管理体系的活动。与传统公司治理模式不同，合规视角下的公司治理，一方面需要企业在内部建立一套完整的合规体系来检测、识别、预防并阻止法律风险的发生；另一方面要从企业经营层面出发，在业务、财务管理和合规管理之间达到平衡。这需要企业通过三个层面的机构设置及运行流程来实现：股东和股东会层面、董事会及监事会层面、经营层面。就公司法修改而言，一个有利的契机是看公司法修改中能否引入企业合规制度。建议在立法建议稿中拟定专门条款，对企业合规机构的设置、职权、责任等作出系统性规定，比如，规定企业合规机构的设置可以由董事会提名，股东大会决定。再如，对合规机构的职权、责任、负责人的任期以及无故不得解聘合规机构负责人等作出规定，以保障合规机构负责人依法行使职权。

二、规范性文件对于企业合规的规定

从各部委先后制定的规范性文件来看，对合规的定义和要求各有不同。中国国家标准化管理委员会在《合规管理体系　指南》中，试图提出一项在组织内建立合规管理体系的标准，促进合规管理体系的良好运转。该指南涵盖了合规义务、领导作用、合规方针、合规管理体系策划、合规支持、合规运行、绩效评价、合规改进等内容。① 这种标准化的努力，有助于消解不同部门和组织对合规范畴的理解差异。早在2006年，中国银监会就印发了《商业银行合规风险管理指引》（银监发〔2006〕76号）。在该指引中，合规是指使商业银行的经营活动与法律、规则和准则相一致，合规管理旨在通过建立健全合规风险管理框架，实现对合规风险的有效识别和管理，促进全面风险管理体系建设，确保依法合规经营。② 中国保监会在2016年制定的《保险公司合规管理办法》（保监发〔2016〕116号）中，合规被界定为“保险公司及其保险从业人员的保险经营管理行为应当符合法律法规、监管规定、公司内部管理制度以及诚实守信的道德准则”。③ 在此基础上，“保险公司应当按照本办法的规定，建立健全合规管理制度，完善合规管理组织架构，明确合规管理责任，构建合规管理体系，推动合规文化建设，有效识别并积极主动防范、化解合规风险，确保公司稳健运营”。④ 在国务院国资委于2018年发布的《中央企业合规管理指引（试行）》中，合规被界定为“中央企业及其员工的经营管理行为符合法律法规、监管规定、行业准则和企业章程、规章制度以及国际条约、规则等要求”。⑤ 与之相适应，合规管理被界定为“以有效防控合规风险为目的，以企业和员工经营管理行为为对象，开展包括制度制定、风险识别、合规审查、风险应对、责任追究、考核评价、合规培训等有组织、有计划的管理活动”。⑥

在国家发改委等七部委联合发布的《企业境外经营合规管理指引》（发改外资〔2018〕1916号）中，合规是指企业及其员工的经营管理行为符合有关法律法规、国际条约、监管规定、行业准则、商业惯例、道德规范和企业依法制定的章程及规章制度等要

---

① 参见中国国家标准化管理委员会《合规管理体系　指南》（GB/T 35770－2017/ISO 19600:2014）。

② 《商业银行合规风险管理指引》第5条。

③ 《保险公司合规管理办法》第2条。

④ 《保险公司合规管理办法》第3条。

⑤ 《中央企业合规管理指引（试行）》第2条。

⑥ 《中央企业合规管理指引（试行）》第2条。

求。[①] 在合规管理框架上,“企业应以倡导合规经营价值观为导向,明确合规管理工作内容,健全合规管理架构,制定合规管理制度,完善合规运行机制,加强合规风险识别、评估与处置,开展合规评审与改进,培育合规文化,形成重视合规经营的企业氛围”。[②]

在中国证监会发布的《证券公司和证券投资基金管理公司合规管理办法》(2020 修正)中,合规被界定为“证券基金经营机构及其工作人员的经营管理和执业行为符合法律、法规、规章及规范性文件、行业规范和自律规则、公司内部规章制度,以及行业普遍遵守的职业道德和行为准则”。[③] 合规管理被界定为“证券基金经营机构制定和执行合规管理制度,建立合规管理机制,防范合规风险的行为;证券基金经营机构的合规管理应当覆盖所有业务,各部门、各分支机构、各层级子公司和全体工作人员,贯穿决策、执行、监督、反馈等各个环节”。[④]

三、公司合规治理基本理论

公司治理与合规治理是关系密切且不可分割的话题,公司治理的目标之一是合规治理。

(一)公司合规治理的目标

公司合规治理的目标是通过建立健全合规治理机制,制定和执行合规治理及管理制度,实现对合规风险的有效识别和主动管理,增强自我约束能力,促进合规管理全覆盖,保障公司的经营管理和业务开展符合法律、法规和准则,切实防范合规风险,确保依法合规经营,促进公司的可持续发展,实现公司自身合规与外部监管的有效互动。

(二)公司合规治理的基本原则

公司合规治理的基本原则有:第一,全面性原则。合规治理应当覆盖公司所有业务,各部门、下属各单位和全体工作人员,贯穿决策、执行、监督、反馈等各个业务环节,确保不存在合规治理的空白或漏洞。第二,主动性原则。公司及其全体工作人员在其经营管理和业务开展中应当主动执行合规制度,主动寻求合规支持,主动报告违法违规行为或合规风险隐患;合规治理制度应当随着国家法律法规、政策制度等外部环境的改变和公司经营战略、经营方针、经营理念等内部环境的变化及时进行相应的修改或完善。第三,独立性原则。合规委员会及合规管理负责人具有独立性,公司的股东、董事、高级管理人员和下属各单位不得以任何理由干涉、限制、阻挠合规委员会和合规管理负责人履行职责。第四,合理性原则。合规治理应当符合国家有关法律法规和中国证监

---

① 《企业境外经营合规管理指引》第 3 条。

② 《企业境外经营合规管理指引》第 4 条。

③ 《证券公司和证券投资基金管理公司合规管理办法》(2020 修正)第 2 条。

④ 《证券公司和证券投资基金管理公司合规管理办法》(2020 修正)第 2 条、第 3 条。

会的有关规定，与公司经营规模、业务范围、合规状况及公司所处的环境相适应，以合理的成本实现合规管理的目标，保障公司各项业务健康规范运行。

第二节　合规治理组织架构与职权

一、合规治理的组织架构

企业合规治理机构的建立和完善，要因企制宜、因事制宜，根据公司经营的业务性质、地域范围、监管要求等设置，其规模要与合规管理任务相匹配。合规管理机构，一般由合规委员会、合规负责人和合规管理部门组成。尚不具备条件设立专门合规管理机构的企业，可由相关部门如法律事务部门、风险防控部门履行合规管理职责，同时明确合规负责人。

（一）合规委员会

企业可结合实际设立合规委员会，作为企业合规管理体系的最高负责机构。通常，合规委员会设立在董事会之下，委员由公司董事会成员和主要业务部门负责人组成，主席由独立的执行董事担任。合规委员会对内向股东会负责并报告工作，对外按规定向监管机构负责并报告工作。公司合规委员会小组成员由公司管理层推选产生。

（二）合规负责人

合规负责人是企业的高级管理人员，主要由公司的总法律顾问或法务总监担任，有的企业称之为首席合规官，是企业合规管理工作的实施者和日常监督者，负责履行全面的日常合规管理职责，直接向首席执行官负责。合规负责人或首席合规官是企业合规管理工作具体实施的负责人和日常监督者，不应分管与合规管理相冲突的部门。

（三）合规管理部门

企业可结合实际设置专职的合规管理部门，或者由具有合规管理职能的相关部门承担合规管理职责。在业务繁重、合规风险点多的大型企业，通常会根据不同的专项合规计划设置专门的合规部。也就是说，一个大型企业可能设立数个专项合规部。合规管理部在合规负责人或首席合规官的领导下，负责合规管理的落实与执行。公司在所有分支机构和职能部门通常也都设立合规部门，这些分支机构的合规部门也接受公司合规委员会和合规负责人或首席合规官的直接领导。

合规管理负责人由公司股东会任免与考核。合规管理负责人应当通晓相关法律规和准则，诚实守信，具有胜任合规管理工作需要的专业知识和技能。如在证券公司或投资基金公司从事合规管理工作，合规管理负责人至少应具备下列任职条件：(1)在公司任职3年及以上，熟悉公司业务及证券行业；(2)最近3年未被金融监管机构实施行政处罚或采取重大行政监管措施;(3)不得公司兼任任何与项目研发、业务推广的职务,不对具体经营管理活动进行决策。

公司解聘合规管理负责人,应当有正当理由,并在有关股东会会议召开10个工作日前将解聘的事实和理由书面报告股东会。前款所称正当理由,包括合规管理负责人本人申请,或确有证据证明其无法正常履职、未能勤勉尽责等情形。合规管理负责人不能履行职责或者缺位时,由公司董事长或经营管理主要负责人代行其职务,并在作出决定之日起3个工作日内向股东会作出书面报告。代行职务的时间不超过6个月。代行职责人员在代行职责期间不得直接分管与合规管理负责人管理职责相冲突的业务部门。

合规管理负责人提出离任的,应当提前1个月向公司股东会提出申请,并向股东会报告。在离任申请获得批准之前,合规管理负责人不得自行停止履行职责。合规管理负责人缺位的,公司在6个月内选聘具有任职条件的人员担任合规管理负责人。

(四)合规专员

合规专员是大型企业中最基层的合规管理机构,最小的部门至少要设置合规专员。在一个大型或超大型企业中,其合规管理机构通常呈现为一个专门的合规管理体系,由一系列具有细致功能划分和系统层级设定的合规管理机构组成,包含合规委员会、合规负责人、合规管理部门、合规专员的设置。在这样的合规管理体系中,实行的是自上而下的垂直领导。在一个中型企业中,其合规管理机构往往体现为一个专门的合规部门。在一个小型企业中,合规管理机构的设置就会简单一些,可以设置兼理合规部门,如由其法务部门、内控部门、审计部门单独或联合承担一部分合规管理职责;也可以不设立专门的合规管理部门,由主要负责人兼任合规总监,或者只设置一个合规专员。在一个微型企业中,由于人员有限,可以由主要负责人兼任合规总监,同时设置兼职合规管理人员,也就是兼任的合规专员。

二、合规治理机构的职权

为保证合规治理职责能够独立、权威、高效地实现,合规治理机构需要具备以下几个方面的职权。

(一)信息权

合规治理机构有权获得公司财务、采购、销售等一系列真实信息数据,以保证能够随时根据需要进行合规风险的识别和预判。

(二)调查权

合规治理机构有权对违规事件进行内部调查。合规治理部门有权与企业任何部门、任何职位的员工进行沟通谈话,并有权获取任何相关记录或档案资料,在适当情况下也有权委托外部专业机构或者聘请外部专业人员进行调查。

(三)汇报权

合规治理机构有权直接向企业的最高权力机构汇报工作,这项职权是合规治理机构有效运行的灵魂所在。首先,这项独立汇报权能保证合规治理机构与其他业务部门、财务部门在实际利益上的区隔,即合规治理机构的意见在不受其他部门牵制、干扰的情况下客观、高效地直达最高决策层。其次,能保证不同的合规部门之间的区隔,即各个负责不同领域的合规治理部门纵向上直接向最高决策层汇报,横向上既不向其他负责经营管理的领导层汇报,也不向其他系列的合规部门汇报。最后,即便是大中型企业的最基层的合规专员和小微企业中的合规专员,因其有可能由其他部门的工作人员监理,其合规事务也是直接向合规责任人汇报而不是向其业务领导汇报。

(四)否决权

合规委员会或首席合规官作为合规治理机构的最高层,是企业决策层的当然成员,其不但有参与决策的权力,在合规管理政策和的度的推行及合规风险的预判方面更有否决的权力,这是保证决策层能从根本上重视合规治理机构的意见,从而实现合规治理有效性的关键。

(五)管理权

合规治理机构负责人对合规部门的工作人员及业务开展有独立的管理权限,不受其他业务部门的干扰或影响。

(六)资源保障权

合规治理机构负责人有权获得足够的人力、物力及财力上的支持。大中型企业业务繁杂,尤其需要充足的人、财、物支撑,小微企业可能资源紧张,更要权责明确,以确保合规工作的推进。具体而言:

公司股东会决定公司的合规管理目标,对合规管理的有效性承担责任,履行下列合规管理职责:(1)审议批准合规管理的基本制度;(2)决定解聘对发生重大合规风险负有主要责任或者领导责任的高级管理人员;(3)决定聘任、解聘、考核合规管理负责人;(4)建立与合规管理负责人的直接沟通机制;(5)评估合规管理的有效性,督促解决合规管理中存在的问题;(6)公司章程规定的其他合规管理职责。

公司经营管理主要负责人对公司合规运营承担责任,履行下列合规管理职责:(1)建立健全合规管理组织架构,遵守合规管理程序,配备充足、适当的合规管理负责人,并为其履行职责提供充分的人力、物力、财力、技术支持和保障;(2)组织制定公司的规章制度,并监督其实施;(3)主动在日常经营过程中倡导合规经营理念,积极培育公司的合规文化,认真履行合规管理职责,主动落实合规管理要求;(4)充分重视公司合规管理的有效性,发现存在问题时要求下属各单位及其工作人员及时改进;(5)督导、提醒公司其他高级管理人员在其分管领域中认真履行合规管理职责,落实合规管理要求;(6)支持合规委员会及合规管理负责人工作,督促下属各单位为合规管理负责人履职提供有效保障;(7)支持合规委员会及合规管理负责人按照监管要求和公司制度规定,向股东会、监管部门报告合规风险事项;(8)在公司经营决策过程中,充分听取合规委员会及合规管理负责人的合规意见;(9)督促公司下属各单位就合规风险事项开展自查或配合公司调查,严格按照公司规定进行合规问责,并落实整自查或配合公司进行调查,严格按照公司规定进行合规问责,并落实整改措施。

公司其他高级管理人员对其分管领域的合规运营承担责任,履行下列合规管理职责:(1)在其分管领域组织贯彻执行公司的各项规章制度,组织起草、制定其分管领域的规章制度,并监督其实施;(2)在其分管领域主动倡导合规经营理念,积极培育公司的合规文化;(3)充分重视其分管领域合规管理的有效性,发现存在问题时要求分管领域下属各单位及其工作人员及时改进;(4)提醒、督导分管领域下属各单位负责人认真履行合规管理职责,落实合规管理要求;(5)支持分管领域下属各单位合规管理负责人的工作,督促分管领域下属各单位为合规管理负责人履职提供有效保障;(6)支持分管领域下属各单位及其合规管理负责人按照公司制度规定,向公司及合规委员会报告合规风险事项;(7)在其职责范围内的经营决策过程中,听取公司合规委员会及分管领域下属各单位合规管理负责人的合规意见,并给予充分关注;(8)督促分管领域下属各单位就合规风险事项开展自查或配合公司进行调查,严格按照公司规定进行合规问责,并落实整改措施。

合规委员会及合规管理负责人对公司及其工作人员的经营管理行为和业务活动的合法合规性进行审查、监督和检查,主要履行以下职责:(1)组织拟定公司的合规管理基本制度和其他合规管理制度,并督导公司下属各单位实施。(2)法律、法规和准则发生变动的,及时建议公司股东会或高级管理人员并督导公司有关部门,评估其对公司合规管理的影响,修改、完善有关管理制度和业务流程。(3)对公司内部管理制度、重大决策的风险、重大风险的解决方案、新产品和新业务方案等进行合规审查评估,出具书面的合规审查意见。如发现存在重大风险的经营决策或业务项目等事项可向股东会报告情况并获得股东会授权后使用否决权。(4)相关监管机构要求对公司报送的申请材料或报告进行合规审查的,合规委员会应当审查,并在该申请材料或报告上签署合规审查意见,公司其他相关高级管理人员等应当对申请材料或报告中基本事实和业务数据的真实性、准确性及完整性负责。(5)定期对公司及其工作人员经营管理和业务开展的合规性进行监督检查。(6)协助股东会和高级管理人员建立和执行信息隔离墙、利益冲突管理制度。(7)为高级管理人员、下属各单位组织合规培训,指导和督促公司有关部门处理涉及公司和工作人员违法违规行为的投诉和举报。(8)向股东会、经营管理主要负责人报告公司经营管理合法合规情况和合规管理工作开展情况;发现公司存在违法违规行为或合规风险隐患的,应当及时向公司股东会、经营管理主要负责人报告,提出处理意见,并督促整改。同时督促公司及时报告股东会;公司未及时报告的,应当直接向股东会报告;有关行为违反行业规范和自律规则的,还应当向有关监管机构报告。(9)及时处理相关监管机构要求调查的事项,配合相关监管机构对公司开展的检查和调查,跟踪和评估监管意见和监管要求的落实情况。(10)根据法律法规、监管及自律规则,对公司高级管理人员、下属各单位进行合规性专项考核。(11)组织合规培训,协助推动公司合规文化的建立,按照规定与公司其他部门进行合规信息沟通和交流。(12)监管机构或公司规定的其他合规职责。

另外,合规管理负责人不得承担业务、信息技术等与合规管理职责相冲突的职责,合规管理负责人与风险管理部门、内部审计部门等内部控制部门以及其他承担合规管理职责的前、中、后台部门应明确职责分工。

第三节　合规管理履职保障机制

(一)职权保障制度

公司及下属各单位及相关责任人员严格遵循公司合规管理制度,在研发或业务开展期间为企业带来经济效益,为公司合规化建设带来积极效果的,公司视情况可对其进行表彰或绩效奖励。

公司为合规委员会、合规管理负责人履行职责提供必要的物力、财力和技术支持;为合规委员会配备足够的、符合法律法规及监管要求的、具备与履行合规管理职责相适应的合规管理负责人。公司应当确保合规委员会人员编制的合理预算,并允许合规管理负责人和合规委员会根据公司业务和风险情况,定期或及时调整相关预算。

公司保障合规管理负责人和合规委员会小组成员充分行使履行职责所必需的知情权和调查权。公司召开股东会会议、经营决策会议等重要会议以及合规管理负责人要求参加或者列席的会议的,应当提前通知合规管理负责人。合规管理负责人和合规委员会小组成员有权根据履职需要参加或列席有关会议,查阅、复制有关文件、资料,要求公司有关人员对有关事项作出说明,向为公司提供审计、法律等中介服务的机构了解情况,必要时可以以公司名义直接聘请外部专业机构或人员协助工作,费用由公司承担。

合规管理负责人有权出席或列席以下会议:股东会及有关专门委员会会议;监事会会议;总经理办公会议;涉及公司"重大事项决策、重要干部任免、重要项目安排、大额资金使用”事项的会议；经营管理层有关专门委员会会议；各类经营管理专题会议；有助于合规管理负责人充分履职的其他会议。

公司保障合规委员会和合规管理负责人的独立性。公司股东、董事和高级管理人员不得违反规定的职责和程序，直接向合规管理负责人下达指令或者干涉其工作。公司董事、监事、高级管理人员和下属各单位应当支持和配合合规委员会及合规管理负责人的工作，不得以任何理由限制、阻挠合规委员会和合规管理负责人履行职责。公司保障合规委员会和合规管理负责人的权威性。公司不采纳合规管理负责人或合规委员会的合规审查意见的，应当将有关事项提交股东会决定。

公司应当在报送年度报告的同时向股东会报送上一年的年度合规报告。年度合规报告由公司股东会通过后报送。年度合规报告包括以下内容：公司合规管理的基本情况；合规管理负责人履行职责情况；公司产品/业务合规检查评估及整改情况；公司违法违规行为、合规风险隐患的发现及整改情况；相关监管机构要求或公司认为需要报告的其他内容。公司执行董事、高级管理人员应当对前款规定的合规报告签署确认意见，保证报告的内容真实、准确、完整；对报告内容持有异议的，应当注明自己的意见和理由。

公司全体工作人员应当对自身经营活动范围内所有业务事项和业务开展的合规性负责，履行下列合规管理职责：主动了解、掌握和遵守相关法律、法规和准则；积极参加公司安排的合规培训和合规宣导活动；根据公司要求，签署并信守相关合规承诺；充分关注业务开展的合法合规性；在业务开展过程中主动识别和防范业务合规风险；发现违法违规行为或者合规风险隐患时，应当主动按照公司规定及时报告；出现合规风险事项时，积极配合公司调查，并接受公司问责，落实整改要求。

（二）违规事项的报告、处理及奖惩

1. 合规风险事项报告。公司经营管理主要负责人、其他高级管理人员应行支持合规风险事项报告、处理及合规问责职责。合规委员会发现公司存在违法违规行为或合规风险隐患的，应履行报告职责。公司应当及时向公司合规委员会和合规管理负责人报告重大合规风险事项，包括但不限于行政监管措施、行政处罚、重大合规隐患、子公司及高级管理人员违法违规事件等。

2. 公司建立合规举报制度。公司下属各单位及工作人员发现违法违规行为或合规风险隐患的，应当主动、及时通过“企业钉钉”的“合规举报”渠道向合规管理负责人举报。

3. 公司建立合规问责机制。对在经营管理及业务开展过程中违反法律、法规和准则的责任人或责任单位进行合规问责，并与绩效考核和薪酬发放相挂钩。对已发现或已出现的违法违规行为或合规风险隐患不报告或报告不及时，或采取补救措施不力的，公司将对相关责任人或责任单位从严处罚。合规委员会对合规问责有建议权、知情权和检查权。公司及下属各单位应当向合规委员会反馈合规问责的最终执行情况。

推荐阅读

1. 周万里主编:《企业合规师手册》,法律出版社 2022 年版。

2. 周万里主编:《企业合规讲义》(第 2 版),中国法制出版社 2022 年版。

3. 陈瑞华:《企业合规基本理论》(第 2 版),法律出版社 2021 年版。

4. 郭青红:《企业合规管理体系实务指南》,人民法院出版社 2019 年版。

5. 陈瑞华:《企业有效合规整改的基本思路》,载《政法论坛》2022 年第 1 期。

6. 陈瑞华:《企业合规制度的三个维度——比较法视野下的分析》,载《比较法研究》2019 年第 3 期。

7. 陈瑞华:《论企业合规的中国化问题》,载《法律科学(西北政法大学学报)》2020 年第 3 期。

8. 邓峰:《公司合规的源流及中国的制度局限》,载《比较法研究》2021 年第 1 期。

9. 谢鹏程:《论涉案企业合规从宽检察改革的内在逻辑》,载 https://www.thepaper.cn/newsDetail_forward_15258582。

中篇

第三方监督评估机制

第六章　第三方监督评估机制的基本概况

有监督才能促落实。科学、合理、公正、专业的监管制度是企业合规计划有效执行的前提与保障。涉案企业合规本质上是检察机关通过法治手段，利用一定的激励措施，督促企业制定并运行有效合规计划，在企业治理层面堵漏建制，实现企业合规守法经营和可持续发展。评价企业合规整改计划是否合理且得到一贯有效执行以实现引导和监督，需要依靠公正有效的合规监管体系。2021 年 6 月 3 日，最高人民检察院、司法部、财政部、生态环境部、国资委、国家税务总局、国家市场监管总局、全国工商联、中国国际贸易促进委员会联合下发了《合规指导意见》，为构建涉案企业合规第三方机制搭建起基本制度框架，其中明确规定涉案企业合规整改情况由第三方作出评价，检察机关在此基础上认定企业是否已经履行了必要的合规义务，从而综合全案依法作出处理决定。文件出台后，各地检察机关积极落实文件要求，会同多方共同构建第三方机制，出台配套制度、组建机构平台，不断推进第三方机制实质化运行，着力写好合规改革的“后半篇文章”。

第一节　第三方监督评估机制的发展路径

一、涉案企业合规监督评估的多种模式

涉案企业要适用合规程序，司法机关要将合规情况作为处理参考，意味着要有人来监督评估企业的合规情况，这就是合规进入司法程序要解决的关键问题。有学者在梳理试点情况后发现，主要存在三种模式：由检察机关监督评估，由行政主管部门或企业所在街道、乡镇政府监督评估，由第三方监督评估。这三种监督评估各有利弊，需要分析比较，从中选取较为可行的监督评估人模式。①

① 参见朱孝清：《企业合规中的若干疑难问题》，载《法治研究》2021 年第 5 期。

检察机关监督评估在《合规指导意见》出台之前是常态，现在有的地方认为检察机关可以自行对涉案企业合规承诺和执行整改任务情况进行监督考察，也可以启动第三方机制进行考察，两种监督考察都在检察机关的主导下进行。① 有的学者分析了这种模式的优劣，优势在于：检察机关熟悉案情，对企业管理上的漏洞、出现违法犯罪的原因比较清楚，这有利于合规监督评估突出重点，增强监督的针对性；检察机关主导企业合规案件的处理，由其监督评估，有利于促使企业认真落实合规计划，增强监督效果；检察机关亲力亲为监督活动和过程，有利于了解企业落实合规计划的真实情况，避免由其他主体实施监督所可能存在的监督工作不实、报告存在水分等弊端，有利于对案件作出准确处理。不足在于：对企业合规进行监督评估，是检察机关与企业协商后作出的决定，且案件的处理也由检察机关主导。检察机关作为国家的法律监督机关，集合规监督的决定权、案件处置权与合规监督执行权于一身，不大符合检察机关的定位；合规监督评估专业性较强，涉及多方面知识，检察人员主要长于法律，对其他专业能否胜任，不无疑问。② 确实，除了中立性的考量外，涉案企业合规监督评估一定程度上相当于职务犯罪侦查职能转隶前预防职务犯罪职责的升级版，需要专业力量专门部门，依靠办理捕诉业务检察官投入精力，不宜长久。

行政主管部门监督评估在试点过程中也有一定市场。比如有的检察人员认为：对涉案企业合规建设的考察，可以由相关行政主管部门进行，如企业涉嫌税务犯罪的，由税务机关考察；涉嫌生产、销售伪劣商品犯罪的，由市场监督管理部门考察；涉嫌破坏环境资源保护犯罪的，由环保部门考察；涉嫌走私犯罪的，由海关缉私部门负责考察，等等。行政主管机关本身即具有对企业行为进行规制的行政职权，其可以通过行政许可、行政指导、行政检查乃至行政处罚促使企业合法经营，而且行政主管机关积累了丰富的专业知识和经验，有足够能力开展合规考察。将企业合规考察主要交由相关行政主管机关负责，不仅符合其日常企业监管的职权范围，也可以确保对企业合规监管的专业性，有利于提升合规建设的成效。③ 但是，此种行政主管部门考察模式的实施有赖于检察机关与行政主管机关之间协作机制的有效建立，而且监督评估企业合规同样也会增加有关行政主管机关的工作量，为调动其积极性需要制度设计。

第三方监督评估的优势是：第三方人员为社会提供服务，有时间和精力从事监督评估工作，这比检察机关、行政机关等有本职工作的公职人员更具备条件；第三方可以根据案件的不同情况和专业需求确定监督评估人员，有利于保证监督评估的专业化和质

① 参见李小东：《涉案企业合规建设“深圳模式”的探索与实践》，载《人民检察》2021 年第 20 期。
② 参见朱孝清：《企业合规中的若干疑难问题》，载《法治研究》2021 年第 5 期。
③ 参见叶伟忠：《检察环节构建涉罪企业合规考察制度的探讨》，载《人民检察》2021 年第 5 期。

量;第三方比较超脱、中立、独立,可以避免先入为主等片面性。第三方监督评估可能存在的不足是:监督的经费来自涉案企业,如果对第三方人员选得不准、监管不到位,是否会出现“拿人钱财,替人消灾”等不公正情况,存在疑问。① 有的学者指出:“如何加强对合规监管人的监管,在保证其合规监管工作权威性和专业化的前提下,确保其监督工作的独立性,避免合规监管人与被监管企业发生过多的利益牵连,防止出现合规监管中的舞弊和不诚信问题,这将是一个亟待解决的制度难题。”②

二、涉案企业合规监督评估第三方机制的确立

涉案企业合规监督评估最终确立为第三方机制模式,主要在于以下层面的考虑。

首先,这是国家治理视角下合规模式的合理需求。在法治发展进程中,涉案企业合规的出现反映出法治从重视自然人治理向重视自然人与法人治理相结合演化。现代市场经济环境中,企业作为最主要的参与主体,其犯罪行为可能会出现相比自然人犯罪更加严重、涉及面更广的不良后果,因此必须纳入刑事司法视野进行预防和惩戒。而在社会视角中,企业如果受到严厉的刑罚处遇,将比自然人更容易陷入消灭的风险,这种脆弱性导致恢复性司法理念在单位犯罪中缺乏有效的运用路径。因此,国家以涉案企业合规的形式合理参与公司治理十分必要。合规计划和相伴随的监督评估从而进入了刑事诉讼程序,这就产生了组织相对固定监督评估人员对企业合规进行监督并出具结论,保障合规判断的专业与公正的需求。这一点上,上述几种模式大致均能满足。

其次,在于司法机关参与企业自治的合理限度。作为刑事司法中影响刑事处遇或程序安排的综合评价机制,涉案企业合规既包括对合规结果的评价,也包括相应的激励机制。检察机关的适度参与,可以在一定程度上强化对涉案企业合规的约束力和有效性,但参与的方式是模式设计肇始所需要解决的问题。第三方机制路径具有较为明显的优势——适度而非直接的干预,避免了检察机关径自对企业进行考察评估的弊端:一是作为结果运用的机构,如果承担直接对企业合规监督和评估工作,可能产生不区分“运动员与裁判员”的公正性质疑;二是作为合规对象的企业涉及不同专业领域,而检察机关难以提供足够专业性的监督评估人员,合规制度的效果就难以保障。同时,适度参与可以激发企业的自律机制,避免司法机关或者行政主管机关大包大揽。因此,检察机关(包括行政主管机关)可以作为第三方机制管委会成员单位参与第三方名录库的组建、选任及管理工作,而不直接决定第三方组织或者全部接管合规监督评估:在适度参与的情况下,保障第三方专业人员中立性质的同时,也使专业人员开展工作具有适当的

---

① 参见朱孝清:《企业合规中的若干疑难问题》,载《法治研究》2021 年第 5 期。
② 陈瑞华:《企业合规不起诉制度研究》,载《中国刑事法杂志》2021 年第 1 期。

约束力。

最后，在于社会力量加入企业治理的合理途径。在企业内部加强防范刑事风险的合规建设，是犯罪的一般社会预防问题，虽然属于刑事法制的组成部分，但更主要的是通过政府、企业和社会力量共同完成。[①] 这种工作（合规监管）具有高度的专业性，需要有业务精湛、执业经验丰富并享有较高威望的资深律师、会计师、审计师、税务师、工程师等参与其中，方能保证合规监管制度的顺利实施。[②] 第三方监督评估模式需要解决第三方监督公正性、专业性、有效性和约束力的问题。经过试点探索，社会力量与行政监管人员共同组成的第三方名录库成为当前实现企业合规第三方监督的合理路径，这一组织本质上是由政府推动设立的、具有第三方公益性质的中立组织，兼具监督与引导双重职能。监督，即第三方名录库专业人员组成第三方组织对企业合规计划的审查、执行过程及效果进行监督。引导，即针对在审查合规计划、合规执行过程中提出修改完善的意见、建议，但是这种引导需要与服务进行明确区分：第三方组织应保持中立性，与企业为通过合规考察评估而自行委托的第三方中介机构所提供的合规服务不应混淆和交叉。

三、涉案企业合规监督评估中的各方角色

（一）第一方：检察机关

检察机关在涉案企业合规中，首先是作为办案机关，依法对案件进行审查，作出决定、决定案件的基本走向。同时，在《合规指导意见》之前，作为涉案企业合规的推动者，检察机关实际上承担起“监管者”的角色，主动引导涉嫌犯罪的企业进行合规制度建设承诺，并实际履行。公权力机关对企业合规活动的介入，使得合规这一企业内部的经营管理活动具有了国家意义和司法支撑，这具有积极意义。[③] 但是基于避免“运动员与裁判员”相混淆的考量，提升涉案企业合规监督评估的客观、中立、专业、公正，合规监督评估由双向结构变成三方关系。检察机关参与涉案企业合规改革试点，已从对涉案企业的合规考察、监管的主导地位，转化为第三方机制委员会中的一员，主要是监督第三方机制有效运行、合理应用涉案企业合规考察结果，而不能脱离或者超越法定的检察职能，不应替代企业内部法律顾问工作，不宜全面介入企业合规第三方监督评估具体工作。

根据《合规指导意见》，在合规考察过程中，检察机关的职责主要是：审查第三方组

① 参见时延安：《单位刑事案件的附条件不起诉与企业治理理论探讨》，载《中国刑事法杂志》2020 年第 3 期。

② 参见陈瑞华：《企业合规基本理论》（第 2 版），法律出版社 2021 年版，第 337 页。

③ 参见石磊、陈振炜：《刑事合规的中国检察面向》，载《山东社会科学》2020 年第 5 期。

织书面报告和涉案企业的合规计划、定期书面报告等材料；审查中发现相关问题的，向第三方组织提出意见建议；受理涉案企业、个人及其辩护人、诉讼代理人等对第三方机制运行期间提出的申诉、控告等。在合规考察届满后，检察机关的职责主要是：对企业合规执行情况进行审查、评估，必要时开展相应的调查核实、检察听证等工作；运用好合规考察成果，作为依法作出批准或者不批准逮捕、起诉或者不起诉以及是否变更强制措施等决定，以及提出量刑建议或者检察建议、检察意见的重要参考。

因此，在第三方机制中，检察机关实际上扮演了多重角色：既是企业合规计划建立中的支持者、帮助者，企业合规计划实施中的监督者，又是给予涉案企业刑事优待时的裁量者，企业刑事责任减免时的协助者。①

（二）第二方：涉案企业、个人

涉案企业、个人在第三方机制中不再单纯是被处罚一方，而是作为合规计划的制定者、实施者，以有效的整改获得刑事减免，是犯罪预防的参与者。首先，涉案企业、个人提出申请，检察机关评估其条件，决定是否给予其事后建立合规计划进行“亡羊补牢”的机会；其次，相关企业要在合规要素的指引下，制定和实施合规计划，并接受第三方组织的监督、评估和考核；最后，检察机关通过审查已建立合规计划的涉案企业合规计划的建设和实施程度、第三方组织的评估结果，决定是否对涉案企业适用合规制度后应给予其何种程度的刑事激励。

《合规评估办法》详细规定了涉案企业在第三方机制中的要求。比如第 3 条规定：涉案企业应当全面停止涉罪违规违法行为，退缴违规违法所得、补缴税款和滞纳金并缴纳相关罚款，全力配合有关主管机关、公安机关、检察机关及第三方组织的相关工作。第 4 ~ 12 条对合规人员配置、合规计划要求、合规机构设置、合规管理制度、合规绩效评价、合规持续整改等予以明确。

（三）第三方：第三方组织

第三方组织是第三方机制运转的关键环节。根据《合规指导意见》和《合规指导意见实施细则》，第三方组织是试点地方第三方机制管委会选任组成的负责对涉案企业的合规承诺及其完成情况进行调查、评估、监督和考察的临时性组织。第三方组织人员是第三方机制管委会应当根据案件具体情况以及涉案企业类型，从第三方专业人员名录库中分类随机抽取人员组成，要负责对涉案企业合规计划进行审查，提出修改完善的意见建议，确定合规考察期，并对涉案企业合规计划的履行和完成情况进行检查、评估和

---

① 参见朱文瑞、陈姗姗：《检察机关在刑事合规中的功能与定位》，载《湖北警官学院学报》2021 年第 5 期。

考核，制作合规考察书面报告。对于人民检察院来说，涉案企业相关责任主体是否能够得到从宽处理，重点参考的便是第三方组织所出具的评估意见。第三方组织的评估应当具有客观中立性和权威性，因此对其组成人员要求客观、中立、专业、公正。

关于第三方专业人员的权责，按照是否已入选第三方组织，可以分为两个层次，即一般权利和履职权利。一般权利主要包括被抽选为第三方组织成员的权利、获得培训的权利、自愿退出和申辩的权利。其中前两项是为了保障工作的顺利开展，后两项保障了退出和申诉的通道。履职权利指的是第三方专业人员入选至第三方组织后在履职期间享有的权利，主要包括有权提出意见建议、申请回避、获得必要信息、独立发表意见等。需要说明的是，专业人员认为信息不充分时可以要求涉案企业补充相关资料，但应经第三方组织审核同意。此外，虽然考察报告系以第三方组织的名义作出，但有必要在书面报告中保留个人不同意见，避免集体决策掩盖个人意见。①

关于第三方专业人员的义务，与权利相较而言，第三方专业人员的义务要求应当更加细致和谨慎，以促进更好履职，保证涉案企业合规结论的公平公正，这在《第三方专业人员办法》中予以详细规定，大致包括三个层次：一般义务、履职责任和禁止性要求。一般义务是指报告义务、接受管理义务、接受培训义务。主要是指第三方专业人员需要按照第三方机制管委会的要求，提供个人的真实材料，如果技术职称、工作单位等重要信息发生变更，或出现其他重大事项，应及时向第三方机制管委会报备。需要说明的是，培训既是权利也是义务，类似于公务员法中规定公务员有接受培训的权利和义务一样。第三方专业人员，应该接受第三方机制管委会组织的培训，学习新知识、提高工作技能。履职责任是指名录库成员入选第三方组织后需履行的职责义务。第三方专业人员要诚实、信用、谨慎、中立地履行以下职责义务：按照规定的权限和程序，依法、独立、客观、公正地进行企业合规第三方监督评估；参与审查涉案企业制定合规计划的可行性、有效性和全面性，提出修改完善的意见、建议；在合规考察期内，针对涉案企业合规计划、定期书面报告开展必要的检查、评估；合规考察期届满后，参与计划的完成情况的检查、评估和考核，参与制作完成合规考察书面报告，并对所签署的意见负责；根据办理案件的检察院的要求，参加涉案企业的听证会；合规考察期限内，发现涉案企业或其人员尚未被办案机关掌握的犯罪事实或者新实施的犯罪行为、新出现的不合规行为，及时向管委会及负责办理案件的检察院报告等。考虑到企业合规工作的涉企性、复杂性、社会性，以及最终可能产生的司法影响，有必要明确一些禁止性义务：如第三方专业人员不得妨碍

① 参见陈超然、王端端：《企业合规第三方专业人员名录库的适用机制》，载《中国检察官》2021 年第 23 期。

涉案企业合规第三方监督评估正常进行及案件公正处理；不得泄露履职过程中知悉的案件信息；不得利用成员身份发表与履职无关的言论、从事与履职无关的活动等。如有以上行为，要承担相应的职业风险和纪律、法律责任。①

（四）第四方：第三方机制管委会等

虽然第三方机制是由检察机关、涉案企业个人、第三方组织组成基本要素，但如何加强对第三方机制的监督制约，防止出现风险隐患，需要发挥第三方机制管委会等的作用。

首先是管委会的指导监督。《合规指导意见》第8条以及《合规指导意见实施细则》予以明确，第三方机制管委会需要对选任组成的第三方组织及其成员开展日常监督和巡回检查；对第三方组织的成员违反本指导意见的规定，或者实施其他违反社会公德、职业伦理的行为，严重损害第三方组织形象或公信力的，及时向有关主管机关、协会等提出惩戒建议，涉嫌违法犯罪的，及时向公安司法机关报案或者举报，并将其列入第三方机制专业人员名录库黑名单。上述日常监督和巡回检察可以由第三方机制管委会办公室具体实施，第三方机制管委会办公室应当将巡回检查情况及时报告第三方机制管委会及其联席会议，并提出改进工作的意见建议。第三方机制管委会成员单位、行业协会也负有一定的监督职责。第三方专业人员所在单位或行业协会更加熟悉专业人员的背景和情况，要加强对专业人员信息的审核把关，及时向第三方机制管委会报告专业失范、违法违纪等重大事项。

其次是社会的外部监督。社会外部监督是对第三方机制管委会及其成员单位之外的包括涉案企业、社会公众、专业人员所在单位、行业协会等在内的外部监督形式的统称。涉案企业和社会公众均可对第三方机制运行过程提出异议。涉案企业作为合规监督评估中的被评估方，除了要为第三方组织人员的履职提供保障和支持外，也可对相关人员的资质、工作表现提出异议。如涉案企业、个人、其他相关单位、人员对选任的第三方组织组成人员提出异议，或要求其回避的，管委会应当及时调查核实并视情况作出调整；涉案企业或其他人员认为第三方组织或其组成人员的检查、评估行为不当或者涉嫌违法犯罪的，除了向检察机关控告外，也可以向负责选任第三方组织的管委会反映或者提出异议。②

需要注意的是，第三方机制管委会指导监督和检察机关的法律监督的关系。检察

① 参见陈超然、王端端：《企业合规第三方专业人员名录库的适用机制》，载《中国检察官》2021年第23期。

② 参见陈超然、王端端：《企业合规第三方专业人员名录库的适用机制》，载《中国检察官》2021年第23期。

机关虽然作为第三方机制管委会成员单位,但检察机关也是国家的法律监督机关,对涉案企业合规过程开展法律监督。因此《合规指导意见》第 16 条专门对检察机关在第三方机制运行过程中的监督职责予以规定。首先,在涉案企业合规改革试点工作中,检察机关不宜介入第三方专业人员的具体工作,需要守好职能边界,通过履行法律监督职责间接督促专业人员正确履职,如发现在库人员存在明显履职不当情形的,及时向第三方机制管委会提出意见或建议,或向有关主管机构、协会提出检察建议或者意见;发现涉嫌犯罪的依法处理。其次,检察机关可通过对本级名录库组成人员的备案审查进行监督。备案审查体现在多个程序步骤,管委会在向有关新闻媒体、网站公示名录库拟初入选名单、公示期满公布确定名录库入选名单、具体组建第三方组织成员名单时,均应当向负责办理案件的检察院备案。再次,检察机关可通过对第三方组织最终报告的审查进行监督。如果发现第三方组织故意提供虚假报告或者提供的报告严重失实的,检察机关可及时向有关主管机关、协会等提出惩戒建议;涉嫌违法犯罪的,建议将相关人员列入专业人员名录库黑名单。最后,检察机关可通过受理涉案企业或社会公众的控告、申诉进行监督。受理控告申诉系检察机关的法定职责。涉案企业或相关社会公众认为专业人员行为不当或者涉嫌违法犯罪的,可以向负责办理案件的人民检察院提出控告、申诉。

第二节　构建第三方监督评估机制的基本思路

根据《合规指导意见》,涉案企业合规第三方机制是指检察机关在办理涉企刑事案件时,对符合适用条件的,商请第三方机制管委会由其从专业人员名录库中选任专业人员,组成第三方组织,对涉案企业提交的合规承诺及执行情况进行监督考察,考察结果作为检察机关依法处理案件的重要参考。《合规指导意见》有效厘清了检察机关、第三方机制管委会与第三方组织的基本关系,规定了合规计划的作用路径、考察主体的选任和履职、监督评估的内容与公正性保障等关键内容。下面,将以《合规指导意见》为蓝本,结合试点工作实际,进行简要分析。

一、构建第三方监督评估机制的价值取向

检察机关作为刑事诉讼的中间环节,调查了解企业的合规经营情况存在一定的局限性,特别是如何参与和追踪企业制度设计、有效评估合规制度执行,原则上不宜介入过深,因此委托第三方力量对涉案企业进行合规整改监督评估的做法具有必要性和可行性。《合规指导意见》新闻发布会上,最高人民检察院将构建第三方机制的基本要求归纳为“检察主导、各方参与、客观中立、强化监督”,即由检察机关在第三方机制运行

中承担主导作用、由各相关部门共聚合力，推进企业合规监督评估工作落地落实。[①]笔者认为，在构建第三方机制的过程中，应重点把握以下原则，以确保相关工作有序展开。

(一)依法有序原则

习近平总书记对改革试点工作提出，重大改革创新试点要于法有据。最高人民检察院在推行涉案企业合规改革的过程中也一直强调要严格依法推进，作为关键环节的第三方监督评估工作更是要以法律为准绳、以规则为边界。第三方机制的构建和运行坚持依法有序、公开公正，严格在《刑法》《刑事诉讼法》等法律框架内进行，并与依法适用认罪认罚从宽制度和检察建议、依法清理"挂案"和依法适用不起诉等既有制度结合起来，依法有序推进改革试点。一是在机制构建上要依法，不能设计所谓的"创新"机制来规避既定法律规范，如对于考察期限的规定，纵然学术界和理论界都深知考察期限长短与企业整改成效存在一定的正相关，有必要进行适当延长，但现阶段仍不能突破办案期限规定。二是机制运行上要依法，检察机关决不能逾越法律红线，以自由裁量之名行违法行为之实，要最大限度防止和避免涉案企业"虚假整改"的形式主义以及可能出现的"花钱买刑"等腐败问题。强化第三方机制管委会监督管理职责，切实担负起对第三方组织及其成员的选任、监督、管理职责，一旦出现违法违规行为，及时向有关单位反映，并将其列入黑名单。在履职过程中，也要注意不得侵犯企业的合法权益，如商业秘密保护、律师保密权等，牢守"公正底线不能突破原则"。[②] 三是结果认定上要依法，第三方监督评估合格结果出具后，检察机关要准确把握从宽处理的条件和幅度，防止涉案企业、特别是涉案个人因企业合规轻易出罪。合规改革的持续发展固然离不开必要的刑事激励手段，但是绝不能滥用激励措施，对涉案企业、个人一概从宽。在当前单位犯罪的框架下，可以根据案件的具体情况，对涉案企业和相关人员分案处理，依法分别作出处理决定或提出量刑建议。

(二)公正监管原则

第三方机制最大的制度优势就是通过相对客观中立的第三方力量，对涉案企业合规整改作出公正评价。为确保企业合规监管人的中立性、独立性，从程序上最大限度地避免合规监管人可能出现的偏袒、不公或者其他潜在利益输送等问题，《合规指导意见》在具体制度设计上，一是搭建第三方管委会、第三方组织的双重组织架构，实现"保持三

---

① 参见最高人民检察院：《最高检举行"依法督促涉案企业合规管理　将严管厚爱落到实处"新闻发布会》，载最高人民检察院微信公众号，https://www.spp.gov.cn/spp/zgjjxyfdcsaqyhggl/xwfbh.shtml，最后访问日期：2022 年 12 月 13 日。

② 参见马明亮：《作为犯罪治理方式的企业合规》，载《政法论坛》2020 年第 3 期。

个距离”:通过第三方管委会的成立,使检察机关与第三方组织保持必要的距离,不直接干预第三方组织的运行;又通过第三方组织的存在,使检察机关与企业合规计划的制定与执行保持必要的距离,检察机关不直接参与、干涉企业;还通过第三方组织,使企业合规计划的制定执行,与监督评估保持必要的距离,第三方组织成员只参与合规计划的监督评估,不直接参与其制定和执行。二是对监管人员建立事前多方入库、随机抽取、公示异议制度,事中控告申诉制度,事后听证和从业限制制度。其中最重要的是从业限制制度,即律师等在履行第三方监督评估职责结束后两年以内,该律师等及其所在中介组织不得接受涉案企业、个人或者其他有利益关系的单位、人员的业务,从制度上有效避免合规监管中的不当利益输送。

(三)检察主导原则

检察机关经审查认为涉案企业符合第三方机制适用条件、可以进行合规整改的,要商请第三方机制管委会启动第三方机制。第三方机制是检察机关在司法办案中委托第三方组织监督评估的机制,检察机关对其组建、启动和运行负有主导职责,不能放任不管。检察机关作为构建第三方机制的主要牵头单位,对搭建第三方机制组织架构和制度体系责无旁贷。在具体案件办理过程中,检察机关更是要把好案件的“入口关”“出口关”,防止案件“带病”进入第三方机制或者作出具有“瑕疵”的案件处理。在中间的监督评估环节,《合规指导意见》也明确了,负责办理案件的检察机关对第三方组织人员构成、涉案企业的合规计划和定期书面报告、第三方组织合规考察书面报告等负有审查职责,必要时还可以开展调查核实工作。[①] 但这并不意味着检察机关就要在监督评估中“大包大揽”,事实上,最高人民检察院倾向于将其角色定位为“幕后”和“事后”,具体而言:

1. 所谓“幕后”,是指检察机关居于幕后审查,不主动介入对企业监管的具体工作,在企业合规计划执行方面一般不直接与企业发生关系。对企业或第三方组织向检察机关提交的合规计划书、定期书面报告、合规考察书面报告,检察机关在审查中发现相关问题的,可以向第三方组织提出意见建议。同时,居于幕后受理涉案企业、个人及其辩护人、诉讼代理人等在第三方机制运行期间提出的申诉、控告等。换言之,检察机关通过直接监督第三方组织的工作情况,来间接监督企业对合规计划的执行情况。

2. 所谓“事后”,是指在合规考察期届满后,检察机关积极介入对企业合规执行情况的审查、评估、运用,必要时开展相应的调查核实、听证等工作。一是运用好合规考察成果,将其作为依法作出批准或者不批准逮捕、起诉或者不起诉以及是否变更强制措施等

① 参见童建明主编:《检察改革面面观(2018—2021)》,中国检察出版社 2022 年版,第 104 ~ 106 页。

决定，提出量刑建议或者检察建议、检察意见的重要参考。二是对于拟作不批准逮捕、不起诉、变更强制措施等决定的涉企犯罪案件，可以召开听证会，并邀请第三方组织组成人员到会发表意见。

(四) 多方协作原则

涉案企业合规改革试点的本质是检察机关作为代表社会公共利益的法律监督机关，在特定条件下对企业生产经营活动进行的适度干预，需要法律、财会和企业管理知识高度融合。涉案企业合规改革是一项系统工程，覆盖领域广、涉及方面多，它不是检察机关一家的"独角戏"，需要相关行政主管单位、行业协会、商会、高校等的理解和支持，共同弹好这首改革"协奏曲"。一是多部门联动，共建第三方机制。在组建第三方机制管委会上，检察机关积极与工商联、国资委、财政部等单位加强沟通协作，协同制定相关制度规范，为第三方机制的顺利运行奠定组织和规则基础。在组建第三方专业人才名录库上，动员多个条线，充分吸纳各行政部门专业监管人员、社会中介组织专业人员、专家学者和企业专业人才等力量，成立兼顾专业性和公正性的人才"蓄水池"，为第三方机制的实际运行提供人才支撑。二是加强经验交流，协力构建标准体系。与检察机关相比，各行政主管部门与行业协会对企业经营管理更为专业，近年来，也制定了很多关于合规管理的规范指引，为企业堵漏建制提供助力。这些对于检察机关认识和理解企业合规整改效果具有很大启示，开启了企业经营管理的新视角。三是实现优势互补，提升合规治理成效。由于行政处罚与刑事处罚标准在立法上存在"倒挂"现象，目前仍需要检察机关会同相关行政单位进一步凝聚共识，协力推动合规考察结果在刑事、行政领域的运用，妥善处理行政处罚与刑事处罚的错位问题，保障合规整改后的企业"活下来、留得住、经营得好"。

(五) 整改有效原则

《合规指导意见》紧紧围绕如何对企业合规计划的内容及其执行情况有针对性地评估进行制度设计：一是建立专业人员名录库的产生选任、培训机制；二是建立第三方组织对企业合规计划制定与执行的全链条监督评估机制，包括事前全面审查把关，事中定期不定期检查评估、要求报告，事后全面检查、评估、考核；三是建立检察机关的审查、核实制度，对涉案企业作出不起诉决定的，还要推动与必要的经济行政处罚相衔接，让涉案违法企业受到应有的处罚；合规改革不是涉案企业无条件的"免罚金牌"。全国已有多家企业未通过考核评估，对经第三方评估认为或者根据考察后新发现事实的综合判断，涉案企业违背承诺、整改无效，甚至采取弄虚作假手段骗取评估结论的，坚决依法从严追诉，或者向有关主管机关提出从严处罚、处分的检察意见，防止以虚假合规逃避刑事制裁、行政处罚，形成威慑和警示。总的目的，是确保对企业合规工作的专业化监管，最大限度地提高合规计划的有效性,保证合规计划执行到位,科学评定合规计划的执行效果,有效释明社会上“合规 = 从宽”的错误论调,更彰显出严管厚爱的真正价值。

二、第三方监督评估机制的基本框架

(一)第三方机制的运行架构

1. 第三方机制管委会。中央第三方机制管委会由最高人民检察院、司法部、财政部、生态环境部、国资委、国家税务总局、国家市场监管总局、全国工商联、中国贸促会等部门组成,负责统筹协调全国第三方机制相关工作,包括制定第三方机制相关制度规范、研究法律政策问题、专业人员名录库入库管理、制定考察标准,以及组建巡回检查小组对地方第三方机制管委会、第三方组织进行监督检查等。中央第三方机制管委会的日常工作由全国工商联负责,涉国企部分由国资委、财政部负责。(《合规指导意见》第6条)地方第三方机制管委会与中央对应,负责统筹协调本地区第三方机制的具体工作,建立本地区第三方机制专业人员名录库、对本地区第三方组织及其成员进行管理考核、组建巡回检查小组对第三方组织及其成员进行监督检查,并作出相应处理。(《合规指导意见》第8条)

2. 联席会议。第三方机制管委会各成员单位建立联席会议机制,原则上每半年召开一次,也可以根据工作需要临时召开。会议由同级检察院、国资委、财政部门、工商联召集,研究有关第三方机制的重大事项和规范性文件,确定阶段性工作重点和措施,推动企业合规改革试点和第三方机制相关工作的顺利进行。(《合规指导意见》第7条)

3. 巡回检查小组。巡回检查小组由第三方机制管委会组建,负责对相关组织和人员在第三方机制相关工作中的履职情况开展不预先告知的现场抽查和跟踪监督。巡回检查小组成员可以由人大代表、政协委员、人民监督员、退休法官、检察官以及会计审计等相关领域的专家学者担任。(《合规指导意见》第9条)

4. 第三方专业人员名录库。第三方专业人员名录库是指由第三方机制管委会经过严格程序遴选产生,具备相关领域专业知识与技能,作为第三方组织成员人选的综合性人才库。其成员主要包括律师、注册会计师、注册税务师(税务师)、审计师、企业合规师,相关行政单位、行业协会商会等单位专业人员以及企业合规领域的专家学者等。地市级以上第三方机制管委会应当建立本地区名录库,区县级可以根据工作需要视情组建。

5. 第三方组织。第三方组织由地方第三方机制管委会从第三方专业人员名录库中选任,负责对涉案企业合规计划进行审查,提出修改完善的意见和建议,确定合规考察期,并对涉案企业合规计划的履行和完成情况进行检查、评估和考核,制作合规考察书面报告。第三方组织一般由3~7名专业人员组成,小微企业可减少至2名,其组成人员

应遵纪守法、勤勉尽责、客观中立,不得以权谋私。(《合规指导意见》第 10 条、第 11 条、第 12 条)

(二)第三方机制的运行流程

1. 启动程序:依职权 + 依申请。检察院对符合企业合规试点以及第三方机制适用条件的涉企犯罪案件,可以征询涉案企业、个人的意见。同时,涉案企业、个人及其辩护人、诉讼代理人或者其他相关单位、人员也可以主动申请适用企业合规试点以及第三方机制,检察院应当依法受理该申请并进行审查。另外,针对涉嫌行贿的企业,纪检监察机关认为符合企业改革试点以及第三方机制适用条件的,也可以向检察机关提出适用建议。(《合规指导意见》第 10 条、第 19 条)

2. 选任第三方组织。检察机关经审查,认为符合第三方机制适用条件的,可以商请本地区第三方机制管委会启动第三方机制。第三方机制管委会应当根据案件具体情况以及涉案企业类型,从专业人员名录库中随机抽取人员组成第三方组织,向社会公示,报送办案检察机关备案。检察机关或者涉案企业、个人、其他相关单位、人员对第三方组织的组成人员提出异议的,第三方机制管委会应当调查处理。(《合规指导意见》第 10 条)

3. 形成合规计划。第三方组织成立后,应当要求涉案企业提交专项或多项合规计划,并明确该计划的承诺完成时限。第三方组织应当对涉案企业合规计划的可行性、有效性与全面性进行审查,提出修改完善的意见建议,并根据案件具体情况和涉案企业承诺履行的期限,确定合规考察期限。(《合规指导意见》第 11 条、第 12 条)

4. 开展合规考察。在合规考察期内,第三方组织可以定期或者不定期地对涉案企业合规计划履行情况进行检查和评估,可以要求涉案企业定期书面报告合规计划的执行情况,同时抄送负责办理案件的检察机关。负责办案的检察机关也应当对涉案企业合规计划、定期书面报告进行审查,并向第三方组织提出意见建议。(《合规指导意见》第 12 条、第 16 条)

5. 制作合规考察书面报告。合规考察期届满后,第三方组织应当对涉案企业的合规计划完成情况进行全面检查、评估和考核,并制作合规考察书面报告,报送负责选任第三方组织的第三方机制管委会和负责办理案件的检察机关。检察机关应对合规考察书面报告进行审查,向第三方机制管委会提出意见建议,必要时开展调查核实工作。(《合规指导意见》第 13 条、第 16 条)

6. 检察机关作出最终决定。检察机关在办理涉企犯罪案件过程中,应当将第三方组织合规考察书面报告、涉案企业合规计划、定期书面报告等合规材料,作为依法作出批准或者不批准逮捕、起诉或者不起诉以及是否变更强制措施等决定,提出量刑建议或者检察建议、检察意见的重要参考。检察机关对于拟作不批准逮捕、不起诉、变更强制措施等决定的涉企犯罪案件,可以根据《人民检察院审查案件听证工作规定》召开听证会,并邀请第三方组织组成人员到会发表意见。(《合规指导意见》第 14 条、第 15 条)

(三)第三方机制的适用范围

根据《合规指导意见》的规定,第三方机制适用的案件类型既包括公司、企业等实施的单位犯罪案件,也包括公司、企业实际控制人、经营管理人员、关键技术人员等实施的与生产经营活动密切相关的犯罪案件。适用对象,无论是民营企业还是国有企业,无论是中小微企业还是上市公司,只要涉案企业认罪认罚,能够正常生产经营、承诺建立或者完善企业合规制度、具备启动第三方机制的基本条件,且自愿适用的,都可以适用第三方机制。《合规指导意见》同时进行了排除性规定,对于个人为进行违法犯罪活动而设立的公司、企业、企业设立后以实施犯罪为主要活动,以及涉嫌危害国家安全犯罪、恐怖活动犯罪等情况的,不能适用企业合规改革,不能凑数办案。

总结下来,在适用类型上,除排除性规定外,对单位犯罪基本“不限罪名、不限企业类型、不限刑罚轻重”积极适用;对个人犯罪在把握“犯罪主体适格”“涉案企业可罚”“犯罪行为与生产经营密切相关”等要素的基础上有序适用;对被害企业要准确甄别是否因自身管理漏洞间接导致公共利益受损,稳慎适用,特别是在职务犯罪案件中防止将企业合规作为个人逃避惩罚的手段。在适用条件上,要抓住“开展企业合规必要性”和“进行合规整改可行性”两大关键因素,结合企业、个人认罪认罚情况、企业经营状况、合规整改意愿等综合判定,逐案研判能否适用以及何时适用企业合规程序。

(四)其他需要说明的问题

1. 简式合规。由于小微企业相对而言更加关注对经济利益的追求,对制度建设方面关注度不高,且企业负责人与企业本身发展关联度更紧密,通过企业合规减轻企业和自身刑罚的意愿更为强烈,目前试点案件涉及的企业绝大多数是小微企业。对于小微企业或者合规整改问题简单的企业,适用完整的第三方机制缺乏必要性,简式合规也就应运而生。简式合规是指非严格适用第三方机制进行合规考察的情形,分为不适用第三方机制直接由检察机关进行考察(参考第三批涉案企业合规典型案例江苏 F 公司、严某某、王某某提供虚假证明文件案)和适用第三方机制但进行适当简化(参考第二批企业合规典型案例张家港 S 公司、睢某某销售假冒注册商标的商品案)两种模式,在实践中均有所体现。

2. 异地协作。实践中,企业注册地、生产经营地和犯罪地分离,导致合规案件办理中异地协作流程不清、区域标准不一等问题逐渐显现,上海市浦东新区人民检察院依托长三角一体化协作机制,办理了一起假冒注册商标案(入选最高人民检察院第二批企业合规典型案例)，两地检察机关紧密合作，确定了“委托方发起”“受托方协助”“第三方执行”的合规考察异地协作模式。随后，《合规指导意见实施细则》中规范了第三方监督评估环节开展异地协作的基本路径，即通过案件办理地第三方机制管委会、第三方机制管委会成员单位及其所属或者主管的行业协会、商会、机构开展异地协作，形成检察系统内、第三方机制管委会及相关单位间的同步协作体系。

3. 行刑衔接。一方面，根据《刑事诉讼法》第 177 条的规定，对企业合规案件中的涉罪企业不起诉后，需要给予行政处罚的应当被移送行政机关。另一方面，行政处罚罚款过重可能影响涉罪企业适用企业合规积极性。涉罪企业被“刑行衔接”移送行政机关处理后，行政罚款处罚相较于刑事罚金处罚，可能导致企业过重的经济负担。同时，在前期试点中发现，检察机关作出不起诉决定后，行政机关除了处以罚款外，还会作出纳税信用等级降级以及联合惩戒，会对企业的后续生产经营产生长期的、难以修复的影响，直接导致企业存续困难，与保护市场主体的目标出现一定偏差。故需要检察机关与行政机关在行政监管执法、社会信用体系建设等衔接上加强协作，共同营造“大合规”的良好氛围，促进试点工作的效用真正落地。

第七章 第三方监督评估机制管委会

第一节 概述

一、第三方监督评估机制管委会的性质和工作原则

（一）性质

2021 年 6 月 3 日，最高人民检察院会同全国工商联等八部门印发《合规指导意见》。《合规指导意见》探索建立“检察主导、各方参与、客观中立、强化监督”的第三方机制。按照《合规指导意见》，第三方机制是指检察机关在办理涉企犯罪案件时，对符合企业合规改革试点适用条件的，交由第三方机制管委会选任组成的第三方组织，对涉案企业的合规承诺进行调查、评估、监督和考察，考察结果作为检察院依法处理案件重要参考的制度。

根据《合规指导意见》的规定，第三方机制管委会是承担对第三方机制的宏观指导、具体管理、日常监督、统筹协调等职责，确保第三方机制依法、有序、规范运行，以及第三方组织及其组成人员依法依规履行职责的议事协调机构。据此，第三方机制管委会作为第三方监督评估机制的组织保障，在性质上属于议事协调机构。

（二）职能与工作原则

根据《合规指导意见》，第三方机制管委会主要承担以下两个方面的职能。

第一，第三方机制管委会履行对第三方机制的宏观指导、具体管理、日常监督、统筹协调职能，确保第三方机制依法、有序、规范运行。在涉案企业合规改革试点工作推进的过程中，有关各方深切感受到：对涉案企业合规承诺、整改进行客观、公正、有效的监督评估，是改革试点中的关键环节和核心内容。也就是说，只有实现第三方监督评估的实质化专业化，企业合规改革才能真正取得成功。否则，企业合规整改就可能成为“走

秀式”的“纸面合规”、可改可不改的“软约束”。①

第二，第三方机制管委会履行对第三方组织及其组成人员的监督管理职能，确保第三方组织及其组成人员依法依规履职。为最大限度防止和避免涉案企业合规整改的形式主义以及可能出现的“花钱买刑”等腐败问题，《合规指导意见》细化、实化了第三方机制管委会对第三方组织及其成员的选任、监督、管理职责：对第三方组织成员的违规行为，及时向有关主管机关、协会等提出惩戒建议，涉嫌违法犯罪的，及时向公安司法机关报案或者举报，并将其列入第三方机制专业人员名录库黑名单。此外，《合规指导意见》还要求第三方机制管委会组建巡回检查小组，对相关组织和人员在第三方机制相关工作中的履职情况开展不预先告知的现场抽查和跟踪监督。

《合规指导意见》中并未明确第三方机制管委会的工作原则。上海市第三方机制管委会结合工作实际情况，于《上海市涉案企业合规第三方监督评估机制管理委员会工作规则（试行）》中规定了第三方机制管委会开展工作应遵循平等保护、客观公正、规范有序、合法审慎的原则。第三方机制管委会作为涉案企业与第三方组织间的中间机构，应当对涉案企业和第三方组织各方进行平等保护，维护涉案企业和第三方组织的合法权益，确保第三方机制运行的客观公正、规范有序，保证第三方组织出具评估意见的合法审慎。

二、第三方监督评估机制管委会的基本职责

根据《合规指导意见》的相关规定，第三方机制管委会履行的基本职责主要包括：(1)研究制定涉及第三方机制的规范性文件；(2)研究论证第三方机制涉及的重大法律政策问题；(3)研究制定第三方机制专业人员名录库的入库条件和管理办法；(4)研究制定第三方组织及其组成人员的工作保障和激励制度；(5)对试点第三方机制管委会和第三方组织开展日常监督和巡回检查；(6)协调相关成员单位对所属或者主管的协会组织、机构等在企业合规领域的业务指导，研究制定涉企犯罪的合规考察标准；(7)复核第三方组织人员对处理结果提出的异议；(8)负责涉案企业合规第三方监督评估的其他统筹指导、监督管理工作。

据此，第三方机制管委会的基本职责可分为以下几个部分。

第一，对第三方机制相关重要问题进行研究和探索，如研究制定涉及第三方机制的规范性文件、论证涉及的重大法律政策问题、出台第三方机制专业人员名录库的入库办法和管理办法、探索第三方组织及其组成人员的工作保障和激励制度等。作为试点地

---

①　参见《检察日报社评：抓实第三方监督评估，杜绝“纸面合规”》，载最高人民检察院官网，https://www.spp.gov.cn/zdgz/202112/t20211220_539118.shtml，2022年12月30日访问。

方,上海市第三方机制管委会在多方合力之下形成了《上海市涉案企业合规第三方监督评估机制管理委员会工作规则(试行)》《上海市涉案企业合规第三方监督评估机制专业人员名录库管理办法(试行)》《上海市涉案企业合规第三方监督评估组织运行规则(试行)》(以下统称上海市第三方机制配套文件)等第三方机制配套文件。

第二,对下级第三方机制管委会和第三方组织进行日常监督和巡回检查,对第三方组织人员所提出的处理结果异议进行复核。为确保第三方机制的客观公正,一方面第三方机制管委会应规范和监督第三方组织的履职行为,防止"合规腐败"和权力滥用;另一方面要赋予第三方组织人员权利救济渠道,切实保障第三方组织人员的合法权益,确保第三方组织敢于履职、依法履职。

第三,对相关成员单位进行组织协调。发挥各成员单位的职能优势,对所属或者主管的协会组织、机构等在企业合规领域进行业务指导,并研究制定涉企犯罪的合规考察标准,为企业合规改革试点提供标准规范。

第二节 第三方监督评估机制管委会的组成

一、组织体系

第三方机制管委会根据层级划分,分为国家层面的管委会和地方层面的管委会。国家层面管委会于《合规指导意见》中有明确规定。各地方层面管委会则根据行政区划和工作实际设立。

目前,上海直辖市设置市、区两级第三方机制管委会,在市级和16个区均已设立第三方机制管委会。此外,根据上海市第三方机制相关文件的规定,为了服务保障中国(上海)自由贸易试验区临港新片区、长三角一体化发展等国家战略的实施,将根据需要在自贸区临港新片区、虹桥国际开放枢纽等国家战略承载区设置跨行政区划的第三方机制管委会。

二、成员单位

根据《合规指导意见》的相关规定,国家层面第三方机制管委会成员单位包括最高人民检察院、司法部、财政部、生态环境部、国务院国资委、国家税务总局、市场监管总局、全国工商联、中国贸促会,并可以根据工作需要增加成员单位。随着企业合规改革的推进,现已将人力资源和社会保障部、应急管理部、海关总署、中国证监会等部门纳为成员单位。各地试点地区亦在国家层面9家成员单位的基础上积极延展。北京增加了市金融局、知产局、中国互联网金融协会3家单位,浙江管委会成员单位扩展到22家,深圳宝安区管委会成员单位35家,江苏张家港市成员单位37家。深圳宝安、江苏张家港、山东聊城和泰安等多地的公安、法院等机关也加入管委会,积极探索行刑衔接。目前上海市级和各区级的第三方机制管委会由检察机关、国资委、财政局、工商联、司法局、生态环境局、税务局、市场监管局、贸促会等部门组成。随着改革的深入以及案件办理的需要,上海金山、浦东、杨浦、宝山等区级管委会在9家单位的基础上,均积极吸纳了其他单位。

此外,第三方机制管委会可以根据工作需要成立专业工作组,就第三方机制有关专业问题提供参考意见。专业工作组可以邀请负责查办职务违法犯罪,以及对金融、知识产权、环境资源、食品药品安全、税收等履行行政监管职责的非成员单位参加。

三、联席会议

根据《合规指导意见》的相关规定,第三方机制管委会建立联席会议机制,以联席会议形式研究制定重大规范性文件、研究论证重大法律政策问题,研究确定阶段性工作重点和措施,协调议定重大事项,推动管委会有效履职尽责。

在会议召集程序中,在国家层面第三方机制管委会中,联席会议由最高人民检察院、国资委、财政部、全国工商联有关负责同志担任召集人,管委会其他成员单位有关负责同志担任联席会议成员。联席会议成员因工作变动需要调整的,由所在单位提出,联席会议确定。上海地方层面与国家层面基本保持一致,联席会议由检察机关、国资委、财政局、工商联的有关负责同志担任召集人,管委会其他成员单位有关负责同志担任联席会议成员。联席会议原则上每半年召开一次,也可以根据工作需要临时召开。涉及涉案企业合规改革试点工作及重大法律政策议题的由检察机关召集,涉及管委会日常工作及民营企业议题的由工商联召集,涉及国有企业议题的由国资委、财政局召集,其他联席会议成员也可根据工作实际,建议召开联席会议。召集人可以根据议题邀请其他相关部门、单位以及专家学者参加会议。

联席会议以纪要形式明确会议议定事项,印发管委会各成员单位及有关方面贯彻落实,重大事项按程序报批,落实情况定期报告联席会议。

联席会议设联络员,由第三方机制管委会各成员单位有关司局负责同志担任。在联席会议召开之前,应当召开联络员会议,研究讨论联席会议议题和需提交联席会议议定的事项及其他有关工作。联络员应当根据所在单位职能,履行下列职责:(1)协调本单位与其他成员单位的工作联系;(2)组织研究起草有关规范性文件,研究论证有关法律政策问题,对有关事项或者议题提出意见建议;(3)组织研究提出本单位需提交联席会议讨论的议题;(4)在联席会议成员因故不能参加会议时,受委托参加会议并发表意见;(5)组织落实联席会议确定的工作任务和议定事项。

联席会议设联系人,由第三方机制管委会各成员单位有关处级负责同志担任,负责日常联系沟通工作,承办联席会议成员及联络员的交办事项。

2021 年 9 月 3 日,国家层面第三方机制管委会第一次联席会议在北京召开。联席会议召集人,最高人民检察院党组成员、副检察长杨春雷出席会议并讲话。联席会议召集人,全国工商联党组成员、副主席鲁勇主持会议。该次联席会议审议并原则通过了第三方机制管委会有关机构组成、近期工作要点以及《合规指导意见实施细则》《第三方人员办法》两个配套文件,并为第三方机制管委会办公室揭牌。①

第三节 第三方监督评估机制管委会的日常运作

一、第三方监督评估机制管委会办公室

第三方机制管委会的基础成员单位就有 9 家,随企业合规改革试点的不断推进,各级管委会均不同程度地吸纳新的成员单位加入,有些地区管委会的成员单位扩充至 30 余家。为加强第三方机制管委会各成员单位间的沟通协调、确保第三方机制有序推进,根据《合规指导意见实施细则》的相关规定,第三方机制管委会下设办公室作为常设机构,负责第三方机制管委会的各项日常工作。

国家层面第三方机制管委会办公室设在全国工商联,由全国工商联有关部门负责同志担任办公室主任,最高人民检察院、国资委、财政部有关部门负责同志担任办公室副主任。上海市第三方机制管委会办公室成员单位包括上海市人民检察院、上海市国资委、上海市财政局、上海市工商联等部门,办公室设在市工商联。

国家层面的《办公室工作规则》中要求办公室在涉案企业合规第三方机制管委会的领导下,坚持成员平等、相互协商、集体决策、分工负责、协同推进的原则,共同研究讨论和决定有关事项,共同抓好第三方机制管委会及其联席会议有关工作落实。

为加强第三方机制管委会之间的工作联系,第三方机制管委会办公室应适时采取有效措施,如建立健全管委会联合调研、信息共享、案例指导、宣传培训等。此外,第三方机制管委会办公室可以推动各成员单位、各工作联系单位根据工作需要互派干部挂职交流,探索相关单位工作人员兼任检察官助理制度,并协调各成员单位视情派员参与第三方机制管委会办公室工作,提升企业合规工作专业化规范化水平。

二、第三方监督评估机制管委会办公室的职责

《合规指导意见实施细则》是《合规指导意见》的配套文件。根据《合规指导意见实

① 参见《涉案企业合规第三方监督评估机制管理委员会召开第一次联席会议》,载全国工商业联合会官网,http://www.acfic.org.cn/ztzlhz/2021_fzfh/2021_fzfh_1/202109/t20210907_69661.html,2022 年 12 月 30 日访问。

施细则》的规定，国家层面第三方机制管委会办公室履行下列职责：(1)协调督促各成员单位落实联席会议确定的工作任务和议定事项；(2)收集整理各成员单位提交联席会议研究讨论的议题，负责联席会议和联络员会议的组织筹备工作；(3)协调指导联席会议联系人开展日常联系沟通工作；(4)负责国家层面第三方机制专业人员名录库的建立选任、日常管理、动态调整，并建立禁入名单等惩戒机制；(5)组织开展对试点地方第三方机制管委会和第三方组织的日常监督和巡回检查；(6)承担第三方机制管委会及其联席会议交办的其他工作。

上海市第三方机制配套文件在《合规指导意见实施细则》的基础上，进一步细化了本级第三方机制管委会办公室的职责。除了《合规指导意见实施细则》中的相关职责外，第三方机制管委会办公室应根据本级办案检察机关的商请启动第三方机制，组建第三方组织并指定工作牵头负责人，或者审定由第三方组织组成人员民主推举的负责人，将第三方组织人员名单向社会公示，并报送办案检察机关备案；负责受理涉案企业、个人、其他相关单位、人员对选任的第三方组织组成人员的异议，或者第三方组织组成人员的回避申请，及时调查核实并视情做出调整；负责受理在第三方机制运行期间，涉案企业及其人员对选任的第三方组织及其成员违反义务、行为不当、利益冲突、违法犯罪等情形的反映和异议，并进行调查核实；负责受理在第三方机制运行期间，检察机关对选任的第三方组织及其成员违反义务、行为不当、利益冲突、违法犯罪等情形的意见和建议，并进行调查核实；对选任的第三方组织及其成员开展日常监督，建立健全第三方机制专业人员履职台账，作为确定考核结果的重要参考；负责对选任的第三方组织及其成员进行业务培训、考核评价，确保其依法依规履行职责；负责就重大事项提请第三方机制管委会审议等。

根据上海市第三方机制配套文件的规定，上海第三方机制管委会办公室在第三方机制启动时，还承担了审核启动材料的职责。同级检察机关向第三方监督评估机制管委会办公室商请启动第三方机制时，同步向办公室提交第三方机制启动建议书、社会调查报告等相关材料；办公室经审核认为材料齐全、符合规范要求的，应当启动第三方机制；对材料不齐全或者不符合规范要求的，办公室应当一次性告知办案检察机关在规定时间内补正，检察机关补正后，应当启动第三方机制。

三、巡回检查小组

为最大限度防止和避免涉案企业合规整改的形式主义以及可能出现的“花钱买刑”等腐败问题，《合规指导意见》要求第三方机制管委会组建巡回检查小组，对相关组织和人员在第三方机制相关工作中的履职情况开展不预先告知的现场抽查和跟踪监督。根据《合规指导意见实施细则》的相关规定，巡回检查小组由第三方机制管委会办公室牵头组建,并邀请人大代表、政协委员、人民监督员、退休法官、检察官以及会计审计等相关领域的专家学者担任巡回检查小组成员。办公室应当将巡回检查情况及时报告管委会及联席会议,并提出改进工作的意见和建议。

在改革实践中,各试点地区积极组建巡回检查小组,探索“飞行监管”“飞行检查”等机制,取得了良好实效。在最高人民检察院发布的第二批企业合规典型案例山东沂南县Y公司、姚某明等人串通投标案中,第三方机制管委会选取6名熟悉企业经营和法律知识的人大代表、政协委员、人民监督员组成巡回检查小组,探索建立“飞行监管”机制。巡回检查小组和办案检察官通过不预先告知的方式,深入两家企业进行实地座谈,现场抽查涉案企业近期中标的招标项目,对第三方组织履职情况以及企业合规整改情况进行“飞行监管”。通过现场核查,未发现第三方组织不客观公正履职情况,确保落实涉案企业“真整改、真合规”。此外,江苏省镇江市第三方机制管委会在办理案件的过程中通过组建巡回检查小组,对正在合规整改的涉案企业开展“飞行检查”,检查第三方组织和合规监管人的履职情况以及企业整改情况,确保合规整改的客观、公正、有效。

上海市第三方机制配套文件专设一章规定了巡回检查机制的相关内容,明确了巡回检查的对象、方式以及处理,为巡回检查机制提供了“上海模板”。

巡回检查小组开展检查的对象主要包括:由本级管委会选任的第三方组织及其组成人员的履职活动;下级管委会及其办公室的履职活动;完成合规考察后本级检察机关办理案件的涉案企业落实合规检查、评估和考核意见的情况;本级管委会联席会议确定的其他事项。

巡回检查小组开展检查的方式有:检查涉案企业合规计划、定期书面报告、第三方组织书面考察报告等合规材料;到涉案企业检查合规建设、考察和评估情况;对涉案企业负责人及相关人员就合规计划、建设、考察和评估情况及第三方组织人员履职情况进行访谈;对第三方组织成员就合规计划、建设、考察和评估情况及自身履职情况进行访谈;检查下级管委会及其办公室的有关文件资料,列席其成员单位联席会议。

巡回检查小组对在本级管委会选任的第三方组织或者下级管委会及其办公室日常监督、巡回检查中发现的问题,可以根据情况向本级管委会提出不同的处理意见建议:情节较轻的,予以口头纠正;情节较重的,予以书面批评建议(这两项处理意见建议应当通报同级检察机关);可能影响第三方监督、评估效果的,建议延长第三方组织考察期限,或者中止、终止第三方机制;重新启动第三方机制(这两项处理意见建议应当商请办案检察机关同意)。

第四节　第三方监督评估机制管委会的工作保障

一、组织开展人员交流和教育培训

为促进管委会成员单位间的沟通交流,第三方机制管委会可以组织推动成员单位间工作人员进行挂职锻炼,如探索相关单位工作人员兼任检察官助理制度,并视情安排各成员单位派员参与管委会办公室工作,以提升涉案企业合规工作的专业化和规范化水平。在实践中,上海市浦东新区人民检察院联合区工商联共建企业合规“浦东模式”,探索单位干部间的挂职交流。依托制定出台的人才培养“扬帆计划”,浦东新区人民检察院定期安排优秀青年干警赴新区工商联参加为期3~6个月的挂职实践锻炼。挂职锻炼的干警随工商联到企业、商会调研、参与起草支持民营经济高质量发展相关协议、深度参与企业合规第三方机制构建。①

此外,上级第三方机制管委会应当加强对本级及以下专业人员名录库新进人员的职业道德教育和业务素养教育,确保其依法依规履行职责。例如上海市第三方机制管委会组织全市各级专业人员名录库开展教育培训。

二、组织开展联合调研和日常咨询答复

第三方机制仍处于制度探索阶段,因此需要对机制运行情况进行调研调查,接受社会各界的建议和监督。《合规指导意见》规定第三方机制管委会成员单位可以对第三方机制的运行情况开展联合调研,也可以邀请非成员单位、社会组织、人民团体参与调研,定期联合发布白皮书,接受社会监督。

此外,对于第三方组织、下级管委会就第三方机制运行的有关问题提出咨询的,由第三方机制管委会进行研究,并及时作出答复意见,管委会办公室负责对日常咨询进行答复。

三、探索建立经费保障和其他保障机制

当前改革试点过程中,对第三方机制经费保障问题,特别是第三方机制人员选任管理工作所需业务经费和第三方机制专业人员履职所需费用,从国家到市级均无明确规定。目前上海只在《上海市涉案企业合规第三方监督评估机制管理委员会工作规则(试行)》提出,可以结合本地实际,探索多种经费保障模式。同时明确,对涉案企业开展企

---

① 参见风云法眼:《“检察院+工商联”合作共赢“浦东模式”入选全国典型事例》,载检察风云微信公众号,https://mp. weixin. qq. com/s? __biz = MjM5NzQzODY2MQ = = &mid = 2651400682&idx = 2&sn = fa6bbf3e6d368a99bf006d5bc8af8cc0&chksm = bd247c408a53f5565205a431f9e918a75c88d8fc4904ff58dd2189c86ac36763b5c96be50631&scene = 27,2022年12月30日访问。

业合规第三方监督评估的相关经费应当与市场收费相区分,不得向涉案企业摊派费用,或者谋取其他利益。文件中还同步强调,管委会各成员单位、第三方机制专业人员所在单位或者所属有关协会组织以及涉案企业,应当为第三方机制专业人员履行职责提供必要支持和便利条件等其他保障措施。

第八章　第三方监督评估机制专业人员名录库

第一节　名录库组建的依据

一、国家治理视角下合规模式的合理需求

企业合规是法治发展到一定阶段的产物。企业合规中的“规”实则广义上的“法”，如果把“法”做广义理解，“合规”即是“合法”，故企业合规是企业依法治理的主要载体和措施，对于推进企业依法治理，进而全面推进依法治国，具有重要价值。① 在法治发展进程中，企业合规的出现反映出法治从重视自然人治理向重视自然人与法人治理相结合的演化。现代市场经济环境中，企业作为最主要的参与主体，其犯罪行为可能会产生相比自然人犯罪更加严重、涉及面更广的不良后果，因此必须纳入刑事司法视野进行预防和惩戒。在社会视角中，企业如果受到严厉的刑罚制裁，将比自然人更容易陷入消灭的风险，这种脆弱性导致恢复性司法理念在单位犯罪中缺乏有效的运用路径。因此，国家以企业合规形式合理参与公司治理十分必要，但参与方式的选择才是决定治理效果的关键。美国以刑罚手段鼓励企业合规建设的做法是针对美国联邦法院的传统而做的无可奈何的折中，其中具有先天不足，并不值得我们完全照搬。② 从探寻惩罚犯罪治理方法，避免刑事诉讼对企业造成损害，推进企业合规构建实施的立场出发，可以将审前分流协议引入我国的刑事诉讼程序。③ 分流依据在企业合规制度中无疑是重中之重，这就产生了组织相对固定的监督评估人员对企业合规进行监督并出具结论，保障分流依据的专业与公正的需求。

二、司法机关参与企业自治的合理限度

本书所论之企业合规，是作为刑事司法中影响刑事处遇或程序安排的综合评价机

---

① 参见朱孝清：《企业合规中的若干疑难问题》，载《法治研究》2021 年第 5 期。

② 参见黎宏：《合规计划与企业刑事责任》，载《法学杂志》2019 年第 9 期。

③ 参见万方：《企业合规刑事化的发展及启示》，载《中国刑事法杂志》2019 年第 2 期。

制,包括刑事合规的评价或激励机制。检察机关的适度参与,可以在一定程度上强化对涉案企业合规的约束力和有效性,但参与的方式是模式设计肇始所需要解决的问题。相关资料显示,在企业合规试点中主要出现三种模式:由检察机关监督评估;由行政主管部门或企业所在街道、乡镇政府监督评估;由第三方监督评估。[①] 显然《合规指导意见》选择了第三方监督评估的本土化路径,该路径的确具有较为明显的优势——适度而非直接的干预,避免了检察机关径自对企业进行考察评估的弊端:一是作为结果运用的机构,如果直接承担对企业合规监督和评估工作,可能出现不区分"运动员与裁判员"的公正性质疑;二是作为合规对象的企业涉及不同专业领域,检察机关难以提供具备足够专业性的监督评估人员,合规制度的效果就难以保障。同时,适度参与可以不过度干预企业自治。无论是企业合规抑或刑事合规,实则企业行为的刑事风险控制,是企业的自律机制。企业作为市场经济中的独立主体,董事会、股东大会等是公司法领域中非常成熟的公司治理机制,不应轻易被合规体系刺破,即不能被强制要求"合规"。因此,检察机关在第三方名录库的组建过程中可以作为第三方机制管委会成员单位进行第三方名录库组建、选任及管理工作,而不直接决定第三方组织或直接派员参与合规监督评估,在适度参与的情况下,保障名录库的第三方中立性质的同时,也使名录库专业人员开展工作具有适当的约束力。

三、社会力量加入企业治理的合理途径

建立第三方名录库需解决第三方监督公正性、专业性、有效性和约束力保障的问题,引入社会力量参与企业合规制度是目前的主流观点。在企业内部加强防范刑事风险的合规建设,是犯罪的一般社会预防问题,虽然属于刑事法制的组成部分,但更主要地通过政府、企业和社会力量共同完成。[②] 这种工作(合规监管)具有高度的专业性,需要有业务精湛、执业经验丰富并享有较高威望的资深律师、会计师、审计师、税务师、工程师等参与其中,方能保证合规监管制度的顺利实施。[③] 如何理解"第三方",实践中存在不同的认识。我们认为,社会力量与行政监管人员共同组成的第三方名录库是当前实现企业合规第三方监督的合理路径,这一组织本质上是由政府推动设立的、具有第三方公益性质的中立组织,兼具监督与引导双重职能。监督,即第三方名录库专业人员组成第三方组织对企业合规计划的审查、执行过程及效果进行监督。引导,即在审查合规计划、合规执行过程中提出修改完善的意见、建议,但是这种引导需要与服务进行明确

---

① 参见朱孝清:《企业合规中的若干疑难问题》,载《法治研究》2021 年第 5 期。

② 参见时延安:《单位刑事案件的附条件不起诉与企业治理理论探讨》,载《中国刑事法杂志》2020 年第 3 期。

③ 参见陈瑞华:《企业合规基本理论》(第 2 版),法律出版社 2021 年版,第 337 页。

区分，第三方组织应保持中立性，与企业为通过合规考察评估而自行委托的第三方中介机构所提供的合规服务不应混淆和交叉。在社会力量参与个案的方式上，《合规指导意见》第10条规定，第三方机制管委会应当根据案件具体情况以及涉案企业类型，从专业人员名录库中分类随机抽取人员组成第三方组织，并向社会公示。因此，与"分类随机抽取"相适应，应建立企业合规第三方机制专业人员名录库，名录库的架构应当为总库中包含不同类别的分库，针对不同类型的案件要求，在分库中进行随机抽取，组成"个案"第三方组织，将专业性和随机性充分结合，保障公正与效率价值的最大化。

第二节　名录库分类组建模式探索的影响因素

一、案件实际需求因素

第三方名录库的组建是涉案企业合规第三方监督评估机制建设的重要环节，第三方名录库组建的目的是保障第三方监督评估机制的运行和服务企业合规案件的办理。因此，第三方名录库在分类组建过程中应凸显需求指向，而各个试点地方存在案件类型和涉案企业类型等诸多方面的差异，需充分考虑区域办案实际因素，为第三方监督评估机制在运行中提供公正、专业的第三方人员。单位犯罪案件是涉案企业合规第三方监督评估机制主要的监督对象，因此，在案件需求因素上，各地区建库需要结合地方的办案实践，充分考虑以下方面：第一，目标罪名集中的领域是否有充足的专业人员供给；第二，企业领域集聚的地区应当考虑相关人员分布比例向指定领域倾斜；第三，不应为了种类丰富而求大求全，应当结合地区实际着重建设名录库，必要时可以采取指定库外专业人员等机制作为补充。

二、合规体系发展因素

随着涉案企业合规改革试点逐步向纵深发展，必将经历从"个案"施策到"个案—行业"体系化治理的路径。通过企业合规消减企业刑事风险至少有以下层次：在刑事程序中对涉案企业进行刑事合规改造，达到刑事责任的降低甚至消弭；司法力量介入和帮扶风险企业治理，利用强制力塑造企业合规环境；通过对涉案企业的刑事治理，发现行业的易发触刑问题，对同范畴企业提供警示和治理的事前刑事合规环境。比如侵犯公民个人信息犯罪、非法获取计算机信息系统数据犯罪，通过购买特定公民信息、利用数据爬虫手段进行客源拓展的一类现象在行业内普遍存在。区域内市场规模基本恒定的环境下，某一家企业合规整改达标后反而可能因未合规企业采用低成本的违法手段争夺客源导致市场份额减少，出现"劣币驱逐良币"效应，与激励企业合规改革的初衷相悖。因此不能将涉案企业合规评估结束、案件办结视为终点，对行业内普遍出现的合规风险,应将个案合规作为突破口,改变诱导此类犯罪发生的行业漏洞,持续推动行业合规发展。企业合规改革试点的发展,必将整合末端处理与前端治理于一体的演化,达到"既抓末端、治已病,又抓前端、治未病"的体系和效应。因此,名录库分类组建如果仅满足个别案件、单个企业的局部性合规需求,难以体现可持续性。应当把体系发展因素作为第三方名录库设计的重要考量因素,针对如何保障工作重心实现由个案合规向个案合规与行业合规并重的转变,构建覆盖事前、事中、事后全链条的涉案企业合规体系。在第三方名录库组建的过程中,一方面应根据区域内重点领域的实际,注重相关领域专业人员的配备,不应在重点领域出现缺项或明显短板,在人员配比上也应当相应平衡;另一方面应当在专业人员计划和选任中注重将"头部"企业和行业协会专业人员纳入范围,尽可能发挥企业和协会的行业影响力与号召力,突出自主管理和"头雁效应"。

三、利益冲突因素

为了保证第三方组织成员履职期间的客观公正性,在名录库组建过程中对律师、会计师、税务师等社会中介组织人员的利益冲突因素应当充分考虑。《律师法》《注册会计师法》《注册税务师管理暂行办法》《律师执业管理办法》《律师职业行为规范》《律师协会会员违规行为处分规则(试行)》等规范性文件对社会中介组织人员的执业利益冲突确立了一些基本规则。《合规指导意见》第 17 条也针对两类利益冲突行为提供了相应规制依据,第一类是履职期间律师接受可能有利益关系的业务,第二类是履职结束后一年内律师或其所在律师事务所接受涉案企业、个人或者其他有利益关系的单位、人员的业务。利益冲突条款旨在避免专业服务领域内的中介人员在执业过程中委托人的利益与提供专业服务的人员或者与其所代表的其他利益之间存在某种形式的对抗,进而可能导致委托人的利益受损,或者有可能带来专业服务品质下降的情况。第三方专业人员之所谓"第三方"须与涉案企业、检察机关进行业务隔离,才能遏制主观、腐败情境下的第三方监督评估结果产生。律师、会计师、税务师等社会中介组织人员在企业合规第三方组织中扮演中立监督评估的角色,而在日常执业中可能处于为企业提供社会服务的角色,为合理消除业务交叉带来的不公可能性,一定期限的利益冲突时间的设定确有必要。因利益冲突条款主要作用于社会中介组织人员,因此在第三方专业人员分类和选任过程中,必须充分考虑利益冲突条款在实际运用中可能产生的情形,在名录库设计过程中做好相应的应对措施。

四、特殊身份因素

涉案企业合规第三方监督评估机制与其他企业合规的重要区别在于"涉案",一般是由司法程序引起的合规考察工作。作为与办案密切相关的公安、检察、法院工作人员是否能够成为第三方名录库的成员,在理论上一直存在合规考察机构与合规考察结果运用机构合一可能有失公允的质疑，在实践中也存在不同做法：国家名录库将 9 名检察机关工作人员和退休人员纳入第三方名录，而考察的其他 17 个试点地方，除湖南省长沙市第三方名录库包含 2 名公安民警外，其他均无公安、检察、法院工作人员入选名录库。我们认为，司法机关工作人员能够作为具备专业技能的主体被选任成为第三方名录库成员，有利于保障第三方专业人员领域的多样化。但由于司法机关具有办案权能，而企业合规监督考察的结果可能影响案件处理方式，如果由相同机构既办理案件又提供考察人员，可能会陷入“自考自用”的质疑，故司法机关工作人员入库应慎重，需附加限制规则。在司法机关工作人员入库中，应注意内部分工的“隔离”，应避免选任的办案人员所在部门工作人员作为名录库专业人员，而具备专业知识和执业素养的综合业务部门司法人员，一般情况下不会直接接触案件办理，可以选任为名录库成员。如国家名录库中检察机关入库的 9 名专业人员中，最高人民检察院检察理论研究所有 4 名、国家检察官学院有 2 名、最高人民检察院已退休人员有 3 名，均未涉及办案职能，作为第三方专业人员可以完善第三方名录库构成，不会导致“既当运动员又当裁判员”的情况发生。

第三节　名录库分类构建模式探索与规则路径规划

通过考察，我们发现在领域内仍未有成熟的企业合规名录库分类规则，倾向于在律师、会计、审计以及行政监管等机构或自然人范围内聘请第三方专业人员组成名录库，但以机构还是以自然人为单位入库存在不同做法。在领域外根据职业属性和履职对象所属领域进行划分分类方法为主流名录库分类方法。由此，在企业合规名录库分类组建的过程中，主要可以根据上述两种模式进行路径设计。

一、根据职业属性划分模式

第一种模式是将名录库以职业属性为标准进行划分，根据世界通例，“合规监管人”必须由独立的第三方中介机构的专业人员担任，如果案件涉及环境保护等特定专业领域，还需要从专业机构中遴选专家加入第三方组织，①据此，将名录库分为法律类专业人员、财会类专业人员、行政监管类专业人员等。这种划分方式具有以下特点：第一，名录库兼容性更强，可以解决依履职对象所属领域进行划分导致分类过多过细、无法穷尽的问题；第二，入库程序更加简便，在依职业属性分类模式下，占据相当比例的律师、会计师、审计师等中介机构的人员无须再经过进一步甄别专业特长之程序，可以径行进入相

① 参见陈瑞华：《企业合规不起诉改革的八大争议问题》，载《中国法律评论》，https://kns.cnki.net/kcms/detail/10.1210.D.20210811.1047.002.html，2021 年 8 月 11 日访问。

应分库；第三，分类随机抽取条件下专业程度不稳定，该分类框架下，使用名录库时须进一步甄别专业领域，由于根据职业属性进行宏观分类，在个案运用中，通过随机分类抽取的方式，抽取的结果可能出现不具有专业性价值的结果。例如，在个案为知识产权领域涉案企业合规时，从法律类专业人员名录库随机抽取的人员可能并不擅长知识产权领域合规法律工作，而抽取到知识产权法背景的法律专业人员的概率会被稀释，从而无法保障分类随机抽取人员形成第三方组织的专业水平。

在条款设计时，根据目前企业合规主要需要的职业领域，可以将名录库具体分为法律类专业人员、财务类专业人员、税务类专业人员、行政监管类专业人员、其他专业人员5类，其中，第一类至第三类主要着重于执业律师、注册会计师、税务师及相关领域专家、学者，第四类行政监管类专业人员主要包括行政监管部门推荐的行政监管内部专业人员或其所属事业单位专业技术人员，第五类其他专业人员主要包括工商联、国际贸易促进委员会等机构推荐的其他领域专业人员以及企业管理人员和社会机构专业人员等，同时，也支持具备丰富企业管理或企业合规经验的人员、各级智库或咨询公司高级管理人员加入合规第三方名录库，保证多元化和专业化的需求。具体条文设计如下："专业人员名录库按照以下类型分类遴选：(1)法律类专业人员。包括从事相关法律服务业务，具有企业合规及法律风险防控的相关经验，经律师协会推荐或认可，通过相关专业评定的执业律师；具有副高级(含)以上职称的法学专家。(2)财务类专业人员。包括熟悉企业管理制度，经注册会计师协会推荐或认可，隶属于本市A类评级会计师事务所的注册会计师。(3)税务类专业人员。包括从事相关涉税服务业务，具有企业合规及法律风险防控的相关经验，经注册税务师协会推荐或认可，隶属于本市AAA级(含)以上税务师事务所的税务师。(4)行政监管类专业人员。包括司法行政、财政、生态环境、国有资产监督管理、税务、市场监督管理等行政监管部门推荐的行政监管内部专业人员或其所属事业单位专业技术人员。(5)其他专业人员。包括具备丰富企业管理或企业合规经验的人员、各级智库或咨询公司高级管理人员；工商联、国际贸易促进委员会等机构推荐的其他领域专业人员等。"

二、根据履职对象所属领域划分模式

在当下的法秩序中，由于合规行为并不存在一个统一的效力，因此在不同领域，效力并不尽一致。① 第二种模式是将名录库以履职对象所属领域为标准进行划分，分为如知识产权类专业人员、金融类专业人员、税收类专业人员、扰序类专业人员等。这种划分方式具有以下特点：第一，分类随机抽取条件下专业程度较为稳定，这种划分方法对

---

① 参见傅蔚冈：《合规行为的效力：一个超越实证法的分析》，载《浙江学刊》2010年第4期。

入库人员进行精细划分,更具有案件解决价值,在具体运用中,直接将个案涉嫌的罪名与名录库进行一一对应并抽取,针对性更强;第二,名录库组建分类程序复杂,在名录库入库过程中,由于设计分库是以履职对象为逻辑起点,律师、会计师、审计师等需求量较大的中介组织人员的归属问题不易解决,实际操作中需要对中介组织人员的擅长领域进行细化后进一步归类;第三,分库数量较多且难以穷尽类别,履职对象所属领域众多,分类过细可能使名录库组建的管理成本过高,分类过于笼统可能出现对关联性不强领域间"强制合库"的质疑。

在条款设计时,根据目前企业在合规中问题易发、频发领域,可以将名录库具体分为生态环境类专业人员、生产经营类专业人员、金融财务类专业人员、税收征管类专业人员、知识产权类专业人员、信息技术类专业人员、其他专业人员7类,其中,其他专业人员主要包括工商联、国际贸易促进委员会等机构推荐的其他领域专业人员以及企业管理人员和社会机构专业人员等。具体条文设计如下:"专业人员名录库按照以下类型分类遴选:(1)生态环境类专业人员。由负有环境保护监督管理职责、自然资源保护监督管理部门推荐或自荐,具有企业环境、自然资源管理相关经验的专业人员,对涉嫌污染环境、破坏自然资源犯罪的企业进行合规考察。(2)生产经营类专业人员。由市场监督管理部门、海关管理部门推荐或自荐,具有企业产品质量、反不正当竞争、保护市场秩序相关管理经验的专业人员,对涉嫌产品质量、扰乱市场秩序犯罪的企业进行合规考察。(3)金融财务类专业人员。由银行保险业监管部门、地方金融监管部门推荐或自荐,具有金融、会计、审计相关经验的专业人员,对涉嫌金融领域犯罪的企业进行合规考察。(4)税收征管类专业人员。由税务部门推荐或自荐,具有涉税服务相关经验的税务师、其他资深从业人员,对涉嫌危害税收征管犯罪的企业进行合规考察。(5)知识产权类专业人员。由知识产权主管部门推荐或自荐,具有知识产权相关从业经验人员,对涉嫌侵犯知识产权犯罪的企业进行合规考察。(6)信息技术类专业人员。由信息技术主管部门推荐或自荐,具有信息技术相关经验从业人员,对涉嫌利用信息网络类犯罪、危害信息网络安全类犯罪的企业进行合规考察。(7)其他专业人员。包括具有丰富企业管理或企业合规经验的人员、各级智库或咨询公司高级管理人员;工商联、国际贸易促进委员会等机构推荐的其他领域专业人员等。"

第四节　第三方专业人员名录库的组建程序

一、专业人员的来源

任何专家人才库的组建,首先要明确相关人员的来源。与一般专注于某个行业的专家库不同,合规名录库的人员来源必须多元,类似福建省晋江市检察机关联合某律师事务所打造的企业合规事务所,[①]或深圳市宝安区仅从律师事务所中选任独立监控人的模式,[②]我们认为均不能满足司法实践需求。名录库中除了律师或法学专家型人才外,也需要有财务类专业人员、税务类专业人员,同时不能忽视行政监管部门或相关事业单位的监管或专业人员。此外,社会各级智库,或各领域内具备丰富企业管理,或合规经验的人员也可以纳入其中。名录库中法律类人员不宜为主体,应占总数1/3或以下。目前,上海市静安区名录库已组建,总人数为25名,其中金融办等不同行政机关事业单位代表9名,来自不同律师事务所的律师8名,其余系高校专家、税务师、会计师、租赁行业协会代表各若干名。[③] 笔者认为,这种由多方来源的人员共同组成的名录库才是可以解决实践需求的专业人才库。

二、专业人员的选任条件

考虑到人员的背景不同,选任条件应当具有普遍适用性,可以从正面和负面两个方面进行明确。如正面条件应该包括:身体健康、政治过硬,熟悉相关法律法规和政策规范,具备行业中等以上职称或职级。虽然专家库对职称要求一般比较高,如《上海市科技专家库管理办法》明确要求财务审计类专家应当是高级会计师、高级审计师、高级经济师;法学专家需副高级(含)以上职称;律师需是事务所合伙人等,但我们认为,企业合规系新兴的、实践性较强的工作,相关职称仅是参考,达到中等以上即可。除正面条件之外,还应该列明禁止入选的情况,如近年内受到行政处罚及行业处分记录、曾受到过刑事处罚均不适合入选。特别需要提到一点,失信虽然属于道德范畴,但若被列入失信被执行人名单则具有法律意义,如最高人民检察院印发的《行政机关专业人员兼任检察官助理工作办法(试行)》(高检发办字〔2021〕39号)中,就将被列入失信被执行人名单的规定为不得聘任的情形。同理,如被列入失信被执行人名单,亦不宜纳入名录库选任范围。

三、专业人员的遴选程序

专业人员的遴选入库在程序设计上应当遵循依法有序、公开公正、择优遴选的原则。由各级企业合规第三方机制管委会根据本级工作实际,制定包含选任数量、评审办

---

① 参见《晋江市检察院成立企业合规事务所》,澎湃新闻网,https://m.thepaper.cn/baijiahao_12990450?sdkver=ab0abe70,最后访问日期:2021年8月12日。

② 参见《关于印发〈深圳市宝安区司法局关于企业刑事合规独立监控人选任及管理规定(试行)〉的通知》,载深圳市宝安区司法局网,http://www.baoan.gov.cn/basfj/gkmlpt/content/8/8040/post_8040099.html#5161,最后访问日期:2021年8月12日。

③ 参见《关于上海市静安区涉案企业合规第三方监督评估机制专业人员名录库的公示》,载《静安报》2021年8月13日,第A3版。

法及管理规定等内容的遴选方案。第三方机制管委会应当在有关成员单位或其所属或主管单位等官方网站上提前发布遴选公告,明确遴选名额、遴选条件、报名方式、报名材料、工作程序、意见反馈等相关事项。为了确保择优遴选,第三方机制管委会可派员组成评审组,通过审查材料、走访了解、面谈测试等方式进行审核,并向社会公示。公示期内,对拟入选名单有异议的,第三方机制管委会应进行调查核实。无异议或者经调查异议不成立的,由第三方机制管委会作出入选决定,颁发聘书,向社会公布,供社会查询。

1. 制定方案。各级第三方机制管委会根据本级工作实际,制定包括选任数量、评审办法及管理规定等内容的遴选方案。

2. 参选方式。专业人员参加遴选一般应采取由其所在单位、组织推荐与个人申报相结合的方式。

3. 发布公告。第三方机制管委会应当在有关成员单位或其所属或者主管单位等官方网站上发布专业人员名录库人员遴选公告。公告期不少于 20 个工作日。遴选公告内容应包括:遴选名额、遴选条件、报名方式、报名材料、工作程序、意见反馈方式等相关事项。

4. 组织评审。第三方机制管委会派员组成评审组,通过审查材料、走访了解、面谈测试等方式进行审核,确定专业人员名录库拟入选名单。

5. 公示结果。第三方机制管委会可以通过在拟入库人选所在单位或者有关新闻媒体、网站发布公示通知等形式向社会公示专业人员名录库拟入选名单,并同步报送同级人民检察院备案审查,公示时间不少于 7 个工作日。公示期内,对拟入选名单有异议的,第三方机制管委会应当进行调查核实,并作出调查结论。

6. 入选备案。专业人员名录库拟入选名单经过公示无异议或者经调查异议不成立的,由第三方机制管委会作出入选决定,颁发聘书,向社会公布,供社会查询。入选名单向同级人民检察院备案。下级第三方机制管委会向上级第三方机制管委会备案本级选任产生的专业人员名录库。

第五节　第三方专业人员名录库成员的权责义务

《合规指导意见》第 17 条对第三方组织及其组成人员的义务进行了明确,但远不够详细。在参考多个专家库规范性文件的基础上,结合企业合规监督评估工作的流程及特点,我们认为有必要对名录库成员的权利、职责、义务分别予以明确规定和要求。

一、名录库成员的权责

按照是否已入选第三方组织,名录库成员的权责可以分为两个层次,即一般权利和履职权利。一般权利主要包括被抽选为第三方组织成员的权利、获得培训的权利、自愿退出和申辩的权利。其中前两项是为了保障工作的顺利开展,后两项保障了退出和申诉的通道。履职权利是指名录库成员入选至第三方组织后在履职期间享有的权利,主要包括有权提出意见建议、申请回避、获得必要信息、独立发表意见等。需要说明的是,专业人员认为信息不充分时可以要求涉案企业补充相关资料,但应经第三方组织审核同意。此外,虽然考察报告系以第三方组织的名义作出,但有必要在书面报告中对个人不同意见予以保留,避免集体决策掩盖个人意见。我们查询到的规范性文件中,较少涉及独立发表意见,仅《山东省工业和信息化厅专家库管理办法》第10条规定,当专家个人意见与专家组意见发生分歧时,专家可以形成个人书面意见,有权不在专家组意见上签字。对此,我们认为拒绝签字另行提交意见并不利于工作,应当予以批判性参考。

二、名录库成员的义务

与权利相比,名录库成员的义务要求应当更为细致和谨慎,促进更好地履职,保证企业合规结论的公平公正。

1. 一般义务。一般义务是指报告义务、接受管理义务、接受培训义务。主要是指名录库成员需要按照管委会的要求,提供个人真实材料,如果技术职称、工作单位等重要信息发生变更,或出现其他重大事项,应及时向管委会报备。需要说明的是,培训既是权利也是义务,类似于公务员法中规定公务员有接受培训的权利和义务一样。作为名录库成员,应该接受管委会组织的培训,学习新知识、提高工作技能。

2. 履职职责。履职职责是指名录库成员入选第三方组织后,在履职时需履行的职责义务。我们认为专业人员要诚实、信用、谨慎、中立地履行以下职责义务:按照规定的权限和程序,依法、独立、客观、公正地进行企业合规第三方监督评估;要参与审查涉案企业制定合规计划的可行性、有效性和全面性,提出修改完善的意见、建议;在合规考察期内,针对涉案企业提交的合规计划、定期书面报告开展必要的检查、评估;合规考察期届满后,对计划的完成情况进行检查、评估和考核,参与制作完成合规考察书面报告,并对所签署的意见负责;根据办理案件的检察院的要求,参加涉案企业的听证会;合规考察期限内,发现涉案企业或其人员尚未被办案机关掌握的犯罪事实或者新实施的犯罪行为、新出现的不合规行为,及时向管委会及负责办理案件的检察院报告等。

3. 禁止性要求。考虑到企业合规工作的涉企性、复杂性、社会性,以及最终可能产生的司法影响,我们认为有必要适当增加一些禁止性义务的要求:如名录库成员不得妨碍企业合规第三方监督评估的正常进行及案件公正处理;不得泄露履职过程中知悉的案件信息;不得利用成员身份发表、从事与履职无关的言行,造成负面影响或者后果等。如有以上行为,要承担相应的职业风险和纪律、法律责任。

第六节　第三方专业人员名录库的使用

《合规指导意见》第10条规定，管委会应当根据案件的具体情况以及涉案企业类型，从专业人员名录库中分类随机抽取人员组成第三方组织。具体应当如何抽取使用，根据《合规指导意见》精神，结合司法实践，我们认为应坚持以下几点。

一、抽取保持随机性

抽取人员的方式既非指定，亦非轮流，而是随机抽取，目的是尽量避免有意识的偏见或可预测性。如《山东省工业和信息化厅专家库管理办法》第15条规定，“专家选取采取轮换原则。同一专家被连续选中两次后，在下轮抽取活动中自动轮空。”我们建议，在企业合规专家库中，可参考上述的下轮抽取轮空方法。其主要考虑是所有专业人员均是兼职担任，且合规案件一般较为复杂，如果同时参与几个，会占用其较多的工作时间，从而降低专家及其所在单位支持企业合规工作的积极性。

二、人员具有独立性

“第三方人员”必须要独立和区别于“第一方”（涉案企业）、“第二方”（检察机关），才能避免和克服主观化、内部化、非专业等问题。除了《合规指导意见》第17条所规定的评估结束后一年内不能接受该涉案企业的业务规定，我们认为需要针对个案对相关人员之前的业务进行回溯。比如《山东省科技专家库管理办法（试行）》第13条就明确要求专家如在过去2年之内与被评审项目单位有过聘用或合作关系的应当主动申明回避。由于律师、会计师、税务师等社会中介组织人员既是名录库的主要人选，也是为企业提供社会服务的主体，为避免业务交叉，导致社会对企业合规监督评估工作产生怀疑，有必要参考以上条款，规定抽选的人员如在两年内曾与被监督评估企业有过聘任、委托、合作关系，或与被监督评估企业存在其他重大利益关系的应当回避，不得成为该企业第三方组织的成员。

三、工作适当灵活性

考虑到企业合规试点工作刚刚开始，还要依赖司法实践的进一步探索，名录库在组建之初也难以网罗到所有人才，因此在名录库的使用上要有一定的灵活性。第一，内外灵活。如被监督评估企业所涉事项有特殊要求，或难以抽选出可胜任的人员，在符合程序客观公正的前提下，可由管委会在名录库内直接指定人员或协商邀请名录库外的专业人员参加第三方组织。第二，区域内灵活。《合规指导意见》出台后，各地均在积极组建本地名录库，但名录库应该是统筹共享的，同一区域内上下级、同级管委会之间可以共享，否则组建人才库会成为“抢人大赛”，反而不利于资源的优化配置和名录库的良性发展。

四、总体突出公益性

据考察，一般专家库中聘请专家均系有偿服务，常见的专家报酬模式是“谁委托，谁付费”，如《通信工程建设项目评标专家及评标专家库管理办法》规定专家酬劳按有关规定支付；《成都市城市建设发展研究院专家库管理办法》明确项目开题、结项评审每人次1000元，咨询每人次300元。目前，《合规指导意见》中对相关组织运行和人员履职的费用未有涉及，实践中监督评估人员的费用由谁承担暂无定论。我们认为，企业合规工作根本上是为了市场经济秩序的恢复和维护，目的在于优化营商环境、加强对整体公共利益的保护而非为个别企业或人服务。因此，第三方监督评估绝非一般的市场营利性行为，而是具有公共利益或公共服务性质的工作。专家的履职费用，仅可考虑少量交通等补贴，且不宜由企业承担，否则不仅会给企业带来额外负担，而且可能影响合规激励与最终结果的公正性。相关经费可以参考人民监督员的规定，统一纳入财政经费预算，进行严格管理。①

---

① 《人民监督员选任管理办法》第23条规定，司法行政机关应当将人民监督员选任管理及履职相关工作经费申报纳入同级财政经费预算，严格经费管理。人民监督员因参加监督评议工作而支出的交通、就餐等费用，由司法行政机关按相关规定予以补助。

第九章　第三方监督评估机制的启动

第一节　涉案企业合规及第三方机制的适用条件

一、案件范围

根据《合规指导意见》的规定，第三方机制适用案件的范围主要包括公司、企业等市场主体在生产经营活动中涉及的经济犯罪、职务犯罪等案件，既包括公司、企业等实施的单位犯罪案件，也包括公司、企业实际控制人、经营管理人员、关键技术人员等实施的与生产经营活动密切相关的犯罪案件。不难看出，第三方机制主要适用于单位犯罪案件或者公司、企业相关人员实施的与生产经营活动相关的犯罪案件。涉案企业合规试点及第三方机制的初衷是针对企业的犯罪行为的治理，其运行和落实应当基于企业经营行为的治理，而非个人犯罪的“出罪工具”。因此，针对公司、企业实际控制人、经营管理人员、关键技术人员实施的与企业经营行为无关的案件不应启动第三方机制，如企业老板涉嫌危险驾驶案件，企业员工实施的故意伤害、寻衅滋事等案件。

涉案企业合规试点及第三方机制运行过程中，关于小微企业是否可以适用的问题，实务界和理论界有较大的争议。国外的暂缓起诉协议制度几乎都适用于上市公司或者大型企业集团，这些企业中有股东会、董事会、监事会等完整且有效运行的现代公司治理结构，具备搭建合规治理体系的基础条件。而我国检察机关进行涉案企业合规的对象则以中小微企业为主，特别是一些具有家族化经营特征的小企业，企业从业人员较少、经营规模有限。这种理论和实践的差异，导致学术界对小企业开展合规必要性产生怀疑。为回应涉案企业合规改革中企业范围的问题，《会议纪要》明确企业范围既包括民营企业，也包括国有企业、集体合作社，既包括上市公司也包括中小微企业，还包括私立医院，民办学校，个人合伙企业，律师事务所、会计师事务所、鉴定机构等中介组织。

二、适用条件

涉案企业合规试点及第三方机制除了上述企业范围、案件范围外，还应当把握和理解涉案企业及个人应当具备的基本条件。根据《合规指导意见》,启动涉案企业合规及第三方机制还需涉案企业、个人同时具备以下三个方面的条件:涉案企业、个人认罪认罚;涉案企业能够正常生产经营,承诺建立或者完善企业合规制度,具备启动第三方机制的基本条件;涉案企业自愿适用第三方机制。

(1)涉案企业、个人认罪认罚。在美国承载合规计划的刑事法价值的制度形式有不起诉制度(NPAs)和暂缓起诉制度(DPAs),它们均是检察官与涉案企业协商后签订包含特定条款的协议,通常被适用于企业犯罪案件,这两种制度还都要求将有效的合规实践作为适用的前提条件,涉案企业要么事先已经建立起合规体系,要么接受执法机关或者监管机关的监督,承诺在事后建立相应的合规体系。① 从域外的经验来看,企业合规与认罪协商制度具有天然的可结合性。企业合规在本质上是合作性司法理念在企业犯罪治理领域的体现。它鼓励涉案企业以被追诉后的合规承诺为条件,积极履行合规承诺的义务,换取检察机关的宽缓处罚结果。企业合规作为一种新型的企业犯罪治理方案,以企业认罪答辩为显著特点,推动国家和企业之间的追诉对抗关系转化为一种合作共治关系。

2018 年修订的《刑事诉讼法》确立了"认罪认罚从宽制度",没有主体、罪名和可能判处的刑罚的限制,鼓励涉罪主体自愿如实供述罪行、自愿接受处罚,并为之提供实体与程序维度的从宽激励后果。这些法律规定已经建立起允许涉罪企业通过认罪答辩获得从宽处罚的规则框架。② 因此,在涉案企业合规试点及第三方机制制度设计中,将企业合规与认罪认罚从宽制度相结合成为一种必然趋势。最高人民检察院及九部门在涉案企业合规试点中,明确要求涉案企业、个人认罪认罚,即认罪认罚是前提基础,涉案企业、个人认罪认罚是涉企犯罪案件可以适用企业合规的必要不充分条件。涉案企业、个人申请涉案企业合规及第三方机制的前提应该是对司法机关认定的犯罪事实无异议,且自愿接受处罚,积极向检察机关作出合规承诺。

(2)涉案企业能够正常生产经营,承诺建立或者完善企业合规制度,具备启动第三方机制的基本条件。检察机关主导的涉案企业合规试点是检察机关落实"六稳""六保",平等保护民营企业,优化法治化营商环境的制度创新。检察机关在审查涉企犯罪案件是否符合该条基本条件时应当从以下三个方面研判。

首先,从制度出台的初衷来看,涉案企业合规制度的适用主体是能够正常生产经营的市场主体,负责案件办理的检察机关在适用该项制度时应当强化涉案企业生产经营

① 参见赵恒:《认罪答辩视域下的刑事合规计划》,载《法学论坛》2020 年第 4 期。

② 参见赵恒:《涉罪企业认罪认罚从宽制度研究》,载《法学》2020 年第 4 期。

情况的调查核实,把好案件“入口关”。研判涉案企业是否具有正常生产经营可从以下两个方面开展:其一,涉案企业自行提交经营材料。检察机关在涉案企业、个人提出涉案企业合规申请时可以要求申请人自行提交有关纳税证明、员工花名册、厂房或办公场所产权及租赁凭证、工商注册登记材料、员工社保缴纳记录、获得行业荣誉等材料。其二,除涉案企业提交上述材料外,检察机关应当针对企业的经营情况进行社会调查。检察机关通过大数据研判企业及个人的前科劣迹、涉诉情况、企业资质等基本情况,通过走访涉案企业、对企业实际经营人、员工访谈、走访行政监管部门征求意见等传统方式研判企业的社会贡献度。

其次,涉案企业、个人应向检察机关承诺建立或者完善企业合规制度。企业合规是企业自主经营行为,是否承诺建立企业合规制度是企业内生动力所决定的,而非检察机关强加合规义务给企业。从另一个维度来看,涉案企业、个人向检察机关作出承诺又是认罪认罚的一种体现。在承诺的方式上,《合规指导意见》并未提出具体要求,可以是口头的承诺也可以是书面的承诺,但从制度落实的规范性角度和对涉案企业、个人约束角度考量,合规承诺应当以书面承诺为主。

最后,具备启动第三方机制的基本条件。从目前的涉案企业合规试点来看,启动第三方机制的条件与涉案企业合规试点的适用条件并无差异。全国检察机关全面推开涉案企业合规改革试点工作部署会强调,“无论是民营企业还是国有企业,无论是中小微企业还是上市公司,只要涉案企业认罪认罚,能够正常生产经营、承诺建立或者完善企业合规制度、具备启动第三方机制的基本条件,自愿适用的,都可以适用第三方机制”。因此,负责办理案件的检察机关在研判涉案企业、个人符合涉案企业合规试点条件时,只要涉案企业、个人愿意适用第三方机制的案件都可以适用。

实践中出现了涉外企业案件是否适用第三方机制的问题,《会议纪要》精神认为,涉外企业适用第三方机制的情况比较复杂,需要具体问题具体分析。对于条件成熟、行业合规标准较完备的涉外企业案件,可以稳慎适用。必要时还要申请提交国家层面第三方机制管委会办公室征求意见或者召开专家论证会专题论证,推动实践探索。各地对于办理的涉外企业案件要格外慎重,具体工作须省级人民检察院向最高人民检察院及时请示报告。

(3)涉案企业自愿适用第三方机制。第三方机制本质上是由第三方机制管委会选任专业人员组成第三方组织对涉案企业的合规承诺进行调查、评估、监督和考察,在第三方组织考察评估期间,涉案企业的经营行为要受到来自外部的监督和指导,势必导致部分企业产生各种经营上的顾虑,基于此涉案企业可能存在不同意适用第三方机制的可能。如前所述,企业合规整改是企业的自主行为,除非企业自愿向检察机关提出适用第三方机制的申请或者同意适用第三方机制外，检察机关不能强制对涉案企业适用第三方机制外。企业是法人组织，其表达自愿适用第三方机制的意愿需要通过股东会决议，从而体现单位的意志。

三、排除适用条件

《合规指导意见》规定了排除适用的5种情形，简单归纳为三大问题，即不能按照单位犯罪处理的案件，涉嫌危害国家安全犯罪、恐怖活动犯罪的案件，其他不适宜适用的情形。

(1)不能按照单位犯罪处理的案件。根据最高人民法院《关于审理单位犯罪案件具体应用法律有关问题的解释》的规定，个人为进行违法犯罪活动而设立的公司、企业、事业单位实施犯罪的，或者公司、企业、事业单位设立后，以实施犯罪为主要活动的，不以单位犯罪论处。盗用单位名义实施犯罪，违法所得由实施犯罪的个人私分的，依照《刑法》有关自然人犯罪的规定定罪处罚。其中，个人为进行违法犯罪活动而设立的公司、企业，由于公司、企业设立之初就是作案工具，此种情况下不宜适用涉案企业合规。公司、企业设立后以实施犯罪为主要活动的，由于其主要业务是从事犯罪活动，此种情况下没有合规整改的必要。公司、企业人员盗用单位名义实施犯罪的，由于公司、企业人员的犯罪行为与公司、企业的经营行为不具有关联性，企业没有涉罪，自然没有承担合规整改的义务。在上述三种情形下，均不适用企业合规试点及第三方机制。

(2)排除适用罪名。对于涉嫌实施危害国家安全犯罪、恐怖活动犯罪、有组织犯罪、重大毒品犯罪，以及开设赌场、交通肇事、故意伤害、传播淫秽物品牟利、销售假药等不符合涉案企业合规改革目的的案件，不能适用企业合规改革。

(3)其他不宜适用的情形。其他不宜适用的情形《合规指导意见》并未明确，但可以从各省的指导性文件总结出检察机关在排除适用涉案企业合规试点及第三方机制方面的探索。例如，山东省出台的《关于建立涉案企业合规第三方监督评估机制的实施意见(试行)》规定，社会影响恶劣或可能引发重大群体性事件或社会舆情的排除适用。浙江省出台的《关于建立涉案企业合规第三方监督评估机制的实施意见(试行)》规定，对严重危害国家政治、经济和金融安全，严重影响社会稳定，严重损害民生民利以及犯罪嫌疑单位、犯罪嫌疑人因实施同类犯罪受过刑事处罚的案件，排除适用。广东省出台的《关于建立涉案企业合规第三方监督评估机制的实施意见(试行)》规定，使国家和人民利益遭受重大损失，无补救挽损可能的，排除适用。湖北省出台的《关于建立涉案企业合规第三方监督评估机制的实施意见(试行)》规定，社会影响恶劣或者可能引发群体性事件的，排除适用。由此可见，不宜适用的情形应当综合考虑涉案企业、个人所涉罪名、社会危害性、追赃挽损情况等综合判断。

第二节　涉案企业合规社会调查

一、社会调查评估的重要性

童建明副检察长在企业合规第三方监督评估工作推进会上的讲话中指出，检察机关将会同管委会加强第三方机制运行重点环节的审查把关，力防“虚假整改”“纸面合规”。同时提出加强“案”的把关要求，准确把握涉案企业合规改革适用的案件类型、企业范围，防止不符合适用条件或者有重大办案瑕疵的涉企案件“带病”进入第三方监督评估程序。检察机关把好案件“入口关”，有助于涉案企业合规试点及第三方机制得以有效运行。把好案件“入口关”需要负责办理案件的检察机关开展充分的社会调查评估工作，加强对涉案企业实际经营状况及合规必要性的充分论证。将社会调查作为程序启动的前置程序，既是检察机关履职的重要体现，又是检察机关对案件启动合规试点的重要依据。目前，对涉案企业开展社会调查不是启动合规的必经程序但却是重要论证依据。在难以判断涉案企业是否真正符合企业合规条件时，通过开展社会调查，能够增强办案人员的司法亲历性，对于准确适用企业合规具有重要意义，值得重视，但社会调查目前尚缺少明确的标准和规程。

二、社会调查的基本方式

常见的社会调查方式包括以调查走访、征求主管机关意见、听取涉案企业及经营者意见和建议等为主的“线下调查”，也包括以大数据研判为辅助的“线上调查”。通过大数据赋能检察办案，检察机关可在短时间内掌握涉案企业的基本经营情况、纳税等级、就业情况、企业相关资质、经营状况的数据，协助检察官有针对性地进行“线下调查”。检察官根据社会调查的基本情况撰写社会调查报告，并对拟开展涉案企业合规进行论证。大数据研判为检察机关开展企业合规社会调查提供了更为高效、便捷的方式。

(1)常规调查方式。检察机关在启动涉案企业合规之前通常以走访涉案企业，通过询问企业经营者、从业人员、查阅有关经营数据资料等方式实地了解企业的经营状况。检察机关还通过走访涉案企业的行政监督机关、行业协会、上下游合作企业，充分听取行政监管机关、行业协会、上下游合作企业以及所属经济园区等机构和人员对涉案企业开展合规的意见建议，可以向行政监督机关、行业协会等了解涉案企业在某一领域或者行业内所获荣誉、奖励及惩戒等情况。

(2)大数据研判。检察机关可以充分利用大数据、人工智能手段开展涉案企业合规社会调查研判分析，充分利用大数据进行线上分析、评估，全面详尽地了解企业现状。对涉案企业的大数据研判所依托的数据，首先是税务机关的纳税数据、市场监管部门企业登记注册变更数据、人社局的社保数据等行政机关的官方数据，但由于目前检察机关与行政机关之间的数据仍然存在数据壁垒，对此类数据的获取需要检察机关与行政机关形成联合工作机制，便于该项工作的开展。其次是企查查、天眼查等第三方商业信用数据。第三方的商业数据是大数据研判较为简单可行的方式之一，通过购买第三方数据账户可以简便地进行涉案企业信用数据查询，快速了解和掌握企业的经营行为。涉案企业合规社会调查及考察评估工作应当顺应时代潮流，与检察大数据战略相融合。积极探索第三方监督评估的大数据模式是企业合规发展的趋势，可以助推第三方监督评估理念、方式、方法的转型升级。

三、涉案企业社会调查报告

涉案企业社会调查报告是检察机关开展社会调查并对涉案企业合规必要性进行论证的重要履职体现。涉案企业社会调查报告承载两大重要功能，一是对检察机关开展社会调查所获取的信息的客观如实记录，如采取了何种调查方式，获取了何种企业经营数据，涉案企业及其员工、上下游企业、行政主管机关、行业协会对开展合规的意见；二是对涉案企业开展合规整改的必要性、可行性进行论证。

涉案企业合规调查报告包括六个部分：第一部分是涉案企业的基本状况，对涉案企业的注册成立时间、企业性质、注册地址、经营范围、人员组织架构、注册资本等基本情况进行摘录。第二部分是基本案情，如案件尚在侦查阶段或者纪委监委调查阶段，基本案情可以按照侦查机关或纪委监委调查的基本案情撰写，如案件处于审查起诉阶段，案件事实应当按照审查认定的事实撰写。第三部分是涉案企业社会调查情况，侧重记录检察机关调查的主要方式、对企业经营现状的调查结果。其中，企业经营现状部分应当包括受本案影响的经营状况、既往生产经营状况、对当地经济社会的贡献；公司的治理结构、发展前景与潜力、既往诚信以及行业评价等，记录企业受到的表彰荣誉或者行政处罚情况。第四部分是对涉案企业适用涉案企业合规试点及第三方机制的必要性和可行性展开分析。该部分是社会调查报告的核心部分，必要性可以从企业自身发展和政策角度进行分析，可行性则可以从企业意愿、合规整改难度、合规配套机制等方面进行论证。通过分析论证让案件审批部门、第三方机制管委会可以充分了解企业、了解案情、了解涉案企业开展的必要性和可行性，实现有效沟通，严把案件“入口关”。第五部分是其他需要说明的情况，主要侧重开展企业合规是否存在舆情风险，是否经过社会调查后发现企业存在违法犯罪行为，该部分是侧重案件是否存在负面评价的情况，避免因开展涉案企业合规导致负面舆情，增强风险把控意识。第六部分是综合评价意见，承办人通过一系列的调查评估工作得出是否符合涉案企业合规试点条件以及是否启动第三方机制的结论。涉案企业的合规调查是一项十分重要的工作，从履职角度可以客观记录检察机关履职情况，从风险把控角度可以充分论证涉案企业合规的必要性和可行性，防止因履职不当被追责。

第三节　第三方机制的启动方式

一、依职权启动

检察机关依职权启动涉案企业合规试点及第三方机制，是指检察机关在办理涉企犯罪案件时经审查认为符合适用条件的，在征得涉案企业、个人同意的情况下，主动依职权商请第三方机制管委会启动第三方机制。为了确保依职权启动案件的质量，检察官在办理涉企犯罪案件的过程中，经过社会调查及合规必要性论证后，应当提出拟商请启动的意见，必要时可经本部门检察官联席会议谈论，由部门负责人审核后报检察长决定。对于涉案企业责任人可能判处3年以上有期徒刑的涉企犯罪案件，以及重大疑难复杂案件，根据《会议纪要》的要求需要省级检察院统一把关、逐案审核职责，全面综合评估涉案企业的运行状况、责任人犯罪情节及认罪认罚情况等综合因素，确保积极稳妥、依法规范。

二、依申请启动

检察机关办理涉企犯罪案件时，涉案企业、个人及其辩护人、诉讼代理人以及其他相关单位、人员提出适用企业合规试点及第三方机制申请的，负责办理案件的检察机关应当依法受理并进行审查。检察机关在受理涉案企业、个人及其辩护人、诉讼代理人以及其他相关单位、人员的初次申请时，应当要求申请人如实提供关于企业性质、规模、行业领域、既往违法违规情况、目前经营状况等材料。检察机关应当对提供的材料做实质审查，仍需通过走访企业、征求行政监管部门意见以及大数据研判的方式对申请材料的真实性予以审查。检察机关在涉企案件审查逮捕、审查起诉过程中，可以通过书面、口头等多种方式加强涉案企业合规试点法律政策的宣讲，鼓励涉案企业在侦查阶段、审查起诉阶段及时提出申请，为检察环节开展合规整改预留充足的考察期限。检察机关经审查认为符合适用条件的，应当商请本地区第三方机制管委会启动第三方机制。

涉案企业、个人及其辩护人、诉讼代理人或者相关单位、人员提出适用涉案企业合规试点及第三方机制申请，经检察机关审查和社会调查认为不符合适用条件的，检察机关作出决定后及时告知申请人并说明理由。针对同一涉案企业无正当理由重复申请的，检察机关可以决定不予受理，并书面告知申请人。

三、公安机关、纪检监察机关等办案机关提出适用建议

2021年6月，最高人民检察院等九部门出台的《合规指导意见》规定了检察机关依

职权、依申请商请启动涉案企业合规试点及第三方机制的两种启动方式。随着企业合规理论的发展和试点推进的需要，最高人民检察院等九部门又于 2021 年 11 月联合出台了《合规指导意见实施细则》，增加了公安机关、纪检监察机关等办案机关向检察机关提出适用建议的启动方式。时隔 5 个月，涉案企业合规及第三方机制启动方式在建议主体和启动阶段有了纵深的发展。无论是典型案例还是司法实践中绝大部分案件都是在审查起诉阶段启动的，但典型案例中也反映出企业合规适用阶段向前向后延伸的趋势。关于侦查阶段是否可以启动涉案企业合规在实践和理论上仍然存在争议，涉案企业合规制度架构已经为侦查阶段、纪检监察阶段探索企业合规预留了空间。实务界和理论界的专家学者普遍认为，在侦查阶段或纪检监察办案期间涉案企业提出合规整改申请的，侦查机关、纪检监察机关向检察机关提出适用建议，检察机关可以提前介入引导侦查机关或纪检监察机关对涉案企业开展社会调查以及合规必要性、可行性论证，为案件进入检察环节启动涉案企业合规及第三方机制做准备。

第四节　第三方机制的启动及第三方组织的选任

一、第三方机制的启动

涉案企业、人员及其辩护人、诉讼代理人以及其他相关单位、人员向检察机关提出适用涉案企业合规试点及第三方机制申请的，或者公安机关、纪检监察机关等办案机关向检察提出适用建议的，检察机关应当受理，可以启动对涉案企业的社会调查，审查涉案企业是否符合企业合规试点及第三方机制适用条件，及时听取涉案企业、人员的意见。对于检察机关在审查涉企犯罪案件过程中，经审查认为符合企业合规试点及第三方机制适用条件的，在听取涉案企业、人员意见的基础上，应当商请本地区第三方机制管委会启动第三方机制。

商请启动阶段需要保障第三方机制管委会对涉案企业及案情的知情权。从《合规指导意见实施细则》第 19 条、第 21 条的规定，可以推断出第三方机制管委会在商请启动环节有知晓案件基本事实及涉案企业基本状况的权利，否则无法有效组建第三方组织开展考察评估工作。但《合规指导意见实施细则》并没有明确检察机关需要移送何种文书及材料，因而不利于从操作层面保障第三方机制管委会的知情权。笔者认为，在商请启动环节为保障涉案企业检察权与第三方机制管委会的有效衔接，负责办理案件的检察机关可将商请启动文书及社会调查报告、相关法律规定等移送第三方机制管委会。此种做法有助于第三方机制管委会充分了解检察机关的社会调查工作，对涉案企业有更直观、全面的了解，同时也可以针对涉案的犯罪行为、罪名有更深了解，以便于在选任第三方组织过程中保障第三方组织组成人员的专业性,从而确保涉案企业“真整改”“真落实”。

二、第三方组织的选任规则

第三方组织是第三方机制管委会选任组成的负责对涉案企业的合规承诺及其完成情况进行调查、评估、监督和考察的临时性组织。从性质上看,第三方组织是因案组建的临时性组织;从功能上看,第三方组织主要负责对涉案企业的合规承诺及其完成情况进行调查、评估、监督和考察;从选任主体上看,第三方组织由第三方机制管委会选任成立,受第三方机制管委会的监督和管理。第三方组织虽然是临时性组织,但其承担了对涉案企业合规整改的调查、评估、监督和考察的职责,是第三方机制中最核心的机制。

(一)第三方组织组建的基本原则

第三方机制管委会收到检察机关商请启动的法律文书后,应当综合考虑案件涉嫌的罪名、复杂程度以及涉案企业类型、规模、经营范围、主营业务等因素,从专业人员名录库中分类抽取人员组成第三方组织。第三方机制管委会在组建第三方组织的过程中应当遵守以下原则。

其一,“一案一组建”原则。对于符合涉案企业合规试点及第三方机制的涉企犯罪案件,检察机关审查后根据“一案一商请,一案一组建”的原则商请本地区第三方机制管委会启动第三方机制的,第三方机制管委会可以根据案件涉嫌罪名、复杂程度及涉案企业类型、规模、主营业务等因素,合理确定随机抽选的专业人员类型。

其二,相称性原则。根据《合规评估办法》,大中小微企业可以根据实际情况,选择合适的合规考察方式。如系大中型企业,应适用第三方机制考察,由第三方机制管委会根据涉案企业规模、合规考察难度、合规整改类型等具体因素,组建3~7人的第三方组织开展合规考察。但不是所有合规案件都必须适用第三方机制,如系小微企业,可由检察机关直接开展合规考察,但对于适用第三方机制的小微企业的第三方组织也可以由2名专业人员组成。因此,通过不同类型企业、不同规模、不同合规需求的角度,第三方组织的组建应当遵循相称性原则。

其三,利益回避原则。第三方组织组成人员是律师、注册会计师、税务师等行业中介组织人员的,为了规避与涉案企业之间因存在利害关系导致不公正履职情形的发生,应当构建事前、事中、事后的回避机制。如正在或此前两年内为涉案企业提供过相对固定的中介服务的,应主动向第三方机制管委会申请回避。在履行第三方监督评估职责期间不得违反规定接受可能有利害关系的业务,如存在违规接受利害关系业务的,第三方组织的组成人员应当向第三方机制管委会申请回避。在履行第三方监督评估职责结束后两年以内,组成人员及其所在中介组织不得接受涉案企业、个人或者其他有利害关系的单位、人员的业务。如果第三方组织的组成人员是政府工作部门中具有专业知识的人员或政府工作部门所属事业单位人员以及有关单位中具有专业知识的退休人员的,认为与涉案企业存在其他利益关系可能影响公正履职的,应当主动申请回避。

(二)第三方组织组建流程

第三方机制管委会根据同级人民检察院的商请启动第三方机制后,按照以下流程从专业人员名录库中抽选专业人员组建第三方组织。

(1)分类组建。根据案件涉嫌罪名、复杂程度及涉案企业类型、规模、主营业务等因素,合理确定随机抽选的专业人员类型。第三方组织一般由3~7名专业人员组成,针对小微企业的第三方组织也可以由2名专业人员组成。专业人员名录库中没有相关领域专业人员的,第三方机制管委会可以采取协商邀请的方式,商请有关专业人员参加第三方组织。

(2)随机抽选。第三方机制管委会从选定的专业人员类型中随机抽取不少于上述规定人数且与企业涉嫌犯罪问题对应专业领域的候选人比例,一般不少于50%。如被监督评估企业所涉事项有特殊要求,或采取上述办法难以抽选出可胜任监督评估工作的人员,可由第三方机制管委会在名录库范围内直接指定人员。

(3)公示备案。第三方机制管委会应该将抽选的专业人员名单,通过官方"两微一端"或者报刊等及时向社会公开公示5个工作日,公示后报送负责办理案件的人民检察院备案。

(4)书面选任。第三方机制管委会应当向抽选的专业人员出具通知书,明确权利义务、工作内容和要求。被抽选人员应当在开展企业合规监督评估前,向第三方机制管委会作出书面诚信保证。

(5)确定牵头负责人。第三方组织应当确定牵头人,可以由第三方机制管委会根据工作需要指定,也可以由第三方组成人员民主推荐,并报第三方机制管委会审定。

(6)轮转规则。为保障企业合规监督评估的公平、公正,同一专业人员被抽选后,在下一轮抽选中自动轮空。同一名专业人员在不存在利益关系、保障工作质量的条件下,可以同时担任一个以上第三方组织的组成人员。同一个第三方组织一般负责监督评估一个涉案企业。同一案件涉及多个涉案企业,或者涉案企业之间存在明显关联关系的,可以由同一个第三方组织负责监督评估。

(三)第三方组织组成人员的调整

第三方组织的组成人员名单在公示期间,人民检察院或涉案企业、社会公众对名单提出异议的,第三方机制管委会应当调查核实,经核实具有以下情形之一的,应当重新或者补充抽选转人员。一是抽选的人员与被监督评估企业存在重大利益关系应当回避而没有申请回避的。二是被监督评估企业或社会第三方对抽选的人员名单提出异议并有合理理由的。三是存在其他可能影响监督评估结果客观、公平、公正的情形。

调整后的第三方组织人员名单应当重新进行备案公示。被决定退出的专业人员在退出决定作出之前进行的行为是否有效，由第三方机制管委会根据案件情况决定。

（四）第三方组织组成人员名单的备案审查

第三方机制管委会在第三方组织的组成人员名单公示期满后，应当将名单报送负责案件办理的人民检察院备案审查。人民检察院对第三方组织的组成人员名单进行备案审查时，应当着重审查第三方组织的组成人员是否存在以下明显不适当情形：一是在选拔过程中弄虚作假，提供不实材料的；二是受到行业处分、行政处罚或刑事处罚、被列入失信被执行人名单，或被取消相关专业执业资格的；三是因不当执业行为被有关部门、行业协会调查，尚未终结的；四是第三方组织的组成人员与涉案企业、个人具有利益关系，未申请回避的；五是第三方组织人员名单公示期间，涉案企业、个人、其他相关单位、人员对选任的第三方组织的组成人员向人民检察院提出举报、控告，并经初步核实情况属实的；六是其他可能影响第三方机制运行客观中立性的情形。

人民检察院在对第三方组织的组成人员备案审查过程中，发现存在上述明显不适当情形的，经调查核实并报检察长审批，及时将《第三方组织组成人员调整建议书》及相关调查核实材料移送第三方机制管委会。

（五）宣告第三方组织成立

第三方组织公示期满后涉案企业、个人、其他相关单位、人员无异议或者经审查异议不成立的，人民检察院经审查未提出不同意见的，第三方机制管委会应当宣告第三方组织成立。第三方组织存续期间，应当保持其组成人员稳定，一般不得变更人员，确需变更的按照选任程序的规定重新选任并公示。

第十章　第三方监督评估组织的运行规则

第一节　第三方组织的基本问题

第三方组织是第三方机制管委会选任组成的负责对涉案企业的合规承诺及其完成情况进行调查、评估、监督和考察的临时性组织。第三方组织虽是临时性组织，但从第三方组织的产生、权利义务及履职重要性角度来看，第三方组织是整个涉案企业合规及第三方机制最为重要的环节，是第三方机制的关键所在。第三方组织的运行，首先应当准确认识其运行过程中的权利义务，以及处理好第三方组织与第三方机制管委会、负责案件办理的人民检察院之间的关系。

一、第三方组织的权利及义务

第三方组织负责对涉案企业的合规承诺及其完成情况进行调查、评估、监督和考察，第三方组织的权利和义务设置的目的主要是保障履职行为顺利进行。第三方组织及其组成人员在履职中享有以下权利：(1)根据涉案企业情况和工作需要，要求涉案企业提交专项或者多项合规计划，明确合规计划的承诺完成期限。涉案企业系小微企业的，可以视情况简化。(2)要求涉案企业及其人员配合考察、评估。第三方组织在履职过程中，需要对涉案企业开展访谈、审阅文本、对企业业务和事项抽样检查，以及对企业业务处理流程开展穿透式检查、跟踪，查阅企业经营业务凭证等评估、考察，因此，要求涉案企业及其人员配合考察、评估工作是第三方组织及其组成人员最基本的权利。(3)履职权利受到侵害时，可以向人民检察院反映，或者向第三方机制管委会举报、投诉。对于侵害第三方组织及其组成人员正当履职的行为，第三方组织及其成员应当及时向人民检察院或者第三方机制管委会反映、举报，人民检察院或者第三方机制管委会应当调查核实，保障第三方组织依法行使监督、评估权利，确保第三方组织有效运行。(4)享有开展工作必要的条件保障。

第三方组织及其组成人员在监督、评估履职中应当遵守以下义务。

(1)遵纪守法,勤勉尽责,客观中立。涉案企业合规考察方式从企业自我考察、检察机关考察、行政主管机关考察发展到第三方组织考察模式,考察者更趋于客观中立。(2)不得泄露履职过程中知悉的国家秘密、商业秘密和个人隐私。(3)不得利用履职索取、收受贿赂或者非法侵占涉案企业、个人的财物。(4)不得利用履职便利,干扰涉案企业的正常生产经营活动。(5)不得实施其他可能影响忠实履行监督评估职责的行为。

二、第三方组织与第三方机制管委会的关系

第三方组织由第三方机制管委会根据案件办理需要按照一定选任规则从第三方机制专业人员名录库中随机抽取组成,但第三方组织成立后独立行使监督评估职责并承担相应的专业责任。第三方组织与第三方机制管委会并非隶属关系,第三方机制管委会(巡回检查小组)仅对第三方组织组成人员的职业操守有监督和惩戒建议的权力,并相应作出调整出库、纳入名录库黑名单等除名化处理,对违规人员的行为仍由其主管部门进行追责。第三方机制管委会应当对履职期间的第三方组织开展日常监督,制定科学的履职考评机制。

三、第三方组织与办案检察院的关系

检察机关以监督方式主导第三方组织监督评估工作,主要体现在合规计划的提出、考察期限的确定和调整、出具合规考察报告等核心环节,第三方组织需以报送备案、征询检察机关意见等形式,接受检察机关的监督。检察机关享有对涉案企业合规计划、定期书面报告、合规考察书面报告的审查权,对第三方组织报告的中止、终止程序事由的审查权,并对是否恢复提出意见建议。检察机关虽处于主导地位,但在第三方机制运行中既不能代替第三方组织的监督评估,又不能主导或实质性影响第三方组织的考察评估结论。

第二节　监督评估程序

一、前期准备

开展涉案企业合规考察,充分的前期调研是第三方组织必不可少的程序之一,只有第三方组织充分地了解企业涉罪经营行为、企业实际经营现状以及管理漏洞等客观情况,才能对后续的合规计划审查、考察期限确立等工作打好坚实基础。第三方组织成立后,应当在负责办理案件的人民检察院的支持协助下,深入了解企业涉案情况,认真研判涉案企业在合规领域存在的薄弱环节和突出问题,合理确定涉案企业适用的合规计划类型。检察机关、第三方组织在遵守保密规定的前提下,检察机关可以根据需要向第三方组织出示案件相关材料,第三方组织也可以商请检察机关介绍案情、查阅卷宗材料,案件办理部门应当做好记录工作。

二、繁简分流

涉案企业合规案件因涉嫌罪名、复杂程度、涉案企业类型、规模、主营业务等因素不同,导致合规整改、考察评估的难易程度不同,以相同的流程办理既不符合效率原则又不符合办案的实际需求。因此,第三方组织的运行应当建立繁简分流的类型化合规程序。对于企业规模较小、合规问题明确、监督评估专业性要求较为简单的案件,负责办理案件的人民检察院可以通过向涉案企业制发企业合规检察建议的方式提出明确的合规整改建议,涉案企业可以不再另行提交合规计划。前述较为简单的合规模式通常被称为"简式合规"。在采用"简式合规"的案件中,涉案企业按照合规检察建议的整改落实情况,检察机关可以商请启动第三方机制,委托第三方机制管委会选任 2 名以上专业人员组成第三方组织,开展监督考察工作,也可以由负责案件的人民检察院进行考察评估。与"简式合规"对应的是合规考察评估工作较为复杂、流程较为规范的"范式合规"。"范式合规"主要适用于企业规模较大、合规问题复杂、监督评估专业性较强的大中型企业。"范式合规"案件的涉案企业通常以体系性合规计划为目标,由检察机关商请启动第三方机制,并由第三方组织负责对合规整改进行监督评估,合规考察期限相对较长。

三、合规计划审查

合规计划可以分为广义的与狭义的,广义的合规计划涵盖了从商业伦理到民事责任、行政责任,再到刑事责任的规范,层层递进,最终以刑事责任为依归和核心。从企业的角度来说,合规计划的前置领域在"结构上是开放的",多维度地构建刑事法律与其他法律、经济学、管理学等多学科交融的风险防范和公司治理体系,所以"合规/刑事合规显然是如此地具有多面性",但合规计划以预防刑事法律风险为终极目的,以刑法激励措施作为终极推动力。换言之,合规计划以刑事激励和预防刑事法风险为核心。从国家的角度来说,合规计划的核心在于给予建立、实施了有效合规计划的企业以刑事法的激励并预防犯罪,因此,狭义的合规计划是指刑事合规。① 美国在制定《联邦量刑指南》时,之所以将合规计划作为减轻处罚的因素,就在于其有利于企业犯罪预防。在我国涉案企业合规改革试点中,涉案企业提交的合规计划主要是指针对与企业涉嫌犯罪有密切联系的企业内部治理结构、规章制度、人员管理等方面存在的问题,制定可行的合规管理规范,构建有效的合规组织体系,完善相关管理流程,健全合规风险防范报告机制,弥补企业制度建设和监督管理漏洞,防止再次发生相同或者类似的违法犯罪的管理活动。合规考察期间,第三方组织主要进行三个方面的审查:一是对涉案企业完成合规计

① 参见李勇:《检察视角下中国刑事合规之构建》,载《国家检察官学院学报》2020 年第 4 期。

划的可能性以及合规计划本身的可操作性、合规计划对涉案企业预防治理涉嫌的犯罪行为或者类似违法犯罪行为的实效性、合规计划是否全面涵盖涉案企业在合规领域的薄弱环节和明显漏洞进行全面性进行审查;二是定期或不定期对涉案企业合规计划履行情况进行检查、调查和评估;三是在合规考察期限届满后,对涉案企业的合规计划完成情况进行全面检查、评估和考核,并制作合规考察书面报告。

(1)合规计划的提出。第三方组织成立后,通过深入了解企业涉案情况,研判涉案企业在合规领域存在的薄弱环节和突出问题,应当要求涉案企业在指定期限内提交合规计划,并明确合规计划的承诺完成期限。涉案企业根据实际需求,可以委托律师、注册会计师等行业中介组织或者其他专业机构、人员辅助制定企业合规计划。必要时,检察机关可以向涉案企业制发企业合规检察建议,明确合规计划方向。涉案企业提交的合规计划应当同时报送第三方组织和负责案件办理的人民检察院审查。

(2)合规计划的类型及内容。第三方组织可以要求涉案企业针对与企业涉嫌犯罪密切关联的企业内部治理结构、规章制度、人员管理等方面制定专项合规计划。结合企业自身规模状况、能力范围、涉案情况等确有必要的,也可以要求企业在专项合规基础上制定关联合规计划。合规计划包括合规管理规章制度、合规管理组织体系、合规风险预警和应对机制、合规考核评价机制、违法行为举报机制、合规奖惩和纪律处分程序、合规企业培训机制和合规文化培育机制等事项。第三方组织重点围绕涉案企业有无建立可行的合规管理规范、有效的合规组织体系、健全的合规风险防范报告机制等方面对涉案企业合规计划的可行性、有效性与全面性进行差异化审查。①

(3)合规计划的审查方式。第三方组织开展合规计划审查可以采取以下方式:对涉案企业进行走访、调查;询问涉案企业人员;查阅涉案企业的经营文件、台账;走访行政主管机关、行业协会或者涉案企业上下游合作企业,听取相关意见建议等。第三方组织可就合规计划向负责办理案件的人民检察院征求意见,并结合检察机关的意见和建议向涉案企业提出修改完善的意见建议。第三方组织针对合规计划提出修改意见和建议的,涉案企业应当在规定期限内完善并重新提交第三方组织,同时报送负责办理案件的人民检察院备案。

四、确定合规考察期限

合规考察期限一般是由第三方组织根据案件情况、涉案企业的具体情况及其承诺履行的期限,在征求办案检察机关意见后确定。合规考察期限一经确定,各相关方都要

---

① 参见上海市金山区人民检察院、上海市浦东新区人民检察院联合课题组:《涉案企业合规第三方监督评估机制的程序优化》,载《中国检察官》2022 年第 7 期。

严格遵循期限要求,合理、有序开展合规工作。合规考察期限不宜轻易变更,特别是缩短考察期更要严格限制,防止"形式合规"走过场。如有特殊原因导致考察程序未完结的,应当在确保整改效果的前提下适当延长考察期限。第三方组织根据案件的具体情况和涉案企业承诺履行的期限,征询办理案件的人民检察院意见,确定合规考察期限,并报告负责办理案件的人民检察院。合规考察期限的确定应当符合人民检察院办理案件的法定期限要求,最长考察期限不超过12个月。

五、合规考察、评估履职

在合规考察期内,第三方组织可以定期或者不定期对涉案企业合规计划履行情况进行检查和评估,可以要求涉案企业定期书面报告合规计划的执行情况,同时抄送负责办理案件的人民检察院。第三方组织发现涉案企业执行合规计划存在明显偏差或错误的,应当及时进行指导、提出纠正意见,并报告负责办理案件的人民检察院。第三方组织在合规考察、评估履职过程中可以根据具体工作的开展情况制定考察工作台账,记录考察、评估履职过程,实现全程"留痕"、过程可现,提高考察、评估结论的客观性、公信力。

(1)考察评估内容。第三方组织应当结合涉案企业提交的合规计划,从矫治犯罪、预防再犯角度,针对合规计划落实整改情况、效果等予以考察,对涉案企业整改实效提出评估意见。第三方组织的考察评估工作应当从以下4个方面进行。

其一,合规环境建设情况。合规环境建设情况主要是指涉案企业为合规整改所做的准备工作,企业开展或者落实合规整改的氛围,包括公司管理层、高管、普通员工对合规整改的认识、动员情况等。

其二,合规管理制度完善情况。我国绝大多数涉案企业在发生犯罪之前没有建立合规管理体系。在犯罪发生后,涉案企业假如直接引入一种标准化的合规管理体系,就无法"对症下药",无法根本消除犯罪发生的制度原因。企业要展开有效的合规整改,就应将制度纠错和管理修复作为制度重建的第一步,唯有如此,才能有效地消除犯罪发生的制度原因,为引入体系化的合规管理机制奠定制度基础。① 涉案企业提出的一些改进措施,都是针对管理漏洞所作的制度纠错和修复。涉案企业涉罪主要原因来自规章制度不健全或者不被有效遵守,企业合规计划的重要内容之一是合规管理制度的完善。第三方组织考察过程中应当针对企业的管理制度完善情况、落实和运行现状予以评估,杜绝企业制度"上墙"而不被有效遵守情况的发生。管理制度应当与涉案企业的经营模式、规模和业务类型相匹配,涉案企业如果制定大而全、与自身实际情况不符的制度,第

① 参见陈瑞华:《企业有效合规整改的基本思路》,载《政法论坛》2022年第1期。

三方组织应当提出修改完善的意见建议，督促企业予以落实。例如，针对过去刑事法律风险防控机制的缺失问题，企业提出了建立合规管理制度的方案；针对过去企业合规性审查欠缺的问题，企业建立了合规管理组织；针对原来企业没有专门污染处理能力的问题，企业建立了污染治理外包的措施；针对员工和管理人员缺乏环保意识的问题，企业建立培训机制和环保宣传措施等。

其三，合规体系运行情况。涉案企业提交的合规整改计划，仅属于对合规整改所作的书面承诺。要确保合规整改的有效开展，涉案企业就要将该计划的各项内容逐一加以落实，使其发挥切实有效的监管作用。涉案企业第三方合规考察程序启动之后，第三方组织需要参与合规整改工作，督导涉案企业完成合规计划的运行工作，使这套管理体系得到激活和落地，从书面的"合规方案"转变为"切实有效的内部监管体系"。[①] 第三方组织可以从以下6个方面对涉案企业合规运行体系进行评估：一是企业合规体系是否彻底禁止涉罪经营业务，是否建立违规违法行为的及时处置机制；二是企业合规计划承诺建立的机制是否建立并得到有效遵守，是否建立了对涉案合规风险的有效识别、控制机制；三是涉案企业合规管理机构或者管理人员是否合理配置，合规管理是否与其他管理体系完全融合，使合规管理渗透到决策、经营、财务、人事管理的各个环节；四是合规管理制度机制是否已经建立，人力、物力等是否得到充分保障；五是是否在绩效考核和奖惩制度中引入合规管理要素，监测、举报、调查、处理机制及合规绩效评价机制是否正常运行；六是持续整改机制和合规文化是否已经基本形成。

（2）评估方法。第三方组织应当密切联系企业涉嫌犯罪的具体情况，对企业合规整改情况进行检查和评估认定。常规评估方法主要包括以下几种：第一，通过观察、访谈、文本审阅、问卷调查、知识测试等方式对企业相关人员开展评估；第二，第三方组织可以主动听取行政主管部门、涉案企业所属行业组织、上下游合作企业等意见；第三，对涉案企业的相关业务与管理事项进行抽样检查，按照业务发生频率、重要性及合规风险的高低，从确定的抽样总体中抽取足额样本，并对样本的符合性作出判断；第四，对涉案企业的相关业务处理流程开展穿透式检查，检查与其相关的原始文件，并根据文件中的业务处理踪迹，追踪流程，对相关管理制度与操作流程的实际运行情况进行验证；第五，对涉案企业相关系统及数据进行检查，重点检查业务系统中权限、参数设置的合规性，调取相关经营数据，将其与相应的业务凭证或其他工作记录进行比对，以验证相关业务是否按规则运行。

---

① 参见陈瑞华：《合规监管人的角色定位——以有效刑事合规整改为视角的分析》，载《比较法研究》2022年第3期。

第三方组织应当以涉案合规风险整改防控为重点,结合特定行业的合规评估指标,制定符合涉案企业实际的评估指标体系。评估指标的权重可以根据涉案企业的类型、规模、业务范围、行业特点以及涉罪行为等因素设置,并适当提高合规管理的重点领域、薄弱环节和重要岗位等方面的指标的权重。

六、第三方监督评估程序的中止、终止

第三方监督评估程序是第三方组织对涉案企业开展合规考察评估的程序,与其他程序相同,既有启动又有在某些状况下中止、终止的情形。在考察评估履职中发现涉案企业、企业实际控制人、经营管理人员或关键技术人员存在尚未被办案机关掌握的犯罪事实或者新实施的犯罪行为,应当中止第三方监督评估程序,并有将相关情况向负责办理案件的人民检察院报告的义务。《合规指导意见》第4条规定了涉案企业合规及第三方机制适用的情形以及第5条规定的排除适用情形,在第三方机制启动后第三方组织的履职过程中可能发现涉案企业尚有司法机关遗漏的犯罪事实或者在合规考察过程中实施了新的犯罪行为等情况,可能会导致程序的中止、终止。负责办理案件的人民检察院接到第三方组织的报告后,应当依照《刑事诉讼法》及相关司法解释的规定予以处理,第三方组织应当根据人民检察院的意见决定是否恢复第三方监督评估程序。

涉案企业经营中发生可能影响企业正常生产、经营、管理的重大事项,应当报告负责办理案件的人民检察院及第三方组织,第三方组织经征询人民检察院意见,决定是否中止或者中止第三方监督评估程序。例如,涉案企业实施或者曾因实施了违反行政管理规定的经营行为,行政监管机关对涉案企业作出停业整顿、吊销营业执照等处罚决定,则上述情况可能导致涉案企业合规及第三方机制无法继续进行,从而导致程序的中止或终止。

七、涉案企业的权利救济

对于启动涉案企业合规及第三方机制的案件,涉案企业及其人员对第三方组织开展的检查、评估有义务配合并提供便利,如实填写、提交相关材料,不得弄虚作假。涉案企业及其人员除了履行上述义务外,其权利遭受第三方组织及其成员侵犯时可以向第三方机制管委会反映或者提出异议,也可以向办理案件的人民检察院提出申诉、控告。例如,第三方组织及其组成人员在涉案企业合规第三方监督评估中违法违规、怠于履职、违背客观中立立场,泄露履职过程中知悉的国家秘密、商业秘密或者个人隐私,利用履职便利索取、收受贿赂或者非法侵占涉案企业、个人财物,利用履职便利干扰涉案企业正常生产经营活动等可能影响履行监督评估职责的行为。再如,第三方组织的组成人员系律师、注册会计师、税务师等行业中介组织人员的,与涉案企业存在利益关系且在监督评估过程中未主动向第三方机制管委会申请回避的,或者在选拔过程中弄虚作假、提供不实材料的，涉案企业及其个人发现后应当向第三方机制管委会反映或者提出异议。第三方机制管委会收到关于第三方组织或其组成人员存在上述不当行为或者涉嫌违法犯罪的反映、异议，或者负责办理案件的人民检察院收到上述申诉、控告的，第三方机制管委会、人民检察院应当及时互相通报情况并会商提出处理意见。

八、合规考察书面报告的出具及审查

第三方组织在合规考察期内，对涉案企业的合规计划完成情况进行全面的检查、评估和考核，在中期、终期根据考察、评估情况制作合规考察书面报告和结项书面报告，报送负责选任的第三方组织的第三方机制管委会和负责办理案件的人民检察院。第三方组织出具的书面考察报告应当包括以下几个方面的内容：一是第三方组织对涉案企业合规承诺、合规计划的审查情况及涉案企业合规承诺、合规计划的履行、落实的情况；二是第三方组织开展监督、检察、评估、考核的情况；三是第三方组织监督评估的程序、方法和依据；四是监督评估结论以及意见建议；五是其他需要说明的问题。合规考察书面报告应当由第三方组织全体组成人员签名或者盖章，报送负责选任的第三方组织的第三方机制管委会和负责办理案件的人民检察院。第三方组织的组成人员对合规报告有不同意见的，应当在报告中说明其不同意见及理由。

第三方机制管委会和人民检察院收到第三方组织报送的合规考察书面报告后，应当及时进行审查，重点审查以下内容：一是第三方组织制定和执行的评估方案是否适当；二是评估材料是否全面、客观、专业，是否足以支持考察报告的结论；三是第三方组织或其组成人员是否存在可能影响公正履职的不当行为或者涉嫌犯罪的行为。对于适用简式合规的案件，应当从合规承诺的履行、合规计划的执行以及合规整改实效等方面对小微企业提交合规计划和整改报告进行审查。对于审查中发现的疑点和重点问题，人民检察院可以要求第三方组织或其组成人员说明情况，也可以直接进行调查核实。经调查核实，对于第三方组织的组成人员存在问题的，应当向第三方机制管委会提出意见和建议，由第三方机制管委会作出处理决定，对于考察报告存在问题的，由人民检察院依法审查处理。第三方机制管委会或者人民检察院审查合规考察书面报告等材料后发现，或者对收到的反映、异议或者申诉、控告调查核实确认，第三方组织或其组成人员存在违反《合规指导意见》及其实施细则规定的禁止性行为，足以影响评估结论真实性、有效性的，第三方机制管委会应当重新组建第三方组织进行评估。

九、考察评估特殊情形的处理

第三方组织出具考察报告认为涉案企业能够积极履行合规承诺，认真落实合规计划、相关问题整改有效的，检察机关一般应当将该情节作为从宽处理的重要依据。该种情况是一种理想状态，但实践中不可避免地会出现特殊情形。例如，第三方组织出具的考察报告认为涉案企业能够积极履行合规承诺,认真落实合规计划、相关问题整改有效的,但检察官并未采纳,针对此种情形,案件承办检察官应当报请本院检察长或者检委会决定,经检察长或者检委会决定不予采纳的,检察机关应当向第三方组织充分释明不予采纳的具体理由。另外一种情形是第三方组织出具的合规考察报告认为涉案企业合规承诺履行不到位、未如期完成合规计划、相关问题整改不力,导致犯罪发生的基因尚未剔除,检察机关应当按照相关法律规定处理。

十、第三方组织的宣告解散

第三方组织是对涉案企业合规承诺进行调查、评估、监督和考察的临时性组织,其主要职责是对涉案企业提交的专项或多项合规计划进行审查,提出修改完善的意见和建议,确定考察期限,对涉案企业合规计划履行情况进行检查和评估,对涉案企业合规计划的执行、完成情况进行检查、评估和考察出具书面考察报告。第三方组织出具终期书面考察报告且经第三方机制管委会或人民检察院审查后,认为第三方组织已经完成监督评估工作的,可以由选任第三方组织的第三方机制管委会宣告解散。第三方组织被宣告解散后,其考察评估工作告一段落,但第三方组织的组成人员仍有配合人民检察院开展后续工作的义务,如参加公开听证会。

第十一章 涉案企业合规建设

第一节 涉案企业合规建设概述

一、涉案企业合规建设的概念

根据《合规评估办法》第1条第1款的规定,涉案企业合规建设是指涉案企业针对与其所涉嫌犯罪有密切联系的合规风险,制定专项合规整改计划,完善企业治理结构,健全内部规章制度,形成有效合规管理体系的活动。

合规建设是一个系统性工程,它以全面合规为目标、专项合规为重点。具体来说,涉案企业在开展合规建设时,需要以专项合规为重点,即通过在全面识别和评估与企业涉嫌犯罪有密切联系的合规风险以及与所涉嫌的与犯罪有关的企业内部治理结构、规章制度、人员管理等方面存在的问题的基础上,制定专项合规整改计划,落实可行的合规管理规范,构建有效的合规组织体系,完善相关业务管理流程,健全合规风险防范报告机制,弥补企业制度建设和监督管理漏洞等,从而防止再次发生相同或者类似的违法犯罪。结合现有的合规建设实践,具有代表性的专项合规整改计划所涉及的领域主要包括但不限于反商业贿赂类、知识产权类、涉税类、生态和环境保护类、数据安全类、安全生产类、食品安全类、反洗钱类等。这些专项合规整改计划将在本书下篇中分别予以详细的介绍。

在开展专项合规的同时,合规建设也需要以实现全面合规为目标,即合规建设除了要通过专项合规整改计划将与企业所涉嫌的犯罪有密切联系的合规风险予以有效处理,从而防止再次发生相同或者类似的违法犯罪外,最根本的目的是让企业形成一个有效的合规管理体系。这一管理体系是企业管理体系中的一个独立体系,是企业开展合规管理时所建立的方针和目标以及实现这些目标的过程中所涉及的人、财、物和配套的管理制度、流程等各种要素的总和。合规管理体系的构成要素主要包括:合规从高层做起;风险识别与评估机制;合规管理制度体系;合规管理组织体系;合规管理运行机制;

合规文化机制;不合规行为管理机制等。有效合规管理体系的建设让企业在开展经营管理的过程中能够内生地形成预防违法犯罪发生的能力。

二、专项合规整改计划与合规管理体系

专项合规整改计划与合规管理体系有着紧密的联系,两者共同构成合规建设的全部内容。相较于专项合规整改计划是针对企业所涉嫌的特定犯罪的专项治理,有效合规管理体系的一个重要功能在于通过对企业的管理者、组织、制度、流程、文化和意识等方面的专门建设,帮助企业具备内生的有效预防各种类型犯罪发生的能力,促进企业合规守法经营。进一步来说,专项合规整改计划所形成的成果属于企业合规管理体系的一个组成部分,专项合规整改计划中所涉及的组织、制度、流程、文化和意识等方面的建设都属于企业合规管理体系中对应构成要素的组成部分。同时,企业合规管理体系也为专项合规整改计划的有效落地提供了保障。鉴于各类型的专项合规整改计划将在本书下篇中予以详细介绍,本章将不涉及这些专项合规整改计划建设的具体内容。

三、合规建设的前期准备工作

根据《合规评估办法》和《合规指导意见实施细则》中的相关规定,在第三方机制启动后,涉案企业开展合规建设需要做好各项前期准备工作,具体来说,主要包括以下几个方面的工作。

1. 落实好认罪认罚的相关工作。涉案企业应当全面停止涉罪违规违法行为,退缴违规违法所得,补缴税款和滞纳金并缴纳相关罚款,全力配合有关主管机关、公安机关、检察机关及第三方组织的相关工作。值得注意的是,对违规违法行为的及时处置是第三方组织对涉案企业合规建设成果进行评估的重点之一。

2. 建立合规建设领导小组。涉案企业一般应当成立合规建设领导小组(以下简称领导小组),领导小组由其实际控制人、主要负责人和直接负责的主管人员等组成,必要时可以聘请外部专业机构或者专业人员参与或者协助。

3. 制定专项合规整改计划。领导小组应当在全面分析研判企业合规风险的基础上,结合本行业合规建设的指引,研究制定专项合规整改计划。该计划在设计上应当以能够有效防止再次发生相同或者类似的违法犯罪行为为目的。因此,专项合规整改计划在制定时应当充分考虑三个方面的问题。

(1)可行性:涉案企业完成该计划的可能性以及该计划本身的可操作性;

(2)有效性:该计划对涉案企业预防治理涉嫌的犯罪行为或者类似违法犯罪行为的实效性;

(3)全面性:该计划是否覆盖涉案企业在合规领域的薄弱环节和明显漏洞。

4. 制定企业合规管理体系建设方案。在专项合规整改计划的基础上,领导小组也

应当制定企业合规管理体系的建设方案，这一方案可以包括企业治理结构；合规从高层做起；风险识别与评估机制；合规管理制度体系；合规管理组织体系；合规管理运行机制；合规文化机制；不合规行为管理机制等。每个企业的合规管理体系并不是千篇一律的，而是会根据企业的类型、规模、性质、业务范围、行业特点以及所面临的风险状况等具体情况存在差异。同时，企业开展合规管理需要付出相应的成本，这些成本包括但不限于人力、金钱、沟通、效率、技术、基础设施等多个方面。合规管理体系设计得越复杂，企业因此要付出的各类成本就越高。如果企业所建立的合规管理体系与其客观情况不相匹配，则可能会反向对企业的经营和管理产生负面作用，也不能让该体系发挥应有的功能。在制定合规管理体系建设方案时，涉案企业应当考虑以下几个原则。

(1)风险导向原则。风险导向原则是指企业建立的合规管理体系应当与其所面临的合规风险相对称。企业建立合规管理体系的目的之一在于帮助企业有效管理合规风险，即预防、发现和应对合规风险。因此，企业首先需要识别出其所面临的合规风险，并以此为基础设计和建立合规管理体系。这一方面可以保障企业对合规风险的有效管理，另一方面也可以避免企业因建立“大而全”的合规管理体系而导致企业浪费资源、牺牲效率。

举例来说，负责药品推广和销售的企业在商业贿赂领域普遍具有很高风险，但其在洗钱领域发生不合规行为的可能性则较低。因此，这类企业的合规管理体系中一般都会在反商业贿赂方面制定专门的合规计划，配备充足的资源，建立起完善的制度和流程以有效应对这方面的风险。但在反洗钱方面，其往往需要建立起一套“基本够用”的合规计划，而并不需要像金融机构一样，设置庞大的部门以便专门开展反洗钱的合规管理。

(2)差异原则。差异原则是指企业的合规管理体系并不是千篇一律的，也并非只有一种模式，在风险导向原则的指引下，企业可以基于其性质、类型、规模、组织架构、业务范围、行业特点、产品、服务、经营模式等客观情况，建立符合自身需求的合规管理体系。

举例来说，相较于民营企业，在国有企业中进行合规管理体系建设时，除了对董事会、监事会和经理层等进行合规管理职责的设置外，还需要考虑企业中党组织在合规管理方面的领导如何实现，比如在涉及与合规相关的重大决策、重要人事任免、重大项目安排时，应当建立党委前置审议的程序。

(3)全面原则。全面原则是指企业的合规管理体系虽然可以有不同的模式，但企业合规管理体系的基本要素需要同时具备。从企业合规的实践来看，企业合规管理体系得以有效运行需要同时具备最基本的三个要素：一是合规管理的政策和制度，这是企业开展合规管理的基础和依据；二是合规管理的组织和人员，这是企业开展合规管理的主体;三是面向全体员工的合规热线,这是企业发现不合规行为并及时采取措施予以救济的关键途径。

(4)有效原则。有效原则是指企业所建立的合规管理体系在同时具备各个基本要素的基础上,企业需要为该体系的有效运行提供保障,防止该体系流于形式。这包括但不限于:从企业最高管理层开始至全体员工的合规承诺;有效的宣传和培训;完善的考评体系;充足的经费保障;及时且有效的合规调查和不合规行为处理机制等。

(5)发展原则。发展原则是指企业在建立合规管理体系后,该体系需要具有发展能力,根据内外部环境的变化而不断改进和完善。合规管理体系的发展能力主要体现在企业对发生的不合规行为的处理上,即企业能够通过对不合规行为进行根源性分析,找到合规管理体系中的不完善之处,进而采取措施予以救济,防止这类不合规行为再次发生。

5. 专项合规整改计划与合规管理体系建设方案的审批。领导小组在制定了专项合规整改计划和合规管理体系建设方案后,应当将其提交给第三方组织审查。第三方组织应当在进行审查,并征求负责选任第三方组织的第三方机制管委会和负责办理案件的人民检察院的意见后,向领导小组提出修改完善的意见。领导小组应当在第三方组织最终审核确定了专项合规整改计划和合规管理体系建设方案后据此开展合规建设的具体工作。

第二节 涉案企业合规建设的要点

在领导小组制定的专项合规整改计划和合规管理体系建设方案得到批准后,领导小组应当根据计划和方案启动合规建设的具体工作。结合《合规评估办法》和《合规指导意见实施细则》中的相关要求以及合规建设实践,本书对合规建设的要点进行归纳和总结。

一、合规从高层做起的建设要点

合规是一把手工程。涉案企业合规建设是“真合规”还是“假合规”,这与涉案企业的实际控制人、主要负责人等(以下合称高层)对于合规的理解程度、认可程度以及执行力度都有着紧密的关联。在涉案企业的高层能够真正认识到合规对于个人、企业及其员工的价值时,他们才能真正带动和引导各级经营管理人员、关键技术人员、普通员工在日常生产经营和管理过程中遵守规范;真正在企业内部的合规管理有效运行方面投入必要的资源;真正尊重并遵守合规管理专业人士所提供的合规意见;进而真正让专项合规整改计划以及合规管理体系建设方案得到落实和长效的开展。对此,合规从高层做起是合规建设中必须妥善完成的一大要点。这一要点具体可以从以下几个方面开展。

（一）合规管理知识学习机制

1. 合规考察期内的合规管理知识学习。在合规考察期内，涉案企业的高层应当专门邀请合规管理专业人士为他们开设合规管理培训课程，进而全面了解并掌握合规管理的理念、内容、要求和各类最佳实践。必要时应当安排合规管理知识测试。这是他们真正认同、尊重和遵守合规管理的基础。

2. 合规建设中也应当为涉案企业高层建立定期学习合规管理知识的机制。世界主要国家、地区、国际组织在合规管理领域以及各个专项合规领域的法规处于持续更新和变化中，比如中国、美国和欧盟在数据领域的立法和执法；美国《反海外腐败法》的最新执法趋势等。因此，涉案企业应当为其高层建立定期学习合规管理知识的机制，不断提升对合规管理的认识和开展合规管理的水平。当然，值得注意的是，这类定期的合规管理知识学习应当建立在以风险为导向原则的基础上，即涉案企业经过风险识别与评估，对于其所实际或者具有较大可能性面临的合规风险有针对性地要求其高层进行合规管理知识的学习。

（二）将合规融入企业的发展目标和发展战略

发展目标和发展战略是企业在一定时期内确定的发展方向以及在这一方向上前进的具体规划和落实方式。可以说，发展目标和发展战略的正确与否直接决定了企业的成败。因此，发展目标和发展战略最终必须由高层决定。将合规融入企业的发展目标和发展战略，这意味着合规成为企业发展方向的必要组成部分，这能让合规与企业在各个方向的发展都紧密地结合在一起，成为企业的基石。因此，在合规考察期内，高层应当将合规的价值观、内容和要求明确加入企业重新制定的发展目标、发展战略和各个规章制度中，作为其中一个举足轻重的板块。在此基础上，高层应当指导涉案企业合规管理机构和各层级管理经营组织根据其职能特点，设立合规目标，细化合规措施。同时，高层也要通过制度明确合规将是企业长期发展目标和发展战略中必要且核心的组成部分。

（三）合规承诺

涉案企业高层应当面向企业的全体员工公开作出庄严的合规承诺。合规承诺的主要内容应当包括但不限于以下几个方面。

（1）合规是企业的优先价值，对违规违法行为采取零容忍的态度。

（2）企业制定的《行为准则》中在合规管理方面的价值观、核心内容和基本要求，这些包括但不限于：倡导诚信、守法、透明、公平、公正、包容、多元、安全等价值观；反对贿赂、舞弊、垄断、不正当竞争、洗钱、利益冲突、歧视、骚扰、内幕交易等违规违法以及不道德行为等。

(3)其他企业特别珍视和倡导的价值观、理念和要求。

在合规考察期内,涉案企业高层应当至少开展一次正式的合规承诺,具体的开展方式可以是安排一场向企业全体员工公开的遵守合规承诺书签署活动。在这一活动中,高层应当向全体员工正式声明合规是企业的优先价值,对违规违法行为将采取零容忍的态度,并对全体员工作出遵守企业合规管理各项要求的庄严承诺。在高层完成合规承诺后,涉案企业也应当组织全体员工完成合规承诺,签署遵守合规承诺书。

在合规考察期外,涉案企业也应当将开展合规承诺形成年度固定机制,即涉案企业高层和全体员工每年都需要定期完成合规承诺。通过这一专项活动,让高层和全体员工都能够经常性地重温合规管理的价值观、核心内容和基本要求,不断强化合规意识,让合规刻入自身。

(四)带头做好合规宣传

涉案企业高层应当带头做好日常的合规宣传,成为合规的第一代言人。除了合规承诺外,涉案企业需要开展多元的合规宣传,持续提升企业的合规文化,增强各级经营管理人员、关键技术人员、普通员工的合规意识。在这些多元的合规宣传中,高层需要以身作则,带头开展,持续发出合规的声音。比如,在企业的年会、半年会、季度会等定期大型会议以及合规管理宣传月等专项合规管理活动中,高层都应当积极参加,并以合规管理为主题,结合一定时期企业内外部发生的典型合规事件或者案件发出正向的声音,始终强调合规是企业的优先价值,是企业基本战略的组成部分,对违规违法行为将采取零容忍的态度等。

(五)带头遵守合规管理的各项要求

1. 带头遵守合规管理的各项要求。涉案企业高层应当带头遵守通过合规建设所形成的合规战略、合规目标、内部规章制度、管理流程等。高层的以身作则是合规管理各项要求能够在涉案企业内部真正得到落实的必要前提。

2. 落实对违规行为零容忍的处理。涉案企业高层应当对查证属实的各级经营管理人员、关键技术人员、普通员工的违规行为采取零容忍,并且不应根据这些人员的其他工作表现而予以区别对待。

3. 建立合规绩效考评机制。涉案企业应当对高层以及各级经营管理人员、关键技术人员等引入合规指标进行绩效考评。合规指标可以根据每个企业的实际情况进行个性化定制,相关指标内容可以包括但不限于参与合规培训的次数、完成合规承诺的情况、履行合规管理职责的情况、带头开展合规宣传的情况、带头遵守合规管理要求的情况、所管理的团队内发生不合规行为的情况等。

二、合规风险识别与评估机制建设要点

合规风险识别与评估机制是企业合规管理体系建立和运行的起点，也是第三方组织对涉案企业合规建设成果进行评估的重点之一。因此，涉案企业在开展合规管理体系建设时，需要对涉嫌的犯罪行为背后的合规风险进行识别与评估，对此制定专项合规整改计划；也需要系统地识别与企业自身的活动、产品和服务方面所相关的合规义务，并据此识别与这些合规义务相关联的合规风险，评估这些合规风险发生的可能性和危害程度，确定合规风险等级，形成风险排序并进行风险导向的管理。在此基础上，企业可以有针对性地建立和完善合规管理制度体系、组织体系、运行机制，做好合规文化建设并妥善处理不合规行为。同时，企业合规风险的识别与评估并非一次完成后即一劳永逸，而是要定期持续开展，并在企业内外部环境发生重大变化时同步进行合规义务识别以及合规风险识别与评估，以确保合规管理的及时和有效。合规风险识别与评估机制的建设具体可以从以下几个方面开展。

（一）明确牵头主体

涉案企业在合规考察期内应当由领导小组作为合规风险识别与评估机制建设的牵头主体。领导小组应当带领涉案企业内部包括法务、合规、财务、人力资源等各个职能部门开展合规风险识别与评估机制的建设。

领导小组是一个基于合规建设而设立的项目组织，涉案企业在完成合规建设且通过合规评估后，领导小组一般也就不需要继续设置。因此，在合规建设完成后，涉案企业应明确安排企业内部的一位最高管理团队成员，如企业的首席财务官、总法律顾问、首席合规官等，及其所领导的相应职能部门，如财务管理部、法务部、合规部等，作为领导小组取消之后企业合规风险识别与评估机制运行的牵头主体，进而保障涉案企业在完成合规建设后，其合规风险识别与评估机制可以持续被管理、维护和更新。下面其他各个合规管理体系建设板块中的牵头主体可参考这种设置。

（二）识别与评估合规风险

1. 识别合规义务

合规风险来源于企业未遵守合规义务。因此，合规义务是企业识别合规风险的主要来源。企业的合规义务来源于外部的强制性要求以及自身作出的承诺。其中，外部的强制性要求主要包括与企业的活动、产品和服务相关的法律规定、监管要求等，企业如果未遵守外部的强制性要求则将被监管机构处罚。企业主动承诺的要求主要包括企业需要履行的合同约定的义务或者对社会公众作出的高于法律规定或者监管要求标准的承诺，企业如果未遵守作出的承诺，则将承担违约责任或者商誉和信誉损失。因此，

在开展合规风险识别与评估前，领导小组应当对合规义务进行识别。合规义务的识别主要包括以下几个方面的工作。

(1)合规义务全面梳理

在开展合规义务识别前，领导小组需要对涉案企业内外部的情况做全面的了解、调研和梳理，这包括但不限于：企业内部的治理结构、组织体系、人员构成、授权体系、管理模式、制度体系、文化环境、绩效考核方式、过往发生的不合规行为情况及其处理结果等；企业的所属行业，主营业务，产品和服务，经营所涉及国家和地区，地缘政治环境、经营所涉及的上级主体和监管部门、经营模式，与第三方合作伙伴往来中所处地位、相处方式以及来自第三方合作伙伴的要求，对外签署的合同中作出的合规方面的承诺，企业以及能够代表企业的管理人员作出的承诺等。在梳理合规义务时，牵头主体可以采取灵活多元的方法，包括但不限于关键人员的访谈、集体研讨、问卷调查、文本审阅、实地查看、企业内部数据分析、外部专家专业咨询等。

需要注意的是，合规义务的全面梳理涉及涉案企业的各个方面，也涉及很多专业的领域，比如人力资源管理、环境保护、HSE 等。因此，领导小组需要设定标准和梳理方法，并领导、统筹和协调企业内部各个职能部门参与到合规义务的梳理工作中。

(2)编制合规义务清单

在对合规义务进行全面梳理的基础上，领导小组需要编制涉案企业的合规义务清单，见表 11－1，该清单可以结合合规义务的来源进行相应的编制。

表 11－1　合规义务清单

序号	合规义务来源	单项合规义务	责任主体	违反后果	现有控制措施
	外部的强制性要求	法律规定			
		监管要求			
		行业准则			
		……			
	自身作出的承诺	合同义务			
		商业承诺			
		……			

2. 识别与评估合规风险

(1)识别合规风险

在对合规义务进行识别和梳理的基础上，企业应当分析各项合规义务的要求与企业的实际情况之间的差距，这样就可以识别出企业所面临的各项合规风险，并制作合规风险识别清单，见表 11－2。这是企业在日常管理过程中常规的识别合规风险的方式。

表 11-2 合规风险识别清单

序号	合规义务来源	单项合规义务	合规义务内容	现有控制措施	偏差
	外部的强制性要求	法律规定			
		监管要求			
		行业准则			
		……			
	自身作出的承诺	合同义务			
		商业承诺			
		……			

(2)评估合规风险

在识别出合规风险后,领导小组应当对合规风险进行评估,结合合规风险发生的可能性、频次、责任性质、危害程度、损失严重性以及自身的实际情况和经营目标,确定合规风险等级,形成风险排序。值得注意的是,风险的管理不在于完全的消灭风险,而是做好风险与收益的平衡。因此,进行合规风险评估的参数需要根据企业的实际情况以及容忍度进行个性化设置,对合规风险的评估要进行综合判断。其中,可能引发刑事法律责任造成企业无法经营的合规风险,一般都会被认定为高风险,但对于一些最高只会引发民事违约的合规风险,企业需要结合自身的发展阶段和实际情况进行综合评估以确定该风险的高低等级。

3. 制定合规风险评估报告

在完成合规风险识别与评估后,领导小组应当制定合规风险评估报告,这份报告的内容应当包括但不限于:评估工作基本情况,包括评估的原因、范围、方法、实施过程等;识别出的合规风险、风险等级以及危害性;应对建议和措施等。合规风险评估报告应当以书面形式出具,交由涉案企业的最高管理层进行审阅和决策。

(三)识别与评估后的持续管理

(1)领导小组应当为企业建立定期合规风险识别与评估机制。在企业内外部环境发生重大变化,企业发生重大合规案件等情形发生时,牵头主体应及时对合规义务以及合规风险情况进行回顾和审查,并做好相应的更新。

(2)最高管理层定期审核和研究合规风险评估报告机制。牵头部门在完成合规风险识别与评估后,最高管理层需要将合规风险评估报告纳入管理团队会议的固定议程中,定期召开会议集体就企业整体的合规风险情况进行审核和研究,根据风险的等级和紧迫程度就应对方案进行决策,目前应对方案的负责主体提供应对方案落实的各项资源和支持。

(3)做好记录和跟进。牵头主体应当对每一次合规风险识别与评估都出具正式的报告并做好记录以备查。同时,报告中提出的建议和措施,牵头主体也应当在企业最高管理层决策后,安排相关部门和人员进行跟进,全程做好记录,确保有效落实。

三、合规管理制度体系建设要点

合规管理制度体系是指企业针对合规管理活动所制定的不同层次和不同形式的一系列规章制度,这是企业开展合规管理以及员工履行合规职责、遵守合规要求的基础,也是对组织和员工进行考核和奖惩的依据。合规管理制度机制的建立是第三方组织对涉案企业合规建设成果进行评估的重点之一。因此,涉案企业应当针对合规风险防控和合规管理机构履职的需要,通过制定合规管理规范、弥补监督管理漏洞等方式,建立健全合规管理的制度机制。合规管理制度体系建设具体可以从以下几个方面开展。

(一)做好制度建设规划

在实际制定制度之前,领导小组应当在全面分析和研判企业合规风险的基础上,结合本行业合规建设指引,进行制度建设的规划。具体来说,领导小组要做好以下几项工作。

1. 制定制度建设的"立法法"

涉案企业在进行全面制度建设时首先需要就制度的全生命周期,包括立项、审议、发布、实施、废止和清理等各个环节建立规则,即对制度的管理制度,比如《××公司规章制度管理规定》。这一制度的制定能够让领导小组以及后续的企业制度建设牵头主体对企业的各类制度的制定和管理有据可依。

2. 明确制度的体系和层级

企业内部的规章制度应当根据管理事项的重要性和功能定位建立一个分层级的制度体系。一般而言,这一制度体系可以分为三个层级,即治理文件、管理制度和操作规范。[①] 这样的三层体系一般为相互包含关系,即下一层级的制度是对上一层级制度的细化,不得有悖于上一层级制度规定的原则和内容。

(1)治理文件

这类制度是规范企业出资人(股东)、董事会、经理层权利义务关系和组织运行规则等涉及企业治理结构层面的基础性文件。这类制度一般包括章程,党委(如有)、董事会、总经理办公会相关议事规则、行为准则等。其中,行为准则是企业合规管理制度体系中的纲领性文件,它彰显企业的核心价值观、合规方针和目标等,用以指导其他层次和形式的合规管理制度的制定。

---

① 对于各个层级的制度类型的名称,可以根据每个企业的实际需要进行个性化设计。

(2)管理制度

这类制度名称后缀一般为“管理规定”或“管理办法”,是对企业各项业务管理和基础管理工作提出原则与要求,是企业经营管理过程中必须遵守的制度准则。

管理规定。这是根据企业自身发展管理需要,针对企业某一经营管理领域制定的全局性管理规范,主要提出原则性的管理要求,对某一领域工作的基本理念、基本体制、基本原则、基本程序等进行总体规范,明确组织机构及职责权限等基本事项,是保障企业管理和经营活动的基本制度。通常一项工作职能范围只建立一项统领性制度。

管理办法。这是针对管理规定中相对独立的、较为重要的工作方面或环节做进一步规范,提出进一步的具体管理要求,或者对管理规定难以涵盖领域作出补充的专项制度。

管理制度是对行为准则中所倡导的与合规管理相关的各项原则性要求和价值观的落实,是合规管理开展的基础。管理制度既包括基本制度,如企业的合规管理规定,也包括涉及各个合规管理主题的专项合规管理制度,如反垄断管理规定、反贿赂管理规定、反舞弊管理规定、贸易合规管理规定、网络安全管理规定、个人信息保护管理规定以及员工信息管理办法等。

(3)操作规范

这是根据实际需要在管理制度的基础上进一步细化制定的具体工作要求,包括落实具体工作的流程、标准、方法及守则,是企业员工在实际工作中应当遵循的统一规范。操作规范使管理制度在实际工作中具有可操作性。这类制度的名称后缀非常多元,比如“操作规范”“实施细则”“工作指引”“工作指导手册”“管理表单”等。实践中在合规管理领域常见的操作规范主要有礼品与款待管理指引、利益冲突应对指南等。

3. 合规管理制度建设规划

领导小组应当根据全面研判的企业合规风险,以风险为导向,以弥补企业制度建设和监督管理漏洞为核心,结合本行业合规管理指引(如有)开展合规管理制度建设规划。总体来说,合规管理制度建设规划一般可以分为以下几类。

(1)必须要建设的制度

这是涉案企业在合规建设中必须制定的合规管理制度,主要包括行为准则和合规管理规定。其中,行为准则是企业开展合规管理的纲领性文件,能够全面反映企业以及最高管理层对合规的价值观、理念和基本要求,对全体员工具有普遍的约束力。合规管理规定则是在行为准则的基础上,对企业合规管理体系的系统性规定,包括企业内部开展合规管理的基本原则、合规管理的机构与职责、合规管理的范围、合规管理运行方式等。

(2)合规管理专项制度

合规管理专项制度主要包括各类合规管理制度和操作规范，这些包括但不限于反垄断管理规定、反贿赂管理规定、反舞弊管理规定、贸易合规管理规定、网络安全管理规定、个人信息保护管理规定以及员工信息管理办法、礼品与款待管理指引、利益冲突应对指南、合规手册等。这些专项制度需要由领导小组根据风险导向原则结合企业的实际需要选择性制定，确保不要出现管理上的漏洞。

(3)融入其他企业管理制度中的合规管理内容

除了前述合规管理专项制度外，合规管理的相关要求也可能在不单独形成专项制度的情况下，以部分条款的形式融入企业的其他管理制度中。比如企业的员工手册、费用管理制度、差旅制度、奖惩管理制度、组织和个人绩效考核管理制度等都需要将对应的合规管理要求规划进去。

(二)落实制度制定

在完成了制度建设规划后，领导小组应当组织力量，根据制定的规章制度管理规定的相关要求落实制度制定。这里需要关注以下几个方面的问题。

1. 制度的起草主体需要具有专业性

领导小组在制定合规管理的相关制度时需要组织具有专业能力的主体起草。同时，制度的内容需要与企业的实际情况进行紧密的结合，切忌制度内容与企业实际情况的脱节。

2. 制度要有合规性和合法性的前置审查

领导小组要建立制度合规性与合法性的前置审查，制度文本在未通过合规部门和法务部门的合规性和合法性审查前，不能发布。

3. 制度需要审批

在通过合规性和合法性的审查后，根据制度所属的不同层级，企业内部需要设置不同的审批流程。其中，治理文件一般应当由企业的最高管理层集体审批；管理制度一般需要企业内部与之相关的最高管理层成员集体审批；操作规范一般由负责制定的部门所对应的最高管理层成员审批。如果涉及民主管理、职工福利、全员劳动合同、集体劳动合同、薪酬制度、职工奖惩方面的制度，除履行上述流程外，还需经职工代表大会审议通过。

4. 制度发布的要式性

制度在完成起草以及通过合规性和合法性审查后，需要正式发布。发布应当按照一定的程序，并能够公开途径让全体员工都可以知晓。同时，发布的制度也应当通过信息化和数字化手段进行集中存储和归档,让全体员工可以随时获取和学习。

(三)开展制度宣贯

制度制定后,不能被束之高阁,而是要被广而告之。领导小组应当在制度发布后开展多元化的宣贯,包括制度的讲解和专项培训等,鼓励涉案企业的各级管理人员和普通员工积极学习制度,确保他们都能够了解制度、理解制度、遵守制度、执行制度。制度宣贯要关注以下几个要点。

1. 全员覆盖

制度宣贯需要面向全体员工,让他们都能够有机会,也有条件对制度的理念、内容和要求等进行了解。

2. 多元形式

制度宣贯需要采取多种形式,可以通过宣传海报、短视频、线上或者线下实时培训、有奖问答、知识竞赛等形式。这些形式是为了帮助员工更好地理解和掌握制度的理念、内容和要求。

3. 有效记录

制度宣贯需要做好记录工作,这既包括开展的历次宣贯活动,也包括参加这些活动的员工。通过有效记录可以让涉案企业及其管理人员对宣贯活动的实际效果进行实时了解,也便于进行有针对性的提升和改进。

(四)制度融入企业运行

制度的生命在于执行。涉案企业应当将制度的理念、内容和要求融入企业的日常运行和经营管理活动中。因此,领导小组应当根据各项制度的理念、内容和要求,明确企业内部各职能部门和相关关键人员的职责以及工作开展的流程,让制度在涉案企业的日常运行和经营管理中被充分地遵守和执行。

比如,涉案企业建立了与数据安全和个人信息保护相关的管理制度,该制度中明确要求涉案企业的各职能部门在开展与数据、员工个人信息处理相关的项目时,需要事先经过涉案企业内部的数据合规工作组(由企业的数字化团队、法务团队和合规团队联合组成)的数据合规评审。为了确保这一制度要求得到落实,数据合规工作组除了开展制度宣贯以外,还与在开展任何数字化项目时都会参与其中并提供专业支持的数字化建设团队进行了充分的沟通,由该团队在日常工作中把好关,让业务部门的每一个相关项目都会及时同步到数据合规工作组,并由其开展数据合规评审。

此外,涉案企业也应当建立制度运行的审计机制。涉案企业应当安排内部审计团队或者外部聘请的独立审计机构对于其发布的制度在企业内部的运行情况进行审计,对于审计过程中发现的偏离情况,及时组织力量予以整改和弥补。

四、合规管理组织体系建设要点

合规管理组织是指企业内部履行合规管理职责、开展合规管理工作的主体。合规管理组织是合规管理体系得以有效运行的必要且关键因素之一,合规管理机构或者管理人员的合理配置是第三方组织对涉案企业合规建设成果进行评估的重点之一。由于合规管理体系是企业整个管理体系中的一部分,合规管理的职责覆盖了企业的治理结构以及所设置的相关职能部门,因此,合规管理组织并不单纯指企业内部专门负责合规日常和专项管理的主体,如合规部、合规官;而是一个多层级全方位的体系。合规管理组织体系的建设也是完善企业治理结构的一个重要途径。根据承担的合规管理职责的不同,这一组织体系一般可以分为合规管理最高权力组织、合规管理执行组织、合规管理协调组织和合规管理监督组织。合规管理组织体系建设具体可以从以下几个方面开展。

(一)合规管理最高权力组织

合规管理最高权力组织一般为企业根据公司章程规定的经营管理的最高决策机构。在设有董事会的企业中,合规管理的最高权力组织一般为董事会。合规管理最高权力组织的主要合规管理职责一般应当包括但不限于以下内容。

(1)批准企业合规管理战略规划、基本制度和年度报告;

(2)领导企业合规管理体系的建立,推动完善;

(3)决定合规管理执行组织和合规管理协调组织的设置,明确这些组织的职权范围,为这些组织分配履职资源、提供履职保障等;

(4)决定合规管理执行组织和合规管理协调组织的人事任免;

(5)决定达到特定级别的违规人员的处理;

(6)决定对企业存在的根本性或者系统性合规风险或者漏洞的整改和处理;

(7)决定关系企业全局的重大合规专项的开展;

(8)决定与企业合规管理相关的其他重大事项。

(二)合规管理执行组织

合规管理执行组织根据合规管理最高权力组织的授权负责企业合规管理工作的开展,一般包括三类主体:企业经理层、合规管理牵头部门以及其他各职能部门和业务部门。这三类主体的主要合规管理职责一般应当包括以下几个方面。

1. 企业经理层

企业的经理层是指董事会所聘任的经理以及企业经营管理的核心管理团队,包括企业的实际控制人、主要负责人等。企业经理层的合规管理职责主要包括但不限于以下内容。

(1)根据合规管理最高权力组织的决定,将合规管理战略规划与企业的经营战略紧密结合;

(2)根据合规管理最高权力组织的决定,落实合规管理执行组织和合规管理协调组织及其人事的设置和运行;

(3)批准合规管理具体制度的制定和发布,采取措施确保合规制度得到有效执行;

(4)以身作则,带头遵守合规管理制度和各项要求;

(5)批准合规管理牵头部门编制的合规管理工作计划;

(6)明确合规管理流程,确保合规要求融入业务领域;

(7)及时制止并纠正不合规的经营行为,按照权限对违规人员进行责任追究或提出处理建议,落实合规管理最高权力组织作出的各项整改和处理决定;

(8)落实合规管理最高权力组织决定的与合规管理相关的各项决策以及经合规管理最高权力组织授权的其他事项;

(9)支持合规管理牵头部门以及其他职能部门和业务部门履行合规管理职责。

2. 合规管理牵头部门

合规管理牵头部门一般为企业内部设立的专业合规管理部门和人员。根据不同企业的组织设置,合规管理牵头部门被称为合规部、法律合规部、纪检合规部、合规风控部、审计合规部等,合规管理牵头部门的负责人一般被称为“首席合规官”或者“合规负责人”。合规管理牵头部门的合规管理职责主要包括以下内容。

(1)为合规管理最高权力组织、经理层等进行合规管理方面的决策提供专业咨询和支持,比如起草企业合规管理战略规划、基本制度和年度报告,并提交给合规管理最高权力组织审批;在这些决策作出后,从专业角度负责落实。

(2)牵头合规管理体系的日常建设、运行和维护。

(3)直接负责企业内部合规管理运行机制①的有效落实,开展日常的合规管理工作,为企业经理层和各级员工遵守和执行合规管理的各项要求提供各方面的专业支持,包括但不限于:组织合规风险的识别、预警和应对,制定和更新合规政策和制度,开展合规文化的宣传和提高员工的合规意识,维护合规举报热线和开展合规调查,跟进合规整改,执行合规激励等一系列合规管理措施。

(4)落实合规管理最高权力组织、经理层等不定时安排的其他合规管理事务。

需要强调的是,企业可以根据自身的规模大小和所处行业的风险高低等决定合规管理牵头部门或者合规管理人员是否专设或者由法务部、风险管理部等职能部门内部

---

① 具体合规管理运行的内容会在下文“五、合规管理运行机制建设要点”中予以详细介绍。

安排人员进行兼理。但是，从确保合规管理的独立性和有效性角度，对合规管理牵头部门的设置，有以下建议。

(1)合规管理牵头部门以及配备的合规管理人员应与企业类型、规模、业务范围、行业特点等在规模上相配，比如一个员工人数过万人的企业，如果合规管理人员只有1～2人，而且部分还是兼职，则这样的合规管理牵头部门的设置在很大程度上无法真正有效起到合规管理职能；

(2)应尽可能设置独立的合规管理牵头部门，聘请专业且富有实践经验的专职合规管理人员；

(3)应通过合规管理制度建设为合规管理牵头部门、合规管理人员提供独立履行职责的保障；

(4)应给予合规管理牵头部门和合规管理人员充分的授权，通过工作流程设计，确保合规管理牵头部门、合规管理人员具有充足的知情权和企业内部的信息及数据获取权限，使他们能够全面掌握相关信息，及时参与涉及重大合规风险的事项，并充分赋予其发表意见和参与决策的权利；

(5)应为合规管理牵头部门的负责人设置与其履行职责相应的岗位职级和薪酬福利待遇，并且应当为其设置在履行合规管理职责范围内向企业最高管理层或者企业内部最高监督机构，比如监事会、审计委员会等进行直接汇报的权利和机制；

(6)应结合企业的情况为合规管理人员设置相应的岗位职级和薪酬福利待遇，一般不能低于其他职能部门同等职级人员的标准；

(7)应为合规管理牵头部门以及合规管理人员的履职提供必要的人员、培训、宣传、场所、设备、技术和经费等人力、物力保障。

(三)合规管理协调组织

合规管理涉及的面很广，合规管理工作要高质量完成离不开合规管理牵头部门与其他各职能部门和业务部门的协同。由于合规管理牵头部门与这些部门属于平行组织，本身并不被授权直接领导这些部门开展工作，而合规管理最高权力组织和企业的经理层在客观上也不具备事无巨细地处理合规管理协调事务的可能。因此，在具备条件的企业中，合规管理最高权力组织或者企业经理层会下设合规管理协调组织。该组织应当由企业的实际控制人、主要负责人作为第一负责人；由企业的合规管理牵头部门的负责人，比如首席合规官作为牵头负责人；与合规管理相关的职能部门和业务部门，包括合规管理牵头部门、财务管理部、法务部、创新与战略部、人力资源部、审计部、安全部、数字化部等，安排各自的核心管理人员参与并组成。该组织应当建立明确且固定的运行机制和流程，定期召开会议，确保组织有序运行。这类组织的名称常见的有“合规委员会”“道德合规委员会”“合规管理委员会”等。合规管理协调组织的职责主要包括以下几个方面。

(1)承上启下,作为合规管理最高权力组织、企业经理层与包括合规管理牵头部门以及其他各职能部门和业务部门在合规管理上的桥梁;

(2)领导、统筹和整合企业内部的各方力量,确保合规管理最高权力组织、企业经理层在合规管理方面作出决策时提供全面的咨询和支持,并确保这些决策能够得到贯彻执行;

(3)领导、统筹和协调企业合规管理体系的建设和运行;

(4)领导和统筹企业的年度合规管理工作报告的起草,并提交合规管理最高权力组织审议;

(5)研究关系全局的合规管理重大事项,并向合规管理最高权力组织、企业经理层提出意见和建议;

(6)接受包括合规管理牵头部门以及其他职能部门和业务部门在合规管理方面的计划或方案,经集体审议和讨论后对其中需要由董事会、企业经理层决策的,则按程序提交审议;对在其权限范围内可以决策的,则在通过决策后组织执行;

(7)定期听取包括合规管理牵头部门以及其他职能部门和业务部门的合规管理工作进展情况的汇报,并给予其指导、支持、监督和评价;

(8)决定达到特定级别的违规人员的处理;

(9)其他基于企业合规管理相关制度授权合规管理协调组织履行的职责。

(四)合规管理监督组织

合规管理监督组织是对企业的合规管理最高权力组织、合规管理执行组织和合规管理协调组织的工作和履职情况进行监督的主体。在企业中一般不专设合规管理监督组织。这一职能通常由基于企业章程规定的履行监督职责的机构负责,如企业的监事会、审计委员会等。合规管理监督组织是企业内部确保合规管理有效开展的“最后一道防线”,其职责主要包括但不限于以下内容。

(1)监督合规管理最高权力组织的决策与流程是否符合制度规定;

(2)监督合规管理最高权力组织和合规管理执行组织,包括董事、企业经理层、合规管理牵头部门、其他职能部门和业务部门以及其工作人员的合规管理职责履行情况;

(3)审核合规管理最高权力组织制定的合规管理战略和年度合规工作报告,并从监督角度提出改进或者提高的意见;

(4)对引发重大合规风险负有主要责任的董事、企业经理层提出罢免或者解聘建议;

(5)向合规管理最高权力组织提出撤换合规管理负责人的建议；

(6)指示企业内部的审计、内控等部门就企业的高风险领域开展专项审计或者内控治理行动，并对就此发现的风险和问题的整改工作进行监督；

(7)对违反企业合规管理制度要求、干扰合规管理工作正常开展、损害企业合规文化、对举报人实施打击报复的主体，根据企业内部相应的管理权限，督促合规管理最高权力组织、合规管理执行组织或者合规管理协调组织予以及时且有效的处理。

(五)小结

在企业章程和治理结构的基础上，合规管理最高权力组织、合规管理执行组织、合规管理协调组织和合规管理监督组织共同构成一个完整的合规管理组织体系。其中，合规管理最高权力组织把方向、定大局，确定企业合规管理体系以及合规管理的战略和基本制度；合规管理执行组织负责将这一体系、战略和基本制度予以分解、细化并执行到位；合规管理协调组织则是将合规管理执行组织中的各个主体进行统筹和协调，让这些职能部门和业务部门在合规管理上整合力量，达成共同的目标；合规管理监督组织则是对前述三大组织进行统一的监督，预防、应对和及时纠正这些组织在实际工作中发生的偏差。领导小组在合规建设期间应当对涉案企业的合规管理组织体系进行建立和完善。

五、合规管理运行机制建设要点

合规管理运行机制是指企业合规管理组织将合规管理的战略、合规管理制度、专项合规整改计划以及日常合规管理活动等予以执行和实现的具体方式和手段。合规管理运行机制的内容非常广泛，可以从广义和狭义两个角度理解。其中，广义的合规管理运行机制包括合规风险识别与评估机制、合规管理制度体系、合规文化建设机制、不合规行为管理机制、专项合规整改计划的制定和执行等在内的合规管理全过程。狭义的合规管理运行机制包括三道防线建设、合规咨询、合规审查、合规检查、合规考核、合规报告、合规管理信息化建设、合规审计等。这里将集中介绍狭义的合规管理运行机制的建设要点。

(一)三道防线建设

“合规并不是合规部的合规，而是企业全体人员共同的合规。”因此，企业的合规管理运行首先需要建立起三道防线，其中，合规管理组织和各级经营管理组织均应当根据其职能特点设立合规目标、细化合规措施。一般而言，领导小组需要在涉案企业建立的三道防线具体如下。

第一道防线为企业各级经营管理组织，根据企业制定的规章制度的内容以及合规管理组织的要求，负责本组织合规管理落地，按要求完善业务管理制度和流程，主动履行合规职责，开展合规风险识别和隐患排查，及时向合规管理组织报告合规风险事项，妥善应对处置合规风险事件，落实好本领域合规培训和商业伙伴合规调查等工作，并配合合规调查及整改等工作。

第二道防线为合规管理组织，负责组织、协调、指导和监督各级经营管理组织的合规管理工作。

第三道防线为审计、纪检（如有）等相关职能部门，负责在其职责范围内，履行监督职责。

(二)合规咨询

合规咨询是合规管理运行中的重要一环。处理企业所面临的合规风险需要具有极强的专业知识和丰富的实践经验。因此，领导小组应当在涉案企业建立合规咨询机制，明确和公开合规咨询的渠道，鼓励各级经营管理组织在遇到合规方面的问题时都能及时从合规管理组织及其所属的合规管理专业人员处获得指导，避免合规风险事件以及不合规行为的发生。

(三)合规审查

合规审查是指企业通过制度和流程在特定的经营管理活动中设置的强制合规性审查活动。领导小组应当在对企业具有重要影响的项目，比如重大事项决策、重要人事任免、重大项目投资决策、重大合同签订、大额资金使用、规章制度制定等；或者根据风险识别与评估确认为中高风险领域的项目，通过制度和流程建立强制合规性审查机制，这些项目如果未经合规管理组织审核通过则不得实施。

(四)合规检查

合规检查是指合规管理组织对各级经营管理组织在各项合规管理要求的执行和落实情况进行监督和检验，并对完成的不到位的部分提出改进和完善的意见。关于合规检查的相关内容请见本节第七部分“不合规行为管理机制建设要点”中的“监测”板块。

(五)合规考核

合规考核，即合规绩效评价机制，这是指企业对其内设各级组织以及员工（包括高层、[1]各级经营管理人员、关键技术人员、普通员工等）两大类主体在履行合规管理职责和承担合规管理责任方面所设定的合规指标并对该等指标的遵守和完成情况进行定期的考察和审核。合规绩效评价机制的正常运行是第三方组织对涉案企业合规建设成果进行评估的重点之一。领导小组在进行合规考核机制的建设时，应当关注以下要点。

1. 合规指标应当明确、具体、细化。合规指标应当明确、具体、细化，从而保障组织和员工在履行和遵守这些指标时都能有清晰的指引。合规指标应当包括正向的指标，即明确要求特定组织和人员在每年都需要完成具体的合规管理任务，比如参加多少场

---

① “高层”在上文中有做过统一的解释，即涉案企业的实际控制人、主要负责人等。

合规培训、完成合规管理组织所开展的强制性参加的活动(如年度合规承诺);也应当包括负向指标,即禁止的事项,比如行贿受贿、性骚扰等不合规行为。

2. 自然人的合规指标根据具体岗位和职级而差异化设定。相较于普通员工,高层以及各级经营管理人员、关键技术人员除了从遵守合规管理各项要求的角度设定合规指标外,还应当为他们额外设定积极履行合规管理职责,展现合规管理领导力的合规指标,这类指标的相关内容请见本节第一部分“合规从高层做起的建设要点”中的“带头遵守合规管理的各项要求”板块。

3. 合规考核应纳入人力资源管理的组织和人员考核指标中。合规考核需要与企业人力资源的组织和人员考核指标充分结合,作为对企业内部每一个组织和每一位员工年终绩效考核的必要组成部分。其中,对于在履行合规管理职责和承担合规管理责任方面表现突出的组织和员工,应作为评先选优的重要依据。对于在当年度被查证存在不合规行为的组织或员工,这将作为其年终绩效考核中的一票否决项,并产生对其在当年度和下年度的组织评优,个人岗位、职级、工资和奖金等方面产生消极影响的直接因素,无论该组织或者员工个人当年度在业务领域的表现情况。

(六)合规报告

合规报告是指企业建立的企业内部组织或员工向其上级管理主体或者投资人就特定合规事项进行定期或不定期报告的活动。合规报告包括定期报告和不定期报告两种形式。其中,定期报告一般是常规性的报告,比如合规管理组织准备的半年度或者全年合规工作的总结。不定期报告主要是针对企业所面临的突发性的合规事件,通过合规报告,企业高层可以及时调动资源予以处理。领导小组应当通过制度和流程建立起合规报告机制,保证企业高层可以全面且及时地掌握企业合规管理的最新进展,这也有助于他们在合规管理方面作出正确的判断。

(七)合规管理信息化建设

随着数字化时代的到来,领导小组应当利用信息化和数字化的工具让合规管理运行机制实现信息化和数字化。这包括但不限于 AI 的合规咨询平台、线上合规审查平台、线上合规培训、合规档案电子化、案件管理信息系统等。通过信息化和数字化手段,领导小组可以优化合规管理流程;更加客观和全面地记录和保存相关信息;运用大数据等工具,加强对经营管理行为依法合规情况的实时在线监控和风险分析,实现信息集成与共享。

(八)合规审计

合规审计是指企业通过内部审计团队或者外部聘请的独立审计机构对企业的合规管理体系、专项合规整改计划的运行情况以及合规管理组织的履职情况进行的审计活动。领导小组应当建立合规审计机制，通过定期或者不定期的审计活动，让合规管理组织以及合规管理体系、专项合规整改计划都能得到有效监督，从而形成一个完整的监督和管理的闭环，对于审计中发现的相关问题也可以及时整改，保障合规管理体系和专项合规整改计划的有效运行，合规管理组织的尽职尽责。

六、合规文化机制建设要点

合规文化是指企业在生产经营和管理的过程中逐步积累和形成的，为企业全体成员所知晓、认同和遵守的与合规经营相关的价值观、精神和理念。合规文化建设是企业合规管理体系中的一个必要组成部分，其目的在于让企业的各级管理者和员工能对企业在合规方面的理念、规则和要求等予以充分的理解和认可，并以此指导员工在日常工作中作出正确的判断和行为。合规文化已经基本形成是第三方组织对涉案企业合规建设成果进行评估的重点之一。合规文化建设机制主要包括合规承诺、合规培训、合规沟通和宣传。鉴于合规承诺已经在本节第一部分"合规从高层做起的建设要点"中进行了介绍，这里集中介绍合规培训以及合规沟通和宣传的建设要点。

（一）合规培训

合规培训是指企业定期或者不定期组织的，面向内部员工或者外部合作伙伴开展的，与企业合规管理体系相关的培训。合规培训的目的在于让内部员工和外部合作伙伴对企业的合规管理体系，包括合规组织、合规制度、合规流程、合规要求、合规文化等方面有所了解和掌握，增强员工和外部合作伙伴的合规意识，进而指引员工和外部合作伙伴在日常工作中做正确的事，防范和减少合规风险。领导小组在进行合规培训方面的建设时，应当关注以下要点。

1. 合规培训管理的制度化。合规培训是企业建立和形成合规文化的一个必要且关键措施。因此，企业的合规培训应当制度化，从而确保企业的全体员工能够理解、遵循和妥善执行企业合规的各项要求。对此，领导小组应当制定合规培训管理制度，这一制度既可以专门制定，也可以在企业整体的培训管理制度中设置专门的板块。同时，合规培训管理制度也应当与企业组织绩效以及员工个人绩效的管理制度进行有机融合，让合规培训成为组织以及员工个人绩效的组成部分，确保合规培训在企业内部落到实处。

2. 合规培训负责主体。合规培训管理制度中应当明确企业合规培训的负责主体，负责主体一般由合规管理牵头部门担任。同时，由于员工培训的整体负责主体一般为企业的人力资源部，因此，在进行合规培训的管理方面，合规管理牵头部门需要与人力资源部进行紧密的合作和共建。

3. 合规培训计划与实施。合规培训负责主体应当在上一年末完成下一年度合规培训计划的制订。合规培训计划应明确责任人，确保合规培训对企业全体员工的全覆盖和常态化,并应加强事前、事中、事后管理,加强对学习培训的考核与监督。

4. 合规培训费用管理。合规培训费用是指举办或参加合规培训项目所发生的相关费用,包括培训费、差旅费、资料费、物料费、场地费、设备购置费、书费、考试费、在线学习平台建设及运营费用等。企业应当为合规培训提供充足的经费。

5. 合规培训课程体系。合规培训应当建立系统性的培训课程体系,这一培训课程体系可以根据受训人员的不同类型以及企业在特定时期的特殊需要等进行有针对性的设计,确保合规培训的有效开展。合规培训课程体系大致可以分为以下类型。

(1)新员工入职合规培训课程。这是对企业新入职的员工开展的合规培训。这一套培训课程的主要内容应当侧重对企业合规管理体系的系统性介绍,包括企业的合规管理制度、组织、文化、运行方式、不合规行为管理(包括合规热线、合规调查注意事项等)。从而让新员工能够对企业的合规管理有一个全面的了解,建立起合规意识,以便于有效地遵守企业合规管理的各项要求。新员工入职合规培训应当设定为新员工在试用期内所必须完成的任务,能否完成该项培训应当作为一项指标纳入试用期考核范围。

(2)在职员工常态化合规培训课程。合规培训负责主体应当每年为在职员工提供一定数量的合规培训,在职员工也应当参加一定数量的合规培训,将其作为每年必须完成的一个绩效考核指标。这类培训课程一方面可以强调企业合规管理体系的系统性介绍,以此巩固在职员工的合规知识、增强其合规意识,有效遵守合规管理要求;另一方面可以结合企业过往实际发生的合规案例以及最新的合规风险识别与评估来设计合规培训课程,帮助在职员工更好地了解企业当前面临的高风险领域,提高警觉性并做好预防和应对工作。

(3)管理人员常态化合规培训。合规培训负责主体应当为具有管理职责的人员提供专门的合规培训课程。其中,新任的管理人员在履新任职时必须接受合规培训。这类合规培训课程除了对企业合规管理体系的系统性介绍外,还应当专门进行管理人员在合规管理领导力方面的培训,让管理人员不仅懂合规,也要懂如何运用合规管理自己的团队,带动自己的团队成员尊重、遵守和执行合规。

(4)定制化合规培训课程。合规培训负责主体还应当根据合规风险识别与评估以及其他职能部门或者业务部门提出的需求制定并提供定制化的合规培训课程。这类课程要侧重于合规管理的相关专业领域,比如数据跨境传输合规、纵向垄断的认定和预防等。

(5)合规专业能力培训课程。这类课程的受训主体是企业合规管理人员。由于合规管理在境内外的高速发展,合规管理人员的知识也需要不断更新,能力也需要不断提升。因此,企业需要通过内外部力量为合规管理人员提供合规专业能力培训,建立合规管理人才的培养机制。

(6)即时合规培训课程。除了前述5类要式化的合规培训课程外,企业也可以建立即时合规培训课程。比如企业可以充分利用实际发生并处理的合规案例,制作成合规案例、形成合规案例库、建立全体员工在内部会议的开始前进行合规分享的机制;也可以通过信息化和数字化手段,建立短小精悍的合规培训线上课程,让员工可以利用碎片化的时间,随时随地地进行合规知识的学习。

(7)针对第三方合作伙伴的培训课程。这类课程的受训主体是外部的第三方合作伙伴。企业的第三方合作伙伴虽然与企业是相互独立的主体,但是,它们的不合规行为也可能会使企业承担连带法律责任或者影响到企业的市场声誉。因此,企业也需要结合自身在市场上的地位和客观情况,为第三方合作伙伴提供合规培训,宣传企业的合规理念、价值观和要求,尤其是与第三方合作伙伴关系处理方面的原则、规则和要求等,帮助第三方合作伙伴提升合规管理能力,预防不合规行为的发生。

6. 合规培训方式的多元化。合规培训可以采用多元化的方式以达到最佳的培训效果。除了传统的线下面对面培训外,随着数字化时代的深入发展,合规培训负责主体可以开发线上合规培训课程,提高合规培训的覆盖率、便捷性、趣味性和可记录性。此外,除了单方的宣教外,合规培训负责主体也可以设计合规知识竞赛、有奖问答、互动游戏、角色扮演等各种形式开展合规培训。

7. 合规培训师资体系。企业的合规师资体系包括内部培训师(以下简称内训师)和外部培训师(以下简称外训师)。其中,内训师是在企业各级培训体系中承担培训课程开发或讲授任务的内部员工。企业应当根据自身的规模和客观需要投入资源培养相应数量的内训师。内训师应当具有一定的资历,具备充足的合规管理知识和实务经验,确保为企业员工提供高质量的合规培训。同时,考虑到合规管理的专业性,企业也可以根据实际需要聘请在特定合规管理领域具有专业能力的外训师,为从事特定合规管理领域工作或者可能涉及高风险合规领域的员工提供专门的合规培训,比如涉及贸易制裁、反垄断等领域。

8. 合规培训完成后管理。合规培训结束后,责任人应按照相关要求及时进行培训评估和总结,归集整理培训资料并移交给培训档案管理人员建立培训档案。员工参加培训的情况应当记入培训档案。培训档案的内容应包括培训请示(仅针对涉及费用的培训项目)、培训通知、培训安排课程表、实际参训学员名单、参训记录证明材料等。其中,企业合规培训评估工作包括对培训项目和课程的综合评估。根据不同的培训类别、内容,可采用不同的评估方式,以达成对培训效果的有效衡量,便于合规培训负责主体作出相应的改进和完善。合规培训评估的方式一般包括以下几类。

（1）一级评估：反应层评估，评估受训人员的满意程度，常用方法是培训满意度调研问卷。所有合规培训应至少进行一级评估。标准评估问卷由合规培训负责主体制定，包括对课程内容、讲师讲授、组织管理、满意度等的评估。

（2）二级评估：学习层评估，评估受训人员对知识技能的掌握程度，常用方法是考试、训后作业等。对于重要的合规专业知识技能类培训、管理类培训可开展二级评估。

（3）三级评估：行为层评估，评估受训人员将培训中所学的知识和技能应用到工作中并带来相应的行为改变，常用方法是实地观察、关键人物访谈等。对于重大合规培训课题的效果可开展三级评估。

（二）合规沟通和宣传

合规沟通与宣传是企业进行合规文化建设的另一个重要方式。相较于合规培训在每一场培训活动中受训主体的特定性，合规沟通和宣传的一大特点是面向不特定的对象。合规沟通和宣传的重点不在于向企业的员工专门传达与合规相关的理论知识或者技能，而是通过灵活多样的内容和形式，向员工展现企业的合规理念、价值观和要求，提升全员的合规意识，促进全员合规的氛围、环境和文化的形成。领导小组在进行合规沟通和宣传方面的建设时，应当关注以下要点。

1. 合规沟通和宣传从企业高层做起。正如前文所述，合规是一把手工程。合规沟通和宣传要真正有效果且得到广大员工的认同，企业高层，包括实际控制人、主要负责人等必须以身作则，带头宣传合规，做好合规的代言人。对此，领导小组应当安排企业高层利用企业的重大活动、关键会议等经常性地对企业的合规管理、合规理念、价值观和要求等进行宣讲，鲜明地表明对合规无条件支持的立场，为企业合规管理执行主体的各项工作站台。

2. 合规沟通和宣传的内容设计。合规沟通和宣传的内容应当遵循两个规则：一是对于企业在合规管理方面长期坚持的理念、价值观和要求，合规沟通和宣传应当始终坚持落实；二是在此基础上，根据合规风险识别与评估的结果及时更新合规沟通和宣传的内容，做到有针对性地预防和应对现时面临的合规风险。

3. 合规沟通和宣传的多元形式。合规沟通和宣传的核心目的在于提升广大员工的合规意识，形成认同。因此，企业在开展合规沟通和宣传时可以采取灵活多样的形式，这些包括但不限于以下内容。

（1）多元载体，比如线下的大型海报、小型易拉宝、杂志、报刊和各类电子屏等；线上的官网、微信公众号、小程序等。

（2）多样活动，比如合规主题月、合规知识竞赛、合规演讲比赛、合规优秀组织/员工特别奖、专题讲座等。

4. 注重对外的合规沟通和宣传。企业除了集中精力做好对内的合规沟通和宣传外，也应当注重对外的合规沟通和宣传，即针对企业的外部第三方，包括第三方合作伙伴、外部媒体、利益相关方、社会公众等。对外的合规沟通和宣传能够让外部第三方更好地了解企业的合规管理体系以及合规理念、价值观和要求，展现合规竞争力和良好的品牌形象，让外部第三方对企业建立起更强的信赖。这反过来也可以使企业远离在合规方面理念和价值观大相径庭的外部第三方，使企业形成良性的供应链和合作伙伴生态圈，进而助力企业更好地合规经营。对外开展合规沟通和宣传的方式也非常多元，比如面向社会公众的合规峰会、合规公开日等。

七、不合规行为管理机制建设要点

不合规行为管理是指企业监测、举报、调查和处理不合规行为，并据此进行整改的一系列活动。不合规行为主要包括企业内部的组织、人员或者第三方业务合作伙伴实施的违反规范的行为，规范包括但不限于法律法规、监管要求、企业内部规章制度、道德规范或者其他应当遵守的强制性或者非强制性要求。一般而言，不合规行为管理机制主要包括监测、举报、调查、处理和整改等活动。企业与员工之间的利益并非始终保持一致，这是导致员工实施不合规行为的根本原因。因此，企业全面开展合规管理并不意味着企业可以完全杜绝不合规行为的发生。企业需要正视不合规行为存在的客观性和可能性，并通过监测、调查和处理机制及时发现并采取措施予以有效应对，降低因此给企业造成的损失。同时，企业也应通过整改机制对不合规行为进行根源性分析以便发现现有合规管理体系中的缺陷和漏洞，并在此基础上进行整改，让企业的合规管理体系得到不断改进和完善。进一步来说，不合规行为管理机制是企业合规管理的最后一道防线，企业对不合规行为的认真对待和严肃处理是确保企业建立起公平和公正的价值观以及健康的工作环境，避免企业内部员工之间发生“劣币驱逐良币”的必要举措。值得注意的是，监测、举报、调查、处理机制的有效运行和持续整改机制的基本形成是第三方组织评估涉案企业合规建设成果的重点之一。下面对不合规行为管理机制的建设要点进行详细介绍。

（一）监测

监测是指企业的合规管理组织通过主动行动或者被动接收的方式了解到已经发生或者正在发生的不合规行为的一系列举措。其中，主动行为包括合规检查和数字化检测技术应用，被动接收则包括信息共享机制以及合规举报机制建设等。其中，合规举报机制由于在实务中企业往往会进行专门的建设，因此，本书也会在下文单独进行介绍。监测是企业能够发现和处理不合规行为的重要途径。企业对不合规行为的监测可以采取多种方式，领导小组在进行监测的建设时，应当从以下几个方面入手。

1. 建立合规检查工作机制。合规管理组织应当将合规检查计划纳入年度的工作重点中,并对企业内部的相关组织、部门或者项目从合规性角度开展有计划的检查,其中包括检查合规管理的各项要求的落实情况、存在的偏离情况以及是否存在违规情况等。比如,合规管理组织定期检查企业的销售团队在礼品和款待的使用和处理方面是否满足企业制定的标准,以及款待制度中的相关流程、要求以及相关凭证和证明材料是否真实、全面等。

2. 引入数字化监测技术。除了合规检查外,在数字化时代,合规管理组织应当根据自身的客观情况和实际需求,引入数字化监测技术,让其与企业经营管理的主系统进行融合,使监测技术与主数据进行实时交互,从而确保对不合规行为的及时预防、发现和处理。比如,在数据合规领域,企业可以自行开发或者购买第三方的数据跨境传输的监测技术,让企业经营过程中发生的每一次数据跨境传输都被实时地记录和分析,对于其中可能发生的违反国家数据安全和个人信息保护的行为或者事件,可以第一时间传达至企业合规管理组织,并由其采取有效的措施予以应对。

3. 建立信息共享机制。这主要包括两个方面,一方面是合规管理组织应当与创新与战略部、财务管理部、人力资源部、HSE 部、法务部等职能部门建立起信息共享机制,由这些职能部门对在履行各自职务的过程中发现的可能构成不合规行为的情况及时分享给合规管理组织,由其予以处理。比如,财务管理部负责费用管理,在这一过程中,财务管理部的会计团队发现疑似费用报销舞弊的情况,则财务管理部应当及时向合规管理组织进行通报,并由其开展调查和处理。另一方面是合规管理组织应当与企业的审计团队或者外聘审计机构建立信息共享机制,对在审计中发现的不合规行为嫌疑的情况,由审计团队或者外聘审计机构及时向合规管理组织报告,并由合规管理组织开展调查和处理。

(二)合规举报

合规举报是指企业建立的让员工和外部第三方可以就其所发现或知晓的不合规行为,通过特定的渠道或者方式向企业的管理层或者合规管理组织报告的一系列制度、文化、技术和工作方式。如果企业建立了令人信服的合规举报机制,这会让员工和外部第三方敢于及时就发现的相关员工的不合规行为向企业的管理层或者合规管理组织报告,这可以帮助企业及时采取补救措施,阻止或者应对特定的不合规行为,降低或者消除相关合规风险,进而保障企业和广大员工的合法权益。领导小组在进行合规举报机制的建设时,应当从以下几个方面入手。

1. 建立合规举报的制度和流程。企业要让合规举报机制被信任和被落实,必须将其制度化和流程化。通过建立合规举报的制度和流程并向全体员工和外部第三方公示,这一方面可以让他们全面了解企业对合规举报的正面态度,另一方面也可以清楚地知道进行合规举报的途径、方式、程序以及举报人所享有的相关权利,包括获取企业合规管理组织反馈的权利、在合理范围内了解举报处理进展的权利等。合规举报的制度和流程可以融入企业的整体合规管理制度中,也可以根据需要单独制定。

2. 设置多元的举报渠道。企业也应当根据客观情况以及技术的发展,设置多元的举报渠道,便于不同类型、知识、文化主体都能够有有效途径进行举报。一般来说,举报的渠道可以同时包括热线电话、电子邮箱、有明确收件人的邮寄地址、在办公场所设置的举报信箱、举报二维码等。企业设置的举报渠道应当在企业内部全面公开、积极宣传,比如在企业各个办公场所的醒目位置张贴举报渠道的海报、在电子屏上滚动播放、在与第三方业务合作伙伴的合作协议中予以列明等,从而确保全体员工和第三方业务合作伙伴都充分知晓。同时,如果企业具有境外业务,则该等举报渠道还应当安排通晓当地语言的专业接收人员,确保所有的举报都能得到妥善的处理。

3. 倡导直言不讳文化。在完成了制度和流程建设以及举报渠道设置后,企业应当持续倡导直言不讳文化。鼓励广大员工和第三方业务合作伙伴在发现了实际的或者潜在的不合规行为时能够敢于进行举报,让企业的管理层以及合规管理组织及时了解这些情况。直言不讳文化的倡导可以与企业的合规培训、沟通和宣传体系有效融合,在每一次合规培训、沟通和宣传中都能被重点介绍。

4. 建立合规举报记录机制。通过各种渠道所获取的举报线索应当由合规管理组织指派专门的人员进行保密、客观、全面且持续的记录,这包括但不限于:举报的时间、地点、方式;举报人和被举报人信息;举报的具体事项;举报人的诉求等。为了保障合规举报记录的保密性、客观性、全面性和持续性,企业应当考虑利用信息化和数字化工具,通过管理权限的分级和限制以及全过程留痕的技术控制,在最大限度上确保所有的合规举报记录不被篡改、删除或者灭失。同时,合规举报记录往往也与合规调查和合规处理的台账密切相关,因此,企业应当开发一整套不合规行为全流程管理的信息化和数字化系统,从收到举报到调查和处理都予以客观记录,形成全面的台账,以备内外部的审计或者监管机构的检查。这一套系统可以简称为"××企业案件管理系统"。

5. 保护举报人。对举报人的保护是合规举报机制有效运行的一个关键部分。在合规举报中,举报人,尤其是实名举报人,往往承受着巨大的心理压力,也担心因自己的举报行为而受到被举报人或者其利益相关方的打击报复。同时,如果企业未能对举报人进行有效的保护,这也会反向损害合规举报机制的公信力,致使其无法得到员工和第三方主体的信任,进而也无法得到有效运行。因此,企业需要采取有效措施保护举报人,这包括但不限于对举报人的个人信息严格保密;在合规调查中采取必要措施保障不因调查行为和过程导致被举报人被推理出来；不因举报人的举报而降低其岗位、职级、福利待遇；对打击报复行为零容忍等。

6.激励措施。企业也可以根据自身的客观情况建立合规举报的激励措施，对有效举报的举报人给予一定的激励，比如特别奖金。但是，值得注意的是，从企业整体文化建设以及员工所承担的合规职责等角度来看，合规举报应当是员工履行其合规职责，展现其在企业中主人翁精神的方式，因此，一般不建议企业对合规举报设置过高的激励措施，以免让举报成为企业内部的一种风气，反过来影响企业内部健康的文化环境和良好的员工关系。

（三）合规调查

合规调查是指企业建立的，在收到对不合规行为的举报或发现了不合规行为的线索后，由企业内部特定主体或者委托外部专业第三方对该等不合规行为的真实性和严重性等进行查证的活动。合规调查与监测的区别在于，合规调查是发现不合规行为的线索后开展的针对性查证活动，监测则是发现不合规行为线索的活动。合规调查是不合规行为管理机制中的一个承上启下的关键环节，这是对通过监测和合规举报发现的不合规行为的线索予以查证的必要方式，也是进行合规处理和开展合规整改的基础。领导小组在进行合规调查机制的建设时，应当从以下几个方面入手。

1.建立合规调查的制度和正当程序。合规调查一旦启动，无论最终能否对不合规行为的线索查证属实，调查程序本身就会对被调查对象、举报人、企业内部相关人员以及外部第三方业务合作伙伴等主体在生理、心理、工作、人际关系、商业合作等诸多方面产生实质性影响。因此，合规调查虽然必要，但是企业在具体开展合规调查时必须慎重、专业，并合理控制限度。对此，企业的合规调查机制必须制度化并坚持贯彻正当程序原则。具体而言，企业应当制定合规调查的专项管理制度，将合规调查的机构、权限、手段、调查程序、被调查对象和证人的权利等予以明确且清晰的规定。同时，企业专门负责调查的组织和调查人员在开展调查时应当坚持正当程序，保障被调查对象、举报人、证人的合法权益，严禁在调查过程中发生包括刑讯逼供在内的侵犯被调查对象权利的行为。

2.建立独立的调查组织，配备专业的调查人员。正如上文所述，合规调查对牵涉其中的各方主体都会产生实质性影响。如果合规调查被那些心术不正的人利用，则会给企业造成难以想象的伤害。因此，企业在规划和设置合规调查组织时，首先应当重点确保其履行职责的独立性。对此，企业应当为合规调查组织设置向企业合规管理最高权力组织的汇报机制，并为合规调查组织提供充足的办案经费和其他相关保障。同时，合规调查本身具有极强的专业性，因此，企业也应当为合规调查组织配备具有专业能力的调查人员。这种专业能力包括但不限于丰富的案件办理经验、熟练掌握调查取证的技巧、精准理解相关法律法规的要求、专业的调查报告撰写能力等。

3. 做好保密工作。正如上文所述,合规调查对牵涉其中的各方主体都会产生实质性影响。因此,企业在合规调查的过程中应当坚持“需要知道”的原则,严格控制企业内外部与调查事项无关的人员对调查过程了解的程度和范围。这一方面可以在最大限度上降低调查过程本身对企业及其员工的伤害,另一方面也可以保证调查工作的顺利开展。

4. 适格的外部调查机构库。企业应当建立一个适格的外部调查机构库,这主要是为了应对两个方面的情形:一方面,对于政府监管部门可能介入的不合规行为,比如垄断行为,企业应当在获得这类线索的第一时间聘用适格的外部调查机构开展调查,从而确保整个调查取证的过程和结果的公正性,以便更好地支持政府监管部门的执法;另一方面,适格的外部调查机构也可以成为企业合规调查组织在应对特定调查难点时的外部支持,帮助企业合规调查组织更为高效地开展调查取证、发现真相。

5. 合规调查的有效记录。在合规调查的过程中,合规管理组织中负责调查的人员应当定期或者在有实质性事项发生时在“××企业案件管理系统”中进行持续记录和更新。

(四)合规处理

合规处理是指企业在完成合规调查后,对被查证构成不合规行为的员工以及对员工不合规行为发生具有管理责任的中高级管理人员(以下合称违规员工)根据法律法规和企业的规章制度进行处理的活动。合规处理的表现形式主要包括两个方面,即对违规员工予以纪律处分和对员工的不合规行为依法向监管机构进行报告。其中,常见的纪律处分方式包括口头警告、书面警告、严重书面警告、在一定期限内不能晋升、降职、降级、奖金调整、解除劳动合同等。向监管机构报告的主要情形包括对员工的违法行为根据法律的要求向行政主管部门进行报告,以及就其涉嫌犯罪行为向公安机关、监察机关等有权机关进行报案等。合规处理与合规调查有着紧密的联系。合规调查为企业管理层开展适当的合规处理提供了事实基础,合规处理是企业管理层基于合规调查的结果所必须履行的职责之一。

适当的合规处理对于企业有着极为重要的作用,这包括以下几个方面。

(1)通过对违规员工进行及时且有效的处理,可以阻止不合规行为的持续以及该等行为对企业造成的各种不利影响。

(2)让全体员工认识到企业合规管理的严肃性,以及违规所需要承担的严重后果,通过树立反面典型对企图实施不合规行为的员工进行震慑,进而起到预防员工不合规行为的发生。

(3)通过对员工的不合规行为依法向监管机构进行报告可以让企业最大限度地减轻或者不承担因员工的不合规行为而需要承担的行政或者刑事法律责任。

(4)这也可以保障企业以及其他遵规守纪的员工的合法权益,防止发生企业内部“劣币驱逐良币”的恶性循环。

基于上述情况,领导小组在对合规处理机制的建设时,应当从以下几个方面入手。

1. 建立合规处理的规章制度。合规处理会直接涉及员工的切身利益,因此,在合规调查所查证的事实的基础上,每一个纪律处分决定都应当有相关的制度依据,这些制度依据可以是企业单独制定的奖惩管理制度,也可以是员工手册中的奖惩规定。值得注意的是,这类制度的内容需要经过民主程序以确保合法有效。

2. 合理安排合规处理决定的主体。有权作出合规处理决定的主体应当由企业内部具有权威且客观中立的主体负责。结合关于合规管理组织介绍以及目前合规管理实践,合规处理决定的主体主要包括合规管理最高权力组织和合规管理协调组织,它们会分别负责相应级别的员工的违规处理。同时,对于级别相对较低的违规员工,企业也可以设置相对敏捷的处理决定主体,比如由违规员工的直线经理 +1、人力资源业务伙伴、法律顾问和合规管理业务伙伴组成专案的合规处理决定组织进行决策。

3. 合规处理的正当程序。合规处理应当建立起正当程序,这包括:保障违规员工的知情权和意见发表权;处理决定应当经过充分讨论并集体决定;处理决定应当送达违规员工。

4. 合规处理的及时性、全面性、合理性和一致性。从及时性角度,合规处理应当在合规调查完成后及时对违规员工进行处理,消除影响、排除妨碍;不能无故拖延或者纵容违规员工的不合规行为继续实施或者存续。从全面性角度,针对某一特定不合规行为,合规处理的对象既应当包括直接责任人的直接责任,也应当包括主要领导责任人和重要领导责任人所应当承担的管理责任,不能根据主观的好恶,而只追究部分人的责任,造成处理上的不公正。从合理性角度,合规处理应当与企业在对应时期所面临的合规风险的严重情况以及违规员工不合规行为的危害程度成比例。从一致性角度,针对相同或者类似的不合规行为,在企业所面临的客观环境没有实质性变化的情况下,在后的合规处理应当与先前已经作出的保持一致。

5. 合规处理的有效记录。合规处理决定的作出过程、最终决定以及纪律处分的执行情况、依法向监管部门报告的情况等都应当进行客观记录。这些信息应当在“××企业案件管理系统”中进行持续记录和更新。

6. 合规处理结果的持续管理。合规处理的结果应当被持续管理,尤其是违规员工所受到的纪律处分根据企业规章制度具有持续性效果，比如因被记过而在一定期限内无法得到晋升；因不合规行为而被解除劳动合同则在再次被录用时需要合规管理组织特别审批等。对此，企业合规管理组织应当与包括人力资源部在内的其他职能部门建立信息共享机制，确保合规处理结果中需要持续管理的部分得到有效落实。

7. 依法向监管部门报告。对于员工的不合规行为，比如涉嫌垄断、侵犯个人信息、刑事犯罪等，企业合规管理组织应当及时向有关监管部门进行披露和报告，并积极配合监管部门的调查和执法工作。

（五）合规整改

合规整改是指企业基于合规调查对不合规行为的发生原因进行根源性分析或者通过开展监测、审计等方式，发现企业合规管理体系或者专项合规整改计划中存在的漏洞和缺陷，进而采取救济措施予以弥补或者改进的活动。合规整改虽然与合规举报、合规调查和合规处理之间有密切的联系，但合规整改是一个独立的管理机制，合规整改的管理主体往往也与开展合规调查和处理的主体分别设置。

合规整改主要有两种形式，即针对性整改和持续性整改。针对性整改是指企业基于合规调查对不合规行为的发生原因进行根源性分析，发现企业合规管理体系或者专项合规整改计划中存在的漏洞和缺陷，有针对性地采取救济措施予以弥补或者改进的活动，防止相同或者类似的不合规行为再次发生。比如，通过一起交通费用虚假报销的案件，企业发现原先的报销制度中并不要求员工在网约车费用的报销材料中提供行程单，这就给员工将其他的网约车费用作为因公的交通费用报销的舞弊空间。对此，企业完善报销流程，将网约车行程单作为报销的必要材料，让员工的每一笔交通费用报销的实际发生情况都变得清晰明确。持续性整改是指在针对性整改的基础上，企业结合自身的特点和经营发展实际，按照本行业的合规建设指引以及其他相关标准，通过战略研判、风险识别与评估、日常监测和审计等活动对企业的合规管理体系以及相关专项合规整改计划进行改进和提升。合规整改机制能够让企业的合规管理体系和专项合规整改计划具有持续发展和完善的能力，防止发生“纸面合规”。领导小组在对合规处理机制进行建设时，应当从以下几个方面入手。

1. 明确合规整改的牵头主体。合规整改的牵涉面一般都比较广泛。因此，在企业内部应当设置合规整改的牵头主体，对每一个合规整改项目从计划、实施，到阶段性报告和结项等进行全流程的管理。这一牵头主体可以结合企业的实际情况，在合规管理组织中安排专门的主体负责，也可以由企业设置的项目管理组织负责。

2. 合规整改方案的磋商机制。合规整改所涉及的是与企业合规管理相关的具体的或者体系性的问题，其中有一大部分的整改任务需要由合规管理组织以外的其他职能部门,比如财务管理部、人力资源部、创新与战略部等负责完成。同时,合规整改方案的执行对企业合规风险的管控有着实质性的影响,因此,合规整改方案的制定应当综合考虑企业各方面的影响因素,包括企业的性质、类型、规模、组织架构、业务范围、行业特点、产品、服务、经营模式等客观情况。对此,企业的每一项整改方案应当由合规管理组织与相关职能部门进行充分的沟通和交流,在符合企业实际情况的基础上确保切实可行。

3. 合规整改持续跟进和有效记录。合规整改方案出台后,合规整改的牵头主体应当持续跟进整改的落实情况并做好记录工作。值得注意的是,合规整改虽然与合规调查有着密切联系,部分整改活动的起因也是合规调查的发现,但两者相互独立。如果让合规整改与合规调查予以捆绑,则会影响合规调查中每个案件的结案时间,也超出了合规调查负责主体的管理权限。因此,对合规整改的跟进和记录,企业可以根据自身的实际情况开发一套独立的信息化和数字化系统或者在"××企业案件管理系统"中建立一个独立的板块,设置独立的管理权限。

推荐阅读

1. 最高人民检察院涉案企业合规研究指导组编:《涉案企业合规办案手册》,中国检察出版社 2022 年版。

2. 王志乐主编:《企业合规管理操作指南》,中国法制出版社 2017 年版。

3. 曹志龙:《企业合规管理操作指引与案例解析》,中国法制出版社 2022 年版。

第十二章　涉案企业合规评估的基本方法

第一节　概述

一、涉案企业合规评估的概念

根据《合规评估办法》第1条第2款的规定，涉案企业合规评估是指第三方组织对涉案企业专项合规整改计划和相关合规管理体系的有效性进行了解、评价、监督和考察的活动。可见，合规评估的对象是涉案企业的专项合规整改计划和相关合规管理体系的有效性。合规评估可以分为四个活动，即了解、评价、监督和考察。①

涉案企业合规建设经第三方组织评估符合有效性标准的，人民检察院可以参考评估结论依法作出不批准逮捕、变更强制措施、不起诉的决定，提出从宽处罚的量刑建议，或者向有关主管机关提出从宽处罚、处分的检察意见。涉案企业合规建设经第三方组织评估未达到有效性标准或者采用弄虚作假手段骗取评估结论的，人民检察院可以依法作出批准逮捕、起诉的决定，提出从严处罚的量刑建议，或者向有关主管机关提出从严处罚、处分的检察意见。有效性标准将在本书第十三章中予以介绍。

二、相关活动

(一) 了解

了解是指第三方组织对涉案企业专项合规整改计划和相关合规管理体系的情况进行全面且动态掌握的活动。了解是第三方组织开展合规评估的起点和基础，也一直伴随着合规评估中评价、监督和考察其他三个活动的实施。

结合《合规指导意见实施细则》第六章的规定，第三方组织开展了解活动的内容主要包括：

(1)涉案企业的基本情况；

① 为了便于论述，关于小微企业的合规评估将由本书另设专章进行介绍。

(2)涉案企业所涉刑事案件的基本情况；

(3)涉案企业所提交的专项合规整改计划及其履行情况；

(4)涉案企业合规管理体系有效性的情况等。

其中，涉案企业所提交的专项合规整改计划及其履行情况、涉案企业合规管理体系有效性情况等的了解活动与合规评估中的评价、监督和考察等密切相关，也是这三个合规评估活动的题中之义。因此，本部分将侧重于对涉案企业的基本情况和涉案企业所涉刑事案件的基本情况这两个板块了解活动的介绍。

根据《合规指导意见实施细则》第27条规定，第三方组织在成立后，一方面要深入了解企业涉案情况，另一方面也要认真研判涉案企业在合规领域存在的薄弱环节和突出问题。因此，作为合规评估工作的第一步，第三方组织应当在负责办理案件的人民检察院的支持协助下，对涉案企业的基本情况以及所涉刑事案件的情况进行全面的掌握。

1. 了解涉案企业的基本情况

第三方组织应当对涉案企业的基本情况进行全面的了解，这些基本情况包括但不限于以下内容。

(1)涉案企业的类型、规模、业务范围、所处行业以及在该行业中所处的地位等；

(2)涉案企业的内部治理结构，比如股东会、董事会、监事会三会的设置和运行情况，涉案企业内部各职能部门与业务部门的权责分配情况；

(3)实际控制人、经营管理人员、关键技术人员和其他相关人员的基本信息，比如人生履历、性格、价值观、对于合规的认知和态度等；

(4)涉案企业现有的合规管理体系情况，比如合规管理的组织、人员、制度、文化、运行机制、不合规行为管理机制等；

(5)现有的企业风险管理、内部控制体系、财务管理、人员管理、法务管理、规章制度等方面的客观情况。

2. 了解涉案企业所涉刑事案件情况

第三方组织应当深入了解企业所涉刑事案件的情况，这包括但不限于以下内容。

(1)该刑事案件所涉及的罪名；

(2)犯罪主体情况，包括涉案企业内部与犯罪相关的管理人员和直接责任人员的基本信息；

(3)犯罪主观方面情况，包括犯罪的目的、动机、犯罪是出于故意还是过失；

(4)犯罪客观方面情况，包括犯罪行为、作案方式的恶劣程度、犯罪结果的危害性以及实际造成的危害结果等。

(二)评价

评价是第三方组织对涉案企业所提交的专项合规整改计划的可行性、有效性与全面性,以及涉案企业的相关合规管理体系的有效性进行审查并根据符合涉案企业实际的评估指标体系作出判断的活动。根据《合规指导意见实施细则》第28~33条的规定,第三方组织的评价活动主要发生在第三方机制运行的三个阶段,具体为:

(1)涉案企业专项合规整改计划确定阶段;

(2)合规考察期限内的专项合规整改计划履行阶段;

(3)合规考察期限届满后的合规考察书面报告阶段。

下面将这三个阶段中第三方组织开展评价活动的相关情况进行介绍。

1. 涉案企业专项合规整改计划确定阶段

第三方组织在深入了解涉案企业的基本情况以及所涉刑事案件情况的基础上,认真研判涉案企业在合规领域存在的薄弱环节和突出问题,合理确定涉案企业适用的专项合规整改计划类型。

涉案企业有义务根据第三方组织的要求提交单项或者多项合规整改计划。在此基础上,第三方组织应当对这些专项合规整改计划从可行性、有效性与全面性角度进行审查,重点审查以下内容:

(1)涉案企业完成专项合规整改计划的可能性以及专项合规整改计划本身的可操作性;

(2)专项合规整改计划对涉案企业预防治理所涉嫌犯罪行为或者类似违法犯罪行为的实效性;

(3)专项合规整改计划是否覆盖涉案企业在合规领域的薄弱环节和明显漏洞;

(4)专项合规整改计划对企业有效合规管理体系的建立或者完善所具有的实质性作用;

(5)其他根据涉案企业实际情况需要重点审查的内容。

在这一阶段,第三方组织除了自行审查外,应当将涉案企业所提交的专项合规整改计划征求人民检察院的意见。①

2. 合规考察期限内的专项合规整改计划履行阶段

在这一阶段,第三方组织主要是跟进涉案企业对专项合规整改计划的履行情况,并给予履行情况的阶段性评价。对此,第三方组织可以定期或者不定期对涉案企业专项合规整改计划的履行情况进行了解,可以要求涉案企业定期书面报告专项合规整改计划的执行情况。这一阶段的审查重点主要包括以下内容。

(1)涉案企业专项合规整改计划与实际履行情况之间在内容方面的偏差情况;

---

① 《合规指导意见实施细则》第30条。

(2)涉案企业专项合规整改计划与实际履行情况之间在考察期限的时间进度上的偏差情况;

(3)涉案企业专项合规整改计划的实际履行是否存在错误的情况。

为了便于进行阶段性评价,第三方组织可以设计一份制式化的书面报告模板,其中可以包括专项合规整改计划的核心内容和各类统计台账。第三方组织如果发现涉案企业执行专项合规整改计划存在明显偏差或错误的,应当及时进行指导、提出纠正意见,并报告人民检察院。

3. 合规考察期限届满后的合规考察书面报告阶段

在这一阶段,原则上涉案企业已经完成了专项合规整改计划。因此,第三方组织的评价应当重点审查涉案企业对专项合规整改计划完成的全面性以及该计划在涉案企业中的有效性,防止发生“纸面合规”的情况。第三方组织要重点审查以下内容。

(1)专项合规整改计划在涉案企业全面落实的情况,即专项合规整改计划的各项内容,比如与合规管理相关的组织、人员、制度、流程、运行机制等是否都在企业内部予以设置并实现;

(2)专项合规整改计划在涉案企业实际运行的情况,即专项合规整改计划是否被切实地执行,比如合规组织的履职是否有充足的授权、预算,合规热线是否可以有效地使用等;

(3)专项合规整改计划与企业的合规管理体系的融合情况以及该计划在建立或者完善企业合规管理体系有效性方面的作用;

(4)涉案企业的实际控制人、主要负责人、关键技术人员等对合规的理念、价值观以及专项合规整改计划、合规管理体系的理解和认同情况。

(三)监督

监督是指第三方组织在合规考察期内以及届满后对涉案企业的专项合规整改计划的履行情况和完成情况所进行的检查、监管和督促。监督让第三方组织具有实质性影响涉案企业在履行专项合规整改计划方面的能力。根据《合规指导意见实施细则》第31条和第33条的规定,第三方组织的监督主要发生在第三方机制运行中的两个阶段,即合规考察期限内的专项合规整改计划履行阶段以及合规考察期限届满后的合规考察书面报告阶段。

监督与评价既有区别,又有联系。一方面,两者有着明显的区别。评价是第三方组织基于一定的评价指标对涉案企业专项合规整改计划的履行和完成情况的一种判断,本身并不会对涉案企业直接造成影响;但监督则赋予了第三方组织通过检查直接了解涉案企业的专项合规整改计划的履行和完成的实际情况,并通过监管和督促直接要求涉案企业纠正偏差、消除错误。另一方面,两者也有着密切的联系。第三方组织通过评价作出的判断是其有针对性地开展监督活动的重要依据;第三方组织开展的监督活动也为其评价的正确性提供关键的信息来源。

(四)考察

考察是指第三方组织在合规考察期限届满后,对涉案企业完成的专项合规整改计划进行观察和考核,并形成合规考察书面报告的活动。在合规考察期内,第三方组织通过定期或者不定期的评价和监督推动涉案企业将单项或者多项合规整改计划进行全面且有效的落地执行。在合规考察期限届满后,第三方组织应当对涉案企业专项合规整改计划的完成情况进行全面的观察,并按照符合涉案企业实际的评估指标体系开展考核。在此基础上,第三方组织需要形成合规考察书面报告,该报告一般应当包括以下内容。

(1)涉案企业及其实际控制人、主要负责人、关键技术人员等履行合规承诺、落实专项合规整改计划、建设合规管理体系的情况;

(2)第三方组织开展评估情况;

(3)第三方组织评估的程序、方法和依据;

(4)评估的结论及意见建议;

(5)其他需要说明的问题。

合规考察书面报告由第三方组织全体组成人员签名或者盖章后,报送负责选任第三方组织的第三方机制管委会和人民检察院进行审查。至此,第三方组织完成了合规评估工作。

(五)特别注意事项

值得注意的是,第三方组织在上述各个阶段对涉案企业进行了解的过程中,如果发现涉案企业或其人员存在尚未被办案机关掌握的犯罪事实或者新实施的犯罪行为的情况,应当中止第三方监督评估程序,及时向人民检察院报告,并根据人民检察院的指示决定后续工作的开展。

第二节　涉案企业合规评估的基本方法

一、第三方组织开展评估的基本流程

(一)制定合规评估工作方案

根据《合规评估办法》第13条的规定,第三方组织可以根据涉案企业的情况和工作需要,制定具体细化、可操作的合规评估工作方案。工作方案可以保障第三方组织按计

划有序开展合规评估。

1. 工作方案的制定原则

(1)客观性原则。第三方组织需要在对涉案企业的基本情况以及所涉刑事案件情况有着全面了解的基础上,结合涉案企业提交的单项或者多项合规整改计划以及自身的工作需要,制定工作方案。

(2)实用性原则。工作方案是为第三方组织有效且有序开展合规评估提供支持和帮助而设的。工作方案并不是一种形式,在制定完成后就束之高阁,而是要在实际工作中发挥切实有效的指引功能。因此,工作方案需要具体细化,具有可操作性。比如,工作方案中应当对第三方组织各位成员的职责分工进行明确;结合涉案企业所提交的单项或者多项合规整改计划以及承诺的履行期限制定第三方组织在评价、监督等方面的时间节点等。

(3)发展性原则。工作方案并不是制定完成后就一成不变的,而是要随着新出现的客观情况而发生变化。因此,第三方组织可以根据客观情况的变化对工作方案进行调整,或者在工作方案的设计上留有一定的回旋空间。

2. 工作方案的基本内容

(1)第三方组织各位成员的职责分工

根据《合规指导意见实施细则》第五章的规定,第三方组织成员一般是由第三方机制管委会在收到人民检察院商请后,综合考虑案件涉嫌罪名、复杂程度以及涉案企业类型、规模、经营范围、主营业务等因素,从专业人员名录库中分类随机抽取的专业人员。第三方组织一般由3~7名专业人员组成。① 可见,第三方组织的成员是因个案随机抽取组成的。这是一个临时性的组织,本身各成员之间并没有明确的职责分工。因此,第三方组织在制定工作方案时,首先需要结合各位成员的身份背景、专业能力、主观意愿等确定各自在合规评估工作中的职责范围,确保成员的专业能力得到充分的发挥,并进行有效的协同和合作。

比如,某一涉嫌商业贿赂犯罪案件的第三方组织成员中有会计师、律师和已退休的市场监督管理局专家。那么在工作方案中,会计师可以对该企业的财务账簿和记录的整改做专业指导;律师可以对该企业反贿赂管理制度的整改提供专业指导;市场监督管理局专家可以对该企业商业模式的整改提供专业意见。

(2)第三方组织的工作机制

除了进行职责分工外,工作方案中也应当明确第三方组织的工作机制。这包括但

---

① 针对小微企业的第三方组织也可以由2名专业人员组成。

不限于第三方组织例会管理机制，比如第三方组织成员是否要每周举行一次例会，进行最新信息的分享和后续开展工作的讨论；第三方组织与涉案企业的对接沟通机制和联系人设定；第三方组织与履职相关数据的处理机制，比如设定专门且有访问控制的云空间；以及第三方组织与第三方机制管委会、人民检察院之间的汇报机制等。

(3)合规评估的时间节点

合规评估的时间节点是工作方案中最为重量级的板块。时间节点需要结合涉案企业制定的专项合规整改计划以及确定的合规考察期限进行设定。时间节点包括三个主要方面，即时间段；该时间段内需要开展评价、监督、考察的事项以及对应的负责人。时间节点应力求具体细化，精确到天。同时，也可以保留一定的弹性空间，给第三方组织留有处理突发情况的回旋余地。示例见表 12－1。

表 12－1　示例：合规评估的时间节点

序号	时间段	事项	负责人
1	2022 年 8 月 1 日至 2022 年 8 月 31 日	督促涉案企业完成反贿赂管理指引的制定和发布	×××
2			
……			

(4)合规评估使用的方法

工作方案中也可以将合规评估的方法，包括但不限于观察、访谈、文本审阅、问卷调查、知识测试、抽样检查、穿透式检查、比对检查等计划使用的情景以及所希望达到的目的等进行设计和规划。

(5)合规评估中需要的额外的资源或者支持

合规评估需要具备极强的专业性，也需要第三方组织投入大量的精力，这就存在第三方组织需要获取额外的资源或者支持的可能性。第三方组织在制定工作方案时，应当对此予以充分考虑和权衡，将这些需求在工作方案中予以体现，并及时与第三方机制管委会、人民检察院或者涉案企业进行沟通。

3. 工作方案的报送

根据《合规评估办法》第 16 条的规定，第三方机制管委会和人民检察院是在收到第三方组织报送的合规考察书面报告后对第三方组织制定和执行的评估方案进行审查。可见，从时间线来看，工作方案是在合规评估接近完成时才提交到第三方机制管委会和人民检察院。但是，从实务的角度，考虑到工作方案对于合规评估有序开展的关键作用，第三方组织可以在完成工作方案后及时进行报送，并在充分征求第三方机制管委会和人民检察院的修改完善意见后完成最终的制定。

(二)制定符合涉案企业实际的评估指标体系

根据《合规评估办法》第15条的规定，第三方组织应当以涉案合规风险整改防控为重点，结合特定行业合规评估指标，制定符合涉案企业实际的评估指标体系。评估指标的权重可以根据涉案企业类型、规模、业务范围、行业特点以及涉罪行为等因素设置，并适当提高合规管理的重点领域、薄弱环节和重要岗位等方面指标的权重。

评估指标体系对于合规评估中的各方主体都有着至关重要的作用。对于第三方组织来说，这是其对涉案企业开展评估工作的关键参考依据；对于涉案企业来说，这是其开展和完善合规建设的关键指引；对于第三方机制管委会和人民检察院来说，这是其对第三方组织的合规评估工作予以审查的关键资料。因此，第三方组织应将设计的评估指标体系提交第三方机制管委会和人民检察院审查并得到其确认。

1. 制定评估指标体系的要点

第三方组织在制定评估指标体系时，除了全面了解涉案企业的基本情况以及企业所涉刑事案件情况外，需要关注以下要点。

(1)注重涉案合规风险整改防控

第三方组织在针对涉案企业制定评估指标体系时，应当充分了解涉案企业所涉及的特定刑事案件情况，分析企业发生该犯罪的原因，识别具体的风险，并以对应的涉案合规风险整改防控为重点。比如在最高人民检察院于2021年6月3日发布的企业合规改革试点典型案例中的王某某、林某某、刘某乙对非国家工作人员行贿案中，Y公司的整改重点在于企业内部对商业贿赂犯罪的防控。因此，检察机关与Y公司签署合规监管协议后，Y公司围绕与商业贿赂犯罪有密切联系的企业内部治理结构、规章制度、人员管理等方面存在的问题，制定可行的合规管理规范，构建有效的合规组织体系，健全合规风险防范报告机制，弥补企业制度建设和监督管理漏洞，防止再次发生相同或者类似的违法犯罪。Y公司对内部架构和人员进行了重整，着手制定企业内部反舞弊和防止商业贿赂指引等一系列规章制度，增加负责企业合规的专门人员。①

(2)关注涉案企业所属特定行业的合规评估指标体系

第三方组织在针对个案制定评估指标体系时可以参考涉案企业所属特定行业已有的合规评估指标予以量身定制。比如，第三方组织在制定评估指标体系时如果对象是中小型企业，则可以参考《中小企业合规管理体系有效性评价》(T/CASMES 19—2022)的相关规定；如果该企业属于医药领域，则可以参考《医药行业合规管理规范》

---

① 最高人民检察院涉案企业合规研究指导组编：《涉案企业合规办案手册》，中国检察出版社2022年版，第95页。

(T/PIAC 00001—2020)的相关规定。

2. 评估指标体系的构成要素

评估指标体系一般由评估指标、评估维度、评估标准、评估方法、评估指标权重、评估结论、意见和建议支持性材料等构成。

(1)评估指标

评估指标一般可以分为四个方面:第一,涉案企业、个人全面停止涉罪违规违法行为以及退缴违规违法所得的落实情况;第二,检察机关检察建议的完成情况;第三,专项合规整改计划的完成情况;第四,企业整体合规管理体系的有效性,这可以包括:企业合规从高层做起;风险识别与评估机制;合规管理制度体系;合规管理组织体系;合规管理运行机制;合规文化机制;不合规行为管理机制等。这些评估指标可以根据涉案企业的具体情况进行分解和细化。

(2)评估维度

评估维度一般可以包括两个方面:设计维度和执行维度。其中,设计维度是指涉案企业开展的合规建设在形式上是否达到评估标准,比如在合规管理制度建设方面,第三方组织应当评估涉案企业制定的合规管理制度在类型和数量方面的完整性。执行维度是指涉案企业开展的合规建设在实质上是否达到了评估标准,比如涉案企业设置的合规组织和合规专业人员是否可以正常履职;合规热线是否可以切实有效运行。

(3)评估标准

评估标准是第三方组织设计的各项评估指标所需要达到的效果。关于评估标准的具体内容将在本书第十四章中予以详细论述。

(4)评估方法

评估指标体系中也需要列明评估方法。评估方法主要包括但不限于观察、访谈、文本审阅、问卷调查、知识测试、抽样检查、穿透式检查、比对检查等。

(5)评估指标权重

第三方组织可以设置评估指标的权重。这些权重可以根据涉案企业类型、规模、业务范围、行业特点以及涉罪行为等因素设置,并适当提高合规管理的重点领域、薄弱环节和重要岗位等方面指标的权重。评估指标权重可以让合规评估变得量化和可视化,有助于提高合规评估的可信度和公信力。

(6)评估结论

评估结论可以分为针对每个评估指标的单项结论和整体结论。评估结论的选项可以包括“达到预期评估标准”;“基本达到,但仍需在一定期限内完成整改”;“未达到预期评估标准”。在设有评估指标权重的情况下,评估的整体结论可以与评估指标权重进行关联设计。

(7)意见和建议

意见和建议是在评估结论的基础上,第三方组织对其中"基本达到,但仍需在一定期限内完成整改"以及"未达到预期评估标准"所作的详细说明。

(8)支持性材料

第三方组织通过评估方法收集的或者由涉案企业提供的,用以证明评估结论和意见建议的各类支持性材料。这些支持性材料的形式可以参考证据的类型,包括书证、物证、视听资料、电子数据、鉴定意见等。

为了便于读者理解,本书设计了一个评估指标体系的示范表。第三方组织专业人员可以进行参考,并在此基础上,根据个案做进一步的调整,见表 12-2。

表 12-2　××企业合规评估指标体系

序号	评估指标	评估指标细分项	评估维度	评估标准	评估方法	评估指标权重	单项评估结论	意见和建议	支持性材料
1	涉案企业、个人全面停止涉罪违规违法行为以及退缴违规违法所得落实情况	注:可以从涉罪行为停止、退缴非法所得和涉案人员处理等方面罗列	设计维度						
			执行维度						
2	检察机关检察建议的完成情况	注:可以罗列检察建议的具体各项	设计维度						
			执行维度						
3	专项合规整改计划的完成情况	注:可以对专项合规整改计划的具体各项进行罗列	设计维度						
			执行维度						
4	企业整体合规管理体系的有效性	注:可以对合规管理体系构成的具体各项进行罗列	设计维度						
			执行维度						
整体评估结论									

二、第三方组织常用的评估方法

第三方组织常用的合规评估方法,包括但不限于观察、访谈、文本审阅、问卷调查、知识测试、抽样检查、穿透式检查、比对检查等。这些评估方法可以紧密围绕涉案企业、个人在合规整改中的主、客观两个方面的情况和变化展开。这里的主观方面和客观方面的内容概括如下。

（一）涉案企业、个人主观方面的内容

第三方组织对涉案企业、个人的主观方面进行评估主要包括以下情况。

（1）对所涉犯罪原因的认知情况；

（2）认罪认罚的态度和真实意思表示；

（3）对专项合规整改计划的认知以及落实合规整改的态度；

（4）对建立和运行持续有效的合规管理体系的认知和态度；

（5）对有关主管机关、公安机关、检察机关及第三方组织的相关工作予以配合的态度等。

（二）涉案企业、个人客观方面的内容

第三方组织对涉案企业、个人的客观方面进行评估主要包括以下情况。

（1）认罪认罚的落实情况；

（2）全面停止涉罪违规违法行为，退缴违规违法所得的落实情况；

（3）对涉案人员依据企业内部规章制度的相应处理情况；

（4）专项合规整改计划的实际开展情况以及涉案企业、个人基于这些整改所产生的在涉案风险整改防控方面的实质性变化；

（5）涉案企业合规管理体系的建设情况以及整改过程中发生的实质性变化；

（6）对有关主管机关、公安机关、检察机关及第三方组织的相关工作予以配合的情况等。

（三）常用的合规评估方法

下面，本书将第三方组织常用的合规评估方法及其应用中的注意事项进行逐一介绍。

1. 观察

观察是指第三方组织成立后对涉案企业、个人，比如实际控制人、经营管理人员、关键技术人员等，在合规考察期限内主观方面和客观方面的表现和成果所进行的观察、分析和判断的评估方法。观察是第三方组织开展了解、评价、监督和考察等合规评估时最为直接的一种方法。第三方组织的观察主要是对涉案企业、个人进行单向的观察、分析和判断，除了要求涉案企业、个人为其进行观察提供配合和支持外，并不需要涉案企业、个人实施额外的行为。同时，第三方组织在开展其他评估方法时也可以同步进行实时的观察。

第三方组织对涉案企业、个人进行观察时，有以下注意事项。

（1）第三方组织成员在对涉案企业、个人进行定期或者不定期的观察后，应当及时形成书面记录。书面记录可以包括观察的时间、地点、人物、发现情况和分析判断等。

(2)对观察中所发现的问题,比如涉案企业、个人弄虚作假,搞"纸面合规",不认真进行合规整改,第三方组织应当及时召集全员开会讨论,并将讨论形成的结论上报第三方机制管委会和人民检察院,并根据第三方机制管委会和人民检察院的反馈意见开展下一步工作。

(3)第三方组织进行观察时也应当结合涉案企业、个人的生产、经营和工作情况以作合理的时间和地点安排,尽量避免给涉案企业、个人增加不必要的额外负担。

(4)对观察过程中所了解到的涉案企业的商业秘密和涉案个人的隐私,第三方组织应当采取有效保密措施,维护其合法权益。

2. 访谈

访谈是指第三方组织对涉案企业中的实际控制人、经营管理人员、关键技术人员、一般员工以及其他与合规评估有关联的利益相关方,比如涉案企业的供应商、经销商等进行访问和交谈的评估方法。访谈是一种第三方组织通过和与合规评估有关联的利益相关方进行互动式的直接交谈以获取信息的方式。访谈具有互动和直接的特点,其一方面可以帮助第三方组织快速且全面地获取涉案企业、个人及其专项合规整改计划、合规管理体系建设等方面的信息和进展情况;另一方面可以作为辅助方法验证或者补充其他评估方法得出的结论。

第三方组织同与合规评估有关联的利益相关方进行访谈时,有以下注意事项。

(1)第三方组织在开展访谈前,需要明确当次访谈的目的,并据此设计访谈提纲和问题清单。

(2)第三方组织所设计的访谈问题尽量是开放式问题,少用判断式问题,从而可以保证被访谈对象可以有充足的发表自己意见的空间,这也可以让第三方组织在最大限度内获取信息。

(3)访谈应当注意合理的时间安排,尽量不安排在非工作时间或者工作日的休息时间。

(4)在每一次访谈中,第三方组织成员应当有不少于2名成员参加。

(5)建议实施一对一访谈,必要时可以安排群体性访谈。

(6)访谈原则上应当形成书面笔录,参与的第三方组织成员和被访谈对象应当在笔录上签字确认。

(7)对在访谈过程中了解的被访谈对象的商业秘密、个人隐私等,第三方组织应当采取有效保密措施,维护其合法权益。

3. 文本审阅

文本审阅是指第三方组织对涉案企业、个人在专项合规整改计划中所形成的书面成果进行审查和评估。涉案企业在专项合规整改计划以及合规管理体系建设等活动中都会产生大量的文本，比如规章制度、培训材料、合规整改工作日志、阶段性工作报告等。第三方组织通过对这些文本的审阅可以从评估的设计维度了解涉案企业的专项合规整改计划以及合规管理体系建设的进展情况。

第三方组织在开展文本审阅时，有以下注意事项：

(1)要紧密围绕涉案企业的实际情况，包括涉案合规风险的整改防控，重点审查涉案企业制定的文本是否存在脱离或者偏离的情况。

(2)除了对具体制度进行审查外，也应当关注涉案企业制定的制度在整体上的全面性和完整性，对涉案企业存在的制度规划上的漏洞应及时指出，并要求涉案企业予以弥补和完善。

(3)第三方组织的成员之间可以安排对文本进行交叉审阅，保证审阅的质量。

(4)文本审阅应当及时形成书面记录，书面记录可以包括观察的时间、地点、人物、发现情况和分析判断等。

(5)对在文本审阅过程中发现的问题，第三方组织应当及时召集全员开会讨论，并将讨论形成的结论上报第三方机制管委会和人民检察院，根据第三方机制管委会和人民检察院的反馈意见开展下一步工作。

(6)对在文本审阅过程中了解的涉案企业的商业秘密和涉案个人的隐私，第三方组织应当采取有效保密措施，维护其合法权益。

4. 问卷调查

问卷调查是指第三方组织在开展合规评估时，通过设计问卷并发放给涉案企业中的实际控制人、经营管理人员、关键技术人员、一般员工以及其他与合规评估有关联的利益相关方进行回答，进而了解涉案企业，掌握涉案企业专项合规整改计划的实际进展情况和合规管理体系建设情况的评估方法。问卷调查可以以实名的方式进行，也可以以匿名的方式进行。问卷调查所设计的问题可以包括结构式、开放式和半结构式三种基本类型。

第三方组织在开展问卷调查时，有以下注意事项：

(1)问卷的开头可以直接表明目的，让需要回答的目标人群可以做好必要的准备，以保证问卷结果的质量。

(2)问卷的问题要充分考虑目标人群的文化程度和理解能力，在问题的措辞表述上要坚持简洁、清晰、易于理解的原则；问题的顺序。

(3)问卷的内容在设计时要有明确的目的和对具体事项的针对性，便于第三方组织结合问卷的结果进行评估。

(4)对在问卷调查过程中发现的问题,第三方组织应当及时召集全员开会讨论,并将讨论形成的结论上报第三方机制管委会和人民检察院,并根据第三方机制管委会和人民检察院的反馈意见开展下一步工作。

(5)对在问卷调查过程中了解的涉案企业的商业秘密和涉案个人的隐私,第三方组织应当采取有效保密措施,维护其合法权益。

5. 知识测试

知识测试是指第三方组织在开展合规评估时,通过设计与涉案企业专项合规整改计划和合规管理体系建设相关知识的试卷,并安排涉案企业中的实际控制人、经营管理人员、关键技术人员或者相关一般员工进行测试,进而了解涉案企业中相关人员通过合规整改而在制度流程、合规知识、合规理念和合规意识等方面的理解情况的评估方法。知识测试是一种可以相对客观反映涉案企业中相关人员,尤其是实际控制人、经营管理人员、关键技术人员等通过合规整改而在知识结构、理念意识等方面转变的情况。

第三方组织在开展知识测试时,有以下注意事项:

(1)知识测试的试题应当将通识性与适度专业性相结合,既要注重通识的合规知识的考察,也要注重与企业所涉刑事犯罪相关的专业领域合规风险防控的知识的考察。比如,如果企业涉嫌假冒注册商标案,则第三方组织在进行试题设计时可以重点考察与商标管理和法律保护相关的内容。

(2)第三方组织需要对知识测试的试题做好保密措施,并科学设计考试的形式和程序,最大限度地预防舞弊行为的发生,也避免知识测试流于形式。

6. 抽样检查

抽样检查是指第三方组织对涉案企业的相关业务与管理事项,结合业务发生频率、重要性及合规风险高低抽取样本进行审查的评估方法。抽样检查也是一种可以相对客观地掌握涉案企业专项合规整改计划和合规管理体系建设情况的科学方法。

第三方组织在开展抽样检查时,有以下注意事项。

(1)抽取的样本应优先考虑业务发生频率、重要性及合规风险高的领域。

(2)第三方组织应当对抽取的样本的真实性进行审查,防止涉案企业予以调换。

(3)第三方组织在抽样检查完成后需要形成专门的检查报告,详细介绍整个抽样检查的方案、程序、过程和成果。

(4)对在抽样检查过程中发现的问题,第三方组织应当及时召集全员开会讨论,并将讨论形成的结论上报第三方机制管委会和人民检察院,并根据第三方机制管委会和人民检察院的反馈意见开展下一步工作。

(5)对在抽样检查过程中了解的涉案企业的商业秘密和涉案个人的隐私,第三方组织应当采取有效保密措施，维护其合法权益。

7. 穿透式检查

穿透式检查是指第三方组织对涉案企业的相关业务处理流程，结合相关原始文件、业务处理踪迹、操作管理流程等进行触及起点或者终端审查的评估方法。穿透式检查是一种目前在反舞弊领域和IPO上市审查领域都广泛使用的审查和评估方法。这一方法有助于第三方组织真实了解和评估涉案企业专项合规整改计划和合规管理体系建设情况。

第三方组织在开展穿透式检查时，有以下注意事项。

(1)穿透式检查具有极强的专业性，第三方组织在确定开展该项检查时，应当选择具有相应专业能力的第三方组织成员牵头做好规划、明确范围、制订科学的实施计划。

(2)穿透式检查一般都会产生较大的工作量，给涉案企业、个人也会带来较大的影响，因此，第三方组织在计划开展穿透式检查前应当事先上报第三方机制管委会和人民检察院，在征得同意后予以执行。

(3)第三方组织在穿透式检查完成后需要形成专门的检查报告，详细介绍整个检查的方案、程序、过程和成果。

(4)对在穿透式检查过程中发现的问题，第三方组织应当及时召集全员开会讨论，并将讨论形成的结论上报第三方机制管委会和人民检察院，根据第三方机制管委会和人民检察院的反馈意见开展下一步工作。

(5)对在穿透式检查过程中了解的涉案企业的商业秘密和涉案个人的隐私，第三方组织应当采取有效保密措施，维护其合法权益。

8. 比对检查

比对检查是指第三方组织对涉案企业的相关系统及数据，结合交易数据、业务凭证、工作记录以及权限、参数设置等进行比对的评估方法。第三方组织通过对涉案企业所拥有的不同维度的数据进行比对，可以判断涉案企业所提供的数据和结论的真实性和完整性，进而可以相对客观地掌握涉案企业专项合规整改计划和合规管理体系建设情况。

第三方组织在开展比对检查时，有以下注意事项。

(1)第三方组织在比对检查完成后需要形成专门的检查报告，详细介绍整个比对检查的方案、程序、过程和成果。

(2)对在比对检查过程中发现的问题，第三方组织应当及时召集全员开会讨论，并将讨论形成的结论上报第三方机制管委会和人民检察院，根据第三方机制管委会和人民检察院的反馈意见开展下一步工作。

(3)对在比对检查过程中了解的涉案企业的商业秘密和涉案个人的隐私,第三方组织应当采取有效保密措施,维护其合法权益。

以上是对第三方组织常用的评估方法进行的简要介绍。对涉案企业进行评估的方法并不仅限于上述,第三方组织可以根据个案的情况,根据科学和理性的原则,在上述评估方法的基础上使用其他有效方法开展评估。

第十三章　评估的基本标准

第一节　评估标准概述

涉案企业在审查起诉阶段获得了合规整改的机会,并不意味着必然会获得不起诉处理,其合规整改的成果首先要通过评估来判断是否具备有效性。为确保评估的中立性与客观性,评估工作由独立于检察机关的第三方组织完成。评估结果将写入第三方组织出具的合规考察报告,作为检察机关作出不起诉决定的重要参考依据。可见,对涉案企业合规计划的成果进行评估,是第三方机制中承上启下的核心环节。

负责评估工作的第三方组织是一个临时性工作小组,其组成人员由第三方管委会从专业人员名录库中随机抽选。尽管入选名录库的在册专业人员均为合规方面的专家,但毕竟来自监管部门、高校、企业、律师事务所等不同行业领域,不同的行业背景会造成评估侧重点和标准的不统一。这种不统一不仅会发生在同一个第三方组织内部的各专业人员之间,也会发生在不同的第三方组织之间。由此造成的“同案不同评”会影响法律适用的确定性和可预期性,进而阻碍涉案企业合规改革工作的推进。

鉴于以上各类影响,为第三方组织建立统一的评估标准有着重要意义,统一的评估标准不但避免了评估过程中的意见冲突,有利于维护法律适用的一致性,同时也为第三方组织的专业人员在具体工作中提供了具有可操作性的指引。但从另一个角度看,只要评估标准是确定和统一的,就一定会有局限性和滞后性。与无比丰富灵活的涉案企业合规实践相比,即便是设计再周密的评估标准,也无法涵盖涉案企业合规的所有实践情况。

涉案企业所属的行业千差万别,企业规模也大小不一,更关键的是,这些企业所涉及的案件性质之间本身就存在本质区别。《刑法》中关于单位犯罪的罪名多达 100 多个,涵盖了企业注册成立、正常经营、招投标参与市场竞争、数据处理、安全生产、环境保护、依法纳税、尊重知识产权和他人商业信誉、破产清算在内的企业完整生命周期。有的企业涉及商业贿赂类犯罪,也有的企业涉及税务犯罪,还有的企业涉及侵犯公民个人信息等数据合规问题。这些案件的共性在于其皆因企业的经营性行为而引发,但相互之间的合规整改计划又因所涉案由的罪名不同而具有不同的个性化表现。如何建立一套能够兼顾涉案企业共性与个性的评估标准,成为摆在我们面前的最大难题。

我们认为,面对丰富多变的涉案企业合规实践,若要强行建立一套“一招鲜吃遍天”的评估标准,是违背事物发展客观规律的。在标准建立过程中,应当采取“宜粗不宜细”和“就低不就高”原则。具体来说,“宜粗不宜细”就是评估标准不应当过于细致和烦琐,过于细致的评估标准表面上似乎可操作性较强,但从本质上看,即便再细致的评估标准,也会存在因文本自身的局限性和实践的多变性所带来的无法涵盖的漏洞,同时还会严重束缚第三方组织专业人员的手脚,导致被条条框框掩盖了问题的本质。相对粗放和原则性的评估标准,有助于第三方组织更准确地把握涉案企业合规整改的本质,在应对不同类型的案件时也便于灵活处理。“就低不就高”,是指评估标准只是评价涉案企业合规整改工作的最低底线,而不是通过第三方组织考核的充分条件。换句话说,达到了评估标准,仅说明涉案企业的合规整改工作取得了通过第三方组织考核的必要条件,至于是否最终能通过考核,还需在此基础上结合案件具体因素作出判断。

综上,本章中罗列的评估标准,是第三方组织专业人员在个案评估工作中的最低限度要求,是涉案企业通过评估考核的必要非充分条件。该标准同时还具有原则性和概括性的特点,与手册后半部分根据不同罪行类别划分的章节之间是总则与分则的关系。因此第三方组织在具体个案的适用上,必须将本章结合后续章节中的内容进行综合评估。

第二节　评估标准的核心——有效性

评估需要建立在一个稳固的核心基础之上,任何对涉案企业合规整改计划制度和运行的具体评估工作,都应围绕着这个核心基础进行,这个核心基础就是合规的有效性。最高人民检察院多次强调,对“真合规”要厚爱,对“假合规”则要严管,所谓“真假合规”之间的区别,就在于合规的有效性。可以说,有效性是评判涉案企业合规整改是否合格的唯一标准,本章的后续内容都将围绕“这样的合规才是有效的合规”具体展开。

我们在谈“假合规”时,通常也会同时提到另一个近似概念,即“纸面合规”,字面意义为停留在纸面上但未落到实处的合规,我们似乎经常把“纸面合规”等同于“假合规”。这种认识有一定合理性,但并不完全准确。我们认为,合规有效性标准包括文本层面和运行层面的双重内涵。在文本层面上,又包括文本是否已经建立和该文本是否有效两个子层级。在评估时,第一步首先应当审查涉案企业是否已经建立了相关合规制度文本,只有在建立了相关制度文本的前提下,才有可能评估该文本是否有效,以及该文本在运行过程中是否顺畅。这个合规制度文本,就是“纸面合规”。可见,“纸面合规”的存在是评估合规有效性的前提和基础,并不等同于“假合规”。

有了文本层面的合规制度还远远不够,第三方组织第二步需要仔细甄别该制度是否具备文本意义上的有效性。有些涉案企业制作的合规文本制度表面上汗牛充栋、面面俱到,但究其内里,却体系混乱内容空洞,完全没有可操作性,这种合规制度显然不符合文本意义上的有效性标准,具体的识别方法会在后续章节中详细阐述。

在建立了一套体系清晰且具备较强可操作性的合规文本制度的基础上,第三方组织的第三步工作才是对该文本的运行情况进行评估,评估重点在于考察制度是否真正落实到位,须采用的具体方法在前一章中已阐述,本章节不再赘述。

综上,有效性是评估标准的核心,围绕这个核心,又可以衍生出三个有递进关系的具体评估方面:文本层面的合规制度是否建立、该制度是否具备文本意义上的有效性、该制度是否具备运行意义上的有效性。我们将在接下来的章节中讨论合规计划文本层面有效性的细化标准。

第三节　合规计划文本层面有效性的细化标准

一、计划文本是否具有针对性

2022 年 4 月 20 日印发的《合规评估办法》第 1 条就明确指出:涉案企业合规建设,是指涉案企业针对与涉嫌犯罪有密切联系的合规风险,制定专项合规整改计划,完善企业治理结构,健全内部规章制度,形成有效合规管理体系的活动。

可见,合规计划文本是否针对企业所涉嫌的具体罪名,与所涉嫌犯罪有无密切联系这一标准,是涉案企业合规建设的定义决定的。在企业经营过程中,合规管理的重点风险领域包括各个方面,如市场交易领域的商业贿赂、串通投标;安全环保领域的生产责任事故和环境污染;财务税收领域的涉发票类犯罪;知识产权领域的侵犯商业秘密犯罪;数据安全领域的侵犯公民个人信息等。涉案企业所涉的哪个领域的犯罪,就应当针对该领域进行合规整改建设。若建立泛泛而谈的“大而全”式合规计划文本,或者是用针对此罪名的合规制度来整改企业所涉嫌的彼罪名,都会因不具备针对性而不符合有效性标准。

二、合规计划实施主体的人员组成

任何制度都需要由具体的人员去执行和实施,因此合规计划实施主体的人员组成也是评估合规计划有效性的重要指标。

第一步,对实施主体的评估,首先应当看涉案企业是否已经成立了专门的合规建设领导小组,领导小组的成立应当有正式的企业制度文件、企业管理层会议纪要等证据支撑,并且在企业办公的公共区域需有领导小组的人员名单进行公示。

第二步,领导小组的人员组成必须包含企业的实际控制人、主要负责人和直接负责的主管人员。合规计划的实施对企业产生经济效益的作用是间接的,只有企业的实际控制人和主要负责人都加入合规计划的实施工作中,才能切实保障这项工作的顺利推进。

第三步,考察企业有无聘请外部专业机构或专业人员参与或协助企业的合规整改建设。一般情况下,企业之所以会因经营性行为涉嫌犯罪,正是由于企业自身的合规意识不强和合规建设能力欠缺所导致,企业往往难以通过自己的力量超越自身的局限性。所以在此基础上聘请外部专业机构或专业人员参与或协助企业合规整改建设,有助于提升涉案企业合规建设的效果,同时也能体现出涉案企业主观上积极追求经营行为合规的决心,因此将其作为合规评估时的考量因素之一。但在具体评估过程中,对这个问题不能一概而论,对于经营规模不大、所涉犯罪也相对清晰简单的涉案企业,要结合其合规制度的运行真实情况评判其有效性,不能仅因为其未聘请外部专业机构或专业人员而否认其合规制度的有效性。

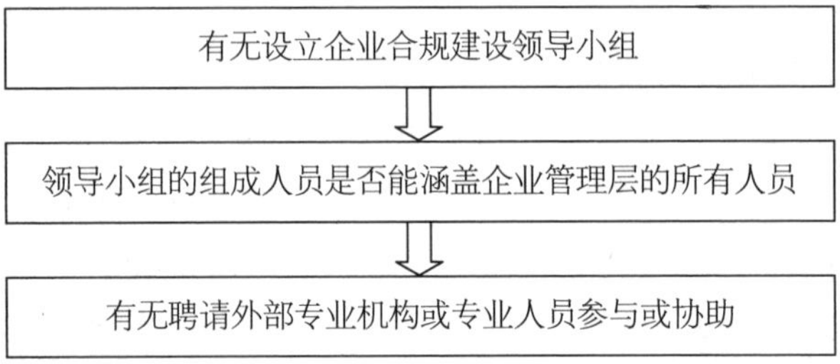

三、合规管理机构设置

企业合规建设领导小组的职责是在全面分析研判企业合规风险的基础上,结合本行业合规建设指引,研究制定专项合规计划和内部规章制度。有了领导小组的风险研判和制度制定,还需要由企业内部具体的合规管理机构予以落实。

关于对合规管理机构设置的评估标准,我们建议重点关注以下几个方面:考察企业是否已经设立了专设或兼理的合规管理机构、管理人员;考察该机构及其管理人员的设置是否符合企业类型、规模、业务范围、行业特点;考察涉案企业有无根据企业内部的管理层级和部门布局,在各层级和各部门设置对应的合规管理机构;考察企业制度是否足以保障合规管理机构或管理人员独立履行职责,对于涉及重大合规风险的事项行使参与决策的权利;考察合规管理制度的设计是否足够明确、具体,并且附有考核标准,相关合规绩效考评机制的制度设计是否具有可操作性;考察涉案企业是否为合规管理机构的有效运行提供必要的人员、培训、宣传、场所、设备和经费等人力、物力保障。

四、合规管理运行机制

涉案企业合规管理机构设置人员配备及其配套保障措施都符合要求之后,评估重点应放在合规管理制度运行机制上。合规管理制度的运行是整个评估工作中最难把握的环节,它往往与企业的行业属性、经营模式、所涉罪名的性质等密切相关,在实践中表现出来的面貌也有较大差异,需要第三方组织专业人员注意甄别表象下的本质。本章仅针对绝大部分企业在这一评估环节中可能遇到的具有普遍性的问题制定评估标准,遇到关于某类特定罪名的评估要求,可参考本书后半部分的分则章节。

(一)评估涉案企业是否已经建立了全面审查与重点领域、重大事项相结合的合规管理运行机制

该评估标准体现了专项合规制度与通用合规制度之间特殊与一般的关系。通用企业合规制度一般包括合规管理、合规咨询、合规举报管理、合规文化宣传、合规管理委员会议事规则、合规岗位职责分工等;专项合规制度则是针对具体所涉罪名的类别,如反商业贿赂类、涉税类、生态和环境保护类、数据安全类、知识产权类等建立的特别合规制度。通用合规制度体现了涉案企业对自身合规经营的全面审查原则,而专项合规制度体现的是企业对所涉具体罪名相关的重点领域、重大事项的特别审查。重点领域和重大事项的合规制度只有建立在通用合规制度的基础上才有可能顺利实施,因此,在评估时是否建立了全面审查与重点领域、事项相结合的合规管理运行机制是第三方组织的重要考察对象。

(二)是否已经建立内部财务、会计监控体系,并由审计人员定期审计

企业因经营行为不合规而涉及犯罪,即便该罪名与资金调拨并不直接相关,但往往也与财务流程的漏洞和会计监控、审计不严格有一定关系。健全的财务资金制度和严格的会计监控,不仅可以有效杜绝涉及直接与资金流转有关的犯罪行为,还能够降低与企业资金流转有间接联系的其他类型犯罪的发生概率。评估时应结合涉案的具体犯罪行为,考察涉案企业内部财务制度的漏洞是否已经填补完闭,会计监控体系是否建立,有无审计人员定期对企业财务情况进行审计的记录和报告等。

(三)除针对企业自身,是否也同时建立了针对供应商或其他商业合作伙伴的合规审查管理制度

企业的经营行为不是孤立的,位于上游的企业需要与客户端产生联系,而在下游的企业则需要与供应商产生联系。上游与下游的划分不是绝对的,一家企业完全可以既

是上游客户的供应商,同时也是下游供应商的客户。供应商在招投标过程中的利益输送可能会引发商业贿赂或串通投标等危害市场竞争的罪名,供应商提供的不合格产品可能会引发安全生产责任事故和环境污染类罪名,若供应商提供的产品系与公民信息相关的虚拟数据,还可能因脱敏化不合规导致接收数据产品的企业涉嫌侵犯公民个人信息犯罪。因此,在合规整改的过程中,除了要在企业内部建立完备的制度文本,对商业伙伴的合规审查制度文本亦是评估工作的对象。评估时要注意搜集涉案企业有无能够证明已向供应商告知包括反商业贿赂声明和数据安全脱敏化处理在内的合规文件,供应商是否签署上述文件并交由涉案企业合规管理机构存档等。

(四)在招录企业员工等劳动人事领域,是否已经引入合规管理机制

员工招录等企业劳动人事领域,表面与单位犯罪距离较远,似乎与涉案企业的合规机制没有直接关联。实际上,若在该领域缺乏对未来员工背景的尽职调查合规管理机制,一旦入职员工通过其家属或其他关系人与企业的供应商或客户等商业伙伴之间建立密切联系,极易为将来可能发生的危害市场竞争类犯罪埋下隐患,从而对企业带来巨大的合规风险。因此,在对该领域进行评估时,应重点审查企业是否已经制定了对拟入职员工背景调查的相关流程和制度,是否制定了针对拟入职员工的关于其有义务披露任何可能在入职后影响企业参与公平市场竞争合规经营的书面告知函等。

(五)是否建立了针对员工合规培训的计划安排

一套有效的合规整改制度,不仅应存在于涉案企业的管理层,更应渗透进企业的每一个员工的合规意识中。涉案企业是否建立了针对员工合规培训的计划安排,是评估工作的考察要点。在对员工合规培训计划的具体的评估工作中,应重点考察培训内容是否具有足够的针对性,是否与企业所涉罪名之间存在密切联系;培训的频率是否足够;培训的对象是否能够覆盖企业的全体员工;有无建立对重点环节和重点岗位的员工进行额外的特别合规培训计划;培训的方式能否为员工所接受;培训的授课老师是否具备相应的合规方面资质;对培训的效果是否建立了考核机制;每一次培训是否有员工签到记录和现场录音录像资料等方面。

对员工的合规培训不仅是涉案企业贯彻落实合规整改工作的必要步骤,同时也是体现涉案企业单位意志的重要证明材料。企业作为法律拟制的人格主体,在法律上具有与自然人平等的行为能力和责任能力。但与有血有肉能够通过口头或书面方式直接进行意思表示的自然人相比,企业作为法人的意思表示,并不能等同于企业实控人或主要负责人的意思表示,更加不能等同于企业员工的意思表示。判断一个行为是企业的单位行为还是员工个人行为,关键是看这个行为是否能够代表单位的意志,是否由单位作出,是否体现了单位的利益。企业单位意志与员工个人意志的分界线,主要通过企业

以单位名义对员工作出的行为体现。在员工培训方面，涉案企业以单位的名义委托外部或内部合规专业人士对员工进行合规培训，并对培训过程中的各类资料妥善存档保留，将成为企业主观上追求自身经营行为合法合规的重要证据，若将来仍然发生由于员工的不合规行为引发的刑事风险，企业得以通过合规培训相关资料有效地切割单位意志与员工个人意志。

（六）是否已经建立具有独立性、保密性的合规内部举报制度

合规制度存在的目的，是避免发生那些与企业守法经营价值取向相悖的不合规的行为。但无论合规制度建设多么完备，也不能百分之百地避免不合规行为。企业管理层所需要的，不是一个承诺永远不会发生合规风险的制度，这种承诺是空洞且不负责任的；企业管理层需要的，是一旦发生不合规行为，能够第一时间知晓的渠道，以及如何在现有的合规制度框架下积极介入不合规行为的调查和惩处，从而把坏事变成好事。

一套具有独立性、保密性的合规内部举报制度，正是为了满足企业的这项需求而产生。通过自上而下的自查、审计固然可以系统地梳理企业经营中存在的合规风险点，但却不如自下而上的举报更贴近企业经营的真实状态。在企业中，各业务部门的一线员工是对企业经营中的合规风险最有发言权和最具备感性认识的群体，他们在工作中发现的不合规现象往往最准确，也最能反映出企业合规管理上的短板。

由于举报人与被举报人一般都是同事关系，如果企业没有建立一套独立、保密的合规内部举报制度，举报人往往会因为顾虑影响同事关系而放弃举报，导致企业失去了解公司运营中合规漏洞的大好机会。第三方组织在评估时，应关注涉案企业有无建立具有独立性和保密性的合规内部举报制度，考察该制度能否有效保护举报人的信息和隐私，所举报信息是否顺畅送达企业合规管理机构，流程设计是否能有效避免举报信息的外泄和扩散等。

五、合规文化建设

与能够落在纸面上的企业合规制度文本相比，合规文化是一个相对看不见摸不着的东西，它可以是企业管理层深层意识中的一根红线，也可以是整个企业上上下下守法合规的一种价值取向和氛围。尽管合规文化是一个在评估中较难通过量化标准去衡量和考察的指标，但我们仍可以找到以下的一些参照物。

第三方组织在评估时，应考察企业实控人、管理层对合规优先的价值取向是否有书面承诺及公开宣示。企业实控人和管理层对合规所持的态度很大程度上会影响整个企业的合规文化氛围。公开宣示的途径不必拘泥于形式，可以通过公司纸质文件下发，可以是张贴在公司公共办公区域墙壁上的公告，也可以是企业内部正式的微信工作群中发布的群公告，还可以以企业实控人向全体员工群发电子邮件等形式实现。

评估时还需考察企业是否编写过合规知识手册、合规操作指引等文本文件并发放给全体员工,是否在员工大会和部门例会上进行过合规宣传,是否开展过合规宣传周、合规活动日、合规专题讲座等活动,这部分评估工作所需要的材料支撑可参考企业对员工的合规培训的材料要求。

六、针对不合规行为的管理机制

一套完备的合规制度,除了要实现事前预防的功能外,还必须包括对不合规行为发生后的事后管理机制。在具体评估时应关注以下重点。

涉案企业是否定期、不定期地开展企业内部自查,评估并及时发现不合规行为隐患。内部自查可以通过财务审计方式,也可以由合规管理机构独立进行。若邀请第三方组织进行自查,企业需提供与自查相关的全套文件资料,如决定开展内部自查工作管理层决策的会议纪要、自查步骤和方法、具体自查的工作内容记录、自查结果等。

对于通过内部举报制度获得的不合规行为线索,需要关注涉案企业是否建立成熟的处置预案和流程。涉案企业需提供材料证明合规管理机构已设置了受理内部举报的岗位,该岗位在接到内部举报线索后能够以合适方式处理信息,并根据线索类别与后续的内部调查相衔接。

对于通过自查或举报发现的不合规隐患,要关注涉案企业有无建立内部调查机制,包括调查团队组成、调查程序、调查措施等。

内部合规调查是企业合规制度的重要组成部分,由企业发起的针对员工不合规行为的调查,本身也是有效切割企业单位意志与员工个人意志的重要依据。与国家机关启动的侦查活动不同,企业内部调查不以国家强制力作为支撑,在调查过程中也不得以任何方式限制员工的人身自由,所采用的调查措施也不得以任何方式侵犯员工的公民个人信息。因此在评估时首先应重点考察内部调查机制本身是否合规,是否存在前述侵权隐患。其次,应考察调查团队的组成是否合理,通常对级别较低员工的调查,可以全部由企业内部人士组成调查团队,但涉及企业高级别员工甚至管理层不合规行为的调查时,聘请外部具有独立地位的专业人士进入调查团队,会更有利于内部调查的有效推进。

经过企业的内部调查,对已经确认为不合规的行为,考察有无建立相应问责以及内部警示教育机制。所谓问责机制,包含外部问责和内部问责两个层面。若内部调查所发现的该员工不合规行为已经达到违反刑法或者行政法规的程度,应考察企业是否建立了与公安机关或其他行政执法部门之间相对应的线索移送机制;若内部调查的结论仅为一般性不合规行为,未达到犯罪标准,则应考察企业是否建立了针对相关责任人员的辞退、降职、减薪等内部处罚措施。无论是外部问责还是内部问责,涉案企业都需建立内部警示教育机制,将已经发生的不合规行为的调查及处罚情况在将来的员工合规培训中向全体员工通报,以达到弘扬合规文化的效果。

对一次不合规行为的调查及处罚,最终目的是预防同类型不合规行为将来再次发生。因此评估时还需关注涉案企业在内部调查结案后,是否建立了为预防此类不合规行为再次发生的持续性整改机制,涉案企业需提供相关的材料以证明持续性整改机制已经建立。

第四节 合规计划运行层面的有效性标准

在之前的章节里,已有较多篇幅讨论涉案企业的合规整改计划要达到什么条件才能被认定为有效。但正如我们在第一节所阐述的那样,涉案企业合规整改文本层面的有效性只是合规有效性的必要和前提条件,是涉案企业通过评估考察所需达到的最低标准。在个案评估时,还需根据案件的具体情况,选取合适的评估方法,对文本层面的合规计划的进行运行测试,只有通过运行测试的合规计划,才是具备有效性的“真合规”。关于运行测试的具体方法,可参考前一章节《评估基本方法》,结合具体案件情况进行具体分析。

第十四章　合规考察报告

第一节　合规考察报告的法律意义和内容结构

合规考察报告是第三方组织评估工作成果的集中体现，也是检察机关决定案件后续处理方式的重要参考依据，需做到形式规范、内容完整、真实客观地反映涉案企业合规整改建设情况的全貌。

我们认为，在格式上，合规考察报告应由以下几个模块组成：(1)第三方组织介入评估考察的背景；(2)涉案企业的基本情况；(3)对所涉罪名的分析；(4)考察所采用的评估方法；(5)涉案企业合规整改情况文本层面的评估过程；(6)涉案企业合规整改情况运行层面的评估过程；(7)考察结论。

在内容上，合规考察报告应包括以下重点：(1)对合规计划针对性的考察；(2)对合规计划实施主体的考察；(3)对合规计划机构设置的考察；(4)对合规计划运行的考察；(5)对合规文化建设的考察；(6)对不合规行为管理机制的考察。

第二节　合规考察报告的参考模板

关于上海市XX公司涉嫌假冒注册商标罪
企业合规第三方组织考察报告

一、第三方组织介入评估考察的背景

上海市XX公司涉嫌假冒注册商标一案，于2022年×月由上海市XX区公安分局移送上海XX区人民检察院审查起诉。在审查起诉期间，XX公司及其单位辩护人XX律师事务所XX律师根据《上海市涉案企业合规第三方监督评估机制管理委员会

工作规则（试行）》《上海市涉案企业合规第三方监督评估组织运行规则（试行）》提出合规整改申请，经XX区人民检察院批准，同意XX公司适用涉案企业第三方监督评估机制，并根据《第三方监督机制》商请上海市XX区第三方监督评估机制管委会组成针对XX公司评估监督的第三方组织。XX区第三方监督评估机制管委会根据《上海市涉案企业合规第三方监督评估组织运行规则（试行）》和《上海市涉案企业合规第三方机制专业人员名录库管理办法（试行）》，在区名录库中随机抽选了×××、×××、×××三名专业人员组成第三方组织（以下简称本组织），对XX公司的合规整改建设进行评估考察。

二、涉案企业的基本情况

上海市XX公司（以下简称XX公司或涉案企业）成立于20××年×月×日，法定代表人：××，注册资本1000万元人民币，注册地址：上海市××区××路×号。股权结构：自然人×××、公司股东×××，其中自然人×××占股51%，XXX公司占股49%，自然人×××系XX公司实际控制人。XX公司的经营范围为：××××。公司于2018年11月被批准为国家高新技术企业，并于2020年9月被核准为上海市高新技术企业协会会员，被上海市科委认证为科技型中小企业单位。XX公司具有较强的研发实力，现拥有国内外授权专利共计××个，专利类型涵盖发明专利、实用新型专利和外观设计专利。公司自成立以来研发投入逐步增加，近三年高新收入占销售收入的比例分别为2018年××%、2019年××%、2020年××%。公司现有在职员工××人，其中研发人员××人，占比××%，公司员工中有超过××%的人员学历在本科及以上。XX公司在进行合规管理前组织架构主要包括总经理、管理部、财务部、研发部、工程部、采购部、生产部。其中总经理负责公司的日常经营管理工作，同时负责销售业务的开展。

三、XX公司涉案基本情况

本组织在接受评估监督任务后，就涉案基本情况向相关部门进行了解，经了解，2018年7月，上海YYY公司研发出一款智能产品，为满足“双十一”“双十二”订单需要，与涉案XX公司洽谈委托代加工事宜，约定由XX公司为YYY公司代为加工智能产品，同时对YYY公司拥有的全部知识产权相关商业秘密负有保密义务。后由于试产样品未达质量标准，且无法按时交货等原因，双方于20××年×月终止合作。

为挽回前期的投资损失，20××年×月至20××年×月，涉案XX公司实际控制人×××伙同他人在未获得商标权利人YYY公司许可的情况下，组织本公司员工生产假冒YYY公司注册商标的智能产品，并销售给他人非法获利。20××年×月，公安机关以涉案企业XX公司及其实际控制人×××涉嫌假冒注册商标罪移送上海市XX区人民检察院审查起诉。

四、涉案企业的合规管理计划

本组织接受委托后，第一时间开展了对相关工作的部署安排，并敦促涉案企业制定合规管理计划。根据本组织的建议，企业合规管理计划应当围绕“合规计划的全面性、针对性、有效性”展开，要确保合规计划的明确性，而且要有政策和程序，要从适当的责任分配、培训方案到奖惩制度，确保合规计划与公司的业务与员工队伍相结合。另外，合规管理计划要在保证大方向的前提下，对主题进行拆解，从而保证计划的可实行性。根据本组织的建议，涉案单位制定了企业合规管理计划，包括制定合规章程、成立党组织、建立企业合规领导小组和各级合规组织体系、制定知识产权专项合规政策体系、打造合规程序体系、加强对员工的合规培训、建立内部举报制度、完善企业内部合规调查流程、提升和营造企业合规文化等。涉案企业通过本次合规管理强化企业责任，建设企业合规文化体系，将以人为本融入合规文化建设，把合规意识落实到生产经营中，着力提升本公司合规管理文化软实力，打造企业文化品牌形象。

根据该合规管理计划，涉案企业又按照本组织的建议，另行拟定了企业合规管理计划单项措施，具体如下：

企业合规管理计划

2021年7月1日～2021年7月15日	修改章程、建立合规组织体系	制定企业合规管理计划
		企业合规成立大会
		修改公司章程
		成立企业合规领导小组
		调整公司组织架构
		梳理企业合规管理实施单项计划
		进行合规领导小组周汇报
2021年7月16日～2021年7月31日	建立合规政策体系	明确合规领导小组的工作职责
		拟定合规领导小组工作细则
		拟定合规专项管理体系（包括政策、手册、原则性规范等）
		筹备成立党支部
		开展企业合规第一次培训（企业刑事风险防控）
		进行合规领导小组周汇报

续表

2021 年 8 月 1 日～2021 年 8 月 15 日	建立合规程序体系	加强企业管理，完善各部门职责与岗位分工，完善管理流程
		建立并完善合同管理体系与制度
		建立企业培训制度
		梳理公司人事管理制度，摸查员工劳动合同以及人事档案，并进行整改
		摸查公司研发中心、生产事业部、采购部等生产管理漏洞，并提出整改措施进行整改
		根据上级党组织建议筹备成立党小组
		开展企业合规第二次培训（企业民事风险与合同管理）
2021 年 8 月 16 日～2021 年 8 月 31 日	建立事前预防、事中控制、事后应急机制，设立合规举报途径	建立公司知识产权保护体系与措施
		制定应急响应机制与风险管控措施
		开展企业合规第三次培训（知识产权保护与管理）
		开展员工岗位职责培训
		成立党小组，并开展党小组第一次会议
		更新员工手册，制定员工操作指引培育公司合规文化
		进行合规领导小组周汇报
		制定合规管理总结报告

五、涉案企业合规整改计划的落实情况

本组织切实发挥了第三方组织的监管职责，对涉案企业落实合规管理计划开展了监督检查。涉案企业在两个月的合规期限内，按照合规计划，有序开展了一系列合规工作。具体情况如下。

（一）建立合规管理组织体系

1. 成立基层党组织，发挥民企党建引领作用

基层党组织，是党开展各项工作的前沿和关口，也是党密切联系群众的纽带、教育管理党员的阵地、攻克各种困难的堡垒。为全面贯彻落实党的方针政策和公司各项工作部署的决定力量，从政治上、思想上团结广大职工，涉案企业在第一个阶段的合规工作中成立了党支部筹备组，并在全体党员员工中开展了广泛的宣传动员，使广大党员积极参与党员基本情况调查及登记工作，关心和支持本公司党支部的筹建工作。

根据涉案企业开展的党员基本情况调查，以及重新核实党员身份、人数，XX 公司目前共有员工××名，其中中共党员×名。涉案企业于 2021 年 7 月向上级党组织上报了申请建立党支部的请示，根据上级党组织的反馈，鉴于涉案企业目前党员人数较少的情况，暂时不建议立即成立党支部。

20××年×月××日，在××党群中心召开了 XX 公司党支部委员会会议。会议决

议并通过了关于在XX公司成立党小组的决定,并决定由×××担任党小组组长。决议通过后,涉案企业于20××年×月××日召开党小组成立大会。会议明确了党小组的成员和党小组的主要职责与基本任务。其中党小组的主要职责为落实党支部工作要求,完成党支部安排的任务,积极开展党内活动,督促指导党员发挥先锋模范作用。确保涉案企业重大经营决策合法合规。

2. 成立企业合规领导小组

合规组织体系是实施合规管理以及企业合规管理体系的组织载体,是企业合规管理体系的重要组成部分,是有效进行合规管理、依法治企的组织保障。

涉案企业于20××年×月成立了合规工作领导小组,其组织原则为独立、高效、协调、合作。该合规工作领导小组由5位成员组成,由公司执行董事担任组长,主要管理人员担任组员,全面负责合规工作的开展。同时,公司通过外聘律师团队,引入第三方法律服务机构,为本次合规开展提供了专业支撑。该合规领导小组在企业合规管理期间,全面履行合规职能,将负责合规方针、合规管理体系建设、制定合规制度与流程、负责合规管理培训等具体工作的开展。

3. 完善组织架构,增设法务岗位,实行销售和管理相分离

涉案企业增设了合规岗位,与其他职能机构平行,负责协助起草或组织审查企业的重要规章制度;参与企业合规管理日常工作;参与企业投资、日常生产经营管理的风险审查;开展与企业生产经营有关的法律咨询、培训和宣传等工作;负责企业知识产权管理与保护;负责实行企业知识产权保护制度与措施等。该项措施改变了公司原有的组织架构,弥补了公司合规、风控的管理漏洞,该岗位的增设将给公司加上一层防护膜,帮助企业识别与防范法律风险。

另外,涉案企业新设销售部,改变了原有的由总经理兼任销售的组织结构体系,将销售部剥离出去,更有利于实现销售部门的独立,防止公司主要管理人员因身兼数职造成的权力滥用。

(二)建立企业合规政策体系

1. 确立合规指导思想

根据企业合规管理计划,同时结合公司的内部管理制度,涉案企业确立了“遵守法律法规,满足合规需求,充分防控风险,建立合规信任,保证商业可持续发展,构建合规生态”的企业合规战略思想。涉案企业将通过本次合规计划,推动合规制度的建立与完善,从而促进公司合法化、合规化,为公司可持续发展奠定基础。

2. 修改公司章程,强化管理职责

公司章程系公司最高法律效力文件,载明了公司的基本理念、基本原则、基本框架。

涉案企业为此对公司章程进行了相应的修改,相较于修改前的章程,新章程增加了公司的原则与宗旨,将诚信、守法、创新作为公司的行为准则,并愿意承担更多的社会责任。同时,新修改的章程,增加了股东权利与义务的内容,并且强化了公司董监高、法定代表人的职责与义务以及人事、财务制度。修改后的章程,为股东、董事、总经理、监事、管理人员提供了行为准则与道德标准,同时明确了职责权限,为公司合法诚信经营提供了制度和程序的双重保障。

3. 明确合规领导小组工作职责与工作细则

合规领导小组是涉案企业此次合规工作开展的重要组织保障,是保证合规政策落地与实行的重要支撑。涉案企业合规领导小组经集体决策,并经公司执行董事批准,制定了合规领导小组的工作职责与工作细则。根据该工作细则的规定,本公司合规领导小组作为临时性的专门工作机构,将在以下几个方面履行职责权限:制定本公司刑事合规管理计划;制定本公司内部有关刑事合规管理的政策和程序;建立本公司刑事合规管理体系;监督检查本公司的刑事合规管理政策的执行与落实;执行董事授权的其他刑事合规管理事宜。

另外,在合规领导小组解散后,涉案企业承诺将专设合规管理部门,作为公司合规管理的常设机构,代替本刑事合规领导小组行使相应职权。同时涉案企业承诺提供充分的资源以保障刑事合规领导小组顺利开展工作,资源保障包括物质保障与人力、财力等全方位的保障。

4. 制定合规政策

本组织认为,涉案企业较为重视本次企业刑事合规工作。具体体现在管理层已达成了刑事合规与企业发展战略相匹配的战略共识,将企业合规立于公司发展的战略高地。在管理层的领导下,企业合规工作明确了合规政策体系的核心要义,即"规则合理、培训全面、执行坚决、监察有效",同时确立了员工商业行为的基本准则,即"诚实、守信;遵纪守法;保护公司资产,尊重知识产权;维护公司利益;尊重差异"。

涉案企业根据上述合规政策体系的核心要义,初步构建了合规管理五要素:一是管理层重视。涉案企业重视刑事合规工作,管理层已达成刑事合规与企业发展战略相匹配的战略共识。在管理层领导下,刑事合规工作明确了基本目标、短期及长期规划,推动刑事合规工作顺利完成,维持本公司的可持续发展。二是组织保障。涉案企业建立了合规工作领导小组与合规部、外部法律团队三位一体的刑事合规专业团队,进行刑事合规管理要求制定以及推动落实。三是政策规则。涉案企业建立了"管理层声明、XX公司员工商业行为准则、原则性规范、制度指引"的规则体系,并持续推动规则体系的场景化、判例化,促进合规规则与具体业务的深度融合,引导各部门结合场景去识别、应对业务活动中的数据保护风险。通过体系化的规则建设,提供全面的合规指引和标准规范,确保各业务单位、岗位员工易于理解并执行刑事合规的要求。四是资源投入。涉案企业为本次刑事合规投入较多资源,包括人力和预算投入,以及刑事合规领导小组在必要时独立决定是否从外部获取专业意见。五是学习培训。学习培训是公司合规意识提升、合规文化建设的重要组成部分。XX公司将持续进行刑事合规培训,在各项业务活动中传递明确的价值导向,通过培训来提高和增强员工的合规意识和能力,在全员中达成合规创造价值的共识。

(三)制定合规制度与措施

在本次合规计划落实中,涉案企业刑事合规领导小组根据相关职责权限,制定了《知识产权管理办法》《合同审批制度》《保密管理制度》《员工培训管理制度》《风险控制管理办法》等合规专项制度、措施。

1. 制定《知识产权管理办法》。旨在加强本公司对知识产权的保护,规范知识产权管理工作,最大限度地维护公司的合法权益。该办法主要内容包括总则、基本制度、专利管理、商标管理、附则共5个部分。该办法为本公司保护自主知识产权、尊重他人知识产权提供了基础行为规范。

2. 制定《合同审批制度》。旨在加强本公司合同管理,维护公司合法权益。其主要内容包括目的、使用范围、合同签订原则、合同履行、公章管理、合同文本保管、各部门职责等主要内容。该制度将为本公司对外业务开展提供基础的行为管理规范,将弥补XX公司合同管理制度的漏洞,XX公司意将合同意识融入每一位员工的血液中,并付诸实践。

3. 制定《保密管理制度》。旨在保护公司的保密信息及商业秘密,保障公司的合法权益。其主要内容包括总则、公司秘密范围、密级分类、保密措施、保密环节、违纪处理、附则等。该制度系针对本公司研发型企业的性质,专门制作的有关商业秘密及保密信息保护的基本制度。

4. 制定《员工培训管理制度》。旨在弥补涉案企业在员工培训方面的制度缺失和管理缺失,同时为提高员工素质,提升公司人力资源水平。确立了统一管理,分部门、分层级管理的组织管理原则。同时确立了由公司管理部作为教育培训的主管部门,在总经理的领导下统一管理公司的培训工作。在具体措施方面,公司从培训计划编制、培训经费管理、培训程序、培训体系及实施、培训类别与内容、后续教育及培训结构评估及应用等方面展开。

5. 制定《风险控制管理办法》。旨在指导、规范公司全面加强风险预警以及风险事故的危机处理,最大限度地预防和减少突发事件,保障公司的生产经营安全。该办法贯穿事前防范、事中监督、事后检查弥补的指导思想,将风险事件划分为5类:经营风险、财产及人身安全事故、严重违法或刑事犯罪、公关危机、其他对企业安全和利益有重大影响的事件。该办法根据风险性质、危害程度、处理紧急程度,将风险划分为一级危机(红色预警)、二级危机(橙色预警)、三级危机(蓝色预警)。由公司设风险管理部门,处理风险管理与危机处理的全面工作。同时,在发生一级危机事件后成立“重大及突发事件应急工作领导小组”,统一领导和协调重大及突发事件的处理。另外,公司设立风险事件报告及处理机制,对重大及突发事件的报告和应急管理工作实行责任制。对存在失职、渎职行为的,涉案企业将追究相关责任人的责任,造成严重后果的,依情节轻重进行相应的处罚。

(四)打造合规程序体系

1. 明确法务部与销售部的工作职责权限,建立管理流程

涉案企业在涉案事件发生时,并未设立专门的法务部与销售部,销售部相关职能由公司总经理兼任,对公司日常法律事务处理与法律风险防控、知识产权管理缺乏相应的岗位与制度保障。

通过本次合规管理,涉案企业全面排查了公司管理漏洞与法律风险,调整了公司的组织架构,新设了法务部门和销售部门。作为新设部门,其设立的主要目的在于弥补企业管理漏洞,明确各部门的职责权限,加强集体监督。据此涉案企业,梳理并确立了法务部与销售部的主要职责权限,明确了相关的管理流程。

同时涉案公司根据实际情况,全面梳理了法务部与销售部的业务流程,明确了销售、发货、收款等环节的职责和审批权限,同时明确了法务部审查和审批权限,以保证公司正常有序运行。

2. 重新梳理原有部门工作职责与岗位职责,完善管理流程

企业合法、有效的运行有赖于各部门、各岗位明确职责并且全面履行职责,同时有赖于在日常管理中对法律风险的识别与管理。涉案企业先前虽然按照不同的分工设立了生产部、研发部、管理部等,但是在现实操作中,有些部门治理结构形同虚设,缺乏科学决策、良性运行机制和执行力,并且在内部机构设计中存在不科学,权责分配不合理的情况。

根据上述问题,涉案企业全面梳理了相关部门的职责,制定完善了相应的管理流程。同时对不同部门涉及的风险制定了相应的整改措施。在人事管理方面,从人力资源结构、关键岗位人员管理、人力资源激励约束、退出机制等方面明确人力资源的引进、开发、使用、培养、考核、激励、退出等管理要求,实现人力资源的合理配置。在采购方面,从采购计划、供应商选择、产品报价、采购验收、付款审核等方面全面梳理采购业务流程,完善采购业务相关管理制度,统筹安排采购计划,明确请购、审批、购买、验收、付

款等环节的职责和审批权限,按照规定的审批权限和程序办理采购业务。在研发方面,从研究项目的论证到研发人员的配备管理、研究成果的转化、保护等方面,强化研发全过程管理,规范研发行为,促进研发成果的转化和有效利用,以提升公司自主创新能力。在资产管理方面,公司全面梳理了资产管理流程,对关键薄弱环节采取由总经理特批的方法加强管理,以提高公司的企业管理水平,保护公司资产,预防公司存货的非法利用。在生产管理方面,涉案企业明确了安全生产的社会职责和义务,同时强调在生产管理中要切实重视安全生产、产品质量、环境保护、节约资源、促进就业、员工权益保护等内容。

(五)培育企业合规文化

1. 开展企业合规培训

涉案企业在本次合规培训中,针对公司中层以上员工、管理人员开展了3次专项合规培训。具体包括:刑事合规专项培训。培训主题为:企业知识产权刑事法律风险防范。主要内容包括:知识产权类犯罪(包括著作权、商标权、专利权、商业秘密)的类型、法律和司法解释规定、量刑标准、公安机关的立案标准、法律释义、犯罪构成要件、典型案例。同时培训还针对XX公司作为生产型企业的属性,向员工开展了关于重大责任事故罪相关法律知识的普及。通过培训,涉案企业员工对涉及知识产权类犯罪以及涉及重大责任事故罪的相关法律规定、法律解释有了充分的了解,同时也加强了员工遵纪守法的思想意识。

民事合规专项培训。培训主题为:企业民事法律风险防范。主要内容包括:《民法典》体系介绍、企业民事权利与民事责任、企业交易规则、企业交易风险等。《民法典》体系培训包括《民法典》各分章基本内容介绍以及基础法律术语介绍,以便涉案企业员工了解掌握民事法律关系的基本框架与内容,对民事法律关系有了基本的感性认识;企业民事权利和民事责任主要包括企业民事权利的主要内容,讲解与企业人格权、物权、债权、知识产权相关的法律概念,同时通过讲解相关案例解释企业人格权、物权、债权、知识产权相关的内涵;企业交易规则主要介绍合同相关的内容,包括合同订立、履行、解除等基本合同制度,同时介绍了买卖合同、承揽合同两类基础有名合同;企业市场交易风险主要从违约风险、侵权风险、担保风险展开,介绍公司最容易引发且最常见的民事法律风险。

企业知识产权保护专项培训。主要内容包括我国《著作权法》、《专利法》、《商标法》、商业秘密及其他知识产权的基本法律规范。《著作权法》部分主要讲解了我国著作权法的基本内容与主要的侵权行为表现,同时介绍了几种企业应当注意的高风险的侵权表现形式。《专利法》部分,主要介绍了《专利法》保护的三种不同的权利客体,包括外观设计专利、实用新型专利、发明专利;同时还介绍了专利授予的实质性要件。《商标法》部分主要介绍了《商标法》的取得原则和商标注册申请的主要程序性内容,以及注册商标专用权的保护，商标侵权的表现形式等。其他知识产权部分，主要介绍了商业秘密以及反不正当竞争法体系下的企业知名商品、包装、装潢以及商号、域名等的基本内容与侵权表现。

通过培训，涉案公司主要管理人员对我国的基本民事法律、主要刑事法律、知识产权法体系有了一个系统全面的了解和掌握，同时对企业涉及的有关企业风险与知识产权侵权行为表现有了更深刻的了解。培训增强了涉案企业的风险防范意识和知识产权保护意识，培育了尊重他人知识产权的意识以及防范本公司知识产权侵权的意识，同时对该公司员工日后的行为规范起到了积极的指引作用。XX公司承诺在日后将持续重视对企业员工知识产权相关知识的培训和指引，将保护与尊重知识产权的理念注入每一位企业员工的意识中。

2. 建立合规举报途径，完善合规调查流程

合规举报是公司合规管理体系建设的重要一环，它起着连接沟通考核、宣传动员、震慑和惩罚以及激励作用。举报途径的建立，将为涉案企业与员工乃至人民群众建立交流沟通的有效渠道，可以为涉案企业提供大量有用信息方便公司及时掌握相关的风险；通过举报也可以提高员工的监督意识，强化员工的参与意识，增强员工行使检举权利的主动性。除此之外，合规举报机制可以通过开展举报工作对公司实行监控，特别是将公司置于人民群众和相关机关的联合监督之下，可以有效预防和震慑违法犯罪行为，对举报有功人员进行适当的奖励，也可以进一步激发员工或群众的举报热情，调动员工或群众的积极性。

涉案企业在本次合规管理中，专门设立了企业内部投诉举报通道，通过设立匿名举报箱、投诉专用电子邮箱以及企业内部办公系统投诉通道、口头举报等渠道，为企业合规举报开通了投诉举报途径。公司将安排专人维护上述投诉通道，同时承诺对投诉人的个人信息予以绝对保密。公司鼓励全体员工进行合规检举揭发。在企业合规机构接到举报信息后，涉案企业完善了针对举报内容的内部合规调查流程，规范了内部合规调查的方式。

3. 修改员工手册，公示企业领导合规承诺

除上述工作外，涉案企业还对员工手册进行了相应的修改，在员工手册中公示企业领导的合规承诺，以此向全体员工有效传达公司合规管理的决心与态度，同时为员工的日常工作提供基本工作遵循。

六、第三方组织监督、检查、评估、考核情况

本组织在涉案企业进行合规管理中，对企业进行了有效的监督管理。具体而言，包括下列几种评估、监督方式。

（一）建章立制，确定工作方案

在接受委托后，对照《合规指导意见》要求，本组织第一时间召开第三方组织工作会议，建立工作机制，明确任务分工。20××年×月×日，再次召开第三方组织考察协商会议，及时讨论研究涉案企业提交的企业合规管理计划，细化具体整改要求和时间节点，确定合规考察期限。

（二）走访、问询、调查

20××年×月×日，本组织对涉案企业进行了现场走访考察，现场检查了涉案企业的办公地点，对涉案企业主要负责人以及部分员工做了相应的问询与交谈，问询与交谈主要围绕涉案企业开展合规管理的具体细节展开，针对企业面临的主要问题进行了相应的了解。听取了涉案企业主要负责人对公司的基本情况、业务开展情况、知识产权、合规管理计划的落实与开展等情况的介绍。同时，涉案企业的外聘法律顾问团队，还对涉案的相关案件背景以及本次合规管理计划的制定原则与方向做了基本介绍。

本组织通过该工作汇报，更加深入地了解了涉案的案件背景，同时对涉案企业面临的主要问题与管理漏洞有了更深刻的认识。据此对涉案企业的相关工作提出了建议，建议主要内容包括企业合规管理计划的制定、落实，合规管理措施中关于劳动者权益保障，公司制度建设的合法程序等。涉案企业对此予以认可并承诺进行整改完善。

（三）召开第三方组织考察协商会议

×月××日和×月××日，上海市XX区工商联召集本组织召开“企业合规第三方组织考察协商会议”，听取涉案企业8月的企业合规管理工作汇报，查阅了涉案企业在合规管理过程中形成的主要文件、会议资料，包括会议纪要、内部决议、相关规章制度、培训提纲、现场照片等资料，并听取了涉案企业的现场陈述，对涉案企业的合规管理工作展开了内部讨论，研究形成了企业合规考察报告。

（四）监督涉案企业做定期汇报

本组织还要求涉案企业根据企业合规管理计划定期提交书面报告。根据本组织的要求，XX公司分别于20××年×月××日、20××年×月××日、20××年×月××日、20××年×月××日，向本组织提交了半月度合规管理工作汇报。半月度的合规管理工作汇报，主要围绕企业合规管理计划的单项计划展开，由涉案企业对相关工作的开展情况进行全面的介绍与阐述。20××年×月××日，XX公司提交《XX公司企业合规管理工作总结报告》，就两个月的企业合规管理工作进行全面总结。通过书面报告，本组织对涉案企业的合规管理工作有了更具体、更全面的了解，同时有效监督了涉案企业的合规管理计划的执行。

七、第三方组织监督评估程序、方法和依据

本组织成立后，严格按照《合规指导意见》及上海市人民检察院等9个部门联合制

定的《上海市涉案企业合规第三方监督评估组织运行规则(试行)》的要求,开展第三方组织的检查、评估和考察工作。

八、监督评估结论

涉案企业在本次合规管理中,基本按照合规管理计划的安排完成了相应的合规整改内容。在2个月的合规监管过程中,能配合本组织的工作,接受调查、问询,同时能够对本组织提出的建议或意见做积极的回应。本组织在此次合规过程中,看到了涉案企业合规管理的决心与态度,同时也见证了涉案企业合规管理工作的顺利开展。我们认为涉案企业整改决心坚定,已按照合规计划全面开展合规工作,并且经本组织测试符合有效性评估标准。鉴于此,本组织对XX公司涉案企业合规整改情况评定为合格。

涉案企业合规第三方组织

专业人员签名:

20××年×月×日

第十五章　第三方监督评估机制的监督

第一节　第三方监督评估机制的监督的必要性

一、企业合规体系建设的必要环节

企业合规改革试点工作是检察机关贯彻落实习近平法治思想、党中央重大决策部署的一项重要履职创新举措,在服务保障经济社会高质量发展、助推国家治理体系和治理能力现代化、保障更高水平的对外开放等方面具有重要意义,需要社会各方面全力以赴,推动试点工作向纵深发展,特别是在构建第三方机制上更要凝心聚力、共同抓好落实。要严格按照法律、根据政策要求开展企业合规改革试点,做到于法有据、有章可循。要精准定位,围绕涉案企业涉案事项开展专项合规,防止涉案企业再次发生相同或者类似的违法犯罪。要搭准城市脉动,在案件领域和机制构建上融合本地区位特色,提升工作引领性。

二、保障第三方监督评估机制运行的公正性

涉案企业合规建设,是指涉案企业针对与涉嫌犯罪有密切联系的合规风险,制定专项合规整改计划,完善企业治理结构,健全内部规章制度,形成有效合规管理体系的活动。涉案企业合规评估,是指第三方组织对涉案企业专项合规整改计划和相关合规管理体系的有效性进行了解、评价、监督和考察的活动。涉案企业合规审查,是指负责办理案件的人民检察院对第三方组织的评估过程和结论进行审核。针对未启动第三方机制的小微企业合规,可以由人民检察院对其提交的合规计划和整改报告进行审查。对于涉案企业合规建设经评估符合有效性标准的,人民检察院可以参考评估结论依法作出不批准逮捕、变更强制措施、不起诉的决定,提出从宽处罚的量刑建议,或者向有关主管机关提出从宽处罚、处分的检察意见。因此,第三方机制为检察机关的刑事处理结果提供重要参考,可能涉及适用强制措施与否、起诉与否、从宽与否的重要决定,对第三方机制考察结果的公正性、专业性具有重要影响。对于涉案企业合规建设经评估未达到

有效性标准或者采用弄虚作假手段骗取评估结论的，人民检察院可以依法作出批准逮捕、起诉的决定，提出从严处罚的量刑建议，或者向有关主管机关提出从严处罚、处分的检察意见。

三、保障第三方监督评估机制运行的程序性

程序正义即为“看得见的正义”，用最通俗的语言解释，就是案件不仅要判得正确、公平，完全符合实体法的规定和精神，而且还应当使人感受到判决过程的公平性和合理性。换句话说，司法机构对一个案件的判决，即使非常公正、合理、合法，也还是不够的；要使裁判结论得到人们的普遍认可，裁判者必须确保判决过程符合公正、正义的要求。第三方机制虽不同于司法裁判，但其保证严格依法依规，确保依程序进行具有重要意义：一方面，第三方机制的评估结果对刑事处理结果会产生重要影响，只有保证统一程序、统一标准，才能够使评估结果具有统一性、公正性；另一方面，第三方监督评估程序是被考察企业、社会公众可感可触的过程，会直接影响其对考察公正性和专业性的判断，也是达成第三方机制所具有的“教育”“整改”“恢复”功能的必要过程。因此，推进合规标准、考察程序、行刑衔接等实践操作层面问题的解决，依据第三方机制管委会章程、第三方专业人员名录库管理办法、第三方组织运行规范等规范性文件开展监督，是第三方机制顺利、公正、有效运行的基础工作和必要环节。

第二节　第三方监督评估机制的监督的原则

一、指导性与独立性相统一原则

第三方机制的监督，是主管机构、检察机关等主体，对进行第三方合规监督的组织、人员及整个过程的监督。在监督过程中，监督主体要做到对被监督主体指导性的监督，避免监督评估过程出现瑕疵甚至错误，避免监督人员怠于履职、错误履职。实践中，参加第三方监督评估的专业人员，应当根据《合规指导意见》及其配套文件的规定，全面履职，认真审查合规计划，对合规计划的执行及完成情况切实检查、评估和考核，实质性参与监督评估工作，坚决防止“挂名”“跟团”监督评估，充分发挥自身专业优势，从不同角度参与监督评估工作，推动第三方组织分工不分家，真正形成合力。因此，另一方面，在监督过程中，同时应当尊重第三方监督考察工作的独立性，对考察工作的监督应当尽可能不为第三方监督考察设置障碍、过量增加工作，也不能对监督考察的过程和结果进行干预。

二、常态化与随机性相结合原则

第三方组织开展监督评估，应通过改革试点工作督促涉案企业“真整改”“真合规”，其重要前提是第三方组织、人员要做到“真监督”“真评估”，应当防止企业合规整改成为走过场的“纸面合规”、可改可不改的“软约束”，不能让合规改革成为涉案企业无条件“免罚金牌”。对第三方监督评估工作的监督，是确保监督考察工作产生实效的重要保证，监督虚置或者监督不力，可能导致负责第三方监督评估工作的第三方组织失去约束，出现监督考察的“走过场”导致企业合规整改的“走过场”等情况。这就要求织密监督网络，在建立常态化监督的基础上，配套使用随机性监督措施，通过设置“飞行检察”方式，打通“公众监督”渠道等形式，确保监督效果。

三、多方参与监督原则

除第三方机制管理委员会和检察机关监督外，被评估考察企业和其他社会主体也应当成为监督主体。被评估考察企业作为监督评估的对象，对第三方组织的监督评估工作有着最直观的亲历性，可以第一时间发现第三方组织履职不力或者错误履职的情形，应当作为监督的重要方式，畅通救济和反映问题渠道，发挥监督实效作用。社会监督是指由国家机关以外的社会组织和公民对各种法律活动的合法性进行的不具有直接法律效力的监督，主要有公民监督和舆论监督两种社会监督，其监督主体是不具有国家权力的各政治党派、社会团体、群众组织、公民个人和大众传媒等社会力量，这种监督的特点是非国家权力性和法律强制性，监督的实现在很大程度上取决于国家的民主化水平和有关人员的法律意识、民主观念、道德水平以及社会舆论的作用。社会监督是对第三方机制的有效、充分监督的重要补充。

第三节　第三方监督评估机制的监督的主体

一、企业合规第三方机制管委会

第三方机制管委会是承担对第三方机制的宏观指导、具体管理、日常监督、统筹协调等职责，确保第三方机制依法、有序、规范运行，以及第三方组织及其组成人员依法依规履行职责的议事协调机构。依据《合规指导意见实施细则》，第三方机制管委会负有“研究制定第三方机制专业人员名录库的入库条件和管理办法”和“对第三方组织开展日常监督和巡回检查”的职责。

第三方机制管委会下设办公室作为常设机构，负责承担管委会的日常工作。第三方机制管委会办公室拥有对第三方机制专业人员名录库的日常管理、动态调整的职能，有权建立禁入名单等惩戒机制；根据办案检察机关的商请启动第三方机制，组建第三方组织并指定工作牵头负责人，或者审定由第三方组织组成人员民主推举的负责人，将第三方组织人员名单向社会公示，并报送办案检察机关备案；受理涉案企业、个人、其他相关单位、人员对选任的第三方组织组成人员的异议，或者第三方组织组成人员的回避申请，及时调查核实并视情做出调整；受理在第三方机制运行期间，涉案企业及其人员对选任的第三方组织及其成员违反义务、行为不当、利益冲突、违法犯罪等情形的反映和异议，并进行调查核实；受理在第三方机制运行期间，检察机关对选任的第三方组织及其成员违反义务、行为不当、利益冲突、违法犯罪等情形的意见建议，并进行调查核实；对选任的第三方组织及其成员开展日常监督，建立健全第三方机制专业人员履职台账，作为确定考核结果的重要参考；对选任的第三方组织及其成员业务培训、考核评价，确保其依法依规履行职责；对第三方组织和下级第三方机制管委会开展日常监督和巡回检查。第三方机制管委会办公室牵头组建巡回检查小组，邀请人大代表、政协委员、人民监督员、退休法官、检察官以及会计审计等相关领域的专家学者担任巡回检查小组成员，对下级第三方机制管委会和相关第三方组织及其组成人员的履职情况开展不预先告知的现场抽查和跟踪监督。

二、检察机关

检察机关是代表国家依法行使检察权的国家机关，其主要职责是追究刑事责任，提起公诉和实施法律监督。在对涉案企业合规的探索过程中，检察机关的定位存在一个由模糊到清晰、由直接介入到间接介入的变化过程。在第一期试点中，试点地区检察机关开展企业合规主要有三种探索模式：由检察机关监督评估；由行政主管部门或企业所在街道、乡镇政府监督评估；由第三方监督评估。在该阶段，检察机关在企业合规中的地位有监督者、评估者、监管者等争议，定位不甚明晰，“裁判”“监督”一体的质疑也甚嚣尘上。在第二期试点中，检察机关着眼解决考察与监督的权力冲突问题，特别是在《合规指导意见》出台后，涉案企业合规呈现了“办案主体—涉案企业—第三方组织”的三方结构，检察机关作为办案主体的同时，明确了第三方机制管委会成员和企业合规监督者的定位。有观点认为，试点后期的合规不起诉机制的运行中，检察机关针对涉案企业合规体系的检察监督，实际上被涵盖在第三方机制管委会的职能之中，即认为检察机关对涉案企业合规的法律监督与第三方机制管委会的监督重合并具有可替代性。我们认为，在涉案企业合规中，检察机关的法律监督不能等同于第三方机制管委会的监督，具有重要的独立价值。根据《合规指导意见》及相关合规法律文件，检察机关对涉案企业的合规监督职责可以分为宏观层面检察监督和微观层面检察监督，宏观层面包括履行第三方机制管委会成员监督职责、推动试点地区完善第三方机制等内容，在宏观层面检察机关的监督与第三方机制管委会的监督具有高度一致性；而微观方面则包括第三方机制的启动、对第三方机制运行的法律监督、评估结果的运用等内容，法律监督贯穿涉案企业合规的整个过程，是涉案企业合规制度公平、公正、有效开展的重要保障。目前，在企业合规成为理论和实务热点问题的背景下,微观层面的企业合规检察监督问题研究却呈现偏冷态势,一方面,如前文所述,检察机关作为第三方机制管委会的成员,企业合规检察监督被视为第三方机制管委会履职的一部分而被忽视;另一方面,实践中企业合规检察监督工作还存在启动程序不统一、考察监督不同步、结果运用不公开等问题。构建一个立体化、全流程的涉案企业合规检察监督制度,有利于规范涉案企业合规启动、考察流程,为企业合规结果运用和效果持续提供有力支撑。

三、涉案企业和社会公众

涉案企业是第三方机制的评估对象,涉案企业及企业人员应当按照时限要求认真履行合规计划,不得实施拒不履行或者变相不履行合规计划、拒不配合第三方监管人合规考察或者其他严重违反合规计划的行为。涉案企业及其人员在第三方监管制度运行期间也具有相应的控告、申诉等救济权利,如认为第三方监管人或其组成人员存在行为不当或者涉嫌违法犯罪的,有权向负责选任第三方监管人的第三方监管委员会反映或提出异议,或者向负责办理案件的人民检察院提出申诉、控告。因此,涉案企业既是第三方组织的监督对象,也是第三方组织的监督主体。

第三方监督评估工作的监督与约束,不仅是第三方机制委员会和检察机关的责任,更需要社会公众的参与,这里的社会公众既包括公民,也包括法人和其他社会组织,因此人民监督员、人大代表、利害关系企业等对第三方监督评估工作的监督,均属于社会公众监督。从社会公众层面,社会公众参与监督能够提高社会公众对企业合规工作的认识,增强公众的守法合规意识,监督企业的相关行为,弥补司法行政机关单方面监管的局限性;在企业层面,社会公众监督能够刺激企业在管理和技术上创新,激发企业的社会责任感。

第四节　企业合规第三方机制管委会监督

一、巡回检查机制

第三方机制管委会对第三方监督评估工作的开展负有监督主体责任,各级第三方机制管委会承担本级专业人员名录库的监管责任。巡回检查机制是指第三方机制管委会通过巡回检查小组对专业人员的履职情况进行日常监督和巡回检查,开展不预先告知的现场抽查和跟踪监督。巡回检查小组是第三方机制管委会办公室牵头组建的巡回检查小组,邀请人大代表、政协委员、人民监督员、退休法官、检察官以及会计审计等相关领域的专家学者担任巡回检查小组成员,对下级第三方机制管委会和相关第三方组织及其组成人员的履职情况开展不预先告知的现场抽查和跟踪监督。第三方组织及其组成人员应主动配合第三方机制管委会巡回检查小组的日常监督和巡回检查。巡回检查小组开展现场抽查和跟踪监督，第三方组织及其成员应当按照要求汇报履职情况。第三方机制管委会办公室应当将巡回检查情况及时报告第三方机制管委会及其联席会议，并提出改进工作的意见和建议。

巡回检查对象方面，巡回检查小组可以对以下事项开展巡回检查：(1)本级第三方机制管委会选任的第三方组织及其组成人员的履职活动；(2)下级第三方机制管委会及其办公室的履职活动；(3)完成合规考察后本级检察机关办理案件的涉案企业落实合规检查、评估和考核意见的情况；(4)本级第三方机制管委会联席会议确定的其他事项。

巡回检查方式方面，巡回检查小组可以采取下列方式开展巡回检查：(1)检查涉案企业合规计划、定期书面报告、第三方组织书面考察报告等合规材料；(2)到涉案企业检查合规建设、考察和评估情况；(3)对涉案企业负责人及相关人员就合规计划、建设、考察和评估情况及第三方组织人员的履职情况进行访谈；(4)对第三方组织成员就合规计划、建设、考察和评估情况及自身履职情况进行访谈；(5)检查下级第三方机制管委会及其办公室有关文件资料，列席其成员单位联席会议。

巡回检查处理方面，巡回检查小组对在本级第三方机制管委会选任的第三方组织或者下级管委会及其办公室日常监督、巡回检查中发现的问题，可以根据情况向本级第三方机制管委会提出不同的处理意见和建议：(1)情节较轻的，予以口头纠正；(2)情节较重的，予以书面批评建议；(3)可能影响第三方监督、评估效果的，建议延长第三方组织考察期限，或者中止、终止第三方机制；(4)重新启动第三方机制。相关情况，应当商请办案检察机关同意。

二、惩戒机制

惩戒机制是对第三方组织成员实施不当行为的惩罚措施。如依据《上海市涉案企业合规第三方监督评估组织运行规则(试行)》(以下简称《运行规则》)第39条的规定，第三方机制管委会在日常履职、人民检察院在备案审查或巡回检查小组在巡回检查过程中，发现第三方组织成员存在第37条第1款规定的情形，对第三方机制运行造成严重影响的，或者实施其他违反社会公德、职业伦理的行为，严重损害第三方组织形象或公信力的，向有关主管机关、所属有关行业协会等提出惩戒建议；涉嫌违法犯罪的，及时向公安司法机关报案或者举报，由第三方机制管委会按照章程规定责令其退出第三方机制专业人员名录库，并列入禁入名单。

专业人员名录库成员入选第三方组织后，在履职时需履行下列职责：(1)履行诚实、信用、谨慎、中立的义务，按照规定的权限和程序，遵照利益回避有关要求，依法、独立、客观、公正地进行涉案企业合规第三方监督评估；(2)参与审查涉案企业制定合规计划的可行性、有效性和全面性,提出修改完善的意见、建议;(3)在合规考察期内,可以针对涉案企业合规计划、定期书面报告参与开展必要的检查、评估;(4)合规考察期届满后,参与对涉案企业合规计划的完成情况进行检查、评估和考核,参与制作完成合规考察书面报告,并对所签署的意见负责;(5)根据办理案件的人民检察院的要求,参加涉案企业的听证会;(6)合规考察期限内,发现涉案企业或其人员尚未被办案机关掌握的犯罪事实或者新实施的犯罪行为、新出现的不合规行为,及时向第三方机制管委会及负责办理案件的人民检察院报告;(7)法律、法规规定的其他职责。

专业人员名录库成员不得有下列禁止性行为①:(1)妨碍涉案企业合规第三方监督评估的正常进行及案件公正处理;(2)为规避利益冲突,不能承接涉案企业等的业务,而故意拒绝参加第三方组织的监督评估活动,但确需经第三方机制管委会同意的除外;(3)泄露履职过程中知悉的国家秘密、商业秘密、个人隐私和案件信息;(4)利用成员身份发表、从事与履职无关的言行,造成负面影响或者后果;(5)利用履职便利,索取、收受贿赂或者非法侵占涉案企业、个人的财物;(6)利用履职便利,干扰涉案企业的正常生产经营活动;(7)损害涉案企业合法权益的其他行为。同时,在考核时有下列情形之一的,第三方机制专业人员考核评价结果应当确定为不合格:(1)无正当理由不参加第三方组织工作,或者不接受第三方机制管委会分配工作任务的;(2)在履行第三方监督评估职责时不负责任,致使工作出现重大失误,造成不良影响的;(3)在履行第三方监督评估职责时存在不当行为,涉案企业向第三方机制管委会反映或者提出异议,造成不良影响的;(4)其他造成不良影响或者损害第三方组织形象或公信力的情形。

具有上述负面情形的,第三方机制管委会对违反有关义务的第三方机制专业人员,可以谈话提醒、批评教育,或者视情通报其所在单位或者所属有关协会组织,情节严重或者造成严重后果的可以将其调整出库。专业人员名录库成员因违纪违法情形被调整出库的,应当列入名录库禁入名单。构成犯罪的,依法追究刑事责任。各管委会应当将以上情况汇总上报,实现信息共享。

三、救济机制

专业人员名录库成员对本人处理有异议的,可向第三方机制管委会提交书面申辩。第三方机制管委会应当在收到申辩书7个工作日内答复在库成员;需进一步核查的,视核查情况予以延长至1个月。

---

① 详见《上海市涉案企业合规第三方监督评估机制专业人员名录库管理办法(试行)》。

第五节　检察监督

一、对第三方机制的启动监督

检察机关应注重与公安机关、辖区内重点企业的监督。涉案企业合规旨在通过针对性的改善意见和适当的刑罚激励机制，推动涉案企业以刑事法律的标准识别、评估和预防公司的刑事风险，制定并实施遵守刑事法律的计划和措施，避免企业或企业员工的犯罪行为给企业带来的超过负荷刑事责任。这种具有激励和谦抑价值的制度对及时性介入有着重要的需求，通过在刑事案件入口的把关和先导处理，可以使合规效果得到充分发挥和显著提升。在与公安机关监督和配合层面，检察机关应与侦查机关建立涉企案件平行通报制度。依托最高人民检察院、公安部《关于健全完善侦查监督与协作配合机制的意见》强化提前介入和侦查监督。第一，依托各地侦查监督与协作配合办公室，将涉企案件合规可能性的初筛作为派驻检察官的重要履职内容，通过对涉企案件的依法适时介入，在第一时间研判案件线索，对适合进入合规程序的涉企案件及时启动协调和引导程序，加快办案节奏，避免拖延和诉累。第二，利用检察机关监督办案数据与公安机关共享制度，实现数据的双向交换、共享，推动企业合规案源发现，检察机关与公安机关通过协同信息化、智能化建设，将企业合规纳入大数据协同办案，实现合规案件专门案卡、标签，检察机关通过网上案件查阅和流转对合规案件实现第一时间发现和实时监督。

在对辖区内重点企业监督层面，检察机关应与重点企业建立刑事案件沟通协调机制，具体要求包括：第一，企业对企业内部员工犯罪案件应当在发现后第一时间平行通报。企业通过内部管理，利用专业优势，往往可以比司法机关更早接触企业内部犯罪线索，在发现犯罪线索后应及时通报，避免不规范自行取证导致重要证据灭失、刑事案件公司内部消化导致后果恶化等问题。第二，检察机关在接到企业通报后，应迅速作出反应，通过提前介入的方式会同侦查机关共同行动，尽早对案件定性，一方面，对于属于刑事范畴的案件，及时提出侦查方向及证据收集意见；另一方面，对于属于民事范畴的企业用工纠纷等问题，避免进入刑事程序，做好释法说理工作并及时移交职能部门处理。第三，在处理该类型刑事案件的过程中，检察机关要与企业进行充分沟通，对于企业提出的合理要求，应当尽量满足。如在企业高级管理人员职务侵占、挪用公款案件中，企业为避免商誉受损、员工受负面情绪波及，提出制作笔录、搜查等工作避开上班时间，案件审查及起诉过程中相对保密等要求，检察机关应当在不违反法律及办案规定的情况下予以满足，做到打击犯罪过程中对企业利益伤害的最小化。

二、检察机关对企业合规“启动”的监督

在合规程序启动阶段，检察机关对简式合规和范式合规的监督存在差异。对于简

式合规的启动监督主要聚焦于“适格性审查”，对涉案企业适用简式流程除应当满足自愿认罪认罚、自愿适用合规简式流程和正常经营条件外，还应当着重考察以下内容：第一，不法行为的社会危害性较小；第二，涉案企业、个人系初犯、偶犯；第三，涉案企业接受或承诺接受行政执法机关处罚的，及其他应当综合考量的因素。在启动程序上，简式合规检察监督应当由检察机关进行合规必要性审查和社会调查，经审查认为可适用企业合规简式程序考察的，应当制作《适用企业合规监督评估机制简式流程决定书》，明确案情及开展刑事合规考察理由等情况。简式合规由检察机关向涉案企业制发《企业合规检察建议书》的启动合规考察，涉案企业合规整改主要围绕《企业合规检察建议书》的内容开展，可不再另行提交企业合规计划。

对范式合规的启动监督除“适格性审查”外还应注重“第三方机制必要性审查”，检察机关应依法履行涉案企业合规第三方机制的启动权能，这是涉案企业合规全流程法律监督的起点，在该阶段，应当注重三个节点。第一，检察机关在办理涉企犯罪案件的过程中，应将是否“适用第三方机制”作为审查的内容，应当告知涉案企业和相关个人有认罪认罚从宽制度和第三方机制的程序选择权。第二，对于追诉对象自愿认罪认罚、自愿适用第三方机制的，应当实质性开展社会调查工作，通过实地走访、调取材料、大数据研判等方式，着重审查涉案企业资质，主要围绕企业经营状况、企业合规程度和合规可能性等问题进行评估。对于互联网、知识产权等专业性较强领域企业的社会调查工作，可以委托专业性较强、具有社会调查资质的民办非营利组织、社会团体等开展。第三，保障机制启动的“申请权”，除检察机关依职权启动外，涉案企业、个人及相关适格主体，有权申请启动第三方机制，检察机关应当在收到申请材料后及时进行审查，对于符合条件的申请开展社会调查工作，应着重保障申请人的知情权，对于未通过审查或社会调查的，应当及时采取书面形式告知申请人申请结果和理由，做好释法说理工作。

三、合规考察组织的检察监督

范式合规的主要考察手段是第三方组织的考察。对合规组织的监督，是第三方机制管委会及巡回检查小组的监督职责，检察机关作为成员负有相应的监督责任，但我们不应将该监督与检察机关法律监督职能混同，检察机关对负责合规的第三方组织及其考察过程有全过程独立监督的权责。在对第三方组织监督方面，检察机关对第三方机制管委会抽取或指定的第三方组织成员名单具有备案审查职责，需要注意的是，该职责不是程序性审查，应当进行实质审查，重点围绕是否存在回避、弄虚作假或受过相关处分可能影响考察公正性等情形。第一，第三方机制管委会根据同级人民检察院的商请，遵循“一案一选”的原则，根据执行合规计划对专业能力的具体要求，从第三方机制专业人员名录库随机抽选三名以上奇数专业人员，作为第三方专业人员全程参与合规计划的执行与评估。第二，第三方机制管委会应当将抽选的专业人员，及时向社会公开公示，并同时报送负责办理案件的人民检察院备案。第三，人民检察院发现，或经涉案企业、社会第三方异议第三方专业人员具有下列情形的，应移交第三方机制管委会调查核实，重新抽选专业人员：抽选的人员在两年内与被监督评估企业有过聘任、委托、合作关系，或与被监督评估企业存在其他重大利益关系应当回避的；被监督评估企业或社会第三方对抽选人员提出书面异议并有合理理由；存在其他可能影响监督结果客观、公平、公正的情形。

四、合规有效性审查的检察监督

企业合规制度运行的核心目标是合规有效性，因此，避免企业为逃避刑事处罚而进行“纸面合规”，避免企业合规激励机制成为“寻租”工具，避免合规管理给企业造成不必要的负担成为检察机关的重点监督内容。在监督内容上，应当保障全面性与专业性相结合，覆盖合规计划、考察期限、第三方组织履职情况、考察程序中止或终止等方面，做到关键节点和重要方面的全过程监督。其中，应对合规计划、评估标准和审查方法方面进行重点监督。

在合规计划检察监督方面，根据《合规指导意见实施细则》第 29 条，第三方组织应当就合规计划向检察机关征求意见。合规计划是由涉案企业在法律规定的范围内，结合其自身的经营管理模式、规章制度等，设立的一套风险防范机制。有效的合规计划至少要包含合规政策、合规组织、合规预防、合规识别、合规应对等基本要素，根据企业规模和专项合规领域的不同，各要素的建设方式和繁简程度可以有所区别。[①] 检察机关在审查过程中，应当注重合规的系统性架构和个别化措施，杜绝“一揽子"的综合合规计划。合规计划应与涉案领域直接相关，针对特定合规风险，综合企业个体情形制定专项合规计划，具备“防止再次发生相同或者类似的违法犯罪”的效果。对合规计划的监督还应该包含对“合规计划”的出具方，即提供企业合规服务的专业机构或者人员进行监督，企业自行委托的专业机构和人员的，应当及时向检察机关报告，检察机关应着重审查上述机构和人员与第三方组织是否存在可能影响监督评估公正履职的利益关联，对存在问题的应及时纠正，避免第三方组织异化为涉案企业的“利益代言人”。

在合规评估标准方面，评估标准的建设可以从考察类型和考察因素两个方面进行立体构建。考察类型方面，应当以涉案合规风险整改防控为重点，以“行业”为分类设定标尺，结合行业特点、相关行业法律法规、行业法律风险点和行业自有评估指标，制定符

---

① 参见姜昕、刘艳红、高景峰、余波涛、崔议文：《涉案企业合规第三方监督评估机制有效运行的要点及把握》，载《人民检察》2022 年第 9 期。

合涉案行业实际的评估指标体系。如互联网行业数据合规标准的制定,应当考虑互联网企业经营链条脆弱、新兴管理模式等行业特点;《个人信息保护法》《网络安全法》《数据安全法》等法律依据;经营领域网络犯罪易发、反腐败机制不健全、企业文化建设中缺乏法治内容等行业突出的法律风险;以及互联网相关监管部门、行业协会已经发布的行业规范、监管标准、自治标准等。考察因素方面,企业在适用行业标准时,应当有权重调节,而不宜刻板追求标准"静态统一",具体评估指标的权重可以根据涉案企业类型、规模、业务范围、行业特点以及涉罪行为等因素设置,并适当提高合规管理的重点领域、薄弱环节和重要岗位等方面指标的权重。

在审查方法方面,应在充分考虑企业纠错态度、速度和力度等"门槛"指标合格的基础上,进行以下方面的审查:第一,对涉案合规风险的有效识别、控制,涉案企业应当根据涉案原因查找业务管理流程中存在的公司治理漏洞,进而分析公司运行机制的深层问题。第二,合规管理机构或者管理人员的合理配置,应当区别大型企业和中小微企业,大型企业应建立董事会下设的合规管理委员会、首席合规官、合规管理部、业务单元中的合规专员的四级合规组织体系,中小微企业,可以根据企业规模和资金状况合理确定合规组织简化方式,但至少应保证专人专岗负责合规体系建设。① 第三,合规管理制度机制建立以及人力、物力的充分保障,企业应具备专项合规政策和员工手册,内容应明确每一业务活动的风险点,提升可操作性。同时,公司合规人、财、物保障已形成可分辨的通道,保障合规组织的履职独立性和资源充沛性。第四,监测、举报、调查、处理机制及合规绩效评价机制的正常运行,公司应建立和完善相应机制并保障有效运行。第五,合规文化已经基本形成,公司应定期进行合规培训,根据培训的次数、内容、范围及相关记录进行衡量,通过对涉案企业员工采用访谈、问卷、考试等方式综合认定。

五、企业合规评估结果运用的检察监督

检察机关在企业合规制度中承担着结果运用的责任。该职能作为涉案企业合规第三方考察机制的重要刑事激励措施和强制性保障,也是合规参与各主体的关注焦点,设置合理、公正的运用方式十分必要。前端,检察机关应在合规进程中对企业合规计划、书面报告、第三方组织考察报告等进行严格审查,做好引导和监督角色。更进一步,在作出处理决定前,应当运用"听证"方式对考察结果进行公开审查。听证参与人员方面,除涉案企业的诉讼代表人、犯罪嫌疑人及辩护人以外,可以邀请第三方机制管委会成员、人民监督员、听证员等参加听证会,有被害人的案件,应当通知被害人参加。听证过程方面,应主要围绕合规考察必要性、合规考察人员合法性、企业整改情况和评估意见

---

① 参见刘艳红:《涉案企业合规有效性审查的原理与方法》,载《检察日报》2022 年 8 月 1 日,第 3 版。

进行听证,听证结果应作为对被追诉人处理的重要参考。处理结果方面,涉案企业进行有效合规整改的,检察机关可以与犯罪嫌疑单位、犯罪嫌疑人签订认罪认罚从宽具结书,认定相关犯罪嫌疑单位或犯罪嫌疑人“犯罪情节轻微”,依法作出不起诉决定;企业采取有效合规计划的,但依据法律或综合案件情况应当提起公诉的,检察机关应依法提起公诉,并提出从轻处罚的量刑建议;企业经合规考察,认为没有实现合规计划目标的,由检察机关依法提起公诉,但不应以诉讼经济等理由提出从重处罚建议。

第六节　涉案企业和社会公众监督

专业人员所在单位或者所属有关协会组织要认真履行责任,加强对专业人员信息的审核把关,及时向第三方机制管委会报告专业人员专业失范、违法违纪等重大事项。

一、对信息公开的申诉、控告

第三方机制管委会根据同级人民检察院的商请启动第三方机制,一般遵循“一案一组建”的原则,按照以下流程从专业人员名录库中抽选专业人员组建第三方组织:公示备案。第三方机制管委会应当将抽选的专业人员名单,通过官方“两微一端”或者报刊等及时向社会公开公示5个工作日,公示完成后报送负责办理案件的人民检察院备案。公示期间,人民检察院或涉案企业、社会公众对名单提出异议的,第三方机制管委会应当调查核实。经核实具有下列情形之一的,应当重新或补充抽选专业人员:(1)抽选的人员与被监督评估企业存在重大利益关系应当回避的;(2)被监督评估企业或社会第三方对抽选的人员名单提出书面异议并有合理理由的;(3)存在其他可能影响监督结果客观、公平、公正的情形。调整后的第三方组织人员名单应当根据《运行规则》第15条的规定,重新进行备案公示。被决定退出的专业人员在退出决定作出以前所进行的行为是否有效,由第三方机制委员会根据案件情况决定。

同时,第三方名录库应当进行年度公告,第三方机制管委会每年第一季度审核本级专业人员名录库名单,并在相关网站予以公告,供社会查询。在人员管理和变更时,也应及时向社会公告。即第三方机制管委会对专业人员名录库实行动态管理,根据实际情况及时补充或者调整名录库人员,并予以公告。名录库人员的任职期限,一般为3年。专业人员名录库成员自愿申请退出的,需提前7个工作日向第三方机制管委会提出申请,由第三方机制管委会审核通过后收回聘书,并向社会公告。

二、对第三方组织的申诉、控告机制

涉案企业或社会公众认为专业人员存在行为不当或者涉嫌违法犯罪的,可以向第三方机制管委会反映或者提出异议,或者向负责办理案件的人民检察院提出控告、申

诉。涉案企业或其人员在第三方机制运行期间,认为第三方组织或其组成人员违反相关规定的,可以向负责选任第三方组织的第三方机制管委会反映或者提出异议,或者向负责办理案件的人民检察院提出申诉、控告。负责办理案件的人民检察院依法办理涉案企业、个人及其辩护人、诉讼代理人或其他单位、人员在第三方机制运行期间提出的申诉、控告或者有关申请、请求,并按相关规定要求及时答复。

第十六章　检察机关处理决定

涉案企业合规改革与最高人民检察院推行的“少捕慎诉慎押”刑事司法政策在理论上具有内在契合性。检察机关应当准确把握改革内涵，将涉案企业合规改革与贯彻“少捕慎诉慎押”刑事司法政策有机结合，这是贯彻“六稳”方针，落实“六保”任务，促进民营经济高质量发展的内在需要。从两者的辩证关系上看，涉案企业合规制度的实施离不开“少捕慎诉慎押”刑事司法政策的支持，“少捕慎诉慎押”刑事司法政策需要在涉案企业合规制度实施中落实。一方面“少捕慎诉慎押”刑事司法政策为涉案企业合规改革提供了刑事激励，另一方面涉案企业合规改革的稳步推进反作用于“少捕慎诉慎押”刑事司法政策的落实。连接两者的关键点在涉案企业合规考察评估结果，涉案企业合规考察评估结果的运用，关系到对涉案企业的实体处理，是涉案企业合规制度的核心。根据《合规指导意见》第 14 条的规定，人民检察院在办理涉企犯罪案件过程中，应当将第三方组织合规考察书面报告、涉案企业合规计划、定期书面报告等合规材料，作为依法作出批准或者不批准逮捕、起诉或者不起诉以及是否变更强制措施等决定，提出量刑建议或者检察建议、检察意见的重要参考。人民检察院发现涉案企业在预防犯罪方面制度不健全、不落实，管理不完善，存在违法犯罪隐患，需要及时消除的，可以结合合规材料，向涉案企业提出检察建议。目前涉案企业合规改革中，合规成果主要适用于以下几个方面：批准逮捕或不批准逮捕；起诉或不起诉；变更强制措施；提出量刑建议；提出检察建议、检察意见。

第一节　强制措施适用

羁押强制措施直接限制和剥夺犯罪嫌疑人、被告人的人身自由，受羁押的犯罪嫌疑人、被告人在羁押期间基本丧失了从事正常社会活动的必要条件，尤其是涉案的企业家，在被羁押期间无法开展正常的企业经营和管理，企业发展可能因此陷入困境。因此，在涉企犯罪案件的办理中，办案机关应当依法审慎地采用限制人身和财产权利的强制措施。最高人民检察院检察长张军明确指出，涉案企业合规改革的直接目的是避免办一个案子、垮一个企业、下岗一批职工；更高的目的则是通过办好每一个案子，积极营造法治化营商环境。涉案企业合规改革是检察机关探索的以谦抑和轻缓方式办理涉案犯罪案件，尝试将企业合规作为对涉案企业及责任人从宽处理的理性依据。自2020年最高人民检察院启动涉案企业合规改革试点以来，涉案企业合规与“少捕慎诉慎押”刑事司法理念相结合，推动了“合规不捕”“合规不起诉”“合规轻缓量刑”的司法实践。

一、企业合规是检察机关决定是否批准逮捕的重要参考

“少捕”要求检察机关谨慎适用逮捕措施，在涉案企业及相关人员的个案中，重点考量刑罚要件、证据要件、社会危险性要件以及企业实施合规检察制度的条件、决心、力度及效果，以此作为评判犯罪嫌疑人悔罪表现等各方面因素，综合判断是否对其采取逮捕措施。[①] 检察机关在审查逮捕的过程中，如果发现案件符合涉案企业合规改革的适用条件，涉案企业和行为人自愿合规整改，检察机关视案情可以对真诚悔过、社会危险性较低的涉罪企业家依法作出不批准逮捕的决定。例如，最高人民检察院在发布的第三批涉案企业合规典型案例中，上海Z公司、陈某某等人非法获取计算机信息系统数据案就是“合规不捕”的示范。在该案中，Z公司为了提供超范围数据服务而吸引更多客户，由其首席技术官陈某某指使汤某某等多名公司技术人员，通过爬虫程序，非法获取外卖平台公司数据，涉嫌非法获取计算机信息系统数据罪。2020年8月，上海市公安局普陀分局提请上海市普陀区人民检察院审查逮捕陈某某等人，检察院经审查认为该案符合合规改革适用条件，于是在审查后决定不批准逮捕，并提前介入侦查，引导公安机关收集合规信息与材料，为后续合规工作的高效开展奠定基础。因此，检察机关办理涉案企业合规案件，结合涉案企业所涉嫌罪名，案件情节，涉案企业作出合规承诺，并制定合规方案，积极整改落实，采取取保候审强制措施不致发生社会危险性的，能不批准逮捕的不批准逮捕，并积极引导企业开展涉案企业合规。

二、企业合规是检察机关决定是否变更强制措施的重要依据

涉案企业合规案件羁押必要性审查，是深入贯彻“少捕慎诉慎押”刑事司法政策，有序开展企业合规改革试点工作的重要结合点。针对犯罪事实基本查清，证据已经收集固定，犯罪嫌疑人、涉案企业具有认罪、悔罪、坦白、自首、立功、积极退赃、与被害人达成和解协议并履行赔偿义务等从宽处理情节的案件，企业承诺建立和完善合规整改制度，愿意配合检察机关和第三方组织的监管与评估，并递交了合规承诺和整改规划，检察机

---

① 参见单森林：《合规检察制度中实施少捕慎诉慎押刑事司法政策研究》，载《湖湘论坛》2022年第6期。

关将充分参考听证意见依法作出决定。虽然开展企业合规与否不是审查决定是否逮捕的前提条件，但其可将作为考量的重要因素。对涉案企业相关人员采取逮捕措施的，要注重及时开展羁押必要性审查工作，对于没有继续羁押必要的，应当依法及时变更强制措施。

第二节　涉案企业合规案件处理方式

2021 年 6 月 3 日，最高人民检察院发布了第一批企业合规改革试点典型案例，展示了检察机关在涉案企业合规改革试点过程中结合我国现行刑事诉讼制度探索涉案企业合规制度的良好效果，同年 12 月 15 日，最高人民检察院又发布第二批企业合规典型案例，着力反映了企业合规流程、第三方监督评估机制适用以及检察机关的主导作用等情况。案例显示，检察机关通常为符合考察条件的涉案企业设置一定的合规考察期，通过考察企业合规整改和合规建设情况最终决定不起诉的适用。作为涉案企业合规制度的重要组成部分，合规考察程序的启动需要同时满足“合规”条件和“不起诉”条件。对于前者，要求企业主观上具有合规意愿，并且自身具有基本的合规能力以保障合规整改和合规建设的有效推进；对于后者，要求企业及其相关犯罪行为人承认所指控的犯罪事实，愿意接受处罚，积极配合办案机关调查并及时进行内部自查，积极采取相关补救措施等。[①]

一、涉案企业合规案件的处理原则

涉案企业合规作为涉企犯罪案件在刑法上的激励措施，检察机关对开展合规整改的涉案企业必然采取不起诉或从宽处理，这种激励符合涉案企业及社会公众的合理期待。从前期涉案企业合规试点工作来看，将相对不起诉与企业合规二者相结合，是目前检察机关在推行企业合规改革试点中最为常见的做法。检察机关通过督促涉罪企业建立或者完善合规体系，既使企业获得相对不起诉的宽大处理，以避免定罪判刑和损害社会利益等不利后果，又能够帮助企业改变传统经营模式，提高抵御、防控刑事法律风险的能力，具有一定的实践功效。通过开展涉案企业合规考察评估，督促企业落实合规整改，对涉案企业及责任人作出从宽处罚，是检察机关激励企业合规的重要方式，在保障涉案企业生产经营，服务保障社会经济发展大局方面发挥了重要作用。

检察机关应根据案件具体情况、法定从轻、减轻情节，以及包括企业合规整改合格

---

① 参见李玉华、李华晨：《合规不起诉考察程序的启动条件——以最高检企业合规典型案例为样本》，载《北京科技大学学报（社会科学版）》2022 年第 5 期。

等酌定从轻情节,准确计算出宣告刑,在此基础上依法提出处理意见。对于符合相对不起诉条件的,一般应当依法作出相对不起诉决定;对于依法提起公诉的案件,一般应当提出宽缓的量刑建议。

二、轻微单位案件的处理

目前正在由最高人民检察院主持在全国检察机关开展试点的涉案企业合规,主要路径之一就是酌定不起诉。第一种情形是企业犯罪情节轻微,酌定不起诉。检察机关将有效的企业合规计划作为认定犯罪情节轻微的重要参考,从而可以根据《刑事诉讼法》第 177 条第 2 款的规定作出不起诉决定。第二种情形是企业认罪认罚,根据《刑事诉讼法》第 15 条、《人民检察院刑事诉讼规则》第 278 条第 2 款的规定,依照《刑事诉讼法》第 177 条第 2 款作出不起诉决定,检察机关将有效的企业合规计划作为认罪认罚从宽的情节,作为认定"犯罪情节轻微"的表现。第三种情形是核准撤销、不起诉。根据《刑事诉讼法》第 182 条的规定,经最高人民检察院核准,公安机关可以撤销案件,人民检察院可以作出不起诉决定,也可以对涉嫌数罪中的一项或者多项不起诉。有效的企业合规计划同样是认罪认罚从宽予以考量的情节。[①] 自 2020 年 3 月以来,涉案企业合规不起诉的改革探索的对象限定为轻微单位涉罪案件,其主要为避免与现行法律规定发生冲突。检察机关对可能判处 3 年有期徒刑以下刑罚的轻微单位犯罪案件,对单位和直接责任人员同时作出相对不起诉的决定,并不存在太大法律障碍和理论争议的,很多涉案企业和企业的负责人或高管都被不起诉。例如,2021 年 6 月 3 日,最高人民检察院发布企业合规改革试点典型案例。在案例 1 张家港市 L 公司、张某甲等人污染环境案中,检察机关对 L 公司作出不起诉决定,对张某甲等人适用认罪认罚,作出不起诉决定。在案例 4 新泰市 J 公司等建筑企业串通投标系列案件中,检察机关对公司及其负责人均作出不起诉决定。2021 年 12 月 8 日,最高人民检察院发布第二批企业合规典型案例。在案例 1 上海 J 公司、朱某某假冒注册商标案中,检察机关经公开听证后对涉案企业及个人作出不起诉决定。在案例 3 山东沂南县 Y 公司、姚某明等人串通招投标案中,检察机关经公开听证后对涉案企业及个人作出不起诉决定。在案例 5 深圳 X 公司走私普通货物案中,检察机关对对涉案公司及个人作出不起诉决定。

通过分析"双重不起诉"案例可以看到,涉案企业合规"双重不起诉"具备以下特征:一是案件均适用了认罪认罚从宽制度,涉案企业、个人自愿认罪认罚并向检察机关作出合规承诺;二是除适用认罪认罚从宽的情节以外,这些案件还存在其他的法定、酌定从轻、减轻情节,如补缴税款、退赃退赔、赔礼道歉等积极修复社会关系的情节;三是检察

① 最高人民检察院涉案企业合规研究指导组:《涉案企业合规办案手册》,中国检察出版社 2022 年版。

机关在作出处理决定前都召开了公开听证活动，广泛听取人大代表、政协委员、人民监督、行政机关或专业人员的意见建议。针对涉案企业合规计划的有效性或合规整改的有效性进行听证，减轻了检察人员的心理压力，分担了适用合规不起诉的责任和风险，又满足了公众对公平正义的期待，是我国企业合规本土化的探索与创新。①

我国合规不起诉制度与国外制度有所不同，基层检察院办理的多是比较轻的犯罪案件，适用对象都是小微企业。这些小微企业很多是家族式企业，企业负责人的行为往往就代表着企业的行为，企业负责人与企业难以分离，呈现出“人企合一”的现象。如果“严惩个人”，负责人一旦无法经营管理企业，企业将难以生存，“放过企业”的目标无法实现，这不符合服务保障“六稳”“六保”的要求。这是我国在企业合规改革试点探索中面对的实际问题，不能完全照搬欧美国家对大企业进行合规的做法。“双重不起诉”机制是我国涉案企业合规对小微企业的现实选择。上述最高人民检察院的典型案例中既有依法对单位和个人“双不起诉”，也有对单位不起诉、个人起诉的情况。在实践中，检察机关要妥善处理合规案件中打击和保护的平衡问题，可以在对单位从轻处理的同时，对个人从轻处理、依法追责或者从严惩处。总体而言，要始终坚持“保企业”这一目的导向，对单位的从宽体现充分性，以契合国家服务保障“六稳六保”等政策要求；对个人的从宽体现依据性，将个人在企业整改中的作用等作为认定认罪认罚的重要因素，综合其他法定、酌定从宽情节，判断个人从宽情况。从案件选择到最终处理都要坚持“保企业”“保市场主体”的主线，若在选案环节就重在个人出罪，则容易行错走偏，需要在“出口关”审慎把握及时纠正。

三、重大单位犯罪案件分案处理

在司法实践中，企业高管或普通员工以单位名义实施犯罪，违法所得归单位所有的，通常被认定为单位犯罪。囿于我国《刑法》对单位犯罪实行双罚制，之前的试点工作中，涉案企业合规不起诉的适用对象主要是自然人犯罪法定刑在 3 年有期徒刑以下的案件。但实践中，多数涉企犯罪都是 3 年有期徒刑以上的案件，特别是一些中大型企业涉罪往往较为严重，这部分企业又最需要进行合规建设，因此，如果合规不起诉仅限于轻罪案件，那么涉案企业合规改革的效果就会大打折扣。在检察机关主导的合规不起诉改革探索中，针对重大单位涉罪案件的合规考察问题，出现了将单位与责任人员进行分案处理的改革探索。例如，《深圳检察机关企业合规工作实施办法（试行）》将自然人和企业进行分别处理，明确对行为人可能判处 3 年以上 10 年以下有期徒刑的企业犯罪案件，经涉案企业合规监督考察合格的，在对自然人提起公诉的同时，可对企业作出不起

① 参见李玉华：《企业合规本土化中的“双不起诉”》，载《法制与社会发展（双月刊）》2022 年第 1 期。

诉决定。①

对于企业合规案件，应当重构单位与责任人分离的二元化模式，以“少捕慎诉慎押”的刑事司法政策为指针，以起诉必要性为基本标准，综合考量责任刑、预防刑和企业合规所承载的社会公共利益三个因素，类型化地妥当处理“放过企业”与“严惩责任人”的关系。② 重大单位犯罪案件分案处理机制实质上是一个程序安排，其目的是实现单位责任和责任人责任的相对分离。在立法上，单位责任与责任人责任相分离的责任追究机制是存在的。例如，对私分国有资产、私分罚没财物、工程重大责任事故、违规披露或不披露重要信息等犯罪，就确立了“单罚制”的处罚方式，不追究单位的刑事责任，而以单位犯罪方式追究责任人员的刑事责任。这显然体现了一种将单位责任与责任人员责任分离的处理方式。又如，对于单位犯罪案件，检察机关即便没有起诉单位，而单独起诉直接负责的主管人员和其他责任人员，法院也应予以受理，并援引刑法有关追究直接责任人员刑事责任的法律条款。再如，审判期间，在被告单位被撤销、注销时，法院对单位犯罪直接负责的主管人员和其他责任人员也应当继续审理，但应对责任人员以单位犯罪定罪量刑。③ 因此，在涉案企业合规案件办理过程中，针对可能判处 3 年以上 10 年以下有期徒刑甚至 10 年以上有期徒刑的企业犯罪案件，检察机关仍要积极地推动涉案企业开展合规整改。即便单位犯罪的责任人是企业的高级管理人员，涉嫌重罪不满足不起诉条件的，基于公共利益的考量，经涉案企业合规监督考察合格的，也尽可能不予羁押，可对企业作出不起诉决定对责任人提起公诉，向法院提出宽缓的量刑建议。通过重大单位犯罪案件分案处理机制以重塑合规的企业文化，改造企业治理结构。

四、“纸面合规”“虚假合规”的处理

在第三方监督评估的基础上，检察机关要严格依法作出处理决定。其间，检察机关要强化审查把关责任，防止企业“虚假整改”“纸面合规”，立足监督办案，依法能动履职促进系统治理、诉源治理。防止“虚假整改”“纸面合规”的关键是合规监管实质化，检察机关在监管过程中必须发挥主导作用，与第三方组织密切配合，共同对执行合规计划、履行合规承诺情况进行监督、考察。在审查方式上，将书面审查与实地走访、咨询专家、听证论证等方式相结合；在审查内容上，注重从犯罪造成的损害是否已弥补、合规计划所列整改措施是否已落实到位、涉案企业是否已建立防范类似犯罪再次发生的预警机

① 参见李小东：《涉案企业合规建设“深圳模式”的探索与实践》，载《人民检察》2021 年第 20 期。

② 参见李勇：《涉罪企业合规有效性标准研究——以 A 公司串通投标案为例》，载《政法论坛》2022 年第 1 期。

③ 参见陈瑞华：《单位犯罪的有效治理——重大单位犯罪案件分案处理的理论分析》，载《华东政法大学学报》2022 年第 6 期。

制等角度实质化审查整改成效。在作出决定后，检察机关还要结合具体案件情况，在一定期限内对企业合规机制运行状况进行跟踪回访，以推动企业形成合规文化，构建长效合规治理体系。合规整改不是涉案企业无条件“免罚金牌”。对经第三方评估认为或者根据考察后新发现事实的综合判断，涉案企业违背承诺、整改无效，甚至采取弄虚作假手段骗取评估结论的，坚决依法从严追诉，或者向有关主管机关提出从严处罚、处分的检察意见，防止以虚假合规逃避刑事制裁、行政处罚，形成威慑和警示。从严把控“出口关”，既能有效释明社会上“合规=从宽”的错误论调，更能彰显出严管厚爱的真正价值。

第三节 诉源治理

检察机关通过合规不起诉制度对依法可不捕、不诉、不判实刑的涉案企业及责任人，不是“一放了之”，而是积极推进试点地区涉案企业合规管理工作，促其践行可管控的整改措施，深化诉源治理。① 涉案企业合规改革是检察机关依法能动履职的新举措，旨在促进涉案企业守法经营、预防再犯，推动末端处理与前端治理于一体，同时警示其他企业，更是促进治罪与治理并重。检察建议是检察机关行使检察权的方式之一，是检察机关主动参与诉源治理的重要体现，是推动优势互补，加强工作合力的有力举措，对实现双赢多赢共赢发挥着重要作用。检察建议在涉案企业合规改革试点中发挥了重要作用，《合规指导意见》指出人民检察院发现涉案企业在预防犯罪方面制度不健全、不落实，管理不完善，存在违法犯罪隐患，需要及时消除的，可以结合合规材料，向涉案企业提出检察建议。因此，检察建议也成为涉案企业合规过程中检察机关推动诉源治理的重要方式。

一、企业合规检察建议

企业合规检察建议产生于早期的企业合规试点，是检察机关在办理涉案企业合规案件的过程中，针对涉案企业存在的经营管理漏洞及合规经营风险，督促其建立或者完善合规管理体系的一种方式。② 企业合规检察建议有“检察建议前置”“检察建议后置”两种模式。③ “检察建议前置”是指检察机关在“简式合规”案件中通过制发企业合规检察建议，明确合规计划方向，在合规计划、合规考察期限、书面考察报告等方面适当简化，实质上是对涉罪企业建立和完善合规管理体系的一种激励。检察机关向中小微企

---

① 参见范跃红、丁婕：《浙江：少捕慎诉慎押 促进诉源治理》，载《检察日报》2021年10月28日，第1版。

② 参见刘译矾：《论企业合规检察建议激励机制的强化》，载《江淮论坛》2021年第6期。

③ 参见李本灿：《刑事合规制度改革试点的阶段性考察》，载《国家检察官学院学报》2022年第1期。

业制发企业合规检察建议以减轻涉案企业制定合规计划的负担。“检察建议后置”是指检察机关对中小微企业犯罪案件作出不起诉决定后，以检察建议方式要求涉案企业对涉罪经营行为进行合规整改。合规案件办理过程中，对涉案企业规模较小、合规问题明确、监督评估专业性要求较为简单的案件，负责办理案件的人民检察院可以向涉案企业制发企业合规检察建议，明确企业合规计划方向。涉案企业可以根据检察建议的要求制定企业合规计划，明确合规整改方向。针对涉案企业检察建议落实或合规计划落实情况，检察机关可以委托第三方机制管委会选任第三方组织开展监督考察，也可以由负责案件办理的检察机关对检察建议落实情况进行评估。评估结果作为检察机关批捕或者不批准逮捕、起诉或者不起诉以及是否变更强制措施等决定，提出量刑建议的重要参考。检察机关将企业合规检察建议从诉后转变为诉前，从传统社会治理检察建议启动纠错程序的监督事项转变为影响刑事实体处置的办案事项，将合规整改作为案件处理决定的重要参考，做强了检察建议的刚性，同时保障了合规整改的有效性。

二、行业治理检察建议

“法治建设既要抓末端、治已病，更要抓前端、治未病。”合规案件办理中不能仅“就案办案”，而要关注案件反映出的企业类型化管理漏洞，汇聚多方合力，全链条、多方位延伸行业合规成效，从挽救一个企业，到警示类似企业，再到规范一个行业。检察机关在办理涉企案件过程中，发现特定领域、行业存在合规隐患、管理漏洞，需要及时消除的，根据办案需要，可以在案件办理结束后，也可以在审查案件过程中制发检察建议，督促行政监管部门、行业协会等及时强化特定领域、行业的合规建设，完善日常管理，消除问题隐患。实践中，部分检察机关通过向行政监管部门或者行业协会制发企业合规检察建议的方式督促行政监管机关履职以及行业乱象的治理。第三批典型案例中检察机关均制发了检察建议，在促进企业合规整改、推动行业合规建设方面起到了促进作用，实现了治罪与治理并重。但在延伸检察办案职能，通过向涉案企业制发合规检察建议来督促、引导和帮助企业建立合规管理机制方面，检察机关应有的作用还未能充分发挥出来。[①] 针对当前安全生产监管工作中存在的突出问题，最高人民检察院日前向应急管理部制发了安全生产溯源治理方面的检察建议，检察机关结合检察职能提出“对违规违法生产经营发生事故涉嫌犯罪的，积极配合检察机关对符合条件的涉案企业开展合规监管考察，促使企业健全完善安全管理制度”。实践中，已有涉嫌安全生产事故的企业开展企业合规建设，取得了良好效果。[②] 最高人民检察院印发的第二批企业合规典型案

---

① 参见李奋飞：《论企业合规检察建议》，载《中国刑事法杂志》2021年第1期。

② 参见元明、薛慧：《检察建议抓前端治未病的优势与落实》，载《人民检察》2022年第8期。

例山东沂南县Y公司、姚某明等人串通招投标案中，检察机关针对办案中发现的问题，向财政、教育、市场监管三部门发出完善招投标管理、堵塞制度漏洞等检察建议，当地市场监管等部门积极采纳检察建议，开展招投标领域专项整治，经过全面清理发现审查不严格、招标代理机构管理不规范等问题，并进行针对性整改。最高人民检察院通过发布典型案例方式引导检察机关在办理涉案企业合规案件过程中，应当注重行业治理，实现“办理一案，治理一片”的效果。检察机关应当积极延伸办案职能，主动作为，注重加强与行政主管部门的沟通协作，打好公开听证、检察意见、检察建议的“组合拳”，促进从个案合规提升为行业合规，努力实现“办理一起案件、扶助一批企业、规范一个行业”的示范效应。

三、企业合规指引

企业在生产经营过程中，不同领域的合规风险不尽相同，应有针对性地健全合规制度，重点加强市场交易、安全生产、知识产权、数据保护、财务税收、环境保护、反商业贿赂和涉外贸易等领域的合规管理。企业要关注行业系统性风险，加强与检察机关、行政监管机关、行业协会等的沟通协作，依托类型化行业合规指引，认真检视自身潜在风险，不断完善合规体系建设。同时，各地应加强行业廉政建设监督并持续推进行业自律，在开展重点行业犯罪问题专项整治行动的同时，督促重点行业领域加强资源分配环节的信息公开、企业规范方面的财务监督和项目实施阶段的过程督查。以上海为例，2021年12月，上海市浦东新区人民检察院和信通院知识产权与创新发展中心共同发布了《企业知识产权合规标准指引（试行）》，成为全市首个专项合规标准指引，为涉知产类企业合规有效评估提供了规范指引，也为全市知识产权专项合规标准的制定提供了浦东样本。杨浦区人民检察院为更好地促进和保障城市数字经济“在发展中规范、在规范中发展”，联合上海市信息服务业行业协会、市数据合规与安全产业发展专家工作组、区工商业联合会制定发布全市首份《企业数据合规指引》。黄浦区人民检察院为规范支付结算企业建立合规管理体系，有效降低企业合规风险和合规成本，增强企业合规管理的针对性和有效性发布了《支付结算合规指引（试行）》。上述检察机关结合案件的办理情况发布合规指引，规范企业、行业规范发展。

第四节　涉案企业合规行刑衔接

涉企刑事犯罪案件中，企业所实施的犯罪大多是由行政违法行为转化而来的“行政犯”或“法定犯”，即涉案企业的行为同时违反了刑事法律规范和行政法律规范，可能同时面临刑事责任追究和行政责任追究。换言之，行政犯罪行为既非纯正的一般行政违法行为亦非纯正的刑事犯罪行为,而同时兼具行政与刑事双重违法性。行政犯罪行为的双重违法性决定了其法律责任即行政刑法责任的双重性,即既要追究其行政法律责任,也要追究其刑事法律责任。行政责任追究和刑事责任追究分属行政法与刑事法两个部门法体系,即由行政机关依据行政法规范予以行政处罚,由刑事司法机关依据刑事法规范予以刑事制裁。行政处罚与刑事处罚在法律属性、实施机关、适用依据、适用对象、处罚方式、处罚程序等方面均存在明显差异。这种差异性决定了行政执法与刑事司法衔接的必然性与必要性。[①] 涉案企业合规行刑衔接是行政执法与刑事司法衔接机制中一种全新的方式,需要检察机关与行政监管部门共同探索完善。

一、涉案企业行刑衔接的现实需求

党的十八届四中全会《关于全面推进依法治国若干重大问题的决定》重申“健全行政执法和刑事司法衔接机制”“实现了行政处罚与刑事处罚无缝衔接”。2021 年 6 月,中共中央印发《关于建设新时代检察机关法律监督工作的意见》,提出健全行政执法和刑事司法衔接机制,以及检察机关对决定不起诉的犯罪嫌疑人依法移送有关主管机关给予行政处罚的制度,实现了行政处罚与刑事处罚依法对接。为了贯彻落实《关于建设新时代检察机关法律监督工作的意见》,最高人民检察院于 2021 年 6 月发布《行刑衔接工作规定》,确定了检察机关开展行刑衔接工作的基本原则,即应当严格依法、准确及时,加强与监察机关、公安机关、司法行政机关和行政执法机关的协调配合,确保行政执法与刑事司法双向衔接。涉案企业合规改革试点中,检察机关对涉案企业作出不起诉决定,认为需要给予行政处罚的,依法向有关主管机关提出检察意见。如果行政机关不能积极认定配合合规不起诉,对涉案企业采取诸如取消特许经营资格、责令关闭、吊销营业执照、高额罚款等严厉行政处罚,将导致企业合规的刑事激励效果大打折扣甚至前功尽弃。这一问题也需要法律制度加以明确和保障。在涉案企业合规试点的语境下,检察机关与行政监管机关是涉案企业合规第三方机制的参与者,具有行刑衔接的共识和需求,优化刑事司法与行政执法的衔接更有迫切性。

二、涉案企业合规行刑衔接的主要方式

根据《行刑衔接工作规定》要求,行刑衔接主要包括正向衔接和反向衔接。在正向衔接中,检察机关运用专业知识及时监督行政执法机关移送涉嫌犯罪案件,在证据材料真实性、规范性方面,可以积极发挥引导作用。在反向衔接中,对不起诉案件的相关证据可以移送有关主管机关,在检察意见中列明刑事程序已经查明的事实,也为行政处罚

---

① 参见李煜兴:《行刑衔接的规范阐释及其机制展开——以新〈行政处罚法〉行刑衔接条款为中心》,载《中国刑事法杂志》2022 年第 4 期。

权的准确高效运行提供了保障。在涉案企业合规案件办理过程中，行刑衔接主要包括4个方面：提前介入引导衔接、移送追诉衔接、行政处罚衔接和跟进监管衔接。其中，提前介入衔接是指在行政执法过程中发现企业涉嫌犯罪的，检察机关应邀提前介入，对符合涉案企业合规试点及第三方机制适用条件的，会同区行政监管部门开展社会调查及合规必要性审查。移送追诉的衔接是指行政监管部门在办理涉企违法犯罪案件，向公安机关移送案件时应当将案件材料同步移送检察机关审查，行政监管部门或公安机关认为涉案企业符合企业合规改革及第三方机制适用条件的，可以向检察机关提出意见和建议。行政处罚衔接，是指检察机关在涉案企业合规整改不起诉后，需要移送行政机关处罚的，以检察意见的形式移送行政机关，提出建议暂缓或分期缴纳罚款、减轻或免除行政处罚的检察意见。跟进监管衔接是指检察机关对涉案企业合规不起诉后，可联合行政监管部门对涉案企业开展跟进监管，在一定期限持续监督企业合规体系运行情况，打通企业合规整改的"最后一公里"。上述4种衔接实现了涉案企业合规行政执法与刑事司法的有效衔接，实现了从程序激励到实体激励、从刑事激励到行政激励的合规激励体系。

三、推动合规互认与行政处罚相衔接

在涉案企业整改过程中，检察机关需要与行政机关建立合规整改行刑衔接的"联动机制"，推动"合规互认"，使得那些真正实施合规整改的涉案企业不仅可以获得宽大的刑事处理，还可以进一步获得较为轻缓或者免除行政处罚。① 从目前的实践来看，涉案企业合规刑事激励已经初步形成，"合规不起诉""合规宽缓处理"的意识已经得到普及，但检察机关案件不起诉处理后，以检察意见的形式移送行政监管部门行政处罚时，行政监管部门是否予以从宽尚无明确的法律规定。但从各地检察机关试点的文件来看，多数地方已经意识到行政激励对涉案企业合规改革试点的重要性。例如，《上海市检察机关办理涉案企业合规试点案件工作规定（试行）》第21条规定，刑行衔接过程中将合规考察报告移送行政机关，可以建议行政机关将合规情况作为对涉案企业作出暂缓或者分期缴纳罚款、减轻或者免除处罚决定的参考。《江苏省检察机关办理涉案企业合规案件工作规程（试行）》第30条规定，检察机关对涉案企业、人员作出不起诉决定后，认为需要给予行政处罚的，应当综合案件具体情况，秉承"当轻则轻，该重则重"的原则提出检察意见，连同不起诉决定书、企业合规相关材料一并移送有关主管机关。《福建省厦门市思明区人民检察院涉案企业合规验收标准审查指引（试行）》第28条第2款规定，对需要进行行政处罚的，人民检察院应当将合规考察报告副本移送相应行政机关，并视

① 参见郭华：《企业合规整改行刑衔接的协调机制》，载《华东政法大学学报》2022年第6期。

情况以检察意见或者其他适当方式，建议行政机关对涉案企业从轻、减轻或免除处罚，行政机关对企业合规情况和检察机关建议进行评估后，可以对涉案企业从轻、减轻或免除处罚。上述地区试点文件中虽然规定了“合规成果互认”，并尝试将合规考察评估结果作为建议行政机关处罚的依据，但上述试点文件均为检察机关办案规定，并不能直接约束行政机关作出从宽处罚的行政决定。因此，推动合规互认与行政处罚衔接仍是行刑衔接的重点问题。在我国的法律制裁体系中，行政处罚和刑事处罚是两种不同性质的制裁方式。具体到对企业违规的处罚，现在的行政制裁体系甚至重于刑事制裁体系。例如，行政处罚中的暂扣许可证、吊销许可证、责令停产停业、限制从业或者禁止参与公共项目的招投标资格等都可能给企业带来毁灭性打击。这就提示我们，应当注重企业合规试点中的行刑衔接，避免刑事程序留住了企业，行政程序却罚死企业的情况。正是出于对上述情况的考虑，合规互认机制开始受到重视。应当说，为了保护经济，促进企业合规，合规互认机制确有必要。① 涉案企业合规的行刑衔接应尊重司法与行政的应然关系，凸显司法权的性质、法律地位与行政专业性、技术性的实然特点，考虑涉案企业整改的市场化和法治化的现实境况，涉案企业整改的行刑衔接需要建立以检察机关作为“牵头部门”，涉案企业的行政监管及行政执法部门参与的“刑行”协同整改模式，将专项合规整改计划纳入有效合规管理体系，将合规整改有效性作为行政机关从宽处罚的情节予以认定。

第五节 涉案企业合规听证会

中共中央《关于加强新时代检察机关法律监督工作的意见》提出“引入听证等方式审查办理疑难案件，有效化解矛盾纠纷”。最高人民检察院于2020年10月出台《听证工作规定》，首次对检察办案中应用听证程序作出统一规定，对羁押必要性审查、拟不起诉、刑事申诉、民事诉讼监督、行政诉讼监督、公益诉讼等案件适用听证审查提出更高要求。最高人民检察院明确了“应听证尽听证”的基本要求，检察听证制度的规范化发展进入新阶段。最高人民检察院会同司法部等部门出台的《合规指导意见》规定，人民检察院对涉企犯罪案件拟不批准逮捕、不起诉、变更强制措施的，可以召开听证会，并邀请第三方组织成员到会发表意见。检察机关将涉案企业合规案件与检察听证制度相结合，形成了“合规 + 听证”的多种实践模式。涉案企业合规试点中，各地检察机关探索了“听证 + 涉案企业合规整改必要性审查”“听证 + 涉案企业合规计划可行性审查”“听

---

① 参见李本灿：《企业合规改革试点中的程序衔接》，载《东方法学》2022年第6期。

证 + 涉案企业合规整改有效性审查""听证 + 检察机关决定是否提起公诉"四种听证模式。① 前三种类型的听证活动相对较少，第四种"听证 + 检察机关决定是否提起公诉"是最常见也是最具有代表性的听证活动。该种方式下，检察机关将涉案企业合规整改有效性审查与决定是否提起公诉两方面事项一并纳入同一场听证会活动安排，使得组织听证的涉案企业合规案件兼具前述两个属性。因此，本书以"听证 + 检察机关决定是否提起公诉"为主，从涉案企业听证会参与人、合规听证会流程两方面进行介绍。

一、涉案企业合规听证会参与人

《听证工作规定》第 6 条规定，听证会参加人除听证员外，可以包括案件当事人及其法定代理人、诉讼代理人、辩护人、第三人、相关办案人员、证人和鉴定人以及其他相关人员。涉案企业合规案件的处理应当充分运用公开听证形式审查，坚持"应听证尽听证"，邀请人大代表、政协委员、专家学者、人民监督员、行政监管部门、相关企业以及第三方组织代表等参与评议，以公开促公正赢公信。参与听证会的第三方组织代表是对涉案企业开展合规考察评估的人员，承担着涉案企业合规计划审查、对涉案企业合规计划履行情况进行检查和评估工作，因此作为相关人员应当参与听证会并发表意见。第三方机制管委会是第三方组织选任、利益回避审查、监督第三方组织履职以及对第三方组织出具合规考察书面报告的审查，同样也是听证会重要的参与方。检察机关在组织合规听证时要充分发挥第三方机制参与各方的作用，强化各自履职情况报告，突出各方在涉案企业合规监督评估考察中的履职过程。从职责分工来看，检察官需要对案件事实、证据及社会调查情况、合规必要性论证进行汇报；涉案企业、个人需对自查自纠、合规计划及整改、落实情况进行汇报；第三方机制管委会需要对第三方组织组建过程、公示程序、组成人员利益回避情况审查和履职情况进行汇报；第三方组织的组成人员代表需要对合规计划审查、监督评估主要工作及考察评估结果进行汇报。通过涉案企业合规各参与方的有效参与，确保合规整改实效、规范第三方机制运行，从而保障处理结果的公正、公开。

二、涉案企业合规听证会的流程

根据 2020 年 10 月最高人民检察院发布的《听证工作规定》，人民检察院办理羁押必要性审查案件、拟不起诉案件、刑事申诉案件、民事诉讼监督案件、行政诉讼监督案件、公益诉讼案件等，在事实认定、法律适用、案件处理等方面存在较大争议，或者有重大社会影响，需要当面听取当事人和其他相关人员意见的，经检察长批准，可以召开听

---

① 参见赵恒、李超：《涉案企业合规案件适用检察听证制度的实践与发展》，载《中国检察官》2023 年第 1 期。

证会。在司法实践中,涉案企业合规案件的听证事项主要包括合规计划听证、合规整改有效性听证及合规不起诉听证等。个别检察机关对有较大社会影响、较为复杂、专业性要求较高的合规案件可能会开展多次听证。例如,根据溧水检察院微信公众号、陆川检察微信公众号报道,检察机关在涉案企业合规案件办理过程中,组织专家、学者等参加合规计划有效性听证,听取听证员及专业人员的意见、建议,以此借助外脑对涉案企业合规计划有效性进行论证。再如,检察机关在对涉案企业合规整改验收阶段召开听证会,邀请专家、学者对企业合规整改有效性进行论证,辅助检察机关对企业合规整改情况进行审查。对大多数企业合规案件的公开听证主要是对拟不起诉处理案件的听证,但听证会流程中通常会包括对企业合规整改有效性的必要听证环节,因为企业合规整改有效性是检察机关作出对涉案企业及个人不起诉处理决定的前置条件。因此,涉案企业合规听证会在按照《听证工作规定》进行的前提下,需要针对企业合规议题与检察听证进行必要的融合,让涉案企业合规各方参与人员通过各自履职再现企业合规全流程,以监督企业"真合规""真整改"。多数听证员意见与第三方组织出具的合规考察结论不一致时,检察机关应当将二者均作为参考意见,客观审查合规考察报告,依法作出处理决定,并注意做好释法说理工作。涉案企业合规听证会环节的基本流程如下。

步骤一:承办检察官应当介绍基本案情、社会调查以及需要听证的问题等情况。该环节主要是让听证员充分了解案情,通过检察机关社会调查履职对涉案企业基本情况以及对本案开展企业合规的必要性、可行性进行汇报,进一步增强听证员对涉案企业情况的了解。

步骤二:由第三方机制管委会代表报告第三方组织组建过程、公示程序、组成人员利益回避情况审查和履职情况。该环节主要是通过第三方机制管委会代表对上述情况的汇报让听证员充分了解第三方机制运行情况,突出第三方组织的客观公正立场。

步骤三:涉案企业代表报告企业合规计划情况以及合规考察期内的整改、落实情况。该环节是涉案企业一方介绍企业自查自纠情况以及针对涉案经营行为提交的详细合规计划的落实情况。

步骤四:第三方组织组成人员代表报告企业合规计划审查、考察评估履职情况以及考察评估意见。该环节是第三方组织以专业人员身份参与合规计划审查、以考察评估履职监督企业整改、以专业知识背景评估合规整改效果,为检察机关作出决定提供专业参考意见。

步骤五:听证员向涉案企业代表、第三方组织代表就企业合规整改具体事宜、第三方组织监督考察评估履职情况发问。

步骤六:主持人宣布休会,听证员就企业合规整改有效性及检察机关拟处理决定进行讨论。

步骤七:主持人宣布复会,根据案件情况,可以由听证员或者听证员代表发表意见。

步骤八:涉案企业代表最后陈述意见。

步骤九:主持人对听证会进行总结。

第十七章　繁简分流程序

第一节　概述

一、“简式”合规程序的概念

2020年3月，最高人民检察院在全国6家基层检察院启动涉案企业合规改革试点工作，部分试点单位在改革试点之初，就注重对涉案企业合规办案程序不同模式的探索。以上海市金山区人民检察院改革试点为例，根据企业类型和发展实际，建立“简式”“范式”多层次的企业合规监督考察模式。对小微企业有合规必要和可能的，可采取“简式”合规模式开展监督考察，向涉案企业制发合规检察建议，告知其合规风险点，涉案企业据此进行合规整改，聘请专业合规律师团队制定专项合规计划，同时简化合规承诺、监督考察的流程，降低企业的合规建设成本。

2021年6月，最高人民检察院联合八部委印发《合规指导意见》，虽然《合规指导意见》中没有明确规定涉案企业合规第三方机制的繁简分流模式，但是在涉案企业合规办案模式的选择上，基于现实需求、诉讼效率以及便宜主义原则，实行繁简分流的诉讼模式是必然的选择。我们承认对涉案企业进行全面合规是最有效的措施，通过对企业风险进行全面体检，及时对风险较高的违法行为采取措施，解决或规避风险点。但全面合规成本高，对于绝大多数小微企业来说，无力承担合规成本。为此，最高人民检察院及时总结推广金山区人民检察院等试点单位探索的“简式”合规模式，对小微企业探索适用“简式”合规程序，通过向企业制发以合规为重点内容的检察建议，提出整改方向，根据企业后续整改情况作出相应处理。“简式”合规不再要求企业出具合规计划，而是由检察机关在前期调查的基础上针对企业涉案的经营管理漏洞制发检察建议，企业在整改完成后出具整改情况报告，再由检察机关联合专业人员名录库成员或其他专业人员进行实地回访评估，对其合规情况作出判断。

经实践探索，我们认为，所谓“简式”合规，是指对于涉案企业规模较小、合规问题明确、监督评估专业性要求较为常见、简单的案件，可以由负责办理案件的人民检察院向涉案企业制发企业合规检察建议，明确企业合规计划方向，涉案企业可以根据合规检察建议内容制定合规计划提交负责办理案件的人民检察院审查，也可以不再另行提交合规计划，直接根据合规检察建议内容进行整改。对于上述整改落实情况，负责办理案件的人民检察院可以委托第三方机制管委会在第三方机制专业人员名录库中抽选人员组成第三方组织开展监督考察，并在人员组成要求、监督评估程序、考察期限等方面予以适当简化；也可以由人民检察院直接开展合规考察评估，对涉案企业提交的整改报告进行审查，审查重点包括合规承诺的履行、合规计划的执行、合规整改的实效等内容。上述合规考察评估结果，作为负责办理案件的人民检察院作出最终处理决定的重要参考。

区分“范式”“简式”两种模式，有利于将小微企业纳入涉案企业合规改革试点范畴，避免小微企业因成本问题丧失从宽处罚的机会，有利于实质上平等保护民营经济。但是在“简式”合规模式下，要由检察机关发现企业的合规风险点，检察机关的建议直接决定着企业合规整改的有效性，这对检察机关的专业能力提出了更高的要求。

二、“简式”合规程序的特点

“简式”合规程序较之“范式”合规程序有以下几个方面的特点。

（一）“简式”合规程序的适用对象主要是小微企业

企业是经济活动的主要参与者，为社会提供大量就业机会和税收，在社会经济活动中发挥着十分重要的作用。涉案企业合规改革试点工作不应因企业规模大小而对其在是否适用企业合规制度上存在区别，无论是对民营企业还是国有企业，对中小微企业还是上市公司都应平等适用。在涉案企业合规试点案件中，根据需要适用“简式”合规程序将小微企业纳入涉案企业合规改革试点范畴，避免小微企业因成本问题丧失从宽处罚的机会，从实质上平等保护民营经济。何为“小微企业”？不同行业部门有不同的认定标准，税务部门、财政部门和工信部门对小微企业的认定标准也不完全相同。根据相关文件规定，一般认为，从事的是国家非限制和禁止的行业，年应纳税所得税不超过 300 万元，从业人数不超过 300 人，且企业的资产总额不超过 5000 万元的企业，可以认定为小微企业。满足上述条件认定为小微企业的，该企业涉及的相关刑事案件，可以适用“简式”合规程序办理。

（二）“简式”合规程序的合规事项简单明确

一般而言，企业合规的具体开展、推进落实、验收评估，都是依托合规计划开展的。为了保护企业的经营和管理自由，企业如何建立合规计划这一环节属于企业的自我治理问题。《合规指导意见》及其配套文件明确提出，涉案企业提交的合规计划，应当以专项合规为重点，全面合规为目标，主要针对与企业涉嫌犯罪有密切联系的企业内部治理结构、规章制度、人员管理等方面存在的问题，制定可行的专项合规管理规范，构建有效的合规组织体系，完善相关业务管理流程，健全合规风险防范报告机制，弥补企业制度建设和监督管理漏洞，从源头防止再次发生相同或类似的违法犯罪。这就是将合规计划的主动权交给涉案企业。“简式”合规程序中的合规事项一般是常见罪名中折射出企业在经营活动中的常见法律风险问题。对这一类问题的处理，检察机关经过多年的办案积累、摸索，已经具有十分成熟的经验和相对模式化的处理措施。如涉税类的虚开发票和虚开增值税专用发票犯罪、涉知识产权类犯罪、涉生产安全类犯罪、涉公民个人信息类犯罪、涉环境污染类犯罪等。

（三）“简式”合规程序中，涉案企业可以提交合规计划，也可以直接按照合规检察建议列明项目进行整改

实践中，“简式”合规虽然多数是依托检察机关制发的合规检察建议展开的，但并不意味着排斥或否定企业自行提出合规计划。实际上，合规检察建议的制发原则强调对涉案企业提出的整改建议要坚持原则性与灵活性相结合。一方面，检察机关对合规方向的选择、合规目标的确定、合规标准的明确可以在文书中予以充分阐述，以便企业在进行合规建设时能够按图索骥；另一方面，考虑到企业合规并非一蹴而就，合规制度构建本身就是动态化过程，且企业管理毕竟是一项专业性强的工作，检察机关未必能够、也无须大包大揽，因此在确定上述内容的基础上，对合规的具体展开可以由涉案企业根据自身企业发展情况和业务性质灵活部署推进。

合规检察建议是2020年最高人民检察院启动企业合规监管试点工作以来，检察机关推动涉案企业建立完善合规管理体系的重要手段之一，也是检察建议的重要创新形式。《合规指导意见》在第14条第2款指出：“人民检察院发现涉案企业在预防违法犯罪方面制度不健全、不落实，管理不完善，存在违法犯罪隐患，需要及时消除的，可以结合合规材料，向涉案企业提出检察建议。”因此，在检察机关本身就具有利用社会治理检察建议推动犯罪防治的丰富经验的前提下，以合规检察建议的形式开展“简式”合规，也成为实践中检察机关的通常做法。

（四）“简式”合规程序中，可以委托第三方考察评估，也可以由检察机关直接开展合规考察评估

不同企业涉及不同行业，也存在各自特有的专业知识领域，如网络安全、税务筹划、环境整治等。因此，涉案企业合规建设本质上是一项系统工程。检察机关虽然在法律知识方面具有优势，但是对相关专业知识也有短板，为了更好地开展企业合规建设，确保合规落到实处，就需要更多地整合、依托第三方专业力量。“简式”合规不是完全独立的程序，同样可以引入第三方机制，比如选任的人员仍从第三方名录库中选取，只是选

任的人数与过程相对简化。此外，具体介入可以有三条路径：第一，在合规检察建议制发前帮助检察机关进行完善、提出专业意见；第二，协助检察机关共同审核合规计划的科学性和可操作性；第三，协同参与对企业合规整改进展的监督巡查以及对实际合规整改成果共同验收评估。

适用“简式”合规程序办理案件，检察机关应当承担更多的审查义务，全面审查企业的合规计划是否可行、是否准确切中实质要害，以及对后续合规计划的落实进行记录、分析和评估。就合规计划本身，检察机关需要有效评估合规计划如果落地实施能否有效降低企业的再犯罪风险。考虑到适用“简式”合规的多数是企业规模小、合规事项较为简单的小微企业，合规计划对核心要素的具体要求可以视情况降低。例如，合规的管理机构要求其建立与其规模和经营相适应的机构即可；可以不要求建立严格的、复杂的投诉举报机制。又如，小微企业的合规制度也不一定像大公司那样全面；合规培训也不一定像大公司那样密集；培训的对象也不一定像大公司那样细分等。

第二节　“简式”合规程序适用的基础

一、“简式”合规程序适用的合法性基础

“简式”合规整改是专门针对小微企业的一种合规整改方案，在“简式”合规整改中，可以灵活运用实地走访、口头提醒与书面报告等多种监督考察方式，在短期内对企业开展合规考察。最高人民检察院在前期模式探索的基础上，及时总结推广上海市金山区的“简式”合规模式，通过向涉案企业制发以合规为重点内容的检察建议，提出整改方向，根据企业后续整改情况作出相应处理。①

《合规指导意见》中虽然没有关于“简式”合规程序的规定，但在 2021 年发布的《合规指导意见实施细则》第 23 条规定，“针对小微企业的第三方组织也可以由 2 名专业人员组成”。第 28 条规定，“对于小微企业（合规计划）可以视情简化”。这些规定为各基层试点单位探索“简式”合规程序开展涉案企业合规改革试点工作提供了制度空间和规范依据。在 2022 年 4 月，最高人民检察院等九部委联合印发的《合规评估办法》中，对“简式”合规程序的规范又迈出了一大步。其中第 1 条第 4 款规定：“针对未启动第三方机制的小微企业合规，可以由人民检察院对其提交的合规计划和整改报告进行审查。”第 17 条规定：“人民检察院对小微企业提交合规计划和整改报告的审查，重点包括合规

---

①　参见《涉案企业合规整改不是“走过场”》《检察机关以严管厚爱开展涉案企业合规改革纪实》，载《最高人民检察院微信公众号》2022 年 1 月 3 日、2022 年 3 月 2 日。

承诺的履行、合规计划的执行、合规整改的实效等内容。"检察机关根据涉案企业存在的与生产经营相关的问题，制发了有关合规整改的检察建议，而后根据涉案企业整改情况对案件作出处理，对于此种情形是否属于企业合规案件存在争议。在2022年8月16日，最高人民检察院办公厅印发的《会议纪要》中作出了回应，其指出如涉案企业是小微企业，则属于企业合规案件。如果涉案企业是大中型企业，检察机关通过制发检察建议促进企业合规整改，是检察机关在办案中延伸职能，促进企业治理，不纳入企业合规改革试点案件统计范围。根据《合规评估办法》，大中小微企业可以根据实际情况，选择合适的合规考察方式。如系大中型企业，应适用第三方机制考察，对于未适用第三方机制的大中型企业，检察机关可以通过制发检察建议促进企业合规整改，此种情形不属于企业合规案件。但不是所有合规案件都必须适用第三方机制，如系小微企业，可以由检察机关直接开展合规考察，属于企业合规案件。上海市检察机关作为首批试点单位之一，也是最早提出适用"简式"合规模式办理涉企刑事合规案件的检察机关，并在相关的规范性文件中进行了明确。《上海市检察机关办理涉案企业合规试点案件工作规定(试行)》第4条对"简式"合规进行了明确规定，"对涉案企业规模较小、合规问题明确、监督评估专业性要求较为简单的案件，可以由负责办理案件的人民检察院向涉案企业制发合规检察建议，明确企业合规计划方向，涉案企业可以不再另行提交企业合规计划。对上述检察建议整改落实情况，负责办理案件的人民检察院可以委托第三方机制管委会在第三方机制专业人员名录库中抽选人员组成第三方组织开展监督考察，并在人员组成要求、监督评估程序、考察期限等方面予以简化。对监督考察结果，参照本规定第十九条，作为人民检察院案件处理决定的重要参考"。

最高人民检察院等相关部门印发的涉案企业合规改革试点工作相关规范性文件和地方试点规范性文件以及官方的公开报道等为各基层试点单位结合当地工作实际和需要，探索"简式"合规模式开展企业合规工作提供了法律规范依据，也是我们探索"简式"合规程序的合法性基础。

二、"简式"合规程序适用的合理性基础

(一)涉案企业合规改革试点工作的内在要求

涉案企业合规改革是检察机关积极发挥刑事司法职能参与社会治理、服务保障优化营商环境，有效优化和强化企业犯罪预防的一项创新。该制度意在以刑事案件办理为抓手，引导涉案企业以合规风险为导向，切实实现企业合规制度的建设与落实，并通过具体的刑事激励，把对企业合规的外部监管转化为企业内在合规需求。在涉案企业合规探索过程中，有不少学者提出，企业合规是个"舶来品"，检察机关在积极借鉴域外经验时，还应该从实际国情出发，确保企业合规能够切实满足本土企业的需求。如在条

件成熟时，可以将合规不起诉制度区分为两种模式：一种是适用于大中型企业的普通合规模式，另一种是适用于小微企业的简易合规模式。在对这两类企业适用合规考察制度时，检察机关不仅要设定各不相同的合规考察程序，而且可以确立差异化的有效合规标准。①

很多学者的观点与检察机关在试点探索过程中的思考不谋而合。考虑到企业合规本质上是一种基于企业风险防控而确立的公司管理体系，无论是从合规制度的制定还是具体贯彻落实上，都离不开企业自身的能动性和执行力，检察机关不可能“剃头挑子一头热”，为了确保企业合规能够真正落到实处，帮助涉案企业，特别是广大小微型民营企业有效建立现代化规范经营管理制度，在改革探索过程中，检察机关从客观实际出发，结合企业规模、类型、行业特点及刑事办案需求，逐渐探索形成“范式”和“简式”两套企业合规启动模式，实现合规程序的繁简分流。可以说，合规程序繁简分流是涉案企业合规改革探索过程中的必然走向，符合刑事办案规律，也切实考虑了涉案企业在类型、规模、组织架构、合规风险点等方面的不同之处，在成本与效果之间寻求平衡，能够有效激发企业合规的主动性。

（二）符合涉案企业开展合规建设的现实需求

从企业发展的客观进程来看，企业初创期规模小、人员少，业务类型较为单一，经营模式比较简单，俗称“小微企业”，此时企业多数没有建立起流程化管理体系和有效的规章制度，但是为了提升市场竞争力、尽快扩张经营规模，往往只关注经营业务发展，忽视企业的合规化塑造。随着经营规模的扩张，人员数量增加，业务内容和模式逐渐复杂，企业逐渐步入“中小企业”范畴，而前期粗放式发展的惯性并没有消解，同时企业内部各部门之间协调难度增加，加上外部市场的竞争压力，往往容易诱发违法性风险。

2011 年 6 月，工业和信息化部、国家统计局、国家发展和改革委员会、财政部联合印发了《关于印发中小企业划型标准规定的通知》，根据企业从业人员、营业收入、资产总额等指标，把中小企业划分为中型、小型、微型 3 种类型。2022 年 6 月 14 日在中共中央宣传部举行的“中国这十年”系列主题新闻发布会上，工业和信息化部副部长徐晓兰介绍，截至 2021 年年末，全国企业的数量达到 4842 万户，增长 1.7 倍，其中 99% 以上都是中小企业。

我国的现代企业制度发展起步晚，如前所述，涉案可能性最高的小微企业多数规模较小、人员较少，股权结构单一，企业和实际经营人之间具有较强的人合性，这也是“处理一个企业家、倒掉一家企业”现象产生的重要原因。此外，我国企业设立门槛较低，从

① 参见陈瑞华：《中小微企业的合规计划》，载《民主与法制》2022 年第 11 期。

业禁止条款适用有限,即便企业涉罪,也可以通过注销企业另行注册的方式重新经营,而不是花费大量成本精力参与合规,导致合规动力不足。①

实际上,大中型企业与小微型企业的合规需求和整改条件是存在明显差异的:体量、规模较大的公司,往往已经形成了较为规范的现代公司治理结构,拥有较为全面的公司科层和基础性的管理制度,积极往"大而全"的综合性经济体方向发展,因此合规的重点是打造符合国际标准的合规体系。对于此种目标,通过适用"范式"的合规流程,由检察机关在第三方机构的协助下,通过责令企业接受合规监管人较长时间的持续监督考察,定期提交合规进展报告,并由第三方监管机构对涉案企业合规体系建设情况进行专业性的评估,更有助于企业切实开展合规整改工作。② 而小微型企业本身业务类型较为单一,规模较小,人员构成简单,甚至没有形成规范化的经营管理体系,如要求这样的企业也建立相同完整的合规体系,那么必然会付出高昂的合规成本,犹如小船拖巨锚,这对小微企业来说将会成为沉重的负担。因此,对小微企业适用"简式"的合规流程,针对特定合规风险点进行专门化的制度整改,在保证合规计划、具体实施、验收评估等基本环节的同时,简化第三方机制程序,降低合规成本,增强企业合规的主动性,这是符合企业自身特点和实际利益需求的。

(三)检察机关办案资源合理调配的必然选择

涉案企业刑事合规工作是依托于刑事案件本身开展的,检察机关从开展社会调查评估、提请同意开展合规、启动第三方机制、进行合规考察及其他事项审查,到对刑事案件作出处理决定、组织合规听证、落实行刑衔接,整个过程涉及程序繁杂、涉及人员广泛,需要投入大量的人力和时间,而司法办案追求质量与效率的平衡,过分繁杂的程序、过度损耗的时间,会对涉案企业的正常经营活动造成负担,也与企业合规的初衷相冲突。正如刑事诉讼通过设置速裁程序、简易程序、普通程序,对刑事案件进行分流,确保司法人员更好地应对疑难复杂案件,刑事合规的开展本质上也是检察机关办案的一种形式,势必也要符合效率原则,通过繁简分流能够确保司法资源更加科学地分配。

在涉案企业合规改革试点过程中,对于适用"简式"合规的案件,有不启动第三方机制,由检察机关自行开展监督审查后通过第三方听证完成的,也有在适用第三方机制的情况下,在组成人员(小微企业的第三方组织可以由2名专业人员组成)、监督评估程序(如要求考察期内涉案企业提交定期书面报告可以少于两次)、考察方式(灵活采用实地走访、口头提醒与书面报告等多种监督考察方式)、考察期限(结合实际整改内容相应压

---

① 参见刘荣:《检察视角下涉案民营企业合规问题研究》,载《北京政法职业学院学报》2021年第4期。
② 参见于潇:《发挥检察职能作用助力企业加强刑事合规建设》,载《检察日报》2020年9月23日版。

缩时间）等方面予以适当简化，这些都是符合司法办案规律的有益尝试。

第三节　“简式”合规程序适用的规范

一、涉案企业风险点识别

企业的法律合规风险来自企业管理、生产经营活动相关的方方面面，从企业的主营业务反观企业生产管理活动中存在的问题，对相关的法律风险进行有效识别、评估，是适用“简式”合规程序的第一步。而且涉案企业风险点单一、问题明确且专业性要求较为简单，属于检察机关在日常办案活动中常见的常规风险事项，而且涉案企业属于小微企业，则可以适用“简式”合规程序办理该案件；如果涉案企业风险点较为复杂，呈现多点、线状分布形态，涉及合规事项专业性要求较强，检察机关不具备此类专业知识储备，企业合规建设事项又不能在短期内完成的，则即使涉案企业属于小微企业，也不能适用“简式”合规程序。

实践中涉案小微企业常见的风险有：(1)主营业务和主要盈利模式是否属于法律法规禁止或限制的市场经营范围；(2)企业员工在工作中是否采用不符合法律规范的方式开展公司业务；(3)企业在生产过程中是否采取措施对产品生产可能造成的污染、安全等风险进行防范；(4)财务管理制度是否遵循法律规定，是否存在管理漏洞，如报销制度、财务审批和审计制度等是否均按照规定严格执行，是否存在或可能存在使用虚开发票或虚假发票进行逃税的法律风险。此外，还有合同管理是否规范，与上下游企业经济活动是否规范等。

二、“简式”合规适用标准认定

(一)适用“简式”合规的刑事案件标准

《合规指导意见》将企业合规的适用对象表述为涉企犯罪案件中的涉案企业，并在第3条明确：企业合规不局限于公司、企业等单位犯罪，也包括公司、企业实控人、管理人员、关键技术人员等实施的与生产经营活动密切相关的犯罪。因此，根据刑事案件的不同情况选择适用合规程序确有必要，可以从以下两个层面进行判断。

第一，案发原因的复杂程度。犯罪的发生，到底是涉案企业存在系统性的经营风险或管理漏洞，抑或直接责任个人犯罪意识支配下实施犯罪，这直接影响后续合规开展的整体思路和设计，这也是检察机关在企业合规启动前必须进行认真调查的内容。对于前者，从合规的必要性及有效性来考量，还是应该尽量适用“范式”合规，通过彻底、系统性的合规风险审查，借助第三方机构的专业力量，帮助涉案企业针对违法违规风险建立旨在避免这类违规事件再次发生的内部监控体系,这也是企业合规的本质之所在。[①] 对于“简式”合规程序适用来说,案发原因以及案发呈现出来的涉案企业的问题往往都是较为简单的,涉案企业可以通过自查自纠的方式拟定整改方案;检察机关也可以通过办案经验,根据较为成熟的类案合规模型进行指导。

第二,涉案人员的身份情况。涉案企业合规的主要内容为企业行为合规和涉案人员行为合规两类。涉案人员是“直接负责的主管人员”,如公司实际经营人直接组织、策划、参与刑事犯罪活动,抑或某部门或某层级的“直接责任人员”,如财务部门负责人或财会人员自行对外联系虚开增值税专用发票等,这直接影响后续企业开展合规的能动性。一般而言,企业实控人涉嫌刑事犯罪,为争取自身及公司的刑事宽缓处理,合规的积极主动性较高,但随之而来的副作用就是合规制度建立后的具体推行也较大程度倚仗企业实控人的意志,能否真正贯彻落实还需较长时间的观察跟踪。

(二)适用“简式”合规涉案企业标准

并非所有企业都要进行合规,不同规模的企业合规的标准也应当有所不同。[②] 特别是为了实现有效合规,需要考虑的主要有三点:一是涉案企业的实际经营状况;二是涉案企业合规风险点的多少;三是合规成本的高低。这也是检察机关在开展社会调查的过程中需要重点了解的内容。只有扎实地做好前期调查工作,对涉案企业的基本情况、经营状况、发展趋势、现有管理制度等了解透彻,才能准确选择合适的合规流程。而确定适用“简式”合规程序首先要确定涉案企业属于小微企业类型,即涉案企业从事的是国家非限制和禁止的行业,年应纳税所得税不超过 300 万元,从业人数不超过 300 人,且企业的资产总额不超过 5000 万元的企业。

对于涉案企业的调查核实工作,检察机关可以采用企业自行提供所需材料加大数据筛查的“线上 + 线下”调查方式,充分了解企业的实际经营状况,包括主营业务经营情况(近年度的财务审计报告、经营合同等)、员工情况(公司岗位设置及各在岗员工从业时间、学历状况等)、相关资质情况(获得地方政府或行业颁发的相关资质证明、荣誉证书等)、现有管理规范或规章制度(应与案发涉及领域相关)、企业资产持有情况(厂房、在库货物、知识产权等)、负面情况(有无涉诉或行政、刑事处罚记录)。检察机关还可以积极与企业经营所在地的政府主管部门、行业协会等单位进行沟通联系。特别是结合案发情况有针对性地向相关部门进行了解,比如涉税犯罪,可以向当地税务机关了解对涉案企业开展日常巡查和管理的过程中有无发现问题、有无督促进行整改等;也可以向

① 参见陈瑞华:《企业合规基本理论》,法律出版社 2020 年版,第 91 页。

② 参见李玉华:《有效刑事合规的基本标准》,载《中国刑事法杂志》2021 年第 1 期。

行业协会了解行业内的普遍共识或业务规范。

如果企业是销售类或研发类企业，其涉及领域较为单纯，那么可以考虑适用“简式”合规的程序。对于生产型企业，其员工、部门较多，涉及原材料采集、下游销售、质量检测、产品开发等多个领域，合规风险点较多，最好还是适用“范式”合规流程。

三、告知程序权利，要求涉案企业自查自纠，拟定整改方案

鉴于涉案企业的合规整改落实情况及整改效果会实际影响案件的办理结果，涉及检察机关在后续刑事案件办理过程中是否提出从轻量刑建议或作出相对不起诉决定，这些都与涉案企业的实际利益休戚相关。为切实保障涉案企业的程序权利，了解其中的利害关系，真正积极、切实地开展合规建设，检察机关在对涉案企业开展合规建设前，应当充分释明涉案企业合规案件的办理流程，适用“简式”合规程序办理的原因，企业需要如何查找问题、如何配合制定整改方案以及整改方案的执行等，还有就是适用“简式”合规程序办理可能产生的法律后果等。告知涉案企业相关的合规流程、步骤及要求，以进一步提高涉案企业的重视程度。

涉案企业需在认罪认罚的前提下停止犯罪行为，积极配合检察机关的办案活动，对于涉及需要补缴税款、退赃退赔、积极配合司法机关或行政机关调查核实等，也应当在合规整改方案中予以体现，如果涉及非单位实控人的其他单位员工违法犯罪活动的，对相应责任人的具体处理举措也应当明确并落实。合规整改方案还应进行风险追溯，厘清犯罪根源。按照造成犯罪发生的制度漏洞、管理隐患和治理结构的缺陷一一进行排查和归类；根据追溯的漏洞、隐患和缺陷，进行有针对性的制度纠错。关键在于切断犯罪发生的因果链条，在处置隐患、管理职责和防治措施等方面都进行制度性设计，将存在缺陷和漏洞的地方做出纠正和修补。涉案企业将拟定整改方案向负责办理案件的人民检察院进行报告，检察机关对涉案单位提交的合规整改方案应当及时予以审查，必要时可以邀请第三方组织或者相应的行政主管单位共同参与讨论研究。

四、确定整改方案，制发合规检察建议

检察机关既要充分发挥专门法律监督机关的专业优势，从法律层面深入剖析案发原因，又要从客观中立的“案外人”视角出发，帮助企业充分了解管理制度漏洞形成的原因、风险后果。在审查企业提交的合规整改方案时，要注意听取企业的自我问题剖析及相关情况反馈，如行业普遍做法、潜规则、公司现有制度规范未充分发挥作用的原因等，还可以与涉案企业就合规项目的设置开展、合规规范的标准进行充分沟通协商，争取“要做到”与“能做到”尽可能达成一致，并督促企业尽快拟定合规整改方案。

检察机关以制发合规检察建议形式开展企业合规的，制发时间点宜在作出处理决定前。考虑到不同于以往社会治理检察建议在检察机关办理案件作出刑事处罚决定后进行制发，检察机关在办理企业合规案件时，往往会将涉案企业对合规检察建议的落实情况作为评价涉案企业是否真诚认罪认罚、切实履行合规承诺，有无社会危险性以及有效消除再犯罪风险的重要依据，在此基础上视情对涉案企业提出从宽量刑建议或决定不起诉。其刑罚处罚方面的正向激励功能够有效提高被建议单位对合规检察建议的重视度和落实积极性，提升合规检察建议的刚性。此外，涉案企业也可以根据检察机关制发的合规检察建议制定细化的整改措施，制定详细的合规计划，并提交检察机关备案审查。

五、督促涉案企业整改，开展合规有效性考察

“简式”合规程序的合规计划设计方案，是以检察机关为主导的，承办检察官全程深度参与其中，包括对问题诊断、对自查自纠问题的把关指导以及提出合规检察建议，要求涉案企业按照合规检察建议的内容进行整改，堵漏建制，排除可能存在的法律风险等。涉案企业的最终整改方案是在检察机关直接参与下完成的，其有效性由检察机关事前介入指导或制发合规检察建议书确定。督促企业整改主要是企业在执行合规整改方案中，检察机关通过实地走访调研、座谈、访谈等方式对涉案企业执行整改方案的过程予以考察；对于委托第三方监督考察，适用“简式”合规程序的案件，包括合规计划制定、合规计划执行的过程以及合规计划执行的实效等有效性判定都交由第三方人员考察评估，形成考察评估报告，检察机关对考察评估报告予以审查。

检察机关认为有必要的，还可以联合第三方人员或相关行政主管部门、行业协会共同对涉案企业的合规整改工作进行指导，就合规制度建设过程中的中、远期目标进行研商，并要求涉案企业列明合规建设进度表，按期予以推进，通过增强工作的亲历性，切实了解企业在合规建设过程中的痛点、难点，也为后续同类案件中相关类型企业开展合规整改工作积累经验，与相关部门形成类案工作机制。

六、作出处理决定，定期跟踪回访

涉案企业的合规考察期限结束后，应当向检察机关或第三方组织提交书面整改报告，第三方组织应当对涉案企业提交的整改报告进行评估，并作出专业性的评估意见，检察机关可以组织公开听证，对涉案企业提交的书面报告和第三方的专业性评估意见听取听证员的意见；考虑到诉讼效率，也可以不组织公开听证，以评估会或论证会议的形式，要求涉案企业对相关问题进行答辩。涉案企业整改报告、第三方考察评估意见以及公开听证意见或评估会、论证会结果均可以作为人民检察院依法处理案件的重要参考。

对于作出不起诉决定的案件，根据《刑事诉讼法》第 177 条第 3 款的规定，“人民检察院决定不起诉的案件，应当同时对侦查中查封、扣押、冻结的财物解除查封、扣押、冻结。对被不起诉人需要给予行政处罚、处分或者需要没收其违法所得的，人民检察院应当提出检察意见，移送有关主管机关处理。有关主管机关应当将处理结果及时通知人民检察院”。因此，在完成企业合规考察评估并对所涉刑事案件作出实质处理决定后，根据案件的实际情况，检察机关认为仍需要给予涉案单位行政、经济制裁时，可以以检察意见书的形式向有关主管机关（包括行政机关及其他具有行政管理权限的组织）提出移送行政处理意见，这也是行刑衔接的重要载体。检察机关可以向有关主管机关介绍涉案企业的合规整改情况，与主管机关就行政处罚等措施的可行性进行沟通与探讨。

同时，检察机关可以与行政机关开展联合回访。跟踪回访是检察机关了解合规成效以及人民群众对司法满意度的直接途径。检察意见的跟踪回访侧重于对主管机关的回访，在回访形式上，可以采取“走出去”“请进来”或者相结合的方式，通过电话回访、信件回访、登门回访、座谈会式回访等，广泛、灵活地听取意见。回访内容上，一是检察机关向主管机关核实行政处罚的实施情况，了解涉案企业是否遇到法律、政策方面的障碍，涉案企业是否积极落实行政处罚决定等，以便及时采取应对措施；二是检察机关例行了解涉案企业在行政处罚后相关义务的履行情况，以核实涉案企业是否切实就相关问题进行整改以及涉案企业的经营情况，了解合规程序是否给涉案企业的经营发挥正面促进作用；三是为有效凝聚司法、行政执法合力，检察机关与主管机关可以提炼协同办案和横向联动工作机制，为后续同类案件的处理畅通渠道。①

第四节　合规检察建议书的撰写

一、合规检察建议书的制作规范

《人民检察院检察建议工作规定》第16条列举了检察建议书的一般内容，包括：(1)案件或者问题的来源；(2)依法认定的案件事实或者经调查核实的事实及其证据；(3)存在的违法情形或者应当消除的隐患；(4)建议的具体内容及所依据的法律、法规和有关文件等的规定；(5)被建议单位提出异议的期限；(6)被建议单位书面回复落实情况的期限；(7)其他需要说明的事项。合规检察建议书中对第(1)项、第(2)项、第(3)项、第(4)项的撰写与传统社会治理检察建议差异不大，主要区别在于第(3)项、第(4)项，即问题的提出、释明和建议的具体展开，这也是合规检察建议书的重中之重，此外在第(7)项的部分也可根据合规开展情况进行适当说明。下面就这三项的撰写要点展开说明。

---

① 参见王宗秀、侯艳琼：《合规检察意见制发与落实问题探析》，载《中国检察官》2021年第14期。

（一）上述第（3）项可以概括为企业存在的合规风险

此项内容主要是针对已经依法认定的案件事实做进一步分析展开。在撰写的过程中要注意以下两个要点。

1. 事实陈述与制度分析相结合。对企业合规风险的分析，可以从现象描述、表象原因、制度分析三个层面逐次展开。

现象描述主要着眼于案件事实，但与起诉书强调精练简洁不同，此处对案发的具体情况要予以适当展开，如企业员工职务侵占造成企业损失，那么在案件事实的描述中，实施犯罪的具体手法、过程中可能涉及哪些监管岗位及规范流程、行为人是通过什么手段或途径避开了这些监管以致得手，企业经过多长时间得以发觉等情况，能够反映公司管理制度存在问题的事实都应在合规检察建议书中予以体现。

表象原因即直接引起犯罪发生、发展的原因。此处可以尽可能多地从犯罪嫌疑人处进行挖掘，比如关键岗位有无设置监督岗、已设置的监督岗能否起到预警或不法行为干预效果、企业有无明确的工作纪律以规范员工行为、不法行为在企业内部是否具有一定的普遍性、员工之间有无相互传授、讨论类似的作案手法、企业高层或者管理层对该不法行为的态度、员工是否意识到自己的行为可能触法等。

深层原因主要是从公司的管理制度体系进行剖析，可以从“制度”和“人”两个角度展开：制度方面，比如是否存在与案发相关的风险点没有设置足够的合规防范防线、现有的监督管理制度不能发挥实际效果或不能达到有效预防案发风险的原因、违背合规规范后有无相应的惩戒措施以及惩戒力度是否足以引起相关岗位员工的必要警戒等；人的方面，相关岗位人员对所涉违法违规风险有无足够认知，有无识别、应对可能的违法违规风险的基本能力，有无定期更新、补足合规规范操作知识等。

2. 合规风险问题的发掘不宜过分发散。需要考虑的是，合规检察建议的制发对象多数是小微企业、民营企业，此类企业发展起步较晚，同样碍于经营成本的控制，确实可能在制度设计、管理规范上存在较多不健全之处，但常有言，“罗马不是一日建成的”。合规整改的目的是要求涉案企业依法依规经营，但是并不意味着对企业动辄提出全方位、大而全的合规整改意见，特别是合规检察建议的适用对象都是规模较小、问题明确的企业，所提出的整改建议应该是针对已经发生的犯罪，进行有针对性的制度纠错，建立专项合规体系。①

① 参见陈瑞华：《无效合规计划的十大症状》，载《民主与法制》2022年第3期。

(二)上述第(4)项可以概括为涉案企业合规整改建议

企业合规的本质在于通过建立一种防范、识别和应对违法违规行为的机制,在企业内部形成依法依规经营的管理和文化。[①] 从内容完整性及功能齐备性考虑,该部分可以从以下3个方面进行撰写。

1. 对企业合规管理体系的建立或修补。结合前述对企业合规风险问题的分析说明,对于企业在涉案合规风险点存在监督管理和合规规范缺失的,应当提出具体建制的意见,并适当说明建制的必要性;对于企业已就涉案合规风险点建立了相应合规制度或规范的,应当在分析相关制度、规范为何没有发挥实际效果的基础上,提出进行调整或者修改已有的合规制度规定的意见。同时,检察机关可以结合案件所涉行业或所涉罪名存在的一些共性问题,对涉案企业的合规管理体系做预防性风控提示,确保合规体系和规范的设置更加科学。

2. 对企业合规管理体系的保障运行。合规制度、规范建立后,最重要的是落地运行,严防"纸面合规"现象。因此该部分在撰写时可以从两个方面展开:一方面,搭建与合规管理体系配套的、能够确保合规管理体系实际、有效、顺畅运营的"硬"制度,如合规风险预警和应对机制的建立、合规风险预案和补救措施的确定、违规行为的惩戒程序和警示制度等;另一方面,提醒企业积极培育合规"软"文化。企业需要的不是表面上的合规管理,而是"行动中"的合规管理,而合规文化无时无刻不在推动实现真实有效的合规管理。[②] 企业应当明确能够作为本企业价值基础的基本道德和原则,并在公司章程、行为守则、商业活动中予以体现,同时可以通过员工文化、培训等活动形式进一步丰富企业合规文化的内涵,使合规制度的实际执行者能够持续认同企业的合规文化。

3. 合规有效性的确定。企业合规的体系建立取决于企业的风险、业务和规模,实际运营取决于企业管理者的重视以及企业员工的遵守。检察机关在撰写合规整改建议的同时,一般都要涉及合规整改要达到的标准。目前境内外达成共识的有效合规要素有10类,包括领导重视、制度化、谨慎规避、培训与教育、报告和举报、平等、合规监督、合规风险评估、激励和惩罚、持续改进。[③] 检察机关可以在前期与企业进行沟通时就合规整改目标听取企业的意见、态度,也可以向第三方组织进行咨询请教,在此基础上在合规检察建议书中予以明确。同时,考虑到合规建设本身就是一个动态化、持续性工作,在确定合规标准时也可以写清近、中、远期目标,比如某些合规监督岗位的设置,企业可能

---

① 参见陈瑞华:《论企业合规的性质》,载《浙江工商大学学报》2021年第1期。

② 参见周万里:《合规型监管研究》,人民出版社2021年版,第82页。

③ 参见周万里:《合规型监管研究》,人民出版社2021年版,第69页。

在两个月的整改期限内无法确保相应专业人员配齐并实际开展工作，但检察机关可以将其作为企业的中期目标在合规检察建议书中予以体现。

(三)上述第(7)项的具体展开

作为“其他需要说明的事项”，传统的社会治理检察建议书中较少涉及。考虑到合规检察建议多数是作为诉前检察建议制发，被建议单位对检察建议的落实情况及整改效果会实际影响案件的办理结果，涉及检察机关在后续刑事案件办理过程中是否提出从轻量刑建议或作出相对不起诉决定，这些都与涉案企业的实际利益休戚相关。为确保涉案企业切实了解其中的利害关系，真正积极、切实开展合规建设，检察机关可以在该部分内容中释明涉案企业的合规检察建议落实情况可能影响的不同刑事处理结果，以进一步提高涉案企业的重视程度。

二、合规检察建议书的制作模板

涉案企业合规检察建议书

××检企检建〔20××〕×号

(涉案企业)：

一、案件来源

案件移送机关、移送时间等案件来源情况、诉讼阶段。

二、案件基本情况

依法认定的案件事实，对事实的叙述要求客观、准确、概括性强。

三、企业存在的合规风险

经审查，发现存在以下合规风险：

(具体阐明该单位的企业合规风险，主要围绕与涉案企业或人员涉嫌犯罪有密切联系的企业内部治理结构、规章制度、人员管理等存在的问题。)

四、涉案企业合规整改建议

为防范和杜绝此类情况的再次发生，有效防范企业合规法律风险，特提出如下合规整改建议：

(针对上述合规风险，对企业合规计划方向提出相应的意见或建议。)

五、其他需要说明的事项

……

综上，为进一步规范市场经济主体的经营活动，助力企业合法合规发展，依据《人民检察院检察建议工作规定》第三条第一款、第十一条第一款第(一)项,向你单位提出检察建议,望在收到建议书后及时研究落实,并将采纳情况于××年××月××日前函复我院。

年　月　日

回复地址:××
联系人:××
联系电话:××

附:相关法律规定

《人民检察院检察建议工作规定》

第三条　人民检察院可以直接向本院所办理案件的涉案单位、本级有关主管机关以及其他有关单位提出检察建议。

……

《关于建立涉案企业合规第三方监督评估机制的指导意见(试行)》

第十四条第二款　人民检察院发现涉案企业在预防违法犯罪方面制度不健全、不落实,管理不完善,存在违法犯罪隐患,需要及时消除的,可以结合合规材料,向涉案企业提出检察建议。

第五节　相关"简式"合规程序适用的典型案例

一、江苏F公司、严某某、王某某提供虚假证明文件案

【关键词】

小微企业　"简式"合规　中介机构　提供虚假证明文件　检察主导

【要旨】

针对涉案的小微企业开展合规整改,可以根据《合规评估办法》的规定简化合规审查、评估、监管等程序,由检察机关主导合规监管和验收评估,并直接对涉案企业提交的

合规计划和整改报告进行审查。针对涉案企业和责任人，应坚持认罪认罚从宽制度和宽严相济刑事政策，准确区分单位及责任人的责任。

【基本案情】

被告人严某某、王某某分别是江苏F房地产评估咨询有限公司（以下简称F公司）的估价师和总经理。2019年1月，F公司接受委托为G工贸实业有限公司（以下简称G公司）协议搬迁项目进行征收估价，先是采取整体收益法形成了总价为2.23亿余元的评估报告初稿。为满足G公司的要求，王某某要求严某某将涉案地块评估单价提高。严某某在无事实依据的情况下，通过随意调整评估报告中的营业收益率，将单价自2.16万元提高至2.38万元，后又经王某某许可，通过加入丈量面积与证载面积差等方式，再次将单价提高到2.4万余元，最终形成的《房屋征收分户估价报告》将房屋评估总价定为2.49亿余元。后相关部门按此评估报告进行拆迁补偿，造成国家经济损失2576万余元。

2021年5月6日，南京市公安局江宁分局以F公司、严某某、王某某涉嫌提供虚假证明文件罪向江宁区人民检察院移送审查起诉。2021年6月6日，江宁区人民检察院依法对严某某、王某某以提供虚假证明文件罪提起公诉。2021年9月17日，江宁区人民法院以提供虚假证明文件罪判处严某某有期徒刑2年，罚金10万元；判处王某某有期徒刑1年6个月，缓刑2年，罚金8万元。2022年1月30日，江宁区人民检察院依法对F公司作出不起诉决定。

【企业合规整改情况及效果】

一是开展办案影响评估，充分论证合规的必要性、可行性。受理案件后，江宁区人民检察院对涉案企业进行办案影响评估，调取涉案企业的工商信息、纳税、就业等材料；到涉案企业了解行业资质、业务流程、监督管理制度设置；到城乡建设委员会、房屋征收指导中心、住房保障和房产局等行政主管机关，了解土地、房地产征迁谈判、评估、补偿相关规定。F公司从业人员39人，曾获评市优秀估价机构、诚信单位，涉案导致公司参与的多项招投标业务停滞，经营面临困难。江宁区人民检察院评估后认为，涉案企业以往经营和纳税均正常，案发后企业和个人认罪认罚，且主动提交了合规申请，承诺建立企业合规制度。鉴于此，江宁区人民检察院决定启动企业合规，确定为期6个月的合规考察期。

二是立足小微企业实际，发挥检察主导作用，探索开展“简式”合规。涉案企业属于小微企业，江宁区人民检察院决定对企业涉案的房地产估价业务开展“简式”合规。包括指导涉案企业开展风险自查，形成自查报告；结合案件办理中暴露的问题，指导企业修订合规计划；围绕13个风险点，制发检察建议，督促企业查漏补缺。涉案企业依据指导设立合规部门、修订员工手册、制定《评估业务合规管理制度》、委托研发线上审批的OA系统、组织开展业务技术规范培训和合规管理制度培训。为降低合规成本、减轻企业经济负担，由江宁区人民检察院直接开展合规监管、评估，设置合规整改时间表，要求涉案企业明确整改节点、按时序推进。同时，为确保合规监管评估的专业性和公平性，邀请3名专业人员协助检察机关开展合规监管、评估。经过6个月的合规整改，江宁区人民检察院组织公开听证，对合规整改进行评估验收。

三是区别对待，分别处理涉案民营企业和责任人。鉴于两名责任人严重违反职业道德、违法出具证明文件，造成国家经济损失巨大，江宁区人民检察院于2021年6月6日依法对严某某、王某某以提供虚假证明文件罪提起公诉。同时，对涉案企业开展合规工作和监管验收，经综合审查认定F公司通过评估验收。2022年1月30日，江宁区人民检察院依法对F公司作出不起诉决定。

【典型意义】

1. 量身定制，对符合条件的小微企业积极探索“简式”合规监管。检察机关开展企业合规要准确把握企业合规案件的适用条件与企业适用范围，因案制宜，根据企业类型的不同开展具有针对性的企业合规工作。小微企业在治理模式、业务规模、员工数量、资金能力、风险防范等方面与大中型企业存在显著差异。检察机关应当结合小微企业的自身特点，积极探索适合小微企业的合规模式，在保证合规计划制定、实施、验收评估等基本环节的同时，通过简化程序、降低合规成本、制定与大中型企业不同的监管标准等“简式”合规管理，激发小微企业做实合规的积极性。

2. 有的放矢，检察机关在“简式”合规计划的审查、监管、评估过程中应发挥主导作用。针对小微企业的合规整改，未启动第三方机制的，可以根据《合规评估办法》的规定，由检察机关对其提交的合规计划和整改报告进行审查，主导合规监管和验收评估。一是根据案件的具体情况主动听取公安机关等部门的意见，建立合规监管互通机制；二是设置合规时间表，要求涉案企业明确整改节点、按时序推进；三是依据时间表，采取“定向+随机”的方式考察合规进展；四是选择专家学者、行政主管机关、侦查机关代表组成的评估小组，同时组织公开听证对合规整改进行评估验收。

3. 区分责任，落细落实民营经济司法保护政策。检察机关在办理涉民营企业案件时，应当贯彻宽严相济刑事政策。一方面，对于确有重大过错的涉案企业责任人依法予以惩处；另一方面，对于涉案企业积极适用企业合规，针对与企业涉嫌犯罪有密切联系的企业内部治理结构、规章制度等问题开展合规整改，帮助企业弥补制度建设和监督管理方面的漏洞，从源头防止再次发生相同或类似的违法犯罪。通过对合规考察合格的涉案企业依法作出不起诉决定，积极落实“六稳”“六保”。

二、姜某、上海锐勤电子科技有限公司等虚开增值税专用发票案

【关键词】

企业合规　繁简分流　检察建议　社会治理

【要旨】

检察机关应当坚持把服务“六稳”“六保”作为检察履职重要的职责使命，在办理涉民企案件过程中严格落实宽严相济的刑事政策，对有发展前景、有扶持必要的民营企业因违规经营触犯刑法的，以对企业及直接负责的主管人员依法给予从轻处罚为激励手段，有效督促并指导企业构建合规制度、实现守法合规经营，运用检察智慧积极优化营商环境，服务经济高质量发展。

【基本案情】

2015～2018年，被告人姜某在经营锐勤公司、双河公司的过程中，在无实际交易的情况下，以支付开票费的方式，让任怡实业(上海)有限公司为自己实际经营的上述两家公司虚开增值税专用发票。其中锐勤公司收受虚开的增值税专用发票62份，价税合计人民币6,288,410元，涉及税款人民币879,169.07元；双河公司收受虚开的增值税专用发票5份，价税合计人民币500,760元，涉及税款人民币71,286.97元，均已申报抵扣。2020年7月13日，被告人姜某主动到公安机关投案并如实供述上述犯罪事实，同日被公安机关取保候审。2020年7月21日，锐勤公司、双河公司向税务机关补缴了全部税款及相应滞纳金。

【检察履职过程】

2020年10月27日，公安机关以犯罪嫌疑人姜某、犯罪嫌疑单位锐勤公司、双河公司涉嫌虚开增值税专用发票罪移送上海市金山区人民检察院审查起诉。本案系涉民营企业犯罪案件，金山区人民检察院重点开展了以下工作。

1. 调查核实，多维立体评估企业合规的必要性与可行性。在案件办理过程中，检察机关了解到：锐勤公司、双河公司主要从事汽车类高科技软件开发应用，经常与日本、德国等国际先进技术团队开展合作，国外企业对合作方的合规状况审查较严，受过刑事处理的企业很难获得合作机会，技术交流的封锁极易造成公司经营困难。两家公司自注册成立以来经营状况一向良好，如果继续保持稳定发展态势，未来在附加现代服务、总体利税等方面会有较大提升，对地方经济发展和增进就业也会有所助益。此外，考虑到疫情影响，民营企业为了维持生存，不得不付出更高的运营成本，如果公司因刑事处罚致使经营陷入困境，很可能会出现降薪、裁员甚至倒闭的局面。因此，引导民营企业积极开展企业合规建设，对确有成效的予以从轻处罚，在当前稳企业、保就业、促发展的大形势下确有必要。

检察机关多管齐下，全面考察锐勤公司、双河公司开展企业合规建设的可能性：一是通过上海市大数据中心及“信用上海”数据平台，对涉案公司的经营信息进行初步了解，获知锐勤公司2019年获授高新技术企业称号，现拥有15份计算机软件著作权登记证书、3项发明专利已通过形式审查，向政府、多家事业单位及大型企业提供技术服务；二是列明清单要求涉案公司提供近5年的财务审计报告及纳税记录、近两年的经营合同等材料，了解到公司近几年的营业收入较好，账面现金流充足，足以支撑合规构建所需费用；三是分别向企业所在地人民政府、税务局、市监局查询了解，获知锐勤、双河两家公司此前纳税正常，均无违法经营处罚记录；四是实地走访调查，查明公司员工中研究生、本科学历占比达75%，人员素质较高，对合规管理的接受度高、执行力强。2020年11月27日，上海市金山区人民检察院决定对锐勤公司、双河公司进行企业合规考察。

2. 分开处理，区分单位和自然人刑事责任。本案被告人姜某作为涉案两家公司的实际经营人，让他人为自己公司虚开增值税专用发票，且系数额较大，法定刑为3年以上10年以下有期徒刑。姜某虽有自首及补缴税款的从轻处罚情节，但其作为一名具有较高学历的经营者，为了降低企业经营成本而实施虚开行为，时间长达3年，体现了一定的社会危险性，也具有刑事处罚必要性。因此，检察机关对被告人姜某以单位犯罪直接负责的主管人员提起公诉，对涉案锐勤公司、双河公司决定开展企业合规建设，依据合规制度建立和实施情况最终作出起诉与否的决定。

3. 繁简分流，选择适宜合规方案。金山区人民检察院在探索助力企业合规制度构建的过程中，根据企业性质、经营规模、合规难易程度和必要性等内容，设置繁简程度有所差异的合规程序。对经营规模较大、制度完善的空间和需求大的涉案企业严格按照区院制定的标准化实施样板开展合规审查；对以本案锐勤公司、双河公司为代表的小微企业，基于合规成本和可行性考量，实行简化版的合规程序，以制发检察建议的形式提出刑事合规的要求，根据企业整改表现作出相应的处理决定。

4. 对症下药，检察建议助推合规构建。检察机关结合前期的调查内容，于2020年12月18日分别向锐勤公司、双河公司制发检察建议，指出本案暴露出公司管理层法律风险防控意识不强，辨识法律风险的敏锐度不够；日常经营缺乏有效的合规经营管理体系，既没有专职法务及财务人员，与税务管理相关的资金流动、采购付款、合同管理等业务流程，也没有完整的规章制度；税收筹划和成本控制能力较弱，导致成本控制压力完全落到财务管理层面，最终选择通过虚开的方式保障企业利润。据此，检察机关建议涉案企业：一是加强学习，切实提高守法经营的重要性认识。通过购买法律服务等方法，学习了解企业经营过程中的高发犯罪风险，将依法治企纳入公司经营的重点内容。二是加快构建，有效制定和落实合规计划。应当根据自身发展特点和主营业务类型，制定符合实际的合规计划,有效实现风险管理。三是加强交流,畅通与当地税务机关的沟通联系。通过及时获取最新税法规定及涉税政策变化,更准确地进行涉税处理,有效降低税务风险。四是加快创新,着力建设公司合规文化。通过日常管理、团队建设、业务培训、入职谈话等多种形式潜移默化地塑造良好的合规文化氛围。

通过检察建议的宣告送达,检察机关督促涉案公司在规定的期限内依照建议内容查缺补漏,建立健全企业合规制度,并告知会根据公司的合规建设考核评估状况作出最终刑事处理决定。

5. 回访考察,切实了解涉案企业合规建设情况。检察建议制发后,涉案锐勤公司、双河公司均在规定期限内书面复函。检察机关上门考察,审查了相关合规材料,确认两家公司已按照检察建议的内容开展了相关整改工作:一是开展了涉税法律知识培训。先后向法律事务所、财务公司及注册地所在经济城咨询、学习了企业经营相关税务知识和政策。二是根据公司的业务模式和经营重点建立了相应财务、销售及工程项目管理流程,初步形成了公司内控管理制度及规范文档,同时专职财务人员已经到岗,有效健全了公司的管理体系。三是开发了公司数据管理系统,目前已完成日常应用和核心功能模块的开发,未来将通过该系统开展经营管理,减少人为干预带来的管理偏差。此外,在走访过程中涉案公司负责人还表示,已经深刻吸取此次教训,切实感受到合规经营的必要性,对所承担的社会责任有了更真切的认识。作为研发型企业,锐勤公司以此次合规建设为契机,主动开展了 ISO 9001 标准体系咨询认证,并向上海市慈善基金会“蓝天下的至爱”项目进行了捐款。

6. 公开听证,第三方参与彰显司法公开。2021 年 2 月 3 日,检察机关组织召开公开听证,对锐勤公司、双河公司企业合规建设进展及成果进行验收评估,并邀请区城管局、工商联、区内部分企业负责人及主管人员作为听证员参加。听证会上,涉案公司的实际经营人姜某分别介绍了两家公司企业合规制度的建设情况。经评估,检察机关认为锐勤公司、双河公司均已制定了较为完善的企业合规制度并遵照执行,有效降低了再犯可能性。实际经营人姜某在公司合规建设过程中积极主动作为,认真落实检察建议的相关内容,具有较强悔罪表现。据此,检察机关拟对锐勤公司、双河公司相对不起诉,对被告人姜某进行量刑减让,由原先提起公诉时建议的有期徒刑 3 年降为有期徒刑 2 年。各听证员均同意检察机关上述拟处理意见。

7. 司法激励,依法对涉案企业及负责人从轻处罚。2021 年 2 月 5 日,检察机关对被告人姜某调低量刑建议为有期徒刑两年,缓刑两年,双方重新签署《认罪认罚具结书》,随后又对锐勤公司、双河公司进行相对不起诉公开宣告,向两家公司送达不起诉决定书。涉案公司表示在未来的经营过程中会进一步加强公司法律法规培训、牢固树立合规经营理念，丰富和完善企业合规文化，继续积极回馈社会。同日，上海市金山区人民法院对被告人姜某作出一审宣判，判决刑期与检察机关调整后的量刑建议一致。

8. 行刑衔接，有效落实涉税案件不起诉后的行政处罚介入。宣告不起诉后，检察机关向涉案公司所在地税务机关制发了检察意见书，通报了涉案公司虚开增值税专用发票的基本案情及不起诉决定，建议由税务机关对涉案公司给予行政处罚，以确保对涉案公司的监管处罚不缺位。

9. 加强跟踪，持续关注涉案公司企业合规建设落实情况。检察机关要求涉案锐勤公司、双河公司根据拟定的合规制度建设计划制定项目进度表，定期向检察机关书面反馈工作进程，并计划在不起诉公开宣告一个月后进行实地考察，以确保涉案公司切实遵照承诺开展合规经营。

【典型意义】

1. 全面核查，针对性指导企业落实合规建设。通过实地走访调查、向当地政府及主管行政单位核实以及利用大数据系统筛查企业经营状况及信誉评级等方式，准确评估和判断企业整体经营状况及未来发展潜能，对具有较大发展潜力、有扶持必要性的民营企业，通过开展合规监督考察，查明企业犯罪的内在原因、制度漏洞、刑事风险等，并通过检察建议的形式，指导、督促企业结合自身发展的实际情况，有效建立预防、发现和制止违法犯罪行为的内控机制，并将合规制度的构建和运行状况作为对企业从宽处罚的考量因素。

2. 有效监督，依法从宽激励企业落实合规承诺。检察机关把企业落实合规承诺的表现作为悔罪表现和从宽处罚的考量因素，在符合法律规定的前提下，积极运用从轻处罚等刑事激励手段，帮助、督促涉案企业积极开展合规建设，有效降低和防范法律风险，为企业健康长远发展贡献检察智慧。

3. 多方参与，提升企业合规试点工作的司法公信力。企业合规是检察机关探索运用检察智慧优化营商环境的重要抓手，也是一项创新举措。将邀请第三方参与公开听证纳入开展涉罪企业刑事合规建设的必经环节，可以有效增强检察工作的公开性，促使检察机关强化规范公正办案，同时向社会彰显检察机关服务保障民营企业发展、积极实现“三个效果”有机统一，切实提升司法公信力。

4. 分别处理，准确认定单位和自然人责任。单位犯罪大多采用双罚制，但单位和单位负责人的责任承担方式可以不同。本案中，一方面，姜某作为具有较高学历的企业经营者，实施虚开行为长达 3 年且虚开增值税专用发票数额较大，虽有自首及补缴税款情节，但行为仍体现出一定的社会危险性和刑罚必要性，因此，检察机关对姜某以单位犯罪直接负责的主管人员提起公诉并获法院有罪判决；另一方面，涉案企业通过建立并执行有效的合规制度,刑罚必要性明显降低,对涉案企业作出不起诉决定,更有利于教育和挽救企业发展。针对案件的具体情况,对单位和自然人作出区别处理,在追究自然人刑事责任的同时又保障了企业继续发展和合规经营,符合罪刑责相适应原则,也是发挥检察职能服务“六稳”“六保”的有益探索。

第十八章 异地协作

第一节 背景和规定

一、涉案企业合规异地协作的意义

实践中，企业的注册地或者生产经营地与案件管辖地不一致具有普遍性，当今社会跨区域经济活动十分普遍，不能因为涉案企业的注册地或者生产经营地与案件管辖地相分离，就将其排除在合规改革试点之外。涉案企业合规改革，不能狭隘地理解为保护本地企业、保障本地就业，而是要立足全局服务保障经济社会高质量发展。根据试点实践对第三方监督评估异地协作的迫切需要，《合规指导意见实施细则》第22条规定，涉案企业、人员的居住地与案件办理地不一致的，案件办理地第三方机制管委会可以委托涉案企业、人员居住地第三方机制管委会选任组成第三方组织并开展监督评估，或者可以通过第三方机制管委会成员单位及其所属或者主管的行业协会、商会、机构的异地协作机制，协助开展监督评估。

涉案企业合规异地协作更多的是讲横向打通的关系，所以其理论基础在于跨区域司法协作，这种机制的运作，法规上不存在障碍，实践中也有制度保障。对于跨区域司法办案协作机制，法院主要在执行领域有所涉及。检察机关主要体现在《人民检察院刑事诉讼规则》第180条的规定中，即侦查环节派员到本辖区以外取证等。公安机关对此规定得更为全面。《公安机关办理刑事案件程序规定》第12条规定："公安机关办理刑事案件，各地区、各部门之间应当加强协作和配合，依法履行协查、协办职责。上级公安机关应当加强监督、协调和指导。"该规定还在第十一章专章规定办案协作内容。

跨区域涉案企业合规与《中共中央关于加强新时代检察机关法律监督工作的意见》中关于新时代检察机关的职能定位有密切关联。跨区域涉案企业合规的意义应当从司法、经济、社会、文化、政治5个层面来认识。司法层面，从宏观上看，检察机关是保障国家法律统一正确实施的司法机关，司法政策适用统一是应有之义，涉案企业合规改革试点协同推进很有必要;从微观上看,跨区域涉案企业合规会遇到与行政监管机关协同配合、第三方监督评估程序衔接等诸多问题,推动跨区域协作也是为了解决司法实践中遇到的实际问题。经济层面,涉案企业合规改革试点,使治理模式从传统的“一诉了之”“一放了之”调整为“宽严相济”“疏堵结合”,通过督促企业建立风险防控体系,对企业犯罪从单纯的末端处理转化为与前端治理并重,与有关单位一同综合运用经济、行政、刑事等手段促进企业走上守法经营的坦途。当今社会跨区域经济活动十分普遍,不能因为涉案企业的注册地或者生产经营地与案件管辖地相分离,就将其排除在合规改革试点之外。社会层面,企业作为经济活动的主要参与者、社会财富的重要创造者,是市场经济的基础。企业稳定社会才稳定,推动涉案企业合规使企业“活下来”“留得住”“经营得好”,社会才有稳的基础。涉案企业合规改革试点,不能狭隘地理解为保护本地企业、保障本地就业,而是要立足全局服务保障经济社会高质量发展。文化层面,市场经济一个重要特征就是崇尚法治。但目前轻视规则、信奉权力和关系仍是一些企业的惯常思维。因此,强调企业依法治理、推进涉案企业合规,在我国具有特殊的必要性和紧迫性,而跨区域涉案企业合规更能够体现规则适用的统一性,更能够有力地推动法治文化。从这个意义上说,探索涉案企业合规对于企业依法治理乃至全面推进依法治国都十分必要。政治层面,要服务国家战略,体现司法担当。比如,就长三角区域来说,区域内的涉案企业合规异地协作实际也是服务长三角一体化这一国家战略的内容。检察机关应力行司法担当,促进长三角乃至更大区域发展,进而在更广层面推进涉案企业合规的改革试点。

二、涉案企业合规异地协作的路径

涉案企业合规异地协作路径和涉案企业合规与监督评估模式选择有关。《合规指导意见》出台前的试点实践中存在多种监督评估模式,如由检察机关监督评估、由行政监管机关评估、由第三方监督评估等。《合规指导意见》将第三方监督评估模式作为主流模式,即成立第三方机制管委会、建立第三方机制专业人员名录库,管委会在接受委托后从中抽取人选组成第三方组织进行合规考察,并将考察结果反馈给检察机关。这种模式的优点在于客观中立,但保障其高效运作需要很多条件。在跨区域涉案企业合规中,第三方监督评估模式需要更多配套保障。因此,特别需要发挥办案地、协作地两地检察机关在内的各方作用。

在第三方监督评估模式下,异地监督评估大致有 3 种路径:一是办案地第三方机制管委会成立第三方组织至协作地开展监督评估;二是办案地第三方机制管委会可以委托协作地第三方机制管委会选任组成第三方组织并开展监督评估;三是可以通过第三方机制管委会成员单位及其所属或者主管的行业协会、商会、机构的异地协作机制。第三种模式主要是因为办案地、协作地未成立第三方机制管委会，或者相关单位已有比较完备的异地协作机制，便于按照要求开展异地合规考察。

跨区域涉案企业合规协作首先在于社会调查。无论何种路径，在启动前需要开展社会调查，办案地检察机关认为需要开展异地社会调查的，可以请求协作地检察机关协助开展，然后结合协作地提供的社会调查材料，判断是否启动第三方机制。办案地检察机关认为需要对涉案企业合规开展异地社会调查的，可以根据案件的具体情况，书面明确需要查明的重点内容和事项，请求协作地检察机关协助开展社会调查。协作地检察机关可以采取个别访谈、实地走访、调取材料等方式自行开展社会调查，也可委托有关组织、机构开展社会调查，统一由协作地检察机关将相关材料移送办案地检察院审查。办案地检察机关应当结合协作地检察机关提供的涉案企业合规社会调查材料，制作涉案企业合规社会调查报告，作为是否启动涉案企业合规第三方机制的重要参考依据。办案地检察机关作为委托方，对案件情况较为熟悉，是社会调查的主导者，应当绘制社会调查的"施工图"，由协作地检察机关组织实施。关于调查提纲，在委托异地调查过程中，委托方作为办案主体，应围绕涉案企业合规的必要性和可行性提出调查提纲，帮助受托方明确调查目的、调查事项、调查方式及调查重点。基本要素包括涉案企业的经营状况（如企业在编人数、税务状况、营收状况）、发展前景（如自主产权、科研成果、荣誉奖项等）、诚信记录、社会评价等。关于调查方式，可根据调查事项采取实地走访、座谈交流、调取资料等方式，事中双方应加强沟通协调，必要时可开展集中研讨。在社会调查的过程中，对于市场监管、人社、税务、科技、工商联及行业协会等部门或人员提供的材料，受托方对调查方式及过程应如实记录，且应对调查过程保守秘密。关于调查报告，社会调查完成后，受托方可就社会调查的具体情况复函说明，并附相关调查资料。双方可就社会调查情况进行专项研讨，对调查内容查缺补漏、对调查结果的客观有效性进行论证，最终由委托方即办案地检察机关出具涉案企业合规社会调查报告，并对调查结果提出处理意见，决定是否启动第三方机制。①

跨区域涉案企业合规协作其次在于第三方机制的启动。办案地检察机关经审查，认为案件符合第三方机制适用条件，且需要开展异地监督评估的，可以委托协作地检察机关商请协作地第三方机制管委会启动第三方机制。相关材料由协作地检察机关转交办案地检察机关备案。如协作地所在地区尚未建立第三方机制，可以由办案地检察机关商请启动办案地第三方机制，或者报请其上级检察机关指定其他合适的检察机关商请启动第三方机制。办案地检察机关也可以通过其所在地第三方机制管委会成员单位

① 参见逄政、任志伟：《探索异地涉案企业合规跨区域协作机制》，载《检察日报》2021 年 10 月 25 日。

及其所属或者主管的行业协会、商会、机构的异地协作机制，协助开展监督评估。

跨区域涉案企业合规协作最后在于合规事项的落实。比如，在合规计划环节，第三方监督评估组织在确定涉案企业适用的合规计划类型、督促涉案企业提交合规计划、对合规计划提出修改完善的意见和建议并确定合规考察期限等工作中需要办案地检察机关给予支持、协助的，办案地检察机关应当提供，协作地检察机关协助做好合规计划等相关材料的转送等工作。第三方组织在合规考察届满后，应当对涉案企业的合规计划完成情况进行全面检查、评估和考核，并制作合规考察书面报告，由协作地检察院转交办案地检察院审查。又如，在听证审查环节，办案地检察机关如需对涉案企业及其相关人员跨区域组织听证会，可以请求协作地检察机关予以协助，采取异地听证或者远程视频形式进行，协作地检察机关应当提供必要的场所、技术保障，并协助通知相关人员到场。当然，实践中还应当重视防范与化解合规过程中可能出现的风险。在跨区域企业合规检察协作模式中，社会调查和监督评估无疑是两个最重要的环节。在委托第三方机构进行社会调查与监督评估时，应采取相应的监管措施，防范社会调查和监督评估中可能出现的地方保护主义与权力寻租风险。

第二节 案例与操作

在最高人民检察院第二批涉案企业合规典型案例中，上海 J 公司、朱某某假冒注册商标案就是异地协作的典型案件。针对涉案企业注册地、生产经营地和犯罪地分离的情况，上海、浙江检察机关依托长三角区域检察协作平台，通过个案办理探索建立企业合规异地协作工作机制，确立了“委托方发起”“受托方协助”“第三方执行”的合规考察异地协作模式。同样，在最高人民检察院第二批涉案企业合规典型案例中，在山东沂南县 Y 公司、姚某明等人串通投标案中，沂水县人民检察院结合涉案企业所在地为沂南县、犯罪地为沂水县的实际情况，多次与两地第三方机制管委会及沂南县人民检察院沟通交流，共同签订企业合规异地协作协议，并由沂南、沂水两地第三方机制管委会从专业人员名录库中抽取律师、市场监管、工商联人员 5 名组建第三方监督评估组织，对涉案企业合规建设开展监督评估。两个案例在合力破解异地社会调查、监督考察、行刑衔接等难题方面进行了积极探索，降低了司法办案成本，提升了办案质效，为推动区域行业现代化治理提供了实践样本。

案例

上海J公司、朱某某假冒注册商标案

——依托长三角一体化协作平台,对涉案企业异地适用第三方监督评估机制

【关键词】

企业合规　异地监督考察　长三角协作　检察一体化

【要旨】

针对涉案企业注册地、生产经营地和犯罪地分离的情况,依托长三角区域检察协作平台,联合探索建立涉案企业合规异地协作工作机制,合力破解异地社会调查、监督考察、行刑衔接等难题,以检察机关企业合规工作协同化推动长三角营商环境一体化建设,为企业合规异地检察协作提供参考和借鉴。

一、基本案情

上海市J智能电器有限公司(以下简称J公司)注册成立于2016年1月,住所地位于浙江省嘉兴市秀洲区,公司以生产智能家居电器为主,拥有专利数百件,有效注册商标3件,近年来先后被评定为浙江省科技型中小企业、国家高新技术企业。公司有员工2000余人,年纳税总额1亿余元,朱某某系该公司股东及实际控制人。

2018年8月,上海T智能科技有限公司(以下简称T公司)与J公司洽谈委托代加工事宜,约定由J公司为T公司代为加工智能垃圾桶,后因试产样品未达质量标准,且无法按时交货等原因,双方于2018年12月终止合作。为了挽回前期投资损失,2018年12月至2019年11月,被不起诉人朱某某在未获得商标权利人T公司许可的情况下,组织公司员工生产假冒T公司注册商标的智能垃圾桶、垃圾盒,并对外销售获利,涉案金额达560万余元。2020年9月11日,朱某某主动投案后被取保候审。案发后,J公司认罪认罚,赔偿权利人700万元并取得谅解。2020年12月14日,上海市公安局浦东分局以犯罪嫌疑单位J公司、犯罪嫌疑人朱某某涉嫌假冒注册商标罪移送上海市浦东新区人民检察院审查起诉。

二、企业合规整改情况及效果

一是认真审查,对符合适用条件的企业开展合规试点。浦东新区人民检察院经审查认为,J公司是一家高新技术企业,但公司管理层及员工法律意识淡薄,尤其对涉及商业秘密、专利权、商标权等民事侵权及刑事犯罪认识淡漠,在合同审核、财务审批、采购销售等环节均存在管理不善问题。鉴于J公司具有良好发展前景,犯罪嫌疑人朱某某有

自首情节，并认罪认罚赔偿了T公司的损失，且该公司有合规建设意愿，具备启动第三方机制的基本条件，考虑其注册地、生产经营地和犯罪地分离的情况，有必要启动跨区域合规考察。

二是三级联动，开启跨区域合规第三方机制“绿色通道”。2021年4月，浦东新区人民检察院根据沪浙苏皖四地检察院联合制定的《长三角区域检察协作工作办法》，向上海市检察院申请启动长三角跨区域协作机制，委托企业所在地的浙江省嘉兴市人民检察院、秀洲区人民检察院协助开展企业合规社会调查及第三方监督考察。两地检察机关签订《第三方监督评估委托函》，明确委托事项及各方职责，确立了“委托方发起”“受托方协助”“第三方执行”的合规考察异地协作模式，由秀洲区人民检察院根据最高人民检察院等九部门联合下发的《合规指导意见》成立第三方组织。随后，秀洲区人民检察院成立了由律师、区市场监督管理局、区科技局熟悉知识产权工作的专业人员组成的第三方组织，并邀请人大代表、政协委员对涉案企业同步开展监督考察。

三是有的放矢，确保合规计划“治标更治本”。浦东新区人民检察院结合办案中发现的经营管理不善情况，向J公司制发《合规风险告知书》，从合规风险排查、合规制度建设、合规运行体系及合规文化养成等方面提出整改建议，引导J公司作出合规承诺。第三方组织结合风险告知内容指导企业制订合规计划，明确合规计划的政策性和程序性规定，从责任分配、培训方案到奖惩制度，确保合规计划的针对性和实效性。同时，督促企业对合规计划涉及的组织体系、政策体系、程序体系和风险防控体系等主题进行分解，保证计划的可行性和有效性。J公司制定了包括制定合规章程、健全基层党组织、建立合规组织体系、制定知识产权专项合规政策体系、打造合规程序体系、提升企业合规意识等方面的递进式合规计划，并严格按照时间表扎实推进。

四是找准定位，动态衔接实现异地监管“客观有效”。监督考察期间，第三方组织通过问询谈话、走访调查，深入了解案件背景，帮助企业梳理合规、风控方面的管理漏洞，督促制定专项整改措施。根据第三方组织建议，J公司成立合规工作领导小组，修改公司章程，强化管理职责，先后制定知识产权管理、合同审批、保密管理、员工培训、风险控制等多项合规专项制度，设立合规专岗，实行管理、销售分离，建立合规举报途径，连续开展刑事合规、民事合规及知识产权保护专项培训，外聘合规专业团队定期对企业进行法律风险全面体检，并且每半个月提交一次阶段性书面报告。第三方组织通过书面审查、实地走访、听取汇报等形式，对合规阶段性成效进行监督检查。同时，浦东新区人民检察院为确保异地合规监管的有效性，制作了《企业合规监督考察反馈意见表》，实时动态跟进监督评估进度，对第三方组织成员组成、合规计划执行、企业定期书面报告、申诉控告处理等提出意见和建议。

五是充分评估，确保监督考察及处理结果“公平公正”。考察期限届满，第三方组织评估认为，经过合规管理，J公司提升合规意识，完善组织架构，设立合规专岗，开展专项检查，建立制度指引，强化流程管理，健全风控机制，加强学习培训，完成了从合规组织体系建立到合规政策制定，从合规程序完善到合规文化建设等一系列整改，评定J公司合规整改合格。浦东新区人民检察院联合嘉兴市人民检察院、秀洲区人民检察院通过听取汇报、现场验收、公开评议等方式对监督考察结果的客观性进行充分论证。2021年9月10日，浦东新区人民检察院邀请人民监督员、侦查机关、异地检察机关代表等进行公开听证。经评议，参与听证各方一致同意对涉案企业及个人作出不起诉决定。

三、典型意义

1. 积极探索，为企业合规异地适用第三方机制开拓实践思路。针对涉案企业注册地、生产经营地和犯罪地分离的情况，上海、浙江检察机关依托长三角区域检察协作平台，通过个案办理探索建立企业合规异地协作工作机制，确立了“委托方发起”“受托方协助”“第三方执行”的合规考察异地协作模式，合力破解异地社会调查、监督考察、行刑衔接等难题，力求降低司法办案成本，提升办案质效，为推动区域行业现代化治理提供了实践样本。

2. 有序推进，切实防止社会调查“一托了之”。本案中，检察机关采取层层递进的工作方式，确保社会调查重点明确、调查结果全面客观。一是事前细化调查提纲。重点围绕涉案企业社会贡献度、企业发展前景、社会综合评价等开展协助调查，一并考察企业家的一贯表现，确保社会调查结果全面客观。二是事中加强沟通协调。浦东新区人民检察院多次赴浙江会商，就调查方式、调查内容及相关要求达成共识，形成办案合力。秀洲区人民检察院协调区市场监管、人社、税务、科技、工商联及行业协会，对涉案公司及个人开展全面调查。三是事后进行专项研讨。检察机关深入审查全部协查材料，研究认为涉案企业符合企业合规改革试点适用条件，并层报上级机关审核备案。

3. 完善机制，提升监督评估实际效果。本案中，秀洲区人民检察院联合当地13个部门出台规范性文件，探索构建企业合规“双组六机制”工作模式。“双组”，即检察机关牵头成立“合规监管考察组”和“合规指导组”两个工作组；“六机制”，即联席会议、合规培育、提前介入、会商通报、指导帮扶、审查监管6个协作机制。合规考察中，由合规监管考察组和合规指导组共同研究形成专业意见，并邀请人大代表、政协委员全程参与，提高监管考察的透明度和公信力。

4. 标本兼治，有效防治企业违法犯罪。从司法实践来看，涉企经济犯罪成因复杂，许多涉及经济社会系统性、深层次矛盾问题，单靠刑事法律的“孤军作战”，难以取得良好的社会治理效果。本案中，检察机关开展企业合规改革以推动源头治理为着力点，针对办案发现的企业经营管理中的突出问题,通过第三方机制对涉案企业开展扎实有效的合规整改,促进企业依法合规经营发展,对完善制度机制、形成治理合力具有积极意义。

第十九章　行刑衔接

我国对行政违法与刑事犯罪实行双轨执法体制，且企业犯罪一般属于行政犯，以“违反国家规定”为前提，故对企业的违法违规，一般先由有关行政机关查处，发现涉嫌犯罪的，再移送司法机关按刑事诉讼程序办理。因此，要发挥涉案企业合规的激励效应，就必须研究如何使行政执法与刑事司法机制紧密衔接问题。①

第一节　行政执法与刑事司法衔接机制

《行政处罚法》第 8 条第 2 款规定：“违法行为构成犯罪，应当依法追究刑事责任的，不得以行政处罚代替刑事处罚。”一个行政违法行为在达到犯罪程度的情况下，它既违反了行政法规范，要受到行政处罚，同时又触犯了刑事法规范，要受到刑事处罚，这就涉及行政法与刑事法在实体上、程序上如何衔接的问题。作为公法上两种重要的制裁方式——行政处罚和刑事处罚本身应当是一个协调一致、衔接有序的有机整体。但是对于如何具体衔接，我国《行政处罚法》与《刑法》并无详细规定。因此在 2001 年 4 月 27 日国务院《关于整顿和规范市场经济秩序的决定》中提出“行政执法部门在查处违法行为中发现的犯罪线索，必须及时通报并移送公安部门及其有关部门”。同年 7 月 4 日国务院第四十二次常务会议通过了《行政执法机关移送涉嫌犯罪的规定》，正式确立了行政执法与刑事司法衔接制度。随后数年，为了具体落实该行政法规中的内容，不少关于行刑衔接的规范性文件、复函、答复等内容予以发布，使行刑衔接的规范体系得以建立。②

《行政执法机关移送涉嫌犯罪的规定》是行刑衔接的规范体系的核心文件，该规定

---

① 参见朱孝清：《企业合规中的若干疑难问题》，载《法治研究》2021 年第 5 期。

② 参见练育强：《完善行政执法与刑事司法衔接机制之反思》，法律出版社 2017 年版，第 188～192 页。

共19条，具体规定了行政执法机关移送涉嫌犯罪行为的实体标准与程序要求、公安机关对于移送案件的处理、行政执法机关对于公安机关不予立案的救济途径、移送前行政执法机关已作行政处罚的处理、移送过程中的监督主体及监督措施、法律责任等内容。之后最高人民检察院在2001年12月制定了《人民检察院办理行政执法机关移送涉嫌犯罪案件的规定》，2004年3月与全国整顿和规范市场经济秩序领导办公室、公安部共同制定了《关于加强行政执法机关与公安机关、人民检察院工作联系的意见》、2006年1月与全国整顿和规范市场经济秩序领导办公室、公安部、监察部[①]共同制定了《关于在行政执法中及时移送涉嫌犯罪案件的意见》。一些行政执法机关也单独或者联合其他部门制定了关于行刑衔接的规范性文件，如国家版权局在2006年制定了《关于在打击侵犯著作权违法犯罪工作中加强衔接配合的暂行规定》，中国银监会在2007年制定了《中国银监会移送涉嫌犯罪案件工作规定》；或者联合其他机关制定了关于行刑衔接的规范性文件，如农业部[②]、公安部在2007年共同制定了《关于在农资打假中做好涉嫌犯罪案件移送工作的意见》，国家环境保护总局、公安部、最高人民检察院在2007共同制定了《关于环境保护行政主管部门移送涉嫌环境犯罪案件的若干规定》，国土资源部[③]、最高人民检察院、公安部在2008年共同制定了《关于国土资源行政主管部门移送涉嫌国土资源犯罪案件的若干意见》。地方各级行政执法机关也单独或者联合其他机关就本地衔接机制建设制定了规范性文件。2011年2月，中共中央办公厅、国务院办公厅共同转发了国务院法制办、中央纪委、最高人民法院、最高人民检察院、公安部、国家安全部、司法部、人力资源和社会保障部共同制定的《关于加强行政执法与刑事司法衔接工作的意见》，要求各地区各相关部门严格履行法定职责、完善衔接工作机制、加强对衔接工作的监督、切实加强组织领导，对《行政执法机关移送涉嫌犯罪的规定》予以完善，该意见也是行刑衔接的核心文件。

《刑事诉讼法》在2012年修改时增加了“行政机关在行政执法和查办案件过程中收集的物证、书证、视听资料、电子数据等证据材料，在刑事诉讼中可以作为证据使用”的规定，最高人民法院、最高人民检察院、公安部在司法解释中对行刑衔接的证据转化进一步细化要求。2012年《行政强制法》第21条规定：“违法行为涉嫌犯罪应当移送司法机关的，行政机关应当将查封、扣押、冻结的财物一并移送，并书面告知当事人。”相关法律对行刑衔接的具体衔接也有所规范。2013年11月党的十八届三中全会通过的《中共中央关于全面深化改革若干问题的决定》将“完善行政执法与刑事司法的衔接机制”作

---

① 现为国家监察委员会。

② 现为农业农村部。

③ 现为自然资源部。

为全面深化改革的重要部署,2014 年 10 月党的十八届四中全会通过的《中共中央关于全面推进依法治国若干问题的决定》中明确提出要“健全行政执法与刑事司法的衔接机制,完善案件移送标准和程序,建立行政执法机关、公安机关、检察机关、审判机关信息共享、案情通报、案件移送制度,坚决克服有案不移、有案难移、以罚代刑现象,实现行政处罚与刑事处罚无缝衔接”。行刑衔接机制已经上升到党和国家层面,成为一项牵涉全局的工作。2020 年 12 月,国家监察委员会与最高人民法院、最高人民检察院、公安部联合印发了《关于加强和完善监察执法与刑事司法衔接机制的意见(试行)》,就监察执法与刑事司法衔接工作作出全面、系统的规范,涉及管辖、证据、留置与刑事强制措施、移送起诉、审查起诉、审判、从宽处罚、涉案财物等方面,对这一原先在行刑衔接机制内的工作进行了全面修订和完善。2021 年 6 月,党中央专门印发《中共中央关于加强新时代检察机关法律监督工作的意见》,重申健全行政执法和刑事司法衔接机制,要求“完善检察机关与行政执法机关、公安机关、审判机关、司法行政机关执法司法信息共享、案情通报、案件移送制度,实现行政处罚与刑事处罚依法对接。对于行政执法机关不依法向公安机关移送涉嫌犯罪案件的,检察机关要依法监督。发现行政执法人员涉嫌职务违法或者职务犯罪线索的,移交监察机关处理。健全检察机关对决定不起诉的犯罪嫌疑人依法移送有关主管机关给予行政处罚、政务处分或者其他处分的制度”。最高人民检察院之后在 2021 年 9 月制定《行刑衔接工作规定》,确定了检察机关开展行刑衔接工作的基本原则,在内容上突出双向衔接并规定启动情形,明确监督方式,增强检察意见的刚性,做好与监察机关的配合衔接,原《人民检察院办理行政执法机关移送涉嫌犯罪案件的规定》同时废止,行刑衔接机制的内容更加丰富。

行刑衔接机制主要包括信息共享机制、案件移送机制、协作配合机制等内容。信息共享机制是指行政执法机关与公安机关、检察机关、审判机关等在案件移送前共同享有一定规格的行政执法信息的工作机制。信息共享方面已经建立了网络平台机制、案件通报制度、案件查询制度等。案件移送机制是指行政执法机关将工作中发现的涉嫌经济犯罪、妨害社会管理秩序犯罪等的案件移送刑事司法机关处理的机制。当然,近年来检察机关推动行刑衔接从单向衔接走向双向衔接,对于涉嫌犯罪的案件,检察机关督促行政执法机关及时向公安机关移送;同时检察机关对已经进入刑事司法环节的拟不起诉案件,需要给予行政处罚的,在作出不起诉决定的同时向有关主管机关移送案件。案件移送方面已经建立了审查受理制度、证据转化制度、法律监督制度等。协作配合机制,既包括在查办具体案件过程中的协作配合,也包括在日常工作研商过程中的协作配合,具体说就是刑事司法机关对行政执法机关移送的涉嫌犯罪案件立案后,在侦查、起诉等过程中与行政执法机关的合作,以及各机关共同研究犯罪形势,协调解决衔接事务中的重大问题、研究制定预防和查处违法犯罪行为的措施。在协作配合方面,已经建立了联席会议制度、提前介入制度、联合执法制度等。行刑衔接机制中信息共享、案件移送、协作配合等方面形成的一系列具体措施,在促进依法行政、规范执法行为、查处违法犯罪案件等方面发挥了积极作用。①

第二节 涉案企业合规的行政执法与刑事司法衔接

对于企业来说,涉嫌的犯罪绝大多数属于行政犯罪,只有在行政监管严重失灵且适用行政处罚还不足予以惩戒时,才能启动刑事追诉。因为,开展涉案企业合规从某种意义上说,是中国特色行政执法与刑事司法衔接机制的重要运用领域。② 在涉案企业合规的先行国家美国,行政机关在对企业违规进行调查时,发现企业有可能涉嫌犯罪的,一般即商请司法部(美国联邦司法部部长也是美国联邦总检察长)介入调查;在大陆法系国家,检察机关就是侦查机关,因此国外检察机关在对涉案企业进行调查时,可以较快地启动合规程序。我国在行政违法与刑事犯罪双轨执法体制之下,行政机关向公安机关移送涉嫌犯罪的涉企案件,公安机关负责对大部分涉企犯罪进行侦查,但有权就合规计划问题与涉案企业及其个人进行协商并作出决定的是检察机关。这种双轨执法、多部门移送的特点,会造成办案程序的拖沓,特别是在办案过程中,如果行政执法机关对涉案企业动辄罚款、降低资质等级、责令停产停业、责令关闭、吊销营业执照,侦查机关动辄对涉案企业查封、扣押、冻结、拘留、逮捕,侦查时间动辄半年一年,那就更会错失以刑事激励促使企业走合规之路的良机。③ 因此,涉案企业合规过程中,更加需要有效协作的行刑衔接机制。

一、涉企犯罪立案侦查环节中的衔接

行刑衔接在立案侦查环节容易存在行政机关、公安机关、检察机关之间信息沟通不及时、案件移送不规范、协作配合不充分等问题,在涉案企业合规过程中也不例外。例如,湖北省襄阳市检察机关办理的 7 件涉案企业合规案件中,有 3 件案件存在行政执法机关未将移送的案件线索一并抄送同级检察机关、接收案件的侦查机关也未按要求将立案或者不立案文书抄送同级检察机关,侦查机关遗漏单位犯罪等问题。④ 最高人民检

---

① 参见刘远:《金融欺诈犯罪立法原理与完善》,法律出版社 2010 年版,第 238 ~ 239 页。

② 参见张泽涛:《论企业合规中的行政监管》,载《法律科学(西北政法大学学报)》2022 年第 3 期。

③ 参见朱孝清:《企业合规中的若干疑难问题》,载《法治研究》2021 年第 5 期。

④ 参见梁莉、朱芳红:《涉案企业合规检察改革中刑行衔接的实务困境及解决对策》,载高景峰主编:《检察调研与指导》(2022 年第 2 辑),中国检察出版社 2022 年版,第 51 ~ 52 页。

察院发布的合规典型案例中，也反映出类似情况。例如，最高人民检察院第二批涉案企业合规典型案例中的张家港S公司、睢某某销售假冒注册商标的商品案，2018年11月22日，张家港市市场监督管理局在对S公司进行检查时，发现该公司疑似销售假冒“SKF”商标的轴承，并在其门店及仓库内查获标注“SKF”商标的各种型号轴承27,829个，金额共计68万余元。2018年12月17日，张家港市市场监督管理局将该案移送至张家港市公安局。2019年2月14日，斯凯孚（中国）有限公司出具书面的鉴别报告，认为所查获的标有“SKF”商标的轴承产品均为侵犯该公司注册商标专用权的产品。2019年2月15日，张家港市公安局对本案立案侦查。但是该案立案后2年多的时间案件未有进展，后在最高人民检察院、公安部联合开展涉民营企业刑事诉讼“挂案”专项清理的过程中，检察机关应公安机关邀请才介入侦查。上述情况反映行刑衔接过程中，案件移送不规范、协作配合不充分会导致检察机关未能对行政执法机关的移送活动、公安机关的立案活动进行依法监督，也未能提前了解案情，对涉案企业合规调查评估起步较晚。《行刑衔接工作规定》第7条对此予以规定，“人民检察院对本规定第四条至第六条的线索审查后，认为行政执法机关应当依法移送涉嫌犯罪案件而不移送的，经检察长批准，应当向同级行政执法机关提出检察意见，要求行政执法机关及时向公安机关移送案件并将有关材料抄送人民检察院。……行政执法机关收到检察意见后无正当理由仍不移送的，人民检察院应当将有关情况书面通知公安机关。对于公安机关可能存在应当立案而不立案情形的，人民检察院应当依法开展立案监督”。将以往行刑衔接机制中建立的“两法衔接”信息共享平台、案件通报、案件协商等充分运用到涉案企业合规的行刑衔接过程中，检察机关作为法律监督机关，既可以通过强化对行政执法机关不依法向公安机关移送涉嫌犯罪案件的监督，确保涉企犯罪案件能够顺利进入刑事程序，还可以通过强化对单位犯罪立案侦查的监督，防止公安机关在企业构成犯罪的情况下仅对自然人立案侦查，从而为涉案企业合规考察奠定基础。①

二、在启动涉案企业合规时的衔接

行刑衔接机制原来是解决“有案不移、有案难移、以罚代刑”等入罪问题，而涉案企业合规是以合规出罪、合规从宽激励企业，这里很重要的就是判断哪些涉案企业可以启动合规程序。一般情况下负责办理案件的检察机关在启动之前，需要对拟适用合规程序的涉案企业开展评估，一般采用个别访谈、实地走访、调取企业经营材料、大数据研判等方式，对涉案企业的基本情况、实际经营状况、刑事处罚后可能造成的社会影响和企业后续发展潜力等问题开展调查评估，也可以委托有关组织、机构开展。行政执法机关

---

① 参见李奋飞：《涉案企业合规刑行衔接的初步研究》，载《政法论坛》2022年第1期。

既是行政监管部门，又作为移送案件的部门，相较于检察机关而言，对行业背景、企业情况等都更为熟悉，又具有对企业行为进行日常监管的权力。因此，检察机关在确定合规考察对象时，听取行政监管部门的意见，不仅可以对企业自身状况、行业情况、配合情况等有更为全面的了解，进而才能更为客观地对案件是否符合合规考察的适用条件作出判断，也可以让行政执法机关尽早参与到涉案企业合规流程中，还为后续企业开展合规建设、各部门共同推进行业合规打下坚实的基础。① 有的地方已经就该问题会签文件，并赋予行政执法机关一定的否决权。例如，《辽宁省人民检察院关于建立涉罪企业合规考察制度的意见》第8条规定："检察机关应当自企业犯罪案件移送审查起诉之日起30日内，对案件是否适用合规考察制度进行审查，并向涉罪企业、行政监管机关征询是否适用合规考察制度的意见。检察机关经审查认为可以适用合规考察制度，涉罪企业、行政监管机关均同意适用的，应当适用合规考察制度；检察机关经审查认为不应适用合规考察制度，或涉罪企业、行政监管机关不同意适用合规考察制度的，检察机关应按照一般刑事案件处理程序对案件作出处理决定。"最高人民检察院发布的合规典型案例中，行政执法机关已经积极参与到涉案企业合规启动环节。例如，上海Z公司、陈某某等人非法获取计算机信息系统数据案，案件移送审查起诉后，普陀区人民检察院经实地走访Z公司查看经营现状以及会同监管部门研商公司运营情况发现，Z公司管理层及员工存在重技术开发、轻数据合规等问题，此次爬取数据出于自身拓展业务的动机，未进行二次售卖。考虑到Z公司系成长型科创企业，陈某某等14名涉案人员均认罪认罚，积极赔偿E公司经济损失并取得谅解，Z公司合规整改意愿强烈，提交了《适用刑事合规不起诉申请书》及企业经营情况、社会贡献度等书面证明材料，检察机关经审查对Z公司作出合规考察决定。有的案例中在政府牵头下成立了领导小组，合规行刑衔接机制更加顺畅。例如，广西陆川县23家矿山企业非法采矿案，检察机关主动向当地党委、政府汇报案件办理过程中遇到的问题和困难，积极争取支持，并促成县政府牵头成立了县矿山企业合规工作领导小组，协调各相关单位协同开展工作，实现了"系统化"推进企业合规工作。

三、涉案企业合规考察时的衔接

我国涉案企业合规是围绕第三方监督评估机制构建的，产生负责合规考察的第三方监督评估组织的，是由最高人民检察院、司法部、财政部、生态环境部、国资委、国家税务总局、国家市场监督管理总局、全国工商联、中国贸促会等部门组建的第三方机制管委会，其中生态环境部、国家税务总局、国家市场监督管理总局等都是重要的行政执法

---

① 参见李奋飞：《涉案企业合规刑行衔接的初步研究》，载《政法论坛》2022年第1期。

机关，这些行政执法机关参与到第三方机制管委会中、行政执法机关办案人员参与到第三方组织中开展合规考察就是行刑衔接机制的一种新形式，而且实践中也确实发挥了有力作用。例如，最高人民检察院第二批涉案企业合规典型案例中的山东沂南县Y公司、姚某明等人串通投标案，由第三方机制管委会从专业人员名录库中抽取律师、市场监管、工商联人员5名组建第三方组织，对Y公司的合规建设开展监督评估。第三方组织多次深入企业实地走访、考察，主动约谈企业负责人，全面了解企业情况，诊断出Y公司在风险防控、日常管理方面存在缺乏招投标管理制度，内部审批不严，账簿登记不实，守法意识不强，工资发放不规范等问题，指导企业制定覆盖生产经营全过程、各环节和管理层级的合规计划，确定3个月的考察期。整改过程中，第三方组织每月将合规计划执行情况通报检察机关及第三方机制管委会，四方会商后对合规计划及执行情况提出修改完善的意见和建议，定期跟踪调度，并于考察期满后出具对涉案企业的合规考察报告。市场监管等行政执法机关的参与，可以保证合规计划的有效性和合规考察的针对性。有的案件在合规考察中还听取行政执法机关的相关意见。例如，张家港S公司、睢某某销售假冒注册商标的商品案，合规整改期间，检察机关会同第三方监督评估小组，每月通过座谈会议、电话联系、查阅资料、实地检查等方式，特别是通过“不打招呼”的随机方式，检查企业合规建设情况。同时，检察机关还向公安机关通报企业合规建设的进展情况，邀请参与合规检查，并认真吸收公安机关对合规制度完善提出的意见。鉴于该公司员工数少、业务单一、合规建设相对简易的情况，第三方监督评估小组提出缩短合规监督考察期限的建议，检察机关听取市场监督管理部门、税务部门的意见后，决定将合规监督考察期限缩短至3个月。

四、涉案企业合规处理决定时的衔接

目前，涉案企业在经过一段时间的合规考察之后，通常都获得了不起诉、轻缓量刑建议等宽大的刑事处理。移送涉嫌犯罪案件的行政执法机关对处理决定享有知情权，检察机关也应当对此释明，促进行政执法机关了解合规价值、程序和结果。《行刑衔接工作规定》第3条第1款规定：“人民检察院开展行政执法与刑事司法衔接工作由负责捕诉的部门按照管辖案件类别办理。负责捕诉的部门可以在办理时听取其他办案部门的意见。”同时第13条第1款规定：“行政执法机关就刑事案件立案追诉标准、证据收集固定保全等问题咨询人民检察院，或者公安机关就行政执法机关移送的涉嫌犯罪案件主动听取人民检察院意见建议的，人民检察院应当及时答复。书面咨询的，人民检察院应当在七日以内书面回复。”实践中，检察机关一般邀请行政执法机关参与合规听证，以公开促公信。例如，最高人民检察院第二批涉案企业合规典型案例中的海南文昌市S公司、翁某某掩饰、隐瞒犯罪所得案，第三方组织本身就由当地自然资源和规划局、市场监督管理局、税务局、综合行政执法局等行政执法机关相关人员以及人大代表、政协委员、律师代表等组成，对S公司合规整改情况进行评估验收。合规整改结束后，检察机关就S公司是否符合从宽处理条件及案发后合规整改评估情况举行公开听证会，充分听取人大代表、政协委员、律师代表和相关行政部门负责人的意见，还邀请人民监督员参加，全程接受监督。听证会上，听证员、人民监督员一致同意检察机关对S公司和翁某某的从宽处理意见，同时认可该企业的整改结果。有的检察机关要让行政执法机关参与对合规整改的检查验收，这也是一种新型的合规行刑衔接机制。例如，在某A公司涉嫌破坏计算机信息系统案中，第三方监管人员考察完成后，成立了由检察官、生态环境局业务骨干、计算机方面的专业人员组成的检查验收小组。检查验收中，考察团队结合各自领域着重考核企业违法违规犯罪因子是否找出、预防犯罪是否制订具体防范计划、犯罪行为发生后是否具有行之有效的补救措施等方面进行验收。① 行政执法机关参与合规验收，有利于实现行政执法与刑事司法的衔接，督促企业改善治理结构，这也是行政监管、依法治企的本义。

第三节 涉案企业合规中刑事司法与行政执法的反向衔接

行政执法与刑事司法衔接既包括从行政执法到刑事司法的衔接，也包括从刑事司法到行政执法的衔接，对于涉案企业合规来说同样如此。《行政处罚法》第27条对双向衔接予以规定："违法行为涉嫌犯罪的，行政机关应当及时将案件移送司法机关，依法追究刑事责任。对依法不需要追究刑事责任或者免予刑事处罚，但应当给予行政处罚的，司法机关应当及时将案件移送有关行政机关。"《刑事诉讼法》第177条规定，"对被不起诉人需要给予行政处罚、处分或者需要没收违法所得的，人民检察院应当提出检察意见，移送有关主管机关处理。有关主管机关应当将处理结果及时通知人民检察院"。《行刑衔接工作规定》第8条第1款进一步细化要求："人民检察院决定不起诉的案件，应当同时审查是否需要对被不起诉人给予行政处罚。对被不起诉人需要给予行政处罚的，经检察长批准，人民检察院应当向同级有关主管机关提出检察意见，自不起诉决定作出之日起三日以内连同不起诉决定书一并送达。……"《合规评估办法》第2条对在合规程序中从刑事到行政的衔接进一步规定："对于涉案企业合规建设经评估符合有效性标准的，人民检察院可以参考评估结论……或者向有关主管机关提出从宽处罚、处分

① 参见梁莉、朱芳红：《涉案企业合规检察改革中刑行衔接的实务困境及解决对策》，载高景峰主编：《检察调研与指导》(2022年第2辑)，中国检察出版社2022年版，第54～55页。

的检察意见。对于涉案企业合规建设经评估未达到有效性标准或者采用弄虚作假手段骗取评估结论的,人民检察院可以……或者向有关主管机关提出从严处罚、处分的检察意见。”

在行刑衔接机制中,遵循刑事优先原则,同一案件既是行政违法案件又是刑事犯罪案件时,原则上应先由刑事司法机关按刑事诉讼程序解决行为的刑事责任问题,再由行政执法机关通过行政处罚程序解决行为人的行政处罚责任。[①] 对于涉案企业合规来说,涉案企业大多是因为行政违法行为情节严重而需要承担刑事责任,其行为同时触犯了刑事法律和行政法律。若企业涉嫌犯罪情节较轻,通过有效合规整改后,检察机关可以对其作出不起诉决定,但这并不意味着企业不需要承担行政法律责任,检察机关仍然需要移送行政执法机关予以判断。一方面,涉嫌犯罪的企业不起诉之后,如果行政机关的处罚缺位,或者处罚过轻,则无法起到惩戒和威慑的作用。适当地对涉案企业给予行政处罚,使其承担一定的法律责任,有利于发挥行政处罚的惩戒和威慑作用,也有利于彰显法律实施的严肃性和公平性。因此,虽然检察机关对涉案企业作出了不起诉决定,但不起诉不等于不处罚,涉案企业违反行政监管法律法规的行为,仍然应当依法受到行政处罚。检察机关需要提出给予行政处罚的检察意见,移送有关主管机关处理。另一方面,行政处罚决定与刑事判决同样会给企业的生存和发展带来严重影响。行政处罚中,巨额罚款等财产罚、吊销许可证等资格罚、责令停产停业等行为罚,从某种意义上严厉程度要超过对企业判处罚金的刑罚。[②] 实践中,检察机关对企业作出不起诉决定后,有时行政执法机关反而对涉案企业作出巨额罚款、责令停业整顿、吊销营业执照等非常严厉的行政处罚,会因处罚过重而打击企业开展合规整改的积极性,冲抵刑事司法阶段涉案企业合规的效果。因此,检察机关需要加强与行政机关的沟通和协调,争取其支持和配合,在后续的行政处理中衔接认可企业合规成果,避免出现不合理的行政处罚,实现刑事司法与行政执法的良好衔接。[③]

在司法实践中,不少检察机关对涉案企业刑事程序终结后,将涉案企业合规考察结果交由行政执法机关作为行政处罚是否从宽的参考,这有利于鼓励企业积极主动进行合规整改,提高企业合规改革成效,既有政策依据,也符合实践需求和实际运作。例如,最高人民检察院第二批涉案企业合规典型案例中的深圳 X 公司走私普通货物案,深圳市检察机关对涉案企业开展第三方监督评估后,积极促成“合规互认”,将企业合规计划、定期书面报告、合规考察报告等移送深圳海关,作为海关作出处理决定的重要参考,

---

① 参见龚义年:《刑行衔接机制研究》,法律出版社 2017 年版,第 68 页。

② 参见练育强:《完善行政执法与刑事司法衔接机制之反思》,法律出版社 2017 年版,第 147 ~ 149 页。

③ 参见陈文兴:《刑事合规与行政合规衔接机制研究》,载《民主与法制》2022 年第 19 期。

彰显了企业合规的程序价值。上海还在地方立法中明确刑事司法阶段涉案企业合规考察结果可以作为行政处罚从宽的参考，2022 年《上海市人民代表大会常务委员会关于加强新时代检察机关法律监督工作的决定》规定："……刑事司法阶段涉案企业合规考察结果可以交由行政执法机关作为行政处罚是否从宽的参考，促进企业合法经营，优化法治化营商环境"；同时规定，"检察机关向有关主管机关提出检察意见的，有关主管机关应当及时将结果或办理情况回复检察机关"。将来应当进一步完善衔接配合的规则和程序，深化合规整改结果和处罚结果互认机制。这里需要加强和改进检察意见工作，以解决实践中检察意见制发率不高、制发形式不规范、反馈机制不完善等问题。[①] 一方面，合规检察意见制发前，检察机关应充分进行前期调研，并重点关注行政处罚所依据事实的认定标准问题，从而为后续工作的顺利推进打牢基础；检察机关撰写合规检察意见书应全面反映案件办理过程，事实清楚、重点突出，并可提出从轻、减免行政处罚意见。另一方面，检察意见制发后，检察机关应保持与主管机关的沟通，共同督促落实，形成加强涉案企业合规整改的合力。[②] 例如，最高人民检察院行刑衔接工作典型案例中的上海 R 电子科技有限公司、T 信息技术有限公司涉嫌虚开增值税专用发票案，检察机关在受理案件后，走访涉案企业所在地人民政府、税务局、市场监督管理局等单位，全面了解涉案企业经营状况，查实两家涉案企业主要从事高科技软件开发应用，案发前经营状况良好，如被刑事追究，将很难再与国际先进技术团队开展合作，易造成经营困难。据此制发检察建议，助推企业刑事合规建设。在宣告不起诉前，检察机关主动与税务部门联系，向其通报案情，并就拟作出不起诉决定和行政处罚可行性等问题听取意见。为减少重复取证、节约司法资源，检察机关在向税务机关制发《检察意见书》的同时，一并向税务机关移送了银行流水记录等相关证据材料。移送案件后，检察机关还多次联系税务机关，了解行政处罚进展情况，多次与税务部门召开专题协调会，就刑事案件证据标准与行政案件证据标准的差别提供咨询。税务机关对涉案企业作出行政处罚决定后，检察机关会同税务机关至涉案企业回访，了解涉案企业对此次涉案原因的反省剖析情况及在合规整改建议基础上进一步改进的方向，并与税务机关共同构建协同办案和社会治理机制，积极引导企业合规经营。

---

① 参见马千慧：《企业合规视域下检察意见之探析》，载《湖北经济学院学报（人文社会科学版）》2022 年第 6 期。

② 参见王宗秀、侯艳琼：《合规检察意见制发与落实问题探析》，载《中国检察官》2022 年第 14 期。

案例

上海某电子科技有限公司、某信息技术有限公司涉嫌虚开增值税专用发票案

一、基本案情

2015～2018年，被不起诉单位上海R电子科技有限公司（以下简称R公司）、上海T信息技术有限公司（以下简称T公司）实际经营人姜某在无实际交易的情况下，以支付开票费的方式，让他人为R公司、T公司虚开增值税专用发票。其中，R公司收受虚开的增值税专用发票62份，价税合计人民币628万余元，涉及税款人民币87万余元；T公司收受虚开的增值税专用发票5份，价税合计人民币50万余元，涉及税款人民币7万余元，均已申报抵扣。2020年7月13日，经电话通知，姜某到公安机关投案，如实供述犯罪事实。2020年7月21日，R公司、T公司向税务机关补缴全部税款及相应滞纳金。

2020年11月27日，上海市金山区人民检察院对R公司、T公司进行企业刑事合规考察，确认两家企业按期完成刑事合规整改。2021年2月5日，金山区人民检察院经公开听证，对R公司、T公司以犯罪情节轻微为由作出不起诉决定。同日，金山区人民检察院分别向R公司、T公司注册地税务局制发《检察意见书》，通报案情，建议对其予以行政处罚。单位犯罪直接负责的主管人员姜某已另案处理，以涉嫌虚开增值税专用发票罪被检察机关提起公诉。

二、检察履职情况

1.调查取证，综合评估涉案企业刑事追究必要性。金山区人民检察院受理案件后，通过走访涉案企业所在地人民政府、税务局、市场监督管理局等单位，全面了解涉案企业经营状况，查实两家涉案企业主要从事高科技软件开发应用，案发前经营状况良好，如被刑事追究，将很难再与国际先进技术团队开展合作，易造成经营困难。金山区人民检察院综合该案公司实际经营人姜某自首、认罪认罚、到案后补缴全部税款等从轻、减轻处罚情节，决定分案处理R公司、T公司及其实际经营人姜某，对涉案企业进一步考察评估，对姜某作为单位犯罪直接负责的主管人员以涉嫌虚开增值税专用发票罪提起公诉。

2.制发检察建议，助推企业刑事合规建设。2020年12月18日，金山区人民检察院向R公司、T公司制发检察建议，并上门公开宣告，要求其在规定时间内落实整改，建立健全刑事合规制度。2021年1月27日，R公司、T公司函告整改情况后，检察机关派员

上门考察回访，确认两家公司已按照检察建议，落实了向律师事务所咨询、建立项目管理流程等整改措施，制定了较为完善的企业合规制度并遵照执行，有效降低了再犯可能性。

3. 公开听证，依法行使不起诉裁量权。在考察评估的基础上，2021 年 2 月 3 日金山区人民检察院组织召开公开听证，邀请人民监督员、区工商联等有关人员评议，听证参与人员均同意对 R 公司、T 公司不起诉。2021 年 2 月 5 日，金山区人民检察院对 R 公司、T 公司作出不起诉决定。同时，向 R 公司、T 公司释法说理，阐明其违法行为虽不予追究刑事责任，但仍需承担行政违法责任，要求涉案企业配合税务机关的后续调查工作。

4. 提出检察意见，及时移送税务机关处理。在宣告不起诉前，金山区人民检察院主动与税务部门联系，向其通报案情，并就拟作出不起诉决定和行政处罚可行性等问题听取意见。2021 年 2 月 5 日，金山区人民检察院在作出不起诉决定的同时，制发《检察意见书》，将案件移送税务部门。为减少重复取证、节约司法资源，检察机关一并向税务机关移送了银行流水记录等相关证据材料。

5. 跟踪回访，了解后续进展。金山区人民检察院移送案件后，多次联系税务机关，了解行政处罚的进展情况。2021 年 3 月底，税务部门回函告知，已正式立案并开展调查。之后，检察机关多次与税务部门召开专题协调会，就刑事案件证据标准与行政案件证据标准的差别提供咨询。2021 年 9 月，上海市税务局第二稽查局依法分别对涉案企业作出罚款处罚决定。

三、典型意义

检察机关运用检察建议对涉案企业刑事合规提出整改意见，依法作出不起诉决定。该案中检察机关注重刑事司法与行政执法的反向衔接，在拟作出不起诉决定时，同步对行政处罚的必要性予以审查，及时提出检察意见，移送行政执法机关处理，避免“不刑不罚”。办案过程中，检察机关在提出检察意见前后多次与行政执法机关沟通，统一执法认识。向行政执法机关移送案件的同时同步移送相关证据材料，减少重复取证，提升质效。

下篇

涉案企业合规计划

第二十章　反腐败合规计划

第一节　概述

反腐败案件是涉案企业合规工作中常见的案件类型。在2021年6月最高人民检察院发布的第一批典型企业合规案例中，就有一例涉案企业反腐败合规案件。虽然在截至目前最高人民检察院发布的四批典型企业合规案例中，也仅有此一例，但并不代表反腐败合规在企业合规司法实践中的意义不大。事实上，反腐败合规一直以来都是企业合规的重点领域。现代的企业合规源自反腐败实践，反腐败合规甚至曾是企业合规的代名词。①

在经济交往中，只要有权力寻租、职权滥用或背信的机会，就会有腐败风险。腐败如同"癌细胞"，会危害一个国家的教育、卫生、基础设施建设、税收体系、市场公平竞争及公权力。② "在容许贪污受贿和此风盛行的条件下，实施法律只会产生更坏的结果。"③在司法程序中，涉案企业通过反腐败合规整改，不仅完善其内部反腐败治理机制，而且能够从根本上改造涉案企业的廉洁文化和价值观。个别涉案企业开展反腐败合规计划建设，不仅对涉案企业预防、制止腐败行为，具有积极意义，而且从长远看，能够推动所在行业、整个社会的诚信文化的形成及发展。20世纪90年代"冷战"结束，经济全球化发展迅猛，国际反腐败规则逐渐形成，我国境外经营企业开展涉外反腐败合规建设，更是合规管理的必选项。

---

① 参见周万里：《企业合规基础》，载周万里主编：《企业合规讲义》（第2版），中国法制出版社2022年版，第2页；周万里：《合规学高等教育的构思》，载周万里主编：《合规学高等教育及其课程设计》，法律出版社2021年版，第15页；最高人民检察院涉案企业合规研究指导组编：《涉案企业合规办案手册》，中国检察出版社2022年版，第13页；Katharina Beckemper, §12 Öffentliche und private Korruption, in Criminal Compliance (Hrsg. Rotsch), 2015, Rn. 1。

② Vgl. Mark Pieth, Wirtschaftsstrafrecht, S. 167.

③ 中国社会科学院马克思主义研究院编：《马克思恩格斯列宁论反腐败》，中国方正出版社2020年版，第152页。

本章首先阐述与反腐败合规计划相关的基本概念和反腐败合规风险,然后介绍国际上代表国家或国际组织在反腐败合规计划方面的经验。最后,本章重点探讨反腐败合规计划建设、评估和审查的工作要点并做总结。

一、相关概念

(一)腐败

腐败是生活中的常见词语。[①] 不过,我国法律对腐败并未做明确的定义。定义腐败,在国内外都是法律难题。如统一各国预防、打击腐败标准的《联合国反腐败法》,第2条"术语的使用"中回避定义腐败。法律中更为典型的做法,是列举腐败的表现形式,如贪污、行贿、受贿、索贿、收受礼品、利益冲突等。[②] 这些行为不仅不道德,而且我国刑法、经济法、民商法等法律规范皆否认其合法性,不被法律认可,不产生法律效果。

法律仅采用列举方式,并不能揭示腐败的本质。[③] 明晰腐败的法律概念,不仅有助于司法机关准确理解和适用反腐败法,也有利于涉案企业确定反腐败合规计划的合理范围,进而采取适当、有效的反腐败合规管理措施。

1. 腐败的本质

腐败是指滥用职权、谋取私利的行为。其本质是以权谋私。[④] 腐败滥用的不仅是职权,也是公众或相对人对行使经济、行政、司法以及政治等职责地位的人的信任。

在滥用公权力的情形下,委托人是公权力机关,公职人员行为的唯一取向应是国家利益或公共利益。公职人员腐败,违反了公职人员对国家应尽的忠诚义务。另外,廉洁是对公职人员的基本要求,包含公正性、不可收买性的要求。例如,典型的腐败行为——贿赂,公职人员收受贿赂,作出有利于行贿人的决定。行贿人在腐败中起到教唆、帮助作用,是腐败"硬币"的另一面。因此,行贿人也对贿赂承担法律责任。

在滥用私权的情形下,委托人是私权主体,如企业。作为受托人的员工,其行为的唯一取向应是企业利益。员工腐败,违反了其对所在企业(雇主)的忠诚义务。另外,员工腐败,如招投标腐败,还会扭曲市场竞争。通过市场竞争机制,企业开展效能竞争,优

---

① 《现代汉语词典》(第7版)对腐败的词语解释是:1. 腐烂;2.(思想)陈旧、(行为)堕落;3.(制度、组织等)混乱、黑暗。总之,腐败在日常用语中是贬义词,包含否定性的价值判断。

② 参见胡国辉:《反贿赂合规》,载周万里主编:《企业合规讲义》(第2版),中国法制出版社2022年版,第338页;Joseph T. Wells, Corporate Fraud Handbook, p. 253。

③ 对于一般条款的必要性及其与列举例子组合的优点,参见[奥]恩斯特·A. 克莱默:《法律方法论》,周万里译,法律出版社2019年版,边码45和边码46。

④ 参见蔡陈聪:《腐败定义及其类型》,载《中国青年政治学院学报》2001年第2期;李晓明:《关于腐败内涵的界定》,载《河北法学》2008年第9期;OECD, A Glossary of International Standards in Criminal Law, p. 22; Transparency International, What is Corruption?, available unter: https://www.transparency.org/en/what-is-corruption (2022-12-13)。

胜劣汰。如果员工收受贿赂,就可能导致所在企业选择在价格、质量方面并非最优的企业,排除了质量更好、价格更低的产品或服务的企业。

除以权谋私外,腐败的一个特征是“互惠性”。腐败双方或多方当事人,为实现各自期望的结果,通过“不法约定”,进行利益交换,各取所需。① 典型的腐败行为——贿赂,由行贿人、受贿人共同实施,反映了这样的“互惠性”特征。

2. 腐败的类型

腐败的类型是指基于不同的标准,对腐败行为所做的分类。区分的意义在于,不同类型的腐败,企业采取的反腐败措施也应该不同。如以主体为准,腐败分为公职人员腐败和商业腐败。公职人员腐败,是指公职人员或国家机关的行为,因为腐败受到影响。商业腐败则是私人因腐败获得不当经济利益或优势。

腐败还有积极腐败和消极腐败、情景性腐败和结构性腐败的区别。积极腐败是行贿人积极提供财物给受贿人,以获得不当利益,而消极腐败则是受贿人主动索要财物。在情境性腐败中,当事人在特定情形下临时起意实施腐败,在结构性腐败中,当事人提前策划,持续获得非法利益。②

最后,按照注册舞弊审查师协会(ACFE)对腐败的理解,腐败分为利益冲突、贿赂、非法感谢费、经济勒索。③ 如图 20-1 所示,广义的舞弊包括腐败、挪用资产以及财务舞弊。④ 即腐败是舞弊的一种类型,区别于挪用资产或资金以及财务舞弊。

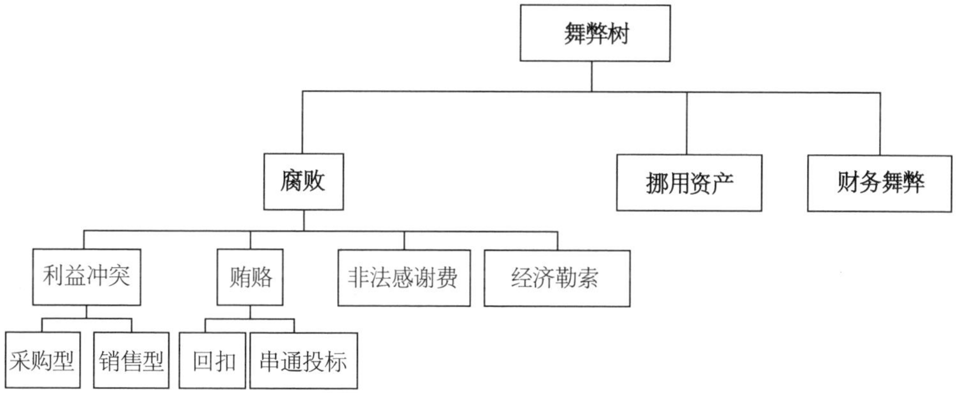

图 20-1 舞弊树

① 参见李晓明:《关于腐败内涵的界定》,载《河北法学》2008 年第 9 期。

② Vgl. Zentes, Das Sieben-Säulen-Modell der Korruptionsprävention, S. 54ff.

③ See ACFE, Fraud Examiners Manual, 1.601。腐败的这 4 种类型,也可以称为腐败的形式。

④ See ACFE, Fraud Examiners Manual, 1.601.

在腐败的类型中，利益冲突是指行为人为获得不当利益，实施违背职业忠实义务的行为。利益冲突的本质，是在特定情形下，产生潜在冲突的多个利益同时出现，利益应按何种标准排序的问题。行为人的身份、职业等，往往决定了利益的排序。例如，对医生而言，患者利益与医生的个人经济利益产生冲突，患者利益优于医生的个人经济利益。利益冲突一般分为采购型利益冲突、销售型利益冲突以及其他类型的利益冲突。①

在研究和实践中，引发困扰的是腐败与舞弊的区别、相应的反腐败合规与反舞弊合规的区别。在企业管理的语境下，狭义的舞弊是指企业员工采用欺骗、误导等手段，侵犯企业的经济利益，使个人获利的行为。如上述"舞弊树"中的挪用资金、财务舞弊等，都是典型的舞弊行为。②

在英美法中，舞弊是经济犯罪的代名词，不只是诈骗的意思，而是广义的舞弊，包括上述"舞弊树"的三个分支。其中，挪用资产等的职务犯罪，属于"侵害企业利益的行为"，而腐败及财务舞弊则是"企业犯罪行为"。区分侵害企业利益的行为和企业犯罪行为，对认定单位犯罪、适用企业合规司法程序，具有根本性意义。

（二）反腐败合规

反腐败合规，是指企业为了防范、发现、应对腐败行为而采取的合规管理措施。③ 合规管理涉及企业不同的经营管理环节和风险领域。反腐败合规跨越多个生产管理环节，关注腐败行为对企业及其员工造成的不利后果。与反腐败法相同，反腐败合规的理念是预防。④ 与上文对腐败的理解一致，反腐败合规是广义的，不仅涵盖反贿赂合规，还包括利益冲突、经济勒索等的合规风险管理。⑤

（三）反腐败合规计划

反腐败合规计划，是指涉案企业为了实现反腐败合规目标，制定、实施与组织架构及流程相关的关联性要素。反腐败合规计划作为事后合规的措施，与事前的合规体系

---

① See ACFE, Fraud Examiners Manual, 1.627; Wells/Kopetzky, Wirtschaftskriminalität in Unternehmen, S. 296ff. 并非所有的利益冲突都是腐败。对于利益冲突的形式及其法律规制，参见相关深入研究，杜晶：《公司利益冲突交易的法律规制研究——以司法"公平"审查为中心》，经济科学出版社 2017 年版；左袖阳：《我国利益冲突罪立法的必要性及构造分析》，载《中国人民公安大学学报（社会科学版）》2021 年第 1 期。

② 参见财政部、证监会、审计署、银监会、保监会《企业内部控制基本规范》第 42 条。

③ 参见胡国辉：《反贿赂合规》，载周万里主编：《企业合规讲义》（第 2 版），中国法制出版社 2022 年版，第 336 页。

④ 参见《联合国反腐败公约》第 1 条和第 5 条；Katharina Beckemper, § 12 Öffentliche und private Korruption, in Criminal Compliance (Hrg. Rotsch), 2015, Rn. 1。

⑤ 参见最高人民检察院涉案企业合规研究指导组编：《涉案企业合规办案手册》，中国检察出版社 2022 年版，第 122 页。

相同，应包含合规目标、合规组织、合规流程等合规管理体系要素，亦称要件。① 具体而言，企业应确定反腐败合规目标，采取相应的合规措施，防范、制止腐败行为。另外，这些要素并非孤立，而是相互关联、相互作用的。例如，反腐败合规方针相当于企业的“反腐败宪法”，决定涉案企业设定具体的反腐败合规目标，成为反腐败合规制度建设的根本依据。②

（四）反腐败合规计划的范围

1. 违法犯罪行为

反腐败合规计划的范围，是指反腐败合规计划适用的地域范围、组织边界以及腐败行为。③ 基于广义的腐败概念，合规计划适用的行为，既包括贿赂犯罪，即国家工作人员贿赂、非国家工作人员贿赂，也包括本质上属于利益冲突的非法经营同类营业罪、为亲友非法牟利罪等。因此，反贿赂合规计划、反商业贿赂合规计划、部分反舞弊合规计划等，均属于反腐败合规计划的范畴。④

在涉案企业合规司法程序中，反腐败合规计划的范围不仅涵盖上述犯罪行为，还应当涵盖行政法上或涉案企业所在行业的反腐败规范或要求。反腐败合规计划如果仅关注犯罪行为，忽略行政违法行为或不构成犯罪的腐败行为，会产生“破窗效应”，与“零容忍”的反腐败合规方针相悖。这样的反腐败合规计划不可能成为有效的反腐败合规计划。

2. 单位犯罪

涉案企业合规案件，主要针对的是单位犯罪，腐败行为如仅涉及自然人犯罪，或刑法规定仅是自然人犯罪的，原则上不应当基于该罪名要求涉案企业开展反腐败合规计划建设。《合规评估办法》第 20 条规定的涉案企业不仅包括涉嫌单位犯罪的企业，还包括“实际控制人、经营管理人员、关键技术人员等涉嫌实施与生产经营活动密切相关犯罪的企业”。在后者的情况下，企业实际上是受害方，原则上不应通过涉案企业合规整改使其承担超出法律规定的义务。是否以及如何开展反腐败合规建设，应由企业自主决定。

针对国家工作人员的贪污贿赂行为，如果启动涉案企业合规程序，开展反腐败合规

---

① 参见国家市场监督管理总局、国家标准化管理委员会：《合规管理体系　要求及使用指南》，中国标准出版社 2022 年版，引言。

② 参见郑莉、杜友震：《合规方针》，载周万里主编：《合规管理体系手册》，法律出版社 2023 年版，第 213 页。

③ 参见国家市场监督管理总局、国家标准化管理委员会：《合规管理体系　要求及使用指南》4.3；载周万里主编：《合规管理体系手册》，法律出版社 2023 年版。

④ 参见周万里、孙培岳编：《企业合规师执业必备规范汇编》，法律出版社 2022 年版，第 130 页、第 138 页。

计划的主体是国有公司、企业、事业单位。

二、反腐败合规风险

(一)概述

企业及其员工的腐败行为,对其产生诸多不利后果。基于腐败行为的严重程度、违反的法律法规、企业内部反腐败方针以及行业反腐规定等的不同,如表20-1所列,会对企业及其高管、①员工产生不同的反腐败合规风险。②

表20-1 反腐败合规风险

合规风险＼主体	企业	高管	员工
刑事责任	罚金	3年以下有期徒刑或拘役,并处罚金,或3年以上10年以下有期徒刑,并处罚金	3年以下有期徒刑或拘役,并处罚金,或3年以上10年以下有期徒刑,并处罚金
行政处罚责任	10万元以上300万元以下的罚款、没收违法所得、吊销营业执照	罚款(招投标贿赂)③	罚款(招投标贿赂)
民事责任	民事赔偿、合同无效	民事赔偿④	民事赔偿、单位警告、单位处分、解除劳动合同
经济损失	破产、融资成本高、退市、中标无效、在1~3年内禁止参加政府采购(政府采购贿赂)、股价下跌、调查费用、诉讼费用、刑事辩护费用、第三方监督评估费用	不得担任公司的董事、监事、高级管理人员,⑤涉诉、调查等导致经济损失	涉诉、调查等导致经济损失
声誉	信用等级下降、信用记录、不良行为记录	信用记录、行政处罚记录	声誉受损

(二)刑事法律风险

我国反腐败刑法的明显特征,是区分国家工作人员和非国家工作人员的犯罪主体,

① 在刑法中,承担刑事责任的高管,是指对犯罪行为直接负责的主管人员。

② 参见周万里:《企业合规基础》,载周万里主编:《企业合规讲义》(第2版),中国法制出版社2022年版,第8~12页;周万里:《企业合规师的职业》,载周万里主编:《企业合规师手册》,法律出版社2022年版,第8~11页。

③ 《招标投标法》第52~52条。

④ 《公司法》第149条。

⑤ 《公司法》第146条第1款第2项。

附带海外反腐败条款。如我国《刑法》第382条和第164条针对贿赂行为的犯罪主体,区分“国家工作人员”和“非国家工作人员”。国家工作人员实施贪污腐败行为,构成《刑法》第二编第八章规定的“贪污贿赂罪”,包括12个罪名。非国家工作人员实施腐败行为,规定在《刑法》第三章第三节,主要包括3个罪名,即非国家工作人员受贿罪,对非国家工作人员行贿罪,对外国公职人员、国际公共组织官员行贿罪。

国际上的反腐败法和合规,主要采用“公职人员腐败”、“商业腐败”和“海外腐败”的三分法,规制腐败行为,构建反腐败刑法教义学。如《联合国反腐败公约》、[①]经济合作与发展组织(以下简称经合组织)《禁止在国际商业交易中贿赂外国公职人员公约》[②]以及欧洲委员会部长委员会《反腐败刑法公约》对公职人员腐败和海外腐败行为的规定。[③]德国《刑法典》、瑞士《刑法典》等,也采用反腐败三分法的模式。[④] 本书也采用该三分法。不过,2008年的《关于办理商业贿赂刑事案件适用法律若干问题的意见》第1条所列的8类商业贿赂犯罪,并没有区分公职人员腐败和私营部门腐败,相较于三分法,缺乏条理性。

1. 公职人员腐败

刑法关于公职人员腐败的规定,集中在《刑法》第二编第八章“贪污贿赂罪”。该章除挪用公款罪(第384条)、巨额财产来源不明罪(第395条第1款)、隐瞒境外存款罪(第395条第2款)、私分国有资产罪(第396条第1款)以及私分罚没财物罪(第396条第2款),[⑤]以下贿赂犯罪均被可纳入反腐败合规计划的范围:

(1)贪污罪(第382条、第394条);

(2)受贿罪(第385条、第386条);

(3)单位受贿罪(第387条);

(4)利用影响力受贿罪(第388条之一);

---

① 参见《联合国反腐败公约》第2条关于“公职人员”的定义,载 https://www.un.org/zh/issues/anti-corruption/uncac_text.shtml,最后访问日期:2023年2月15日。

② See OECD, Article 1 of Convention on Combating Bribery of Foreign Public Officials in International Business Transactions, available under: https://legalinstruments.oecd.org/en/instruments/OECD-LEGAL-0293 (2023-02-15).

③ See Council of Europe, Article 1 of Criminal Law Convention on Corrupt, available under: https://rm.coe.int/168007f3f5 (2023-02-15).

④ 参见 Petra Wittig:《经济刑法》,恽纯良、许丝捷译,新学林出版社2022年版,第667页、第709页及第744页;Katharina Beckemper, § 12 Öffentliche und private Korruption, in Criminal Compliance (Hrsg. Rotsch), 2015;Mark Pieth, § 22 Korruptionsstrafrecht, in Wirtschaftsstrafrecht der Schweiz (Hrsg. Ackermann), Fn. 14ff.。

⑤ 按照上文的理解,这些犯罪行为属于狭义的反舞弊合规计划的范围。因此,反腐败合规计划的范围,不包括职务侵占罪、挪用公款罪、挪用资金罪。不同的理解,参见最高人民检察院涉案企业合规研究指导组编:《涉案企业合规办案手册》,中国检察出版社2022年版,第124页。

(5)行贿罪(第389条);

(6)对有影响力的人行贿罪(第390条之一);

(7)对单位行贿罪(第391条);

(8)介绍贿赂罪(第392条);

(9)单位行贿罪(第393条、第394条)。

经济勒索、非法感谢费与贿赂在本质上非常相似。[①] 在刑法中,前两者被视为贿赂犯罪的构成要件。例如,受贿罪、单位受贿罪的构成要件中,包括“索取”财物,实质上是将公职人员的经济勒索,吸收进贿赂犯罪。[②] “感情投资”“非法感谢费”等事后收受财物的,有可能被认定为贿赂犯罪。[③]

另外,由于涉案企业合规司法针对的是企业犯罪,因此,涉案国有公司、企业可以开展反腐败合规整改。事业单位或人民团体涉嫌腐败犯罪时,可参照适用涉案企业合规的规则。

2. 商业腐败

商业贿赂犯罪,主要规定在《刑法》第163条“非国家工作人员受贿罪”和第164条“对非国家工作人员行贿罪”。第163条是自然人犯罪,第164条是自然人犯罪和单位犯罪。针对行贿与受贿的不同情形,对企业及其员工、交易相对方的不同法律责任,与《反不正当竞争法》第7条关于禁止商业贿赂的规定相似。[④] 仅依据第163条的自然人犯罪,原则上,司法机关不应启动针对自然人所在企业的合规整改。

另外,《刑法》第165条规定的非法经营同类营业罪、第166条规定的为亲友非法牟利罪,禁止的是利益冲突或职务犯罪行为(白领犯罪),员工单位的经济利益受到严重侵害。如上文所述,原则上,企业不应当成为合规整改的对象。

3. 海外腐败

海外腐败犯罪,规定在《刑法》第164条第2款“对外国公职人员、国际公共组织官员行贿罪”。与对非国家工作人员行贿罪相同,单位可成为该罪名的犯罪主体。我国在2011年《刑法修正案(八)》中增设对外国公职人员、国际公共组织官员行贿罪,主要是因为我国在2005年成为《联合国反腐败公约》的缔约国,履行将贿赂外国公职人员或者

---

① Joseph T. Wells, Corporate Fraud Handbook, p. 253.

② 相关裁判,参见喻海松编著:《实务刑法评注》,北京大学出版社2022年版,第1883页。

③ 参见《最高人民法院、最高人民检察院关于办理贪污贿赂刑事案件适用法律若干问题的解释》(法释〔2016〕9号)第13条;喻海松编著:《实务刑法评注》,北京大学出版社2022年版,第1830页。

④ 国家市场监督管理总局在2022年11月22日发布《中华人民共和国反不正当竞争法(修订草案征求意见稿)》,试图改变这种局面,禁止经营者贿赂交易相对方(经营者、企业),而不只是其工作人员(第8条第1款第1项),并规定交易相对方承担相应的法律责任(第29条第2款)。这与反商业贿赂法的目的相悖。

国际公共组织官员规定为犯罪行为的国际法义务。①

（三）典型案例

最高人民检察院在2020年6月3日发布的首批企业合规改革试点典型案例中，第三个案例涉及商业贿赂。② 该案中，办案检察院对涉案企业开展合规整改的时间，是在最高人民检察院等九部门2021年6月3日发布《合规指导意见》之前，因此，还没有第三方监督评估机制的概念。不过，从反腐败合规的角度来看，该案具有以下典型意义。

1. 商业贿赂发生在采购领域。多数的商业贿赂和利益冲突，发生在采购中，行为采用回扣、返利等方式完成腐败行为。采购部门及其工作人员，因此成为反腐败合规的重点岗位。采购流程，则是反腐败合规的关键环节。

2. 商业贿赂通过第三方或商业伙伴完成。大多数商业贿赂，通过第三方或商业伙伴实现。本案中，如图20－2所示，Y公司借助第三方公司A，贿赂H公司的技术总监陈某。第三方合规或商业伙伴，因此成为反腐败合规计划的必要组成部分。

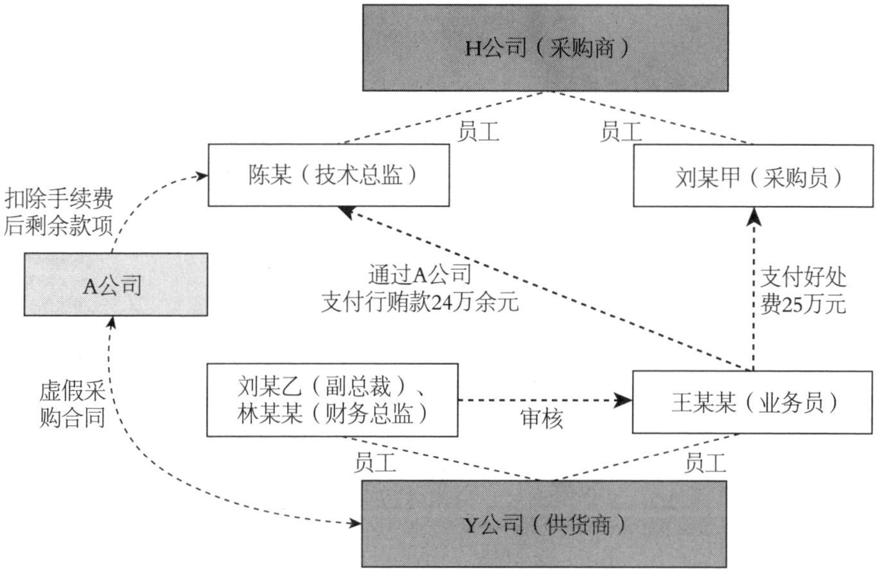

图20－2　企业合规典型案例（反腐败）

3. 区分单位犯罪和自然犯罪，并做分别处理。本案中，Y公司及其员工王某某、林某

① 参见《联合国反腐败公约》第16条第1款；陈兴良、刘树德、王芳凯编：《注释刑法全书》，北京大学出版社2022年版，第729页。

② 参见最高人民检察院：《最高检发布企业合规改革试点典型案例》，载https://www.spp.gov.cn/spp/xwfbh/wsfbh/202106/t20210603_520232.shtml，最后访问日期：2023年2月16日。

某、刘某乙，均涉嫌对非国家工作人员行贿罪，分别构成单位犯罪和自然人犯罪。林某某、刘某乙作为Y公司对该犯罪行为直接负责的主管人员，其行为反映了Y公司的意志，或因怠于行使监督职责，其行为归责于Y公司。

4. 对涉案企业开展合规整改。本案中，办案检察院直接与涉案企业Y签署合规监管协议，协助其开展合规建设，这与美国司法部与涉案企业签署暂缓起诉协议或不起诉协议，要求涉案企业开展合规整改的方式相似。一年后，在第三方机制中，办案检察院与涉案企业不再签署合规监管协议，而是采用检察建议，通过第三方组织，监督评估涉案企业的合规整改。

第二节 国际发展情况

一、概述

现代反腐败法，始于美国在1977年通过的《反海外腐败法》。在20世纪90年代，美国通过经合组织推动国际反腐败立法。21世纪初，各国以签署《联合国反腐败公约》为契机打击腐败，推动了各国企业积极开展反腐败合规建设。如图20－3所示，在全球范围内，对合规产生较大影响力的反腐败立法或监管活动，都是近10年的事情。

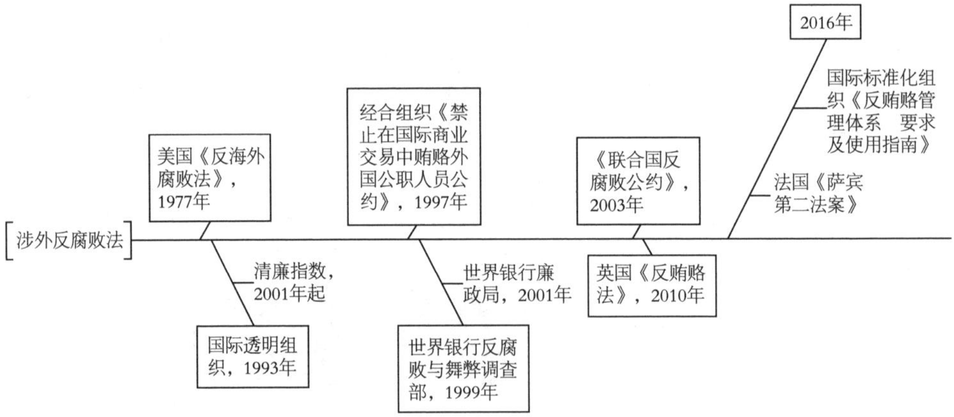

图20－3 涉外反腐败法发展历程

二、反腐败合规计划

为了应对上述反腐败法对企业产生的反腐败合规风险，企业纷纷建立、实施反腐败合规计划，评估、处置反腐败合规风险。为了增强反腐败法的可预测性、确定性，激励企业开展反腐败合规建设，很多国家的执法机关或司法机关，尤其是经合组织国家，发布了不具有法律约束力的指南，为企业提供反腐败合规引导。最有影响力的，是美国的

《反海外腐败法信息指引》、英国的《反贿赂法指南》和法国的《萨宾第二法案》适用指南。

(一)美国《反海外腐败法信息指引》

1. 概述

美国的《反海外腐败法》具有域外适用效力,主张“长臂管辖”。[①] 该法规定的犯罪行为,包括:(1)贿赂外国公职人员,即反贿赂条款;(2)未做准确、详细的财务记录以及建立、维护内部控制体系,即会计条款。[②] 关于内部控制体系的规定,亦称合规构成要件,实质上要求企业开展财务合规管理。涉案企业是否建立并实施有效的合规计划,是司法部、证监会作出决定的重要考量因素。例如,涉案企业的合规计划建设情况,对和解结案的条件、刑罚幅度、报告义务以及引入合规监管人等,都会产生影响。

2. 内容

2012 年 11 月,美国司法部、证监会联合发布首版《反海外腐败法信息指引》,整理关于《反海外腐败法》的信息、分析和执法实践,并在 2020 年 7 月第二版做了更新。[③]《反海外腐败法信息指引》第五章“执法指导原则”明确有效合规计划具备以下特征,见表 20－2。[④]

表 20－2　有效合规计划的特征

序号	有效合规计划的特征
1	高级管理者的承诺、清晰表述的反腐败方针
2	行为守则、合规方针和程序
3	监督、独立性及资源
4	风险评估
5	培训、持续咨询
6	激励与纪律措施
7	第三方尽职调查与支付
8	秘密报告与内部调查

---

① 该法适用对象,不仅包括在美国注册或上市的企业,也包括采用美元交易、美国账户、美国服务器的电子邮箱的犯罪行为。参见叶海波主编:《反海外腐败合规实践指引》,法律出版社 2021 年版,第 36 页。

② 参见叶海波主编:《反海外腐败合规实践指引》,法律出版社 2021 年版,第 18 页、第 34 ~ 36 页。

③ See DoJ/SEC, A Resource Guide to the U. S. Foreign Corrupt Practices Act, Second Edition, available under: https://www.justice.gov/criminal-fraud/file/1292051/download (2023－02－17).

④ 这些特征并非公式或形式主义的要求。

续表

序号	有效合规计划的特征
9	持续改进:定期测试与评价
10	并购:收购前尽职调查、收购后整合
11	违法行为的调查、分析与纠正

相较于2012年版本,2020年版本的最大变化是新增上述第11项特征。最能反映合规计划有效性的,是企业通过合规计划如何应对违法行为。为确保合规计划“真有效”,企业有运作良好且适当的机制,及时、深入调查企业及其员工、代理人的违法指控或嫌疑。另外,企业应当进行根源分析,及时、适当纠正根源,防范将来相同或类似的不合规行为发生。

(二)英国《反贿赂法指南》

1.概述

英国国会在2010年4月通过《反贿赂法》,确立了法人和自然人的4类贿赂犯罪。[①]英国通过该法,一是打破当时的陈旧、混乱以及存在大量漏洞的反腐败法,多数是19世纪末20世纪初颁布的立法及判例法,以形成体系化、严格的反腐败法;二是履行经合组织《禁止在国际商业交易中贿赂外国公职人员公约》的国际法义务。该法在2011年7月生效后,成为各国反腐败法的“榜样”,尤其是该法第7条规定的“商业组织预防贿赂失职罪”及其“合规抗辩”在我国引起高度关注。[②]

2.内容

对涉案企业而言,唯一的刑事抗辩理由(或出罪理由)是建立了“充分的程序”,也即充分的合规计划。对此,英国司法部的《反贿赂法指南》,以六项原则的形式,列举并详细阐释合规计划应当包含的要素,见表20-3。[③]

---

① 参见叶海波主编:《反海外腐败合规实践指引》,法律出版社2021年版,第86页。

② 英国《反贿赂法》有几个特点值得关注:(1)法律的适用范围。该法不仅适用于在英国注册的企业,也适用于与英国有经济往来活动的所有自然人和法人。例如,纯粹出口商品到英国的外国公司、自然人,也受该法管辖。(2)该法比美国《反海外腐败法》更为严厉。该法规制的,不仅包括公职人员腐败,还包括商业腐败,并禁止“加速费”(facilitation payments),不只是禁止行贿,也禁止受贿。(3)企业对其员工或第三方的贿赂行为,承担严格责任,并允许企业对此进行合规抗辩(或合规辩护)。(4)法律后果严重。无上限的罚金、禁止参加政府采购以及针对自然人判处不超过10年的自由刑。参见叶海波主编:《反海外腐败合规实践指引》,法律出版社2021年版,第91~92页。

③ 参见李本灿:《刑事合规的基础理论》,北京大学出版社2022年版,第64页;叶海波主编:《反海外腐败合规实践指引》,法律出版社2021年版,第126页。

表 20－3 充分程序的“六项原则”

序号	充分合规计划的原则	说明
1	适当程序	制定、实施清晰表达及有效的程序，该程序适当反映企业的风险、规模、复杂度
2	高层承诺	企业管理者明确承诺反腐败，并建设相应的企业文化
3	风险评估	持续评估企业内部、外部的反腐败风险，以提高企业防范腐败的能力
4	尽职调查	整个企业落实反腐败措施，以减少经识别的反腐败风险
5	沟通(包括培训)	在企业内部、外部开展反腐败沟通，包括培训
6	监督与评价	持续监督、评价管理层采取的措施，并向监事会或最高管理者报告

英国《反贿赂法》及其指南，继承了2010年之前成熟的反腐败规则和实践经验，尤其是美国的《反海外腐败法》及其信息指引、美国量刑委员会的《裁判指引》、经合组织的《禁止在国际商业交易中贿赂外国公职人员公约》。最值得关注的是该法第7条确定的“商业组织预防贿赂失职罪”，首创合规计划是出罪的唯一抗辩理由，在欧洲引发合规立法“浪潮”。此外，《反贿赂法指南》尤为强调“适当程序”或适当性原则，要求反腐败合规计划应与企业的规模、结构、风险情况等相匹配，因此，该指南也适用于中小企业开展的反腐败合规计划建设。

(三)法国《萨宾第二法案》及其指南

法国国会在2016年11月8日通过新的反腐败法《萨宾第二法案》①。法国通过该法，一是强化反腐败执法，提升法国在国际透明组织发布的“清廉指数”中的排名。二是推动法国企业开展反腐败合规建设。很多法国企业在境外被其他国家的反腐败机关处罚，包括巨额罚款，而反腐败合规是解决该问题的一项有效路径。法国反腐败法的诸多变化，列举如下。②

1. 新设“法国反腐败局”

新组建的“法国反腐败局”取代当时的“预防腐败服务中心”，承继其企业咨询服务、反腐败指引发布等职责，首次获得执法权，如推动、监督企业反腐败合规管理体系的建立和实施，③以及保护举报人。④

2. 适用于大型企业

大型企业有开展反腐败合规计划建设的法律义务。大型企业，是指在法国至少拥

① 该法以时任法国商务与财政部长米歇尔·萨宾(Michel Sapin)的姓命名。

② 参见叶海波主编：《反海外腐败合规实践指引》，法律出版社2021年版，第134～141页。

③ 参见《萨宾第二法案》第17条。

④ 参见《萨宾第二法案》第二章。

有500名员工，且年营业额至少为1亿欧元的企业。集团企业的总部在法国的，全球员工都算作在内。据估计，在法国至少有1600家企业符合该条件。

3. 反腐败合规计划建设义务

企业承担反腐败合规计划建设义务，是《萨宾第二法案》的一个亮点。企业违反该义务的，将被处以罚款。[①] 该法提出的反腐败合规计划的具体要求，基本上与美国量刑委员会在《裁判指引》中提出的有效合规“黄金标准七要素”[②]以及英国《反贿赂法指南》的六项原则一致。具体要求如下：

(1)企业应制定行为守则；

(2)举报人保护、内部调查与惩罚；

(3)反腐败风险分析；

(4)财务系统的内部控制或外部控制；

(5)定期开展员工反腐败培训。

4. 惩罚

法国反腐败局针对不同的违法情况，对涉案企业采取不同措施，包括警告、纠正、罚款、没收2倍违法所得等。[③] 按照法国法，自然人和法人均可成为犯罪主体。在企业犯罪被判刑后，5年内禁止参加政府采购，这对依赖政府订单存活的企业而言，相当于被判处“死刑”，迫使其与法国反腐败局达成刑事和解协议。

5. 暂缓起诉协议

《萨宾第二法案》首次规定所谓的“公共利益协议”(convention judiciaire d'intérêt public)，类似于美国的暂缓起诉协议。该协议的本质是刑事和解，由涉案企业和检察院达成。在该协议中，涉案企业承认事实，但不认罪，支付罚金不超过涉案企业集团近3年平均营业额的30%。另外，在该协议下，法国反腐败局监督涉案企业在不超过3年的监管期内，建立或改进其合规计划。监管期结束后，如果合规整改成功，刑事司法程序结束。[④] 否则，等待涉案企业的将是刑事惩罚，包括禁止参加政府采购。

2021年1月12日，法国反腐败局发布新版实施反腐败合规计划指引——《支持公共和私营部门实体防范和发现贿赂、影响力腐败、公职人员勒索、取得非法利益、挪用公

① 参见《萨宾第二法案》第17条第5款。

② 李勇：《认罪认罚与企业合规：从原理到实操》，法律出版社2022年版，第394～396页。

③ 参见《萨宾第二法案》第17条第5款。

④ 涉案企业的管理者或员工，仍然会被起诉，并被追究刑事责任。因此，法国国家委员会批评《萨宾第二法案》引入“公共利益协议”的受益者仅是涉案企业。

共资金和徇私的指引》(以下简称《反腐败指引》)。① 基于该指引,如图 20 - 4 所示,反腐败合规计划应符合适当原则(或比例原则),其质量和有效性应在企业所能控制的所有实体中得以贯彻。另外,反腐败合规计划应当由一体化的三大支柱组成,发挥防范、发现和纠正腐败行为的作用。

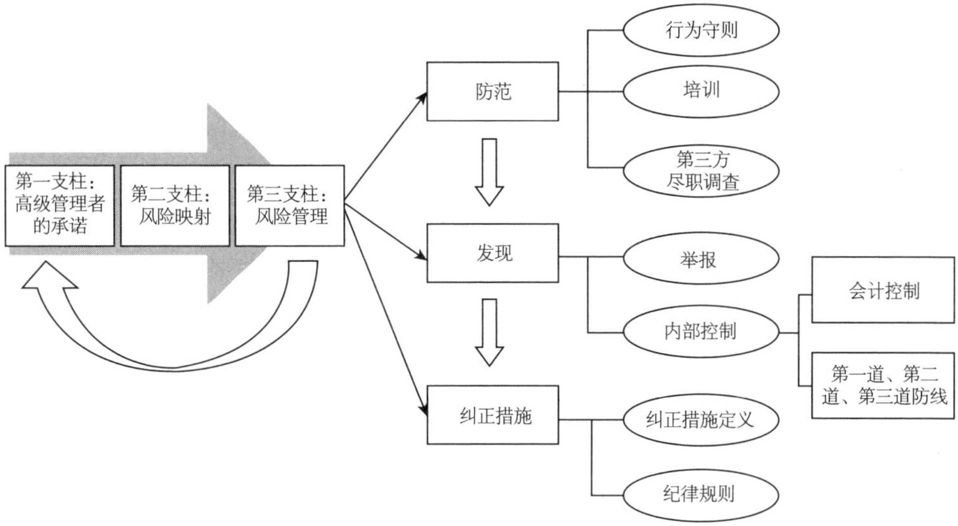

图 20 - 4 法国的《反腐败指引》

(四)经合组织《内部控制、道德与合规最佳实践指南》

1. 发展进程

经合组织委员会为提升《禁止在国际商业交易中贿赂外国公职人员公约》的缔约国在防范、发现、调查贿赂外国公职人员方面的能力,在 2009 年 11 月通过《关于进一步打击在国际商业交易中贿赂外国公职人员的建议》(以下简称《反贿赂建议》),并在 2010 年 2 月通过的《内部控制、道德与合规最佳实践指南》整合为《反贿赂建议》的附件二。2021 年,《反贿赂建议》及其附件二完成首次大幅度修订。

2.《内部控制、道德与合规最佳实践指南》的主要内容

《内部控制、道德与合规最佳实践指南》对涉外反腐败合规计划的基本框架、要素等提出建议。具体而言,企业应当采取以下的良好实践,确保有效的内部控制、道德与合规体系能够防范、发现海外贿赂行为,见表 20 - 4。

---

① See AFA, L'AFA publie ses nouvelles recommandations, available under: https://www.agence-francaise-anticorruption.gouv.fr/fr/lafa-publie-nouvelles-recommandations (2023 - 02 - 17).

表 20-4 《内部控制、道德与合规最佳实践指南》的主要内容

序号	内部控制、道德与合规体系的最佳实践	
1	董事会或其相同的治理机构、高级管理者的支持、承诺	
2	禁止海外腐败的企业方针	
3	全员合规	
4	监督	
5	具体行为	5.1 礼品
		5.2 招待、宴请、支出
		5.3 旅游,包括客户旅游
		5.4 政治献金
		5.5 慈善捐赠、赞助
		5.6 加速费
		5.7 索取、勒索
		5.8 利益冲突
		5.9 雇佣过程
		5.10 使用中间商的风险,尤其是与外国公职人员的互动
		5.11 应对政府采购的过程
6	第三方合规	6.1 尽职调查、持续监督
		6.2 将合规承诺、合规计划告知伙伴
		6.3 对等承诺
		6.4 合同条款
		6.5 审计权
		6.6 商业伙伴海外腐败处理机制
7	财务会计程序体系	
8	内部控制体系	
9	定期沟通、培训	
10	支持、激励、合规文化	

续表

序号	内部控制、道德与合规体系的最佳实践	
11	海外腐败嫌疑	11.1　识别、调查与报告违法行为
		11.2　纠正，包括违法行为根源分析、识别合规体系的薄弱环节
		11.3　纪律措施、程序
		11.4　适当沟通
12	提供指引、建议；禁止报复拒绝海外腐败之人	
13	报告框架	13.1　报告
		13.2　报告程序与通道
14	定期评价、测试	14.1　企业业务、结构及运营模式的改变
		14.2　监督和审计的结论
		14.3　相关领域的发展
		14.4　发展中的国际标准、行业标准
		14.5　企业违法行为、面临相似风险的其他企业的教训
15	并购	
16	外部沟通	

（五）世界银行《诚信合规指南》

世界银行制裁体系，针对的是企业在使用世界银行贷款资金时，实施的腐败行为、欺诈行为、强迫行为、串通行为、阻碍行为。在企业与世界银行廉政局和解或被采取附条件免于取消资格、附解除条件取消资格的制裁时，会被世界银行要求在规定期限内，开展合规整改，建立有效的诚信合规体系（或计划）。建立和实施有效的诚信合规体系是终止制裁的主要条件。

对此，世界银行发布《诚信合规指南》（《廉政合规指南》），如表 20 - 5 所示，详细列举了防范、发现、纠正腐败行为等的诚信合规体系的要素。

表 20－5　诚信合规体系的要素

序号	诚信合规体系的要素	
1	禁止不当行为(腐败行为、欺诈行为、强迫行为、串通行为、阻碍行为)	
2	职责	2.1　领导层
		2.2　个人职责
		2.3　合规职能
3	体系的启动、风险评估和评价	
4	内部方针	4.1　对员工的尽职调查
		4.2　对前公职人员的限制性安排
		4.3　礼品、招待、宴请、旅游和支出
		4.4　政治献金
		4.5　慈善捐赠、赞助
		4.6　加速费
		4.7　记账
		4.8　欺诈、串通行为、胁迫行为
5	关于商业伙伴的方针	5.1　对商业伙伴的尽职调查
		5.2　将诚信合规体系告知伙伴
		5.3　对等承诺
		5.4　适当的记录
		5.5　适当的报酬
		5.6　监督、监管
6	内部控制	6.1　财务
		6.2　合同义务
		6.3　决策过程
7	培训、沟通	

续表

序号	诚信合规体系的要素	
8	激励措施	8.1　正面激励
		8.2　纪律措施
9	报告	9.1　报告义务
		9.2　咨询
		9.3　举报、热线
		9.4　定期证明
10	对不当行为的纠正	10.1　调查程序
		10.2　应对措施
11	联合行动	

（六）国际标准化组织《反贿赂管理体系　要求及使用指南》

1. 基本情况

国际标准化组织在2016年10月发布的《反贿赂管理体系　要求及使用指南》ISO 37001:2016，是全球第一个以反腐败为主题可用来认证的管理标准。该标准采用高层结构、协同方法，以PDCA循环展现以反贿赂风险为导向的、体系化的反腐败管理。①

《反贿赂管理体系　要求及使用指南》与《合规管理体系　要求及使用指南》相同，属于国际标准化组织发布的组织治理标准之一。不过，基于前者建设的管理体系，不是合规管理体系。基于后者管理反贿赂合规风险，才是后者意义的反贿赂合规管理体系。

2. 内容

该标准在诸多方面，明显受英国《反贿赂法》的影响，如标准使用“反贿赂”而不是“反腐败”的表述；贿赂的定义，基本与英国《反贿赂法》第1条第2款和第3款的两个案例的描述一致；适用于公职人员腐败和商业腐败。如表20－6所示，反贿赂风险评估、处置贯穿整个体系，尤其是该标准第八章“运行”反映了反贿赂管理的特有内容。

① 关于管理体系方法论，参见周万里主编：《合规管理体系手册》，法律出版社2023年版，第28～33页。深圳市市场监督管理局在2017年6月发布的《反贿赂管理体系》以国际标准化组织的《反贿赂管理体系　要求及使用指南》为“模板”，不过，《反贿赂管理体系》被“降格”为指导性技术文件，且在结构、表述上与后者有较大的差异，导致深圳版的《反贿赂管理体系》实践意义不大。

表 20－6 《反贿赂管理体系 要求及使用指南》的结构与内容

《反贿赂管理体系 要求及使用指南》							
1. 范围	2. 规范性引用文件	3. 术语和定义	策划(4～6)	执行(7～8)	9. 检查	10. 改进	附录
用途：建立、实施、维护、评价和改进反贿赂管理体系 普适性：适用于所有类型的组织	无	贿赂、组织、相关方、要求 管理体系、最高管理者、治理机构 反贿赂合规职能、有效性、方针 目标、风险、能力、过程 绩效、外包、监视、测量 审核、符合、不符合、纠正措施 持续改进、人员、商业伙伴 公职人员、第三方、利益冲突、尽职调查	4.组织环境： - 理解组织及其环境 - 理解相关方的需要和期望 - 确定反贿赂管理体系的范围 - 反贿赂管理体系 - 反贿赂风险评估 5.领导作用： - 领导作用和承诺（治理机构；最高管理者） - 反贿赂方针 - 组织岗位、职责和权限（岗位和职责；反贿赂合规职能；授权决策） 6.策划： - 应对风险和机会的措施 - 反贿赂目标及其实现的策划	7.支持： - 资源 - 能力（总则；雇佣过程） - 意识与培训 - 沟通 - 文件化信息（总则；创建与更新；控制） 8.运行： - 运行的策划和控制 - 尽职调查 - 财务控制 - 非财务控制 - 受控制组织和商业伙伴实施反贿赂控制 - 反贿赂承诺 - 礼品、招待、捐赠和相似利益 - 管理反贿赂控制的不足 - 提出疑虑 - 调查和处理贿赂	9.绩效评价： - 监视、测量、分析和评价 - 内部审核 - 管理评审（最高管理者评审；治理机构评审） - 反贿赂合规职能评审	10.改进： - 不符合与纠正措施 - 持续改进	使用指南

第三节　反腐败合规计划

一、基本要求

涉案企业建设的反腐败合规计划,应当符合以下两项基本要求。①

(1)能够防止再次发生相同或类似的违法犯罪;

(2)可行性、有效性与全面性。

反腐败合规计划作为第三方机制的重要组成部分,涉及涉案企业、第三方组织、第三方机制管委会、人民检察院的合作与职能分工。涉案企业负责反腐败合规计划的建设,第三方组织负责反腐败合规计划的评估,反腐败合规计划审查则是由第三方机制管委会、人民检察院负责。《合规评估办法》第二章、第三章以及第四章分别规定了三个阶段的工作要点。

二、反腐败合规计划建设

在反腐败合规计划建设阶段,涉案企业的主要工作如下。

(1)成立合规建设领导小组;

(2)采取纠正措施;

(3)制定反腐败合规计划;

(4)实施反腐败合规计划;

(5)评价反腐败合规计划。

(一)合规建设领导小组

合规建设领导小组是涉案企业为开展反腐败合规建设,成立的临时工作组。成立合规建设领导小组,其一,释放企业领导重视合规建设的信号,也有利于涉案企业推动、执行合规整改措施。其二,合规建设领导小组发挥内外协调作用,成为涉案企业及其最高管理者、涉案员工、第三方机制管委会、第三方组织、办案检察院的沟通渠道,提高合规整改的效率。其三,该小组能够为反腐败合规计划建设提供保障。

合规建设领导小组的成员,由涉案企业的管理者、员工或受涉案企业委托的专业机构、专业人员组成。成员拥有法定或事实的控制权越多,管理级别越高,越是能够体现涉案企业对反腐败合规建设的重视态度。反之,小组成员管理级别越低,涉案企业的合规建设意愿越弱,越是难以推进后续的合规建设。

---

①　参见《合规指导意见》第11条和第12条、《合规指导意见实施细则》第28条和第29条、《合规评估办法》第5条。

（二）合规调查

1. 内部调查

内部调查是指企业系统地查清、说明违法违规事实的过程。一般情况下，企业基于违规举报，启动内部调查。在涉案企业合规程序中，涉案企业针对的是侦查机关、检察机关指控的涉嫌犯罪行为，针对性更强。[①] 内部调查，被称为“私人特别调查”，在涉案企业配合政府机关调查、起诉或不起诉决定中，起到重要作用。[②]

内部调查的最终目的，是查清腐败行为发生的根本原因，这就是所谓的“根源分析”。首先，涉案提交的合规计划，主要围绕与企业涉嫌犯罪有密切联系的企业内部治理结构、规章制度、人员管理等方面存在的问题展开。[③] 对此，内部调查应围绕这些问题，查清腐败发生的深层次原因。其次，内部调查的结论，是涉案企业采取进一步措施的依据。这包括涉案企业对当事人采取劳动纪律措施、填补合规管理漏洞，或持续改进反腐败合规计划。

2. 配合调查

涉案企业在反腐败合规计划建设阶段，应全力配合有关主管机关、公安机关、检察机关和第三方组织的相关工作。[④] 配合调查，能够避免不必要、过度的调查和检查，为涉案企业争取从宽、减轻处罚创造有利条件。[⑤] 涉案企业配合调查，还能够加快司法程序，为启动第三方机制创造条件，便利第三方组织成员监督评估整改活动。[⑥] 为此，涉案企业应建立配合调查政策、方案，基于调查流程设定部门、人员的合规职责。[⑦]

（三）纠正措施

纠正措施，不仅包括全面停止违法行为，还包括纠正其危害结果。

1. 全面停止违法行为

涉案企业应当全面停止涉嫌腐败犯罪违法违规行为。首先，“全面”性是要求涉案

① 参见杜尔、刘红霞：《内部调查》，载周万里主编：《企业合规师手册》，法律出版社 2022 年版，第 183 页。

② 参见李本灿：《刑事合规的基础理论》，北京大学出版社 2022 年版，第 328～329 页；尹云霞：《合规调查》，载周万里主编：《企业合规讲义》（第 2 版），中国法制出版社 2022 年版，第 267 页。

③ 参见《合规指导意见》第 11 条、《合规指导意见实施细则》第 28 条。最高人民检察院涉案企业合规研究指导组编：《涉案企业合规办案手册》，中国检察出版社 2022 年版，第 119 页。

④ 《合规评估办法》第 3 条。

⑤ 参见李勇：《认罪认罚与企业合规：从原理到实操》，法律出版社 2022 年版，第 319 页；尹云霞：《合规调查》，载周万里主编：《企业合规讲义》（第 2 版），中国法制出版社 2022 年版，第 286 页。

⑥ 参见李勇主编：《企业合规司法人员手册》，法律出版社 2023 年版，第 52 页。

⑦ 参见尹云霞：《合规调查》，载周万里主编：《企业合规讲义》（第 2 版），中国法制出版社 2022 年版，第 289～292 页。

企业不仅针对涉嫌腐败的个案,要求当事人停止违法行为,也要求全体员工、各个业务部门、职能部门等停止可能的腐败行为。其次,全面停止的,不仅包括腐败犯罪行为,还包括没有构成犯罪,却是违反行政法、行业反腐败准则以及涉案企业内部反腐败制度等的违规行为。

2. 退缴非法所得

涉案企业因实施腐败受益的,应当退缴违法违规所得,并赔偿受害人损失、补交税款和滞纳金。由于涉案企业如何退缴违法所得、赔偿民事损失和补交税款的一般规则过于原则,在反腐败案件中,实践做法更是不同。

《刑事诉讼法》第 298 条规定了犯罪嫌疑人违法所得的没收程序。贪污贿赂犯罪(公职人员腐败)是法定的非法所得没收案件类型。① 在合规整改启动阶段,涉案企业应当主动退缴违法所得。在商业贿赂中,还涉及确定受害人、赔偿数额等一般问题,需要结合《民法典》《反不正当竞争法》等相关规定确定损害赔偿。

涉案企业实施腐败行为,必然会在企业账目上做掩饰。这对涉案企业的纳税计算往往产生不利影响,导致国家税收减少。因此,腐败对税收的影响及相应的税务纠正,也是涉案企业在合规整改启动阶段应当处理的问题。

3. 纪律措施

基于检察机关的指控、内部调查的结论,涉案企业应当依据劳动管理制度,对直接负责的主管人、直接责任人等涉案人员采取劳动纪律措施,包括警告、解除劳动合同。②

(四)反腐败合规计划制定

1. 合规风险评估

反腐败合规风险评估,是反腐败合规计划建设的起点。③《合规评估办法》第 8 条第 1 款和第 14 条第 1 项,均对涉案合规风险评估提出要求。④ 为此,涉案企业应结合其产品或服务、规模大小、业务模式、所在行业、所在区域等内外部环境,识别其所面临的反腐败合规风险,制作反腐败合规风险清单,识别高、中、低风险,确定所要处理的高优先性反腐败合

---

① 参见李勇:《认罪认罚与企业合规:从原理到实操》,法律出版社 2022 年版,第 319 页。

② 参见最高人民检察院涉案企业合规研究指导组编:《涉案企业合规办案手册》,中国检察出版社 2022 年版,第 119 页。

③ 参见周万里:《企业合规基础》,载周万里主编:《企业合规讲义》(第 2 版),中国法制出版社 2022 年版,第 16 ~ 17 页;樊光中:《合规风险识别与分析评估》,载周万里主编:《企业合规师手册》,法律出版社 2022 年版,第 71 ~ 81 页;李勇:《认罪认罚与企业合规:从原理到实操》,法律出版社 2022 年版,第 356 页。

④ 参见最高人民检察院涉案企业合规研究指导组编:《涉案企业合规办案手册》,中国检察出版社 2022 年版,第 121 页。

规风险。①如图 20－5 所示，一般而言，政府采购、国有企业采购、使用第三方、资金支付等环节，是反腐败合规风险评估应当重点关注的环节。

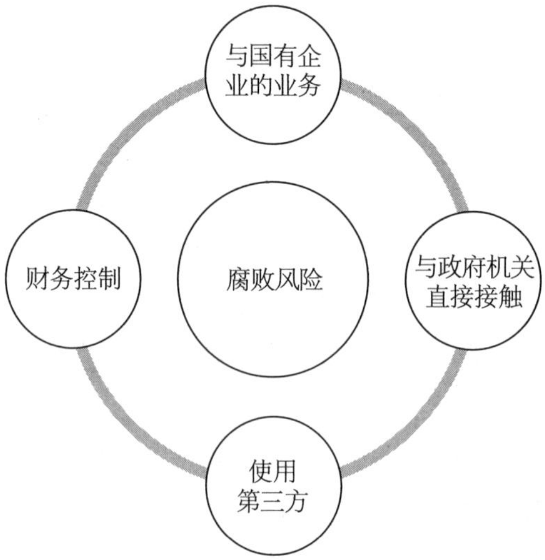

图 20－5　腐败风险

另外，如图 20－6 所示，涉案企业也可以从外部腐败风险和内部腐败风险的视角，从相应的因素评估其所面临的反腐败合规风险。

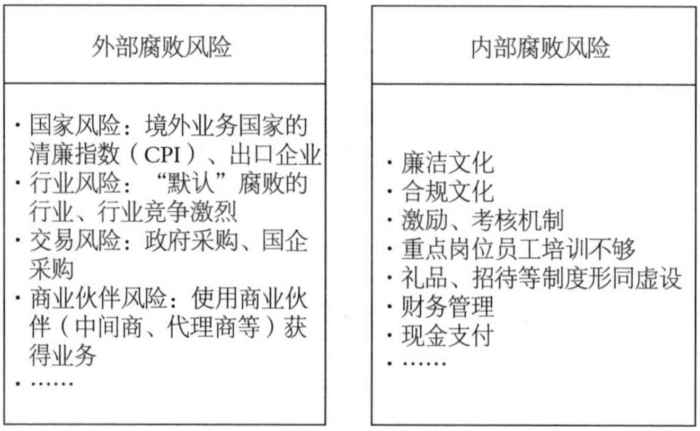

图 20－6　外部与内部腐败风险

① 参见胡国辉：《反贿赂合规》，载周万里主编：《企业合规师手册》，法律出版社 2022 年版，第 280 页。

2. 合规文化

合规文化是合规计划有效性评估的要点之一。[①] 相应地，涉案企业在反腐败合规计划建设阶段，应当“设计”企业合规文化。合规文化是贯穿整个企业的价值观、道德规范和信念，并与企业的组织架构、控制体系相互作用，产生有利于合规效果的行为准则。[②] 合规文化建设，是螺旋式上升的过程，涉案企业应在企业价值观、管理层重视、沟通等方面，逐步推动合规文化的形成。[③]

反腐败合规文化的基本要求是“零容忍”，形成“不敢贪、不能贪、不想贪”的廉洁文化。涉案企业可以通过多种方式，积极推动企业廉洁文化。例如，定期沟通、更新反腐败合规方针、制度、积极探讨企业价值观、企业高层开展以腐败、廉洁、诚信等为主题的对话、谈话，使反腐败方针、制度对员工实际产生影响，对其业务活动提供帮助。

3. 高层基调

基于高层基调对合规整改的重要意义，涉案企业的最高管理者、中级管理者等应作出合规承诺，起到榜样作用，并且言行一致。在反腐败合规整改中，涉案企业领导应明确反腐败对涉案企业的意义，并承诺遵守反腐败合规方针，对违法违规行为采取“零容忍”态度。[④] 企业领导层对腐败的态度，往往决定了反腐败合规整改效果以及整改后合规的可持续发展。

4. 合规组织

合规组织涉及反腐败合规管理的职责配置，具体问题包括：哪个部门是反腐败合规牵头管理部门？该部门的反腐败合规职责有哪些？该部门的独立性是否得到保障？该部门能否直接向董事会或最高管理者报告？该部门负责人（首席合规官）的能力、权限如何？还有哪些部门承担相应的反腐败合规管理职责？

按照《合规评估办法》第 7 条的要求，涉案企业应设置与企业类型、规模、业务范围、行业特点等相适应的合规管理机构、合规管理人员。这反映了合规管理的适应性原则或比例原则。大中型企业的反腐败合规计划，与中小企业的反腐败合规计划在组织架构、专业人员、资源投入、优先关注风险等方面应当不同。中小企业的合规管理职责，可由法务或其他部门、人员兼职承担。例如，对于小微企业，企业主直接承担合规职责，或将合规管理外包给第三方，如律师事务所或合规研究机构。

---

① 参见《合规评估办法》第 14 条第 6 项。

② 参见卞传山：《合规文化》，载周万里主编：《合规管理体系手册》，法律出版社 2023 年版，第 188 页。

③ 参见卞传山：《合规文化》，载周万里主编：《合规管理体系手册》，法律出版社 2023 年版，第 202 页。

④ 参见《合规评估办法》第 6 条；参见最高人民检察院涉案企业合规研究指导组编：《涉案企业合规办案手册》，中国检察出版社 2022 年版，第 120 页。

除法律特别规定外,[①]如商业银行应专设合规管理部门,[②]合规管理机构或管理人员可以专设或兼职,其合规管理职责必须明确、具体、可考核。[③] 设立作为跨部门工作协调机构的“合规委员会”,实践中也很常见。

另外,基于“合规治理”的要求,合规管理部门或其管理人员独立履行职责,对于涉及重大反腐败风险的决策具有充分发表意见并参与决策的权利。[④]

除了明确合规职能部门和管理人员的职责,涉案企业的管理层、职能部门、业务部门等,都应当有明确的反腐败合规管理职责,并设定合规目标。[⑤] 例如,董事会中有负责反腐败工作的独立董事,担任企业反腐败合规的第一负责人。

5. 行为守则

涉案企业的最高管理者的高层基调、合规承诺(如“零容忍”)、合规使命、价值观等,一般通过行为守则(code of conduct)[⑥]体现。通过行为守则,涉案企业以抽象、简练的语言,展现反腐败合规的宗旨、目标。行为守则作为“企业道德宪法”,反腐败、廉洁是其中的主题之一。行为守则要发挥作用,一是需要将具体制度细化作为支撑,二是在实践中被员工引用、重视并遵守。尤其是在业务与合规的两难困境中,行为守则能够为员工行为提供指引。如表 20 - 7 所示,是典型的行为守则的格式和主题。

表 20 - 7　行为守则

XX 公司行为守则
序言 一、适用范围 二、XX 公司的商业道德 三、XX 在可持续发展方面的努力 四、有道德的行为 五、劳工权益 六、利益冲突 七、礼品、捐赠、赞助、邀请 八、行贿、腐败 九、舞弊及其他损害公司利益的行为 十、业务文档、沟通

① 如《保险公司合规管理办法》第 14 条。

② 参见《商业银行合规风险管理指引》第 8 条第 2 项。

③ 参见《合规评估办法》第 7 条第 2 款;李勇:《认罪认罚与企业合规:从原理到实操》,法律出版社 2022 年版,第 358 ~ 359 页。

④ 参见《合规管理体系　要求及使用指南》5.1.3、《合规评估办法》第 8 条第 3 款;郑莉、杜友震:《合规方针》,载周万里主编:《合规管理体系手册》,法律出版社 2023 年版,第 211 页。

⑤ 参见《合规评估办法》第 8 条第 2 款。

⑥ 实践中,行为守则,又被称为道德守则、商业行为准则等。参见胡国辉:《反贿赂合规》,载周万里主编:《企业合规讲义》(第 2 版),中国法制出版社 2022 年版,第 281 页。

续表

十一、文件维护 十二、财务资料 十三、信息技术运用 十四、个人信息保护 十五、市场行为 1. 反垄断 2. 反不正当竞争 3. 反洗钱 十六、财务 十七、保密 十八、生态环境保护 十九、合规管理部门及其联系人 二十、举报信息

6. 反腐败合规管理制度

合规管理制度是合规管理计划的必要组成部分。[①] 涉案企业通过制定合规制度规范,建立健全合规管理制度机制。该机制要确保合规管理机构或专业人员的独立性、决策权等。[②] 反腐败合规管理制度是将外部反腐败规范转化为企业的"内规",其形式包括反腐败合规管理办法、反腐败合规指南、反腐败合规手册等。[③] 行为守则属于广义的合规管理制度。从制度管理的视角来看,反腐败合规管理制度,可以作为涉案企业普适性的合规管理制度或办法、行为守则的附件。[④] 表 20－8 是反腐败合规手册的典型结构和主题。

表 20－8　反腐败合规手册

XX 公司反腐败合规手册
一、序言 反腐败基本政策、目标、原则。 二、适用范围 适用对象包括员工、商业伙伴;与其他制度的衔接、互补,定期更新等。 三、定义 腐败、公职人员腐败、商业腐败、商业伙伴等的定义。 三、与公职人员互动 四、礼品、金额限制 五、邀请、招待、旅行

① 参见《中央企业合规管理办法》第三章。

② 参见《合规评估办法》第 8 条。

③ 参见《中央企业合规管理办法》第 18 条。

④ 参见最高人民检察院涉案企业合规研究指导组编:《涉案企业合规办案手册》,中国检察出版社 2022 年版,第 121 ~ 122 页、第 170 页。

续表

六、捐资、捐赠 七、加速费 八、影响力腐败 九、利益冲突 十、商业伙伴 十一、举报 员工的举报义务;可能涉嫌腐败的情形;违反反腐败制度的后果;举报渠道及联系人。 十二、违规处理

此外,实践中常见的反腐败合规管理制度文件,还有“作为与不作为清单”(Do's and Don'ts)和“问题清单”(FAQ)。它们以具体情形、具体案例、问答等形式,对行为守则、反腐败合规手册的内容作更具体、直观的说明和展示。

(五)反腐败合规计划实施

1. 合规培训

针对行为守则、反腐败合规制度等,涉案企业应当面向管理层、员工或商业伙伴开展合规培训和沟通。[①] 合规培训是合规计划实施的重要措施之一,一般由合规职能部门负责实施。

涉案企业通过合规培训,确保其员工有反腐败的合规意识,掌握反腐败的基本知识、技能。尤其是面临腐败风险的重点岗位员工,需要有关注其业务的反腐败合规培训。对中高级管理者而言,合规培训应关注其在公司法、劳动法、刑法上的合规管理法律义务。对于法务、合规、内控、风险等专业人员,培训应重点关注合规专业知识和技能。

合规培训方式,分为线上培训和线下培训。线上培训的优点是,能惠及所有的员工,调查员工培训的状态、关注内容,以及成为证据,向第三方组织、办案检察院、监管机关等表明涉案企业在合规管理方面的努力。线上培训适合大中型企业,尤其是对外证明完成基础性的合规培训。对于复杂的合规问题、中高级管理者等,线下培训的效果会更好。

2. 人力资源管理

涉案企业在人力资源管理中应当实施反腐败合规措施。[②] 尤其是在新员工录用、晋升、轮岗、考核、激励等情形下,背景调查、合规绩效考核等措施,在企业中得到普遍运用。

(1)背景调查

在新员工录用、晋升等情形下,个人的腐败风险应及时被识别,尤其是对担任领导

---

① 参见《合规评估办法》第9条;最高人民检察院涉案企业合规研究指导组编:《涉案企业合规办案手册》,中国检察出版社2022年版,第122～123页。

② 参见胡国辉:《反贿赂合规》,载周万里主编:《企业合规讲义》(第2版),中国法制出版社2022年版,第287页。

岗位、关键岗位、特殊职位等的员工,对申请人的廉洁、诚信或合规有更高的要求。为此,涉案企业通过访谈、书面材料审查、公开信息查询等途径,开展员工背景调查或“雇佣前筛查”(pre-employment screening)。[①]

(2)岗位轮换

岗位轮换作为一种有效的反腐败措施,包括人员轮换和任务轮换。员工担任相同职务、完成相同任务、接触相同供应商或客户的时间越久,腐败风险越高。对此,涉案企业应当建立岗位轮换机制,定期轮换人员或任务。岗位轮换不可能时,涉案企业应强化对该岗位的内部控制。

(3)合规激励

涉案企业的奖金方案、晋升制度等,可能会产生正面激励的效果,促进员工遵守反腐败方针,也有可能产生反面激励的效果,激发人性贪婪,促使员工实施腐败行为。[②] 因此,涉案企业的奖金、晋升等激励方案,不应只关注员工完成业务量等指标,还应关注员工完成业务量、考核目标等的方式、方法。涉案企业应建立合规绩效评价机制,制定合规指标,对企业主要负责人、经营管理人员、关键技术人员等进行考核。[③] 反腐败合规计划的实施,应兼顾合规激励的正面效果和负面效果,增加上述人员的反腐败绩效在奖金、晋升等激励方案中的权重。

3. 记录

涉案企业记录合规管理活动,[④]可实现多个目的。首先,记录合规管理活动,为涉案企业后续开展合规计划评价、第三方机构开展有效性评估或合规认证等,提供材料。第三方组织评估、办案检察院审查涉案企业的合规计划,都需要涉案企业及时、准确记录合规管理活动。其次,记录内容,是企业开展根源分析、持续改进合规计划的前提。最后,涉案企业的记录,为涉案企业应对内部调查、外部监管机关调查、刑事辩护等,提供基本材料。例如,涉案企业对反腐败培训活动的记录,证明了其在合规方面的重视和投入。

4. 商业伙伴合规管理

超过70%的腐败案件,通过商业伙伴实施。[⑤] 这里的商业伙伴,主要是中间商、代理

---

① 参见胡国辉:《反贿赂合规》,载周万里主编:《企业合规讲义》(第2版),中国法制出版社2022年版,第292页。

② 参见胡国辉:《反贿赂合规》,载周万里主编:《企业合规讲义》(第2版),中国法制出版社2022年版,第288页。

③ 参见《合规评估办法》第11条。

④ 参见最高人民检察院涉案企业合规研究指导组编:《涉案企业合规办案手册》,中国检察出版社2022年版,第122页。

⑤ See Pieth, in: Heimann/Pieth, Confronting Corruption, 2018, p. 205.

人。商业伙伴不仅为企业带来商业机会,合规风险也随之而来。[①] 在民法上,企业在选择、指示、监督代理人时,承担注意义务。商业伙伴受企业委托,以企业名义活动,其腐败行为的法律后果,归责于企业。企业为代理人的违法行为“埋单”。因此,商业伙伴合规管理成为反腐败合规计划的重要组成部分。

在反腐败合规计划中,典型的商业伙伴合规管理措施,包括:[②]

(1)商业伙伴尽职调查(如“red flag”识别);

(2)商业伙伴分级管理;

(3)合规条款(包括廉洁条款、调查权、审计权、解除合同权等);

(4)商业伙伴行为守则;

(5)商业伙伴合规培训;

(6)商业伙伴评估;

(7)供应商违规举报与调查。

5. 控制活动

涉案企业应及时发现、监控反腐败合规风险。[③] 为此,涉案企业应将内部控制体系嵌入反腐败合规管理计划当中。内部控制体系,主要由控制活动和监督活动组成。一方面,该体系控制反腐败合规制度的实施,确保发现、查清腐败违法犯罪行为,[④]如不相容职务分离、四眼原则、授权审批控制、会计系统控制等控制措施;[⑤]另一方面,企业定期开展内部审计(内部审核),以确定现有的反腐败合规计划是否能够有效控制腐败风险。前者关注的是反腐败合规计划的落实情况,后者关注的是反腐败合规计划的有效性。

企业控制反腐败合规计划的实施状态,可通过 3 种方式,即定期控制、主动控制、举报与内部调查。[⑥]

(1)定期控制

定期控制是业务部门自身、合规部门、内部审计部门、外部专家等定期开展的控制

---

① 参见周万里:《商业伙伴合规》,载周万里主编:《合规管理体系手册》,法律出版社 2023 年版,第 369 页。

② 参见最高人民检察院涉案企业合规研究指导组编:《涉案企业合规办案手册》,中国检察出版社 2022 年版,第 122 页;周万里:《商业伙伴合规》,载周万里主编:《合规管理体系手册》,法律出版社 2023 年版,第 384 页。

③ 参见《合规评估办法》第 10 条。

④ 参见周万里:《运行控制》,载周万里主编:《合规管理体系手册》,法律出版社 2023 年版,第 353 页。

⑤ 参见《企业内部控制基本规范》第 28 条;胡国辉:《反贿赂合规》,载周万里主编:《企业合规讲义》(第 2 版),中国法制出版社 2022 年版,第 293 页;周万里:《运行控制》,载周万里主编:《合规管理体系手册》,法律出版社 2023 年版,第 363 页。

⑥ 参见《合规管理体系 要求及使用指南》第 8 章“运行”;Mark Pieth, Anti-Korruptions-Compliance, 2011. S. 117。

活动，关注反腐败制度是否落实，而不是做“纸面合规”。

（2）主动控制

内部控制注重预防优于发现违法行为。在内部控制体系中，实践中发展出“舞弊指标”（fraud indicator），通过发现舞弊的种种迹象，推测可能发生的舞弊行为。因此，涉案企业可以通过发现腐败指标或警示项，及时发现腐败行为。

腐败指标表现在企业所在的环境、行业、市场、企业文化以及内部组织等方面，大致分为腐败的内部指标和外部指标。属于内部指标的，如规避法律法规、事实与记录不符、不同寻常的决策、绕开其他部门招标。属于外部指标的，如明显偏离市场价的采购、员工从事兼职活动、员工家属是企业项目的承包方。

（3）举报与内部调查

依据《合规评估办法》第10条的规定，涉案企业应当建立监测、举报、调查、处理机制，以及时发现和监控合规风险。[①] 与上述的定期控制、主动控制不同，内部调查是基于举报线索，以个案为导向的控制活动。

举报是反腐败合规计划的重要组成。[②] 涉案企业应当创造有利条件，鼓励员工实名或匿名举报腐败行为。例如，畅所欲言文化、保护举报人、保密原则等企业内部环境，能够促进举报机制的有效运作。

大型企业应组建专门的内部调查团队，中小企业可由法律、合规或审计部门等负责内部调查工作。在腐败案件复杂的情况下（如出现系统合规风险），涉案企业应委托外部专家独立或联合开展内部调查。由于内部调查涉及员工的劳动权益和个人信息保护等人格权保护，涉案企业应制定内部调查制度、工作程序或清单，以避免在内部调查中侵犯员工的合法权益。

（六）反腐败合规计划效果

1. 合规审计

合规审计关注反腐败合规计划的效果，即评估现有的反腐败合规计划是否能够防范腐败风险，是否适应当前监管环境的要求。它不关注个别的合规措施，而是整个计划或体系的绩效表现。举报、内部调查反映的违规问题、定期开展的合规风险评估的结论，以及法律法规、司法裁判、行业规定等的新变化，促使涉案企业开展合规审计活动。

---

① 参见最高人民检察院涉案企业合规研究指导组编：《涉案企业合规办案手册》，中国检察出版社2022年版，第122页。

② 参见王宗秀、孙宋龙：《举报》，载周万里主编：《合规管理体系手册》，法律出版社2023年版，第393页。

2. 持续改进

涉案企业应基于监管环境、合规风险的变化，持续改进反腐败合规计划。[①] 国内外反腐败法的变化，开展新业务或发展新的业务模式等，会使涉案企业面临的反腐败合规风险产生相应的变化。对此，涉案企业应持续改进反腐败合规计划，适应当前的反腐败合规要求。

三、反腐败合规计划评估

在反腐败合规计划评估阶段，第三方组织的主要工作，是制定合规评估工作方案、评估指标体系，对反腐败合规整改计划、合规管理体系作有效性评估，并制作合规考察书面报告。[②]

（一）合规评估工作方案

合规评估工作方案应具体细化、可操作。[③] 合规评估工作方案制定的基本原则、基本内容、报送等，参见本书的相关章节。

（二）评估方法论

第三方组织应当制定反腐败合规评估指标。指标及其权重应符合涉案企业的实际情况。决定指标权重的，包括涉案企业的以下因素。[④]

（1）类型（民营、国有或外资企业）；

（2）规模（小微企业、中小企业或大型企业）；

（3）业务范围（产品或服务、劳动密集或高科技、内销或出口等）；

（4）行业特点（强监管或自由竞争；垄断、垄断竞争或寡头等）；

（5）涉罪行为（行贿或受贿、利益冲突等）；

（6）重点领域（采购、销售、研发、劳动人事、生产等）；

（7）薄弱环节（业务线、控制线、审计线、管理层、治理层等）；

（8）重要岗位（业务部门、职能部门等）。

第三方组织基于有效性评估的重点内容，为其制定评估指标、设定相应的权重，考察涉案企业的合规整改活动及其记录、证明等，构成第三方组织涉案企业合规评估的主要内容。实践中，第三方组织可以基于“改变理论”[⑤]，针对反腐败合规计划，设计量身定做的评估方案。如表 20－9 和表 20－10 所示，第三方组织设定目标，考察涉案企业在整改期间的活动、产出、结果、影响，并借助相应的指标或证据对它们作出评价，评估单个目标或总目标是否实现及其实现程度，进而得出反腐败合规是否有效的结论。

---

① 参见《合规评估办法》第 12 条。

② 《合规评估办法》第 13 条、第 14 条和第 15 条，《合规指导意见》第 13 条以及《合规指导意见实施细则》第 33 条。

③ 《合规评估办法》第 12 条。

④ 《合规评估办法》第 15 条。

⑤ 参见周万里主编：《合规管理体系手册》，中国法制出版社 2023 年版，第 251 页。

表 20－9　合规文化有效性评估

涉案企业××反腐败合规计划评估:合规文化										
序号	问题	活动	产出	结果	影响	目标	分值	权重	评分	加权得分
1	涉案企业的管理层、员工等认识不到廉洁文化的意义	举办员工大会、员工问卷活动等	确定反腐败合规文化“零容忍”	涉案企业管理层、员工能够理解腐败“零容忍”合规文化	业务部门员工认同“零容忍”合规文化	涉案企业建立明确的反腐合规文化	50	38%	45	35
	指标:	会议记录、主题描述	涉案企业董事会或最高管理者公开承认腐败“零容忍”合规文化	问卷调查、访谈	访谈	员工访谈、供应商访谈				
2	涉案企业董事会或管理层没有对内或对外沟通反腐主题	在董事会、员工大会等沟通反腐主题	反腐倡议、使命书、行为守则	董事会、管理层、员工理解基本的反腐理念和规则	反腐理念成为企业理所当然的要求	反腐主题成为董事会、管理层月度会议沟通内容之一	40	31%	30	23
	指标:	会议记录、主题描述	主页或内网公布反腐倡议、短视频等	访谈	访谈	会议记录、沟通次数				
3	××	××	××	××	××	××	40	31%	30	23
	指标:	××	××	××	××	××				
总分(总100分)										81

表 20－10　风险管理有效性评估

涉案企业××反腐败合规计划评估:风险管理										
序号	问题	活动	产出	结果	影响	目标	分值	权重	评分	加权得分
1	涉案企业未建立反腐败合规风险评估机制	制定、运行反腐败合规风险评估方案	反腐败合规风险评估方案;与企业风险管理、内部控制等整合	反腐败合规风险评估制度化、定期开展风险评估、评价结果汇报给经理层或董事会	建立常态化的反腐败合规风险评估机制	涉案企业建立反腐败合规风险评估,定期向经理层或董事会汇报腐败风险管理情况	80	37%	70	33
	指标:	方案描述	反腐败合规风险评估制度	书面制度、工作记录、报告	访谈、调研报告	员工访谈、供应商访谈				
2	对业务部门未开展反腐败合规风险评估	明确需要被评估的业务部门	反腐败合规风险评估报告	定期对业务部门开展反腐败合规风险评估;确定反腐重点岗位	对重点业务部门、岗位定期开展反腐败合规风险评估,成为常态化工作	定期对业务部门开展反腐败合规风险评估	75	35%	60	28
	指标:	针对特定部门的反腐败合规风险识别、评价	风险评估报告;发现“red flag”	风险评估报告	业务部门员工反腐风险意识增强	反腐败合规计划适应合规风险情况				
3	××	××	××	××	××	××	60	28%	40	19
	指标:	××	××	××	××	××				
总分(总100分)										79

上述合规评估工作方案和反腐败合规计划评估体系，是第三方组织制作的合规考察书面报告的核心内容。

四、反腐败合规计划审查

在反腐败合规计划审查阶段，第三方机制管委会和办案检察院审查合规考察书面报告及其支撑材料等。审查重点包括：①

(1)合规评估工作方案的适当性；

(2)第三方组织使用的评估材料是否全面、客观、专业，足以支持合规考察报告的结论；

(3)第三方组织及其组成人员是否存在影响监督评估工作的不当行为或涉嫌违法犯罪行为。

小微企业涉嫌腐败犯罪行为，开展反腐败合规整改的，如果没有第三方组织参与，办案检察院直接审查其提交的反腐败合规计划和整改报告。② 审查重点，包括合规承诺的履行、合规计划的执行、合规整改的实效等内容。③

第四节 总结

反腐败合规案件在涉案企业合规司法程序中，是常见的企业合规案件类型。国内外反腐败合规管理、司法实践及理论研究比较早，形成了成熟的反腐败合规计划的最佳实践。它们所反映的有效合规计划建设和评估的共同要素、框架，为其他类型的针对不同合规风险的合规计划建设和评估提供了参考、借鉴。

经典的“舞弊三角”理论，是反腐败合规计划建设与评估工作的基础，为反腐败提供了权威的方法论，与“不敢贪、不能贪、不想贪”的廉洁目标不谋而合。为了实现有效防止再次发生相同或类似的腐败行为，涉案企业应从根本上改变企业的价值观、企业文化，为企业及其员工的廉洁行为创造有利的内部环境。另外，“信任是好的，但是控制更好”。从反腐败“纸面合规”“假合规”转变为落实、实施合规，需要合规控制机制。从无效反腐败合规，转变为有效反腐败合规，则需要涉案企业定期测量、评价整个反腐败合规计划，以持续改进反腐败合规计划。

---

① 《合规评估办法》第16条。

② 《合规评估办法》第1条第4款。

③ 《合规评估办法》第17条。

推荐阅读

1. 陈兴良、刘树德、王芳凯编:《注释刑法全书》,北京大学出版社 2022 年版。

2. 李本灿:《刑事合规的基础理论》,北京大学出版社 2022 年版。

3. 李勇:《认罪认罚与企业合规:从原理到实操》,法律出版社 2022 年版。

4. 李勇主编:《企业合规司法人员手册》,法律出版社 2023 年版。

5. 叶海波主编:《反海外腐败合规实践指引》,法律出版社 2021 年版。

6. 喻海松编著:《实务刑法评注》,北京大学出版社 2022 年版。

7. 中国社会科学院马克思主义研究院编:《马克思恩格斯列宁论反腐败》,中国方正出版社 2020 年版。

8. 周万里、孙培岳编:《企业合规师执业必备规范汇编》,法律出版社 2022 年版。

9. 周万里主编:《合规管理体系手册》,法律出版社 2023 年版。

10. 周万里主编:《合规学高等教育及其课程设计》,法律出版社 2021 年版。

11. 周万里主编:《企业合规讲义》(第 2 版),中国法制出版社 2022 年版。

12. 周万里主编:《企业合规师手册》,法律出版社 2022 年版。

13. 最高人民检察院涉案企业合规研究指导组编:《涉案企业合规办案手册》,中国检察出版社 2022 年版。

14. Joseph T. Wells, Corporate Fraud Handbook, 2017.

15. Mark Pieth, Anti-Korruptions-Compliance, 2011.

16. Thomas Rotsch (Hrsg.), Criminal Compliance, 2015.

第二十一章 招投标合规计划

第一节 概述

招投标领域的合规主要体现在投标人串通投标的合规治理方面,有的也会涉及反欺诈、反腐败、商业秘密保护等方面。涉案企业多为建筑施工企业,可以通过投标合规整改,帮助企业建立和实施专项合规计划,建立健全招投标合规管理体系,有效预防、识别和应对企业招投标合规风险,防范、发现和应对串通投标、弄虚作假骗取中标、以行贿手段谋取中标等违法行为,净化招标投标市场。

本章首先主要阐述与招投标合规计划相关的基本概念和认识,后续聚焦串通投标这一领域,简要介绍国际上代表国家招投标合规方面的发展情况,重点探讨招投标合规计划建设、评估和审查的工作要点。

一、相关概念

(一)招投标

招投标是招标人利用竞争机制,事先提出货物、工程或服务交易的条件和要求,邀请众多投标人参加投标,招标人按照规定程序评审,并从中择优选择交易对象的一种成熟、规范和科学的市场交易行为。① 凡是有竞争的存在,就有招标投标介入的可能性和必要性。作为一种竞争性缔约方式,招投标制度起始于英国,后为各国和国际组织广泛应用。世界银行、亚洲开发银行等一些国际金融组织要求贷款人在贷款项目中将招标投标作为首选采购方式,形成了《世界银行贷款采购指南》《亚洲开发银行贷款采购指南》等采购规则。世界贸易组织《政府采购协议》是一件规范缔约方政府采购的多边框架协议。我国承诺加快推进加入该协议的谈判。联合国国际贸易法委员会颁布的《公共采购示范法》,为各国对本国采购法律和实务进行评价和现代化并在目前尚无采购立

① 参见白如银:《招标投标法律解读与风险防范实务》(第2版),中国法制出版社2022年版,第4页。

法的情况下建立采购立法提供一个参照范本。这些国际规则为各国招标标制度的发展起到了借鉴、指导和促进的作用。

我国现代意义上的招投标活动，于 1981 年起先后在深圳和吉林开始试点，吸取从世界银行等国际金融组织和外国政府贷款完成的一些大型项目采用国际或国内竞争性招标方式采购的经验，逐渐引进和熟悉招投标制度。在立法上，主要借鉴前述国际规则制定了《招标投标法》《政府采购法》，并首先在工程建设项目中推行招投标制度，逐渐扩展到政府采购、药品集中采购、特许经营权授予、国有土地使用权出让等各个领域，目前制度已比较成熟完善。

（二）串通投标

目前，为了寻求不正当利益，招投标领域现实存在串通投标等违法行为，阻断了公平的竞争机制，扭曲了价格形成机制，易产生“劣币驱逐良币”效应，影响社会资源的优化配置，有的还伴随行贿受贿、挂靠转包等不良现象，恶化了营商环境和市场秩序。从本质来说，串通投标是经营者之间联合限制竞争的通谋行为。① 各国为了有效规制串通投标行为，保障招投标竞争机制发挥作用，均从反垄断法和招标投标法（政府采购法）两个方面进行有效控制。反垄断法侧重调整的是经营者之间的限制竞争行为，通过将串通投标行为认定为垄断协议行为予以严厉的事后规制。招标投标法则调整的是招投标活动过程，通过对招投标行为进行规范和保障，以事前防范串通投标行为的发生。两者相互依托，共同保障一个国家或地区招投标领域中竞争机制的最终实现。②

串通投标行为的表现形式，一是投标人之间串通投标。也就是具有竞争关系的两个或两个以上投标人之间私下恶意串通，就投标报价互相通气或实施协同行为，以限制市场投标竞争，该串通在性质上属于横向串通。③ 该行为主要采取轮流坐庄、投标补偿、挂靠垄断、市场分割等手段，《招标投标法实施条例》第 39 条、第 40 条规定了常见情形。④ 二是招标人与投标人串通投标。也就是招标人与投标人在招投标活动中达成协

① 参见王玉辉等：《串通投标法律控制机制研究》，科学出版社 2017 年版，第 13 页。

② 参见王玉辉等：《串通投标法律控制机制研究》，科学出版社 2017 年版，前言。

③ 参见王玉辉等：《串通投标法律控制机制研究》，科学出版社 2017 年版，第 36 页。

④ 即（1）投标人之间协商投标报价等投标文件的实质性内容；（2）投标人之间约定中标人；（3）投标人之间约定部分投标人放弃投标或者中标；（4）属于同一集团、协会、商会等组织成员的投标人按照该组织要求协同投标；（5）投标人之间为谋取中标或者排斥特定投标人而采取的其他联合行动；（6）不同投标人的投标文件由同一单位或者个人编制；（7）不同投标人委托同一单位或者个人办理投标事宜；（8）不同投标人的投标文件载明的项目管理成员为同一人；（9）不同投标人的投标文件异常一致或者投标报价呈规律性差异；（10）不同投标人的投标文件相互混装；（11）不同投标人的投标保证金从同一单位或者个人的账户转出。

议或实施协同行为，相互拘束对方的招投标活动，排挤、限制投标人竞争，该串通在性质上属于纵向协议。[①] 该行为主要采取透露信息、差别待遇、设置障碍、更换投标、诱导澄清等手段排斥竞争对手，操纵中标结果。该类串通多是投标人向招标人行贿谋取中标，也有招标人事前内定中标人后补办招标程序、虚假招标涉嫌构成串通投标，《招标投标法实施条例》第 41 条规定了常见情形。[②] 三是招标代理机构与投标人之间的串通，分为经招标人授意与投标人串通、招标代理机构为自己私利与投标人进行串通（常见泄露信息、支配评委、组织围标等手段）两种类型。

（三）招投标合规计划

招投标领域典型的因投标行为不合规涉嫌刑事犯罪的违法行为是串通投标，对投标企业而言，招投标合规主要是针对串通投标违法行为的合规治理来讲的。在本章的语境下，招投标合规是指企业为了防范、发现和应对串通投标等违法行为，采取的合规管理措施。对于行贿、弄虚作假、转包、违法分包等违法行为，还会涉及反腐败、反欺诈等合规领域。

（四）专项合规计划

所谓“专项合规计划”，是指企业针对特定领域的合规风险，为避免企业因为违反相关法律法规遭受行政处罚、刑事追究以及其他方面的损失而建立起来的专门性合规管理体系。专项合规计划是企业针对特定的合规风险建立的专门性合规管理体系，这些专项合规计划除要受到企业一般性的合规政策和程序约束之外，还要分别确立专门性的合规组织、专门性的合规政策、专门性的预防体系、专门性的识别体系以及专门性的应对机制。[③] 对于涉嫌串通投标罪的企业，应当将治理串通投标等违法事项确立为合规重点领域，针对这一“迫在眉睫”的合规风险，根据企业的性质、业务、规模和主要合规风险点，量身打造一套有针对性的招投标合规计划。招投标合规计划就是指涉案企业为了实现招投标合规目标，制定、实施与组织架构及流程相关的合规管理体系，促使企业实现投标合规，发挥有效地预防、识别和应对合规风险和违规事件的效果。招投标合规计划作为事后合规的措施，与预防性的合规体系或计划相同，需要具有合规目标、合规

---

① 参见王玉辉等：《串通投标法律控制机制研究》，科学出版社 2017 年版，第 44 页。

② 即（1）招标人在开标前开启投标文件并将有关信息泄露给其他投标人；（2）招标人直接或者间接向投标人泄露标底、评标委员会成员等信息；（3）招标人明示或者暗示投标人压低或者抬高投标报价；（4）招标人授意投标人撤换、修改投标文件；（5）招标人明示或者暗示投标人为特定投标人中标提供方便；（6）招标人与投标人为谋求特定投标人中标而采取的其他串通行为。

③ 参见陈瑞华：《企业合规基本理论》（第 3 版），法律出版社 2022 年版，第 118 页。

组织、合规政策、合规流程等合规管理体系要素。①

本书阐述的招投标合规计划主要适用于对串通投标违法行为的合规治理，其中一些措施也可以用于招投标活动中的反欺诈、反腐败合规。招投标合规计划的范围不仅要涵盖串通投标罪等犯罪行为，还应当涵盖行政法上或涉案企业所在行业的招投标规范，涵盖行政违法行为或不构成犯罪的违法投标行为。实施招投标合规计划，建立和完善招投标合规体系，可以有效地排除招投标过程中的串通投标等违法行为，避免企业因此承担民事、行政乃至刑事法律风险，更是为了维护市场公平公正的竞争环境，意义重大。②

二、招投标合规风险

（一）投标人的合规风险

招投标活动历来是招投标当事人法律风险、廉政风险相对集中的领域，也是法律规制、政府管制和社会监督的重点。合规是招投标的本质要求。从各类审计检查和刑事案件来看，招投标领域存在的不正当交易、权力寻租、串标围标、弄虚作假等违规事件，有内控体系不完善带来的合规风险，有违法违纪谋取个人利益引发的廉政风险。对于投标人而言，在建设工程招投标活动中的违规行为主要有投标人串通投标、以行贿的手段谋取中标、弄虚作假骗取中标、挂靠或借用资质投标等恶意竞标以及投标人胁迫其他潜在投标人放弃投标，或胁迫中标人放弃中标、转让中标项目等强揽工程行为。情节严重的违法行为可能涉嫌串通投标罪、合同诈骗罪、非法经营罪、侵犯商业秘密罪等罪名，很多串通投标案件还伴随着商业贿赂的犯罪行为。

投标人合规风险清单见表 21－1。

---

① 参见国家市场监督管理总局、国家标准化管理委员会：《合规管理体系　要求及使用指南》，中国标准出版社 2022 年版，引言。

② 参见陆云英、王朝勇、陆一凡主编：《企业行政合规：基础理论与法律实务》，法律出版社 2022 年版，第 125 页。

表 21-1　投标人合规风险清单

类型	违法行为表现	法律依据及违法责任	涉嫌罪名
串通投标	投标人相互串通投标或者与招标人串通投标	《招标投标法》第 53 条　……中标无效,处中标项目金额千分之五以上千分之十以下的罚款,对单位直接负责的主管人员和其他直接责任人员处单位罚款数额百分之五以上百分之十以下的罚款;有违法所得的,并处没收违法所得;情节严重的,取消其一年至二年内参加依法必须进行招标的项目的投标资格并予以公告,直至由工商行政管理机关吊销营业执照;构成犯罪的,依法追究刑事责任。给他人造成损失的,依法承担赔偿责任。 《招标投标法实施条例》第 67 条　……投标人未中标的,对单位的罚款金额按照招标项目合同金额依照招标投标法规定的比例计算。投标人有下列行为之一的,属于招标投标法第五十三条规定的情节严重行为,由有关行政监督部门取消其 1 年至 2 年内参加依法必须进行招标的项目的投标资格:(一)以行贿谋取中标;(二)3 年内 2 次以上串通投标;(三)串通投标行为损害招标人、其他投标人或者国家、集体、公民的合法利益,造成直接经济损失 30 万元以上;(四)其他串通投标情节严重的行为。投标人自本条第二款规定的处罚执行期限届满之日起 3 年内又有该款所列违法行为之一的,或者串通投标、以行贿谋取中标情节特别严重的,由工商行政管理机关吊销营业执照。法律、行政法规对串通投标报价行为的处罚另有规定的,从其规定	串通投标罪(《刑法》第 223 条)、侵犯商业秘密罪(《刑法》第 219 条)

续表

类型	违法行为表现	法律依据及违法责任	涉嫌罪名
弄虚作假骗取中标	投标人以他人名义投标或者以其他方式弄虚作假，骗取中标	《招标投标法》第54条　……中标无效，给招标人造成损失的，依法承担赔偿责任；构成犯罪的，依法追究刑事责任。依法必须进行招标的项目的投标人有前款所列行为尚未构成犯罪的，处中标项目金额千分之五以上千分之十以下的罚款，对单位直接负责的主管人员和其他直接责任人员处单位罚款数额百分之五以上百分之十以下的罚款；有违法所得的，并处没收违法所得；情节严重的，取消其一年至三年内参加依法必须进行招标的项目的投标资格并予以公告，直至由工商行政管理机关吊销营业执照。 《招标投标法实施条例》第68条　……依法必须进行招标的项目的投标人未中标的，对单位的罚款金额按照招标项目合同金额依照招标投标法规定的比例计算。投标人有下列行为之一的，属于招标投标法第五十四条规定的情节严重行为，由有关行政监督部门取消其1年至3年内参加依法必须进行招标的项目的投标资格：（一）伪造、变造资格、资质证书或者其他许可证件骗取中标；（二）3年内2次以上使用他人名义投标；（三）弄虚作假骗取中标给招标人造成直接经济损失30万元以上；（四）其他弄虚作假骗取中标情节严重的行为。投标人自本条第二款规定的处罚执行期限届满之日起3年内又有该款所列违法行为之一的，或者弄虚作假骗取中标情节特别严重的，由工商行政管理机关吊销营业执照。 第69条　出让或者出租资格、资质证书供他人投标的，依照法律、行政法规的规定给予行政处罚；构成犯罪的，依法追究刑事责任	合同诈骗罪（《刑法》第224条）

续表

类型	违法行为表现	法律依据及违法责任	涉嫌罪名
以行贿手段谋取中标	投标人以向招标人或者评标委员会成员行贿的手段谋取中标	《招标投标法》第53条 ……中标无效,处中标项目金额千分之五以上千分之十以下的罚款,对单位直接负责的主管人员和其他直接责任人员处单位罚款数额百分之五以上百分之十以下的罚款;有违法所得的,并处没收违法所得;情节严重的,取消其一年至二年内参加依法必须进行招标的项目的投标资格并予以公告,直至由工商行政管理机关吊销营业执照;构成犯罪的,依法追究刑事责任。给他人造成损失的,依法承担赔偿责任	对单位行贿罪(《刑法》第391条)、单位行贿罪(《刑法第393条》)、对非国家工作人员行贿罪(《刑法》第385条)
拒绝签约	中标人无正当理由不与招标人订立合同,在签订合同时向招标人提出附加条件,或者不按照招标文件要求提交履约保证金	《招标投标法实施条例》第74条 ……取消其中标资格,投标保证金不予退还。对依法必须进行招标的项目的中标人,由有关行政监督部门责令改正,可以处中标项目金额10‰以下的罚款	
转让中标项目、转包、违法分包	中标人将中标项目转让给他人的,将中标项目肢解后分别转让给他人的,违反本法规定将中标项目的部分主体、关键性工作分包给他人的,或者分包人再次分包	《招标投标法》第58条、《招标投标法实施条例》第76条 转让、分包无效,处转让、分包项目金额千分之五以上千分之十以下的罚款;有违法所得的,并处没收违法所得;可以责令停业整顿;情节严重的,由工商行政管理机关吊销营业执照	

(二)投标人串通投标的刑事责任

串通投标罪是招投标领域独有、典型的犯罪行为。本章所述的招投标合规主要是针对治理串通投标而言的。《招标投标法》第53条规定,投标人相互串通投标或者与招标人串通投标,构成犯罪的,依法追究刑事责任。可见,串通投标行为不但会造成合同无效等民事责任的风险,也会招致相应的行政处罚,更严重的将会面临刑事风险如串通投标罪等。争取行政责任、刑事责任免除或减轻都是企业合规工作的目的之一。

串通投标罪,是指投标人相互串通投标报价,损害招标人或者其他投标人利益,情节严重的,或者投标人与招标人串通投标,损害国家、集体、公民的合法权益的行为。《刑法》第223条规定:"投标人相互串通投标报价,损害招标人或者其他投标人利益,情节严重的,处三年以下有期徒刑或者拘役,并处或者单处罚金。投标人与招标人串通投标,损害国家、集体、公民的合法利益的,依照前款的规定处罚。"

(1)串通投标罪的构成要件：[1]第一，本罪侵犯的客体是复杂客体，既侵害了正常的招投标市场秩序，也侵害了国家、集体和公民的合法权益。第二，客观方面表现为投标人相互串通投标报价，损害招标人或者其他投标人利益，情节严重；或者投标人与招标人串通投标，损害国家、集体、公民的合法权益的行为。本罪属情节犯，只有情节严重的才能构成本罪，“情节严重”的认定标准依据《最高人民检察院、公安部关于公安机关管辖的刑事案件立案追诉标准的规定(二)》。[2] 第三，犯罪主体为特殊主体，仅限于招标人(包括招标代理机构)和投标人。投标人向招标人行贿，实行数罪并罚。第四，主观方面只能是故意。

(2)串通投标犯罪案件的特点：一是串通投标案绝大部分在建设工程领域，建筑企业是串通投标犯罪的高风险企业，借用他人资质投标或者挂靠他人单位投标的方式最为常见，有很多还是串案，甚至有些地方的建筑企业普遍参与其中。二是串通投标罪的高发人群为公司法定代表人、实际控制人、管理人员(如总经理、副总经理、部门负责人等)及具体办理招投标事宜的企业员工。三是串通投标刑事案件通常伴随行贿受贿、非国家工作人员行贿受贿，甚至强迫交易、寻衅滋事等犯罪行为，数罪并罚。四是自然人犯罪占绝大多数，单位犯罪较少。本罪为3年以下有期徒刑的轻罪，自首和认罪认罚的情况较多，有较大空间进行合规整改争取检察机关不起诉或建议从宽量刑。因此，可以对串通投标案件启动涉案企业合规程序。

(三)典型案例

在最高人民检察院公布的前三批企业合规典型案例中，各有一例案件涉及串通投标犯罪。

1.新泰市J公司等建筑企业串通投标系列案[3]

2013年以来，山东省新泰市J工程有限公司(以下简称J公司)等6家建筑企业，迫于张某黑社会性质组织的影响力，被要挟参与该涉黑组织骨干成员李某某(新城建筑工程公司经理，犯串通投标罪被判处有期徒刑1年零6个月)组织的串通投标。李某某暗

---

① 本部分主要参考胡云腾、熊选国、高憬宏、万春主编：《刑法罪名精释》(第5版)，人民法院出版社2022年版，第571～573页。

② 《最高人民检察院、公安部关于公安机关管辖的刑事案件立案追诉标准的规定(二)》第68条规定：“投标人相互串通投标报价，或者投标人与招标人串通投标，涉嫌下列情形之一的，应予立案追诉：(一)损害招标人、投标人或者国家、集体、公民的合法利益，造成直接经济损失数额在五十万元以上的；(二)违法所得数额在二十万元以上的；(三)中标项目金额在四百万元以上的；(四)采取威胁、欺骗或者贿赂等非法手段的；(五)虽未达到上述数额标准，但二年内因串通投标受过二次以上行政处罚，又串通投标的；(六)其他情节严重的情形。”

③ 2021年6月3日，最高人民检察院举办“依法督促涉案企业合规管理将严管厚爱落到实处”新闻发布会，发布的企业合规改革试点典型案例之一。

箱操作统一制作标书、统一控制报价，导致新泰市涉及管道节能改造、道路维修、楼房建设等全市 13 个建设工程项目被新城建筑工程公司中标。由张某黑社会性质组织案带出的 5 起串通投标案件，涉及该市 1 家民营企业、2 家国有企业、3 家集体企业，均为当地建筑业的龙头企业，牵扯面大，社会关注度高。

2020 年三四月，公安机关将上述 5 起串通投标案件移送新泰市人民检察院审查起诉。

2. 山东沂南县 Y 公司、姚某明等人串通投标案①

山东省沂南县 Y 有限公司(以下简称 Y 公司)系专门从事家电销售及售后服务的有限责任公司，法定代表人姚某明。除 Y 公司外，姚某明还实际控制由其表哥姚某柱担任法定代表人的沂水县 H 电器有限公司(以下简称 H 公司)。

2016 年 9 月、2018 年 3 月、2020 年 6 月，犯罪嫌疑人姚某明为让 Y 公司中标沂水县农村义务教育学校取暖空调设备采购、沂水县第一、第四中学教室空调等招标项目，安排犯罪嫌疑人徐某(Y 公司员工)借用 H 公司等三家公司资质，通过暗箱操作统一制作标书、统一控制报价、协调专家评委等方式串通投标，后分别中标，中标金额共计 1134 万余元。2021 年 1 月，沂水县公安局以 Y 公司、姚某明等人涉嫌串通投标罪移送沂水县人民检察院审查起诉。

3. 福建省三明市 X 公司、杨某某、王某某串通投标案②

福建省三明市 X 公司(以下简称 X 公司)系当地拥有高资质高技术的通信技术规模级设计、施工、集成企业。杨某某系 X 公司法定代表人、总经理；王某某系 X 公司副总经理，负责对外招投标、施工及结算等业务。

X 公司在投标三明市公安局交警支队 3 个智能交通系统维保项目过程中，与其他公司串通，由 X 公司制作标书、垫付保证金，并派遣 X 公司员工冒充参与串标公司的投标代理人进行竞标，最终上述 3 个项目均由 X 公司中标施工建设，中标金额共计 603 万余元。上述项目现已施工完毕，并通过工程验收决算。案发后杨某某、王某某主动投案。2021 年 4 月，三明市公安局三元分局以 X 公司、杨某某、王某某涉嫌串通投标罪向三明市三元区人民检察院移送审查起诉。

上述案例显示，建设工程领域是串通投标罪的高发领域，个别地方招投标领域还形成行业围标陪标潜规则，串通招投标成风。由于涉案企业充分认识到违法性，积极申请合规整改。检察机关督促涉案企业制定、实施专项合规计划，并通过评估、考察和合规

---

① 2021 年 12 月 8 日，最高人民检察院印发的《企业合规典型案例(第二批)》之案例三。

② 2022 年 7 月 21 日，最高人民检察院印发的《涉案企业合规典型案例(第三批)》之案例五。

验收等手段，督促企业逐条对照落实，确保涉案企业合规整改实质化，最终决定不起诉，由此推动对企业违法犯罪行为依法处罚、教育、矫治，使企业能够改过自新、合规守法经营，又减少和预防了企业再犯罪，实现了“办理一起案件、扶助一批企业、规范一个行业”的良好示范效应，为招投标合规积累了经验。

这些案例也警示我们，投标人只有深刻认识到串通投标所带来的合规风险，树立合规思维，严格遵循招投标合规依据，严格约束自身行为，杜绝参与“围标”“陪标”等行为，方能防患于未然，远离串通投标罪等刑事犯罪，实现企业的稳健运营，维护市场公平公正的竞争环境。

第二节　国际发展情况

串通投标等违法现象并非我国独有，而是各国普遍遇到的难题。20 世纪 60 年代，美国曝出电气行业反垄断案件，多家电气公司联合串通投标，以垄断电气市场价格。美国政府向多家电气公司和涉诉公司高管提起刑事诉讼，其中通用电气（GE）最终被罚近 44 万美元罚金。在诉讼过程中，通用电气曾以公司已制定反垄断合规计划作为减轻公司责任的抗辩事由，但法官最终没有采纳通用电气的抗辩事由，理由是“公司虽然制定了反垄断合规计划，但仍实施了反垄断行为”。虽然通用电气在这次诉讼中败诉，但作为其抗辩事由的反垄断合规计划引起了行业内的广泛关注，反垄断合规计划在电气行业内慢慢普及。[①] 2016 年 5 月 17 日日本共同社报道，日本公正交易委员会以在东京电力公司的电力安全通信设备招标活动中串通投标、涉嫌违反《反垄断法》进行不正当交易为由，决定向电机领域的富士通公司和横滨市大井电气公司开出总额数亿日元的罚单，富士通公司等涉嫌在东电的设备招标过程中实现串通内定中标企业的目的。[②] 对于串通投标违法行为，美国、欧盟、日本等国家或组织均从串通投标行为垄断协议的性质入手，对串通投标行为从反垄断法角度进行界定和规制，打击串通投标犯罪，推动招投标领域的合规管理。

一、美国的招投标合规管理

美国通过反垄断法规制串通投标行为。《谢尔曼法》《联邦贸易委员会法》《克莱顿法》都将串通投标行为作为一种投标人之间达成或实施通谋内定中标人，限制市场竞争秩序的协同行为。《联邦政府采购法》列举了抑制投标、补充招标、轮流坐庄、市场分割、

---

① 参见解志勇、那扬：《有效企业合规计划之构建研究》，载《法学评论》2022 年第 5 期。
② 《中国经济网》2016 年 5 月 17 日报道《消息简报：富士通等涉嫌串通投标面临数亿日元罚单》。

补偿投标等主要的串通投标行为类型。2000 年 4 月,美国联邦贸易委员会和司法部联合颁布了《关于竞争者之间合谋的反托拉斯指南》将串通投标视为适用本身违法原则的恶性卡特尔行为,美国司法部可对之提起刑事公诉。2004 年美国国会通过的《反垄断刑事处罚加强与改革法案 2004》,完善了串通投标等垄断行为的刑事制裁。串通投标首先被认为是一种犯罪行为进行刑事起诉,并对法人和个人分别处以罚款,情节严重的,还会处以有期徒刑。对少部分案件进行行政处罚时,由独立的行政法官审判,最后由联邦贸易委员会裁决。依据《联邦贸易委员会法》,联邦贸易委员会可以作出停止违法行为的禁令,可以对串通投标行为请求法院作出罚款及没收违法所得的处罚。根据《谢尔曼法》第 7 条、《克莱顿法》第 4 条的规定,串通投标的受损害方如果是市场主体“企业或行业协会”,可以提起三倍损害赔偿诉讼,这既对受害人具有民事救济的作用,还对串通投标人具有一定的惩罚性和制裁性;如果受损害方是美国政府,则可以提起实际损害赔偿诉讼。此外,为了为鼓励卡特尔违法者自首并协助政府调查,解决串通投标等卡特尔案件取证难的执法困境,美国司法部制定了世界首个宽免制度,在串通投标案件中,投标行为人可以依据《企业免责方针》《个人宽大方针》获得法律责任的减免。

在刑事制裁方面,美国将串通投标视为重罪,设置了极其严厉的刑事制裁,对其追究罚金或有期徒刑的刑事责任。根据《谢尔曼法》第 1 条的规定,串通投标的参与人如果是公司,将对其处 1 亿美元以下的罚款;如果参与人是个人,将对其处 100 万美元以下罚款,或 10 年以下监禁,或者并处。《克莱顿法》第 10 条规定,任何高级职员或董事,如果直接或间接妨碍或试图妨碍他人投标,或者妨碍投标人或有意投标者之间的自由公平竞争,均应受到惩罚。公共承运人如果违反本条规定,将被处 25,000 美元以下罚金;公共承运人的董事、代理人、经理或高级职员,如果有意赞成或指使构成违法的行为,或者协助或教唆实施该违法事件,应视为轻罪,并由法院处以 5000 美元以下的罚金,或一年以下监禁,或两者并处。[①] 总体来看,美国通过高处罚机制有效降低、抑制了串通投标行为的发生。

二、欧盟的招投标合规管理

串通投标作为价格卡特尔的一种特殊形式,受欧盟竞争法的规制。《欧盟运行条约》第 101 条专门规制串通投标等横向协议,调整投标人之间的横向串通投标行为;投标人与招标人之间的纵向串通行为,由于政府采购机构不属于企业范畴,则该类型的串通投标行为不能被《欧盟运行条约》第 101 条调整,仅能根据政府采购法予以调整。2011 年 11 月 1 日,欧盟颁布实施了《关于欧盟运行条约第 101 条适用于横向合作协议的指南》,专门对横向限制竞争协议的类型作出细化规定。对于串通投标的民事责任,

---

① 参见王玉辉等:《串通投标法律控制机制研究》,科学出版社 2017 年版,第 65 页。

欧盟委员会先后发布了《违反欧盟反垄断规则的损害赔偿诉讼绿皮书》《违反欧盟反垄断规则的损害赔偿诉讼白皮书》,欧洲议会和欧盟理事会也签署了《关于违反欧盟及其成员国竞争法的损害赔偿诉讼若干规则的第2014/104号指令》。串通投标中的受损害方可以就串通投标而遭受的损失(包括实际损害、可得利益及利息)提起民事损害赔偿诉讼。对于串通投标的行政责任,欧盟颁布了卡特尔案件处罚程序指南。价格卡特尔、串通投标等行为属于非常重大的违法行为,一般来说对其所处的罚款额都在2000万欧元以上。另外,欧盟委员会还发布了《关于卡特尔案件罚款减轻或免除公告》,建立起完备的鼓励串通投标等卡特尔案件参加者检举揭发的宽大制度。欧盟《政府采购公共指令》要求公共采购机构在确定采购方时,必须将实施过串通投标的经营者排除在外。①

在刑事制裁方面,欧盟内各国普遍将串通投标行为纳入"刑法"规制范围。在英国,串通投标行为构成卡特尔罪,《企业法》规定:任何与两个以上企业不正当地签订、实施契约,或者引诱与两个以上企业签订、实施契约的行为,如果旨在固定价格、限制产量、划分市场或串通投标,就构成卡特尔罪。犯卡特尔罪的,对自然人处以5年以下监禁,并处或选处罚金。德国《反腐败法》在第26章中规定了"反竞争的犯罪行为",其中包括串通投标罪,对串通投标可处5年以下有期徒刑或罚金。由于德国刑法上没有单位犯罪,所以刑法中罚金的对象只限于个人,对该个人所属的企业只能实施行政罚款。《法国新刑法典》规定,妨害招投标行为可能构成妨害参与公共工程的自由及投标人的平等罪,该罪属于公务犯罪。意大利、西班牙刑法也有刑事制裁方面的规定。②

三、日本的招投标合规管理

在日本,串通投标行为被作为不正当交易限制行为的一种,根据《禁止私自垄断及确保公平竞争法》(以下简称《禁止垄断法》)中不正当交易限制的相关条款进行规制。日本制定的《公共采购中经营者及行业协会活动的反垄断法指南》,详细规定了政府采购领域中经营者及行业协会的活动在反垄断法上是否违法的类型及标准,为日本治理公共事业领域中的串通投标行为提供了明确的法律依据。2002年7月31日,日本国会通过《关于排除和防止官员参与串通投标等行为的法律》(以下简称《防止官制串通法》),建立健全了规制政府官员参与串通投标行为的法律制度。针对建筑行业的串通行为,国土交通大臣或都道府县知事,可以作出必要的指示,提出警告并要求其改正;情节严重的,可以要求其停业整顿,禁止有关人员5年内重新从业。③ 2000年10月和2001年3月,日本国土交通省分别颁布了《关于促进公共工事招标及合同适正化的法律案》

---

① 参见王玉辉等:《串通投标法律控制机制研究》,科学出版社2017年版,第72~75页。

② 参见王玉辉等:《串通投标法律控制机制研究》,科学出版社2017年版,第160~162页。

③ 参见侯水平:《日本公共建设工程招投标监管机制及其主要特点》,载《现代日本经济》2008年第2期。

和作为其操作指南的《招标合同适正化指南》，完善了日本的招标投标制度，从源头上防范串通投标行为的发生。日本对政府采购串通投标行为的规制，以行政制裁为主、辅以少量的刑事制裁手段。一般情况下，公正交易委员会会采取征收课征金的方式。课征金要根据不同产业领域及企业规模按照固定的、同一比率进行征收，执法机关不享有任何的自由裁量权限。其中，对制造业、服务业和建筑业等领域的企业按 10% 的比例征收，对批发业和零售业领域的企业分别按 3% 和 2% 的比例征收。① 在民事责任方面，串通投标过程中遭受损害者可以根据《禁止垄断法》第 25 条提起损害赔偿诉讼。另外，2005 年在修改《独占禁止法》时增加了课征金减免制度及刑事责任的减免制度。

日本对串通投标的刑事制裁，《禁止垄断法》和《刑法》进行了双重规制。1941 年制定的日本《刑法》中就已设立“串通罪”，规定了串通投标行为的刑事责任。现行日本《刑法》第 96 条之三同样对妨碍投标的行为予以严厉处罚，其中就包括对串通投标的行为，予以 2 年以下有期徒刑或 250 万日元罚金的制裁。公正交易委员会享有专属告发权，法院对实施串通投标的法人或者行业协会处罚金，对参与实施的个人处有期徒刑，进行双罚。对此，日本《禁止垄断法》第 89 条规定：违法者为个人的，对串通投标实施的个人处 3 年以下有期徒刑，500 万日元以下的罚金，违反公正交易委员会已经作出的生效审议的，判决处以两年以下有期徒刑，300 万日元以下的罚金；违法者为法人或者行业协会的，对实施串通投标的企业或行业协会处 5 亿日元以下罚金，违反公正交易委员会作出的已生效审议的，判决 3 亿日元以下的罚金。② 2006 年《防止官制串通法》修正案增设了政府机构职员“妨害投标罪”的规定，刑罚是判处 5 年以下有期徒刑或 250 万日元以下的罚金，该规定高于《刑法》第 96 条“串通罪”处 2 年以下有期徒刑或 250 万日元罚金的规定。

综上，各国都将招投标市场中的串通投标行为纳入刑事制裁的范畴，对犯罪人处自由刑、罚金或者其他附加刑，以遏制招投标市场的违法行为。

第三节　招投标合规计划

一、基本要求

串通投标案有单位犯罪，也有自然人犯罪，本罪又为 3 年以下有期徒刑的轻罪，自首、坦白和认罪认罚的情况较多，有较大争取检察机关作出不起诉决定的现实可行性。

---

① 参见王玉辉等：《串通投标法律控制机制研究》，科学出版社 2017 年版，第 102 页。

② 参见王玉辉等：《串通投标法律控制机制研究》，科学出版社 2017 年版，第 104 页。

涉案企业可全面系统地梳理和评估招投标活动中存在的关键环节、合规风险，制定科学完整、有针对性的专项招投标合规计划，组织合规整改，争取检察机关作出不起诉决定或从轻减轻的刑事责任。

依据《合规指导意见》及其实施细则、《合规评估办法》，招投标合规计划作为第三方监督评估机制的重要组成部分，涉及各方的职责分工。涉案企业负责招投标合规计划建设，第三方组织负责招投标合规计划评估，招投标合规计划审查由第三方机制管委会和人民检察院负责。《合规评估办法》第二章、第三章和第四章分别规定了三个阶段的工作要点。

二、招投标合规计划建设

在招投标合规计划建设阶段，涉案企业的主要工作包括以下内容。

（一）加强合规组织领导

企业成立直接隶属董事会（执行董事）的合规管理委员会或合规管理领导小组，统筹协调合规管理工作，定期召开会议，研究解决重点难点问题。同时与审计、监察、风险管理、内部控制等部门协作配合、形成合力，共同推进合规工作。可任命首席合规官为公司高级管理人员，对企业主要负责人负责，领导合规管理部门组织开展相关工作、有效实施招投标合规管理，负责执行企业决策管理层对招投标合规管理的各项要求，协调招投标合规管理与各项业务的关系，监督合规管理执行情况。中小型企业合规官或被指定的高级管理人员承担招投标合规管理的组织实施和统筹协调工作。

（二）合规调查

企业针对违规举报，应当启动内部调查。在涉案企业合规程序中，针对侦查机关、检察机关指控涉嫌串通投标犯罪的行为，涉案企业开展专门性的内部调查，该程序在涉案企业配合检察机关调查、起诉或不起诉决定中起到重要作用。内部调查主要围绕与企业涉嫌犯罪有密切联系的企业内部治理结构、规章制度、人员管理等方面存在的问题进行根源分析，找出串通投标发生的根本原因和症结所在，作出内部调查结论，为涉案企业采取进一步措施（如对当事人采取劳动纪律措施，或填补合规管理漏洞，持续改进招投标合规计划）等提供依据。

涉案企业在招投标合规计划建设阶段，应全力配合有关主管机关、公安机关、检察机关和第三方组织对涉嫌串通投标行为进行的调查、侦查和监督等相关工作，如实陈述相关案情、提供相关资料、信息，主动报告企业内部串通投标有关情况并提供证据。通过积极配合调查，能够加快司法程序，也为启动第三方机制创造有利的条件，为涉案企业争取不起诉或从宽、减轻处罚奠定基础。

（三）纠正措施

一是全面停止违规行为。涉案企业就涉嫌串通投标的相关业务，全面彻底排查梳理、列出清单明细,立即采取有力有效措施,全面停止各层级单位、各业务部门和全体员工正在进行的串通投标及相关违法违规行为。这里全面停止的,不仅包括串通投标犯罪行为,还包括没有构成犯罪但违反行政法、行业准则及涉案企业内部招投标制度等方面的违法违规行为。

二是退缴违法所得。涉案企业因实施串通投标受益的,应当退缴违规违法所得、缴纳相关罚款、赔偿被害人。在合规整改启动阶段,涉案企业更应当主动退缴违法所得。

三是展开调查处理并问责追责。涉案企业对发现的违法违规行为展开内部调查,并根据检察机关的指控和内部调查结论,考虑行为性质、危害程度等情节,依法依规进行违规追责。依据劳动管理制度,对直接负责的主管人员、直接责任人员作出警告、岗位调整、经济处罚、解除劳动合同等处理,同时做好应急处置。

(四)招投标合规计划制定

招投标合规计划并无固定格式和内容要求。表21－2仅为制定招投标合规计划提供建议性质的基本内容框架,仅供参考。需要说明的是,同样针对串通投标的违法行为,不同企业在制定合规计划时并不是都要采取同一种模式,而是需要根据企业的性质及其所从事的业务,也需要根据其特有的风险领域,对内容进行取舍,有针对性地量身打造自己的合规计划。

表21－2　招投标合规计划内容框架(示例)

一、企业基本情况(例如,投资人、组织架构、发展历程、主营业务、财务运行等基本信息,企业核心技术与发展能力以及纳税、吸引社会劳动就业、参与社会公益等企业社会公民责任履行情况)
二、企业涉案的经过及认识(例如,对串通投标行为及配合司法机关调查的主动性等后续措施进行客观陈述,对串通投标的动因、目的等主观动机进行剖析,对违法性及认罪认罚的态度等进行陈述)
三、对串通投标的成因分析(例如,对串通投标的主观、客观原因进行分析,重点分析企业经营管理中内部在招投标程序控制、规章制度的缺陷以及合规风险的识别能力欠缺等方面的认识)
四、企业的合规计划(例如,投标合规组织体系、制度体系、预防体系建设及合规整改机制等措施任务)
五、合规整改期限(考察期)
六、合规计划保障措施(例如,无条件接受第三方监督评估组织的指导、检查、评估,外聘专业的合规建设机构进行辅导,筹措专项经费保障,定期或不定期地提交阶段性报告及最终评估报告)
七、企业合规目标(提出可量化、可考察的项目内容)
八、企业合规计划表(明确合规计划中各项措施的具体任务、期限、责任人及目标)

合规计划的主要措施任务如下。

1. 合规风险评估

涉案企业应定期开展招投标领域专项风险评估,可由涉案企业招投标管理部门(或合规管理部门)协同其他相关职能部门组成风险评估工作小组负责,必要时可以聘请专业的中介机构协助实施,深入了解企业情况,全面搜集资料、信息,识别企业招投标合规风险,定为“高”“中”“低”三类风险,建立招标投标合规风险清单(合规风险库),编制风险评估报告，并根据业务和风险变化及时调整合规管理措施、修改合规计划，提出合规管理体系建设的重点和基本措施。

2. 培育合规文化

涉案企业可以通过多种方式，积极培育全员投标合规文化。例如，(1)开展全员合规培训，加强合规政策、制度宣贯及员工沟通，培育全员诚实守信、公平竞争的合规意识，确保所有人员理解、遵循企业合规政策要求，自觉践行依法合规、诚信经营的价值观，营造合规的经营环境。(2)采取匿名问卷调查、员工随机访谈、合作伙伴访谈等方式调查员工的合规态度，适时引导强化合规理念。(3)在与商业伙伴（第三方）进行合作之前，向其出具有关反串通投标的承诺，并请求进行监督。(4)优化和健全合规管理机制，倡导全员监督、内部举报文化以及多方位的外部合作，建立企业合规承诺制度，确保全员知规守规、有规必依。

3. 强调高层基调

涉案企业高层管理者应当明确合规整改对涉案企业的意义，并承诺遵守招投标合规方针，对违规违法行为采取“零容忍”态度。企业法定代表人、实际控制人或高层管理者应带头作出合规承诺、践行合规制度、落实合规计划，起到榜样作用，带头抵制串通投标行为，认真履行合规投标首要职责，强化监督问责，并要求全体员工严格遵守、合规经营，为企业员工树立合规典范。

4. 建立合规组织

按照《合规评估办法》第7条的要求，涉案企业应设置与企业类型、规模、业务范围、行业特点等相适应的合规管理机构、合规管理人员。大中型企业设立独立的合规部门及首席合规官，可设置独立的招投标合规部门或合规专员。小微企业根据企业规模和资金状况合理简化合规组织架构，设立合规官岗位，还可设置专兼职合规管理人员或者将合规管理外包给律师事务所或合规研究机构等第三方，由它们负责合规体系建设。

合规管理部门（可与法律事务部门合署），应当配备与经营规模、业务范围、风险水平相适应的专职合规管理人员，牵头负责本企业合规管理工作。其余各业务部门（设专兼职合规管理人员）承担合规管理主体责任，负责本部门的日常合规管理工作。各分公司、子公司依据其规模，设置合规团队（专、兼职合规人员或专门的合规管理部门），负责落实专项合规计划。

对于负责投标事务的部门，可设置招投标合规专员，全面落实招投标合规计划；组织开展投标合规检查，监督、审核、评估企业投标活动的合规性，及时制止并纠正不合规的投标行为，对违规人员进行责任追究或者提出处理建议；组织或者协助开展投标合规教育培训，为从事投标工作的部门和员工提供投标合规咨询；持续关注招投标相关规定的变化,组织开展投标合规风险识别和预警,参与企业投标合规审查和风险处置等工作,确保合规要求融入每一个投标活动。

5. 制定行为守则

通过制定行为守则,涉案企业以抽象、简练的语言,展现招投标合规的宗旨、目标等,为员工行为提供指引,实现合规要求进章程,落实防范串通投标的合规工作要求。企业法定代表人、实际控制人等高级管理人员应带头签署合规责任书,作出并履行投标合规承诺,传达公司依法投标、公平竞争的决心和信心。

6. 完善合规制度

严格按照《招标投标法》等法律法规,将外部合规要求转化为内部规章制度,聚焦诱发串通投标犯罪的原因、制度漏洞及弥补措施,制定、完善企业招投标制度,加强制度宣贯落实,定期评估制度适用性并进行修订更新。

制定公司的招投标合规政策、合规手册或指南、指引,明确规定员工的禁止行为,使其成为公司实施投标合规管理的指导政策。

修订完善与招投标相关的印章审批使用管理、财务支出、员工奖惩、监督检查等配套制度。例如,强化投标管理和印章审批使用,杜绝为涉嫌串通投标的项目提供技术资料和盖章支持;严禁为其他公司支付投标保证金,拒绝参与串通投标活动。

(五)招投标合规计划实施

1. 组织合规培训

建立常态化的合规培训机制,投入有效资源,制定投标合规专项培训计划,面向管理层、员工组织线上培训和线下培训和沟通,对行为守则、招投标法律法规、合规制度进行培训,帮助和督促管理层、员工充分了解招投标的合规依据、具体流程和刑事风险,提高投标合规风险的识别能力和水平,严格规范招投标行为。培训过程要有培训记录、书面留痕。

2. 人力资源管理

(1)岗位轮换。对长期从事招投标工作的关键人员,定期实行岗位轮换,包括人员轮换和任务轮换。岗位轮换不可能时,涉案企业应强化对该岗位的控制。

(2)合规激励。涉案企业应建立合规绩效评价机制,制定合规指标,对企业主要负责人、经营管理人员、关键技术人员等落实合规计划的情况进行考核,通过奖金、晋升等措施实行合规激励。

(3)人事管理。通过员工手册或者劳动合同,将合规与人员的录用、晋升、薪酬结合起来,把串通投标等违法违规行为作为员工奖惩、绩效考核或解除劳动合同的条件。不合规的行为,应当被问责、惩戒。

3. 强化内部控制

加强投标流程管控。将合规审批流程嵌入企业的投标、财务等业务流程中，合规审批流程不通过，相关业务不得继续进行。

建立投标合规审核机制，开展投标目的审核、资金使用和投标文件审核。企业参与投标，应经企业负责人及首席合规官（合规负责人）的批准。对企业出于友情或利益而围标、出借资质供人投标、中标后转包牟利、投标保证金由他人代交、投标时弄虚作假等情况拒绝审核通过。财务部门办理投标保证金时应加强合规审核，合规部门参与监督。建立印章专人管理制度，设立印章使用台账，做好对印章使用合规风险的预防、改进工作。

涉案企业对意向投标项目也可以进行单项风险评估，对意向投标项目的招标文件、可行性研究报告、投标文件等材料进行充分论证和评审，出具评审意见作为项目投标决策的重要依据，杜绝个人单独决策或者擅自改变集体决策等情况发生。

对企业的规章制度及招投标领域的流程进行分析评估，审查企业现有投标、财务、发票管理、人员管理等投标工作的相关制度、管理流程是否合法合规、科学可行，及时厘清界面、完善流程、强化管理。

4. 建立合规举报与内部调查制度

涉案企业应畅通企业内部、外部举报渠道，如设立咨询举报热线，开通举报网站、邮箱等多种举报途径，为员工举报违规违法行为提供必要的渠道。建立举报人保护制度，完善有效的举报保密和激励机制，以物质奖励、职业保护等方式鼓励企业员工向企业管理层或合规负责人举报违规投标行为。

涉案企业发现违规线索或受理举报后，应启动内部调查程序，查明违规事实和责任人，对企业制度漏洞、合规风险和管理缺陷采取必要修复、应对措施，改进和完善原有的招投标合规体系。按照相应奖惩机制对责任人进行处罚，对举报人和遵纪守法的员工进行奖励。

5. 定期合规报告

涉案企业应将制定的招投标合规计划及其执行情况及时上报有关部门。对投标活动中发生的合规风险，相关业务部门应当及时采取应对措施，并按照规定向合规管理部门报告，合规管理部门统筹协调、相关部门协同配合，及时采取措施妥善应对。对于重大的招投标合规风险事件，由企业决策层或首席合规官组织处理。

（六）招投标合规计划效果

1. 开展合规专项审计

企业审计部门每年对相关部门、人员遵守招标投标法律以及执行规章制度情况进行合规审计，尤其是对高风险的部门或分公司、子公司进行重点审计。也可建立投标合规专项巡察制度，对查出的违规问题，组织问责和整改。

2. 持续改进完善

涉案企业应基于监管环境、合规风险的变化，对招投标合规计划的执行情况进行持续监督，对缺陷和不足进行整改，适应当前的要求。与此同时，对审计、巡察发现的招投标合规体系的缺陷和不足督促完成整改。

三、招投标合规计划评估

根据《合规评估办法》第13～15条，《合规指导意见》第13条以及《合规指导意见实施细则》第33条的规定，在招投标合规计划评估阶段，第三方组织的主要工作就是制定合规评估工作方案、评估指标体系，对招投标合规整改计划、合规管理体系进行有效性评估，并制作合规考察书面报告。招投标合规计划评估，就是第三方组织对涉案招投标专项合规整改计划和相关合规管理体系有效性进行评估，评估涉案企业是否针对串通投标犯罪建立专项的预防、识别、应对机制，参考评估标准如下。

（1）招投标合规政策的合法性、适应性。企业制定的招投标专项合规政策是否符合法律规定、符合企业实际，是否根据法律法规、合规风险的变化、政策执行中发现的漏洞及时作出相应的调整和更新，是否为员工所知悉和认可。

（2）招投标规章制度的科学性、可行性。企业是否按照国家、地方和行业要求，建立健全适合企业实际的招投标内部管理制度，规章制度是否可用、实用。

（3）招投标合规审查的规范性。企业将招投标合规审查作为重大事项决策、重要合同签订、重大项目运营等经营管理行为的必经程序，及时对不合规内容提出修改建议，未经合规审查不得实施。

（4）投标行为的合规性。企业相关的投标行为是否符合法律规定。

（5）合规组织体系的完善性。企业是否设置合规管理委员会、首席合规官、合规管理机构，职责是否清晰。企业是否规定了明确的合规投标责任，每位责任人是否签署了投标合规承诺书。首席合规官具有公司高级管理人员地位，合规组织成员具有调阅、检查业务活动和财务活动文件和信息的权限。

（6）合规培训的有效性。企业是否建立了制度化、常态化的培训机制，是否对负有招投标责任的相关人员进行教育和培训，是否有专门的培训计划，并留有培训记录。是否将以往的合规事件及处分纳入培训内容，是否采取员工访谈、问卷调查、组织考试等方式考核培训效果。企业员工是否理解、认同、遵循并有效落实企业合规目标和要求。

（7）招投标机制运行的有效性。企业是否全面、系统、持续地收集内部和外部相关信息，结合实际情况，通过风险识别、风险分析、风险评估等步骤，查找企业经营活动及招投标业务流程中的合规风险，对发现的串通投标风险和隐患是否及时、有效整改。是否有相关的制度规范对违规行为进行调查处理,对相关责任人员进行处分。企业是否投入资金为合规组织搭建提供资源支持。合规举报途径是否 24 小时畅通,企业受理举报、开展调查、惩治责任人、奖励举报人的响应工作全流程是否合理建立并持续有效运行。企业合规专员是否定期或不定期地针对违规事件制作专项合规报告,合规报告能否逐级上报至董事会,并且切实引起公司最高管理层的充分重视和果断应对。企业在违法行为发生后是否立即实施应急预案,是否主动上报违规事件,组织合规专业人员开展内部调查、配合调查,是否向监管部门主动汇报违法事件。企业是否将合规表现与部门考核、职务晋升、奖金发放等相挂钩,是否奖励举报人、惩戒责任人。

小微企业的合规管理规范、合规组织体系、预防机制、识别机制、应对机制可参照大中型企业标准予以适当降低,重点围绕企业涉案相关情况建立简明扼要的规范、体系、机制,注重企业合规计划的效果,通过实施合规整改,达到企业避免再次发生同类犯罪的效果。

经书面审查或调查核实确认,第三方组织或其成员存在违反《合规指导意见》及其实施细则规定的禁止性行为,足以影响招投标合规评估结论真实性、有效性的,第三方机制管委会应当重新组建第三方组织进行评估。

四、招投标合规计划审查

招投标合规计划的审查,是第三方机制管委会和人民检察院收到第三方组织报送的招投标专项合规考察书面报告后,及时对此进行的审查活动。根据《合规评估办法》第 16 条的规定,在招投标合规计划审查阶段,第三方机制管委会和办案检察院对合规考察书面报告及其支撑材料等进行审查。

应重点审查以下内容。

(1)第三方组织制定和执行的评估方案是否适当,是否有利于全面了解掌握涉案企业招投标合规整改情况。

(2)第三方组织使用的评估材料是否全面、客观、专业,足以支持考察报告的结论,是否符合《刑法》《招标投标法》《招标投标法实施条例》及招投标部门规章、规范性文件和相关司法解释的规定,考察评估所依据的材料及相关理由是否足以支持考察报告的结论。评估材料是否全面、客观、专业。

(3)第三方组织或其组成人员是否存在可能影响公正履职的不当行为或者涉嫌违法犯罪行为。第三方组织及其成员是否存在应当回避而未回避的情形,是否存在接受可能有利益关系的业务或收受礼品等可能影响公正履职的不当行为或违法犯罪行为。

经审查,认为第三方组织已经完成监督评估工作的,可以由第三方机制管委会宣告第三方组织解散,对审查中发现的重点和疑点问题,检察机关可以要求第三方组织或其成员说明情况，也可以直接调查核实。

对小微企业涉嫌串通投标犯罪行为，开展招投标合规整改的，如果没有第三方组织监督评估，办案检察院可直接审查其提交的招投标合规计划和整改报告。审查重点包括合规承诺的履行、合规计划的执行、合规整改的实效等内容。

第四节　总结

合规是招投标的本质要求。招投标合规涉及参与政府采购、国企采购、建设工程项目投标的各类市场主体，其中，以施工企业为代表的建筑业企业是典型的参与投标市场竞争、容易串通投标的机构。建筑企业在工程建设领域实施串通投标、弄虚作假等违法行为，一旦被发现追责，轻则面临罚款、取消一定期限内的投标资格，甚至吊销企业营业执照等方面的行政处罚，重则面临串通投标罪的刑事法律风险，给企业经营带来严重影响甚至灭顶之灾。因此，建筑业企业应高度重视招投标合规管理，持续健全完善合规管理体系。

串通投标的刑事案件虽然在刑事案件中占比不大，但是在涉案企业合规司法实践中具有一定的典型意义。串通投标罪已成为涉案企业合规工作中常见的案件类型。观察涉嫌串通投标罪等罪名的企业，或多或少都存在合规制度不完善（如没有或全盘照搬其他公司的合规管理制度，不符合本企业实际需要和特点）、规则体系不健全（如没有针对串通投标行为进行详细具体的风险点识别与评估并采取针对性的管控措施），实施体系不健全（如没有针对串通投标行为风险点建立管控要素、管控体系和管控点，也没有制定员工手册）、监督体系不到位（如单位自查和业务部门合规检查不到位）、保障体系不到位（如缺乏高管承诺，亦无在合规上的投入）等突出问题。因此，涉案企业应聚焦上述问题，以防范刑事风险、杜绝新的犯罪行为为目标，科学制定招投标专项合规计划。

目前《民法典》、《刑法》及《招标投标法》等立法，从民事、行政、刑事法律责任等方面对串通投标全面规制，各地方人民检察院也将串通投标罪纳入企业合规、作为涉案企业宽大刑事处理的重要依据。企业应在案发前构建健全完善的合规体系，筑牢企业的合规价值观、合规文化，实现“治未病”；案发后也可以“亡羊补牢”，实现“治已病”，通过开展合规风险评估、制定合规计划、组织合规整改，在企业内部进行自警自监与犯罪预防，借此完善合规体系、改善企业治理、筑牢合规防线，有效预防串通投标等合规风险，争取检察机关对涉案企业作出从宽处理意见。

当前，招投标合规案件在涉案企业合规司法程序中，是常见的企业合规案件类型。

但是对招投标合规管理、司法实践及理论研究开展得比较晚，尚未形成成熟的招投标合规计划的最佳实践，仍需在实践中不断探索完善。

推荐阅读

1. 周万里主编：《企业合规讲义》（第 2 版），中国法制出版社 2022 年版。

2. 周万里主编：《合规管理体系手册》，法律出版社 2023 年版。

3. 陈瑞华：《企业合规基本理论》（第 3 版），法律出版社 2022 年版。

4. 李勇主编：《企业合规司法人员手册》，法律出版社 2023 年版。

5. 李勇：《认罪认罚与企业合规：从原理到实操》，法律出版社 2022 年版。

6. 最高人民检察院涉案企业合规研究指导组编：《涉案企业合规办案手册》，中国检察出版社 2022 年版。

7. 王玉辉等：《串通投标法律控制机制研究》，科学出版社 2017 年版。

8. 白如银：《招标投标法律解读与风险防范实务》（第 2 版），中国法制出版社 2022 年版。

9. 白如银：《国有企业招标投标法律合规实务与监督管理指南》，中国法制出版社 2022 年版。

10. 白如银、苏静编著：《政府采购合规指南：法条解读、案例梳理、实务流程图指引》，中国法制出版社 2022 年版。

11. 白如银编著：《招标投标法注释书》，中国民主法制出版社 2021 年版。

12. 毛丽英编著：《建筑企业串通投标犯罪刑事合规实务初探》，武汉大学出版社 2022 年版。

13. 国家发展和改革委员会法规司、国务院法制办公室财金司、监察部执法监察司编著：《中华人民共和国招标投标法实施条例释义》，中国计划出版社 2012 年版。

14. 联合国国际贸易法委员会：《贸易法委员会公共采购示范法》（2011 年）、《贸易法委员会公共采购示范法颁布指南》（2012 年）。

第二十二章 数据合规计划

第一节 概述

一、数据相关概念

(一)数据

数据这个概念近些年之所以引起公众的广泛关注,主要是因为移动互联网、大数据、云计算、人工智能等科技迅猛发展,导致数据的产生和处理呈现爆发式增长,基于大数据的一系列应用深刻地影响着我们每个人的生活。① 在计算机科学理论中,数据是所有能输入计算机并被计算机程序处理的符号的介质的总称,是用于输入电子计算机进行处理,具有一定意义的数字、字母、符号和模拟量等的通称。法律意义上的数据,则是指任何以电子或者其他方式对信息的记录。数据与信息的关系可以概括为数据是信息的载体、信息是数据的内容。② 根据数据内容的不同,可以将数据划分为个人信息类数据、企业信息类数据、公共信息类数据、混合信息类数据以及其他信息类数据。

(二)数据合规

数据合规,是指企业及其员工的经营管理行为符合个人信息保护、网络安全、数据安全等法律法规的要求。数据合规属于企业专项合规的一个重要类型,重点研究企业主体如何在经营活动中确保各类数据的全生命周期处理活动符合合规要求。数据合规对企业、个人、社会均具有重要意义。③ 一是帮助企业防范法律风险,或者在发生法律风险时减轻、免除企业责任,从而实现企业的可持续发展。④ 二是避免个人信息等遭受不

① 参见王倩、顾雪莹:《GDPR 下涉欧企业的员工个人数据合规管理》,载《德国研究》2021 年第 2 期。

② 参见张勇:《数据安全分类分级的刑法保护》,载《法治研究》2021 年第 3 期。

③ 参见蒋安杰:《数据合规高端论坛在京举行》,载《法治日报》2021 年 9 月 29 日,第 9 版。

④ 参见刘霜:《意大利企业合规制度的全面解读及其启示》,载《法制与社会发展》2022 年第 1 期。

合理甚至违法泄露、滥用。数据泄露和滥用严重威胁个人权益、财产安全甚至生命健康。避免企业滥用用户信息，促进企业依法合理使用个人数据，对保护个人隐私和保障消费者权益具有重要意义。① 三是规范数字经济发展轨道，推动数字经济蓬勃发展。强化企业数据安全责任，维护好用户数据权益及隐私权，有助于提高数据共享意愿，最终推动数字经济走向繁荣。

（三）数据合规计划

数据合规计划的内涵可以总结为企业为预防涉及数据犯罪、发现数据犯罪而主动制定、实施的自我管理和约束机制，这种机制在员工或者企业涉罪时可以作为抗辩理由以减轻或者避免刑事责任。② 其本质上是一种广泛的预防措施，可以预测、检查并遏制任何潜在的犯罪活动。③ 2021 年被称为数据合规计划的元年。在立法层面，《数据安全法》《个人信息保护法》陆续颁布实施，与《网络安全法》共同构成我国数据法规的基本体系。在执法层面，滴滴、阿里等违反数据法规案例引起了社会的广泛关注，以个人信息滥用为主要诟病的数据风险事件屡禁不止也引发了舆论对数据合规的热烈讨论。④ 在监管层面，习近平总书记在《不断做强做优做大我国数字经济》一文中指出，推动数字经济健康发展，要坚持促进发展和监管规范两手抓、两手都要硬，在发展中规范、在规范中发展。数据合规计划对于企业经营管理越来越重要，数据产业也必须围绕合规的框架发展和完善。

二、数据法规的调整范围

（一）《网络安全法》的主要内容

《网络安全法》于 2017 年 6 月 1 日起施行，是我国第一部全面规范网络空间安全管理方面问题的基础性法律，规范在我国境内建设、运营、维护和使用网络，以及网络安全的监督管理活动。我国网络安全法的基本原则包括网络空间主权原则、网络安全与发展并重原则、责权利相统一原则和共同治理原则四项基本原则。⑤《网络安全法》主要有 4 个方面内容。第一，规定网络运营者应当按照网络安全等级保护制度的要求，履行一系列安全保护义务，保障网络免受干扰、破坏或者未经授权的访问，防止网络数据泄露或者被窃取、篡改。第二，规定国家对公共通信和信息服务、能源、交通、水利、金融、公共服务、电子政务等重要行业和领域，以及其他一旦遭到破坏、丧失功能或者数据泄露，

① 参见于冲：《数据安全犯罪的迭代异化与刑法规制路径——以刑事合规计划的引入为视角》，载《西北大学学报（哲学社会科学版）》2020 年第 5 期。

② 参见李勇：《"合规计划"中须有刑法担当》，载《检察日报》2018 年 5 月 24 日版。

③ 参见［美］菲利普·韦勒：《有效的合规计划与企业刑事诉讼》，万方译，载《财经法学》2018 年第 3 期。

④ 参见唐林垚：《数据合规科技的风险规制及法理构建》，载《东方法学》2022 年第 1 期。

⑤ 参见谢永江：《论网络安全法的基本原则》，载《暨南学报（哲学社会科学版）》2018 年第 6 期。

可能严重危害国家安全、国计民生、公共利益的关键信息基础设施，在网络安全等级保护制度的基础上，实行重点保护。第三，网络运营者应当对其收集的用户信息严格保密，并建立健全用户信息保护制度。网络运营者收集、使用个人信息，应当遵循合法、正当、必要的原则，公开收集、使用规则，明示收集、使用信息的目的、方式和范围，并经被收集者同意。第四，《网络安全法》对网络运营者等主体的法律义务和责任作了全面规定，包括守法义务、遵守社会公德、商业道德义务、诚实信用义务、网络安全保护义务、接受监督义务、承担社会责任等，并在"网络运行安全""网络信息安全""监测预警与应急处置"等章节中进一步明确、细化。

(二)《数据安全法》的主要内容

《数据安全法》于 2021 年 9 月 1 日起施行，是一部专门规范在我国境内开展数据处理活动及其安全监管的法律。在我国境外开展数据处理活动，损害我国国家安全、公共利益或者公民、组织合法权益的，也适用该法。《数据安全法》主要有 5 个方面内容。第一，关于支持、促进数据安全与发展的措施。《数据安全法》坚持安全与发展并重，设专章对支持促进数据安全与发展的措施作了规定，即保护个人、组织与数据有关的权益，提升数据安全治理和数据开发利用水平，促进以数据为关键要素的数字经济发展。第二，关于数据安全制度。要求建立数据分级分类管理制度，建立集中统一、高效权威的数据安全风险评估、报告、信息共享、监测预警机制，建立数据安全应急处置机制，有效应对和处置数据安全事件等。第三，关于数据安全保护义务。强调保障数据安全，关键是要落实开展数据活动的组织、个人的主体责任。第四，关于政务数据安全与开放。《数据安全法》对推进电子政务建设、国家机关收集、使用数据，委托他人存储、加工或者向他人提供政务数据的程序作出明确规定，并提出构建政务数据开放平台，推动政务数据开放利用。第五，关于数据安全工作职责。明确中央国家安全领导机构对数据安全工作的决策和统筹协调等职责，加强对数据安全工作的组织领导，同时对有关行业部门和有关主管部门的数据安全监管职责作了规定。

(三)《个人信息保护法》的主要内容

《个人信息保护法》于 2021 年 11 月 1 日起施行，是我国第一部专门规范个人信息保护的法律。《个人信息保护法》主要有 4 个方面内容。第一，规定了个人信息处理的规则，包括一般规定、敏感个人信息的处理规则，以及国家机关处理个人信息的规则。构建了以"告知—知情—同意"为核心的个人信息处理规则。第二，规定了个人信息跨境提供的规则，明确个人信息处理者跨境提供个人信息的条件、程序等规则，并强调非经中华人民共和国主管机关批准，个人信息处理者不得向外国司法或者执法机构提供存储于中华人民共和国境内的个人信息。第三，规定个人在个人信息处理活动中的权利和个人信息处理者的义务。个人对其个人信息的处理享有知情权、决定权,有权向个人信息处理者查阅、复制其个人信息。个人信息处理者应当采取措施确保个人信息处理活动符合法律、行政法规的规定,并防止未经授权的访问以及个人信息泄露、篡改、丢失。第四,规定国家网信部门负责统筹协调个人信息保护工作和相关监督管理工作,并对完善个人信息保护投诉、举报工作机制及违法处理个人信息涉嫌犯罪案件的移送提出明确要求。

三、数据违法犯罪典型案例

(一)滴滴违反数据法规被罚 80.26 亿元案

2022 年 7 月 21 日,国家互联网信息办公室依据《网络安全法》《数据安全法》《个人信息保护法》《行政处罚法》等法律法规,对滴滴全球股份有限公司处人民币 80.26 亿元罚款,对滴滴全球股份有限公司董事长兼 CEO 程维、总裁柳青各处人民币 100 万元罚款。

此次对滴滴公司的网络安全审查相关行政处罚,与一般的行政处罚不同,具有特殊性。一是从违法行为的性质看,滴滴公司未按照相关法律法规规定和监管部门要求,履行网络安全、数据安全、个人信息保护义务,置国家网络安全、数据安全于不顾,给国家网络安全、数据安全带来严重的风险隐患,且在监管部门责令改正的情况下,仍未进行全面深入整改,性质极为恶劣。二是从违法行为的持续时间看,滴滴公司相关违法行为最早开始于 2015 年 6 月,持续至今,时间长达 7 年,持续违反 2017 年 6 月实施的《网络安全法》、2021 年 9 月实施的《数据安全法》和 2021 年 11 月实施的《个人信息保护法》。三是从违法行为的危害看,滴滴公司通过违法手段收集用户剪切板信息、相册中的截图信息、亲情关系信息等个人信息,严重侵犯用户隐私,严重侵害用户个人的信息权益。四是从违法处理个人信息的数量看,滴滴公司违法处理个人信息达 647.09 亿条,数量巨大,其中包括人脸识别信息、精准位置信息、身份证号等多类敏感个人信息。五是从违法处理个人信息的情形看,滴滴公司的违法行为涉及多个 App,涵盖过度收集个人信息、强制收集敏感个人信息、App 频繁索权、未尽个人信息处理告知义务、未尽网络安全数据安全保护义务等多种情形。

(二)上海 Z 公司、陈某某等人非法获取计算机信息系统数据案

2019 ~ 2020 年,在未经上海 E 信息科技有限公司(以下简称 E 公司,系国内特大型美食外卖平台企业)授权许可的情况下,Z 公司以提供超范围数据服务吸引更多的客户,由公司首席技术官陈某某指使汤某某等多名公司技术人员,通过"外爬""内爬"等爬虫程序(按照一定的规则,在网上自动抓取数据的程序),非法获取 E 公司运营的外卖平台(以下简称 E 平台)数据。其中,汤某某技术团队实施"外爬",以非法技术手段,或利

用E平台网页漏洞,突破、绕开E公司设置的IP限制、验证码验证等网络安全措施,通过爬虫程序大量获取E公司存储的店铺信息等数据。王某某技术团队实施“内爬”,利用掌握的登录E平台商户端的账号、密码及自行设计的浏览器插件,违反E平台商户端协议,通过爬虫程序大量获取E公司存储的订单信息等数据。上述行为造成E公司存储的具有巨大商业价值的海量商户信息被非法获取,同时造成E公司流量成本增加,直接经济损失人民币4万余元。

2021年6月25日,上海市公安局普陀分局以陈某某等人涉嫌非法获取计算机信息系统数据罪移送普陀区人民检察院审查起诉。普陀区人民检察院经实地走访Z公司查看经营现状,以及会同监管部门研商公司运营情况,考虑到Z公司系成长型科创企业,陈某某等14名涉案人员均认罪认罚,积极赔偿E公司的经济损失并取得谅解,Z公司合规整改意愿强烈,提交了《适用刑事合规不起诉申请书》及企业经营情况、社会贡献度等书面证明材料,检察机关经审查对Z公司作出合规考察决定。三个月考察期限届满,第三方组织评估认为,涉案企业与个人积极进行合规整改,建立合规组织、完善制度规范、提升技术能级,已完成数据合规建设的整改措施。2022年2月,评定Z公司合规整改合格。2022年5月,普陀区人民检察院依法对犯罪嫌疑单位Z公司、犯罪嫌疑人陈某某等14人作出不起诉决定。

第二节　欧盟《通用数据保护条例》与我国数据法规的比较

欧盟议会于2016年4月14日通过了《通用数据保护条例》(*General Data Protection Regulations*,GDPR),该条例于2018年5月25日在欧盟成员国内正式生效实施。GDPR被称为史上最严个人数据保护立法,是欧盟成员国数据保护的典范之作,分析GDPR与我国数据法规关于数据保护的异同,有助于我们更加深刻地认识数据合规的内涵与外延,并且有助于我国企业走向全球化经营。

GDPR的内容主要有4个部分,即适用范围、个人敏感数据、数据控制者/处理者的义务、数据主体的权利。需要注意的是,GDPR在开篇特别区分了数据控制者和数据处理者,两者的义务和责任是不同的。数据控制者是决定个人数据处理目的和方式的(法)人。数据处理者是代表控制者处理个人数据的(法)人,这意味着数据处理者并不负责决定处理目的和方式,数据处理者有义务在控制者设定的任务范围内行事。如果数据处理者行事超出任务范围,为了其自身或其他目的处理个人数据,则就该特定部分的数据处理而言,数据处理者将被视为数据控制者。我国的数据法规则没有明确区分处理者和控制者,一般统称为数据处理者。

一、适用范围

GDPR的适用范围极为广泛,任何收集、传输、保留或处理涉及欧盟所有成员国内的个人信息的机构组织均受该条例的约束。第一,GDPR适用于在欧盟境内设有业务机构(establishment)的组织,只要这些组织的业务机构在欧盟境内的活动中处理个人数据(而不论此类处理行为是否实际发生在欧盟境内)。第二,如某一组织虽不在欧盟境内设立业务机构,但却处理欧盟境内个人的个人数据,并且此类处理行为与向欧盟境内个人提供商品或服务相关,无论该等商品或服务是否收费,则也应当适用GDPR。第三,GDPR适用于非欧盟组织处理欧盟境内个人的个人数据,只要此类处理行为涉及对这些个人的行为进行监控,且该处理行为发生在欧盟。这些规定意味着任何向欧洲居民提供商品或服务的企业都必须遵守GDPR的要求,不论该企业是否位于欧盟境内、是否使用欧盟境内的设备。这些规定实际上赋予了GDPR"长臂管辖"的权力,GDPR成为实际上的世界法律。①

相对而言,我国数据法规的适用范围经历了一个从窄到宽的过程。《网络安全法》仅规定在我国境内建设、运营、维护和使用网络,以及网络安全的监督管理适用该法。《数据安全法》则更进一步,不仅规定境内开展数据处理活动及其安全监管适用本法,也规定在境外开展数据处理活动,损害中华人民共和国国家安全、公共利益或者公民、组织合法权益的,依法追究法律责任。而《个人信息保护法》更接近GDPR的适用范围,无论是境内还是境外,只要个人信息处理活动涉及境内个人就都适用该法,并且预留了法律、行政法规规定的其他情形。数据法规适用范围逐步扩大的趋势符合数据保护规律,毕竟在数字经济时代,跨区域、全球化的数据处理、数据流通越来越频繁。

此外,GDPR明确提出,同意是数据处理的法律基础,阐述了同意机制的法律框架、有效同意的构成要件和儿童的同意,并建议将数据主体的同意作为数据处理活动的合法依据的相关组织,应检查当前取得的同意是否符合GDPR的要求。如果不符合,内部流程应当遵照这些要求,数据控制者也应当考虑按照GDPR的要求重新取得同意。我国《个人信息保护法》全面吸收了同意处理原则,详细规定了信息处理者需要告知的事项以及6种不需要同意的情形,并明确规定个人可以撤回其同意,而处理者不得以此为由拒绝提供产品或服务。《个人信息保护法》在同意处理原则方面的规定比GDPR要更加详细,数据处理者应当严格对照这些规定开展数据处理活动。

---

① 参见叶开儒:《数据跨境流动规制中的"长臂管辖"——对欧盟GDPR的原旨主义考察》,载《法学评论》2020年第1期。

二、个人敏感数据

根据GDPR,涉及以下一种或一种以上类别的个人数据视为敏感数据:(1)种族或民族出身;(2)政治观点;(3)宗教/哲学信仰;(4)工会成员身份;(5)涉及健康、性生活或性取向的数据;(6)基因数据;(7)经处理可识别特定个人的生物识别数据。GDPR原则上禁止处理个人敏感数据,但是规定了10种例外情况,例如,数据主体明示同意;在劳动法、社会保障法或社会保护法领域授权的范围内进行;为保护数据主体或他人的重大利益之目的所必需的处理;涉及已由数据主体公开的个人数据的处理;根据欧盟或成员国法律,为公共利益、统计、科学或历史研究之目的所必需的处理等。

由于历史背景与社会实际的差异,我国《个人信息保护法》与GDPR对个人敏感数据的认识有较大差异。我们认为,敏感个人信息是一旦泄露或者非法使用,容易导致自然人的人格尊严受到侵害或者人身、财产安全受到危害的个人信息,包括生物识别、宗教信仰、特定身份、医疗健康、金融账户、行踪轨迹等信息,以及不满14周岁未成年人的个人信息。相对而言,GDPR更加关注个人的社会属性信息,而《个人信息保护法》更加关注个人的自然属性信息,并特别给予未满14周岁未成年人的个人信息更高级别的保护,两者在生物识别信息、特定身份信息方面具有共同点。可以预见的是,随着科学技术、社会实践的发展变化,个人敏感数据的外延肯定会随之调整。

《个人信息保护法》并未从原则上禁止处理个人敏感数据,而是规定只有在具有特定的目的和充分的必要性,并采取严格保护措施的情形下,个人信息处理者方可处理敏感个人信息,并要求取得个人的单独同意。处理不满14周岁未成年人个人信息的,还应当取得未成年人的父母或者其他监护人的同意。若法律、行政法规对处理敏感个人信息规定应当取得相关行政许可或者作出其他限制的,从其规定。在个人敏感数据的处理上,我国《个人信息保护法》采取了较为宽容的处理方式,这可能与我国推动数字经济发展的战略有较大关系。需要注意的是,数据处理者在开展跨境业务时,要保持谨慎态度,避免违反GDPR等规定。

三、数据控制者/处理者的义务

根据GDPR的规定,各类组织机构必须保存其个人数据处理活动的详细记录,在适用的情况下,进行隐私影响评估,并执行从设计着手数据保护(Privacy by Design)和默认数据保护的原则(Privacy by Default)。控制者有义务遵守并应能够证明其遵守第1款(“问责原则”)的规定。各类组织机构所实行的内部政策和所实施的措施必须符合从设计着手数据保护和默认数据保护原则。这些措施包括尽量减少个人数据的处理、尽快将个人数据匿名化、个人数据功能和处理透明化、让数据主体能够监控数据处理,并让数据控制者能够建立和改善安全功能。在开发、设计、选择和使用基于个人数据处理或其用途包含个人数据处理的应用程序、服务和产品时，应鼓励生产者考虑数据保护权，以确保控制者和处理者能够履行其数据保护义务。经批准的认证机制可被用作证明遵守从设计着手隐私保护和默认隐私保护要求的证据之一。

GDPR 认为数据控制者决定个人数据处理的目的和方式，应当对全部数据处理活动负责，并规定了具体的数据保护义务。数据处理者则有义务在控制者设定的任务范围内行事。与此不同的是，我国数据法规没有区分数据控制者和数据处理者，一般将两者统一称为数据处理者，要求其在数据处理活动中遵守我国的数据处理规则，遵循合法、正当、必要和诚信原则，不得通过误导、欺诈、胁迫等方式处理个人信息，不得危害国家安全、公共利益，不得损害个人、组织的合法权益。从司法实践来看，我国数据犯罪中的部分主体既是控制者、又是处理者，还有部分外包公司仅为处理者。未来是否需要对两者的数据保护义务进行区分尚需观察。当前统一规范的意义在于提高单纯处理者的法律责任，这对于应对数据处理乱象是有较大正面意义的。

四、数据主体的权利

我国《个人信息保护法》实际上吸收了 GDPR 的合理内涵，与 GDPR 在规定数据主体的权利方面基本一致，涉及 6 种显性个人权利与 9 种隐形个人权利。[①] 6 种显性权利包括访问权、修正权、删除权/被遗忘权、限制处理权、数据可携权、反对权。9 种隐形权利包括知悉数据如何被收集处理的权利、撤回同意的权利、免受自动化决策限制的权利、向监管机构发起申诉的权利、对控制者或处理者提起诉讼的权利、就损失获得赔偿的权利、对监管机构提起行政诉讼的权利（GDPR 独有）、要求数据处理者解释说明的权利（《个人信息保护法》独有）、近亲对死者信息的权利（《个人信息保护法》独有）。

在权利方面，GDPR 与《个人信息保护法》的共同点是将权利主体界定为自然人，均不包含法人。相对而言，《个人信息保护法》在权利内容方面更加丰富，尤其是对死者信息权利的规定具有较强的前瞻性，要求数据处理者解释说明的权利对于个人主张信息保护具有一定帮助。美中不足的是，我国《个人信息保护法》没有明确赋予个人对监管机构提起行政诉讼的权利。在这种情况下，如果个人认为监管机构在数据监管方面不力，给自己造成损害，则无法通过提起行政诉讼维护自身权益。仅能请求检察机关开展行政监督或者提起公益诉讼。在数据侵权治理方面，我们还需要提供更多的救济路径。

---

① 参见盛小平、唐筠杰：《我国个人信息权利与欧盟个人数据权利的比较分析：基于〈个人信息保护法〉与 GDPR》，载《图书情报工作》2022 年第 6 期。

第三节　数据合规计划建设

数据合规计划建设,是指相关企业针对数据风险,制定数据合规整改计划,完善企业治理结构,健全内部规章制度,形成有效合规管理体系的活动。数据合规计划建设应当以董事会为核心,由首席合规官负责合规计划的具体运行并向董事会承担责任。从静态的角度来看,为了保障合规计划的有效运行,董事会至少应在授权、人力、财务、培训、激励和纪律6个方面提供资源保障。从动态的角度来看,数据合规计划应包含报告、发现和调整机制:报告机制是合规计划的关键,管理层及员工的行为在他人观察之下倾向于符合规范的要求,应当允许员工实名、匿名举报企业内部的违规、犯罪行为,采取一定的保护措施使其不用担心打击和报复,并制定实名、匿名举报下的具体处理方式;发现机制是合规计划最直接的功能,即通过日常监测和定期评估发现企业运行中存在的违规、犯罪行为及不符合合规要求的人员,并按照纪律规定处以内部处罚或者移送司法机关处理;调整机制是合规计划的命脉,未来的不确定性导致企业面临市场、产品、经营、政策、公关、自然灾害、外交等风险,合规计划必须根据内部环境和外部环境的变化不断调整,以帮助企业应对各种风险的挑战。

一、数据合规管理体系

(一)合规责任人与数据合规管理部门

企业董事会应当向数据合规管理部门负责人提供足够的授权、人力、财力等资源支持数据合规管理体系的运行。一般由董事会直接设立企业合规部门、任命首席合规官,下设数据合规管理部门等各类专业合规部门。董事会应当承担以下职责:(1)分配足够且适宜的资源建立、发展、实施、评估、维护和改进数据合规管理体系;(2)确保建立举报数据违规的有效机制;(3)确保战略和运营目标与履行数据合规义务之间的一致性;(4)建立和维护问责机制,包括纪律处分和后果;(5)确保将数据合规落实情况和效果纳入企业内部人员的绩效考核体系。鼓励各类企业特别是互联网企业设置专门的数据合规管理部门,或者将数据合规管理职能融入现有的企业合规管理体系。

(二)数据合规管理部门的职责

数据合规管理部门应履行以下职责:(1)制定数据合规管理整体方针策略,协调建立数据合规技术保障措施,牵头做好数据风险识别、风险评估、风险处置等工作;(2)结合企业自身的经营范围、行业特征、监管政策、风险识别等因素制定并不断完善数据合规计划,并推动其有效实施,数据合规计划应当根据企业内部环境和外部环境的变化不断调整,以帮助企业应对各种风险的挑战;(3)审核评估企业的经营管理和业务行为,确保企业与客户、供应商、代理商、经销商、关联企业、分支机构等业务活动,以及处理个人信息等活动符合数据法规的要求,并制定数据风险应对措施;(4)组织或协助管理部门、业务部门等开展数据合规教育培训,并向管理层和各部门员工提供数据合规咨询;(5)建立数据合规举报记录台账,对数据合规举报制定调查方案并开展调查;(6)推动将数据合规责任纳入企业岗位职责和员工绩效考核评价体系,培养数据合规文化;(7)持续关注国内和业务所涉国家(地区)数据法规的发展动态,及时提供数据合规建议。

(三)数据合规管理协调

数据合规管理部门应加强与业务部门的分工协作。相关业务部门应主动进行日常数据的合规管理工作,识别业务范围内的合规要求,制定并落实业务管理制度和风险防范措施,配合数据合规管理部门进行合规风险审查、评估和调查、处置、整改工作。数据合规管理部门应与其他具有合规管理职能的监督部门(如法务部门、审计部门、监察部门等)建立明确的合作和信息交流机制,加强协调配合。企业应积极与数据监管部门建立沟通渠道,了解数据监管部门期望的数据合规体系,并制定符合其要求的数据合规制度;对于复杂或专业性强且存在重大数据风险的事项,可以向数据监管部门咨询;面对数据监管部门的调查,企业应积极沟通并予以配合。

二、数据风险识别

企业开展数据合规管理应当准确识别风险。常见的数据风险包括数据全生命周期各阶段中可能存在的未授权访问、数据滥用、数据泄露等风险,以及侵犯个人信息、非法获取计算机信息系统数据、传播违法信息、侵犯知识产权、非法跨境提供数据等刑事犯罪风险,企业应根据识别出的风险评估相关经营管理和业务行为是否合规。企业应当根据自身的实际情况建立必要的数据合规计划,通过内部反馈、外部咨询、持续跟踪数据立法、执法、司法的最新进展等方式准确识别数据风险。

(一)禁止从事的数据活动

企业及其员工开展数据处理活动应当遵守法律、行政法规,尊重社会公德和伦理,不得从事以下活动:(1)危害国家安全、荣誉和利益,泄露国家秘密和工作秘密;(2)侵害他人人格权、知识产权和其他合法权益等;(3)通过窃取或者以其他非法方式获取数据;(4)非法出售或者非法向他人提供数据;(5)制作、发布、复制、传播违法信息;(6)法律、行政法规禁止的其他行为;(7)任何个人和组织知道或者应当知道他人从事前款活动的,不得为其提供技术支持、工具、程序和广告推广、支付结算等服务。

(二)常见的数据风险

网络安全审查。数据处理者处理个人信息等数据应当符合数据法规的规定,遵循合法、正当、必要和诚信的原则。数据处理者开展影响或者可能影响国家安全的数据处理活动,应当按照国家有关规定,申报网络安全审查。

自动化工具。数据处理者在采用网络爬虫等自动化工具访问、收集数据时,应当评估对网络服务的性能、功能带来的影响,不得干扰网络服务的正常功能。自动化工具访问、收集数据违反法律、行政法规或者行业自律公约、影响网络服务正常功能,或者侵犯他人知识产权等合法权益的,数据处理者应当停止访问、收集数据行为并采取相应的补救措施。

软件开发工具包。企业在应用程序开发和运营过程中使用第三方软件开发工具包时,应当通过合同等形式明确第三方的数据安全责任义务,并督促第三方采取必要的数据安全保护措施,加强数据合规管理。企业可以使用经相关部门审核合规的开源软件开发工具包进行程序开发活动,不得使用风险不可控的开源软件开发工具包等工具。

(三)个人信息处理

处理个人信息的规则。数据处理者处理个人信息,应当依据《个人信息保护法》的规定取得个人的同意。个人信息的处理目的、处理方式和处理的个人信息种类发生变化的,数据处理者应当重新取得个人同意,并同步修改个人信息处理规则;依法无须取得个人同意的除外。数据处理者应当采取必要的安全保护措施收集、传输、存储、加工、使用、提供、公开个人信息数据。数据处理者应按照《个人信息保护法》的规定及时删除个人信息或者进行匿名化处理。

个人生物特征信息。数据处理者利用生物特征进行个人身份认证的,应当对必要性、安全性进行风险评估,不得强制个人同意收集人脸、步态、指纹、虹膜、声纹等生物特征信息。在宾馆、商场、银行、车站、机场、体育场馆、娱乐场所等经营场所、公共场所收集使用人脸等生物特征信息的应当严格遵守法律、行政法规的规定。数据处理者应当采取严格的保护措施确保其依法收集、存储的人脸等生物特征信息安全,防止泄露、篡改和丢失。

个人权利保障。数据处理者在个人信息处理活动中,应当保障《个人信息保护法》规定的个人对其个人信息处理活动享有的知情权、决定权、查阅权、复制权、更正、补充权、删除权等权利。

(四)对外提供个人信息

向第三方提供数据的规则。数据处理者向第三方提供个人信息,或者共享、交易、委托处理重要数据的,应当遵守以下规则:(1)向个人告知提供个人信息的目的、类型、方式、范围、存储期限、存储地点,并取得个人单独同意,符合法律、行政法规规定的不需要取得个人同意的情形或者经过匿名化处理的除外;(2)与数据接收方约定处理数据的目的、范围、处理方式,数据安全保护措施等,通过合同等形式明确双方的数据安全责任义务,并对数据接收方的数据处理活动进行监督;(3)留存个人同意记录及提供个人信息的日志记录,共享、交易、委托处理重要数据的审批记录、日志记录至少5年。数据处理者为订立、履行个人作为一方当事人的合同必须向第三方提供个人信息的,在采取适当的数据保护措施后无须取得个人的单独同意。(4)数据接收方应当履行约定的义务,不得超出约定的目的、范围、处理方式处理个人信息和重要数据,且不得从事数据法规禁止的行为。

跨境提供个人信息等数据。数据处理者因业务等需要,确需向中华人民共和国境外提供数据的,应当符合法律法规关于跨境提供数据的规定,事先开展数据出境风险自评估。数据处理者跨境提供个人信息的,应当向个人等告知境外数据接收方的名称、联系方式、处理目的、处理方式、个人信息的种类以及个人向境外数据接收方行使个人信息权利的方式等事项,并取得个人的单独同意。

三、数据风险评估与处置

(一)数据风险评估

企业在识别数据风险内容的基础上,可根据自身的经营规模、组织体系、业务内容以及市场环境,分析和评估数据风险的来源、发生的可能性、后果的严重性等,并对数据风险进行分级。数据合规部门负责人应当根据风险评估结果对不同职级、不同工作范围的管理层与员工进行风险提示,降低管理层和员工的违法犯罪风险。

(二)数据风险处置机制

企业应建立健全数据安全事件应急预案与风险处置机制,对识别和评估的各类数据风险设置恰当的控制和应对措施以降低风险,必要时停止相关风险行为。

风险事件报告义务。发生个人信息等数据泄露、篡改、丢失等事件的,数据处理者应当立即采取补救措施,并通知所在地区的数据监管部门。安全事件涉嫌犯罪的,应当及时向公安机关报案。

立即停止违法行为。经评估发现可能已经发生数据违法行为,或者数据监管部门已立案并启动调查程序的,企业应当立即停止违法行为并与执法机构合作。企业积极配合调查或者主动减轻、消除违法行为危害后果的,可能会获得数据监管部门从轻或者减轻处罚。

积极应对数据监管部门的调查。企业受到数据监管部门的调查时,应通知管理层、法务负责人、数据合规负责人和相关业务工作负责人等,按照企业内部受调查操作流程妥善应对,进行内部初步调查,分析相关法律法规并评估数据违法行为成立的可能性与法律后果。企业应积极配合数据监管机构的调查。不得拒绝提供有关材料、信息,或者提供虚假材料、信息,或者隐匿、销毁、转移证据,或者有其他拒绝、阻碍调查的行为。

投诉举报渠道。数据处理者应当建立便捷的数据安全投诉举报渠道，及时受理、处置数据安全投诉举报。数据处理者应当公布接受投诉、举报的联系方式、责任人信息，每年公开披露受理和收到的数据安全投诉数量、投诉处理情况、平均处理时间情况，接受社会监督。

四、数据合规运行与保障

（一）合规咨询与发现机制

企业可建立数据合规咨询机制，管理层和各部门员工在工作中可以向数据合规管理部门咨询数据合规问题。数据合规管理部门应当不断学习、提升合规管理水平，也可以同外部机构开展数据合规咨询合作。发现机制是数据合规管理部门通过日常监测和定期评估发现数据不合规行为的机制，可以通过设置日常的流程监控、内部审核、重点核查以及定期评估等方式发现企业及员工的违规行为，并及时按照数据合规计划采取相应的处置措施。数据合规管理部门应定期向合规负责人汇报数据合规管理情况。发生可能给企业带来重大数据合规风险的违规行为时，应当及时向合规负责人汇报，并提出相应的解决方案。

（二）举报与考核纪律机制

举报机制是员工根据合规计划举报企业内部违规行为的机制，应当允许员工实名或者匿名通过内部举报系统举报数据违规行为，并严格保护实名举报者和匿名举报者不受打击和报复，尤其是保护匿名举报者的个人信息安全。企业应当建立数据合规考核机制，将数据合规考核结果作为企业绩效考核的重要依据，与员工的评优评先、职务任免、职务晋升以及薪酬待遇等挂钩。对于严格遵守数据合规的管理层和员工，制定适当的激励措施使合规计划得到一致遵守和执行。对于不严格执行甚至违反数据合规计划的管理层和员工，采取适当的纪律措施进行惩戒，并根据违规程度采取不同的风险处置措施。

（三）培训、承诺、信息化建设机制与合规文化

数据合规管理部门应当建立培训机制，定期为管理层、员工培训数据合规知识，使其充分了解数据法规、数据合规计划、岗位角色与职责等。鼓励企业管理层和其他员工作出并履行明确、公开的数据合规承诺，内容主要是知悉、愿意遵守数据合规计划，愿意承担违反数据合规承诺的后果。企业可通过数据合规管理信息化建设，并运用大数据分析等工具，加强对经营管理行为中的数据合规的实时监控和风险分析。鼓励企业将数据合规文化作为企业文化建设的重要内容，践行合规经营的价值观，不断增强员工的数据合规意识。

第四节 数据合规计划评估

根据《合规评估办法》,数据合规计划评估指的是第三方组织对涉案企业数据合规整改计划和相关合规管理体系有效性进行了解、评价、监督和考察的活动。评估的重点包括:(1)对涉案合规风险的有效识别、控制;(2)对违规违法行为的及时处置;(3)合规管理机构或者管理人员的合理配置;(4)合规管理制度机制建立以及人力、物力的充分保障;(5)监测、举报、调查、处理机制及合规绩效评价机制的正常运行;(6)持续整改机制和合规文化已经形成。结合数据行业的特点与美国企业合规计划评估方法,数据合规计划评估可以从设计的有效性、执行的有效性与效果的有效性 3 个方面进行,具体包括责任人和管理架构、规范和制度、合规承诺、合规文化等 12 个维度。然后根据重要程度、难易程度赋予不同维度一定的分数,根据企业的完成度给予不同的评分,如合计达到 60 分即可作出合格评价。以此实现对企业数据合规建设情况的评估,促进第三方监督评估有规可循。

一、企业合规管理体系设计的有效性(40 分)

(一)责任人和管理架构(6 分)

(1)企业的最高管理者(董事会主席、总裁等最终决策者)是数据合规的第一责任人,应当分配足够且适当的资源来建立、发展、实施、评估、维护和改进数据合规管理体系。

(2)一般由董事会直接设立企业合规部门、任命首席合规官,下设数据合规管理部门等各类专业合规部门。企业也可以将数据合规管理职能融入现有的合规管理体系。尚不具备条件设立专门合规管理部门的企业,可由相关部门(如法务部、风控部等)履行合规管理职责,同时明确具体负责人。

(3)企业可以在与数据处理有关的内设部门设立相应的专职或兼职的管理岗位,定期收集、整理与反馈相关信息至合规部门。

(二)规范和制度(6 分)

(1)企业应当根据我国法律法规,参考国际国内技术标准,结合企业自身的经营范围、行业特征、监管政策、风险识别等因素制定并不断完善数据合规计划。同时,企业可以制定员工准则、操作规范、业务守则等具体规范,明确员工应当遵守的数据合规义务。

(2)企业应采取一定的措施确保数据合规计划等规范具备设计的科学性、更新的及时性,以及实施的全面性、深入性。

(三)风险识别、评估和处置(10 分)

(1)企业应当全面、系统、持续地收集内部和外部相关信息,综合考虑行业属性和企业自身特点,准确识别企业经营活动及其业务流程中的数据风险。常见的数据风险包括收集、传输、存储、加工、使用、提供、公开、删除等数据全生命周期各阶段中可能存在的未授权访问、数据滥用、数据泄露等风险,以及侵犯个人信息、非法获取计算机信息系统数据、传播违法信息、侵犯知识产权、非法跨境提供数据等刑事犯罪风险。

(2)企业在识别数据风险内容的基础上,可根据自身的经营规模、组织体系、业务内容以及市场环境,分析和评估数据风险的来源、发生的可能性、后果的严重性等,并对数据风险进行分级。然后根据风险评估结果对不同职级、不同工作范围的管理层与员工进行风险提示,降低管理层和员工的违法犯罪风险。

(3)企业应当定期测试数据风险识别与评估的有效性,重点关注企业特定业务范围内最有可能发生的数据安全事件,并根据识别与评估结果及时修订数据合规计划。

(4)企业应建立数据安全事件应急预案与风险处置机制,对识别和评估的各类数据风险设置恰当的控制和应对措施以降低风险,必要时停止相关风险行为。

(5)发生个人信息等数据泄露、篡改、丢失等事件的,企业应当立即采取补救措施,并通知所在地区的数据监管部门。安全事件涉嫌犯罪的,应当及时向公安机关报案。

(四)培训和沟通机制(6分)

(1)企业应当建立培训机制,定期为管理层、员工培训数据合规知识,使其充分了解数据法规、数据合规计划、岗位角色与职责等,确保员工理解、遵循数据合规目标和要求。

(2)企业应建立数据安全管理沟通制度,确保处理数据的员工与企业网络安全部门、数据合规管理部门等中高管理层的定期沟通和反馈,并和数据监管机构保持良好沟通。发现问题应及时报告并采取应对措施。

(五)举报和调查机制(6分)

(1)应当允许员工、客户和第三方实名或者匿名通过邮箱、电话等途径举报数据违规行为,并严格保护实名举报者和匿名举报者不受打击和报复,尤其是保护匿名举报者的个人信息安全。

(2)员工、合作伙伴或第三方被举报或者监测到可能存在违规、违法或犯罪时,企业应及时针对举报信息、违规线索展开彻底的内部调查,由合规管理部门或其他受理举报的监督部门制定调查方案,明确组织调查的人员和范围,调查响应方式等,并规定不同调查结果下的处置方式。

(六)第三方关系管理(6分)

(1)企业应当关注关联企业、供应商、经销商、代理商、合作企业等第三方的合规建设情况,尤其是与第三方发生关系时可能产生的数据风险。

(2)企业向第三方提供个人信息,或者共享、交易、委托处理重要数据的,应当要求数据接收方履行约定的义务,不得超出约定的目的、范围、处理方式处理个人信息和重要数据,且不得从事数据法规禁止的行为。

二、企业合规管理体系执行的有效性(30分)

(一)合规承诺(10分)

(1)企业管理层和其他员工应作出明确、公开的数据合规承诺,内容主要是知悉、愿意遵守数据合规计划,愿意承担违反数据合规承诺的后果。

(2)企业各级管理层应当带头履行合规承诺,在日常经营管理中阐明、引导、鼓励员工遵守数据合规要求和具体准则,并进行合理监督。

(二)授权和资源(10分)

(1)企业应当向数据合规管理部门提供足够的授权、人力、财力来支持数据合规管理体系的运行。

(2)企业可以通过数据合规管理信息化建设和大数据分析等工具,加强对经营管理行为中数据合规的实时监控和风险分析。

(三)激励和纪律(10分)

(1)企业应当建立数据合规考核机制,将数据合规考核结果作为企业绩效考核的重要依据,与员工的评优评先、职务任免、职务晋升以及薪酬待遇等挂钩。

(2)对不严格执行甚至违反数据合规计划的管理层和员工,企业应采取适当的纪律措施进行惩戒,并根据违规程度采取不同的风险处置措施。

三、合规管理体系效果的有效性(30分)

(一)合规文化(10分)

(1)企业形成数据合规价值观,能够按照合法、正当、必要和诚信原则开展数据处理活动。

(2)企业能够对潜在的和客观存在的数据风险进行系统全面的识别和分类,分析风险产生的原因和过程,分析风险的源头,制定应对策略。

(3)企业管理层和员工能够学习并了解有关法律法规和数据安全管理标准,熟悉并遵守数据处理的基本流程和注意事项。

(二)持续改进(10分)

(1)企业能够根据法律、政策的调整及时修订数据合规计划等具体规范,不断完善数据风险识别、评估与处置体系。

(2)企业能够通过不定期的主动检测等方式,发现合规体系的不足并加以改进,同时根据企业自身发展情况和数据处理的规范要求,进行差异化分析,确定部分特定风险领域是否受到充分重视。

(3)企业至少每年开展一次数据合规计划有效性的全面评估,根据评估效果持续改进数据合规计划。

(三)违规事件(10分)

(1)发生违规事件并不意味着企业合规管理体系是无效的。只要企业合规管理体系能够在合理时间内发现违规行为,并按照计划及时补救和报告,就可以认为该企业合规管理体系是有效的。

(2)企业能够对违规事件开展独立客观的调查,分析违规原因,采取补救措施和追究责任,如对违规事件予以内部通报,做好警示教育,从而降低相同或类似问题再次发生的风险。

(3)违规事件若涉及违法犯罪,企业应及时移交行政监管部门或司法机关处理,保持与有关国家机关的有效沟通,并提供必要的工作支持。

第五节　数据合规计划审查

根据《合规评估办法》,数据合规计划审查是指第三方机制管委会和人民检察院对第三方组织报送的数据合规考察书面报告进行审查,以及人民检察院对小微企业提交的数据合规计划和整改报告进行审查。对前者的审查重点是第三方组织制定和执行的评估方案是否适当;评估材料是否全面、客观、专业,足以支持考察报告的结论;第三方组织或其组成人员是否存在可能影响公正履职的不当行为或者涉嫌违法犯罪行为。对后者的审查重点包括合规承诺的履行、合规计划的执行、合规整改的实效等内容。

《合规评估办法》第2条阐释了涉案企业合规计划的作用,对于经评估符合有效性标准的,人民检察院可以参考评估结论依法作出不批准逮捕、变更强制措施、不起诉的决定,提出从宽处罚的量刑建议,或者向有关主管机关提出从宽处罚、处分的检察意见。从司法实践来看,第三方组织的意见具有很高的参考价值,企业在合规整改的过程中应积极配合第三方专家,认真听取第三方专家的意见。需要注意的是,涉案企业合规改革是国家给予涉案企业一次改过自新的机会,如果企业扎实整改、真正形成合规文化,将有很大概率获得从宽处理的机会。如果企业弄虚作假、敷衍了事,将会获得从严处置的结果。

第二十三章　安全生产合规计划

第一节　安全生产合规概述

一、安全生产合规的价值

企业合规制度在被设计之初是作为一种企业治理方式。在学术界关于企业合规定义的说法纷繁不一。有一部分学者将企业合规视作刑法上的一种激励机制，如陈瑞华教授认为企业涉嫌犯罪后只要具有或者承诺建立有效的合规计划就能在一定程度上减轻其刑罚甚至获得不起诉的结果；①一部分则认为合规纯粹是企业所采取的措施；②更多学者倾向于从企业本身的自治和国家对企业的管理两个角度对合规制度进行解读，这种看法以李本灿教授为代表，其更强调通过刑事合规以量刑与不起诉的激励方式推动企业自我管理，并将合规制度与刑事责任联系起来以达到企业与国家双赢的目的。③ 除事后的刑事激励机制外，合规还应包括企业事前的内部管理体系，合规制度的根本价值是为企业增值、赋能，使企业具备抵御刑事风险的能力。安全生产合规作为企业合规的一个子系统，其以预防、发现安全生产违法犯罪行为为企业提供价值，这就要求企业制定并实施内部的自我管理与遵守刑事法律的计划和措施。鉴于我国的工业化程度不断升级的国情，所以在我国的安全生产工作中，建立刑事安全生产合规体系已成为企业治理的当务之急。

安全生产是企业发展的关键和基础，也是企业生产经营中不可逾越的红线。安全生产领域的法律规范多为行刑相接，因此，本章欲以《安全生产法》《刑法》及其相关法为内容探讨安全生产合规建设。在“人民至上，生命至上”的管理原则下，我国已经基本构建了由法律、行政法规、规章及国家标准构成的“横向到边，纵向到底”的安全生产管理

---

① 参见陈瑞华：《企业合规的基本问题》，载《中国法律评论》2020 年第 1 期。

② 参见陈冉：《企业公害犯罪治理的刑事合规引入》，载《法学杂志》2019 年第 11 期。

③ 参见李本灿：《刑事合规制度的法理根基》，载《东方法学》2020 年第 5 期。

法律体系和管理体系。从部门法角度来看,既有行政层面以管理为主要目的的法律体系,也有对产生或可能产生严重后果的重大安全生产事故及隐患予以刑事制裁的刑事法律体系。从体系性视角来看,安全生产管理法律体系和管理体系的"横向到边"要求多种安全生产领域的交叉监管。《劳动法》第 52 条、第 56 条明确规定,企业用人单位必须建立健全劳动安全卫生制度,严格执行劳动安全卫生国家标准,必须为劳动者提供符合国家规定的劳动安全卫生条件和必要的劳动防护用品,对从事有职业危害作业的劳动者应当定期进行健康检查。《建筑法》第 3 条明确规定,建筑活动应当确保建筑工程质量和安全;第 36 条规定,建筑工程安全生产管理必须坚持"安全第一、预防为主"的方针,建立健全安全生产的责任制度。此外,综合类、矿山类、危险物品类、交通运输安全类、公众聚集场所及消防安全类、国际劳工安全等领域也都有所涉及。安全生产管理法律体系和管理体系的"纵向到底"主要分为两个方面:一是刑事法律规定的惩罚因其制裁的严厉性使得安全生产领域"纵向到底";二是以法律法规规定内容对相关区域、安全生产领域的指导及要求的行政法规、规章及强制性国家标准的具体性"纵向到底"。下文将着眼于《刑法》《安全生产法》及相关规范,探求"横向到边"与"纵向到底"的关系。

二、法条分析——以《安全生产法》和《刑法》为例

企业的生产作业中鲜有行为只涉及行政风险。企业生产所涉嫌的违法犯罪均有"行刑衔接"的规范性文件予以调整:如《关于加强行政执法机关与公安机关、人民检察院工作联系的意见》《行政执法机关移送涉嫌犯罪案件的规定》《安全生产行政执法与刑事司法衔接工作办法》等。行政合规与刑事合规之"规"是被包含和包含的关系,都是基于同样的事实,根据不同的需求设置风险预警,落实合规工作。在行政法律体系处罚力度不够时需要刑事介入,故刑法是安全生产合规建设的关键。下文主要分析与安全生产领域相关的《刑法》条文——第 134 条、第 135 条以及第 137 条。

《刑法》第 134 条重大责任事故罪中规定:"在生产、作业中违反有关安全管理的规定或者强令他人违章冒险作业,因而发生重大伤亡事故或造成其他严重后果的需要承担相应的刑事责任。"新《安全生产法》和《刑法修正案(十一)》对本条文作了进一步的补充:重大责任事故罪以违反安全管理规定为前提,而是否违反安全管理规定的重要判断依据是企业的生产管理是否符合《安全生产法》的要求,同时《刑法修正案(十一)》在"强令违章冒险作业罪"的基础上增设"组织他人违章冒险作业罪"。新《安全生产法》规定,国务院应急管理部门和其他负有安全生产监督管理职责的部门负责制定相关行业、领域重大事故隐患的判定标准(《安全生产法》第 118 条第 2 款)。因此,新《安全生产法》规定的作业要求与重大事故隐患标准,是判断是否构成该罪的重要依据。新《安全生产法》强调要"从源头上防范化解重大安全风险"(《安全生产法》第 3 条),虽然没有发生实际事故，但具有发生严重后果的现实危险的行为，也可能承担刑事责任。《刑法修正案（十一）》增设“危险作业罪”正是这一理念的反映（《刑法》第134条之一）。该罪名以违反安全管理规定为前提，只要存在现实危险即可能构成犯罪，不以发生重大伤亡事故或者其他严重后果为条件。比如，在2021年随州市孙某亮、黄某周重大责任事故案[（2021）鄂1303刑初95号]中，被告作为项目的负责人和承包人却未尽到安全管理职责，导致被害人在无任何安全措施的条件下冒险作业身亡，其行为违反了《安全生产法》中生产管理要求且发生了重大严重后果，构成重大责任事故罪。

“重大劳动安全事故罪”针对劳动安全问题作了规定：“工厂、矿山、林场、建筑企业或者其他企业、事业单位的安全生产设施，或者安全生产条件不符合国家规定或举办大型群众活动违反安全管理规定，因而发生重大伤亡事故或者造成其他严重后果的，直接负责的主管人员和其他直接责任人员需要承担刑事责任。”本罪与“重大责任事故罪”的区别：首先，本罪是单位犯罪。个人作为单位的负责人承担责任，而重大责任事故罪是自然人犯罪，由犯罪个体承担相应的法律责任；其次，本罪必须是对事故隐患故意不进行任何的补救措施，且这种事故隐患是不履行有关安全生产法相关要求造成的。在言某某重大劳动安全事故案中，被告人作为老板，明知道拆除作业的工作环境存在安全隐患，但并未加强相关安全保护措施且交给无资质人员施工，造成赵某电击死亡，其行为构成犯罪。

“工程重大安全事故罪”对工程安全作出了规定，“建设单位、设计单位、施工单位、工程监理单位违反国家规定，降低工程质量标准，造成重大安全事故的”，追究其直接责任人员责任。本罪的关键在于，相关单位故意违反《安全生产法》的有关规定，降低工程的质量标准且造成安全事故。同“重大劳动安全事故罪”一样，本罪也是单位犯罪。实践中，该罪适用相对较少。2021年7月18日，郑州市金水区人民法院对造成郑州陈砦冷库“5·5”特大货架倒塌事故一案作出判决，对相关责任人员按照“工程重大安全事故罪”定罪处罚。综上所述，《刑法》第134条、第135条和第137条分别从生产作业、劳动和工程等不同方面的安全生产作出规定，为企业安全生产刑事合规建设提供了坚实保障。

三、安全生产合规的积极意义

据统计，我国在2021年因安全生产事故共死亡26,307人，较上年减少了1105人，降低了4.03个百分点。2021年全国安全生产事故起数和死亡人数同比分别下降11%和5.9%。同时，因安全生产造成的经济损失也有所下降，房屋倒塌率同比上年下降19%，直接经济损失则下降5%。全国安全生产形势持续稳定向好，总体呈现“两个下降、一个基本持平、一个零发生”的特点。2022年上半年，全国共发生各类安全生产事故

11,076起、死亡8870人。安全生产形势保持总体稳定,呈现安全生产事故总量、重大事故、较大事故同比下降的特点。安全生产合规能够减少合规事件的发生,减少前文提及的有关行政、市场准入限制,以及刑事等风险。企业一旦因安全生产问题被刑事立案,就可以对标最高人民检察院近两年试点推广的企业合规从宽机制。通过加强合规建设、履行合规承诺,涉案企业可以争取不捕不诉甚至不判实刑的从宽结果。[①] 2020年3月,最高人民检察院在全国6家基层人民检察院开展"企业犯罪相对不起诉适用机制改革"试点工作。2021年4月,最高人民检察院印发了《关于开展企业合规改革试点工作方案》,第二期改革试点范围较第一期有所扩大,涉及北京、辽宁、上海、江苏、浙江、福建、山东、湖北、湖南、广东10个省(市)。

(一)安全生产合规减轻或分割了企业的刑事责任

涉案企业的不起诉机制可以说是安全生产合规的核心。那么,最高人民检察院的合规不起诉是什么?一般来说,检察机关对有意愿建立合规计划的涉案企业,责令其就涉案要点建立合规计划并监督其实施,然后根据整改成果进行验收,决定是否作出不起诉决定。安全生产合规具有减轻、免除刑事责任的正当化事由效果,这一结果通过信赖原则和期待可能性理论也可予以论证。简言之,信赖原则,是指在尽到相关注意义务后,信赖他人亦会依法行事,至于他人是否会实施违反义务、制造风险的行为与自己无关。期待可能性理论,是指期待他人能够实施适法行为的可能性。在安全生产合规中,根据信赖原则和期待可能性理论的正当化机能,若企业因内部员工的违法行为而深陷刑事风险之时,其可以从企业内部结构、组织管理模式、员工培训等方面主张,已建立完善的合规制度,并尽到排除风险、犯罪预防的注意义务,于是,法便不会强人所难,苛求企业承担刑事责任。更加直观地说,其目的在于给予涉案企业一个从头再来的机会,通过合规实现"能放则放,能轻则轻"的目标。2021年12月15日,在最高人民检察院对外发布的第二批企业合规典型案例中,随州市Z公司康某某等人重大责任事故案,是检察机关在涉企危害安全生产犯罪案件中适用企业合规,推动当地企业强化安全生产意识的典型案例。检察院通过审查、启动企业合规考察、组织第三方监督评估、检察机关在对康某某等人作出相对不起诉决定的同时,督促该公司进行合规建设、履行合规承诺,建立起完备的生产经营、安全防范、合规内控的管理体系,使企业安全生产意识明显增强,生产效益得到进一步提升。[②] 对于涉案企业来说,及时提交企业合规申请书,作出书面合规承诺,通过合规整改,加强合规建设、履行合规承诺,可以换取不捕、不诉、不判实

---

① 最高人民检察院《关于开展企业合规改革试点工作方案》。

② 最高人民检察院:第二批企业合规典型案例之四,载http://www.ynludian.jcy.gov.cn/gyss/202202/t20220207_3546051.shtml。

刑的从宽激励结果。

(二)安全生产合规减轻了企业的经济负累

除刑事方面具有重要意义外,安全生产合规还有助于节省企业的工伤保险费用。人社部和财政部曾联合下发《关于调整工伤保险费率政策的通知》,按照企业工伤保险"支缴率"的主要指标,将不同行业的工伤风险类别由低到高分为一至八类,符合该通知中所列条件的企业,每次可上下浮动一档或两档。对于劳动密集型的生产制造等企业来说,做好安全生产合规能够切实节省工伤保险费用。另外,相对完善的企业安全生产合规,相应的行政和刑事风险也较少,发生安全生产事故后的罚款和赔偿款也相应减少。

(三)安全生产合规优化企业形象

此外,安全生产合规,能够对企业的业务和管理流程进行整合优化,增加市场竞争优势,这本身可给企业带来直接的经济效益。另外,主动合规必将实现企业与监管部门的良性互动,相关行政审批时有可能获得优待,企业信贷信用等级评定有可能获得加分,企业申报产业发展、技术改造、技术创新、安全生产科技等专项资金有可能获得优待。最后,安全生产合规可以提高企业的社会美誉度,企业没有或减少出现安全生产方面的合规风险和合规事件,那么,就能够提高员工的认可和满意程度进而吸引更多的人才加入,逐渐形成企业的合规文化。合作伙伴、客户以及消费者将给予更多的积极肯定,进而有助于获得客户、市场肯定并获取更多的商业机会。

第二节　生产、作业领域犯罪法益保护分析

《刑法》将第134条、第135条与第137条规定于《刑法》分则第二章侵犯公共安全犯罪中。公共安全类犯罪是一种侵犯社会法益的犯罪,社会法益泛指不特定多数人的人身与财产利益,也就是说,其既包括财产犯罪又包括人身犯罪。公共安全涵盖财产与人身的双重利益,使得其刑事处罚较为严厉。也即,只有在未造成严重后果的情况下,才视作危险犯,设定较轻的法定刑。公共危险中的"危险",是指对生命、身体或者财产的侵害可能性,但这种可能性并不一定是科学法则上的可能,而是取决于一般人的恐惧感。[①]

一、《刑法》第134条——重大责任事故罪

"重大责任事故罪"的法益内容在学界颇有争议。在刑法修正案颁布之前,学界一

① 参见[日]大谷实:《刑法讲义各论》(新版第2版),黎宏译,中国人民大学出版社2008年版。

般理论认为本罪侵犯的是厂矿、林场、建筑施工企业或者其他企事业单位的安全生产。这种安全生产不仅包括广大人民群众的生命健康安全,还包括重大公私财产安全和正常生产工作安全。就危害结果而言,其犯罪行为危害的是重大公私财产安全或未指明多数人的生命、健康和正常生产工作秩序。因此,本罪属于危害公共安全罪的范畴,且危害后果较为严重。但是,该规定存在一定漏洞,比如,只保护工矿企业和其他企业事业单位的合法权益,而没有考虑侵犯工矿企业和其他企业事业单位以外的生产经营和其他活动的安全问题。比如,在某学校自发组织的一场拔河比赛中,参赛队员有20余人,师生观众百余人,正当双方旗鼓相当、势均力敌时,孙某突然反方向用力导致对方和己方人员摔倒,造成6人重伤,对孙某的这一行为,显然无法适用修改前的重大责任事故罪,因为该犯罪主体在工矿企业和其他企事业单位的范围之外。[①] 在此背景下,《刑法修正案(六)》对本罪进行了修改,修改后的本罪关于"在生产经营中违反有关安全管理规定,或者强令他人违章作业,造成重大伤亡或者其他严重后果的……"该规定没有特别强调必须是工矿企业或者其他企事业单位安全生产的要求,犯罪主体涵盖范围更广。我们认为,修改后的法益从工矿企业的生产秩序和安全延伸到所有生产经营的生产秩序和安全,包括单位、社会团体和个人举办的婚丧、娱乐、体育、旅游、休闲等与日常生产生活有关的活动。从这个角度来看,孙某的行为虽然不危及安全生产和生产秩序,但也符合本罪的构成要件,可以根据本条予以定罪。

二、《刑法》第134条第2款——强令、组织他人违章冒险作业罪

"强令、组织他人违章冒险作业罪"是《刑法修正案(十一)》对第134条进行的增补,将"明知存在重大事故隐患而不排除,仍冒险组织作业"增列为《刑法》第134条第2款。通说认为,本罪的法益内容是生产作业中的公共安全。该犯罪是指,通过强令组织他人违法冒险作业、强迫他人违章作业,或者明知存在安全隐患时,仍然组织他人进行违章冒险作业,因而发生重大伤亡事故或者造成其他严重后果的行为。然而,该罪大多发生在化工和采矿等难度较大的行业,从事该行业生产经营的一线工人往往是那些在就业市场上处于绝对弱势地位、竞争力弱、受教育程度低的人。这就导致在危险作业的场合,许多行为者利用工人的这些弱点,使他们处于危险状态之中,威胁他们的生命财产安全。因此本罪重点保护的法益应为工人的生命健康等相关权利,而非公共安全法益。

三、《刑法》第134条之一——危险作业罪

设立"危险作业罪"意味着,在安全生产领域即使未发生重大伤亡事故,只要行为人的行为使刑法保护的生产作业法益处于危险状态,就会受到刑法的规制,行为人就会被

---

① 同样地不适用于过失致人重伤罪,因为过失致人重伤罪要求侵犯的是特定多数人的人身安全。

追究刑事责任。危险作业罪的法益是生产、作业中有关安全生产的公共安全。近年来，在生产、作业中违反安全管理制度的行为呈现高发、多发态势，这给生产、作业人员，以及其他不特定多数人的生命、健康或者财产造成较大安全隐患。这种安全隐患一旦转化为安全生产事故，将造成难以估量的损失。为了更好地发挥刑法的预防、警示和教育功能、实现刑法预防前移、加强民生保护，《刑法修正案（十一）》将本罪规定为危险犯，也即，不要求实际发生生产、作业事故，只要“具有发生重大伤亡事故或者其他严重后果的现实危险”，即可成立本罪。

四、《刑法》第135条——重大劳动安全事故罪

关于“重大劳动安全事故罪”的侵害法益，不同学者提出了不同观点。有学者认为，本罪的法益是生产、作业的安全；[①]也有学者认为，法益应该是劳动者的生命、健康安全。[②] 叶高峰教授在后者的基础上进行补充，认为本罪所侵犯的法益是劳动者的生命健康和公私财产的安全。[③] 也有学者认为，本罪的法益应该是职业安全权。综合比较，本罪的法益争议主要集中在以下几个方面：（1）本罪的法益是否局限于生产作业的安全；（2）本罪所保护的是生产作业场所的人身财产安全，还是劳动者的生命健康安全，以及公私财产安全；（3）职业安全权能否视作本罪的法益内容。在得出明确的结论之前，首先需要明确的是，本罪的法益在《刑法修正案（六）》出台前后存在较大差别。在修改之前，本罪的犯罪场所是工厂、林场、矿山等生产事业单位；在修改之后，相关场所和主体的限定已经被废除。因此，本罪的法益范围不应该限制在生产作业领域中。通过分析刑法订立此罪的过程和初衷可以看出，立法目的是规制，在生产作业过程中，一些单位为谋求经济利益而不顾劳动者身体健康、财产安全的行为。该罪强调对员工造成伤亡等重大后果，因此，公私财产安全不是本罪侵害的法益。其次，在职业安全方面，《劳动法》及相关规范规定的职业安全权范围十分广泛。职业安全权保护主要体现在两部分：一部分是员工的一般健康安全；另一部分是员工的重大安全。显然，员工的一般健康安全不在刑法所保护范围之内，只能通过民法或者行政法加以调整，将此罪的法益概括为职业安全欠妥。最后，本罪法益不应该只限于劳动者。比如，在发生的安全事故当中，除内部的劳动者和工作人员之外，还经常使无辜平民和正在检查设备的检查人员招致损害，这都符合重大劳动安全事故罪的认定标准。综上，重大劳动安全事故罪侵害的法益应为人的生命健康安全权。

---

① 李希慧主编：《刑法各论》，武汉大学出版社2009年版。

② 谢望原、赫兴旺主编：《刑法分论》（第3版），中国人民大学出版社2016年版。

③ 叶高峰主编：《危害公共安全罪的定罪与量刑》，人民法院出版社2005年版。

五、《刑法》第 137 条——工程重大安全事故罪

对于工程重大安全事故罪，有学者认为，该罪的法益是建筑工程质量标准的规定，以及不特定多数人的生命健康和重大公私财产的安全。有观点认为，国家工程的管理制度应该作为本罪的法益，并且本罪保护的是国家的工程管理制度。还有学者认为，本罪侵害的法益不应当仅是公共安全，还应当从破坏经济秩序的角度考量。下面将对前述三种观点进行讨论：首先是公共安全法益。本罪的立法初衷是，针对一些工程的建设、设计、施工和监管单位的违法行为人，为了个人或者单位的利益，对广大人民群众的生命财产安全不管不顾，在工程建设的过程中多次使用不合格建筑材料，或者偷工减料并造成工程质量严重下降，随时可能威胁人民的生命财产安全的行为。所以，本罪法益是不特定多数人的生命健康和重大公私财产的安全。其次，工程建设活动中的建设、设计、施工和工程监理等活动应视为经济活动。工程建设活动的违法必然会破坏社会主义市场经济秩序，甚至可能造成经济损失，因此，应将市场经济秩序作为本罪所保护的法益。最后，我国在工程领域的刑法规定，大多涉及行业的行政法规或部门规章，比如《建筑法》《建筑工程安全生产管理条例》等，在规定具体行业行为规范后，都会强调当行为造成重大安全事故时，依据刑法进行处罚。可以理解为，没有按照国家标准设计、建设、施工、监管工程的降低工程质量的行为，虽然是行政违法，但并不构成犯罪，只是有具备了刑法规定的加重要素，也即，类似行为只有造成严重后果，才成立犯罪。行政法规的这种精神与《刑法》第 137 条的规定一致，因此，国家工程管理制度应该作为该罪的法益类型。

第三节　国外相关安全生产合规制度、实践的分析

一、国外安全生产合规概述

从国外的情况来看，安全生产合规是在整个企业合规背景下产生的。安全生产合规是在企业对生产安全的考虑下，采取企业合规的手段，而该手段的运用在国外企业合规的发展呈现出“纵深方向 + 领域全覆盖”的态势。从安全生产合规的历史发展来看，企业安全生产合规有其必要性、正当性与合理性。

企业合规最早诞生在英美法系国家，美国、英国是主要发源地。有观点认为，合规最早可追溯到美国 1980 年通过的联邦第一部反托拉斯法《谢尔曼法》，[①]以及美国 1906 年成立的联邦食品和药物管理局，该局对食品和药物行业的监管，促使部分企业开始将

---

① 参见李晓明：《合规概念的泛化及新范畴的确立：组织合规》，载《法治研究》2022 年第 2 期。

合规视为企业健康运营的一部分,1914 年美国发布了《反托拉斯法》,该法针对的正是企业在市场中的不公平竞争。真正出现企业合规的是 20 世纪 70 年代的“水门事件”,该事件中美国出现了诸多财务丑闻、政治丑闻、贪污丑闻等,政府通过颁布 1977 年《反海外腐败法》来遏制企业的犯罪风险。[①] 不过,有观点认为,安全生产合规可以追溯到 16 世纪的欧洲。在当时的许多国家,警察局除要维护法律,打击犯罪外,还要保障安全生产的合法合规,如检查工厂、颁发许可、保障消费者权益等。[②] 此后,1887 年美国《州际贸易法》颁布,正式标志着政府监管企业安全合规性。企业安全合规性监管属于社会性监管,是政府对生产经营活动及工作场所内从业人员的安全和健康进行保护。[③] 真正将企业合规性和安全生产规章结合在一起的,公认的是荷兰学者 Elling。[④]随着对企业安全生产合规的深入认识,较多学者一致认为,规章的概念可理解为“法律法规规范标准”的集合。[⑤] 除此之外,在国际上,企业合规发展则较多存在于国际条约、公约等条文之间,比如,1985 年联合国预防犯罪和罪犯待遇大会决议、[⑥]《合规管理体系　指南》、[⑦]《联合国反腐败公约》、[⑧]《世界银行集团诚信合规指南摘要》、[⑨]《亚太经合组织有效和自愿的企业合规计划基本要素》、[⑩]《内部控制、企业道德及合规运营良好行为准则》。[⑪]

---

① 参见万方:《反腐败合规法律实践的规范演进与实践展开——以美国〈反海外腐败法〉切入》,载《法治研究》2021 年第 4 期。

② 参见杨炳霖:《回应性管制:以安全生产为例的管制法和社会学研究》,知识产权出版社 2012 年版,第 3～5 页。

③ 参见杨炳霖:《回应性管制:以安全生产为例的管制法和社会学研究》,知识产权出版社 2012 年版,第 3～5 页。

④ Elling M. G., Safe work according to written procedures: illusion and reality, Communication in Company and Profession, 1987, 2(1): 133－143.

⑤ Hale A., Borysd, Adamsm, Safety regulation: the lessons of workplace safety rule management for managing the regulatory burden, Safety Science, 2015, 71(1): 112－122.

⑥ 1985 年联合国预防犯罪和罪犯待遇大会决议。该决议明确提出制裁法人的刑事政策、原则和方法,并要求各成员国政府以此为指导制定相应立法措施和政策。

⑦ 参见陈瑞华:《论企业合规的性质》,载《浙江工商大学学报》2020 年第 1 期。

⑧ 《联合国反腐败公约》第 16 条和第 18 条。

⑨ 《世界银行集团诚信合规指南摘要》规定了企业合规的 11 个方面,它们是:禁止不当行为;诚信合规责任;合规计划与合规风险评估;内部政策;商业伙伴政策;内部控制;培训与沟通;激励;报告;不当行为的补救;集体行动。

⑩ 《亚太经合组织有效和自愿的企业合规计划基本要素》认定企业合规项目需具备 11 个基本要素:开展风险评估;管理层的全力支持和参与;制定和遵守书面的公司行为准则;建立合规管理组织架构;提供反腐败培训、教育讲座和持续指导;开展基于风险和详尽记录的尽职调查;审计和内部会计控制;合规机制和报告要求;激励;惩处;定期审查和测试。

⑪ See Organization for Economic Cooperation and Development, Good Practice Guidance on Internal Controls, Ethics, and Compliance 2010 (改编版 2010. 2. 18) [hereinafter Good Practice Guidance], available al: http://www.oecd.org/data()ecd/5/51/44884389.pdf.

对于企业合规或者安全生产合规而言,无论是在国际层面还是在国外国家,都在努力通过采取合规措施以应对现代企业发展中的风险。当然,具体到合规的概念和范畴时,也会存在一定的争议和分歧,比如,企业合规与专项合规,专项合规和行政合规、刑事合规、安全生产合规、反贿赂合规,企业合规与组织合规①等。本书认为,安全生产合规具有其自身发展的独特路径,不应与其他类型的合规相混淆,也不能将安全生产合规进行扩大化解释。如前所述,安全生产合规是安全规章和企业合规性相结合的产物,是企业合规在安全生产领域的具体化、专业化。

二、国外安全生产合规相关制度与实践

与国内企业的发展相比,国外的企业治理具有悠久的历史,相关的制度也是较为丰富和健全的。通过“自制与共制”②治理方式之间的相互博弈,最终则是以企业合规计划的方式进行公私共制,以达到企业风险管理的目的。然而,企业合规发展特别是安全生产合规的发展不是一蹴而就的。下面就国外安全生产合规相关制度进行分析。

(一)美国安全生产合规相关制度与实践

从1887年《州际贸易法》颁布,美国政府监管企业安全合规初步显现。在20世纪60年代,特别是美国重型电气设备公司违反《反托拉斯法》的事件中,③“合规管理制度”的含义得到了初步的明确。在80年代“水门事件”之后,企业合规得到政府的高度认可,④也由此爆发了企业全领域的合规建设热潮。之后,美国司法部出台了《联邦量刑指南》,该指南从企业组织规模、经营性质,以及犯罪前科等情况,着重建设企业内部的合规管理制度。该指南明确指出合规管理制度如下。

(1)制定了能降低犯罪率的工作规范与操作程序。

(2)上级组织成员中有一特定成员监督工作规范与操作程序的执行,并对全体组织成员负责。

(3)随时注意不将实质上的裁量权赋予被认为存在违法活动倾向的管理者。

(4)将工作规范与操作程序用适当的手段有效地传达给受雇佣者或代理人(召开说明会、发布解释说明册)。

---

① 参见李晓明:《合规概念的泛化及新范畴的确立:组织合规》,载《法治研究》2022年第2期。

② 参见[德]乌尔里希·齐白:《全球风险社会与信息社会中的刑法——二十一世纪刑法模式的转换》,周遵友、江溯等译,中国法制出版社2012年版,第293页。

③ [日]川崎友巳:《合规管理制度的产生与发展》,李世阳译,载李本灿等编译:《合规与刑法:全球视野的考察》,中国政法大学出版社2018年版,第5页。

④ Peter W. Morgan & Glenn H. Reynolds, The Appearance of Impropriety 73 – 98 (1997) [hereinafter Morgan & Reynolds].

(5)建立健全保障工作规范与操作程序实施效果的机制(如使用监督机制、设立举报制度)。

(6)始终如一地执行包括惩戒制度在内的工作规范与操作程序。

(7)发现犯罪行为时对工作规范与操作程序进行必要的修正,以预防未来的犯罪。①

美国在70年代颁布《反海外腐败法》之后,出台了与之相适应的《反海外腐败法执行指南》,在颁布了1987年的《联邦量刑指南》之后,修改为1991年的《联邦量刑指南》。随后,在《美国联邦司法手册》中确定《联邦商业组织起诉原则》。进入21世纪,美国在《联邦量刑指南》的基础上通过了《萨班斯—奥克斯利法案》。2017年美国司法部发布的《公司合规计划评价指引》在2019年4月予以修改,并重新公布为《公司合规计划评价》。前述法案或者条款都紧紧围绕着企业合规展开,特别是《反海外腐败法》、《联邦量刑指南》和《萨班斯—奥克斯利法案》,基本奠定了美联邦范围内实施企业合规的制度需要。由此,形成了以《美国模范刑法典》为中心,以刑事实体法、程序法为轴翼,如《反海外腐败法》《美国联邦刑事诉讼规则》等,之后相继颁布有关法案等为补充,如《萨班斯—奥克斯利法案》《公司合规计划评价》,2008年莫福德备忘录、2010年格林德勒备忘录,②进而为安全生产领域奠定了坚实的法律基础。

我们也应当看到,在安全生产领域,美国通过在工业生产部门设立诸多机构进行管理,并颁布诸多法律给予相应的权利和合法性。下面以美国的矿业为例进行分析。

美国矿业开采一度领先世界,但是,由开采矿业而产生的安全问题一度成为行业发展的阻碍。因而,美国于1969年颁布《联邦煤矿健康和安全法》,该法也是美国现代意义上的第一部全国性矿山安全立法。③ 在该法案之下,设立了联邦矿山安全与健康管理局和联邦矿山安全和健康审查委员会。1973年又设立了矿山监察与安全管理局,1977年改组为MSHA。改组后的MSHA享有下列权力:“调查事故;受理劳动者投诉;接受劳动者举报;接受劳动者为更改劳动环境,提升福利待遇等请愿;对矿山安全进行评估,并对存在安全隐患的企业进行罚款;可以审查批准矿山开采规划和对劳动者进行劳动教育项目。”在MSHA组织内部设立的煤矿安全与健康管理司负责相关的执法工作,比如,煤矿检查,包括全面检查,压力检查计划;事故报告与调查,建立了回避调查制度;责任

---

① See Maurice E. Stucke, *In Search of Effective Ethics and Compliance Programs*, 39 The Journal of Corporation Law 769, 796 - 797 (2014).

② 参见[德]金伯莉·D.克拉维克:《表象化的合规与协商治理的失败》,李本灿等译,载李本灿等编译,《合规与刑法:全球视野的考察》,中国政法大学出版社2018年版,第203页。

③ 参见苏苗罕:《美国联邦政府的煤矿安全生产监管制度研究》,载《南京大学法律评论》(2014年春季卷),法律出版社2014年版,第315~330页。

追究,包括行政罚款、[1]责令停产整顿、刑事处罚。

由于矿山企业生产具有较高的安全隐患,且具有较强的专业性,后经荷兰学者Elling的创造,以及现代企业治理的需要,通过治理手段比较发现,“公私共制”优越于“企业自制”。因而,美国的安全生产合规制度早已渗透在矿产行业的日常监管之中。比如,在煤矿从事工作以及相关人员当中建立培训制度:如为了对煤矿监察员和技术支持人员进行培训,设立了国家矿山安全与健康学院,其主要目标有:(1)入职监察员培训;(2)在职监察员培训;(3)技术专家培训;(4)行政后勤人员培训。煤矿从业人员培训,需经过劳工部部长批准才能获取培训证书。

除矿山行业外,美国职业安全与健康管理局(Occupational Safety and Health Administration,OSHA)创新合规监管方式,1982年OSHA提出了自愿保护计划,即规定符合6个条件的企业,将免于日常检查并为它们颁发官方典范性认可的证书,以此提高监管部门的监管效率。[2] 美国的安全生产监管也由政府一元监管逐渐向多元转换,如联盟计划和战略伙伴关系。前者是雇主、工会、商业及职业集团,以及教育机构与OSHA结成联盟,培训雇员,并指导雇主和他们的雇员用以促进工作场所的安全和卫生;后者是OSHA、雇主、雇员与其他利益集团一起努力发现安全和卫生难题,起草并签署合作协议,合作方明确个人责任、制定战略、建立目标和绩效评价方法以考察结果。[3]

(二)其他国家或地区的安全生产合规相关制度与实践

除美国积极部署企业合规治理方案外,有较多国家也在积极推进企业安全生产合规,比如,英国、澳大利亚、德国、日本。在国际组织层面,企业合规方面也有诸多建树,如经合组织、世界银行、亚太经合组织、国际标准化组织等。不过,对于具体的安全生产领域的企业合规建设,在国际间组织中尚未形成具体条约。但是,企业合规建设已经具有较为明确的规定和标准,如经合组织颁布的《内部控制、企业道德及合规运营良好行为准则》,其中,规定了合规计划的12个要素:

(1)企业高层管理人员对合规计划的支持;

(2)企业政策对贿赂行为的明令禁止;

(3)所有员工对遵从内部控制及合规计划这一义务达成共识;

(4)适时适当监督合规计划的实施情况,包括监督人员和董事会独立监督个体之间的汇报架构;

(5)企业道德及合规计划对个别内容进行强调;

---

① 《2006年矿山改进和新应急法》提高对违法行为的处罚严厉程度。

② Kretchik J. T., OSHA's voluntary protection program, Chemical Health & Safety, 2001, 8(6): 30－33.

③ 参见吴伟:《美国的职业安全与卫生监管》,载《社会科学》2006年第24期。

(6)将合作第三方纳入合规计划;

(7)完善会计流程以确保会计账簿和记录的准确性;

(8)对全体职员及子公司进行培训;

(9)鼓励遵循合规计划的措施;

(10)修正合规计划错误的纪律处分程序;

(11)制定一套体系,让员工得以检举涉嫌违规行为以及能对国外潜在违规员工予以紧急警告;

(12)定期审查评估合规计划的有效性。①

《世界银行集团诚信合规指南摘要》从 11 个方面确定了合规内容:禁止不当行为;诚信合规责任;合规计划与合规风险评估;内部政策;商业伙伴政策;内部控制;培训与沟通;激励;报告;不当行为的补救;集体行动。②

除了国际条约或国际组织公约外,其他发达国家安全生产合规的发展也非常迅速。英国于 1974 年通过了《健康和安全工作法案》,该法案试图建构一个规范性更少、更具开放性的安全制度。其后颁布的《反贿赂法》,确认企业合规可以作为公司的抗辩事由;2007 年颁布《企业过失致人死亡罪法》《法人故意杀人罪法》,规定可以判处法人犯罪。不过,有学者认为,英国存在企业合规建设效果不如运用《劳动安全卫生法》解决问题效果好的现象。③ 英国在 2010 年成立了国家安全委员会,它是英国安全生产问题的最高决策机构。安全生产的执行机构包括 HSE(英国健康和安全管理局)和地方政府。对生产事故负责任的主要是企业,政府则承担安全监察,手段包括:(1)法律手段,如安全法律及标准体系;(2)经济手段,如采取经济调控,完善健康法规,设立工伤事故税,伤害赔偿;(3)信誉手段,如设立网站黑名单等。④ 此外,英国还颁布《雇主责任法案》《工作健康法案》等以确保生产安全。

德国法律界形成了以《违反秩序法》为核心、刑法(对关系人的背信罪等)和有价证券法等的特别法为辅的涉企案件规范体系,逐步放开对企业犯罪的认定。企业治理制

---

① Jeremy B. Zucker and T. Clark Weymouth, An International Standard fbr Corporate Compliance?, LAW360 (May 14, 2010), http://www. hoganlovells. com/files/Publication/932cd4H - 8dcf—41b5 - b(03 - Of)? 87601275a/Presentation/PublicationAUachmenl/d7e215fe-cle4 - 4flc-a86e - 14e2669401f2/ZuckerWeymouth-Law360. com. Pdf.

② https://www. renrendoc. com/paper/132759147. html.

③ 参见[日]甲斐克则:《企业的合规文化·计划与刑事制裁》,谢佳君译,载李本灿等编译:《合规与刑法:全球视野的考察》,中国政法大学出版社 2018 年版,第 267 页。

④ 参见许超:《用经济手段落实企业安全生产责任——1974 年以来的英国安全生产治理架构和思路》,载《中国应急管理》2020 年第 3 期。

度的核心是2002年8月公布的《德国企业治理准则》，这一经过反复修改的软法规，使董事会和监察人应承担的义务具体化。

此外，还有法国颁布的《萨宾第二法案》，意大利颁布的第300号法律、第231号法令等都对企业合规进行了规范。可见，全世界范围内企业合规，以及安全生产合规已经成为现代企业治理手段的主要方式。然而，我国对企业合规的建设尚处于初始阶段，正如学界所说的2018年是企业合规建设元年，我国企业治理之路还任重道远。

第四节　安全生产合规计划建设

根据中国裁判文书，我国企业具有犯罪率增高、企业合规风险系数变高、企业合规风险多元等特点。近年来，虽然各类生产安全重大事故多发、频发的现象得到了遏制，但是，安全生产形势依然严峻复杂，具体有主体责任不明确、权责不清、处罚力度尚且不足等问题。《中央企业合规管理指引（试行）》明确将"安全环保"列为中央企业应当加强合规管理的重点领域之一。引入企业安全生产合规是应对企业生产中的合规风险、适应风险社会的必由之路，完备的企业合规计划不仅能够降低行政法干预，以及刑事法前置性和早期干预滋生的刑事法本身的风险，而且对规制国家公权力的介入，保护民营经济和解决治理相关企业犯罪的困境具有重大的现实意义，可以为同类企业合规经营提供借鉴，对营造良好的法治化营商环境、促进我国经济社会稳定发展具有重大的战略意义。

一、构建企业安全生产合规计划

随着最高人民检察院力推企业合规试点改革，我国企业开始逐步改变内部治理结构，以实现根源治理效果。安全生产合规计划作为一项预防性规则，推动企业从事后解决转变为事前预防为主的治理模式。从各国的实践来看，企业内部应当建立起以刑事预防为主的合规机制，以有效规制和预防企业的违法、犯罪现象。考察我国《刑法》的相关条文，要求企业进行内部自我防控的内容，主要集中体现在单位过失犯的有关规定中，企业合规计划的部分内容在我国已经法定化。比如，第137条规定的"工程重大安全事故罪"等，都要求单位遵守相关国家法律规定和行业标准，而该相关国家法律规定和行业标准正是企业合规计划的重要内容。国内外不断丰富的企业合规理论和实践，也推动着国内企业建设安全生产合规计划。因此，从企业安全生产视角出发，结合我国执法部门监管、《合规管理体系　指南》和《中央企业合规管理指引（试行）》，并参考《联邦组织量刑指南》中企业构建有效合规计划标准的规定，可以构建出具有通行性、完整性的企业安全生产合规计划。

(一)合规防范

1. 制定合规宪章

企业必须要制定合规宪章。作为和公司章程具有同等法律地位的合规宪章,同样是公司最高法律效力的文件,载明了公司合规的基本理念、基本原则、合规目标、基本框架。合规宪章既可以规定在总章程中也可以单独制定。企业为开展安全生产应当遵循法律性、独立性、全面性、安全性的基本理念和基本原则,将人民的安全摆在首要位置,要防止和减少安全事故,从源头上根治重大安全风险问题。

企业安全生产合规目标是企业内部各项目标赖以存在的基准,其他目标的实现都应当以合规目标为前提,当企业的其他目标脱离了合规目标时将对社会生产造成一定损害。现实中,如果企业违反《安全生产法》等法律给他人生命、财产构成重大威胁的,将会受到行政处罚甚至刑事处罚。合规目标的制定决定企业发展动向,因此,合规目标的内容应包括:(1)合规管理总体性评价,比如,房建公司是国家房屋安全作业的重点管理区域,主要包括人事劳动、高空作业、机械安全等方面法律法规;(2)企业安全生产作业涉及的《刑法》《安全生产法》和内部政策的遵循情况;(3)潜在合规风险防范安排。比如,在房建企业中,及时发现潜在的大型承重器械安全问题,加大投入进行控制,以减少器械故障事故的发生。

企业合规的基本框架要遵循企业自身规模组织的大小。不同企业所需的合规计划不同,大企业的合规计划的基本框架覆盖面更加广泛。企业的大小可以将国家统计局在 2017 年发布的以收入标准作为分类依据。① 因此,企业想要做到安全生产、建立有效的安全生产合规计划,首先需明确自己的组织规模并建立相应的合规框架。毫无疑问,企业规模越大所涉及的风险自然也就越大。以煤矿开采业为例,在私人煤矿企业开发的过程中,除了防范透水风险,瓦斯爆炸风险等生产过程直接风险,在生产过程之外,行贿也间接给安全生产造成了比较大的隐患,在企业对官员行贿之后许多没有开采资质、生产安全标准不达标的企业堂而皇之地进行生产开采,在这样的条件下进行作业,自然会对生产安全造成极大的隐患。因此,贿赂也可以算作某些企业安全生产的间接风险。

① 2017 年 12 月 28 日,国家统计局印发的《统计上大中小微型企业划分办法(2017)》中明确,农、林、牧、渔业企业营业收入大于等于 20,000 万元的为大型企业,大于等于 500 万元、小于 20,000 万元的为中型企业,大于等于 50 万元、小于 500 万元的为小型企业,小于 50 万元的为微型企业;工业企业从业人员大于等于 1000 人且营业收入大于等于 40,000 万元的为大型企业,从业人员大于等于 300 人、小于 1000 人且营业收入大于等于 2000 万元小于 40,000 万元的为中型企业,从业人员大于等于 20 人、小于 300 人且营业收入大于等于 300 万元小于 2000 万元的企业为小型企业,从业人员小于 20 人且营业收入小于 300 万元的为微型企业。此外,对建筑业、批发和零售业、交通运输、仓储和邮政业等其他行业的企业划分均有明确规定。

2. 企业设置合规管理机构

不同类别的企业可以根据其具体业务性质、地域范围等特点，构建由合规委员会、首席合规官和合规管理部门组成的合规管理机构，增强企业安全生产内生动力。合规委员会负责统筹领导，明确合规管理目标，听取合规管理汇报等工作；首席合规官带头执行管理层下达的任务，全面负责合规管理工作；合规管理部门负责具体监管要求、合规风险等工作。管理机构可按以下原则设置：第一，企业总裁直接领导合规管理委员会；第二，在企业高级领导层中挑选出一名首席合规官；第三，将合规管理部门分为反商业贿赂合规部、安全检验合规部、合规组织管理部三个部门。

为使合规计划得到有效实施，企业应做到确保首席合规官成为企业独立个体，保障其独立履行合规职责不受任何人员的胁控和干涉，也不能与其本人可能承担的其他职责有利益冲突；赋予其足够的自主权，可以与企业最高管理层，如审计委员会等进行直接接触汇报；有充足的财务资源、完备的基础设施资源，足够的人手执行必要的审计、文件审查和分析等工作，以保障合规工作的顺利进行。

3. 风险识别

企业可围绕技术部门等关键岗位或者核心业务，结合相关国家方针政策、法律法规、规章、标准等获知当前最新监管要求，及时发现企业中已经存在，或者将来可能发生的发生重大安全事故，从而减少受到行政监管处罚、民事纠纷甚至法律制裁的可能性，以及分析合规风险产生的原因。企业可通过对企业内所有可能的合规风险点进行搜集和整理，制作合规风险表，通过该表对合规风险进行全面监测和系统控制。

分析最高人民检察院发布监察机关落实“八号检察建议”的典型案例可知，安全生产类刑事案件的涉案企业大部分都是因为欠缺高效识别合规风险机制。比如，在安徽省青阳县钟某平重大责任事故案中，企业管理人员钟某平未经安全设施竣工验收，在不具备安全生产的条件下，擅自下令实施点火作业，进行生产调试，导致作业人员进入窑底集灰腔进行疏通施工，最终中毒窒息死亡。在一定程度上，该案也是由于缺乏企业合规风险识别预警机制，不能及时分析窑底化学物质成分所致。由此可见，企业迅速识别安全生产风险至关重要。因此，合规计划中的预防机制是很好地降低生产事故危害的应急预案，因而可以通过建立一套企业合规风险识别预警机制，迅速识别企业中可能存在的合规风险和负面影响。对于操作生产机械设备错误、不采取安全措施、拆除安全装置、不使用安全防护具等可能出现的安全生产风险点，该预警机制可以进行系统分析并及时发布预警。

4. 风险评估

合规风险部门分析违反安全生产相关法律法规，以及可能造成违反法律法规的原因、后果等进行合规风险评估，并将该评估报告递交高级管理层进行决策。评估报告应当包括风险评估实施概况、合规风险基本评价（采取 LEC 定量评价法；D = LEC 式中，D – 风险值，L – 发生事故的可能性大小，E – 暴露于危险环境的频繁程度，C – 发生事故产生的后果）、处置建议、应对措施等。①安全生产风险一般源自以下几个方面：员工的正常活动、工作过程中的活动和火灾等紧急状态的活动（工作时长、休息时间、休息环境）；生产作业化学环境以及作业生产的化学物质（病毒、有害细菌、真菌、有毒有害化学品挥发）；生产作业物理环境（高温、低温、照明、冻伤、烧伤）；生产作业设备的周期性和临时性活动状态等。

（二）合规文化

1. 员工合规培训

为预防发生重大安全事故，企业应对员工进行安全生产培训，从而使员工明确掌握企业的合规管理制度和风险防控要求，明晰自己的工作行为准则。高级管理层应带头接受合规培训，每个员工建立个人实名标准化档案，高风险领域、关键岗位的员工还需要接受针对其岗位的合规培训，定期接受培训考核。

最高人民检察院发布的克拉玛依市吴某玉重大责任事故案中，B 公司实际负责人吴某玉违反安全管理规定，没有组织内部员工进行安全生产培训，也没有对现场施工人员进行井下施工安全教育，施工人员在未采取任何防护措施下井作业，在井内吸入有毒气体中毒而亡。检察机关通过审查这一安全生产重大责任事故，认定事故发生的原因主要是 B 公司违反安全生产管理规定，未组织安全生产培训，未对现场施工人员进行安全教育。由此，合规培训是合规计划中不可或缺的一项重要环节，其不仅有利于对全体员工进行法治宣传教育，还能够促进员工理解企业合规目标、遵循企业合规要求。

2. 发挥领导作用

（1）领导承诺合规

发挥领导作用是合规计划有效性的重要体现，企业内部经过一系列努力设计出的合规计划，如果没有企业高级管理层带头遵守合规计划的行为，支持和签署认定合规计划的承诺表示，那么，该合规计划不具有合意性，也没有实质性规范。如果没有领导对企业合规计划的承诺，甚至默许员工从事不法行为，合规计划就无法得到真正意义上的

---

① Graham K. J., Kinney G. F., A practical safety analysis system for hazards control：Journal of safety research，1980，LEC 评价法。

施行,将是一个无效的合规计划。因此,高管必须对该合规计划建设作出承诺,才能确保合规计划的有效执行。可以考虑在合规宪章中规定企业及企业高管对合规计划的法律义务,增设企业高管构建、实施合规计划的法定职责。

(2)宣传合规计划

在合规文化建设方面,为使合规计划在所有人员中传达进而形成企业合规文化,企业需要发表全员声明,使合规计划渗透进企业的每一个角落,将合规的观念和意识渗透到每个员工的日常行为中,把坚持合规操作当成每个员工的重要职责,强调企业员工有依法获得安全生产保障的权利,同时承担与其职务相关安全生产方面的义务。企业合规文化建设,可以调动所有员工的合规积极性,使员工形成关心安全生产、自觉遵守企业合规章程、遵纪守法的良好习惯,这样还能提高企业安全生产水平,形成安全生产的良好环境,实现企业利益最大化。

(三)合规监控

1. 建立激励惩戒措施

首先,激励机制可以推动企业有效地实施合规计划。这些激励机制可以包括职务晋升、绩效加分、年终奖金,以及带领合规团队所带来的奖励等。其次,企业要建立适当明确的纪律处分程序,并确保这一程序与违规行为相称,企业才能通过纪律处分对违规者和潜在违规者形成威慑作用,表明不法的行为会导致严重后果。企业负责惩戒工作的部门在进行纪律惩戒之前,需要详尽调查违规人员的动机、行为方式、持续性长短等全部情节,召开员工代表大会进行表决,并将处罚的结果进行公示。企业须确保奖励机制和惩戒措施在企业内部得到公平统一的适用,不能有任何员工超越合规要求,也不能有任何员工被排除在合规之外;不能因为职位和其在企业中的作用大小,而规避纪律处分或者不予执行激励措施。唯有对合规行为加以奖励,对违规行为加以惩戒,才能在企业内部推动合规计划的有效实施。

2. 建立举报监督机制

举报监督机制是针对合规计划效力的自我维护。设计合规举报制度是维持合规计划有效性的最有力保障。合规举报的设计主要从以下两个方面展开:(1)建立秘密便捷的举报渠道。企业应当建立一种可以使内部员工和外部人员都能对违规行为进行秘密举报的机制,并确保该举报渠道持续畅通。比如,使用匿名举报热线和匿名信箱,确保举报者的个人信息不被泄露,保护其不受到打击报复。如果在合规计划中附加给举报者如证明身份或者提供联系方式这样的条件只会增加举报者受打击报复的顾虑,这不利于合规计划的有效进行。以格力集团为例,格力集团曾经把举报信箱放在卫生间内,以此表明管理层愿意接受举报,在这种方式下,最多的时候一天收到了700封举报信件。

所以无论举报的渠道是什么都应该保证举报渠道的畅通。(2)高级管理层应当对接收举报的监察员进行考核,确保监察员具备高品行、高道德、高素质、高操守。同时,高级管理层作为企业管理者应当遵循合规管理,发挥其领导作用,对合规管理人员合规管理职责的履行情况进行监督,对举报监督机制的秘密性和公正性进行监督,并有权对引发重大安全生产合规风险负有主要责任的合规管理人员提出罢免建议。

二、应对安全生产不合规

(一)及时调查

企业合规监督部门应当定期或者不定期地对合规管理体系的有效性进行分析。其可以采取以下两种方法:第一,企业可以在与劳动者签订的劳动合同中,或者在有业务合作的企业签署的联合发展合同、劳务派遣合同、器械购买合同等相关文件中,加入专门制定的"合规承诺"条款,以便对重大的合规风险和违规问题查清根源,对违规人员采取控制或者纠正措施应对。第二,企业可以通过其审计部门定期检查合规体系是否在各个子公司内得到贯彻和有效执行,并对适用情况进行检查,明确是否存在违规事项,以便及时控制,尽早制裁。

除了依靠企业合规监督部门的及时调查外,第三方机制同样是企业应对不合规情况的重要举措,有利于企业及时有效地防范和查清企业不合规问题。自2021年最高人民检察院联合八部委下发《合规指导意见》后,适用第三方机制的合规案件已占大多数。无论是中小型企业还是大型企业,只要涉案企业认罪认罚、能够维持正常的生产经营秩序、承诺建立或者完善合规制度、具备启动条件愿意适用的都能启动第三方机制。① 合规案件进行第三方监督评估具有以下三项工作内容:第一,对涉案企业合规计划的可行性和有效性进行审查;第二,定期或者不定期对涉案企业合规计划履行情况进行调查和评估,重点对涉罪情况单项合规整改情况进行考察,以便整改企业在生产经营中的不合规问题;第三,涉案企业合规考察期满后,对其合规计划的完成情况进行评估考察,一并制作书面报告。

(二)持续改进

企业的合规计划并不是封闭的文本,并不代表合规计划制定以后就可以束之高阁了。生产过程是持续性的。相关的法律修改和政策变化,以及新业务的扩展都需要在合规计划中予以体现。比如在《刑法修正案(十一)》中对危险作业罪进行了修改,《安全生产法》也在2021年做出了修改,在法律做出改变的情况下,合规计划当然需要做出

---

① 最高人民检察院《关于建立涉案企业合规第三方监督评估机制的指导意见(试行)》,载https://www.spp.gov.cn/spp/xwfbh/wsfbh/202106/t20210603_520224.shtml。

改进,否则很难认定为是一份有效的合规计划。除此之外,新业务的扩展也会带来很多不确定性。比如,在疫情期间,有的企业因为疫情封闭,导致订单量减少而转行生产口罩或者其他的医疗用品,新业务带来的风险都需要在合规计划中做出相应的改进。企业需要完善相关制度,修改不适用企业当前运转的规则条款,堵塞管理漏洞不断强化管控过程,保障合规管理体系整体稳健运行。

三、安全生产合规计划的功能

(一)企业刑事责任的量刑情节

美国联邦量刑委员会于1991年修订《联邦量刑指南》,这对美国企业的合规进程产生了重大影响。《联邦量刑指南》主要包含罚金刑的减轻与企业缓刑。① 比如,法院对设有有效合规计划的企业可以减轻其罚金刑。具体通过设立一个基础罚款,随着企业罪责的增加或减少,基础罚款会乘以0.05～4之间的一个倍数。② 如果涉案企业已经制定合规计划,那么,该企业的罚金就可以进行相应减少。又如,《联邦量刑指南》要求法院对那些发生违法犯罪情况前,缺乏有效合规计划的涉罪企业判处缓刑,在判处缓刑的同时,法院可对该企业提出限期构建有效合规计划,以及确保合规计划有效实施的附加条件。可见,已经制定了有效合规计划的企业,可据之为其提供量刑降级,③即使企业没有制定有效合规计划,只要在违法犯罪行为发生之后采取积极态度配合相应机关的调查,制定并实施企业合规计划,有效防止此类行为再次发生,完成限期整改目标的仍能得到一定程度的减缓。由于合规计划一旦与国家追诉活动相结合,其轻则被给予行政处罚或者民事处罚,重则会被纳入刑事处罚之中,企业刑事责任论的更新与发展,使合规计划的刑事评价影响具备了合理性。聚焦我国企业,在发生重大生产安全事故被检察机关审查起诉后积极认罪认罚,而且大部分企业都积极向检察机关作出合规承诺并提交初步合规计划,建立并完善相关安全制度。由于具有认罪认罚等从轻情节,结合企业合规考察情况,检察机关最终提出的量刑减缓建议通常都会被法院采纳。

(二)企业刑事责任的出罪事由

美国联邦副总检察长拉里·D.汤普森,于2003年签署了对美国检察官具有强制性规定的"汤普森备忘录"。美国合规计划随之成为检察官对企业适用暂缓起诉和不起诉决定的法定事由。这直接推动了企业对合规的重视,使企业积极构建和实施合规计划,以赢得检察官的暂缓起诉或不起诉决定。合规不起诉制度在维护企业高质量发展层

---

① 参见李本灿:《刑事合规的制度史考察:以美国法为切入点》,载《上海政法学院学报(法治论丛)》2021年第6期,第43页。

② U.S. SENTENCING GUIDELINES MANUAL § 8C2.6 (2001).

③ See U.S. SENTENCE GUIDELINES MANUAL § 8C 2.5(F),(2004).

面,是为了避免其因刑事处罚引起破产倒闭、失去市场交易资格等社会负面影响,响应国家优化企业营商环境政策的号召。企业签订的承诺书和合规计划书,可以产生以下两方面作用:一方面,可以示明涉案企业违法犯罪行为造成的严重后果,同时,对违规较严重的企业,有权向相应的行政监管部门提出检察建议。该行政部门应综合各方面因素,并给予涉案企业一定数额罚款的处罚;另一方面,还能警醒其他潜在可能发生违法犯罪行为的企业,充分认识到不合规后果的代价,降低同类型企业再次违法犯罪的可能性。暂缓起诉或者不起诉制度可以有效避免浪费国家司法资源。我国最高人民检察院在2021年启动的第二期企业刑事合规不起诉改革工作,是顺应时代发展步伐,契合当前世界合规发展的重要举措。从最高人民检察院发布的改革试点案例中发现,不乏因制定有效合规计划而排除企业刑事责任的成功企业案例。比如,从刑事保护法益同为社会安全角度考虑,张家港市L公司、张某甲等人污染环境合规不起诉案可以对安全生产有所启发,有效合规计划可以成为犯罪消极的构成要件要素,并作为企业犯罪抗辩的理由,在检察官自由裁量权范围内认定有效的基础上可以使其改变态度,不对企业提出任何指控,从而完全排除起诉。

第五节　安全生产合规有效性评估探究

一、合规有效性评估与监管的制度确立

企业合规计划的有效性,一般可以从计划建立和计划审查两个方面进行考察,但是,不同领域的合规计划所要应对的审查要求和审查主体是不一样的。在审查要求方面,安全生产领域企业合规计划主要针对的是生产过程中出现的安全风险,这些风险不仅包括生产工人的人身安全风险,生产主管人员玩忽职守的监管风险,还包括生产设备损坏的经济风险,以及为了能够生产进行的贿赂犯罪的风险。需要被监管的还有安全生产文化建设,安全生产激励措施,举报渠道是否构建等。在审查主体方面包括检察机关、工商机关、人大代表、律师事务所等不同的主体。综合以上两点可知,合规计划审查是一项富有专业性、独立性、全面性的审查工作。鉴于以上特点,2021年6月3日,最高人民检察院会同全国工商联等八部门印发《合规指导意见》。《合规指导意见》的目的是探索建立“检察主导、各方参与、客观中立、强化监督”的第三方合规计划评审监管机制。三个月后,最高人民检察院、全国工商联等九部门共同成立第三方机制管委会,统筹协调推进第三方机制相关工作,以保障第三方机制规范有序运行。2021年11月,九部门又联合下发两个配套文件即《第三方人员办法》《合规指导意见实施细则》。12月,九部门组建国家层面第三方机制专业人员库。2022年4月,全国工商联、最高人民检察院等

部门制定出台《合规评估办法》。通过上述多个规范文件的制定,可以清楚地看到,合规计划评估审查的制度建设已经初步成型。根据监管要求和监管主体的差异性需要,企业制定安全合规计划需要针对被监管的风险,才能使安全生产合规计划从纸面上的合规变成切实有效的合规计划。在制度构建的基础上,还需要明确以下几个问题。

二、合规计划有效性评估与监管原则

(一)定期与不定期评估、监管相结合

合规计划的评估与监管是一个长期内容,企业建立合规计划或者在相关案件案发以后,完善合规计划只是一个开始,无论是生产合规计划还是其他的合规计划,都是一个长期维持的过程。在很多案件中,多数企业的合规考察基本都以年为单位,这就要求合规计划想要有效,就需要将定期与不定期的评估监管相结合。从反面来看,如果对一个企业的合规计划进行定期考察,那么,企业就会在固定的时间点执行合规计划中的内容,在其他时间则会规避监管内容。比如,在生产领域,有的工厂通过贿赂提前知道环保局的检查时间,故而只在环保局进行检查的时候才会打开污水处理设备,这也仅仅是个例。因此,在监管主体评估合规计划的时候,要坚持定期评估监管与不定期相结合的监管措施,来提升合规计划的有效性。

(二)抓准合规关键

合规计划的评估监管需要面面俱到,又不能泛泛而谈。一个企业在生产过程中从原材料的购入到成品的完成,以及资金的融通,是一个漫长的过程,这就要求监管主体在对合规有效性进行监管的时候,要针对企业的主营业务,企业所涉及案件的性质进行一个准确的把握,如果只是空洞地监管合规,那么,将会使监管的效力变弱。比如,部分煤矿生产企业缺乏应急预案,安全生产设备配备不到位,而安全生产设备往往是安全生产的关键因素,倘若企业合规对上述关键内容置若罔闻,或者仅是泛泛而谈,或者在写入合规计划书之后并没有采取行动进行合规,那么,这样的合规计划很明显不符合评估监管要求,因此,对合规计划的评估监管需要结合企业的经营范围和行业特点进行精准定位监管。

(三)统筹价值统一

在合规计划评估与审查的过程中,监管主体是检察机关之外的行政机关和独立监管团队,虽然这两个主体与司法机关是具有不同运作模式的行政机关或者其他组织,但是,两者与司法检察机关都有同样的价值取向,都是通过自身工作的专业性帮助企业建立有效的合规计划,以此实现企业合规的目的,帮助司法机关将案件责任进行弱化,以此来挽救企业。因此,在评估监管的过程中,监管部门既不能不作为又不能乱作为,要及时与司法机关沟通交流,以此对企业的合规计划进行全面的评估与有效的事后监管。

所以进行合规计划的评估与监管必须与检察机关的价值取向统筹一致。

三、评估与监管模式争议以及选择

根据主体的不同，合规计划监管的模式主要包括三种：检察机关自己承担监管职责、委托行政机关的行政监管模式、委托独立监管人的模式。[①] 这三种模式在实践中各有利弊，关键是企业的规模问题。对于小微企业来说，由于其犯罪案件比较简单，可以由检察机关直接独立开展合规监管，这一监管模式也可以方便检察机关在案件的后续处理中及时跟进企业的合规建设。相较于前者来说，委托行政机关监管与独立监管人的方式对于中大型企业[②]来说，鉴于企业的规模，以及企业所处行业的特殊性，需要更为专业的行政机关或者独立监管人对企业的合规计划进行监管。比如，2022 年 6 月，上海金山一家石化公司发生爆炸，虽然企业及时采取应急预案，消防部门也及时扑救，但还是造成一人死亡，以及相关财产损失。对于石化生产来说专业性是监管与评估的第一要义，但是，对于检察机关来说，想要对石化行业进行专业的合规计划监管，自然需要寻找专业人士进行合规监管，这就需要检察机关把监管的内容委托给其他行政机关进行行政监管。除此之外，还有以律师事务所、会计师事务所等其他主体为主的第三方独立监管。

对于监管人员的构成，最高人民检察院在其印发的《合规指导意见》中指出，要建立第三方监督评估机制管理委员会来满足监管需求，人员组成可以根据涉案企业不同的类型和性质，从专业人员名录库中随机抽取人员组成评估机制管理委员会，包括律师、会计师、行业分管安全部门等人员。需要指出的是，作为合规计划的行政监管同日常工作中对安全生产的监管，以及司法监管是不一样的，主要体现在以下几个方面：首先，二者的监管范围不同。在保证专业性的基础上，合规计划有效性的行政机关监管的目的是，只有评估作用以及在司法机关授权的范围内对合规计划的相关内容进行纠正，并不能认为存在合规计划有效性监管，就不能对涉案企业进行其他的行政监管。其次，存在时间不同。合规计划有效性的行政监管的时间需要由检察机关确定，在规定的时间内对合规计划的有效性进行评估审查，但是，行政机关对企业的安全生产进行的行政监管则是长期的。最后，企业合规有效性行政监管是以检察机关为主导开展工作，但是，其他行政机关的安全监管则是自己独立开展工作。由上述三点可以看出，合规有效性的行政监管与相关行政部门履行监管职责并不矛盾。最后，是独立监管人模式。在第三方监管的实务操作中，监管团队一般包括三个人，一般是以律师作为组长，对涉案企业

---

① 参见周振杰：《合规计划有效性评估的核心问题》，载《国家检察官学院学报》2022 年第 1 期。

② 参见 2017 年 12 月 28 日国家统计局印发的《统计上大中小微型企业划分办法（2017）》，载 https://baike.baidu.com/item/中小企业划型标准规定/9090363。

财税合规事项，第三方监管人团队中注册会计师也应该积极履行职责。[①] 独立监管人模式虽然富有专业性，但是独立监管的模式存在在缺少公权力监督的情况下进行虚假汇报监管，同时，独立监管也会使监管成本高昂，企业难以承受，因此，目前独立监管的模式在生产领域并没有广泛推广。

通过上述对比，可以明确，在安全生产合规计划的评估与监管过程中，由于行业的专业性，所以大部分安全生产的合规计划评估与监管需要委托专业行政机关进行评估监管，这是保证企业的合规计划有效性的监管主体要求。

四、典型案例

（一）基本案情

位于湖北省随州市的 Z 公司，康某某、周某某、朱某某分别系该公司行政总监、安环部责任人、行政部负责人。Z 公司与随州市高新区某保洁经营部法定代表人曹某某签订了污水沟清理协议，将食品厂洗衣房污水站下水道、污水沟内垃圾、污泥的清理工作交由曹某某承包。2020 年 4 月 23 日，曹某某与其同事刘某某未带防护措施违规进入未将盖板挖开的污水沟内作业时，有硫化氢等有毒气体溢出，导致二人与前来救助的吴某某先后中毒身亡。随州市政府事故调查组经调查后认定该事故为一起生产安全责任事故。曹某某作为清污工程的承包方，不具备有限空间作业的安全生产条件，在未为作业人员配备应急救援装备及物资，未对作业人员进行安全培训的情况下，违规从事污水沟清淤作业，导致事故发生，对事故负有直接责任。康某某、周某某、朱某某作为 Z 公司分管和负责安全生产的责任人，在与曹某某签订合同以及曹某某实施清污工程期间把关不严，未认真履行相关工作职责，未及时发现事故隐患，导致发生较大生产安全事故。案发后，康某某、周某某、朱某某先后被公安机关采取取保候审措施，Z 公司分别对曹某某等三人的家属进行赔偿，取得了谅解。2021 年 1 月 22 日，随州市公安局曾都区分局以康某某、周某某、朱某某涉嫌重大责任事故罪移送随州市曾都区人民检察院审查起诉。[②]

（二）企业合规考察

在本案发生之后，企业积极认罪认罚，当地检察院也启动了企业合规考察程序。经检察院审查认为，本案责任人康某某等人作为责任人员涉嫌重大责任事故罪，在构成犯罪的同时，反映出涉案企业存在安全生产管理制度不健全、操作规程执行不到位等问题，并且企业没有建立合规计划。本案中的 Z 公司系外资在华企业，其在华多年，经营

---

① 参见王露：《第三方监管人视角下企业合规案件的办理》，载《中国律师》2022 年第 5 期。

② 正义网：http://www.jcrb.com/jcjgsfalk/dxal/gjc/wwj/202202/t20220228_2371744.html。

期间解决2500余人的就业问题，对当地经济具有很大的影响。总体来说，本案发生之后，Z公司积极赔偿，认罪认罚，取得了被害人家属的谅解，以自身实际行动降低事故所带来的损失。2021年5月，检察机关征询Z公司的意见后，Z公司同意并提交了开展企业合规的申请书、书面合规承诺以及企业经营状况、纳税就业、社会贡献度等证明材料，检察机关对Z公司作出合规考察决定。

(三)刑罚裁量

本案经过公开听证，依法作出不起诉决定，检察机关在收到评估报告和审核意见后，组织召开公开听证会，邀请省人大代表，省政协委员，人民监督员，公安机关和行政监管部门代表，工商联代表以及第三方组织参加听证会。听证人员一致同意，检察机关对康某某等3人作出附条件不起诉处理。2021年8月，检察机关依法对4位涉案相关人员作出附条件不起诉决定。

(四)合规有效性评估之第三方监管

毫无疑问，企业合规的有效性应该长期评估且不断监管。在本案中，为了确保合规计划有效，曾都区人民检察院积极组织开展第三方监督评估。在监管组织的构建上，检察机关委托当地应急管理局、市场监督管理局、工商联等第三方机制管委会成员单位，以及安全生产协会，共同组成了第三方监督评估组织。第三方组织指导涉案企业结合事故调查报告和整改要求，按照合规管理体系的标准格式制定、完善合规计划；建立以法定代表人为负责人、企业部门全覆盖的合规组织架构；健全企业经营管理需接受合规审查和评估的审查监督、风险预警机制；完善安全生产管理制度和定期检查排查机制，从制度上预防安全事故再发生，初步形成安全生产领域"合规模板"。Z公司在合规监管过程中，积极整改并向第三方组织书面汇报合规计划的实施情况。2021年8月，第三方组织对Z公司合规整改及合规建设情况进行评估，并报第三方机制管委会审核，Z公司通过了企业合规考察。从本案中我们可以看出，对涉案企业生产合规计划有效性的评估监管检察机关采用了第三方监管的方式，将对涉案企业合规计划在未来有效与否的评估权委托给了行政部门等第三方机构。鉴于检察机关的司法属性，其对比较专业的安全生产合规缺乏一定的专业性，通过第三方机构的监管使合规计划能够得到有效的落实的做法，能够很好地解决监管的专业性问题。事实上，在实务中，除了本案作为典型案例采用了委托第三方行政机关监管的方式进行合规计划有效性审查之外，还有辽宁省人民检察院等多部门在2020年10月联合发布的《关于建立涉罪企业合规考察制度的意见》中指出，根据不同领域的犯罪委托不同的监管主体进行合规有效性的监管。此外，在福建省晋江市将人社局、工商局等多个市场监督主体组成民营企业服务联盟，同时，在晋江市政法委的牵头下与律师事务所组成监管主体。综上所述，合规计划有效性的评估监管在制度设计和实务操作都得到了有效展开，对于合规计划有效性的评估内容所具有的共性特征则需要单独总结。

五、安全生产企业合规有效性的监管内容

（一）合规计划对生产危险的定位

生产企业建立的合规计划可以分为事故发生前的合规计划和事故发生后的合规计划。事故发生前的企业的合规计划内容面对抽象的危险大多采取列举式的方法，但是，列举并不能保证面面俱到，事故发生后做出的企业合规计划则采取一种查漏补缺式的方法列举生产隐患。但是，既然检察机关将监管的任务委托给第三方，那么，就表明第三方具有足够专业的能力进行监管，因此，对于企业的生产隐患就不能够再泛泛而谈。对于事前已经建立的合规计划进行评估，需要密切注意合规计划对生产过程中的危险不能一笔带过，而应该是详细的、周全地进行合规计划设计，如果没有达到上述标准，那么，这样一份"纸面"合规计划自然不会得到很好的评估效果反馈。另一方面，对于事后针对已经发生的生产事故所补充的合规计划，第三方监管主体不能仅仅关注企业是否查漏补缺，查漏补缺是针对已经发生的事故，而且监管的内容也要注意是否遗漏了其他的生产隐患，比如，在煤炭企业中，安全生产领域的一个重要问题就是非法开采煤矿问题，在非法开采煤矿的背后肯定也会存在权钱交易的贿赂行为，因此，煤炭领域的贿赂行为也应当被看作合规计划所要规制的风险之一。上述两点要求第三方监管主体在面对不同时段的合规计划书进行审查的时候，需要精准定位生产风险的来源。

（二）工作计划编制

第三方监管主体在进行监管时，需要重点审查企业合规计划中对工作计划的编制。在生产安全事故中存在大量的过失犯罪，这些过失犯罪很大一部分原因是中层管理人员与一线的工人对工作计划编制超出了合理的范围，盲目追求产量，缩短工期，增加机器负荷。这些问题在企业看来是逐利性的表现，并没有什么问题，背后却存在安全隐患。如果企业对工作计划的编制远超出自己的生产能力，或者超出自己的经营范围，危险自然随之而来。因此，此内容当属于重点的监管内容之一。

（三）合规尽职调查情况

第三方监管的存在并不是为了单纯地像压力一样，挤压企业被迫实行合规计划，或者代替企业完成合规计划，更多的应该是指导合规计划不断完善。一个合规计划应由企业自己设立，在设立过程中的费用也是企业自己负担的。所以企业的高层管理人员，中层管理人员对合规计划的履行情况负有尽职义务，对于尽职义务的调查自然需要第三方监管给出一个合理的评估，评估的结果可以通过等级或者数字打分的形式展现出来，以此敦促企业的管理人员在企业生产的过程中尽心尽力完成自己的工作。

（四）生产危险举报制度

企业在生产过程中出现的生产安全隐患和生产危险，一般在第一线的工人能够及时知晓，但是，如果要求生产工人在知道生产隐患或者风险之后进行层报，那么，想要刻意隐瞒生产隐患和风险的中层管理人员和高层管理人员是很容易隐瞒事实的，为了解决这一难题，在企业合规计划的构建之中，就需要明确设立举报制度。监管主体需要对举报制度的以下几个方面进行监管，首先是举报的途径，电话、信箱、邮箱均可以成为举报的途径。其次，是对举报者的保护制度。对于敢于反映危险的举报者信息应当给予保密，并且，对于获取保密信息设置严格的手续流程，比如，需要有监管方的许可书才可以获得举报者信息。最后是对举报者的奖励制度，对于举报者所反映的信息有没有帮助，有多大的帮助，这些在由监管主体进行评估以后，可以进行秘密奖励，以此来激励更多的工人对可能发生生产危险的行为进行举报。

第六节　安全生产合规总结

一、安全生产合规发展困境

安全生产合规是企业合规的下属概念，也是合规系统内部的专业领域的分支。但是，工业生产领域犯罪是现代工业社会发展带来的产物，具有现代社会风险特征，也具有极强的专业性。经验表明，安全生产合规并不是工业生产和企业合规性的简单叠加，而是经过专家学者的深入研究和实践的反复检验。现代社会风险造成了全社会的治理难题，将刑法的预防性发挥到极致是企业治理的必要经过和最终后果。当然，能否通过刑法预防前置化（或一般的积极预防），采取企业合规手段提前将企业风险遏制在萌芽中，仍存在一定的未知数。

现阶段的安全生产合规研究处于初步阶段，在此阶段仍存在较多的困境。2018 年国资委发布的《中央企业合规管理指引（试行）》正式拉开了我国企业合规建设的序幕，但同时也表明，我国安全生产领域的合规尚处于待研发阶段。通过研究发现，我国安全生产合规领域尚存在以下几个方面的问题：（1）安全生产合规概念范畴、体系定位存在混乱问题；（2）生产领域犯罪法益保护混乱；（3）安全生产合规的有效性及其标准尚不确切；（4）安全生产合规审查、监管等环节存在一定困惑；（5）安全生产合规第三方监督评估机制与其他制度衔接问题；（6）安全生产合规的本土化发展研究较少。

第一，对安全生产合规概念的确定问题。在现有企业合规研究中，合规存在“大合规与小合规”“专项合规”“内部合规与外部合规”“诚信合规”“反腐败合规”“行政合规”等合规类型。安全生产合规是依照合规所涉及的行业而划分的合规类型，既不属于因涉及部门法不同而制定的合规，也不属于涉及某一具体企业管理而设置的专项合规；既不属于因遵守的“规”的范围广泛而产生的“大合规”，也不属于遵守的“规”内容单一而定义的“小合规”。而应当如“数据合规”“反腐败合规”一样，是因规范某一行业或某一犯罪类型而设定的企业合规。

第二个问题主要涉及工业生产领域犯罪所侵犯的法益是公共安全还是公共秩序，是企业犯罪还是自然人犯罪的问题。企业安全生产合规所涉及的犯罪，如我国《刑法》第134条规定的重大安全事故犯罪、危险作业罪等，按照现行法律解释，该类犯罪是企业在生产作业中因操作存在过错而造成社会损害结果的情形。但是，这里就要探讨因生产作业而触发的犯罪行为所侵害的法益是公共安全还是公共秩序、是人身健康权还是公私财产权？犯罪类型是企业犯罪还是自然人犯罪？比如，危险作业罪，犯罪所涉及的场域能否被评价为公共安全是值得探讨的。因而，安全生产合规在实施过程中所产生的效果和作用也有待进一步确认。

第三个问题是安全生产合规的关键性问题，也即合规有效性构成。现今，企业合规研究已经从形式合规转向实质合规层面，从纸质合规（或纸面合规）延伸至实施中的合规。安全生产合规也不能简单的是纸面上的企业合规，也必须依照其他合规类型进行参照建设。然而，生产作业类企业，因具有极高的专业性，则必须对生产作业人员、参与安全生产作业的相关人员、监察人员等进行培训等，从而达到实施合规的最终目的。合规标准也许经由专家学者从行业专业角度进行研究、制定，但是，目前尚缺乏相关人才。

第四个问题涉及安全生产合规评估监管。在我国的司法实践中，安全生产领域合规是企业合规在行业内的合规建设方面，但是，要求司法工作人员精通各行各业是不现实的要求。因而，妥善解决评估、监管介入其他部门或者第三方中介，并以此作为司法评估、监管的办法，就是突破安全生产合规评估、监管问题的途径。

第五个问题，我国在2022年颁布了《合规指导意见》，其含义就直指解决评估、监管问题。由此又产生如何衔接第三方监督评估机制的问题。对于安全生产合规建设，第三方中介可能存在三种可能：(1)企业实力雄厚可以自行承担安全生产合规建设；(2)企业实力一般但能够独立完成合规建设的部分任务，需要借助第三方中介完成安全生产合规；(3)企业丝毫没有建设合规的资本，安全生产合规完全交由第三方中介建设。而与以上三种情况相对应的评估、监管机制，则有：(1)完全依托第三方评估监督机构运行；(2)合规企业与第三方评估、监督机构协同实施；(3)需有其他第三方中介机构进行监督评估。在具体牵涉第三方监督评估机制与其他制度衔接问题，还有待进一步研究。

第六个问题，合规建设本土化问题。企业建设合规是世界各国治理企业的潮流，但是，其背后的运转逻辑是否符合我国市场、所承载的企业文化是否能被我国市场行情所接受,这些都有待进一步考究。比如,全世界都在反对贪污腐败送礼,然而,在我国亲朋之间互赠礼物却是我国的传统文化。企业合规的诞生土壤是资本主义市场经济,而我国则奉行社会主义市场经济。而且在我国企业诚信、企业反腐文化尚未形成主流价值观的情况下,设立企业合规势必遭遇不适反应。

二、安全生产合规发展中必要的步骤与改革

尽管安全生产合规具有诸多困境,但是,在企业管理风险日益显露,涉企犯罪案件逐年上升的背景下,企业合规不失为治理企业的一种方法,而且在国外,实施企业合规也有较为明显的管控企业风险的效果。因此,企业需要建设合规制度,特别是安全生产领域的企业。以下是现阶段安全生产合规需要采取的改革或措施,从而为企业发展提供更为优质的法律保障。

首先,建设安全生产合规人才库。人才是一切资源的聚集地,掌握人才是掌握一切的关键。培养法律人才,需要从具有安全生产所涉及的行业领域背景的人群中筛选,而不能仅依靠法律的知识推测安全生产合规所涉及的内容。

其次,应当建立跨学科人才培养模式。建设安全生产合规涉及多学科的知识,合规人才的培养也非单一学科所能达到的。因此,还应当进行多学科实地实习,依靠实习或者从业经验,才能对安全生产合规所起到的实际效果进行评估,对所面临的现实问题予以发现、解决。

再次,安全生产合规的有效性必须依靠行政管理部门多层次的预防措施。安全生产合规是安全规章与企业合规性相结合的产物;企业生产作业受到行政监管部门的监督,但是,基于合规内在"共制"的要求,行政监管部门必须采取与企业等机构相互协作的方法,促使企业遵法守法。因而,行政监管部门有必要采取设立培训制度、培训机构、颁发从业资格等措施。

复次,安全生产合规监管应当采取多元监督机制。一元化的行政机关监管模式在奉献社会和企业风险面前效力渐衰,而多元监督机制则方兴未艾,如美国,采取联盟计划。我国颁布的《合规指导意见》也指出多元化监督模式具有较为合理的成分。

最后,安全生产合规应当紧紧抓住生产作业领域犯罪,对涉案企业的生产作业流程进行全方位、保姆式审查监管。当然,审查之下也应当为企业预留激励措施。我国中小微企业数量众多、分布广泛,对涉案企业更应当实事求是、因地制宜地进行安全生产合规建设。经实践检验的合规理论要比学术探讨中理论真实有效,比如,上海金山检察院、连云港检察院提出的"简式合规"与"范式合规",跨地域涉案企业合规协作机制等。

推荐阅读

一、专著

1. 陈瑞华:《企业合规基本理论》(第2版),法律出版社2021年版。

2. 李本灿:《刑事合规的基本理论》,北京大学出版社2022年版。

3. 张明楷:《刑法学》(第6版),法律出版社2021年版。

4. [日]大谷实:《刑法讲义各论》(新版第2版),黎宏译,中国人民大学出版社2008年版。

5. [德]乌尔里希·齐白:《全球风险社会与信息社会中的刑法——二十一世纪刑法模式的转换》,周遵友、江溯等译,中国法制出版社2012年版。

6. 苏苗罕:《美国联邦政府的煤矿安全生产监管制度研究》,载《南京大学法律评论》(2014年春季卷),法律出版社2014年版。

7. 杨炳霖:《回应性管制:以安全生产为例的管制法和社会学研究》,知识产权出版社2012年版。

二、论文

1. 陈瑞华:《企业合规的基本问题》,载《中国法律评论》2020年第1期。

2. 陈瑞华:《论企业合规的性质》,载《浙江工商大学学报》2020年第1期。

3. 陈冉:《企业公害犯罪治理的刑事合规引入》,载《法学杂志》2019年第11期。

4. 李本灿:《刑事合规制度的法理根基》,载《东方法学》2020年第5期。

5. 李本灿:《刑事合规的制度史考察:以美国法为切入点》,载《上海政法学院学报(法治论丛)》2021年第6期。

6. 李晓明:《合规概念的泛化及新范畴的确立:组织合规》,载《法治研究》2022年第2期。

7. 万方:《反腐败合规法律实践的规范演进与实践展开——以美国〈反海外腐败法〉切入》,载《法治研究》2021年第4期。

8. 吴伟:《美国的职业安全与卫生监管》,载《社会科学》2006年第4期。

9. 王露:《第三方监管人视角下企业合规案件的办理》,载《中国律师》2022年第5期。

10. 许超:《用经济手段落实企业安全生产责任——1974年以来的英国安全生产治理架构和思路》,载《中国应急管理》2020年第3期。

11. 周振杰:《合规计划有效性评估的核心问题》,载《国家检察官学院学报》2022年第 1 期。

三、文件

1. 1985 年联合国预防犯罪和罪犯待遇大会决议年决议。

2.《联合国反腐败公约》。

3.《美国 2006 年矿山改进和新应急法》。

4.《世界银行集团诚信合规指南摘要》。

5.《亚太经合组织有效和自愿的企业合规计划基本要素》。

6. 最高人民检察院《关于开展企业合规改革试点工作方案》。

7. 最高人民检察院：第二批企业合规典型案例之四，载 http://www. ynludian. jcy. gov. cn/gyss/202202/t20220207_3546051. shtml。

8. 最高人民检察院《关于建立涉案企业合规第三方监督评估机制的指导意见（试行）》，载 https://www. spp. gov. cn/spp/xwfbh/wsfbh/202106/t20210603_520224. shtml。

9. 国家统计局印发的《统计上大中小微型企业划分办法（2017）》，载 https://baike. baidu. com/item/中小企业划型标准规定/9090363。

第二十四章　食品安全合规计划

第一节　概述

一、食品安全刑事法律规范

1979年《刑法》是中华人民共和国成立后颁布的第一部刑法，但由于刑法理论和实践发展尚处于起步阶段，并未规定食品安全方面的内容。

为了能够对食品安全犯罪行为进行规制，1993年颁布的《全国人民代表大会常务委员会关于惩治生产、销售伪劣商品犯罪的决定》将生产、销售不符合卫生标准的食品和在食品中掺入有毒、有害的非食品原料的行为规定为犯罪行为，并设置了相应的刑罚。

1997年《刑法》第143条增设生产、销售不符合卫生标准的食品罪(后经2011年《刑法修正案(八)》修改为“生产、销售不符合食品安全标准的食品罪”)，适用于生产、销售不符合食品安全标准的食品，足以造成严重食物中毒事故或者其他严重食源性疾病的行为；第144条增设生产、销售有毒、有害食品罪，适用于在生产、销售的食品中掺入有毒、有害的非食品原料，或者销售明知掺有有毒、有害的非食品原料的食品的行为。至此，食品安全犯罪的刑事法律规范体系初步建立。

2001年，最高人民法院、最高人民检察院颁布《关于办理生产、销售伪劣商品刑事案件具体应用法律若干问题的解释》，对食品安全犯罪的入罪标准、情节认定等作出了详细解释。

2013年，“两高”颁布了《关于办理危害食品安全刑事案件适用法律若干问题的解释》并于2021年作出修订，对食品安全犯罪系统、完整地进行了梳理和解释，进一步统一了司法适用。

实际上，食品安全刑事法律规范并不限于《刑法》第143条、第144条的两项罪名，第140条规定的生产、销售伪劣产品罪，第225条规定的非法经营罪，第408条之一规定的食品监管渎职罪等，也与食品安全有关。

二、食品安全犯罪概况

(一)食品安全犯罪的界定

我国《刑法》及司法解释并未对食品安全犯罪进行专门的定义,狭义上来说,食品安全犯罪只包括《刑法》第143条规定的生产、销售不符合食品安全标准的食品罪和第144条规定的生产、销售有毒、有害食品罪的行为,也就是在食品的生产、加工、销售、运输、贮存等过程中,违反食品安全法律规定,危害人体健康的行为。从广义上来说,还包括前文所列的涉危害食品安全的生产、销售伪劣产品罪、非法经营罪、食品监管渎职罪等。

(二)食品安全犯罪的法益保护分析

食品安全犯罪侵犯的是复杂客体,既包括国家对食品安全的监督管理秩序,也包括公民的生命、健康权利。

1. 国家对食品安全的监督管理秩序

生产、销售不符合食品安全标准的食品罪和生产、销售有毒、有害食品罪规定于我国《刑法》第三章破坏社会主义市场经济秩序罪当中,表明了立法者的意图,即食品安全犯罪刑事法律规范所保护的法益主要是市场经济秩序,具体来说,是国家对食品安全的监督管理秩序。

2. 公民的生命、健康权利

民以食为天,食以安为先,危害食品安全犯罪行为直接威胁公民的生命健康,这一法益保护的效果也是每个公民能够切身体会到的。保持对危害食品安全犯罪的打击力度和效果,精准适用食品安全刑事法律规范对保障公民的生命和健康权利具有重要的意义。

(三)食品安全犯罪的形势

我国食品安全刑事法律规范已经相当完备,食品安全的态势也稳中向好。公安部、最高人民法院、最高人民检察院分别开展各类专项行动,始终保持对食品安全犯罪的高压态势,保障人民群众舌尖上的安全。

数据显示,2013~2021年,全国法院共审结生产、销售不符合安全标准的食品罪和生产、销售有毒、有害食品罪刑事案件3.8万余件,判决人数5.2万余人。此外,还依法审理了大量涉及危害食品安全的生产、销售伪劣产品罪、非法经营罪等刑事案件。[①] 2021年,公安机关共破获食品安全犯罪案件1.1万起,抓获犯罪嫌疑人1.3万余人。2021年1~9月,全国检察机关共起诉危害食品安全犯罪9442人,同比上升21.7%。可

① 最高人民法院、最高人民检察院联合发布新修订的《关于办理危害食品安全刑事案件适用法律若干问题的解释》,载 http://www.chinapeace.gov.cn/chinapeace/c100007/2021-12/31/content_12580184.shtml,最后访问日期:2022年8月5日。

见，食品安全犯罪在高压态势之下，依然屡禁不止，且案件量并不少。

从“苏丹红”到“瘦肉精”，再到“三聚氰胺”“地沟油”，各类违法食品添加剂层出不穷，食品安全犯罪也呈现出新的特点：一是销售方式升级，犯罪分子通过网络直播等手段进行营销，犯罪影响范围扩大；二是犯罪产业化、链条化趋势明显，上中下游分工负责，组织严密，打击难度加大。

在此背景下，相关的刑事司法适用应当适时调整、与时俱进，以便应对食品安全犯罪新形势下的新挑战。

三、食品安全犯罪典型案例

（一）崔某等非法经营及陈某某等生产、销售有毒、有害食品案[①]

2012 年至 2016 年 5 月，崔某指使他人从河北、山东等地购进工业明胶 600 余吨，购进款共计 1100 万余元。崔某指使殷某某等人在辽宁、黑龙江等地销售，以提供给他人生产、销售食品为目的，将购进的工业明胶销往黑龙江、北京等地，销售数量 600 余吨，销售金额达 1600 万余元，违法所得达 420 万余元。其中，陈某某从崔某处购买工业明胶 6000 余公斤，用于生产皮冻并销售，销售金额达 63 万余元。高某等 13 人分别从殷某某等人处购买工业明胶用于制作皮冻并销售，销售金额从 1.8 万余元至 53 万余元不等。

法院审理认为，崔某等人以提供给他人生产、销售食品为目的，违反国家规定，销售禁止用于食品生产、销售的非食品原料，其行为均已构成非法经营罪。陈某某等人在生产、销售的食品中掺入有毒、有害的非食品原料，其行为均已构成生产、销售有毒、有害食品罪。根据具体犯罪情节，以非法经营罪分别判处崔某有期徒刑 15 年，并处罚金人民币 1000 万元；以生产、销售有毒、有害食品罪判处陈某某有期徒刑 10 年，并处罚金人民币 60 万元。其他人被判处有期徒刑 1 年 3 个月至 12 年不等刑期，并处罚金。

该案例体现了食品安全犯罪的上下游分工配合的链条化形式。其中，生产、销售国家禁止用于食品生产、销售的非食品原料，是典型的危害食品安全的上游犯罪。将这些禁用物质用于食品生产、销售的行为，则是典型的危害食品安全犯罪。必须坚持上下游打击并重，才能对食品安全犯罪进行有效遏制。

（二）德国二噁英毒饲料案

2010 年 12 月底，在一次定期抽检中，德国食品安全管理人员在一些鸡蛋中发现了超标的致癌物质二噁英。随后，相关机构对数千枚鸡蛋进行了检验，结果发现许多农场的鸡蛋都含有超标的二噁英。

二噁英的毒性很强，是砒霜的 900 倍，有“世纪之毒”之称。国际癌症研究中心已将

---

① 选自最高人民法院、最高人民检察院 2021 年联合发布的危害食品安全刑事典型案例。

其列为一级致癌物。二噁英主要产生于化工冶金、垃圾焚烧、造纸以及杀虫剂生产等过程中。鸡蛋中竟然检验出二噁英，这立即引起了德国舆论的极大关注。舆论的压力推动了“毒鸡蛋”的调查工作。随着调查的深入，有关机构发现，鸡蛋含有超标二噁英的根源在于有问题的养鸡饲料。通过对有毒饲料的追查，最终的焦点锁定在石勒苏益格—荷尔施泰因州的一家饲料原料提供企业哈勒斯和延奇公司上。正是这家公司将受到工业原料污染的脂肪酸提供给生产饲料的企业。

事实上，该公司从2010年3月就知道其生产的脂肪酸受到了二噁英污染，但是没有立即停止生产并报告给德国农业部。检验结果显示，该公司生产的部分脂肪酸中二噁英的含量超过法定含量的77倍。从2010年3月至12月，这家公司把大约3000吨受到二噁英污染的脂肪酸出售给了位于德国各地的数十家饲料企业。2011年1月初，哈勒斯和延奇公司被正式提出刑事指控。为了控制污染，德国政府不得不采取措施隔离了4700个养猪场和家禽饲养场，超过8000只鸡被强制宰杀。①

德国的二噁英毒饲料事件向世界各国警示，食品源头的安全生产可能比想象中更加重要，一旦出现问题，其影响难以估量。因此，对食品安全犯罪采取全链条打击成为世界各国行政监管和司法部门的共识。

第二节　国际发展与比较

一、发达国家经验、最佳实践

（一）美国食品安全合规相关制度实践

1. 美国食品安全立法

美国的食品安全刑事立法主要采取附属刑法的模式，以《联邦食品药品化妆品法》为基础，经过百年的发展完善，形成《联邦肉类检验法》《食用奶法》《进口奶法》《公共健康服务法》《家禽产品检验法》《包装和标签法》《蛋产品检验法》《清洁水法》《安全饮用水法》《联邦反篡改法》《卫生食品运输法》《联邦杀虫剂、杀菌剂和杀鼠剂法》等法律组成的食品安全刑事法律体系。

从立法编纂上看，美国的食品安全刑事法律体系较为分散，但在立法范围上较为严密，且大体上可以划分为三个行政执法领域：一是美国食品药品监督管理局依据《联邦食品药品化妆品法》对食品进行监管；二是美国农业部依据《联邦肉类检验法》《食用奶

---

① 《德国毒鸡蛋事件引食品安全危机　数万民众大示威》，载 http://news.sohu.com/20110130/n279153466.shtml，最后访问日期：2022年8月28日。

法》等对作为食品的农产品进行监管；三是美国国家环境保护局依据《清洁水法》《安全饮用水法》等对作为农产品生产条件的环境进行监管。①

2. 美国食品安全刑事责任

在美国刑法中，食品安全犯罪属于侵犯公共福利的犯罪行为，适用严格责任，即不要求犯意要件即可定罪，②同时，故意或者过失的情形被规定为加重情节，将处以更高的罚金和刑期。严格责任的适用体现出美国对食品安全犯罪的零容忍态度。

但在严格责任之外，美国刑法也给予了一定的抗辩空间，如《联邦食品药品化妆品法》第三章第三节规定有“基于合理相信等的例外规定”：“（1）基于合理相信的接收和运输州际贸易食品，除非行为人拒绝向司法人员提供其购买或者接收该食品（包括食品的相关文件）的相关人员姓名和住址；（2）基于合理相信的对外宣称相关食品不是人为改造或者假冒商标的，且该保证或者承诺由在美国境内的、有姓名和住址的人提供的……”③行为人可以在例外规定之下免除相应的刑事责任。

（二）德国食品安全合规相关制度实践

1. 德国食品安全立法

德国的食品安全法律体系以《食品、日用品与饲料法典》、《HACCP 方案》和《指导性政策》等法律为基础，《畜肉卫生法》《鱼卫生条例》《禽肉卫生法》《奶管理条例》等 200 多项专项法律为补充，形成类似美国的分散立法模式。其中，《食品、日用品与饲料法典》对食品安全生产的制度框架、原则，以及责任追究内容进行规定，起到了食品安全法律总则的作用；《HACCP 方案》主要规定了食品生产的检查和岗位责任，确立了食品安全的追溯程序；《指导性政策》则是由相关行业协会颁布的具有普遍效力的食品安全辅助规范。

德国食品安全立法权由联邦议会和国会行使，消费者保护和兽医的联邦机构（BGVV）主要负责其食品安全的评估和科学监督，各州自然环境、农业和消费者保护局或相应机构则负责具体的执行监督活动。④

2. 德国食品安全基本原则

以立法为基础，德国食品安全领域合规在实践中确立了 5 项基本原则。⑤

一是“食品链原则”，建立从农产品的生产到加工、运输、销售的全链条监督管理，一

---

① 参见王恒：《美国食品安全犯罪立法之简介》，载《人民法院报》2015 年 2 月 27 日，第 8 版。

② 参见王永杰：《严格责任论：以英美刑法为中心》，载《现代法学》2007 年第 1 期。

③ 左袖阳：《中美食品安全刑事立法特征比较分析》，载《中国刑事法杂志》2012 年第 1 期。

④ 参见毛秀华：《食品安全犯罪的刑法规制研究》，烟台大学 2013 年硕士学位论文。

⑤ 参见童建军：《德国食品安全监管的经验与启示》，载《世界农业》2013 年第 9 期。

以贯之地把控食品质量和卫生;二是“企业家责任原则”,对食品生产者苛以严格的“谨慎义务”,要求其承担从原料选择到包装分销的全流程食品安全义务;三是“可追溯原则”,要求所有食品包装都必须印刷存有相关信息的条码,便于在出现事故时及时追溯源头;四是“风险评估独立原则”,要求联邦风险评估研究所独立于其他政治、经济团体,独立研究免受外部影响,出具中立、公正、科学的食品安全风险评估报告;五是“预防原则”,将食品安全的治理重点放在预防而非惩治,主要精力集中于预防机制的建立之上,从而降低食品安全违规风险。

二、国际组织经验、最佳实践

(一)国际食品法典委员会地位及作用

国际食品法典委员会(Codex Alimentarius Commission,CAC),是联合国粮食及农业组织和世界卫生组织于 1963 年联合设立的政府间国际组织,专门负责协调政府间的食品标准,建立了一套完整的食品国际标准体系。其已成为全球消费者、食品生产者和加工者、各国食品管理机构和国际食品贸易最重要的参照标准。目前,已有 180 多个成员国和 1 个成员国组织(欧盟)加入该组织,覆盖全球 99% 的人口。

(二)国际食品法典标准和原则

国际食品法典标准,即“CAC 标准”,明确了保护消费者的健康和确保食品贸易公正、公平的基本工作准则。① 截至 2020 年,CAC 已制定 237 个食品标准,41 个卫生安全技术法规,185 个农药的评估,1005 个食品添加剂的评估,54 个兽药的评估,25 个食品污染物的评估,3274 个农药的最大残留限量标准。

CAC 的基本原则指出,国际食品贸易应遵循的原则是所有消费者都有权获得安全、完好的食品,且免受非公平贸易的影响。国际食品贸易中的食品不得:(1)含有或掺有可能达到有毒、有害或有损健康水平的任何成分;(2)在全部或部分产品中含有不洁、变质、腐败、腐烂或致病的物质及异物或其他不适于人类食用的成分;(3)掺假;(4)标识上的内容有错、误导欺骗消费者;(5)在不卫生的条件下进行销售、制备、包装、贮藏及运输。

CAC 制定的标准数量多、要求高,对食品安全的严格程度以欧盟、美国等发达国家和地区为参照,对我国食品安全标准体系的建立具有重要的借鉴意义。

---

① 参见徐学万、崔野韩、孙彩霞、陈松:《国际食品法典委员会标准发展及对我国的借鉴》,载《农产品质量与安全》2010 年第 1 期。

第三节　食品安全合规计划建设

食品安全合规计划建设，是指涉案食品企业针对与涉嫌违法犯罪有密切联系的食品安全合规风险，制定专项合规整改计划，完善企业治理结构，健全内部规章制度，形成有效合规管理体系的活动。

一、纠正义务

企业应当全面停止涉案食品违法违规业务并积极弥补损失，包括但不限于以下几个方面：

一是涉案食品企业就涉嫌食品安全类违法违规行为的相关业务，应当积极采取有效措施，立即全面停止涉案违法违规行为，对已经流出的食品产品及时召回处理。

二是涉案食品企业应当对相关责任人员作出辞退、岗位调整等内部处理。

三是涉案食品企业应当及时退缴非法所得以及缴纳相关罚款，积极采取赔偿损失、赔礼道歉等措施，弥补受损的法益。

四是涉案食品企业应当全力配合食品药品监管部门、公安机关、检察机关及第三方组织的相关工作。

二、食品安全合规计划

(一)制定、实施、效果

1. 合规目标

食品安全合规目标即开展食品安全合规建设所要实现的结果，既可以是战略性、战术性的目标，也可以是具体的运行目标。食品安全合规建设的目标导向可以从三个层面进行抽象概括，其最终目标是保障食品企业健康持续稳定发展，其中期目标是提升食品企业的治理能力，其短期目标是要提升食品企业的日常经营管理水平。根据上述分析，食品安全合规建设目标可具体表述为：通过建立健全食品安全合规管理机制，制定和执行合规管理制度，推动食品安全合规文化的形成，实现对食品安全风险的有效识别和主动管理，增强自我约束能力，促进食品企业及员工遵守食品类法律法规、标准、行业准则规范及承诺等要求、履行企业和个人的法律义务，切实防范食品安全风险，确保依法合规经营，努力实现食品安全和质量双提升，促进食品企业健康持续稳定发展。

2. 组织架构

涉案食品企业一般应当成立食品安全合规建设领导小组，可由其实际控制人、主要负责人和直接负责的主管人员组成，必要时可以聘请外部的专业机构或者专业人员参与或协助，领导小组作为最高指挥和决策组织，制定企业合规建设目标，负责宏观性、重大性合规管理决策,并对合规建设的有效性承担责任。除合规建设领导小组外,涉案食品企业应当设置与企业类型、规模、业务范围、行业特点等相适应的合规管理机构或管理人员(合规负责人),合规管理机构或管理人员可以专门设置或兼理。

食品安全合规管理机构或管理人员应履行的合规职责主要是贯彻执行食品企业决策层对合规管理的各项要求,全面负责企业合规管理工作,拟定企业食品安全合规管理制度机制,协调合规管理与食品企业各项业务之间的关系,监督合规管理制度机制执行情况,及时解决合规管理中的重大问题,组织食品安全合规培训,推动企业合规文化的形成。食品企业各部门共同参与食品安全合规建设,执行食品安全合规管理的相关规定,对本部门业务合规运营承担责任。

3. 制度建设

涉案食品企业应当针对食品安全合规风险防控和合规管理机构履职需要,通过制定合规管理规范、弥补监督管理漏洞等方式,建立健全合规管理的制度机制。具体包括但不限于以下制度。

一是食品从业人员健康管理和培训管理制度。食品企业应当建立并执行从业人员健康管理制度。患有国务院卫生行政部门规定的有碍食品安全疾病的人员,不得从事接触直接入口食品的工作。从事接触直接入口食品工作的食品生产经营人员应当每年进行健康检查,取得健康证明后方可上岗工作。从业人员必须进行食品安全知识培训,并经考核合格后方可上岗。

二是食品安全自检自查与报告制度。食品企业应当建立食品安全自查制度,配备专职或兼职食品安全管理人员,定期对食品安全状况进行监督、检查、评价,对发现的问题及时登记报告并督促改正。

三是食品生产经营过程与控制制度。食品企业应当建立食品采购控制制度,包括查验许可与合格证明,建立进货查验记录制度等。应当建立食品出厂或销售控制制度,即按照食品安全标准对所生产的食品、食品添加剂、食品相关产品进行检验,检验合格后方可出厂或者销售,出厂或销售前还要查验出厂食品的检验合格证和安全状况,如实记录食品的名称、规格、数量、生产日期等情况并保存备查。应当建立食品贮存与运输制度,保证食品贮存、运输条件符合食品安全要求,加强贮存、运输过程管理。应当建立变质、超保质期及回收食品处置制度,对上述食品显著标示或独立保存,并依法采取无害化处理、销毁等措施,防止其再次流入市场。应当建立食品标签、说明书管理制度,标签、说明书应当清楚、明显,生产日期、保质期等事项应当显著标注,容易辨识,不得含有虚假内容,不得涉及疾病预防、治疗功能,企业对其提供的标签、说明书的内容负责。

四是场所及设施设备的管理制度。食品企业应当建立场所及设备的卫生管理及维护保养制度，确保食品生产经营场所环境整洁，并与有毒、有害场所以及其他污染源保持规定的距离；确保有相应的消毒、更衣、盥洗、采光、照明、通风、防腐、防尘、防蝇、防鼠、防虫、洗涤以及处理废水、存放垃圾和废弃物的设备或者设施；合理设置设备布局和工艺流程，防止待加工食品与直接入口食品、原料与成品交叉污染，避免食品接触有毒物、不洁物；定期对场所及设备进行维护保养，保证正常运转和使用。

4. 保障机制

涉案食品企业应当为合规管理制度机制的有效运行提供必要的人、财、物保障。一是人员支持，即为食品安全合规管理配备必要的人员；二是培训支持，定期组织食品安全合规培训，了解掌握食品安全法律法规、从业要求、方式方法等；三是宣传支持，在企业厂房、仓库、会议室等重要位置设置食品安全宣传，促进提高食品安全意识；四是经费支持，为食品安全合规管理编制合理预算，并允许合规管理机构或负责人根据企业业务及风险情况，定期或及时调整相关预算；五是其他支持，如场所及设备支持等。

涉案食品企业应当建立监测、举报、调查、处理机制，保证及时发现和监控合规风险，纠正和处理违规行为。一是建立食品安全合规监测检查机制，组织食品企业内部有关部门或者委托具有专业资质的外部专业机构对企业产品及业务的合规进行监测、检查，发现违法违规行为或重大风险隐患的，及时要求整改；二是建立食品安全违规举报、调查、处理机制，企业员工发现违法违规行为或重大风险隐患的，主动、及时向企业合规管理机构或负责人举报，合规管理机构或负责人收到举报后及时开展调查核实，确认属实的及时采取措施，并对违法违规的部门或人员追究责任。

涉案食品企业应当建立绩效评价机制，引入合规指标对食品企业的主要负责人、经营管理人员和关键技术人员进行考核。食品安全合规绩效监视一般包括不合规行为、未履行合规义务的情况、未实现合规目标的情况、合规文化现状、合规相关工作完成标准。食品安全合规评价指标可包括有效培训人员的比例、监管机构介入频率、合规绩效反馈机制使用程度、识别的不合规问题、对不合规采取措施的情况、合规发展趋势等。

5. 合规文化

合规文化是长时间磨合形成的共同价值观的体现，属于企业文化的一个重要组成部分。食品安全合规文化是食品安全合规管理的一种先进管理方法，合规文化建设有利于提高执行力，防控食品安全风险。食品合规文化建设，可以从以下几个方面着手：一是明确、公开食品安全是企业核心价值观；二是明确各部门、各环节食品安全责任；三是管理者积极、明确地执行食品安全价值观并鼓励员工的合规行为；四是建立并有效宣传食品安全合规制度机制；五是建立以实现合规关键绩效指标和结果为目标并将合规行为评价和绩效工资纳入考虑因素的绩效评估系统；六是持续开展食品安全合规培训。

(二)合规计划建设示例

食品安全合规计划

1. 编制目的

为保障食品安全,促使企业健康发展,构建有效的企业合规体系,根据某人民检察院《检察建议》的要求,结合公司目前的经营现状,制定本合规计划。

2. 主要问题

2022年4月17日公司生产加工的“带鱼段”生产日期标注为“2022年4月20日”,属于生产标注虚假生产日期食品的行为,导致消费者在部分“带鱼段”过期的情况下食用。公司在未取得“熟制水产品”生产许可的情况下,于2022年4月17日生产加工“冷冻裙边扇贝”,属未经许可生产食品。公司将自行生产加工的“带鱼段”生产商的信息标注为“某米(上海)食品工业有限公司”,实为公司负责人亲属所开的另一家公司,属冒用他人厂名、厂址。

3. 整改对策

公司高度重视,及时召回问题产品,及时缴纳罚款,负责人在公司会议上自我检讨并扣除奖金,各相关部门责任人员扣除奖金,生产部负责人调离岗位。同时,对涉及问题开展调查,深挖事件发生原因,并提出防范措施,专门召开会议进行安排部署,全面整顿,对发现的食品安全隐患进行全面的排查整治,具体整改对策如下。

(1)建立食品安全合规管理机构

事件发生后组建食品安全合规管理机构,进一步明确了食品安全管理职责。食品安全合规管理部门由公司负责人黄某某直接管理,公司质量管理部负责人兼职负责日常工作,生产部、销售部负责人以及公司法务等共同参与,集体讨论研商决定合规相关事项,合规管理部门配备1名专职员工和1名兼职员工。

(2)开展食品安全自查

公司开展了食品安全大排查,公司各部门对本部门涉及的业务开展自查,合规部对总体情况进行抽查。对检查出的风险隐患,能现场立即整改的隐患现场进行整改,其他隐患限期进行整改。

(3)健全完善食品安全内控管理制度

公司印发《关于界定食品生产日期及明确生产日期打印要求的通知》《关于规范食品生产经营活动的通知》等文件,起草或修订食品质量管理制度、食品安全操作规程、食品标签管理制度、食品出厂检验等各项食品安全管理制度,加强食品安全内控,与相关部门负责人签订食品安全责任书。

(4)严格执行各项内控管理制度

严格控制生产经营过程,严格按照食品生产经营许可证规定的场所及食品种类开展生产经营活动,强化食品标签标识的规范管理。在显著位置粘贴食品安全警示标识,时刻提醒员工注意食品安全问题。车间主管每日如实填写《生产日报表》,记录当天实际完成的生产任务,以书面形式向生产部负责人及公司负责人报送。产品经检验合规后及时送入仓库,及时组织发货,车间管理员要定时检查车间生产现场各环节:包括物料标识状况、生产产品包装的标签标识、机器运行状况、员工工作状况,随时指导员工解决生产过程中出现的异常问题。

(5)改进生产流程预防违法问题发生

公司执行开机首检,要求生产时每天对每个品种的首件产品,必须由双人检查。操作人员检查食品状况及日期批号等标识,车间管理人员再次复核,双人签字确认后方可继续生产,从而减少食品安全相关问题发生。

(6)建立食品安全合规奖惩机制

建立食品安全问题举报制度,对发现食品安全问题或风险隐患的员工进行奖励。设置食品安全合规考核指标,对发生食品安全问题的部门及责任人扣绩效奖金,并根据严重程度予以相应处理。

(7)加强员工培训提高食品安全认识

公司质量管理部立即进行食品安全教育和培训,培训内容为《食品安全法》及《上海食品安全条例》等法律法规,以及食品安全常见问题典型案例等,并就培训内容进行考核。通过培训进一步提高全体员工对食品安全工作重要性的认识,以高度的责任感做好食品安全各项工作;进一步准确掌握食品安全各项管理制度,严格按照规范程序操作,时刻树立质量意识、安全意识、效率意识。

4. 合规领导组织架构

公司专门成立“合规整治领导小组”并全权负责合规整改事宜。领导小组成员:

组长:公司法定代表人

副组长:质量管理部负责人

成员:五人

5. 合规计划实施

公司为建立合规长效机制,使公司能持续、合法、规范经营,现拟定三个月的合规计划如下:

2022年5月1日至2022年8月1日(完善领导成员工作职责及各种规章制度)

(1)合规管理规章制度

公司制定并完善以下管理制度,从制度上为合规管理提供支持:

食品质量管理制度;食品生产安全操作流程;食品标签管理制度;食品出厂检验制度。

(2)合规审查监督体系

公司各部门及员工对经营管理过程中涉及的合规事项及时、主动寻求合规咨询或合规审查。

合规管理部门认为存在明显合规风险的事项,相关部门应及时进行整改;如合规部与相关部门存在重大分歧,无法达成一致时,上报公司负责人,由公司负责人出具明确意见。

合规管理部应持续关注法律、法规和规章制度的最新变动,组织和督促相关部门对制度或流程进行必要改进,确保其合规性和有效性。

(3)合规风险预警及应对机制

合规管理部应当全面识别、评估公司所有业务活动的合规风险。

完善公司食品安全制度及作业规范,完善质量管理体系。

建立合规风险识别预警机制,全面系统梳理生产经营活动中存在的合规风险,对于典型性、普遍性和可能产生较严重后果的风险及时发布预警。

(4)合规审查评估机制

合规管理部加强对生产经营各环节的评估和审查。强化对规章制度等重要文件的合规审查,确保符合法律法规、监管规定等要求。

生产运营环节。严格执行合规制度,加强对重点流程的监督检查,确保生产经营过程中照章办事、按章操作。

合规管理制度环节。建立健全合规管理制度,制定全员普遍遵守的合规行为规范,针对食品标签等重点领域制定专项合规管理制度。

(5)违规上报机制

合规管理部门发现合规风险应向相应部门发出书面整改通知,有关部门应当及时整改并回复。

合规管理部门有权对公司内部违法违规行为或合规风险隐患组织调查,并向合规领导小组就调查情况和调查结论进行汇报。

(6)合规奖惩制度

对认真遵守公司规章制度的部门及人员进行精神及物质奖励,对发生违规问题的责任人按公司规定追究责任。违规情节较轻的,给予批评教育并责令整改;情节严重的，按照公司规定给予相应处分；涉嫌犯罪的，移送司法机关。

(7)合规文化培训体系

公司将合规文化建设融入企业文化建设中，利用公司文化宣传栏和微信群等平台大力宣传食品安全合规文化，使公司全体员工增加合规意识。

合规管理部门与人力资源部门建立协作机制，制订食品安全合规培训计划，定期组织合规培训工作。

6. 持续改进和承诺

食品安全是食品企业生产经营的重中之重，是关乎企业持续健康发展的重大问题。企业合规计划得到贯彻实施后，公司将以此为契机，全员参与、持续改进，将建立的制度和体系持续良好地运行下去。加强全员食品安全意识，切实落实各项食品安全管理措施。

第四节　食品安全合规计划评估

食品安全合规计划评估，是指第三方组织对涉案食品企业专项合规整改计划和相关合规管理体系的有效性进行了解、评价、监督等活动。具体可分为三个层面：一是评估方案制定；二是食品安全专项合规计划推进情况的考察；三是食品安全合规计划有效性评估。

一、评估工作方案

第三方组织可以根据涉案企业情况和工作需要，制定具体、细化、可操作的食品安全合规评估工作方案。通常考察评估方案可包括以下内容。

(一)评估的目的

涉案食品企业是否已经按照合规计划落实整改要求，完善企业治理结构，健全内部规章制度，形成有效的合规管理体系，实现了合规整改的目的。

(二)评估的主要内容

根据涉案食品企业的类型及规模，对合规体系有效性进行评估的重点，包括但不限于是否能有效识别食品安全风险；是否能对食品安全违法行为进行及时处置；是否合理配置了食品安全合规管理机构或人员；相关食品安全制度是否已经建立；监测、举报、调查、处理机制及合规绩效评价机制是否正常有效运行；食品安全企业合规文化是否形成。

(三)评估的期限

对企业合规考察的期限及各阶段性工作安排。

(四)评估的程序

1. 考察启动会。合规考察启动会的主要目的是了解案件及涉案企业情况,掌握合规考察重点及相关工作要求。一是听取承办检察官介绍案件情况及合规考察需求;二是听取涉案食品企业介绍企业情况及前期整改情况;三是要求涉案企业提交食品安全合规整改计划(已事前提交的,可直接提出修改或落实意见)。

2. 合规计划及整改情况沟通反馈。在合规考察过程中可根据涉案食品企业合规计划修改及落实情况召开沟通会议,及时反馈第三方组织意见,督促企业修改计划或落实相关工作要求。对合规计划比较完备可直接实施的或者合规整改落实比较到位的,也可以不召开沟通会。

3. 合规整改考察。可定期或不定期对涉案企业合规计划履行情况进行监督和评估,包括但不限于以下方法:

一是对涉案食品企业实地考察,开展访谈、问卷调查或知识测试;

二是对与食品安全相关的业务或管理事项,结合发生频率、重要性及风险高低进行抽样检查;

三是对食品安全相关业务处理流程,结合原始文件、业务处理踪迹、操作管理流程等进行穿透式检查;

四是对食品安全相关系统及数据,结合交易情况、业务凭证、工作记录及权限、参数设置等进行比对检查。

4. 撰写合规整改报告。在合规考察期限届满后,对涉案食品企业合规计划完成情况进行全面了解、监督、评估和考核,制作合规考察报告,经第三方组织全体人员签名或盖章后报送第三方管委会、检察机关。

(五)后续相关工作

第三方组织在提交合规考察书面报告后,还需做好拟作不起诉案件的参与听证等相关工作。

二、评估重点

(一)进行合规整改并制定合规计划

1. 全面停止涉案食品违法违规业务并积极弥补损失

涉案食品企业就涉嫌食品安全类违法违规行为的相关业务,应当积极采取有效措施,立即全面停止涉案违法违规业务。对责任人员作出辞退、岗位调整等内部处理。向食品药品监管部门或者检察机关表明愿意退缴非法所得以及缴纳相关罚款,积极采取赔偿损失、缴纳罚款等措施,弥补受损的法益。

2. 积极开展自查

涉案食品企业应当对标食品安全相关法律法规的要求,深刻剖析涉案违法违规行为发生的具体原因,排查企业及有关人员在主观和客观方面的漏洞及薄弱环节,重点开展以下自查工作。

(1)涉案食品企业及有关人员是否对业务涉及的相关食品安全法律法规有全面了解。企业主要负责人、高级管理人员、关键岗位直接负责人等有关人员在涉案之后是否已经对相关法律法规、制度规定进行学习,是否加深对食品安全合规要求的了解和认识。

(2)涉案食品企业及有关人员是否对涉案违反食品安全管理规定行为的违法性有深刻认识。企业主要负责人、高级管理人员和关键岗位直接负责人等涉及违反食品安全管理规定相关行为的人员在主观方面是否已经充分认识企业业务涉案环节的违法性。

(3)涉案食品企业是否已经对业务各环节涉嫌违反食品安全管理要求等内部和外部原因进行全面分析。这些原因包括但不限于:企业是否成立合规部门或相关岗位,以及是否发挥了对食品安全合规的监督作用,企业的生产、经营、运输等环节涉及的食品安全管理措施、隐患排查治理措施是否经过合规性的内部审查和外部论证,企业是否对员工进行必要的普法教育和合规文化的培训,企业对违规的食品生产经营模式是否存在重大依赖等。

3. 制定食品安全合规计划

涉案企业制定的合规计划,应当以全面合规为目标、专项合规为重点,主要针对与食品安全类违法违规行为有密切联系的企业内部治理结构、规章制度、人员管理等方面存在的问题,制定可行的合规管理规范,构建有效的合规组织体系,完善相关业务管理流程,健全合规风险防范报告机制,弥补企业制度建设和监督管理漏洞,防止再次发生相同或者类似的违法违规行为。

就食品安全方面的专项合规,涉案企业应当结合自查情况,以全面停止违反食品安全管理要求的生产经营活动、充分保障食品安全生产经营设施及条件、切实有效排查治理风险及隐患为核心,将合规计划中的相关整改工作分解,明确各项工作的完成时间,并落实到相关责任人。

(二)开展食品安全合规建设

涉案食品企业应当根据自查发现的主观和客观方面的合规漏洞及薄弱环节,结合自身的生产经营管理实际情况,严格按照合规计划,认真开展合规建设,包括但不限于以下几个方面要求。

1. 管理层重视与承诺

(1)企业应当承诺每年度对食品安全合规建设投入相对充足的资源,包括但不限于人力、资金、制度支持、食品安全生产设施设备等。

(2)企业实际控制人、主要负责人和高级管理人员应当高度重视食品安全合规整改项目,在企业内部以公开方式作出创造和培养食品安全合规文化的承诺和表率,并确保合规计划在全体员工中得到明确的传达及有效执行。

(3)企业实际控制人、主要负责人及高级管理人员应当出具书面承诺书,承诺企业建立食品安全专项合规制度并有效运行,对企业在开展业务过程中再次发生类似的违法违规行为承担个人责任,并应当明确说明其违反承诺的不利后果。该书面承诺书应当在企业内部予以公开。

2. 建立和完善内部合规管理组织架构

(1)企业应当建立由合规委员会或合规负责人牵头负责的合规管理体系,并以书面形式明确规定其具体职责及相关权限。

(2)承担合规管理职责的人员应当出具书面承诺书,承诺按照其职权范围诚信开展合规管理业务,对企业各项内部生产经营管理制度的执行情况进行检查,如若发现类似违法违规行为,应及时制止、报告。

3. 建立和完善企业内部生产经营管理规章制度

企业负责食品安全管理的部门(岗位)应当明确职责分工,建立并有效落实规范的内部生产经营管理制度。一是建立健全食品安全内部管理制度;二是规范食品安全管理要求的落实途径及方式;三是对第三方合作伙伴食品安全合规方面的管理和监督;四是建立对食品安全管理情况实施常规监督检查制度;五是建立内部举报制度并有效落实。

4. 建立食品安全管理合规内部培训制度

企业应当将食品安全合规培训纳入员工培训计划,并就合规培训的范围、频率、内容、负责的牵头部门(岗位)等内容形成书面制度。培训的内容应当包括与食品安全相关的法律法规、规章制度和操作规范。对企业的从业人员开展食品安全专项教育及培训,并依法要求从业人员、管理人员参与食品安全相关考核,保证从业人员具备必要的食品安全知识,熟悉有关的食品安全规章制度和操作规程,掌握本岗位的安全操作技能,了解应急处理措施,知悉自身在食品安全方面的职责要求。

5. 建立宣传合规文化的制度

企业应当建立常态化的食品安全合规文化宣传制度,通过多种方式宣传和倡导合规理念,鼓励员工理解和接受合规要求,提倡合规风气。宣传方式应注意针对性、创新性和知识性,宣传达到合规文化宣传效果。

三、评估指标

(1)企业是否按照国家、地方和行业要求,建立健全适合企业实际的食品安全内部管理制度。

(2)企业是否对从事的食品生产经营活动具有相关行政许可。

(3)企业是否设置食品安全合规管理机构或管理人员。

(4)企业是否规定了明确的食品安全责任,制定了责任清单,确保每位责任人都签署了食品安全责任书。

(5)企业是否定期、及时开展食品安全监督检查和隐患排查治理工作,对发现的食品安全问题和隐患是否及时、有效整改,是否建立专门台账、留下整改记录。

(6)企业是否将食品安全作为首要前提,对合作第三方的资质、生产经营条件进行审查,对合作第三方的履约能力作出评价,有效规避食品安全风险。

(7)企业是否将食品安全纳入企业考核制度,是否有专门的食品安全管理经费支持,是否建立食品安全专项资金投入的管理台账。

(8)企业是否对负有食品安全责任的相关人员进行教育和培训,是否有专门的培训计划,并留有培训记录。

(9)企业是否有相关的制度规范,对食品安全事故进行调查处理,对相关责任人员进行处分,并积极配合政府部门和有关单位要求开展的食品安全检查和专项活动。

第五节　食品安全合规审查

第三方机制管委会和检察机关收到第三方组织报送的合规考察书面报告后,应当及时进行审查。

一、食品安全合规审查的重点

对第三方组织提交的食品安全合规考察书面报告,应重点审查以下内容。

一是第三方组织制定和执行的评估方案是否适当,是否有利于全面了解掌握涉案食品企业合规整改情况。

二是评估材料是否全面、客观、专业,是否符合食品安全法及食品安全条例等食品法律法规规范,考察评估所依据的材料及相关理由是否足以支持考察报告的结论。

三是第三方组织及其成员是否存在应当回避未回避的情形,是否存在接受可能有利益关系的业务或收受礼品等可能影响公正履职的不当行为或违法犯罪行为。

经审查评估,认为第三方组织已经完成监督评估工作的,可以由第三方机制管委会宣告第三方组织解散，对审查中发现的重点和疑点问题，检察机关可以要求第三方组织或其成员说明情况，也可以直接调查核实。

二、小微食品企业合规审查

对小微食品企业，可以启动第三方机制进行合规评估，也可以由检察机关直接对小微企业提交的合规计划和整改报告进行审查。审查重点包括：食品安全合规承诺是否实际履行？食品安全合规计划执行情况如何？食品安全合规整改的实际效果如何？检察机关围绕上述重点开展合规审查后提出意见。

三、不当行为的处置

第三方机制管委会或检察机关收到第三方组织或其成员存在不当或涉嫌违法犯罪的反映、异议或申诉控告的，应当及时互相通报情况并会商提出处理意见。经书面审查或调查核实确认，第三方组织或其成员存在违反《合规指导意见》及其实施细则的禁止性行为，足以影响食品安全合规评估结论真实性、有效性的，第三方机制管委会应当重新组建第三方组织进行评估。

第六节　总结

一、食品安全合规难点

食品安全是一项系统工程，在整个链条中的任何一个环节出现问题，都有可能对用户生命健康造成影响，甚至给整个行业带来“灭顶之灾”，因此整个食品安全合规建设必须周密部署、严格执行，不容有侥幸心理或半点疏忽。实践中，合规监管的难点主要有以下几个方面：一是企业或员工食品安全意识不强，自律程度不高，知识掌握不够，卫生环境不达标或操作不规范等现象比较容易出现；二是食品安全涉及面广、涉及的环节多，检验检测或合规监管容易疏漏，而发现食品安全问题的渠道又不多；三是食品企业相对利润较低，合规监管势必会增加企业成本，导致部分企业对合规监管的动力不足、重视不够，存在主体责任不落实或落实不到位的情况。

二、食品安全合规要点

食品安全合规要点是合规机制发挥效用的关键要素。开展食品安全合规建设，重点可以从以下几个方面把握：一是设置食品安全合规管理机构或管理人员，明确合规管理人员和涉及食品生产经营各环节人员的合规责任；二是聚焦资质合规、过程合规和成品合规，建立健全相关合规规范；三是建立健全食品安全监测、举报、调查、处理机制，有效识别并控制食品安全合规风险，及时处置食品安全违法违规行为；四是建立食品安全合规绩效评价机制，引入合规指标对相关人员进行考核；五是企业负责人、实际控制人作出食品安全合规承诺，定期组织员工开展食品安全教育培训，促进食品安全企业文化的形成。

三、食品安全合规建议

食品安全合规应做到全流程、全链条合规，突出食品质量和卫生，确保食品安全万无一失。在食品安全合规建设中应特别关注食品溯源制度机制的建立，确保发生食品安全事件后第一时间找到问题所在，有针对性地采取措施。食品安全合规的重点并不在于对违法违规问题的及时处理惩治，而是侧重于预防违法违规问题的发生，因此要更加注重食品安全合规文化建设，更加注重资质合规、过程合规和成品合规建设，始终严格抓好制度执行，最大限度地降低食品安全违规风险。

推荐阅读

1. 周万里主编：《企业合规讲义》（第 2 版），中国法制出版社 2022 年版。

2. 最高人民检察院涉案企业合规研究指导组编：《涉案企业合规办案手册》，中国检察出版社 2022 年版。

3. 胡锦光、孙娟娟主编：《食品安全监管与合规：理论、规范与案例》，中国海关出版社 2021 年版。

4. ［美］F. 扬纳斯：《食品安全等于行为——30 条提高员工合规性的实证技巧》，孙娟娟译，科学出版社 2017 年版。

5. 邓毛程、汤高奇主编：《食品合规管理职业技能教材》，化学工业出版社 2022 年版。

6.《中华人民共和国食品安全法（案例注释版）》（第 5 版），中国法制出版社 2021 年版。

7. 王恒：《美国食品安全犯罪立法之简介》，载《人民法院报》2015 年 2 月 27 日，第 8 版。

8. 左袖阳：《中美食品安全刑事立法特征比较分析》，载《中国刑事法杂志》2012 年第 1 期。

9. 童建军：《德国食品安全监管的经验与启示》，载《世界农业》2013 年第 9 期。

第二十五章　生态环境保护合规计划

第一节　生态环境保护法律规范

一、核心法条分析

我国《刑法》第 338 条的“污染环境罪”规定:“违反国家规定,排放、倾倒或者处置有放射性的废物、含传染病病原体的废物、有毒物质或者其他有害物质,严重污染环境的,处三年以下有期徒刑或者拘役,并处或者单处罚金;情节严重的,处三年以上七年以下有期徒刑,并处罚金;有下列情形之一的,处七年以上有期徒刑,并处罚金:(一)在饮用水水源保护区、自然保护地核心保护区等依法确定的重点保护区域排放、倾倒、处置有放射性的废物、含传染病病原体的废物、有毒物质,情节特别严重的;(二)向国家确定的重要江河、湖泊水域排放、倾倒、处置有放射性的废物、含传染病病原体的废物、有毒物质,情节特别严重的;(三)致使大量永久基本农田基本功能丧失或者遭受永久性破坏的;(四)致使多人重伤、严重疾病,或者致人严重残疾、死亡的。有前款行为,同时构成其他犯罪的,依照处罚较重的规定定罪处罚。”

本罪的客观方面,是行为人实施了违反国家规定,排放、倾倒或者处置有放射性的废物、含传染病病原体的废物、有毒物质或者其他有害物质的行为。本条中的“违反国家规定”,是指违反国家关于环境保护的法律和法规的规定。值得注意的是,《刑法修正案(十一)》对本罪增设了 4 种加重犯的情形,可处 7 年以上有期徒刑,表明最新的刑事政策导向是加重对严重污染环境行为的打击力度。

二、相关规范

(1)《刑法》(第六章　第六节　破坏环境资源保护罪);

(2)《合规指导意见》;

(3)《合规指导意见实施细则》;

(4)《第三方人员办法》;

(5)《合规评估办法》;

(6)《环境保护法》;

(7)《水污染防治法》;

(8)《大气污染防治法》;

(9)《噪声污染防治法》;

(10)《固体废物污染环境防治法》;

(11)《土壤污染防治法》;

(12)最高人民法院、最高人民检察院《关于办理环境污染刑事案件适用法律若干问题的解释》;

(13)《建设项目环境保护管理条例》;

(14)《排污许可管理条例》;

(15)《环境管理体系　要求及使用指南》(GB/T 24001—2016);

(16)《中小企业合规管理体系有效性评价》。

第二节　生态环境保护合规计划建设

一、公司的基本情况

上海某公司始建于某年,为有限责任制公司,注册资本××万元。公司的经营范围包括××等。公司占地面积××平方米,建筑面积××平方米,2022年在职员工××人。公司2020年、2021年和2022年的营业收入分别为××亿元、××亿元和××亿元,上缴税收分别为××亿元、××亿元和××亿元。某公司为一家集研发、生产和销售于一体的企业,在本细分行业内处于领先地位,目前拥有×项专利,×项实用新型,具备××特种经营资质。某公司荣获"产品质量国家免检""上海市著名商标"等称号。某公司的合作伙伴包括韩国LG、日本三菱等国际知名企业。按照工信部关于企业规模划分的标准,某公司属于中型企业。在创造良好经济效益的同时,某公司致力于社会公益事业,捐资助学、救助贫困学生、帮助本地贫困户,通过各类慈善活动向社会捐赠×万元。

某公司的主体架构见图25－1。

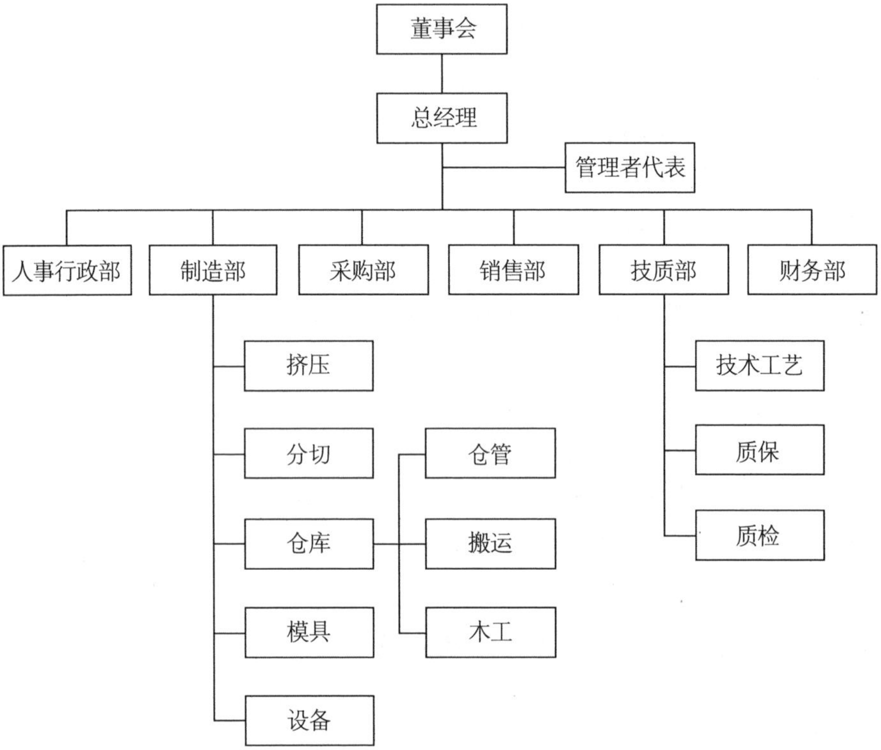

图 25-1　某公司的主体架构

二、公司涉案经过

20××年,某公司经理张三在明知本公司没有危险废物经营许可证的情况下,擅自与苏州某环保科技有限公司负责人签订飞灰(属危险废物名录 HW18,水泥窑协同处置豁免)处置合同,非法接收××吨飞灰,处置费用共计××万元。某公司接收该批飞灰后,根据一定配比混入黏土生料中进行水泥窑协同处置。因飞灰中氯离子含量较高,会对企业水泥窑造成损害,故焚烧处置进展缓慢。为此,某公司经理张三伙同公司一线生产厂长李四、二线生产厂长王五等人利用某公司新建一线、二线水渣库房需要回填土的机会,擅自安排某公司木工、铲车工和运输车驾驶员将飞灰当回填土进行填埋处理,填埋飞灰约××吨。

经鉴定,该批飞灰为危险废物,废物类别为 HW18 焚烧处置残渣,飞灰造成的土壤和地下水环境损害费用为××亿元。

上海市公安局以张三、李四、王五等人涉嫌污染环境罪,向上海市人民检察院移送审查起诉。

三、合规风险识别

自20××年某公司涉嫌污染环境犯罪事件发生以来，某公司深刻认识到保护生态环境，遵守环保法律法规，避免违法犯罪的重要性。某公司最主要的不合规行为是违反了《刑法》第338条的规定，涉嫌"污染环境罪"，违反国家规定，非法填埋危险废物，造成土壤和地下水污染，构成犯罪。为防止相同或者类似违法犯罪行为再次发生，某公司决定举一反三，对生态环境保护领域的合规风险点进行全面的梳理总结。

通过自查，某公司对目前生产、经营、管理的情况进行系统摸排，发现在以下方面存在生态环境保护合规方面的风险。

（1）公司内关于环境保护的合规管理组织尚未建立。

（2）关于生态环境保护的公司管理章程内容过于粗疏。

（3）缺乏相应的监测、举报、调查和处理机制。

（4）关于生态环境保护的相关培训并未展开。

（5）未形成生态环境保护领域的合规文化。

经过环保部门人员和生态环境保护领域专家的监督考察，某公司将未来生产运输中可能产生的污染环境风险进行列举和分级，制作了《环保风险识别分类表》。

四、违法行为处置

本案中犯罪行为处置主要是将涉嫌犯罪的经理张三和厂长李四、王五等5人从管理岗位上调离，其中罪行较为严重的张三交由检察机关移送审查起诉。对前述涉案人员已进行处理或者换岗，具体内容体现在专项合规整改的台账之中。

本案中还存在行刑衔接问题需要处理。对于已经遭受严重损害的土壤和地下水，环保部门要求某公司对生态损害进行修复和赔偿，赔偿金额为××亿元。目前某公司正与环保部门协调相关修复与赔偿事宜。

五、管理体系建立

公司成立合规部，设部长1名，由公司法务部部长兼任。部长下设合规专员若干名，分别在各分厂负责监督管理本厂的固体、气体和液体废物处置。

（1）坚持党的领导，确保企业生产经营依法依规。

（2）合规部成员在监督过程中有权对不符合国家法律法规和企业规章制度的行为进行制止和纠正。

（3）对拒不整改的违法行为，合规部可直接向政府主管部门汇报，并封锁现场。

（4）合规部监督本公司管理层及生态环保相关员工签署合规承诺书。

（5）合同金额在10万元以上的公司进出废物（货物）合同，须由合规部进行生态环境保护层面的审查，以确保其中不涉及危险废物物质。

(6)合规部部长及合规专员须定期,学习最新环保规范,并对各厂厂长及员工进行合规培训。

(7)合规部部长及各合规专员均须记录环保专项的合规台账,对发现的违法违规行为进行记录,上报公司总经理,进行相应的惩处或者人事调整。

六、合规章程制定

为加强完善某公司的各项环境保护管理工作,使之符合国家相关的政策法规,保障公司有序生产,现将环保管理的制度规定如下。①

第一章 总 则

第一条 根据《环境保护法》"认真执行全面规划,合理布局,综合利用,化害为利,依靠群众,大家动手,保护环境,造福人民"的环境方针,搞好本企业的环境保护工作,特制定本管理制度。

第二条 本企业环境保护管理的主要任务是:宣传和执行环境保护法律法规及有关规定,充分、合理地利用各种资源、能源,控制和消除污染,促进本企业生产发展,创造良好的工作生活环境,使企业的经济活动能尽量减少对周围生态环境的污染。

第三条 保护环境人人有责。企业员工、领导都要认真学习、自觉遵守环境保护法律法规及有关规定,正确看待和处理生产与环境保护之间的关系,坚持预防为主,防治结合的方针,提倡车间清洁生产、循环利用,从源头上尽量消灭污染物,并认真执行"谁污染、谁治理"的原则。

第二章 组织架构

第四条 公司设置由法务部长兼任组长的合规部,并设立生态环境保护合规专员,专门负责环境保护和监测,全面负责本企业环境保护工作的管理和监测任务,改善企业环境状况,减少企业对周围环境的污染,并协调企业与政府环保部门的工作。

第五条 合规部部长须定期召集各厂合规专员开会,讨论企业环保情况,定期向公司总经理和董事会汇报。

第三章 基本原则

第六条 公司环保工作由合规部长主管,环保专员专项负责,并直接向公司董事会

---

① 参见最高人民检察院涉案企业合规研究指导组编:《涉案企业合规办案手册》,中国检察出版社2022年版,第253页。

负责并报告环保工作。

第七条　环保专员要重视防治“三废”污染，保护环境。要把环境保护工作作为生产管理的一个重要组成部分，纳入日常生产中去，实行生产环保一起抓。

第八条　公司员工必须严格执行环境保护工作制度，确保环境保护合法合规。任何违反环保工作制度，造成事故者，一律追究责任，情节严重的移交司法机关处理。

第九条　实行“谁污染、谁治理”的原则，所有造成环境污染的部门必须提出治理规划，有计划、有步骤地加以实施，公司在财力、物力、人力方面及时给予安排解决。

第十条　对环保设施、设备要切实管理，建立定期检查、维修和维修后验收制度，保证设备、设施完好，运转率达到考核指标要求。

第十一条　在下达公司考核各项技术经济指标的同时，把环保工作作为评定内容之一。

第四章　环保专员职责

第十二条　环保专员职责：

（一）在公司合规部长领导下，认真贯彻执行国家、上级主管部门的有关环保方针、政策和法规，负责本公司环保工作的管理、监察和测试。

（二）负责制定本厂环保长远规划和年度总结报告。

（三）监督检查本厂执行“三废”治理情况，参加新建、扩建和改造项目方案的研究和审查工作，并参加验收，提出环保意见和要求。

（四）组织本厂开展环境监测，保存原始监测记录，建立环境管理台账，提交危险废物处置许可证执行报告，公开污染物排放信息，做好环保资料归档和统计工作，并将在工作中遇到的合规风险及时向合规部长报告。

（五）对员工进行环保法律、法规教育和宣传，提高员工的环保意识，并对环保岗位进行培训考核。

第五章　环保相关岗位员工职责

第十三条　一般固体废物及危险废物协同处置业务岗位职工职责：

（一）严格按照公司处置资质确定业务对象。本岗位职工，在与一般固体废物及危险废物产生企业达成合作意向前，必须首先确定拟处置的一般固体废物或危险废物种类，在本公司处置资质范围内。鉴于一般固体废物及危险废物协同处置过程中刑事风险的严重性，签订协同处置合同之前，必须经环保专员进行尽职调查后，作出审批决定。

（二）严格按照处置计划流转、接收待处置废物。处置计划应当包括对待处置物品从进场、到检验、到储存、到处置完毕全过程的操作流程。

相关废物运输车辆抵达公司后，业务岗位职工应至现场检查运输车辆是否与约定车辆一致、是否存在跑冒滴漏和逸散扬尘等情况、危险废物包装是否完好无损、所张贴的标签是否符合标准并且内容填写正确等，检查无误后，方可允许车辆进入公司。

运输车辆进入公司后，应由化验岗位职工对相关废物取样化验，确认与合同签订前送样废物一致。若化验结果一致，则本岗位职工根据化验部门化验结果接收；若化验结果不一致，本岗位职工不得接收。

接收相关废物后，应立即移交仓储部门。

第十四条 化验岗位职工职责：

（一）按照规定对公司环境数据进行监测。按照规定的监测频率和方式，对公司的污染物排放指标进行化验、监测，及时发现风险隐患，向公司领导及环保专员报告。

（二）认真履行一般固体废物及危险废物协同处置中的化验职责。

本岗位职工应当对业务相对方提交的待处置废物样品，认真进行分析化验，确认其是否属于本公司处置资质范围。

运输车辆将相关废物运输至本公司后，化验岗位职工应及时取样化验，确认运输的废物与合同签订前的废物样品是否一致，并及时反馈给业务部门。

根据化验结果，确定协同处置过程中相关废物添加数量、比例，协助制定处置计划方案。

第十五条 仓储岗位职工职责：

（一）做好本公司处置废物储存管理工作。仓库储存岗位职工应严格按照公司规定，做好待处置一般固体废物及危险废物的入库、储存、出库管理工作。

（二）做好本公司自身危险废物的储存管理工作。对于本公司自身在生产过程中产生的危险废物，本岗位职工需明确数量、质量、规格型号、入库时间、存放位置等情况，严格按照公司《危险废物管理制度》的规定，做好入库、出库、储存管理工作。

第十六条 危险废物处置管理、监督岗位职工职责：

（一）委托有资质的主体进行危险废物处置。危险废物经短期存放后，必须委托专业的危险废物处置公司进行处置，禁止危险废物处置岗位及其他岗位职工擅自处置危险废物。

（二）定期检查、维护危险废物处置设施。本岗位职工必须定期对设施进行检查、维护，确保符合相关标准要求。

（三）据实做好入库、出库等危险废物全周期管理工作。必须按照实际产生的危险废物数量，做好入库、出库、处置的全周期管理工作，确保所有危险废物均进入危险废物仓库存放。

（四）禁止执行违规指令。本岗位职工对于管理层或他人的指令或要求，不能确定是否合规的，应向合规部门咨询；明知指令违规的，有权拒绝执行，并立即向合规部部长汇报。

七、合规资源保障

某公司为开展本次合规建设（主要为生态环境保护合规板块）以及保障合规建设各项工作落实与后续优化升级，提供了较为充足的资金保障与人力保障：

（一）资金保障

本次环保合规资金预算总额约为××万元，主要组成如下：

1.“××系统”软件开发与后续升级维护费用××万元（包括需求分析××万元、系统设计××万元、硬件购置××万元、系统开发××万元、系统实施××万元、配套软件费用××万元）。

2. 本次环保合规人力资源专项资金××万元。

3. 本次专项合规外聘合规顾问律师费××万元。

4. 环保违规有奖举报资金××万元。

5. 环保合规培训费用××万元。

（1）培训、会议场地费：××万元。

（2）讲师费用：××万元。

（3）茶歇及相关食品费用：××万元。

（4）餐费：××万元。

（5）培训材料及其他费用：××万元。

6. 企业合规文化上墙及宣传费用××万元。

7. 预留后续备用其他费用××万元。

（二）人力保障

1. 常任环保合规部部长 1 名。

2. 各分厂环保专员各 1 名。

3. 环保专项合规顾问律师 3 名。

4. 外聘环保专项合规讲师 3 名。

八、巡视、举报、调查、处理制度

（一）巡视制度

（1）合规部部长和合规专员负责进行环保专项巡视监测。环保专项合规巡视的内容包括：①环保相关法律法规的遵循情况；②环保专项合规目标指标和巡视方案的完成情况；③排污许可证、排污申报、环境影响评价、“三同时”等情况符合相关法律、法规；④公司的各项环保管理制度的执行情况；⑤公司年度环保方针目标的执行情况；⑥污染防治设施和在线设备运行情况，排污口达标情况；⑦危险废物的收集、贮存及处置情况；⑧清洁生产审核和 ISO 14001 环境管理体系认证情况。

（2）合规部部长制订年度环保专项巡视计划，按计划每季度组织一次日常巡视，将检查结果填写在《环保专项合规巡视记录单》中，对发现的问题要求各部门在规定时间内整改完毕，到期不能完成整改的须上报情况说明，合规专员将对各部门整改情况进行跟踪。

（3）合规专员和合规专员在巡视中发现的不符合环保专项合规要求的问题，由相关部门制定纠正措施并采取整改措施。合规专员对在环保专项合规目标指标和管理方案的环保专项巡视和对法律法规遵循情况的检查中发现的问题，向责任部门开具整改报告，并责成责任部门采取整改措施。

（二）举报制度

（1）环保专项合规举报坚持如下基本原则：①员工广泛参与；②实时监督举报。

（2）合规部部长负责受理举报事宜，其环保专项合规举报职责如下：①负责内部环保专项举报工作制度的制定、修改和实施；②受理员工举报的环保相关内部运营缺陷或环保专项违规行为，对环保违规行为进行调查分析和性质认定。

（3）公司所有部门、所有环节的环保相关运营缺陷、管理漏洞或违规行为都列为员工环保专项举报范围，包括但不限于经营管理中违反公司环保专项制度、监管政策、相关法律法规的行为。

（4）出现下列情形之一的，主要责任部门负责人必须先行引咎辞职，再视案件结果进行处理：①环保专项违规问题是由员工举报、上级领导巡查或上级监管机构检查、违法违规行为人逃匿等非自查方式发现的；②发生严重环保专项违规问题隐瞒不报，或上报上级领导或监管机构时弄虚作假的。

（5）公司对检举重大环保违法违规行为和成功堵截环保专项案件的员工，实行保密制度，并在案件处理完毕两周内直接奖励有功人员。检举奖励标准按照《环保专项合规奖惩管理办法》的规定执行。对于弄虚作假、蓄意栽赃、恶意诽谤他人的举报，且造成不良影响和严重后果的，将根据相关法律法规追究举报人的法律责任。

（三）调查制度

（1）轻微环保专项不当行为及一般环保专项不当行为由合规专员负责调查，组织有关人员进行，并于 3 日内将调查报告报公司、相关职能部门。

（2）重大环保专项不当行为由公司合规部长组成调查小组进行调查。

(3)特别重大环保专项不当行为由公司总经理、合规部部长、合规专员,会同行政执法部门组成的调查组进行调查。

(4)对于重大、特别重大环保专项不当行为,合规部部长应当在调查完成后的7日内写出《环保专项不当行为调查与处理报告》。

九、合规培训制度

(1)公司合规部部长是公司环保专项合规培训管理工作的引领者,负责全面推行公司环保专项合规培训领导工作。公司人事部门配合合规部部长,具体实施公司合规培训计划。

(2)环保专项合规培训主要包括以下几种方式:①根据行政人事部的统一安排,由公司内部组织专业人员或聘请外部讲师举办环保专项合规培训知识讲座;②公司员工利用业余时间,经公司领导批准后可参加相关外部环保专项合规专题培训;③公司根据经营发展需要,选派员工参加相关环保专项合规培训交流;④有计划地遴选业务骨干或领导干部外出参观、学习环保专项合规培训等。

(3)对于公司新招聘的人员,由行政人事部根据其招录岗位,安排相关环保专项合规培训,原则上环保专项合规培训的时间不少于1个工作日,环保专项合规培训完成后,需完成环保专项合规培训考试并在合格后方可安排上岗。

第三节　生态环境保护合规计划有效性评估与审查

根据《合规评估办法》的规定,涉案企业合规的建设、评估和审查,其标准是统一的,也就是宏观上均可参照第14条的规定,关注以下六个方面的内容:"(一)对涉案合规风险的有效识别、控制;(二)对违规违法行为的及时处置;(三)合规管理机构或者管理人员的合理配置;(四)合规管理制度机制建立以及人力、物力的充分保障;(五)监测、举报、调查、处理机制及合规绩效评价机制的正常运行;(六)持续整改机制和合规文化已经基本形成。"

前述6个方面的宏观要求,建立了基本的框架,但仍然缺乏更为细致的标准。根据最高人民检察院公布的第三批涉案企业合规典型案例中的第二个案件,突出了第三方组织自行列举具体的审查标准,"量身定制了包括检察建议完成情况、合规方案、合规文化培育等12个模块65项评价要素的评价体系,将企业合规整改工作逐项拆解评分,再累加汇总,最终第三方组织认为K公司整改效果达到良好等级,并出具了合规考察报告"。目前来看,最高人民检察院的相关指引和地方的环保合规相关规范性文件规定,都适宜成为合规有效性“审查”与“评估”的标准。①

一、最高人民检察院《涉案企业合规办案手册》评估与审查重点②

(1)企业是否根据国家和行业的要求,建立健全适合企业实际的环境保护内部管理制度。

(2)企业是否对危险物质具有经营许可证或者在经营范围内获得许可。

(3)企业是否根据环保要求,建立健全排放、倾倒、处置废物的管理规定,建立排污台账,做到污染物排放处理有迹可查,能够在日常工作中做到及时发现、及时处理。

(4)企业治污设施、排污监控、自动监测设施运行是否合规;是否按照法律法规规定和生态环境部门的要求,建立环境风险预警体系,开展定期监测,评估环境风险,排查环境安全隐患,采取有效的防治措施。

(5)企业是否建立健全污染防治责任制度,制定责任清单,确保每位责任人都签署了污染防治责任书。

(6)企业对污染防治各环节是否设置具体岗位人员,明确岗位职责规定,岗位职责是否清晰并可以互相监督。

(7)企业涉及环境保护管理的第三方供应商等合作伙伴是否具有相应资质,在为企业提供污染物处置、监测等环境保护管理方面是否合法合规。

(8)企业是否按照生态环境部门的有关要求和技术规范,完善突发环境事件风险防控措施,按照有关规定建立健全环境安全隐患排查治理制度,建立隐患排查治理档案,及时发现并消除环境安全隐患。

(9)企业是否积极配合生态环境部门开展的执法监测,定期向生态环境部门报告相关工作。

(10)企业是否对污染物排放等环保要求进行专门培训,参加培训人员是否进行登记。

二、地方规范性文件评估与审查指引

江苏省张家港市人民检察院作为全国首批六家涉案企业合规试点的地方检察院,在生态环境保护合规领域进行了诸多探索,其自 2022 年起试行的《合规有效性审查工作办法(试行)》附件部分对“生态环境保护合规”的审查指标作出了具体规定,值得参考,见表 25-1。

---

① 参见邵聪:《涉案企业合规的评估标准研究》,载《苏州大学学报(哲学社会科学版)》2022 年第 4 期。

② 参见最高人民检察院涉案企业合规研究指导组编:《涉案企业合规办案手册》,中国检察出版社 2022 年版,第 136 页。

表 25－1　三级审查指标

指标类别	一级指标	二级指标	三级指标
合规管理	有效的合规管理制度	书面合规计划	1. 书面合规计划包含以下要素： (1)建立合规组织体系，如合规管理组织架构、成立合规综合管理部门、各部门的合规责任； (2)制定纲领性合规管理规范、合规政策、合规行为准则； (3)梳理合规风险，针对重点领域制定管理制度； (4)明确合规计划承诺完成时限； (5)建立合规预防体系、识别体系、应对体系等运行机制； (6)其他有利于合规管理的相关制度、措施
		合规管理组织体系	2. 合规管理组织体系审查重点： (1)合规管理组织架构设置是否合理、明确； (2)企业主要负责人是否是企业合规体系建设的第一责任人； (3)管理层对合规的公开承诺、董事会对合规管理体系建设的监督，公司章程有无加入合规内容； (4)合规综合管理部门的设置以及职能职责、履职的独立性； (5)其他部门的合规职能职责
		合规管理规范	3. 合规管理规范包含以下要素： (1)是否制定了合规管理办法制度文件，且覆盖面广、内容完整； (2)是否制定专项的合规管理制度、指引、流程； (3)是否建立合规管理台账制度

续表

指标类别	一级指标	二级指标	三级指标	
合规管理	有效的合规管理制度	合规政策	4. 合规政策是企业全部的合规管理制度，包括专项合规计划的全部内容，可以是企业税务、环保、安全生产、知识产权等任一方面	
			5. 企业将合规政策作为与第三方合作伙伴签订合同的附件使用，要求对方遵循相关合规政策	
		合规行为准则	6. 结合不同岗位风险点制定有针对性、可操作的员工行为准则，明确员工责任	
			7. 企业向所有员工提供合规手册并进行有效合规培训	
	有效的合规运行机制	合规预防体系	8. 合规风险评估制度	(1)已制定合规风险识别评估制度、流程； (2)根据业务所在国的相关法律和监管环境变化，定期识别梳理法律、合规义务； (3)已经开展过合规风险识别评估的具体工作：采取何种方法识别、分析及应对相关风险；收集分析了哪些相关信息或指标以便对合规风险进行评估； (4)确定合规重点管控领域； (5)对于影响较大的风险建立风险预警机制
			9. 尽职调查制度	(1)公司合规审查制度、流程； (2)合规审查的范围（如投资并购、合作伙伴尽职调查）； (3)合规审查开展情况； (4)合规尽职调查范围涵盖重点合规风险管控领域； (5)合规尽职调查开展的情况
			10. 合规培训制度	(1)历年合规培训计划、培训记录； (2)有针对性的合规培训（董事会成员、业务部门、专题、新员工入职）； (3)过去一年合规培训的人数与覆盖率； (4)培训的效果（考核）； (5)业务领导讲授专业领域的合规案例； (6)将以往的合规事件及处分纳入培训内容； (7)开展针对高风险部门人员/关键岗位（如海外人员）的专门合规培训； (8)供应商的合规培训情况，公司定期制定合规培训方案、开展合规培训

续表

指标类别	一级指标	二级指标	三级指标	
合规管理	有效的合规运行机制	合规预防体系	11. 合规文化建设制度	(1)公司的合规价值观、愿景与使命; (2)新入职员工是否签署员工行为规范承诺书; (3)推动行业合规; (4)合规宣传活动策划; (5)公司网站投放、开展合规报道等宣传活动
		合规识别体系	12. 合规报告制度	(1)举报与调查制度; (2)合规举报的途径,24小时匿名举报渠道; (3)调查的流程、打击报复零容忍
			13. 合规巡视制度	(1)合规管理部门对潜在合规风险定期巡查、结果汇报; (2)深入分析内控风险中的合规性目标是否管控到位; (3)建立健全应对业务实质性风险的保障措施
			14. 合规奖惩制度	(1)公司合规考核制度与计划; (2)对各部门、所属企业负责人的年度合规考核评价; (3)对员工合规职责履行情况的评价; (4)干部选用、晋升对合规的审查; (5)奖金与合规挂钩; (6)对防范重大合规风险或挽回重大损失给予集体或个人表彰和奖励; (7)对落实合规管理工作不力或因重大合规风险造成损失的人员问责
		合规应对体系	15. 不当行为调查制度	(1)不当行为及时调查; (2)组织调查的人员和范围、调查处置方式等
			16. 不当行为纠正制度	(1)采取的惩戒措施、补救措施和问责机制,包括对以前合规计划中发现的不当行为进行的纪律处分,并对合规计划修订的情况; (2)提交董事会年度合规报告
			17. 行政监管应对制度	(1)协调配合,及时应对重大风险; (2)制定行政监管应对方案,与行政主管部门的沟通、协商机制

续表

指标类别	一级指标	二级指标	三级指标	
合规管理	合规管理保障	合规应对体系	18. 领导发挥关键作用	领导积极参与合规管理工作;参与讲课
			19. 合规专项预算	(1)预算批准情况; (2)基于风险和有效合规管理而批准的合规预算; (3)预算的充足性;预算数与人员编制
环境保护	建设项目合规管理	企业建设项目环保手续合规管理	20. 企业建设项目应依法履行环评手续及“三同时”制度	
			21. 环评文件及环评批复应齐全	
			22. 企业现场情况应与环评文件的内容保持一致	
			23. 环评批复5年后项目才开工建设的,应重新报批环评	
	环保验收合规管理	环保竣工验收	24. 项目投运后进行环保竣工验收,环保竣工验收手续完备	
	废水处理合规管理	废水处置合规管理	25. 废水处理设施运维台账齐全	
			26. 环境风险单元具备防渗漏、防腐蚀、防淋溶、防流失措施	
			27. 实行雨污分流,并且具有清净废水系统以及雨水排水系统风险防控措施	
			28. 生活污水的污染防治控制,对生活用水、新鲜水消耗实行定额考核管理	
			29. 具有清净废水系统的总排口监视及关闭设施	
			30. 具有生产废水处理系统风险防控措施,事故废水收集措施齐全	
			31. 设置应急事故水池并确保事故排水收集设施在事故状态下能顺利收集泄漏物与消防水,事故水池能保持足够的缓冲容量	
	废气处理合规管理	废气处理设施检查	32. 废气处理设施运行记录齐全	
			33. 按照规定设置采样孔及采样平台	
			34. 在禁止设置新建排气筒的区域内新建排气筒	
			35. 料场、货物的扬尘与生产过程中的粉尘按要求采取了防治颗粒物污染的措施或设备	

续表

指标类别	一级指标	二级指标	三级指标
环境保护	固体废物、危险废物合规管理	源头分类管理	36. 危险废物与一般废物分开,工业废物与办公、生活废物分开,固态、液态、泥态、置于容器中的气态废物分开,可利用的与不可利用的废物分开,有热值的与没有热值的废物分开;性质不相容的废物分开,利用与处置方法不同的分开
			37. 按照废弃物分类,设置临时放置点、废物箱,并分别设置明显标识
		一般固体废物的处理	38. 一般固体废物的处理优先考虑资源的再利用
			39. 在生产、办公和生活过程中产生的固体废物,可回收利用和一般固体废物由各单位自行委托当地环卫部门处置,危险固体废物由管理处办公室委托专业的单位统一进行处置
			40. 固体废物的处理情况记录在《固体废弃物清单》中
		危险废物污染防治责任	41. 建立危险废物管理制度、危险废物管理图表、岗位责任制度、安全操作规程
		标识制度管理	42. 危险废物的容器与包装物必须粘贴危险废物标签
			43. 收集、贮存、运输、利用、处置危险废物的设施、场所,必须设置危险废物识别标志
		管理计划	44. 危险废物管理计划报当地县级以上环保部门备案
			45. 管理计划内容有重大改变的,应当及时申报
		危险废物标识规范化管理	46. 危险废物贮存间门口需张贴标准规范的危险废物标识与危险废物信息板,屋内张贴企业《危险废物管理制度》。危险废物贮存间内禁止存放除危险废物及应急工具以外的其他物品
			47. 危险废物贮存间需按照“双人双锁”制度管理,即两把钥匙分别由两个危险废物负责人管理,不得一人管理
			48. 不同种类危险废物应有明显的过道划分,墙上张贴危险废物名称,液态危险废物需将盛装容器放至防泄漏托盘内并在容器粘贴危险废物标签,固态危险废物包装需完好无破损并系挂危险废物标签,并按要求填写
			49. 建立台账并悬挂于危险废物间内,转入及转出(处置、自利用)需要填写危险废物种类、数量、时间及负责人员姓名
			50. 危险情况与安全措施必须分别按照《危险废物贮存污染控制标准》危险用语与安全用语填写

续表

指标类别	一级指标	二级指标	三级指标
环境保护	噪声污染合规管理	噪声源运行控制	51. 岗位操作人员要按时巡检，发现设备运转异常时，及时上报并查出原因，若确系设备带病运行，要立即报告机动工程部、生产运行部，进行修复
			52. 各种设备应按制度定期润滑，尤其是高噪声源设备的润滑，使设备正常运转，降低噪声
			53. 工艺设备检修时，高噪声源设备要同步检修，做到油路、汽路畅通，油标醒目，油量充足，保证设备的长周期平稳运行
			54. 产生噪声源的单位，必须保证防治噪声污染设施的正常运转。改造、拆除或闲置噪声污染防治设施的必须报请主管部门批准
		噪声治理与防护	55. 质量安全环保部门每年年初根据上级公司的目标及本单位的需要，针对生产区域高强度噪声源制定综合治理目标、指标
			56. 新装置要选购制造精度高、噪声低的设备，防止噪声污染
			57. 认真执行“三同时”原则，在改建、扩建、新建装置的同时，对噪声超标部位必须落实噪声防治设施，避免新的噪声污染
		个人防护	58. 员工在高噪声岗位现场作业要戴耳塞、护耳罩等防护用品，加强个人防护
		监督检查	59. 企业应对本单位噪声情况进行日常监督、检查
			60. 环保站按监测计划负责进行厂界环境噪声及生产区域高强度噪声源的监测，做好记录及统计上报工作
企业生产经营活动中如有下列情形之一，合规有效性评估一票否决			
环境保护			1. 近一年内受到环境生态部门的行政处罚
			2. 近二年内被判处污染环境罪或被提起环境保护公益诉讼
			3. 发生重、特大环境污染事故
			4. 未落实地方生态环境主管部门规范性工作要求

推荐阅读

1. 最高人民检察院涉案企业合规研究指导组编：《涉案企业合规办案手册》，中国检察出版社 2022 年版。

2. 周万里主编：《企业合规师手册》，法律出版社 2022 年版。

3. 陈瑞华:《企业合规基本理论》,法律出版社 2020 年版。

4. 邵聪:《涉案企业合规的评估标准研究》,载《苏州大学学报(哲学社会科学版)》2022 年第 4 期。

第二十六章　知识产权合规计划

第一节　概述

2020年11月30日，习近平总书记在主持第十九届中共中央政治局第二十五次集体学习时指出："知识产权领域仍存在侵权易发多发和侵权易、维权难的现象，知识产权侵权违法行为呈现新型化、复杂化、高技术化等特点；有的企业利用制度漏洞，滥用知识产权保护；市场主体应对海外知识产权纠纷能力明显不足，我国企业在海外的知识产权保护不到位。"随着创新驱动战略的推进，知识产权作为国家发展战略性资源和国际竞争力核心要素的作用越发凸显。2021年10月9日，国务院《"十四五"国家知识产权保护和运用规划》进一步指出："推动中央企业建立完善知识产权工作体系，打造一批具备国际竞争优势的知识产权强企。深化实施中小企业知识产权战略推进工程。"知识产权犯罪给企业带来巨大的风险与挑战，加强企业知识产权合规体系建设，将合规"防火墙"融入企业业务流程，提升企业知识产权合规水平，对培养企业资源优势、实现长期可持续发展意义重大。

一、知识产权与知识产权保护

（一）知识产权的概念

知识产权是人们依法对自己特定智力成果、商誉和其他特定客体享有的权利。传统的知识产权包括著作权、专利权、商标权。随着科技的发展和社会的进步，知识产权的保护范围不断壮大，如集成电路布图设计权、植物新品种权、地理标志权和商业秘密权等。近年来随着智能信息技术的不断发展，数据已经成为一种新的商业资本和一项重要的经济投入，为人类社会创造出经济价值。基于大数据本身的可复制传播性和可重复利用等特点，客观上致使其与知识产权有着千丝万缕的联系。

(二)知识产权保护规范现状

1. 我国保护知识产权法律法规

我国立法从民事、行政、刑事等方面为知识产权提供了较为全面的保护。《民法典》中与知识产权直接相关的条文共有8条(第123条、第440条、第600条、第844条、第876条、第1062条、第1185条)间接涉及的条文有52条(散见于总则、物权编和合同编等)、《刑法》分则第三章第七节"侵犯知识产权犯罪"及其相关司法解释、《对外贸易法》第五章"与对外贸易有关的知识产权保护"、《商标法》及其实施条例、《专利法》及其实施细则、《著作权法》及其实施条例、《信息网络传播权保护条例》及相关司法解释、《反不正当竞争法》及相关司法解释、《植物新品种保护条例》《集成电路布图设计保护条例》《知识产权海关保护条例》《展会知识产权保护办法》《最高人民法院关于审理侵犯商业秘密民事案件适用法律若干问题的规定》等。①

2. 知识产权管理规范

(1)国际标准:ISO 56005:2020《创新管理—知识产权管理工具和方法——指南》。这是由我国牵头制定,并于2020年11月正式发布的一项国际标准,是ISO关于知识产权管理的首项标准。该标准的主体部分包括三章分别为"知识产权管理框架"、"知识产权战略"和"创新过程中的知识产权管理"。强调知识产权战略与创新战略的协调,规范了知识产权管理与创新过程的融合,并为知识产权管理提供了众多实用的工具和方法。

(2)国家标准:GB/T 29490—2013《企业知识产权管理规范》。该标准由TC554(全国知识管理标准化技术委员会)归口上报及执行的国家标准,由国家知识产权局起草制定,国家质量监督检验检疫总局②、国家标准化管理委员会批准颁布,自2013年3月1日起实施,是我国首部企业知识产权管理国家标准。该标准将知识产权管理作为一个完整的体系,规定了企业策划、实施、检查、改进知识产权管理体系的要求。2019年开始,为更好地满足企业的实际需要,国家知识管理标准化技术委员会(SAC/TC 554)标准起草组启动了《企业知识产权管理规范》(GB 29490—2013)的修订工作。截至2022年6月,在吸收各方意见的基础上进一步修改完善标准文本,形成征求意见稿。征求意见稿系统加强了知识产权合规的相关内容,明确了企业知识产权管理体系的合规属性,强化了企业知识产权管理中的合规要求。

(3)部门指南:《企业知识产权保护指南》。2022年4月,国家知识产权局知识产权保护司组织编制《企业知识产权保护指南》,该指南以企业管理层需求为视角,从组织管

---

① 参见《企业知识产权保护指南》,上海市人民检察院2021年4月编印,第12页。

② 现为国家市场监督管理总局。

理、人力资源、财务管理、产品研发、市场营销等各环节阐述企业如何开展知识产权保护，从意识培养、机制建设、实务操作等方面提升企业的知识产权保护能力和水平，内容侧重认知的全面性和方向性，并在操作层面给出了指向性建议。

3. 知识产权合规标准

(1)2021 年 12 月 27 日，上海市浦东新区人民检察院与中国信通院知识产权与创新发展中心联合发布《企业知识产权合规标准指引(试行)》。该指引全文共 30 条、6 章，包含总则、知识产权合规管理组织体系、制度体系、运行体系、风险识别处置体系以及第三方监督评估体系等。该指引明确了企业知识产权合规体系建设应当遵从并坚持的独立性、有效性、全面性、动态性和可查证"五大原则"，分别从合规职能部门的独立性、合规管理体系的有效性、合规管理制度的全面性、合规工作运行的持续性以及合规管理存证的必要性五大视角为企业合规管理体系的组建、运用、效果提供宏观指导。

(2)2022 年 4 月，北京市大兴区人民检察院联合北京市大兴区知识产权局、北京市大兴区工商联发布了《侵犯知识产权犯罪涉案企业合规整改指南》。该指南全文共 35 条、5 章，包含总则、合规整改计划、合规整改实施、合规整改效果评估及附则，旨在为办理侵犯知识产权犯罪涉案企业合规案件的检察机关、参与涉案企业合规整改的第三方组织以及有知识产权合规整改需求的企业提供合规参考。

(3)2022 年 4 月，广东发布省级地方标准《企业知识产权国际合规管理规范》(DB44/T 2361—2022)。该标准由广东省知识产权保护中心提出，广东省海外知识产权保护促进会牵头起草，深圳市标准技术研究院参与起草。该规范在总结和比较企业知识产权国际合规经验做法的基础上，综合考虑了知识产权国际条约、通行惯例和规则以及中美日欧等重点国家和地区的重要知识产权规则，旨在建立科学、系统、规范的知识产权国际合规管理体系，加强企业知识产权海外风险防控能力，引导企业实现国际化经营和合规管理，帮助企业实现海外知识产权风险防控的"源头治理"。

二、知识产权犯罪概况

(一)知识产权犯罪的基本情况

2022 年 3 月 1 日最高人民检察院召开新闻发布会，最高人民检察院检委会专职委员宫鸣介绍，2021 年全国检察机关共批捕侵犯知识产权犯罪 4590 件 7835 人，同比分别上升 16.8% 和 9.2%；共起诉侵犯知识产权犯罪 6565 件 14020 人，同比分别上升

12.3%和15.4%。[①] 从上海的情况看，近5年，知识产权犯罪案件大幅上升（见图26－1）。商标类犯罪案件占据知识产权犯罪的绝对主体地位，占比从89%上升至95.7%。侵犯著作权类犯罪案件每年维持在50～70件，总体数量变化不大。侵犯商业秘密类案件每年在10～20件，成案数量虽然不高，但影响较大。

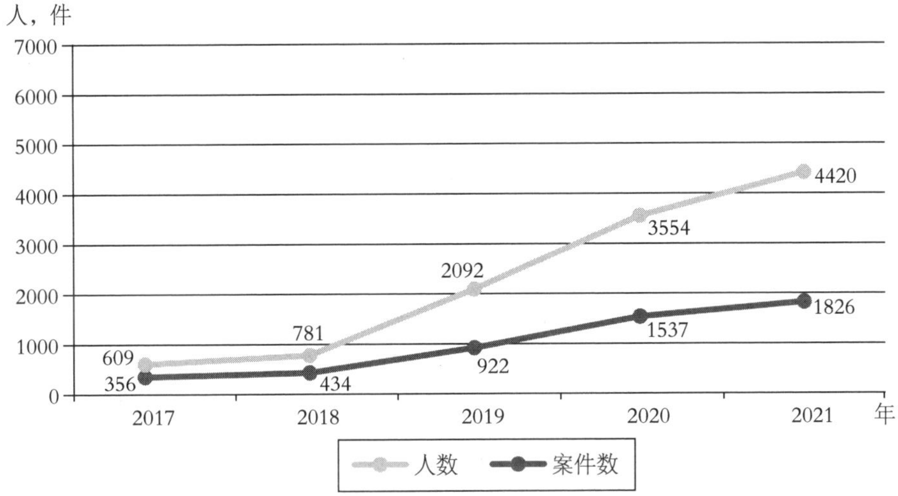

图26－1　上海近5年知识产权犯罪情况

（二）知识产权犯罪特点、趋势

新形势下，知识产权刑事犯罪案件呈现出以下特点。

1. 侵犯商标权仍是犯罪行为主要的侵犯对象。从涉案领域来看，侵犯商标权类案件侵权产品主要集中在电子、烟酒、服装及奢侈品等领域。侵犯商标权犯罪已从零星、单个摊贩式低端销售向团伙作案转变，部分人员曾从事注册商标生产或销售的工作，对被侵权商品有一定了解，因同乡或熟人关系而聚集，制假售假行为容易在一定区域内进行传递。[②] 侵犯商标权犯罪团伙化、产业化、链条化趋势明显，犯罪主体往往分工明确。比如在假冒商标犯罪中，其运作模式通常是自产自销，从购买原材料、翻新、销售、物流等环节都有专人负责，在网络知识产权犯罪中，行为人反侦查意识进一步强化，给案件侦破增加了难度。

2. 侵犯著作权案件覆盖面广。从被侵犯著作权的对象范围看，主要集中在文字作

① 《检察机关2021年起诉侵犯知识产权犯罪6565件14020人》，载https://www.163.com/dy/article/H1CQ14VB05148UCS.html，2022年9月2日访问。

② 参见逄政、付红梅：《涉知识产权犯罪办案现状及对策分析——以浦东新区检察院工作情况为例》，载《中国检察官》2021年第11期。

品和计算机软件这两类作品上，除此之外还包括玩具、漫画等被侵权，侵犯影视、线上课程、游戏等互联网作品的案件也时有发生。被侵权软件作品涉及领域不断扩展，不仅包括游戏软件，还有 OA 软件、工程软件、教辅软件等诸多商业软件。犯罪手段更加技术化、专业化，利用虚拟服务器、爬虫、解析、转码、云盘等技术已经成为“互联网 + ”时代侵犯著作权的典型特征。

3. 内鬼泄密是侵犯商业秘密案件的主体。侵犯商业秘密案件的犯罪手段多为内外勾结或者违约后擅自使用。其中，掌握商业秘密的员工是泄密的高危人群，表现为员工利用职务便利将掌握的涉案图纸、配方或者客户名单等披露给他人使用，或员工在离职后，违反保密约定，自行使用其掌握的技术秘密或者经营秘密。此外，明知是他人的商业秘密，仍通过互联网等方式公开披露也是侵犯商业秘密案发的因素之一。企业保密管理机制不完备的情况较为普遍，例如，保密协议过于笼统，保密措施存在漏洞，保密教育流于形式等，这些问题导致企业商业秘密被侵权后，维权难度大。

三、常见知识产权犯罪的风险点

企业及其员工知识产权不合规行为既可能导致侵权，也可能导致被侵权。根据知识产权风险的性质，可将风险分为技术风险、法律风险和市场风险。我国《刑法》涉及的侵犯知识产权犯罪的案件具体包括四类：侵犯商标权利犯罪，包括假冒注册商标罪，销售假冒注册商标的商品罪，非法制造、销售非法制造的注册商标标识罪；侵犯专利权利犯罪，包括假冒专利罪；侵犯著作权权利犯罪，包括侵犯著作权罪、销售侵权复制品罪；侵犯商业秘密犯罪，包括侵犯商业秘密罪，为境外窃取、刺探、收买、非法提供商业秘密罪。基于上海地区知识产权犯罪的情况，分析企业知识产权的法律风险如下。

（一）侵犯商标权类犯罪风险

企业在制造、销售注册商标的商品及商标标识时，有以下行为之一，情节严重的，涉嫌犯罪。

1. 使用的商标实质上未得到许可。企业在自行制造、接受委托制造过程中，在同一种商品或服务上使用与已注册商标相同的商标，如未经合法授权，就侵犯了权利人的商标权。同样，如果超期授权、超范围使用他人的注册商标，或者使用与他人注册商标基本无差别，足以对公众产生误导的商标，经营额或者非法所得金额达到入罪标准，亦构成犯罪。企业除应杜绝侵犯他人商标权外，还应积极主动避免侵犯他人权益。在受委托从事代工时，企业有义务审查受委托商标是否为委托人所有的（有权）的注册商标，符合《商标注册证》上核定使用的商品。

2. 销售假冒他人注册商标的商品。明知系假冒注册商标的商标予以销售，违法所得数额较大或者有其他严重情节的，构成销售假冒注册商标罪。司法实践中，一些企业可能以掩耳盗铃的方式辩解自己不明知，该行为不可取。企业在其能力范围内有义务审查所销售的商品商标来源的合法性。即企业销售带有注册商标的商品前，应从销售方的销售资质、进货价格、交易方式、商品质量等方面综合判断商品是否系假冒他人注册商标的商品。企业如发现供应商并非商标权人或者被许可使用人的，或商品进货价格与该品牌商品的市场价格相去甚远，或交易方式异常，商品质量差等情况，未采取积极措施处理。该举措包括但不限于要求供应商在采购合同中作出该商品不侵犯他人知识产权的承诺，禁从上家进货等，从现有判决的情况看，结合商品进货价格、进货渠道异常等证据，企业可能被推定明知，涉嫌销售假冒注册商标的商品罪。

3. 制造、销售他人注册商标标识。未经商标权利人许可，非法制造或擅自接受他人委托，生产、加工带有注册商标或带有法律禁止作为商标使用的未注册商标的包装物、说明书、贴标等印刷品的，非法制造或销售的商标标识数量或者违法所得金额达到入罪标准的，①涉嫌非法制造、销售非法制造的注册商标标识罪。印刷企业在接受他人委托印刷包装装潢印刷品时，应当对委托印刷外包装、广告宣传品、包装装潢等涉及注册商标印刷的应当尽到必要的审查义务，相关成品、半成品、废品和印板、纸型、底片、原稿等应当全部交付委托方，不得擅自留存。如果印刷品涉及文字、美术、摄影等作品，还应当验证并收存委托人提供的《作品登记证书》或者著作权人授权使用证明。如企业不积极履行上述义务，轻则可能涉嫌侵犯权纠纷，结合其他证据，还可能涉嫌非法制造注册商标标识罪。

4. 提供相关服务过程中的风险。从事仓储、运输、营销咨询、销售技术支持、直播带货等服务的企业，当服务内容涉及注册商标的商品时，因未尽到审查注意义务，容易导致企业陷入商标侵权纠纷。因此服务企业在提供服务前应当对商品持有人的身份和商品真伪情况尽到基本的注意义务。从事商品贴标设计的企业，应当特别注意避免侵犯他人著作权和商标权等在先权利。

5. 地理标志集体商标侵权犯罪风险。未经地理标志持有人的许可，擅自使用已经注册为证明商标或者集体商标的地理标志可能引发侵权风险，导致民事责任或者行政责任，情节严重构成商标犯罪的，还会涉及刑事责任。未经批准擅自在产品上使用地理标志、专用标志或者与之相似的标志，使公众误认为是地理标志专用标志的，应当依法承担行政责任。伪造产品产地、伪造或者冒用认证标志等质量标志，应当依法承担行政责任。

---

① 最高人民检察院、公安部《关于公安机关管辖的刑事案件立案追诉标准的规定(二)》(公通字〔2010〕23 号)第 71 条、最高人民法院、最高人民检察院《关于办理侵犯知识产权刑事案件具体应用法律若干问题的解释》(法释〔2004〕19 号)第 3 条，明确了非法制造、销售非法制造的注册商标标识罪的入罪标准。

(二)假冒专利犯罪风险

专利作为一项工业产权,是技术、经济和法律相结合的整体。根据我国《专利法》的规定,专利权的所有人和持有人享有专利的独占权和专用权。任何单位和个人非经专利权人许可,除法律规定以外,都不得为生产经营目的制造、使用或者销售其专利产品,或者使用其方法。《专利法》规定的专利侵权行为包括一般专利侵权、假冒他人专利和冒充专利行为。“假冒他人专利”,是指侵权人在自己的产品上加上他人的专利标记和专利号,或使其与专利产品相类似,使公众认为该产品是他人的专利产品,以假乱真,侵害他人合法权利的行为。根据《刑法》规定,目前只有假冒他人专利的行为,情节严重的才构成假冒专利罪,冒充专利行为尚不能构罪。

2004 年 12 月 8 日最高人民法院、最高人民检察院《关于办理侵犯知识产权刑事案件具体应用法律若干问题的解释》参照《专利法》的方式列举了 4 类假冒专利的行为。①为避免出现专利侵权风险,企业应注意以下几点:(1)企业未经专利权人许可,不得实施他人专利,即不得为生产经营目的制造、使用、许诺销售、销售、进口其专利产品,或者使用其专利方法以及使用、许诺销售、销售、进口依照该专利方法直接获得的产品。(2)产品设计和上市前,要进行专利检索,在产品设计方案可能存在侵权风险时,应采取规避设计、取得专利许可等方式规避或者减少风险。(3)对外贸易活动中,避免引进或者出口的技术、产品侵犯他人在国内或者国外的专利权,引起涉外专利侵权纠纷。(4)专利权终止前依法在专利产品、依照专利方法直接获得的产品或者其包装上标注专利标识,在专利权终止后许诺销售、销售该产品的,不属于假冒专利行为。

(三)侵犯著作权类犯罪风险

几乎每个企业都离不开版权,企业日常工作的主要内容是使用、创作和传播各类作品,因而时刻面临着各种著作权风险,尤其是在网络等自媒体快速发展的互联网环境下,不可避免地会遇到各类版权侵权的问题。著作权侵权行为损害公共利益的,可能会承担行政责任;以营利为目的实施著作权侵权行为,违法所得较大或有其他严重情节的,可能构成侵犯著作权罪;销售明知是侵权复制品的,违法所得巨大或有其他严重情节,可能构成销售侵权复制品罪。主动侵犯他人著作权不可取,同样企业在使用他人著作权作品时有审查义务,要承担一定的注意义务。根据案发情况,提醒企业著作权合规需要特别注意以下两点。

---

① 包括以下 4 种情形:(1)未经许可,在其制造或者销售的产品、产品的包装上标注他人专利号的;(2)未经许可,在广告或者其他宣传材料中使用他人的专利号,使人将所涉及的技术误认为是他人专利技术的;(3)未经许可,在合同中使用他人的专利号,使人将合同涉及的技术误认为是他人专利技术的;(4)伪造或者变造他人的专利证书、专利文件或者专利申请文件的。

1. 明确边界，有效促进企业内部职务作品合规。企业一方面要在合同中明确职务作品、委外创作、版权的权属，另一方面在使用上述作品时，要尽到合理的审查注意义务，以免承担不利后果。(1)职务作品。职务作品是由单位职工完成单位工作任务创作的文学、艺术类作品。这类作品的著作权由作者(单位职工)享有，单位在其业务范围内有权优先使用。作品完成两年内，未经单位同意，作者不得许可第三人以与单位使用的相同方式使用该作品。(2)特殊的职务作品。特殊职务作品是职工主要利用法人或者其他组织的物质技术条件创作，并由单位承担责任的科学技术类作品。对特殊职务作品，作者享有署名权，著作权的其他权利由单位享有，单位可以给予作者奖励。(3)委托作品。委托作品的创作往往要按照委托人的要求进行，体现的是委托人的意愿。企业在委托他人进行技术创作时，不仅要在合同中约定著作权的归属，还应作出免责规定，受委托人不得侵犯在先权利。

2. 先授权后使用，谨防侵犯他人著作权。在企业经营管理中，使用他人作品的常见类型有字体、文字作品、摄影作品、视听作品、图形作品、计算机程序等。在使用过程中要注意：(1)不要使用盗版计算机软件；企业使用开放源代码软件时，需遵守开源软件合规义务，不得违反开源许可协议。(2)不要未经许可使用网上的视频、图片、文章或者独创性字体；在创作网络短视频的过程中，应尊重他人的著作权，对他人作品的引用应做到比例适当，符合商业惯例和日常生活惯例，避免大篇幅地不合理使用。(3)企业通过采购版权等方式使用他人作品时，应当查验出售方的身份及其享有的权利。可以要求出售方或者许可方在授权使用或者转让合同中作出不侵犯他人知识产权的保证，并约定涉及侵权时出售方/许可方的法律责任。

(四)侵犯企业商业秘密风险

商业间谍案仍在频发，2020 年中国国家安全部破获的经济金融领域间谍案件是 5 年前的 7 倍。[①] 我国不断探索和完善商业秘密的法律保护，2020 年 9 月“两高”《关于办理侵犯知识产权刑事案件具体应用法律若干问题的解释(三)》进一步降低了侵犯商业秘密罪的入罪门槛。企业在披露、使用或允许他人使用商业秘密前，除了要排除以盗窃、贿赂、欺诈、胁迫、电子侵入或者其他不正当手段获取权利人的商业秘密外，还应注意以下几点。

1. 杜绝违反保密义务或者违反权利人有关保守商业秘密的要求，披露、使用或者允许他人使用其所掌握的商业秘密的。企业对在商业活动(包括商业接洽、协商过程)中

---

① 参见董凡超、鲍静：《难题接续破解　经验系统集成》，载法治网 2021 年 8 月 31 日，http://www.legaldaily.com.cn/index_article/content/2021－08/31/content_8592771.htm，最后访问日期：2022 年 8 月 19 日。

所知悉的他人商业秘密，负有保密义务，擅自披露或使用，极有可能引发商业秘密侵权风险。企业自知悉他人商业秘密之日起，便应遵守保密义务。

2. 尽到合理的审查义务。若企业本单位员工提供的商业信息属于他人商业秘密，企业直接使用该商业信息的行为可能引发商业秘密侵权风险。对于员工或合作单位提供的商业信息，企业应注意审查以下内容：商业信息是否属于公知信息；新招录的员工是否处于竞业禁止、竞业限制期间及被禁止、限制从事的工作内容；商业信息的商业价值、研发难度与提供人声称的获取方式、报酬金额是否匹配；是否直接使用他人的商业秘密，或者对商业秘密进行修改、改进后使用，或者根据商业秘密调整、优化、改进有关生产经营活动。

商业秘密具有商业竞争优势，权利人往往会采取物理隔绝、分级保密等措施予以特别保护，一般人员难以轻易接触该秘密。因此有机会接触或者掌握该商业秘密的雇员，尤其是任职于技术研发、生产销售等核心岗位的雇员，极易成为竞争对手获取权利人商业秘密的突破口。掌握核心技术秘密或经营信息的员工，更有机会擅自使用该商业秘密牟利。为防止企业自身商业秘密被侵害，除要完善保密制度外，需要健全保密举措。

1. 避免员工泄密。(1)企业与员工签订的保密协议中应当约定其在职期间及离职后的保密义务和违约责任，视情况也可约定竞业限制、竞业禁止条款；(2)注重电子邮箱管理、存储介质管理等规定，禁止员工将包含企业商业秘密的文件擅自转移至其他存储介质；(3)注重离职人员脱密管理规定，及时回收其所持有和使用的涉密载体、设备，同步更新企业内部办公系统工作权限，移交手续应当有登记清册；(4)定期对员工开展保密培训、法治宣传和警示教育。

2. 健全保密措施。(1)对涉密的厂房、车间等生产经营场所限制来访者或者进行区分管理；(2)对能够接触和获取商业秘密的电子设备采取限制接触、使用、存储、复制等措施；(3)对符合商业秘密的客户名单、项目计划、技术参数等商业信息，在书面或者电子形式流转过程中加以商业秘密说明和保密提示等。

3. 保存必要证据。因资料保存不当，是导致企业商业秘密被侵权后无法立案的主要原因之一。企业发现商业秘密受到侵犯后，须及时固定相关证据，必要时可以通过公证或者申请诉前证据保全等方式固定证据，具体方面包括：一是证明秘密性的证据，可以委托专门的鉴定机构对秘密信息是否具有非公知性进行鉴定，明确具体的密点和内容。二是证明商业秘密具有现实的或者潜在的商业价值的证据，包括销售详单、发货清单、签约合同等。三是证明保密措施的证据。如上述保密协议、保密制度等。

第二节　知识产权合规计划建设

涉案企业合规体系的目的在于预防或者应对企业违法违规行为遭受行政处罚和刑事追究的风险。知识产权合规领域存在一定的特殊性，企业除了要尽量采取措施避免违法违规外，还需要全面系统地排查知识产权合规风险和管理漏洞，有针对性地制定和完善知识产权管理体系。涉案企业为弥补企业知识产权制度建设和监督管理漏洞，合规整改计划至少应当包含以下内容：梳理与侵犯知识产权犯罪有密切联系的企业内部治理结构、规章制度、人员管理等方面存在的问题；制定可行的知识产权合规管理规范；构建有效的知识产权合规组织体系；健全知识产权合规风险防范机制。

一、排查知识产权管理存在的问题

涉案企业知识产权专项合规整改，首先企业必须结合案发情况，从员工、制度建设、体系构建等主客观层面深刻剖析自身存在的问题，以避免同类违法犯罪案件再次发生。尽管存在单位犯罪，但归根结底还是人的问题，以下以企业员工为视角，排查企业知识产权管理中存在的问题。

（一）入职前

主要关注两方面：一方面劳动合同或者附属协议中没有明确知识产权权属、保密条款等，导致员工入职后对知识产权权属、保密义务等职责不明晰，没有约束，因重大失误致企业商业秘密流失，或者被恶意盗窃商业秘密，致维权困难；另一方面对高级研发管理人员、关键研发人员没有进行知识产权背景调查和进行相关知识产权声明。这既会导致对人员资质能力判断的不准确，也可能导致入职员工因侵害他人知识产权产生纠纷，甚至涉嫌犯罪，影响公司的正常经营。

（二）在职时

一是知识产权管理人员不能满足岗位任职条件。或对技术理解不深入，不能全面、准确地检索，影响对侵权风险的预判；或对知识产权流程业务不熟悉导致维权不当；或对相关法律了解不深入，导致不能全面识别风险。二是中、高级管理人员对知识产权运营策略缺乏充分认识。对知识产权关注不足，提供不了适当的资源，对企业运营各环节知识产权风险管理控制投入不足，导致企业知识产权风险预防和创新成果保护落实不到位。三是研发、生产等技术创新相关人员，对自身知识产权权利、义务不知晓或无相关约束，导致产生泄密、知识产权署名纠纷、职务发明（作品）纠纷、权属纠纷等。四是商务、市场、销售、人力资源部门人员对知识产权了解不足。

（三）离职后

对重点岗位离职人员进行知识产权事项提醒，主要包括：一是对离职人员采取脱密管理，及时回收其所持有和使用的涉密载体、设备，同步更新企业内部办公系统工作权限，移交手续应当形成文件化信息予以保留。二是对离职人员的电子邮箱、存储介质等进行严格管理，禁止其将包含企业知识产权的文件、程序信息擅自转移至其他存储介质。三是涉及核心知识产权的人员离职时，应签署离职知识产权协议，进一步明确知识产权的权属和保密的要求。

二、知识产权合规组织体系

（一）合规体系建设的原则

上海市浦东新区人民检察院与中国信通院知识产权与创新发展中心联合发布《企业知识产权合规标准指引（试行）》，明确了企业知识产权合规体系建设应当坚持独立性、有效性、全面性、动态性和可查性原则，对企业开展知识产权合规具有较大的指导意义，分析如下。

1. 独立性原则。合规职能部门（专员）应独立履行职责，在行使职权时具有相对独立性，这是保障其行使权利的基础。具体指合规职能部门（专员）开展合规管理相关工作，尤其是按照合规规章管理的规定，对企业和员工进行客观评价和处理时不受其他部门和人员的干涉；并可直接向治理机构汇报，向治理机构提交定期报告；制定知识产权相关制度、签订重要合同等，具有前置审核权。

2. 有效性原则。知识产权合规管理体系是企业管理体系的一部分，要更加经济、有效地发挥作用，需要将知识产权合规管理制度有效嵌入经营业务的具体环节，并与审计监察、内控及风险管理等工作相统筹、相衔接。同时应明确管理人员和各岗位员工的合规责任，建立全员合规责任制，人人参与，确保合规管理闭环。

3. 全面性原则。该原则不仅体现在知识产权合规管理不仅是合规管理部门的重要职责，还需要各个部门相互配合；还体现在知识产权合规工作覆盖业务涉及的研发、生产、销售、对外合作、投资推广、招投标及采购等各个环节，贯穿决策、执行、监督全流程。知识产权合规管理体系需要确保所有与知识产权相关的业务、部门和人员均已纳入工作体系中。

4. 动态性原则。从合规管理体系的运行看，识别企业经营管理中存在的合规风险问题是动态的，需要及时反馈、纠正和改进企业经营中的风险。从合规管理体系的内容看，知识产权合规管理体系中的具体内容应根据企业经营范围、组织结构和业务规模等变化有所调整，同时合规管理体系应当根据企业内外部环境的变化适时进行调整和完善。

5. 可查证原则。作为合规体系的一部分，知识产权合规工作应依照工作流程开展，其管理应做到有迹可循、有证可查。

（二）合规部门（专员）的职责

如前所述，知识产权合规管理工作涉及企业经济的方方面面，一般而言，企业中负责知识产权合规管理职能的组织具有明显的综合性特征。知识产权管理部门包括知识产权事务决策部门和知识产权事务执行部门。企业知识产权事务决策性工作一般事关企业发展的大局，包括知识产权战略的拟定、知识产权相关规则的审批、对知识产权布局、品牌规划、知识产权交易、维权、纠纷应对等事项作出决策等。为了保证决策的合理性和执行性，企业的知识产权事务决策一般由企业的主要负责人或由各部门负责人共同形成的知识产权委员会作出。企业的知识产权事务执行部门主要负责知识产权的日常维护、信息收集、协调外部机构、对知识产权事项进行初步分析和汇报以及执行决策部门的决定。

通常我们所称知识产权合规专员（专门部门）指的是知识产权事务的执行部门。实践中存在由法务部门、技术研发部门或专设知识产权部门担任的情况，各有利弊。企业可根据自身行业性质、经营规模等情况合理选择和设置知识产权合规部门或合规人员，组织、协调和监督合规管理工作。在大型企业因经济实力雄厚，知识产权部门通常被设置为与技术研发部门、市场营销部门、法务部门等平级并列，且知识产权部门通常配备有具有知识产权专长的人员专职负责与其他部门就知识产权事宜进行对接，这种安排有利于知识产权事务的执行。

（三）组织保障

企业董事会、监事会、高级管理人员应当履行必要的合规管理职责，对知识产权合规计划制定与执行给予支持，确保合规部门（人员）行使职权的独立，保障资源充足。

（四）内部配合

企业各部门在职权范围内配合落实合规管理的日常工作，可在本部门设置合规联络员，进行合规风险信息的收集和报送，配合合规部门就相关问题调查并及时整改。企业审计监察、内控、质量、安全等相关部门，在职权范围内履行合规管理职责。主要职责包括：按照合规管理要求完善业务管理制度和流程，主动开展合规风险识别和隐患排查，发布合规预警，组织合规自查；根据法律、规则和准则的最新发展，及时拟定并持续修订与本部门职责相关的业务、管理制度，并监督、检查相关制度的执行，积极识别、报送合规风险并及时采取必要措施降低风险和损失；可在本部门设合规管理岗，进行合规风险信息的收集和报送，组织或配合进行相关问题的调查并及时整改。

三、知识产权合规管理规范

知识产权合规管理规范是一系列企业规章制度的集成，其目标在于实现对知识产权合规风险的有效识别和管理，确保公司管理和各项经营活动的合法合规，推动企业全面加强知识产权合规管理,提升依法合规经营管理水平,保障企业持续健康发展。知识产权管理规范的制订需要根据企业自身的业务特点,以纲领性规定为主干、以具体实施办法为保障的完备体系,形式上应完整覆盖合规管理的事前防控、事中应对以及事后整改环节,内容上应确保合规风险管控、主要经营行为合规监管、重大合规问题应急处置、合规考核评价以及合规文化建设等重点内容均有明确可行的制度规范。

(一)知识产权合规基础性管理制度

企业知识产权合规管理基础性管理制应涵盖企业知识产权管理机构设置及权限,企业知识产权的规划、运用管理、维权保护、奖惩激励以及纠纷应对等方面的基本规则,具体至少包括以下内容。

1. 知识产权合规管理工作基本规定。作为企业知识产权合规管理工作的宗旨,工作基本规定应界明知识产权合规管理的内涵、目标、原则、组织机构、制度体系、运行和保障机制等。

2. 知识产权合规考核评价办法。作为企业知识产权合规管理的落地和检验工作指引,考核评价办法应明确考核对象、考核指标、考核标准等,指导企业通过考核评价确保知识产权合规管理工作切实落地。企业应根据自身情况制定、建立、实施和持续开展相关激励及惩罚机制,鼓励人员进行知识产权创造、提升运用知识产权的积极性;对知识产权合规绩效目标、绩效奖金和其他激励措施进行定期评审;对违反企业知识产权合规义务、目标、制度和要求的人员,进行适当的纪律处分,必要时,应追究相关人的刑事责任;将激励和惩罚程序和措施形成文件化信息,予以保存,便于在企业内部进行沟通。

3. 知识产权合规必要的资源配置制度。企业可以根据自身情况,设立知识产权经常性预算科目,保障知识产权合规管理工作的正常进行,经费项目可以包括:用于知识产权申请、注册、登记、维持、检索、分析、评估、诉讼和培训等费用;用于知识产权合规管理机构的运行费用;用于知识产权合规管理体系建立、运行、维护和更新的费用;用于知识产权激励的费用。有条件的企业可设立知识产权风险准备金。

4. 知识产权合规举报核查管理办法。作为企业知识产权合规管理工作的补充指引,指导企业重视并处理好知识产权举报核查工作。企业应确保所有人员了解举报程序、了解其自身的权利和保障机制,并能够运用相关举报程序。举报制度应在整个企业内可见、可使用,企业应对举报内容保密,接受匿名举报,保护举报者免于遭受报复。

5. 知识产权合规员工手册。作为企业知识产权合规管理工作的补充指引,员工手册应明确企业落实知识产权合规管理的配套内容,如保密要求、竞业限制、保密承诺书等,指导企业提升员工的合规意识,建设诚信、透明、可持续的企业合规文化。

6. 知识产权合规文化建设制度。为企业知识产权合规形成长效机制,必须从企业合规文化建设入手,多层次构建企业合规文化。企业应建立对技术人员、知识产权管理人员、全体员工的分层级合规培训制度。从增强知识产权保护意识、知识产权价值观、营造崇尚创新尊重知识产权的氛围、重视知识产权宣传教育等方面进行知识产权文化的建设;结合知识产权管理制度建设和人才建设,构建有利于调动企业员工知识产权工作积极性的激励机制,树立尊重和保护知识产权的企业形象。

7. 合规管理。企业开展知识产权合规管理所需的管理台账,包括但不限于著作权管理台账、专利管理台账、商标管理台账、知识产权纠纷记录台账等。合规管理机构要和审计监察、法务、内控、风险管理等部门建立沟通协调机制,将各部门工作中发现的合规问题,纳入台账进行管理。

(二)知识产权管理工作指南与流程

根据公司业务重点,有重点地制订以下工作流程:著作权登记流程、专利申请流程、商标申请流程、技术合同管理指南、技术资料档案管理指南等。按照生产经营环节细分为以下内容。

1. 获取合规。企业应及时申请注册登记各类知识产权,明确有关专利申请、集成电路布图设计登记、商标注册、著作权登记、商业秘密保护等知识产权获取及其后续维护或主动放弃的管理措施和工作程序。

2. 维护合规。企业应明晰处置和运营知识产权管理规定,明确职务发明成果的界定条件以及委托或合作开发成果知识产权归属的处置原则,明确有关专利权、商标权、著作权等知识产权转让、许可、投资、质押的管理措施和工作程序。例如,在研发合作时注重知识产权所有权、使用权、收益权、处分权的合理安排,防范研发合作产生的知识产权权属合规风险。

3. 运用合规。企业应注重生产经营环节知识产权管理,明确在原材料及设备采购(包括软件等)、技术和产品开发、技术转让(许可)与合作、委托加工、产品销售、广告宣传或展销、招投标、进出口贸易、企业合资及并购和上市等环节中可能涉及的各类知识产权事务的管理措施和工作程序。

(1)企业采购活动中的知识产权管理。企业应收集相关知识产权信息,必要时应要求供方提供权属证明;做好供方信息、进货渠道、进价策略等信息资料的管理和保密工作;在采购合同中应明确知识产权权属、许可使用范围、侵权责任承担等内容。

(2)企业生产活动中的知识产权管理。注意发现有知识产权价值的创新成果,及时采取相应的知识产权保护措施;对在生产过程中不宜对外公开的操作规程、各种报表和试验记录、检验检测记录等,应建立相应的保密制度,采取相应的保密措施;承揽委托加工、来料加工、贴牌生产等加工业务时,注意规避对外加工业务中的知识产权风险,明确双方知识产权权利义务、保密责任。

(3)企业研发活动中的知识产权管理。建立研发活动的知识产权跟踪检索分析与监控制度;明确对研发成果的知识产权归属管理;加强对研发活动的档案和保密管理,建立技术研发档案、记录管理制度,确保研发活动具有可追溯性;加强对研发成果申请专利的挖掘与质量的管控。

(4)企业营销活动的知识产权管理。对产品即将投放的市场进行同类产品知识产权状况的调查分析,防止遭遇知识产权侵权指控;正确使用注册商标或专利号等知识产权标志,对消费者和有关市场主体进行必要提醒;建立产品销售市场监控机制,多渠道地监控同类产品的市场情况;对发现侵权的,应当进行重点信息收集,必要情况时进行公证。

4. 上市审查。企业上市前,应对已有的无形资产的法律状态、存续年限、法律风险等进行整体的评估与规划;对上市公司准备使用的无形资产的权属和法律状态以及招股说明书中的相关内容进行审查;完整地披露知识产权获取、丧失、转让等信息。

5. 涉外业务。企业应积极开展涉外业务中的知识产权布局;对拟引进的技术或者产品的相关知识产权状况进行调查分析,并对侵权风险进行综合评估;签订技术或产品引进合同、输出合同(包括代理合同)时应明确技术或产品引进的许可方式和范围、后续改进成果的归属和分享、权利维护、双方的保密责任和义务、引进技术或产品发生知识产权侵权时供方应承担的法律责任等内容。

6. 根据生产经营需要针对重点经营行为和重要商业伙伴知识产权合规管理制定相应的工作指引。在制定相应指引时,应结合实际需要,针对特定主题、特定合规风险领域、特定行业或地区特有的合规要求等提供具体指导原则和标准。例如,作为印刷企业在接受他人委托印刷业务时,需要根据出版物、包装装潢印刷品以及其他印刷品的不同类别有针对性地开展承印验证工作,建立健全规范化的合规管理工作流程,根据业务受理、事项审批、生产加工、检验发货等不同经营活动环节,执行不同的流程管理措施,及时发现合规风险并提出处理意见,确保风险未消除前经营活动不得进入下一环节。针对重要商业伙伴的知识产权合规管理工作指引,可重点围绕对重要商业合作伙伴的评估、筛选、调查和监督整改工作,以确保在合法合规的情况下深化合作。

(三)知识产权合规风险防控制度

知识产权合规风险管理应覆盖公司的所有业务、部门和人员,覆盖业务和管理的各个环节。在合规管理框架下,公司各部门、各企业应主动识别、管理公司经营管理活动中的知识产权合规风险,并根据知识产权合规风险的大小进行风险分级分类管理。合规风险管理与业务之间要做到清晰分离、相互制衡。

1. 合规风险检查制度。合规管理机构作为合规检查牵头单位，负责组织、协调企业各项合规检查工作，抽调相关部门人员共同组成检查组，根据企业业务情况每半年至少开展一次合规风险检查。检查结果在征求相关部门的反馈意见后，提交企业领导审批。

2. 合规审查报告机制。将合规审查作为规章制度制定、重大事项决策、重要合同签订、重大项目运营等经营管理行为的必经程序，及时对不合规的内容提出修改建议，未经合规审查不得实施。发生较大合规风险事件时，合规管理牵头部门和相关部门应当及时向合规管理负责人、分管领导报告。

3. 知识产权合规风险的识别与预警机制。企业应通过完善合规风险信息收集机制，全面系统梳理企业经营活动中可能存在的合规风险，建立合规风险台账，对风险源、风险类别、风险形成因素、可能发生的后果及发生的概率等展开系统分析，对有典型意义、普遍存在的以及可能造成严重后果的风险应及时发布预警。

（四）知识产权合规风险应对制度

企业应根据不同的合规风险类型制定和选择知识产权风险应对方案，应对方案应包括总体方案和专项方案。对合规风险中的重要风险事项，企业合规管理机构和各部门共同研究制定具体整改方案，明确整改主体、具体责任人、整改时间节点等具体要求，合规管理机构以月为时间节点统计整改完成情况，并及时向企业领导汇报。对于合规风险中的中等风险事项，由企业各部门制定具体整改方案，报合规管理机构备案，合规管理机构以半年为时间节点统计整改完成情况。对于合规风险中的一般风险事项，企业各部门制定具体整改方案，报合规管理机构备案，合规管理机构以年为时间节点统计整改完成情况。

1. 知识产权合规调查取证管理办法。作为企业知识产权合规调查工作指引，指导企业防范知识产权合规调查工作中的风险，明确调查人员与职责，规范调查工作流程。

2. 重大知识产权合规风险应急处理办法。作为企业知识产权合规风险工作指引的补充，指导企业针对重大风险建立预警机制、设置应急处理办法、明确追责制度。

第三节 知识产权合规计划评估

在对涉案企业进行知识产权专项合规时，应根据涉案企业类型、规模、业务范围、行业特点以及涉罪行为等因素设置，并适当提高合规管理的重点领域、薄弱环节和重要岗位等方面指标的权重。总体上要求涉案企业按照企业合规整改计划的要求全面、按时、保质地完成，并能够主动接受检察机关、第三方组织的监督、检查。第三方监督评估机构对涉案企业知识产权专项合规的评估需要采取必要的评估方法，常见的评估方法有资料收集、问卷调查、人员访谈、现场准备。一般包括以下步骤。

一、评估准备

(一)资料收集

资料收集齐全、有针对性,能使诊断更充分,更有针对性。故在实施评估之前,第三方评估机构需要向企业收集相关资料,包括企业组织架构图及部门职责,公司规章制度、知识产权相关文件、劳动合同、保密协议、竞业限制协议、采购合同、知识产权委托合同等,以及企业的宣传图册、人事管理制度、奖惩制度、档案管理制度和设备管理制度等。

(二)确定重点访谈对象

企业知识产权合规体系的建立需要体现战略导向、领导重视、全员参与的原则。知识产权合规体系的建立并不是独立的,需要最高管理者从企业经营战略高度进行总体策划并由全体员工参与,才能够确保系统运行的有效和改进的可持续性,从而规范企业知识产权管理的全流程,提高企业知识产权管理水平。

1. 最高管理者。最高管理者是知识产权合规评估必不可少的对象,对最高管理者进行调查评估时,重点了解企业经营发展战略、知识产权战略及其工作重点和发展方向。

2. 管理者代表。管理者代表作为体系的建立、实施和保持者,起到承上启下的作用,对管理者代表进行调查评估,侧重于内外部沟通的有效性和资源的落实,以确定企业知识产权合规体系的基调。

3. 各部门负责人和联络人。企业知识产权合规涉及多个部门,各部门负责人掌握着部门运行的情况,而合规联络人作为合规体系运行的具体工作人员,负责记录表单。把这两类人作为调查评估对象,侧重于评价知识产权合规体系建立和运行的顺畅情况。

4. 其他人员。其他人员的调查评估,可采取抽查的方式,侧重对其所在岗位知识产权保护情况以及企业知识产权合规文化建设情况。

二、确定评估指标

评估指标可以采取表格式,根据企业经营的侧重点不同,设置权重,采取定性与定量相结合的方式进行评价。

（一）合规基础评价指标

表26－1

项目	要求	备注
制度保障	1. 根据企业的合规风险、业务范围、规模等，制定知识产权合规管理相关制度，对各个环节进行规范化管理； 2. 明确相关制度的执行标准，明确责任主体和责任内容； 3. 明确知识产权合规获取、维护、运用等重点环节、重点岗位知识产权侵权风险点	
人员保障	1. 设立知识产权合规管理部门及合规人员，作为企业合规管理牵头部门，组织、协调和监督管理工作； 2. 明确企业审计、监察、内控、质量、安全及各业务部门在各自职权范围内配合落实知识产权合规管理的日常工作； 3. 确定企业知识产权合规相关人员时，要求具备相应的专业资质、良好的业务素质及职业操守	合规管理组织（专员）具有独立性，不依附于董事会或董事长等相关决策人员，合规专员不承担经营和财务等管理工作；对涉及重大知识产权合规风险的决策，合规管理组织具有一票否决权
资源保障	设立知识产权经常性预算科目，包括用于知识产权申请、注册、登记、维持、分析、评估、诉讼、培训、管理体系运行、维护及更新等费用，保障知识产权合规管理工作正常进行	

（二）知识产权专项合规要素评价指标

依托涉案企业知识产权专项合规，建立的涉案企业知识产权合规是全过程、全方位的合规。第三方监督评估机构可按照企业知识产权的形成步骤，知识产权管理贯穿从知识产权获取、维护、评价、运用、保护到保密的全过程进行评估。同时对企业知识产权合规全方位进行评价，包括从知识产权管理体系建设、管理职责、资源提供、基础管理、事实运行到审核与改进的全方位合规。

1. 知识产权全过程管理合规评价

表26－2

项目	要求
获取	从企业商标、著作权、专利、网站域名等产生的单元，关注获取流程是否合法
维护	从知识产权获取后的管理考察，企业文件管理、档案管理的决策过程核查是否符合规定

续表

项目	要求
运用	1. 建立供应商审查制度，采购时核查供应商特定商品销售资质、工商检查记录、正规发票、货款支付渠道等是否合法； 2. 建立出入库清单制度，出入库清单实现精细化管理，内容涵盖出（退）货单号码、产品名、数量、单价、销货总额、退货总额、质检情况以及备注栏等细项，对出入库全流程进行监控
保护	企业围绕核心知识产权，如商标、专利等建立了防御性的保护方案，是否有明确的知识产权纠纷处理方式、处理结果和解决纠纷的方案（应急管理措施）
合同管理	1. 对知识产权委托合同涉及的知识产权内容进行检索、分析、前置调查等，以确定知识产权权属与保密问题； 2. 对采购合同、生产合同对知识产权权属、许可使用范围、侵权责任承担等有规定，且符合法律规定； 3. 对委托开发、合作开发合同，除了明确知识产权权属、许可使用范围外，还需对利益分配、后续改进的权属和使用等有规定，且符合法律规定

2. 知识产权全方位管理合规评价

表 26 - 3

项目	要求
合规目标	1. 企业所有的知识产权经营活动是否满足合规目标、符合合规要求； 2. 实现企业合规目标的资源配置是否完善，是否有明确的时间安排及细化流程； 3. 是否定期监督、检查、记录、评估合规目标的进度并进行及时更新调整
决策流程	1. 将知识产权合规审查作为前置必经程序； 2. 及时对不合规的内容提出修改建议； 3. 未经合规审查不得实施
文件管理	1. 确保对企业管理中形成的相关知识产权的重要过程予以记录、标识、贮存、保护、检索、保存和处置； 2. 对行政决定、司法判决、律师函等外来文件进行有效管理，确保其来源与取得时间的准确性； 3. 外来文件和记录文件应当完整，明确保管方式和保存期限
保密管理	1. 明确涉密人员，设定保密登记和接触权限； 2. 对容易造成企业知识产权秘密流失的设备，规范使用人员、目的、方式和流通； 3. 明确涉密信息范围，规定保密等级、期限和传递、保存及销毁的要求； 4. 明确涉密区域，规定客户及参访人员活动范围等

续表

项目	要求
持续改进	1. 定期作合规监察报告,对知识产权合规体系运行的有效性进行评价和对知识产权合规绩效进行评价。 2. 不定期审查报告,根据知识产权相关法律规范的调整,及时调整企业的知识产权合规管理体系,确保其保持最新状态,以适应企业的知识产权合规目标
违规处理	1. 发现违规事件时,企业是否及时采取措施控制并纠正,分析违规事件产生的原因; 2. 是否针对违规事件反映的管理问题及时进行改进和弥补管理漏洞,包括改进业务流程、重新培训员工、加强预警机制等; 3. 是否向内部和外部通报违规事件相关情况,保留文件化信息
赏罚有度	1. 建立科学的知识产权合规绩效考评指标,围绕合规风险特征相关指标对员工进行考核; 2. 建立并实施相关激励流程,调动员工进行知识产权创新及合规管理的积极性; 3. 对违反企业合规义务、政策、流程和程序的人员(包括决策层、各级管理人员和普通员工)采取适当的纪律处分
合规文化	1. 合法的举报制度,对举报内容保密,对举报内容有调查、有反馈; 2. 分层级对技术人员、知识产权管理人员、全体员工进行了培训; 3. 开展多种形式的知识产权宣传教育活动,营造尊重、保护知识产权的良好文化; 4. 结合知识产权管理制度建设和人才建设,构建有利于调动企业员工知识产权工作积极性的激励机制

小微企业的知识产权合规工作可参照上述大中型企业的标准予以适当降低,重点是围绕预防企业涉嫌具体犯罪罪名的相关情况建立简明扼要的规范、体系、机制,注重企业合规整改计划的效果,通过实施合规整改,达到企业避免再次发生同类犯罪的效果。

三、现场评估

现场评估可采取两种方式:一种方式是职工问卷调查。对企业职工的问卷调查可以了解一线员工的知识产权掌握情况和熟悉程度,全面了解企业的知识产权运行情况。调查问卷尽量采取简单的选择题的方式,且题目尽量简洁易懂。另一种方式是现场观察。第三方监督评估人员在现场观察的时候可以主要了解:是否有门禁,参观区域和活动区域的权限;企业宣传标语、口号,企业对设备的管理、计算机管理要求等,从而评估企业对知识产权的重视程度以及保密等方面的落实情况。

第四节　知识产权合规计划审查

为拒绝企业纸面合规，让企业合规整改走出“软约束”陷阱，帮助企业走上可持续发展道路，需要检察机关对合规成效、合规评价以及第三方监管情况进行验收。可以从企业合规风险识别“浮于表面”，合规管理体系“假大空”，合规建议缺乏专业性等问题，[①]涉案企业知识产权专项合规方面，在验收时有其特色性。检察机关可以从企业对知识产权合规管理体系的符合性、有效性进行评价，以及对持续改进知识产权管理体系的有效性进行评价，确保涉案企业真合规、真整改。具体内容如下。

1. 是否已经针对先前发现的知识产权合规缺陷进行整改。

2. 是否对企业内部知识产权合规进行全面检查。内容应当涵盖不合规和险失行为（如未造成负面影响的事件）；是否存在未履行知识产权合规义务的情况；未实现合规目标的情况；知识产权合规文化现状；企业建立知识产权领先和滞后指标。

3. 是否对企业产品、软硬件设施设备涉知识产权有关要求进行更新。

4. 是否依据知识产权合规风险对经营策略进行审查，并适时更新。

5. 是否分层对企业员工进行知识产权合规专项培训，并留存记录。

6. 是否对建立企业知识产权过程控制日志和活动记录（包括计算机和纸质记录）。

第五节　总结

知识产权是企业竞争力的核心要素，对企业的行业控制力和影响力具有重要支撑作用，同时关系产业安全和产业抗风险能力。企业知识产权合规体系建设的核心是“控风险”，企业知识产权运营体系建设的核心是“管资产”，旨在通过运用知识产权制度使经营权利实现效益最大化。因此，企业的知识产权合规工作目标不宜仅限于“自证清白”，企业知识产权合规不仅是企业在知识产权的创造、运用、保护全流程中进行的风险防范，更是企业利用知识产权促进自身发展，使企业知识产权管理符合企业总体发展战略的重要举措，以此激发知识产权保护意识，规范员工的日常行为，防范侵权行为的发生，塑造知识产权合规文化，促进企业规范、持续经营，提高企业的自主创新能力，增强核心竞争力。

---

① 参见李勇：《涉案企业合规建设的原则与方法》，载《法治时代》2022 年第 3 期。

推荐阅读

1. 公众号“南山创新发展和知识产权保护”之《海外主要国家知识产权服务指南》。

2. 江苏省知识产权局编写:《企业知识产权管理实务》,知识产权出版社 2016 年版。

3. 中规(北京)认证有限公司:《企业知识产权风险标准化管理》,知识产权出版社 2021 年版。

4. 国家知识产权局知识产权保护司编写:《企业知识产权保护指南》,知识产权出版社 2022 年版。

第二十七章　反洗钱合规计划

第一节　反洗钱刑事法律规范

1988年12月19日《联合国反对非法交易麻醉药品和治疗精神病药品公约》(《联合国禁毒公约》或《维也纳公约》)第3条第1款第(b)项第(一)目规定,"为隐瞒或掩饰因制造、贩卖、运输任何麻醉药品或精神药物所得之非法财产来源性质、原因,而将该财产转移者"为洗钱。《联合国禁毒公约》要求缔约国在国内法中将隐瞒或掩饰贩毒犯罪收益确立为刑事犯罪。1989年9月4日,我国批准了该公约,1990年全国人民代表大会常务委员会《关于禁毒的决定》第4条明确规定,为犯罪分子窝藏、转移、隐瞒毒品或者犯罪所得的财物的,掩饰、隐瞒出售毒品获得财物的非法性质和来源的,处7年以下有期徒刑、拘役或者管制,可以并处罚金。这在我国立法上首次对洗钱性质的行为予以犯罪化,虽未出现"洗钱"一词。

在1997年《刑法》的立法过程中,1997年2月17日的刑法修订草案修改稿第192条规定:"明知是毒品犯罪、黑社会性质的组织犯罪、走私犯罪的违法所得及其产生的收益,为掩饰、隐瞒其来源和性质,有下列行为之一的,没收实施以上犯罪的违法所得及其产生的收益,处三年以下有期徒刑、拘役或者管制,并处或者单处洗钱数额一倍以上五倍以下罚金:(一)提供资金账户的;(二)协助将财产转换为现金或者金融票据的;(三)通过转账、承兑等结算方式协助资金转移的;(四)协助将资金汇往境外的;(五)以其他方法掩饰、隐瞒犯罪的违法所得及其收益的来源和性质的。单位犯前款罪的,对单位判处罚金,并对其直接负责的主管人员和其他直接责任人员,依照前款的规定处罚。"之后,1997年3月1日和3月13日两次修订草案又做了进一步的修改,使得本罪基本犯的法定刑由3年改为5年,罚金刑由"一倍以上五倍以下"改为"百分之五以上百分之二十以下",管制刑被删除;第(三)项"通过转账、承兑等结算方式协助资金转移的"被改为"通过转账或者其他结算方式协助资金转移的",这实际上包含了所有的结算方式。

经过如上修改之后，形成了1997年《刑法》第191条的最终表述。之后，2001年《刑法修正案（三）》和2006年《刑法修正案（六）》在两度扩充该罪的上游犯罪的同时，不仅在洗钱行为第二种方式的“财产转换对象”中扩充了“有价证券”，而且将洗钱的对象“……犯罪的违法所得”改为“……犯罪的所得”，还为单位的“直接负责的主管人员和其他直接责任人员”增加了“情节严重的，处五年以上十年以下有期徒刑”的规定。[①]

需要指出的是，我国已经于2007年6月加入政府间国际组织“金融行动特别工作组”（Financial Action Task Force，FATF），FATF于1990年颁布，经过1996年、2003年等年份修订的《40项建议》是这方面的通行的国际标准，其具体目录如下。[②]

A. 反洗钱与反恐怖融资的政策和协调

B. 洗钱与没收

C. 恐怖融资与大规模毁灭性武器扩散融资[③]

D. 预防措施（包括“客户尽职调查与记录保存”“针对特定客户及其活动的额外措施”“信赖、控制和金融集团”“可疑交易报告”“特定非金融行业和职业”）

E. 透明度、法人和约定项目的受益所有权

F. 主管部门的权力、职责及其他制度性措施（包括“监督和管理”“操作与执法措施”“一般要求”“处罚”）

G. 国际合作

2006年《刑法修正案（六）》修订后的《刑法》第191条为：“明知是毒品犯罪、黑社会性质的组织犯罪、恐怖活动犯罪、走私犯罪、贪污贿赂犯罪、破坏金融管理秩序犯罪、金融诈骗犯罪的所得及其产生的收益，为掩饰、隐瞒其来源和性质，有下列行为之一的，没收实施以上犯罪的所得及其产生的收益，处五年以下有期徒刑或者拘役，并处或者单处洗钱数额百分之五以上百分之二十以下罚金；情节严重的，处五年以上十年以下有期徒刑，并处洗钱数额百分之五以上百分之二十以下罚金：

（一）提供资金账户的；

（二）协助将财产转换为现金、金融票据、有价证券的；

（三）通过转账或者其他结算方式协助资金转移的；

（四）协助将资金汇往境外的；

---

① 参见高铭暄：《中华人民共和国刑法的孕育诞生和发展完善》，北京大学出版社2012年版，第403～405页。

② 其英文文本见 http://www.fatf-gafi.org。

③ 其英文为 terrorist financing and financing of proliferation of weapons of mass destruction（WMD，包括核武器、化学和生物武器，又称为“大规模杀伤性武器”）。

(五)以其他方法掩饰、隐瞒犯罪所得及其收益的来源和性质的。

单位犯前款罪的,对单位判处罚金,并对其直接负责的主管人员和其他直接责任人员,处五年以下有期徒刑或者拘役;情节严重的,处五年以上十年以下有期徒刑。”

2020年《刑法修正案(十一)》对洗钱罪做了再次的修改,首先,删除了“明知”和“协助”的规定,不再将洗钱罪上游犯罪限定为他人实施的犯罪行为,从而将“自洗钱”纳入处罚范围;其次,增加了“支付”方式;再次,将洗钱罪处罚的比例罚金制改为无限额罚金制,大大扩张了罚金的适用空间;最后,为直接负责的主管人员和其他直接责任人员增加了罚金刑的规定。

第二节　反洗钱的意义和境内外制度比较

一、对洗钱的处罚及其案例

(一)反洗钱的刑事政策

当代国际社会反洗钱、反恐怖融资的制度设计,从刑事政策的价值目标上说,既是一种战术性的后退,又是一种战略性的前进。说其后退,是因为反洗钱的直接目标已经不是恶性更大的上位犯罪,而是甚至连犯罪现场、犯罪对象都不复存在的下位犯罪;说其前进,则是因为从犯罪收益入手的釜底抽薪的策略,体现了更具有前瞻性的刑事政策思想,使得对犯罪的控制具有了更为切实可行的路径。洗钱罪的增设,不是在刑法中简单地增添一项罪名的权宜之计,也不是仅针对少量难以治理的刑事犯罪,而是体现了“以退为进”的刑事政策。“反洗钱与反恐怖融资,实际上是整个刑事政策思想彻底转换的表征与实践。”①

在我国,处罚洗钱罪的目的在于,保护国家的金融管理秩序,理由是本罪规定在“破坏社会主义市场经济秩序犯罪”的金融管理秩序这一节之下。洗钱罪条款的保护目的即为该罪的法益。有疑问的地方在于,该罪是否同时因其妨害司法追究活动而以“司法活动”为其法益?反对者认为,洗钱行为同时满足掩饰、隐瞒犯罪所得、犯罪所得收益罪时,宜成立《刑法》第191条和第312条想象竞合犯,从一重罪处罚。② 这种观点其实没有注意到,洗钱罪和掩饰、隐瞒犯罪所得、犯罪所得收益罪二者之间是特别法和一般法

---

① 陈浩然:《反洗钱法律文献比较与解析》,复旦大学出版社2013年版,代序,第11页。

② 参见张明楷:《刑法学》(第5版),法律出版社2016年版,第793页。

的关系,同时符合两个条文的,自然只宜以洗钱罪论处。① 反对的观点之所以不敢承认洗钱罪的法益也包括“司法活动”,是因为其在双重法益的情形下,没有区分主要法益和附属法益,因而担心一旦承认“司法活动”为本罪之法益,会不当地扩大洗钱罪的处罚范围,其实只要区分主要法益和附属法益,就能知道决定犯罪是否成立的是主要法益,而这并不会不当地扩大洗钱罪的处罚范围。因为只是侵犯了附属法益,不足以成立洗钱罪。

我国境内关于洗钱的刑事案件数量不算多(如汪照洗钱案),在一定程度上是因为《刑法》第191条和第312条二者间的法条竞合。实践中发生掩饰赃款、赃物之性质的行为,在相当的程度上适用了《刑法》第312条。下面我们介绍一起最近几年发生的国际反洗钱的案例。正如倘若没有2018年中兴通讯事件,就难以想象合规会有如今这般的热度一样,农行纽约分行洗钱案也反映了当代洗钱罪的国际化趋势。

(二)典型案例:农行纽约分行涉嫌违反美国反洗钱案

2016年11月,中国农业银行及其纽约分行因为违反美国反洗钱法规,与美国纽约州金融服务局达成行政和解协议。根据该协议,纽约州金融服务局认为,农行纽约分行故意掩盖美元结算交易,包括伪造涉及中国和俄罗斯之间的单证、遗漏美元结算中受制裁的交易对手信息,银行管理层还试图让进行内部可疑交易调查的检举者保持沉默。在和解协议签署后10日内,农行纽约分行需要支付2.15亿美元的罚款,监管部门还提出建立有效的内部控制体系,并在18个月内持续对该行美元结算活动进行独立检测等监管要求。

根据纽约州金融服务局和中国农业银行达成的和解协议,中国农业银行必须在60日内聘请一位独立的监督员,由其对农行纽约分行的反洗钱合规体系进行一次全面的审查和评估。在评估的基础上,中国农业银行和农行纽约分行要向监管部门提供一个关于全面改进反洗钱合规体系的详尽整改计划,包括反洗钱合规体系、可疑交易报告、客户尽职调查、内部审计、高层监管等方面的内容。监督员将在两年时间内,全面监督中国农业银行的整改情况并向监管部门报告整改进展情况和实施效果。

根据与监管部门达成的和解协议,农行纽约分行缴纳了高额罚金并进行了积极整

---

① 王新教授认为,洗钱罪和掩饰、隐瞒犯罪所得、犯罪所得收益罪二者之间不是法条竞合的关系,因为前者本质上不是赃物犯罪。犯罪对象和行为人是否具有“漂白”脏钱的主观目的,是区分两罪的标尺(参见王新:《反洗钱:概念与规范诠释》,中国法制出版社2012年版,第224～227页)。但这种观点没有注意到,即便洗钱罪本质是破坏金融监管秩序的犯罪,也不妨碍其与掩饰、隐瞒犯罪所得、犯罪所得收益罪这两者之间成立特别法与一般法的关系。因为满足了洗钱罪的构成要件,必然也就满足了掩饰、隐瞒犯罪所得、犯罪所得收益罪的构成要件,而符合后者的构成要件,未必满足前者的构成要件。只要具备这种逻辑关系,便可以认定特别法和一般法的法条竞合关系。

改,成立了反洗钱中心。总行(反洗钱)中心侧重政策制定和重大风险的核查处置,分行中心侧重风险的日常监控、报告,而支行、网点则侧重客户身份识别和尽职调查等工作。内控部门与业务部门之间,业务经营部门承担起客户尽职调查、风险评估与管控等反洗钱职能;内控合规部门强化政策管理和指导,加强监测分析,做好审核监督;审计部门对反洗钱合规管理的有效性开展持续性独立审计。①

除了中国农业银行组约分行外,中国工商银行马德里分行(2016 年)、中国银行米兰分行(2015 年)等亦在海外业务中受到当地的金融刑事合规调查和处罚。除了对中国农业银行纽约分行进行处罚外,美国政府对其他金融机构进行反洗钱处罚的重要事件还有:汇丰控股就美国反洗钱调查进行和解,支付 19.2 亿美元罚金;渣打银行集团就反洗钱指控支付 6.7 亿美元以获和解;荷兰银行国际集团被美国监管机构罚款 6.19 亿美元。②

二、境内外反洗钱制度的比较

结合国际反洗钱的背景,可以从以下 4 个方面把握我国反洗钱制度和境外制度的异同。

(一)洗钱罪的上游犯罪范围

从 1990 年到 1997 年《刑法》修订前,我国洗钱的上游犯罪一直局限在毒品犯罪上。1997 年《刑法》在第 191 条中创设了洗钱罪,并规定了三种上游犯罪:毒品犯罪、黑社会性质的组织犯罪和走私犯罪。我国 2001 年《刑法修正案(三)》中,为了配合“9 · 11 事件”后国际反恐主义的斗争以及惩治恐怖活动犯罪的需要,恐怖活动犯罪也被列为洗钱罪的上游犯罪。由于 1998 年出台的《联合国打击跨国有组织犯罪公约》(也称《巴勒莫公约》)、2003 年出台的《联合国反腐败公约》等一系列国际法律文本也就洗钱罪上游犯罪不设限作了明文规定。欧美许多国家在国际反洗钱立法及国际组织的推动下,纷纷放弃了限定上游犯罪的做法,并在各自的国内立法中予以明确。我国 2006 年《刑法修正案(六)》将洗钱罪的上游犯罪扩展为毒品犯罪、黑社会性质的组织犯罪、恐怖活动犯罪、走私犯罪、贪污贿赂犯罪、破坏金融管理秩序犯罪、金融诈骗犯罪。但是,由于我国《刑法》第 312 条针对不通过金融渠道的掩饰、隐瞒行为进行了规定,故在理论上可以认为我国刑法是追究所有黑钱的漂白行为的。

(二)对“上游犯罪之本犯”的处罚

依照通常的理解,洗钱罪是针对上游犯罪所产生的非法资产而设立的罪名,是依附于上游犯罪的。实施了上游犯罪的“本犯”实施洗钱是上游犯罪的自然延伸,不可以期

---

① 参见陈瑞华:《企业合规基本理论》(第 3 版),法律出版社 2022 年版,第 137 ~ 140 页。

② 参见王新主编:《北大金融犯罪司法实务 15 讲》,法律出版社 2019 年版,第 239 页。

待“本犯”不去实施洗钱等掩饰行为,故洗钱行为属于“不可罚的事后行为”,“本犯”不应受到洗钱罪条款之惩处,否则就违反了“禁止双重惩罚”的原则。但是,这种观点受到了严重的质疑,主要体现在以下方面。①

第一,洗钱行为所侵犯的法益,不再是如其上游犯罪那样侵犯的是社会管理秩序或公职的廉洁性,而是另外章节中的新法益:金融管理秩序,所以,本犯实施洗钱行为已经越出了原有法益的射程,故应处罚。

第二,洗钱活动经常出现跨境现象,如果上游犯罪和洗钱行为分别发生在不同的司法主权辖区内,不承认“本犯”可以构成洗钱罪,将使其他司法主权辖区内发生的上游犯罪的“本犯”利用这种法律漏洞,把洗钱行为转到不处罚“本犯”的司法主权辖区内进行,使后者沦为洗钱之聚集地。

第三,金融行动特别工作组(FAFF)已经针对我国不处罚上游犯罪之“本犯”的做法提出尖锐批评,认为我国的做法不利于打击我国经济快速增长和外资大量涌入背景下的洗钱活动,从而严重削弱了我国的反洗钱实践效果。德国法律经验是已经将“本犯”纳入洗钱的处罚范围内,我国应当借鉴这种做法。

2020 年 12 月 26 日,《刑法修正案(十一)》有针对性地删除了“明知”“协助”的文字表述,从而将“自洗钱”的行为纳入本条的处罚范围。

(三)“为掩饰、隐瞒其来源和性质”与法定目的犯

我国《刑法》第 191 条使用了“为掩饰、隐瞒其来源和性质”的表述,使得人们依照法理容易将洗钱罪认定为法定目的犯,即行为人在主观上必须有掩饰、隐瞒上游犯罪所得及其产生收益的来源和性质之目的,否则不成立洗钱罪。但是,有人提出,不宜将该条界定为“法定目的犯”,理由有三:②

第一,金融犯罪目的犯模式严重阻碍了对金融犯罪的追诉、审判工作的顺利进行,成为犯罪人逃避刑罚的辩词,造成了金融刑事法网的疏漏。

第二,我国签署的《联合国禁毒公约》《联合国打击跨国有组织犯罪公约》《联合国反腐败公约》只是在“转换”(conversion)、“转让”(transfer)财产时配置了“为了隐瞒或掩饰犯罪所得财产的非法来源,或为协助任何参与实施上游犯罪者逃避其行为的法律后果”的“目的”要求,在“隐瞒”(concealment)、“掩饰”(disguise)等其他几种洗钱方式中,只需要“明知”即可,而我国的《反洗钱法》在规定掩饰、隐瞒这两种主要洗钱方式时,也未施加“目的”的要求,故在《刑法》中去除“目的”要求有助于部门法之间的协调和信

---

① 参见王新:《反洗钱:概念与规范诠释》,中国法制出版社 2012 年版,第 209 ~ 212 页。

② 参见王新:《反洗钱:概念与规范诠释》,中国法制出版社 2012 年版,第 212 ~ 214 页。

守国际义务。

第三，故意通常分为直接故意和间接故意。如果对洗钱罪有目的之要求，那么就只有直接故意，才有犯罪目的。依照该种逻辑，银行工作人员为了吸纳存款或赚取手续费等“掩饰、隐瞒黑钱之来源和性质”以外的目的，实施了转账行为，而对行为可能产生的掩饰、隐瞒黑钱之效果采取放任态度，即便侵犯了洗钱罪之法益，也无法成立洗钱罪，这是不妥当的。

(四)过失洗钱行为

我国《刑法》第191条使用“为掩饰、隐瞒……来源和性质”的用语，完全排除了过失洗钱构成犯罪的可能性。2020年12月的《刑法修正案(十一)》也没有增设过失洗钱罪。

但是，从立法论上看，有人建议我国增设过失洗钱罪，以严密法网。欧洲洗钱犯罪的经验可以作为这方面的参考。1990年欧洲理事会《反洗钱公约》第6条第3款(a)规定：各缔约国在其国内法规定洗钱罪之时，可以采取其认为是必要的措施，在行为人“应当推测出”财产是收益的情形时，将洗钱行为确定为刑事犯罪。2005年《欧洲理事会关于清洗、搜查、扣押和没收犯罪收益以及恐怖融资公约》第9条第3款，则进一步扩充了洗钱犯罪的主观心态，选择性地要求各缔约国可以采取其认为是必要的立法和其他措施，在行为人“怀疑”或者“应当推测出”财产是犯罪收益之情形时，将洗钱行为确定为刑事犯罪。为了贯彻欧洲理事会以上反洗钱的要求，《德国刑法典》第261条第5款规定了轻率(leichtfertig)洗钱罪，《瑞士刑法典》第305条之一在洗钱罪的主观要素中列入了“应当知道”的术语。①

不过，在增设过失或轻率洗钱罪之后，容易发生对刑事辩护的执业限制问题。在国际经验层面上，德国刑法释义学和判例对此有过较为详细的讨论。例如，某刑事辩护人为一贪污贿赂之犯罪嫌疑人辩护，当他收取对方支付的律师费时，知道或感知到钱财来源于洗钱罪所针对的相关上游犯罪。针对此种情形，德国联邦法院主张，刑事辩护人和其他经济领域中的任何参与者一样，皆属于成立洗钱罪的适格主体。然而，德国联邦宪法法院于2004年专门对此作出了不同的判例。该法院认为，纵然从宪法的角度看，洗钱罪的构成要件并未专门地将刑事辩护人收费排除出其涵摄范围，但是，这一刑罚条款很可能会侵犯刑事辩护人的执业自由，因为该条款为刑事辩护人受处罚创设了高于平均水平的风险，而且会导致委托人和辩护人之间的利益冲突，危及委任者和律师之间的信任关系。人们不可以随意地指望辩护人为了规避处罚风险，就拒绝对方的委任和法律援助的指派。况且，在法律上有效的判决作出之前，如果犯罪嫌疑人手里只拥有赃款，

① 参见王新：《反洗钱：概念与规范诠释》，中国法制出版社2012年版，第215～216页。

他们是没有办法诉诸经济困难而成为法律援助的对象的,如果其以赃款自行委托律师,而律师却为了规避洗钱而一律拒绝委任,他们的委托辩护权利就会受到侵害。通过综合考虑处罚辩护人以有效打击有组织犯罪、刑事辩护人可能受到干预的执业自由以及犯罪嫌疑人享有获得有效辩护的权利这三方面的因素,德国联邦宪法法院针对洗钱罪条款作出了合乎宪法的限制性解释:洗钱罪条款仅适用于辩护人明确认识到其收受的费用来自赃款的场合。如果他们只拥有间接故意,而没有直接故意,则不足以成立洗钱罪。如此也就使得轻率洗钱罪的处罚条款,完全不再适用于刑事辩护的案件。由于该宪法法院通过主观构成要件实现了对洗钱罪处罚范围的限制,这就不仅使得其免于支持律师收黑钱的口实,而且也避免了使刑事辩护人凭借"委任辩护之特权"而沦为"合法的洗钱工具",进而站在有组织犯罪一边的尴尬。①

在我国,《律师法》第 25 条第 1 款规定:"律师承办业务,由律师事务所统一接受委托,与委托人签订书面委托合同,按照国家规定统一收取费用并如实入账。"这使得在我国刑事辩护业务中,如果接受委托一方收取的费用,属于源于《刑法》第 191 条所列上游犯罪的赃款,而且负责人在收费之时明确知道这一点,则律师事务所有可能成立洗钱罪的单位犯罪。单位会遭遇罚金的刑罚,直接负责的主管人员和其他直接责任人员(主要是承办律师),则会面临有期徒刑或者拘役之刑罚。但是,如果无法认定"明确知道",②只有间接故意,则在参考域外判例的前提下,有可能不成立洗钱罪。

第三节　反洗钱合规计划建设

反洗钱的合规,涉及社会经济生活中与金钱交易有关的各类企业。作为资金融通的中介,银行等有大量资金往来的金融机构,是最为典型的反洗钱义务机构,也是《刑法》第 191 条重点关注的对象。

单位反洗钱合规方面的法律、法规依据有:《刑法》《反洗钱法》《金融机构反洗钱规定》《金融机构反洗钱和反恐怖融资监督管理办法》《金融机构大额交易和可疑交易报告管理办法》等。负有反洗钱义务的金融机构包括:(1)商业银行、城市信用合作社、农村信用合作社、邮政储汇机构、政策性银行;(2)证券公司、期货经纪公司、基金管理公司;(3)保险公司、保险资产管理公司;(4)信托投资公司、金融资产管理公司、财务公司、金

---

① Vgl. Urs Kindhäuser/Martin Böse, Strafrecht Besonderer Teil II, 10. Aufl. 2019, § 48, Rn. 16 – 18. 当然,按照"意志因素不要说"的观点,直接故意和间接故意其实难以区分,参见蔡桂生:《构成要件论》,中国人民大学出版社 2015 年版,第 246 ~ 249 页。

② 毕竟在 2020 年修法之前的《刑法》第 191 条中有"明知"字样。

融租赁公司、汽车金融公司、货币经纪公司;(5)中国人民银行确定并公布的其他金融机构。

一、刑事法律对洗钱的禁止

为掩饰、隐瞒毒品犯罪、黑社会性质的组织犯罪、恐怖活动犯罪、走私犯罪、贪污贿赂犯罪、破坏金融管理秩序犯罪、金融诈骗犯罪的所得及其产生的收益的来源和性质,有下列行为之一的,构成洗钱:

(1)提供资金账户;

(2)将财产转换为现金、金融票据、有价证券的;

(3)通过转账或者其他支付结算方式转移资金的;

(4)跨境转移资产的;

(5)以其他方法掩饰、隐瞒犯罪所得及其收益的来源和性质的。

上述行为方式之中,金融票据是指汇票、支票等票据,转换为金融票据等形式,掩盖了原资产的真实权利关系。

以上第(1)项至第(4)项,主要反映了金融机构所面临的洗钱形态。作为非金融机构的其他企业可能会遭遇的洗钱,主要体现在第(5)项“以其他方法掩饰、隐瞒犯罪所得及其收益的来源和性质”之中。对此,依照2009年最高人民法院《关于审理洗钱等刑事案件具体应用法律若干问题的解释》第2条,具有下列情形之一的,可以认定为《刑法》第191条第1款第5项规定的“以其他方法掩饰、隐瞒犯罪所得及其收益的来源和性质”:

(1)通过典当、租赁、买卖、投资等方式,协助转移、转换犯罪所得及其收益的;

(2)通过与商场、饭店、娱乐场所等现金密集型场所的经营收入相混合的方式,协助转移、转换犯罪所得及其收益的;

(3)通过虚构交易、虚设债权债务、虚假担保、虚报收入等方式,协助将犯罪所得及其收益转换为“合法”财物的;

(4)通过买卖彩票、奖券等方式,协助转换犯罪所得及其收益的;

(5)通过赌博方式,协助将犯罪所得及其收益转换为赌博收益的;

(6)协助将犯罪所得及其收益携带、运输或者邮寄出入境的;

(7)通过前述规定以外的方式协助转移、转换犯罪所得及其收益的。

二、企业反洗钱合规计划的建立、实施和效果

反洗钱合规计划建设,是指涉案企业针对与涉嫌违法犯罪有密切联系的洗钱风险,制定专项的合规整改计划,完善企业治理结构,健全内部规章制度,形成有效合规管理体系的活动。

（一）纠正义务

企业应当全面停止涉洗钱违法违规业务并积极弥补损失，包括但不限于以下几个方面：

一是涉案企业就涉嫌洗钱的相关业务，应积极采取有效措施，立即全面停止涉案违法违规行为，撤销已经执行的业务，追回已经转移的款项。

二是涉案企业应当对相关责任人员做出警告、岗位调整、解除劳动合同等处理。

三是涉案企业应及时退缴非法所得以及缴纳相关罚款等补救挽损措施。

四是涉案企业应当全力配合反洗钱监管部门、公安机关、检察机关及第三方组织的相关工作。

（二）反洗钱合规计划

1. 制定、实施、效果

反洗钱合规的具体目标是，通过建立健全反洗钱合规管理机制，制定和执行反洗钱合规管理制度，推动反洗钱合规文化建设，实现对洗钱风险的有效识别和主动管理，增强自我约束能力，促进企业及员工遵守反洗钱法律法规、标准、行业准则规范及承诺等要求、履行企业和个人的法律义务，切实防范洗钱风险，确保依法合规经营，从而保证企业的健康持续稳定发展。

涉案企业一般应当成立反洗钱合规建设领导小组，可由其实际控制人、主要负责人和直接负责的主管人员组成，必要时可以聘请外部的专业机构或专业人员参与或协助。除了合规建设领导小组外，涉案企业应当设置与企业类型、规模、业务范围、行业特点等相适应的合规管理机构或管理人员（合规负责人）。例如，在金融机构设立专门的反洗钱部门后，所有重大交易在经过金融机构风险控制审核时，必须通过反洗钱的审查，否则交易无法执行，款项也无法汇入或者汇出。

涉案企业应当针对洗钱风险防控和合规管理机构的履职需要，通过制定合规管理规范等方式建立健全合规管理的制度机制。企业事后制定或者完善合规计划，往往可以表明企业犯罪的特殊预防必要性较小。事后的合规计划虽然对企业的责任刑裁量没有任何意义，但是，会影响预防刑的裁量，并进一步影响宣告刑。① 根据洗钱的定义以及2006年《反洗钱法》《金融机构反洗钱规定》《金融机构大额交易和可疑交易报告管理办法》的要求，可以得出金融机构在反洗钱问题上具体担负的义务。由于洗钱罪的犯罪主体不限于金融机构，其他企业在涉及反洗钱时，可以参考金融机构的反洗钱合规计划。涉案金融机构在合规计划中，应当具体包括但不限于以下制度。

---

① 参见蔡仙：《论企业合规的刑法激励制度》，载《法律科学（西北政法大学学报）》2021年第5期。

(1)建立或健全有效的反洗钱规章制度

根据《反洗钱法》第15条第1款、第16~22条,《金融机构反洗钱规定》第8条、第13条、第15条以及《金融机构大额交易和可疑交易报告管理办法》第15条,金融机构应当:

第一,建立健全反洗钱内部控制制度,制定反洗钱内部操作规定和控制措施,金融机构的负责人应当对反洗钱内部控制制度的有效实施负责。

第二,建立客户身份识别制度。金融机构在与客户建立业务关系[①]或者为客户提供规定金额以上的现金汇款、现钞兑换、票据兑付等一次性金融服务时,应当要求客户出示真实有效的身份证件或者履行其他身份证明义务,进行核对并登记。与客户建立人身保险、信托等业务关系,合同的受益人不是客户本人的,金融机构还应当对受益人的身份证件或者其他身份证明文件进行核对并登记。对先前获得的客户身份资料的真实性、有效性或者完整性有疑问的,应当重新识别客户身份。

第三,建立客户身份资料和交易记录保有制度。在业务关系存续期间,客户身份资料发生变更的,应当及时更新客户身份资料。客户身份资料在业务关系结束后、客户交易信息在交易结束后,应当至少保存5年。履行反洗钱义务过程中获得的客户身份资料和交易信息应予保密;非依法律规定,不得向任何单位和个人提供。金融机构破产和解散时,应当将客户身份资料和客户交易信息移交国务院有关部门指定的机构。

第四,执行大额交易和可疑交易报告制度。金融机构办理的单笔交易或者在规定期限内的累计交易超过规定金额或者发现可疑交易的,应当及时向反洗钱信息中心报告。对提交的所有可疑交易报告涉及的交易,应当进行分析、识别,有合理理由认为该交易或者客户与洗钱、恐怖主义活动及其他违法犯罪活动有关的,应当同时报告中国人民银行当地分支机构,并配合中国人民银行的反洗钱行政调查工作。对报告可疑交易、配合中国人民银行调查可疑交易活动等反洗钱工作信息予以保密,不得违反规定向客户和他人提供。

第五,依照反洗钱预防、监控制度的要求,对工作人员进行反洗钱培训和宣传,增强其反洗钱能力。就负责反洗钱的人员而言,如果他们有意不按照反洗钱规定操作,则会面临触犯洗钱罪条款,进而可能受到处罚。鉴于国际经验,这方面的操作主要有,负有反洗钱义务的人员与财产来源者相熟,并以为可为其开设例外,或者先是这类人员不慎违反了内部规定,但是,在认识到自己的错误后,为了掩盖自己的犯错,其又有意地不履

---

① 在商业银行、基金管理公司等各金融机构依照合规计划执行反洗钱义务后,客户如在金融机构开户,金融机构第一项步骤即为“了解你的客户”(KYC,即 know your client)。这一步骤的重要功能即为鉴别客户身份,兼具反洗钱的功能。

行应当履行的义务。①

第六，在履行反洗钱义务过程中，发现涉嫌犯罪的，应当及时以书面形式向中国人民银行当地分支机构和当地公安机关报告。在反洗钱行政主管部门等调查时，配合并如实提供文件、资料。汇往境外的资金会面临更高的洗钱风险。对于此类的大额交易和可疑交易，相关业务人员均应及时向反洗钱信息中心报告。

(2)设立或者指定反洗钱内设机构

根据《反洗钱法》《金融机构大额交易和可疑交易报告管理办法》的要求，金融机构应当设立反洗钱专门机构或者指定内设机构负责反洗钱工作。如果涉及金融机构以外的其他企业，则至少应当配备反洗钱专员。②

第一，金融机构应设立专门的反洗钱部门，独立于其他专门机构，确保其专业性、权威性、公正性，尽可能减少反洗钱部门受到其他方面的干扰，以充分发挥其合规管理的作用。

第二，配备反洗钱专员，明确专人负责大额交易和可疑交易的报告工作。金融机构或者其他企业应当建立高素质、专业化的合规管理队伍，可以采用公司员工 + 外聘律师的模式。在反洗钱部门开通咨询热线，及时为各部门、分公司、子公司各级员工提供法律咨询、指导、帮助等。

(3)洗钱和恐怖融资风险的应对

针对业务经营过程中存在的洗钱和恐怖融资风险，依据中国人民银行 2021 年发布的《金融机构反洗钱和反恐怖融资监督管理办法》，金融机构负有以下评估、审查义务。

第一，应当在总部层面建立洗钱和恐怖融资风险自评估制度，定期或不定期评估洗钱和恐怖融资风险，经董事会或者高级管理层审定之日起 10 个工作日内，将自评估情况报送中国人民银行或者所在地中国人民银行分支机构。该自评估应当与本机构经营规模和业务特征相适应，充分考虑客户、地域、业务、交易渠道等方面的风险要素类型及其变化情况，并吸收运用国家洗钱和恐怖融资风险评估报告、监管部门及自律组织的指引等。在采用新技术、开办新业务或者提供新产品、新服务前，或者其面临的洗钱或者恐怖融资风险发生显著变化时，应当进行洗钱和恐怖融资风险评估。同时，应当定期审查和不断优化洗钱和恐怖融资风险评估工作流程和指标体系。

第二，应当建立反洗钱和反恐怖融资审计机制，通过内部审计或者独立审计等方

---

① Vgl. Boerger, in: Momsen/Grützner, Wirtschafts- und Steuerstrafrecht, Handbuch für die Unternehmens- und Anwaltspraxis, 2. Aufl., 2020, Kap. 38, Rn. 172.

② 参见最高人民检察院涉案企业合规研究指导组编:《涉案企业合规办案手册》，中国检察出版社 2022 年版，第 164 页、第 193 页。

式,审查反洗钱和反恐怖融资内部控制制度的制定和执行情况。审计应当遵循独立性原则,全面覆盖境内外分支机构、控股附属机构,审计的范围、方法和频率应当与本机构经营规模及洗钱和恐怖融资风险状况相适应,审计报告应当向董事会或者其授权的专门委员会提交。

根据金融机构合规情况和风险状况,中国人民银行及其分支机构可以采取监管提示、约见谈话、监管走访等措施。在监管过程中,发现金融机构存在较高洗钱和恐怖融资风险或者涉嫌违反反洗钱和反恐怖融资规定的,中国人民银行及其分支机构应当及时开展执法检查。

2. 合规计划建设示例

反洗钱合规计划

(1)编制目的

为防范洗钱风险,促使企业健康发展,构建有效的企业合规体系,根据某人民检察院《检察建议》的要求,结合公司目前经营现状,制定本合规计划。

(2)主要问题

2022 年 3 月,区某甲、区某乙出资购买本公司股份的 20 万港元,其中大部分为区某乙毒品犯罪所得,区某甲、区某乙入股之后,以经营木业为名,采用制造亏损账目的手段,掩饰、隐瞒其违法所得的来源与性质,意图将区某乙的毒品犯罪违法所得转为合法收益。①

(3)整改对策

公司高度重视此利用投资的洗钱行为,及时缴纳了罚款,负责人在公司会议上自我检讨并扣发奖金,与区某甲和区某乙解除劳动合同。同时,对涉及问题开展调查,深刻剖析涉案违法违规行为发生的具体原因,排除企业和有关人员在客观、主观方面的漏洞和薄弱环节。具体整改对策如下。

第一,配合法院拍卖或变卖赃款投资的股权。

根据相关司法解释的规定,以违法犯罪所得的货币出资后取得股权的,对违法犯罪行为予以追究、处罚时,应当采取拍卖或者变卖的方式处置其股权。② 公司应当配合司法机关拍卖或者变卖区某甲和区某乙以毒资所取得的股权。

---

① 改编自"汪照洗钱案",载陈兴良、张军、胡云腾主编:《人民法院刑事指导案例裁判要旨通纂》(第 2 版),北京大学出版社 2018 年版,第 282 页。

② 最高人民法院《关于适用〈中华人民共和国公司法〉若干问题的规定(三)》(2020 年修正)第 7 条。

第二，建立反洗钱合规管理机构。

事发后组建反洗钱合规管理机构，进一步明确反洗钱的职责。反洗钱合规管理机构由公司负责人李某某直接管理，公司财务负责人和公司法务共同参与，集体讨论、研究、商议决定合规相关事项。公司法务为反洗钱专员。

第三，开展洗钱风险自查。

公司对标反洗钱相关法律法规的要求，重点开展以下自查工作：企业及有关人员是否对反洗钱相关法律法规有全面了解、企业及有关人员是否对涉案洗钱行为的危害有深刻认识、企业是否已经对发生投资洗钱的内外部原因进行全面分析、相关岗位的人员是否发挥了防范洗钱的监督作用。

第四，健全反洗钱内部控制制度。

公司印发《关于投资入股的资金审查的具体规则》和《关于规范经营账目登记活动的决定》等文件，修订公司的投资入股制度、会计簿账制度，加强财务监督，与相关部门负责人签订责任书。

第五，严格执行各项内部管理制度。

严格执行公司章程、《关于投资入股的资金审查的具体规则》和《关于规范经营账目登记活动的决定》，针对投资入股、会计簿账等事项，必须经过反洗钱合规管理机构的审查，未经审查不得发生资金来往。

第六，加强反洗钱培训，提高应对洗钱风险的能力。

对工作人员进行反洗钱培训和宣传，增强其反洗钱能力。建立洗钱风险举报制度，对发现相关风险隐患者加以奖励。设置洗钱风险合规考核指标，对发生洗钱风险的部门和责任人予以惩戒，并根据严重程度予以相应处理。

(4)合规领导组织架构

公司专门成立“合规建设领导小组”并全权负责合规整改事宜。领导小组成员：

组长：公司法定控制人

副组长：公司财务负责人

成员：三人

(5)合规计划实施

公司为建立合规长效机制，使公司能够持续、合法、规范运营，现拟定三个月的合规计划如下：

2022 年 4 月 1 日至 2022 年 7 月 1 日(完善合规管理机构和各种规章制度)。

第一，合规管理规章制度。

公司制定并完善以下管理制度，从制度上为合规管理提供支持：

投资入股审查制度、会计簿账监督制度、资金来源审查制度。

第二,合规审查监督体系。

公司各部门及员工对经营管理中涉及合规的事项及时、主动寻求合规咨询或合规审查。

合规管理部门认为存在明显合规风险的事项,相关部门应及时进行整改;如合规部门与相关部门存在重大分歧,无法达成一致时,上报公司负责人,由公司负责人出具明确意见。

合规管理部应持续关注法律、法规和规章制度的最新变动,组织和督促相关部门对制度或流程进行必要改进,确保其合规性和有效性。

第三,合规风险预警及应对机制。

合规管理部应当全面识别、评估公司所有业务活动的合规风险。

完善公司洗钱风险防范和资金审查机制。

建立合规风险识别预警机制,全面系统梳理生产经营活动中存在的合规风险,对于典型性、普遍性和可能产生较严重后果的风险及时发布预警。

第四,合规审查评估机制。

合规管理部加强对企业发展和运营各环节的评估和审查。强化对规章制度等重要文件的合规审查,确保符合法律法规、监管规定等要求。

建立健全合规管理制度,制定全员普遍遵守的合规行为规范,针对资金往来的重点领域制定专项合规管理制度。

第五,违规上报机制。

合规管理部门发现合规风险后应向相应部门发出书面整改通知,有关部门及时整改并回复。

合规管理部门有权对公司内部违法违规行为或合规风险隐患组织调查,并向合规领导小组就调查情况和调查结论进行汇报。

合规管理部门配合司法机关拍卖或者变卖凭借赃款所取得的股权。

第六,合规奖惩制度。

对认真遵守公司规章制度的部门及人员进行精神及物质奖励,对发生违规问题的责任人按公司规定追究责任。违规情节较轻的,给予批评教育并责令整改;情节严重的,按照公司规定给予相应处分;涉嫌犯罪的,移送司法机关。

第七,合规文化培训体系。

公司将合规文化建设融入企业文化建设,利用公司文化宣传栏和微信群等平台大力宣传资金往来方面的合规文化,使公司全体员工增加合规意识。

合规管理部门与人力资源部门建立协作机制,制定反洗钱合规培训计划,定期组织合规培训工作。

(6)持续改进和承诺

反洗钱是关乎企业持续合法发展的重要问题。企业合规计划得到贯彻实施后,公司将以此为契机,全员参与、持续改进,将建立的制度和体系持续良好运行下去。

第四节　反洗钱合规计划的评估与审查

一、反洗钱合规计划的评估

反洗钱合规计划评估,是指第三方组织对涉案反洗钱专项合规整改计划和相关合规管理体系的有效性进行了解、评价、监督等活动。具体可分为三个层面:一是评估方案的制定;二是反洗钱专项合规计划推进情况的考察;三是反洗钱合规计划的有效性评估。其中,具体的评估指标如下。

(1)企业是否按照国家、地方和行业要求,建立健全适合企业实际的反洗钱内部管理制度。

(2)企业的相关资金往来是否具有相关行政许可。

(3)企业是否配合司法机关对违法资产或赃款的处置。

(4)企业是否设置反洗钱合规管理机构或管理人员。

(5)企业是否规定了明确的反洗钱责任,制定了责任清单,确保每位责任人都签署了反洗钱责任书。

(6)企业是否定期、及时开展对资金往来的监督检查和隐患排查治理工作,对发现的洗钱风险和隐患是否及时、有效整改,是否建立专门台账、留下整改记录。

(7)企业是否将资金安全作为首要前提,对合作第三方的资金来源进行审查,对合作第三方的合法履约能力作出评价,有效规避洗钱风险。

(8)企业是否将资金来往的安全作为财物监管的重点,是否有专门经费支持对资金往来和会计账簿进行审查。

(9)企业是否对负有反洗钱责任的相关人员进行教育和培训,是否有专门的培训计划,并留有培训记录。

(10)企业是否有相关的制度规范,对有嫌疑的资金来源进行调查处理,对相关责任人员进行处分,并积极配合政府部门和有关单位要求开展财务检查和专项活动。

二、反洗钱合规书面报告的审查

第三方机制管委会和检察机关收到第三方组织报送的合规考察书面报告后,应当及时进行审查。对反洗钱合规考察书面报告,应重点审查以下内容。

一是第三方组织制定和执行的评估方案是否适当，是否有利于全面了解掌握涉案企业反洗钱合规整改情况。

二是评估材料是否全面、客观、专业，是否符合《刑法》、最高人民法院《关于审理洗钱等刑事案件具体应用法律若干问题的解释》、《反洗钱法》以及金融机构反洗钱的各项具体规定，考察评估所依据的材料及相关理由是否足以支持考察报告的结论。

三是第三方组织及其成员是否存在应当回避未回避的情形，是否存在接受可能有利益关系的业务或收受礼品等可能影响公正履职的不当行为或违法犯罪行为。

经审查评估，认为第三方组织已经完成监督评估工作的，可以由第三方机制管委会宣告第三方组织解散，对审查中发现的重点和疑点问题，检察机关可以要求第三方组织或其成员说明情况，也可以直接调查核实。

第三方机制管委会或检察机关收到第三方组织或其成员存在不当或涉嫌违法犯罪的反映、异议或申诉控告的，应当及时互相通报情况并会商提出处理意见。经书面审查或调查核实确认，第三方组织或其成员存在违反《合规指导意见》及其实施细则规定的禁止性行为，足以影响反洗钱合规评估结论真实性、有效性的，第三方机制管委会应当重新组建第三方组织进行评估。

第五节　总结

反洗钱合规涉及社会经济生活中与金钱交易有关的各类企业，其中，以银行为代表的金融机构是典型的负有反洗钱义务的机构。

金融机构在履行反洗钱专项计划之时，不仅应当建立或健全有效的反洗钱规章制度，如建立客户身份识别制度、建立交易记录保有制度和执行大额、可疑交易报告制度，还应当设立或者指定反洗钱内设机构、配备反洗钱专员。从融资所涉风险角度看，洗钱与恐怖融资的风险常相伴而行，依照我国管控此类风险的监管办法，金融机构应当在总部层面建立洗钱和恐怖融资风险自评估制度、定期与不定期评估洗钱和恐怖融资风险，而且应当建立反洗钱和反恐怖融资审计机制，通过内部审计或者独立审计等方式，审查反洗钱和反恐怖融资内部控制制度的制定和执行情况。

对于非金融机构的企业，由于其较之于金融机构在资金管理上的非专业性，洗钱风险容易被忽视，而且合规监管势必会增加企业的经营成本，从而导致企业对合规监管的动力不足。但是，正是这种疏忽和漠视会带来巨大的经营风险，企业的反洗钱漏洞一旦为洗钱犯罪分子利用，企业往往会陷入经营困境乃至面临吊销执照以及破产的风险。鉴于此，非金融机构的企业应当有针对性地设置资金安全合规管理机构或反洗钱专员，明确相关人员在各环节中的合规责任,严格执行反洗钱规章制度,有效识别并控制洗钱的风险,进行反洗钱培训,从而保证企业的长期健康发展。

推荐阅读

1. 王新:《反洗钱:概念与规范诠释》,中国法制出版社 2012 年版。

2. 陈浩然:《反洗钱法律文献比较与解析》,复旦大学出版社 2013 年版。

3. 最高人民检察院涉案企业合规研究指导组编:《涉案企业合规办案手册》,中国检察出版社 2022 年版。

4. http://www. fatf-gafi. org.

5. Urs Kindhäuser/Martin Böse, Strafrecht Besonderer Teil II, 10. Aufl. 2019, § 48.

第二十八章　海关事务合规计划

第一节　海关事务合规领域主要法律规范及罪名

一、海关事务合规领域法律规范体系

海关事务合规涉及的核心法律规范较多。自2018年4月14日起，原国家出入境检验检疫机构管理职责和队伍统一划入海关总署，原出入境检验检疫机构和直属单位统一以海关名义对外开展工作。以上机构改革完成后，海关在具体执法工作过程中依照海关法律规范监管进出境的运输工具、货物、行李物品、邮递物品和其他物品，征收关税和其他税、费，查缉走私，并编制海关统计。机构改革后的海关除了履行上述职责之外，还要进行进出境领域的卫生检疫、动植物检疫、进出口商品检验、进出口食品安全监管并办理其他海关业务。① 相应地，由海关直接适用的法律规范也增加许多。以法律为例，目前直接规范海关执法的法律除了机构改革前的《海关法》《关衔条例》之外，又增加了《进出口商品检验法》《动植物检疫法》《国境卫生检疫法》《食品卫生法》。在以上法律中，《海关法》最为典型：其明确规定了海关的管理体制如机构设置、组织体系、领导关系，规定了海关的职责、任务，海关的权力及其限制，规定了海关监督管理活动的基本方针和基本原则，又明确规定了海关监督管理活动的具体内容和工作制度。与此同时，《海关法》还明确规定了违反海关法的行为（包括走私行为及其他违反海关管理规定的行为）应受的处罚方式（包括刑事处罚和行政处罚）。当然，从法律适用的角度来说，除以上所列六部法律之外，海关执法过程中所涉及的法律更多。比如《对外贸易法》等与进出口相关的贸易法律规范，《船舶吨税法》等与海关执法过程中税费征收相关的税费法律规范，以及《出口管制法》《生物安全法》等都或多或少与海关执法存在关联。

整体上，以上主要法律，更低位阶的法律规范如行政法规、行政规章、行政规范性文

① 参见吴展：《海关行政处罚实务全解与合规指引》，法律出版社2020年版，第5页。

件等法律规范形成了我国海关法律体系的大致形态。① 当然,海关法在法律实施层面的特点在于其在具体执法层面以关境或海关监管区等作为连接点,主要规制具有进出境要素的活动。以食品安全为例,海关执法所涉及的食品安全问题是围绕食品进口或出口而与口岸产生直接法律关系的行为。与进口、出口无关,或者进口后在国内市场流通领域进行的销售等行为,是进口已经完结后的市场行为,同样受《食品安全法》调整,但由于已经完成进口,脱离进出境的管理过程,并非海关的执法范围。②

二、海关事务合规领域主要刑事法律规范

海关事务合规领域的犯罪大多数为行政犯,需要在上述法律规范体系下予以考量。在具体法律适用方面,海关事务合规领域的主要罪名③主要涉及《刑法》第三章破坏社会主义市场经济秩序罪第二节下的走私罪、第八节扰乱市场秩序罪下的逃避商检罪、第六章妨害社会管理秩序罪第五节危害公共卫生罪下的妨害国境卫生检疫罪以及妨害动植物防疫、检疫罪。由于海关事务领域的主要罪名大部分为行政犯,在法律适用方面,相关案件的办理既要遵循刑事法律,也要适用相应的行政法律规范。以行政犯的犯罪构成要件符合性的判断为例,海关事务合规领域的大多数罪名不仅要将《刑法》分则规定的构成要件作为大前提,还必须同时将相应的行政法律、法规等作为大前提。④ 因此,在刑事司法过程中,相应罪名的法律适用涉及复杂的法律判断问题。

在法律规范方面,除上述刑法条文之外,具体犯罪在刑事司法方面也涉及大量不同位阶的行政法律规范,数量极大且庞杂。⑤ 在具体案件中,以上数量极大且庞杂的法律规范在具体适用方面可能涉及复杂的技术因素,某些情形下,一些较为微观的技术标准、规则可能成为影响案件定性的关键因素。以一起利用粤澳两地车辆进行走私的行政处罚复议案件为例,海关在当时援引 2001 年第 12 号公告就当时有效的《海关法》第 82 条第 2 款中“多次用于走私的交通工具”的含义进行了解释,实际上对当事人行为的

---

① 应当指出的是,海关事务合规领域也涉及大量双边、多边条约或协定等国际法律规范,如《技术性贸易壁垒协定》(TBT 协定)、《实施动植物卫生检疫措施的协议》(SPS)、《国际卫生条例》(2005)等。甚至,在特定情形下,一些国际法律规范也有在我国国内直接适用的理论可能。比如,《国境卫生检疫法》第 24 条规定:“中华人民共和国缔结或者参加的有关卫生检疫的国际条约同本法有不同规定的,适用该国际条约的规定。但是,中华人民共和国声明保留的条款除外。”

② 参见万曙春、娄万锁、吴展:《海关法学》,法律出版社 2021 年版,第 3 页。

③ 此处所列仅为海关总署缉私局管辖的案件罪名。海关执法领域如发现以上罪名之外的犯罪,依法需要交公安机关等侦办。

④ 参见张明楷:《刑法学》(第 6 版),法律出版社 2021 年版,第 168 页。

⑤ 以规范性文件层面的公告为例,海关总署每年大致发布几百份公告,各直属海关往往也会发布一定数量的规范性文件。

违法性具有决定作用。① 在一些水客走私案件中，类似上述公告可能也会对当事人的行为是否构罪具有决定作用。同时，一些较为微观的法律规范，其所规定的罪名不仅涵盖海关总署缉私局管辖的罪名，而是全面涵盖该领域的所有相关罪名。以国境卫生检疫法的实施为例，以下一些具备司法解释性质的文件既直接指向海关总署缉私局管辖的妨害国境卫生检疫罪这一罪名，也涉及与国境卫生检疫法实施这一领域相关的聚众扰乱公共场所秩序、交通秩序罪以及渎职罪。②

表 28－1　海关事务合规领域主要规范

序号	司法解释名称	相关条文	涉及罪名
1	最高人民法院《关于审理编造、故意传播虚假恐怖信息刑事案件适用法律若干问题的解释》	第 2 条第 5 项　编造、故意传播虚假恐怖信息，具有下列情形之一的，应当认定为刑法第二百九十一条之一的“严重扰乱社会秩序”： …… （五）致使公安、武警、消防、卫生检疫等职能部门采取紧急应对措施的；……	聚众扰乱公共场所秩序、交通秩序罪
2	《关于进一步加强国境卫生检疫工作　依法惩治妨害国境卫生检疫违法犯罪的意见》	第 2 条第 2 项　……依法惩治妨害国境卫生检疫犯罪。根据刑法第三百三十二条规定，违反国境卫生检疫规定，实施下列行为之一的，属于妨害国境卫生检疫行为： 1. 检疫传染病染疫人或者染疫嫌疑人拒绝执行海关依照国境卫生检疫法等法律法规提出的健康申报、体温监测、医学巡查、流行病学调查、医学排查、采样等卫生检疫措施，或者隔离、留验、就地诊验、转诊等卫生处理措施的； 2. 检疫传染病染疫人或者染疫嫌疑人采取不如实填报健康申明卡等方式隐瞒疫情，或者伪造、涂改检疫单、证等方式伪造情节的； 3. 知道或者应当知道实施审批管理的微生物、人体组织、生物制品、血液及其制品等特殊物品可能造成检疫传染病传播，未经审批仍逃避检疫，携运、寄递出入境的； 4. 出入境交通工具上发现有检疫传染病染疫人或者染疫嫌疑人，交通工具负责人拒绝接受卫生检疫或者拒不接受卫生处理的； 5. 来自检疫传染病流行国家、地区的出入境交通工具上出现非意外伤害死亡且死因不明的人员，交通工具负责人故意隐瞒情况的； 6. 其他拒绝执行海关依照国境卫生检疫法等法律法规提出的检疫措施的。……	妨害国境卫生检疫罪

① 参见王丽英主编：《海关行政法原理与实务》，中国海关出版社 2022 年版，第 19 页。

② 参见吴展：《公共卫生法治视域下的国境卫生检疫法及其实施》，法律出版社 2022 年版，第 306～308 页。

续表

序号	司法解释名称	相关条文	涉及罪名
3	《关于全面履行检察职能为推进健康中国建设提供有力司法保障的意见》	6. 依法惩治破坏环境资源和危害生态安全的犯罪，守护好绿水青山。依法惩治偷排偷放有毒有害污染物、非法排放严重超标污染物、篡改伪造环境监测数据、无证为他人处置危险废物、故意提供虚假环境影响评价意见等环境污染犯罪；妨害国境卫生检疫、妨害动植物防疫检疫等危害生态安全犯罪。从严惩处在医院、学校、居民区等人口集中地区以及饮用水水源保护区、沙漠、滩涂、盐碱地、沼泽地等非法排放有毒有害污染物的犯罪；在重污染天气预警期间、突发环境事件期间、限期整改期间恶意排放超标污染物的犯罪；重点排污单位篡改伪造环境监测数据、干扰环境监测设施，致使监测数据严重失真的犯罪；非法采矿采砂破坏航道交通、影响河势稳定、危害防洪安全的犯罪，以及具有阻挠环境保护等行政主管部门监督检查、擅自闲置拆除污染防治设施、非法排放有毒有害污染物危害公共安全等恶劣情形的犯罪。办案中应当贯彻恢复性司法理念，根据案件情况可以要求行为人修复环境、赔偿损失，降低环境污染的损害程度。行为人主动采取补救措施，消除污染，积极赔偿，防止损失扩大的，依法从宽处理	妨害国境卫生检疫罪
4	最高人民法院、最高人民检察院《关于办理渎职刑事案件适用法律若干问题的解释(一)》	第1条　国家机关工作人员滥用职权或者玩忽职守，具有下列情形之一的，应当认定为刑法第三百九十七条规定的“致使公共财产、国家和人民利益遭受重大损失”： (一)造成死亡1人以上，或者重伤3人以上，或者轻伤9人以上，或者重伤2人、轻伤3人以上，或者重伤1人、轻伤6人以上的； (二)造成经济损失30万元以上的； (三)造成恶劣社会影响的； (四)其他致使公共财产、国家和人民利益遭受重大损失的情形。 具有下列情形之一的，应当认定为刑法第三百九十七条规定的“情节特别严重”： (一)造成伤亡达到前款第(一)项规定人数3倍以上的； (二)造成经济损失150万元以上的； (三)造成前款规定的损失后果，不报、迟报、谎报或者授意、指使、强令他人不报、迟报、谎报事故情况，致使损失后果持续、扩大或者抢救工作延误的； (四)造成特别恶劣社会影响的； (五)其他特别严重的情节。……	渎职罪
5	最高人民检察院、公安部《关于公安机关管辖的刑事案件立案追诉标准的规定(一)》	第51条　[妨害国境卫生检疫案(《刑法》第332条)]违反国境卫生检疫规定，引起检疫传染病传播或者有传播严重危险的，应予立案追诉。 注：本条规定的“检疫传染病”，是指鼠疫、霍乱、黄热病以及国务院确定和公布的其他传染病	妨害国境卫生检疫罪

三、海关事务合规领域主要罪名

进出境领域存在的刑事犯罪较多。2018 年机构改革后，由于海关执法范围扩大，实际执法过程中涉及的罪名也增加了许多。根据 2020 年 9 月公安部发布的《公安部刑事罪名管辖分工规定》，目前由海关总署缉私局管辖的犯罪包括 16 种罪名，具体包括：第一，海关关境内发生的走私普通货物、物品罪，又称为涉税案件。本章合规计划建设内容即以走私普通货物、物品罪罪名为例展开分析。第二，海关监管区内发生的 12 种非涉税罪名。具体包括走私武器、弹药罪，走私核材料罪，走私假币罪，走私文物罪，走私贵重金属罪，走私珍贵动物、珍贵动物制品罪，走私国家禁止进出口的货物、物品罪，走私淫秽物品罪，走私文物罪，走私毒品罪，走私制毒物品罪，走私人类遗传资源材料罪。第三，扰乱市场秩序罪中的逃避商检罪。第四，危害公共卫生罪中的两种罪名，一是妨害国境卫生检疫罪，二是妨害动植物检疫罪。

当然，如果算上不是由海关总署缉私局，而是由其他国家机关如公安机关管辖的罪名，则海关执法领域可能涉及的相应罪名更多。比如，骗取出口退税罪不是由海关总署缉私局管辖，但当事人如果在进出口领域申报不实，影响国家外汇、出口退税管理的行政案件由海关办理。如果在行政案件办理过程中发现当事人涉嫌骗取出口退税罪，则应移交相应的公安机关负责侦办。因此，海关事务合规领域涉及的刑事罪名除以上《公安部刑事罪名管辖分工规定》所规定的由海关总署缉私局负责侦办的案件之外，实际上也涉及其他不少罪名。

第二节　海关事务合规领域法律责任体系

基于海关事务合规领域的主要罪名大多为行政犯的特点，一起案件的当事人在具体法律程序中可能涉及刑事、行政程序的变换。在法律责任方面，相关当事人如企业、企业内部直接责任人员、主管人员等可能涉及刑事法律责任、行政法律责任的承担问题。

一、海关事务合规领域行政法律责任

在海关法实施层面，当事人出现违反海关法律规范的违法行为，如不构成犯罪，或者涉嫌犯罪后基于合规不起诉等各种情形被刑事司法机关确定不提起公诉或免予刑事处罚，则仍然构成行政违法行为，依然可能会被施以行政处罚。以涉税案件为例，实务中，根据当事人产生上述涉税违法行为是“故意”逃避国家税款，还是“过失”造成漏缴、少缴国家税款,[①]当事人的行为相应地认定为逃避国家税款的走私行为和违反海关监管规定行为。如是走私行为,是指违反了海关法律规范但尚不构成犯罪,或者构成犯罪,但由于各种情形被决定不予追究刑事法律责任,而仍需承担行政法律责任的行为。实务中,企业偷逃税款达到20万元即构成走私普通货物罪。[②] 如果偷逃税款未达到20万元的,或者虽达到20万元但存在其他情形等未被检察院提起公诉,或者虽被提起公诉但被法院判决不予或免予刑事处罚的,则相应的行为仍构成走私行为。如是违反海关监管规定行为,则仅为行政违法行为,不可能构罪。以某国际贸易有限公司低报价格走私香蕉一案为例,[③]该公司委托某国际货运代理有限公司向海关申报进口3票香蕉,申报商品编号08039000,申报商品名称香蕉,关税税率为0,增值税税率13%,申报货物总价282,526.8美元。实际货物总价为487,534.8美元。该公司在明知货物真实成交价格的情况下采取逃避海关监管的方式,伪报货物真实成交价格,偷逃国家税款人民币150,058.88元,未达到司法解释规定的起刑点,构成走私行为,当事人需承担行政法律责任。行政法律责任是针对违反海关法律规范、尚不构成犯罪或者构成犯罪但无须或者未给予刑事处罚,而对企业实施的违法行为施加的法律制裁。

对于走私行为以外的违反海关法律规范的行为,当事人通常会被处以罚款、信用等级降级、警告等行政处罚。以某进出口有限公司逃避3C认证一案为例,[④]当事人委托S市某国际货运代理有限公司以一般贸易方式向海关申报进口货物一批,由司机徐某驾驶粤ZGT××港货车承载。同车共有报关单1份,报关单号:53202019120203××××。经查,该单为海关查验作业单,核对品名、规格、数量未见异常,该批货物为爱普生彩色喷墨多功能打印机,HS编码:8443311090,型号:WF-3720,数量1103台,货值44,120美元。该批货物属于中国强制认证(CCC认证)目录内产品,入境时货物未加施3C认证标志,当事人也未能提供该批货物的强制性产品认证证书。当事人的行为属于擅自进口未经认证的CCC认证目录内产品。根据《强制性产品认证管理规定》第49条之规定,列入目录的产品未经认证,擅自出厂、销售、进口或者在其他经营活动中使用的,由地方质检两局依照《认证认可条例》第67条规定予以处罚。而《认证认可条例》第67条规定,列入目录的产品未经认证,擅自出厂、销售、进口或者在其他经营活动中使用的,责令改正,处5万元以上20万元以下的罚款,有违法所得的,没收违法所得。本案中,当

① 参见万曙春、娄万锁、吴展:《海关法学》,法律出版社2021年版,第297页。

② 最高人民法院、最高人民检察院《关于办理走私刑事案件适用法律若干问题的解释》(法释〔2014〕10号)第24条第2款。

③ 参见吴展:《海关行政处罚实务全解与合规指引》,法律出版社2020年版,第65页。

④ 参见吴展:《海关行政处罚实务全解与合规指引》,法律出版社2020年版,第285~286页。

事人的行为违反了《认证认可条例》第28条及《强制性产品认证管理规定》第10条之规定。海关根据《认证认可条例》第67条及《强制性产品认证管理规定》第49条之规定决定对当事人作出如下行政处罚:科处罚款人民币6万元整。

二、海关事务合规领域刑事法律责任

在海关事务合规领域,当事人如涉嫌犯罪,则可能涉及刑事责任承担问题。以走私普通货物、物品罪此类涉税案件为例,当事人偷逃应缴税额达到人民币20万元以上或者具有其他情节,①即可构成走私普通货物、物品罪。在承担刑事法律责任方面,如是企业实施走私普通货物、物品罪,企业需承担偷逃应缴税额1倍以上5倍以下罚金、没收违法所得等刑事法律责任。除企业自身以外,在企业实施走私活动过程中基于一定企业地位、身份起决策、组织、指挥作用的直接负责的主管人员,以及在企业实施走私活动过程中具体实施犯罪并起较大作用的直接责任人员、主管人员,也可能需要承担有期徒刑、拘役等刑事法律责任。如是其他走私罪,相关罪名涉及的刑事法律责任甚至包括无期徒刑、死刑。各走私罪名起刑点及量刑如表28-2②所示。

表28-2 走私罪名起刑点及量刑

罪名	刑法起刑点	最高刑	最低刑
走私普通货物罪	个人走私涉税10万元	无期徒刑	3年以下有期徒刑或者拘役(有期徒刑不可低于6个月)
	单位走私涉税20万元	无期徒刑	
走私武器、弹药罪	非火药动力枪支2支以上;铅弹500发以上;其他子弹10发以上;其他类型武器无起刑点	无期徒刑	3年以上7年以下有期徒刑
走私假币罪	数额2000元以上或者数量200张以上	无期徒刑	3年以上7年以下有期徒刑
走私文物罪	国家禁止出口的三级文物,未列明具体数额	无期徒刑	5年以下有期徒刑(不可低于6个月)
走私珍贵动物及其制品罪	未列明具体数额,不以牟利为目的,为留作纪念而走私珍贵动物制品进境,数额不满10万元的,可以免予刑事处罚,情节显著轻微的,不作为犯罪处理	无期徒刑	5年以下有期徒刑(不可低于6个月)

① 比如,"一年内曾因走私被给予二次行政处罚后又走私的",参见《刑法》第153条第1项。

② 参见万曙春、娄万锁、吴展:《海关法学》,法律出版社2021年版,第309~310页。

续表

罪名	刑法起刑点	最高刑	最低刑
走私淫秽物品罪	影碟录像带50盘(张)以上、录音带、音碟、扑克、书刊、画册100盘(册)/副(册)以上;照片画片500张以上	无期徒刑	3年以下有期徒刑、拘役或者管制(有期徒刑不可低于6个月)
走私毒品罪	无论数量多少均予以刑事处罚	死刑	3年以下有期徒刑、拘役或者管制(有期徒刑不可低于6个月)
走私制毒物品罪	无论数量多少均予以刑事处罚	7年以上有期徒刑	3年以下有期徒刑、拘役或者管制(有期徒刑不可低于6个月)
走私废物罪	禁止进口的危险性废物1吨以上;禁止进口的非危险性废物5吨以上;限制进口可用作原料的废物20吨以上	5年以上有期徒刑	5年以下有期徒刑(不可低于6个月)
走私核材料罪	未列明具体数额	无期徒刑	3年以上7年以下有期徒刑
走私贵重金属罪	未列明具体数额	无期徒刑	5年以下有期徒刑
走私珍稀植物及其制品等国家禁止进出口的其他货物、物品罪	一级保护野生植物5株,二级保护野生植物10株,或者价值在20万元以上的;一般保护古生物化石10件(重点保护古生物化石无具体数额);禁止进出口的有毒物质1吨或者数额2万元以上;来自境外疫区的动植物及产品5吨或者数额在5万元以上;走私木炭、硅砂等妨害环境、资源保护的货物物品10吨或者数额在10万元以上;走私旧机动车、切割车、旧机电产品等20吨或者数额在20万元以上 其他:首要分子、特种车辆走私、造成环境严重污染等	5年以上有期徒刑	5年以下有期徒刑或拘役(有期徒刑不可低于6个月)
走私人类遗传资源材料罪	危害公众健康或者社会公共利益情节严重的	3年以上7年以下有期徒刑	3年以下有期徒刑、拘役或者管制

基于上述,如是企业实施走私普通货物罪被查获,对企业自身,以及企业相关人员的负面影响是巨大的。以某酒庄走私葡萄酒一案为例,[①]2010年11月至2016年3月,

① 上海市高级人民法院刑事判决书,(2016)沪03刑初102号。

被告单位某酒庄在中国境内配送其生产、销售的葡萄酒等货物。作为某酒庄董事长的被告人张某为降低公司的经营成本，决定并指使被告人吕某等人伪造货物交易发票等单证，以伪报一般贸易、伪造实际成交价格等方式将上述货物申报进口至中国境内。吕某明知某酒庄在中国境内以伪报方式进口货物，仍负责联络上海配送中心及相关代理公司，制作、传递部分虚假单证。2010 年 11 月至 2012 年 12 月，作为某酒庄上海配送中心负责人的被告人卞某明知上述货物系伪报进口，仍联系他人办理具体申报进口报关事宜，负责上述货物在上海的接收、仓储、配送和部分零售等业务。经核定，被告单位某酒庄、被告人张某、吕某偷逃应缴税额共计 98,007,925.13 元；被告人卞某偷逃应缴税额共计 28,450,689.73 元。在刑事法律责任方面，法院最终判决某酒庄犯走私普通货物罪，判处罚金 9900 万元；直接负责的主管人员张某、直接负责的责任人员卞某、吕某被判处相应的徒刑。当然，需要注意的是，无论是承担刑事法律责任，还是行政法律责任，企业除因此遭受罚金、罚款、没收走私货物、没收违法所得等财产损失，企业相关人员可能被判处有期徒刑等人身处罚、罚金、罚款等之外，还可能因进出口记录存在违法犯罪而导致企业信用等级降级、通关绩效降低，乃至拟上市公司无法顺利上市等连锁负面影响。

三、海关事务合规领域行刑衔接问题

在依照刑事司法程序追究刑事法律责任的过程中，可能会由于各种因素导致有权机关决定对违法行为人不追究或者无须追究刑事法律责任的结果。如出现以上结果，则可能依照行刑衔接机制由刑事司法机关移交海关继续追究行政法律责任。以走私犯罪领域为例，犯罪嫌疑人没有犯罪事实，或者有《刑事诉讼法》第 16 条规定的情形之一的，人民检察院应当作出不起诉决定。对于犯罪情节轻微，依照《刑法》规定不需要判处刑罚或者免除刑罚的，人民检察院可以作出不起诉决定。人民检察院决定不起诉的案件，应当同时对侦查中查封、扣押、冻结的财物解除查封、扣押、冻结。对被不起诉人需要给予行政处罚、处分或者需要没收其违法所得的，人民检察院应当提出检察意见，移送有关主管机关处理。有关主管机关应当将处理结果及时通知人民检察院。① 以某石油有限公司走私柴油案为例，②经 J 海关查明，2012 年 11 月至 2013 年 3 月，当事人某石油有限公司为达到降低经营成本，获取非法利益的目的，由法定代表人金某某决定，多次与 W 市走私柴油团伙联系，先后 9 次直接向 W 市走私柴油团伙购买走私柴油共计 312.795 吨，至 Y 市销售。金某某通过银行转账的方式将购油款汇至 W 市走私柴油团

---

① 《刑事诉讼法》第 177 条。

② 参见吴展：《海关行政处罚实务全解与合规指引》，法律出版社 2020 年版，第 93 ~ 94 页。

伙指定账户。经海关税款核定,当事人共计走私柴油312.795吨,货值213.0605万元,偷逃应缴纳税款人民币70.650738万元。以上行为有笔记本、公司账册、油品出入库单、过磅单、银行交易记录、海关税款核定证明书、当事人的查问笔录及询问笔录、相关证人证言、辨认笔录、企业个人身份资料情况、不起诉决定书、刑事案件J关缉立字〔2012〕008号案卷材料复印件等为证。当事人直接向走私人非法收购走私柴油的行为已经违反了《海关法》第83条第1款第1项之规定,构成《海关行政处罚实施条例》第8条第1款第1项所规定之走私行为。

上述案例中,当事人走私柴油偷逃应缴纳税款人民币70.650738万元,已涉嫌犯罪。但在刑事程序方面,检察院已作出不起诉决定书,故应移交行政程序处理其走私行为。根据《海关法》第83条第1款第1项之规定,"直接向走私人非法收购走私进口的货物、物品的",按走私行为论处,依照本法第82条之规定处罚。根据该法第82条第1款、第2款之规定,"违反本法及有关法律、行政法规,逃避海关监管,偷逃应纳税款、逃避国家有关进出境的禁止性或者限制性管理,有下列情形之一的,是走私行为:(一)运输、携带、邮寄国家禁止或者限制进出境货物、物品或者依法应当缴纳税款的货物、物品进出境的;(二)未经海关许可并且未缴纳应纳税款、交验有关许可证件,擅自将保税货物、特定减免税货物以及其他海关监管货物、物品、进境的境外运输工具,在境内销售的;(三)有逃避海关监管,构成走私的其他行为的。有前款所列行为之一,尚不构成犯罪的,由海关没收走私货物、物品及违法所得,可以并处罚款;专门或者多次用于掩护走私的货物、物品,专门或者多次用于走私的运输工具,予以没收,藏匿走私货物、物品的特制设备,责令拆毁或者没收。"根据《海关行政处罚实施条例》第9条第1款第3项之规定,有本实施条例第7条、第8条所列行为之一,偷逃应纳税款但未逃避许可证件管理,走私依法应当缴纳税款的货物、物品的,没收走私货物、物品及违法所得,可以并处偷逃应纳税款3倍以下罚款。本案中,因直接向走私人非法收购走私进口的货物、物品的,按走私行为论处,当事人的行为构成走私。经检察院决定不起诉,当事人的行为不构成走私犯罪,故按照走私行为处理。根据《海关行政处罚实施条例》第9条第1款第3项之规定,决定科处当事人没收走私货物的行政处罚。因该批走私货物已无法没收,根据《海关行政处罚实施条例》第56条的规定,J海关决定追缴当事人走私货物等值价款人民币213.0605万元。综上,决定对当事人作出没收走私货物(追缴走私货物等值价款人民币213.0605万元)的行政处罚。

在海关事务合规领域,行政执法机关在执法过程中如涉及行刑衔接问题,依法应当及时移交公安等刑事司法机关。如因徇私舞弊等因素存在不移交等情形,相关执法人员也可能涉及渎职罪。以妨害国境卫生检疫罪为例,根据《依法惩处妨害国境卫生检疫违法犯罪的意见》,对符合国境卫生检疫监管领域刑事案件立案追诉标准的案件,要依照有关规定,及时办理移送公安机关的相关手续,不得以行政处罚代替刑事处罚。在此过程中,如果相关行政执法人员徇私舞弊,对依法应当移交司法机关追究刑事责任的不移交,情节严重的,可根据《刑法》第402条规定的徇私舞弊不移交刑事案件罪定罪处罚。①

第三节 海关事务合规计划

自20世纪90年代美国率先引入企业合规机制以来,合规计划就不单纯属于公司治理的一种方式,而是更属于一种刑法激励机制。② 在具体建设方面,以上刑法激励机制着眼于在行政监管、刑事司法领域建立有效的激励机制,在有效合规计划以及行政监管和刑事司法行为之间实现适当的平衡。在海关事务合规领域,当事人大多长期从事或参与进出境行为,违法犯罪的诱因可能来自商业利益驱动,也可能部分来自海关监管政策法规的专业、复杂。在刑事司法层面,海关事务领域的犯罪认定、量罚,比如单位走私犯罪中单位意志的、单位主体资格、单位自首和个人自首、偷逃税款数额等方面的认定实际上涉及许多疑难问题。③ 从此角度来说,在相关犯罪领域开展合规计划在企业、行业,以及行政和刑事司法机关之间具有一定的交汇点。X股份有限公司涉嫌走私普通货物罪一案④涉及水果走私,具有较强的行业特点,且走私犯罪中也可能同时存在洗钱、骗取留抵退税等其他犯罪,⑤具有较大的合规治理难度。下面以该案为例,对走私普通货物罪领域的合规整改予以阐述。

一、基本案情

X股份有限公司(以下简称X公司)系国内水果行业的龙头企业。2018年开始,X公司从其收购的T公司进口榴梿销售给国内客户。张某为T公司总经理,负责在泰国采购榴梿并包装、报关运输至香港特区;曲某为X公司副总裁,分管公司进口业务;李

---

① 马文博:《从五部门〈意见〉看妨害国境卫生检疫的刑事治理》,载《民主与法制时报》2020年3月24日,第2版。

② 参见陈瑞华:《企业合规基本理论》,法律出版社2020年版,第17页。

③ 参见黄玲林:《单位走私犯罪若干疑难问题研究》,载赵秉志主编:《刑法论丛》(2021年第3卷),法律出版社2022年版。

④ 参见最高人民检察院涉案企业合规研究指导组编:《涉案企业合规办案手册》,中国检察出版社2022年版,第112~115页。

⑤ 比如,2022年缉私十大典型案例之南宁海关缉私局侦办"5·17"走私水果案中,走私团伙涉嫌洗钱、骗取留抵退税犯罪,查证洗钱金额1.3亿元人民币。参见专题报道:《2022年缉私十大典型案例》,载《中国国门时报》2023年1月18日,第3版。

某、程某分别为X公司业务经理，负责具体对接榴梿进口报关、财务记账、货款支付等。

X公司进口榴梿海运主要委托深圳、珠海两地的S公司（另案处理）代理报关。在报关过程中，由S公司每月发布虚假的“指导价”，X公司根据指导价制作虚假采购合同及发票用于报关，报关价格低于实际成本价格。2018～2019年，X公司多次要求以实际成本价报关，均被S公司统一报价容易快速通关等行业惯例为由拒绝。2019年4月后，经双方商议最终决定以实际成本价报关。

2019年12月12日，张某某、曲某某、李某、程某被抓获归案。经深圳海关计核，2018年3月至2019年4月，X公司通过S公司低报价格进口榴梿415柜，偷逃税款合计397万余元。案发后，X公司规范了报关行为，主动补缴了税款。2020年1月17日，深圳市检察院以走私普通货物罪对张某某、曲某某批准逮捕，以无新的社会危险性为由对程某、李某作出不批准逮捕决定。2020年3月3日，为支持疫情期间企业复工复产，根据深圳市检察院的建议，张某某、曲某某被变更强制措施为取保候审。2020年6月17日，深圳海关缉私局以X公司、张某某、曲某某、李某、程某涉嫌走私普通货物罪移送深圳市检察院审查起诉。

二、涉案企业合规整改情况及效果

在合规不起诉制度下，合规整改及其具体效果是企业最终是否会被提起公诉的重要参考内容。域外国家开展涉案企业合规的实践显示，检察机关应当通过适当的工作方式监督、指导企业有效实施合规计划，以便在刑事司法程序中在考验期之前择期对涉案企业合规建设情况进行全面审核，以决定是否提起公诉。① 在我国，涉案企业合规建设及其效果也与提起公诉等刑事决定密切相关，如涉案企业合规建设经评估符合有效性标准的，人民检察院可以参考评估结论依法作出不批准逮捕、变更强制措施、不起诉的决定，提出从宽处罚的量刑建议，或者向有关主管机关提出从宽处罚、处分的检察意见。② 相应地，如涉案企业合规建设经评估未达到有效性标准或者采用弄虚作假手段骗取评估结论的，人民检察院可以依法作出批准逮捕、起诉的决定，提出从严处罚的量刑建议，或者向有关主管机关提出从严处罚、处分的检察意见。③ 本案中，深圳市检察院、涉案企业在深圳市宝安区检察院、宝安区促进企业合规建设委员会（以下简称宝安区合规委）、企业合规第三方监督评估工作组等多方的指导、监督下，其合规整改取得了较好

---

① 参见陈瑞华：《企业合规视野下的暂缓起诉协议制度》，载《比较法研究》2020年第1期。

② 中华全国工商业联合会办公厅、最高人民检察院办公厅、司法部办公厅等《关于印发〈涉案企业合规建设、评估和审查办法（试行）〉的通知》第2条第1款。

③ 中华全国工商业联合会办公厅、最高人民检察院办公厅、司法部办公厅等《关于印发〈涉案企业合规建设、评估和审查办法（试行）〉的通知》第2条第2款。

的效果,相关过程中的一些举措值得推广。

一是结合走私普通货物罪的犯罪特点精准问诊,对涉案企业开展合规建设进行专业指导。走私犯罪的底层逻辑指向国际贸易,由于国际贸易涉及的链条较多且复杂,涉案企业的相关内部制度、业务审核流程,在防范违法犯罪方面可能存在许多合规及法律风险。本案作为涉案企业涉嫌走私普通货物罪后启动的合规不起诉,涉案企业需要借助合规整改,通过事后合规体系建设,针对已经发生的违法犯罪行为,建立与其密切相关的专门性合规管理体系。① 对此,《合规评估办法》也有相应规定,即涉案企业合规建设是指涉案企业针对与涉嫌犯罪有密切关系的合规风险,制定专项合规整改计划,完善治理结构,健全内部规章制度,形成有效合规管理体系的活动。实践中,合规整改计划的制定应当具有可行性、有效性、科学性。② 本案实际进行中,在深圳市检察院的建议下,X 公司于 2020 年 3 月开始启动为期 1 年的进口业务合规整改工作。根据最高人民检察院等部门发布的《合规指导意见》,涉案企业在总结事案件发生原因的基础上提交的合规计划,应主要围绕与企业涉嫌犯罪有密切联系的企业内部治理结构、规章制度、人员管理等方面存在的问题,制定可行的合规管理规范,构建有效的合规组织体系,健全合规风险防范报告机制,弥补企业制度建设和监督管理漏洞,为防止再次发生相同或者类似的违法犯罪拟定切实可行的合规管理计划。本案中,X 公司制定的合规计划主要针对与走私犯罪有密切联系的企业内部治理结构、规章制度、人员管理等方面存在的问题,制定可行的合规管理规范,构建有效的合规组织体系,完善相关业务管理流程,健全合规风险防范报告机制,弥补企业制度建设和监督管理漏洞,防止再次发生类似违法犯罪。

经过前期的合规整改,X 公司在集团层面设立了合规管理委员会,合规部、内控部与审计部形成合规风险管理的三道防线。加强代理报关公司的合规管理,明确在合同履行时的责任划分。聘请进口合规领域的律师事务所、会计师事务所对重点法律风险及其防范措施提供专业意见,完善业务流程和内控制度。建立合规风险识别、合规培训、合规举报调查、合规绩效考核等合规体系运行机制,积极开展合规文化建设。此外,在落实合规计划方面,X 公司还制定了专项预算,为企业合规体系建设和维护提供持续的人力和资金保障。在合规计划的落实效果方面,X 公司在合规建设期间被宝安区合规委列为首批合规建设示范企业。鉴于该公司积极开展企业合规整改,建立了较为完善的合规管理体系,实现合规管理对所有业务及流程的全覆盖,取得阶段性良好效果,

① 参见陈瑞华:《企业合规整改中的专项合规计划》,载《政法论坛》2023 年第 1 期。

② 参见付兴刚、王兆生:《涉案企业合规整改有效性评价的探索》,载《人民检察》2022 年第 22 期。

为进一步支持民营企业复工复产，深圳市检察院于2020年9月9日对X公司及涉案人员作出相对不起诉处理，X公司被不起诉后继续进行合规整改。

二是借助第三方监督评估，确保企业合规整改效果。在合规不起诉制度下，“第三方监督评估工作的核心是在‘监控’的同时为企业提供服务，分析企业违规的原因、识别企业现存的风险、协助企业完善合规框架，以便企业采取必要的制度和程序避免未来违规的风险”。[①] 本案进行过程中，为检验合规整改效果，避免“纸面合规”“形式合规”，深圳市宝安区检察院受深圳市检察院委托，于2021年6月向宝安区合规委提出申请，宝安区合规委组织成立了企业合规第三方监督评估工作组，对X公司合规整改情况进行评估验收和回访考察。第三方监督评估工作组通过查阅资料、现场检查、听取汇报、针对性提问、调查问卷等方式进行考察评估并形成考察意见。第三方监督评估工作组经考察认为，X公司的合规整改取得了明显效果，制定了可行的合规管理规章，在合规组织体系、制度体系、运行机制、合规文化建设等方面搭建配套有效的合规管理体系，弥补了企业违法违规行为的管理漏洞，从而能够有效防范企业再次发生相同或者类似的违法犯罪。通过合规互认的方式，相关考察意见将作为深圳海关对X公司作出行政处理决定的重要参考，通过合规整改也进一步将整改效果延伸到行政执法层面。

三是强化合规引导，做好刑事司法与行政管理、行业治理的衔接。本案中，涉案企业具有鲜明的行业特点，在该企业实施的走私普通货物罪案件中，低报价格也涉及企业在贸易中存在现实问题、国内外水果价格波动与海关在该领域掌握的价格信息及管理机制存在差距等复杂因素。深圳市检察院在该案办理过程中，在合规整改结果互认、合规从宽方面加强与深圳海关的沟通协作，形成治理合力，共同指导X公司合规整改，发挥龙头企业在行业治理的示范作用。整改期间，X公司积极推动行业生态良性发展，不仅主动配合海关总署关税司的工作，不定期提供公司进口水果的采购价格，作为海关总署出具验估价格参数的参照标准，还参与行业协会调研、探讨开展定期价格审查评估与监督机制。针对案件办理过程中发现的行政监管漏洞、价格低报等行业普遍性问题，深圳市检察院依法向深圳海关发出《检察建议书》并得到采纳。深圳海关就完善进口水果价格管理机制向海关总署提出合理化建议，并对报关行业开展规范化管理以及加强普法宣讲，引导企业守法自律。开展合规整改以来，X公司在合法合规的基础上，实现了年营业收入25%、年进口额60%的逆势同比增长。2021年8月10日X公司被评为市宝安区“3A”信用企业（3A：海关认证、纳税信用、公共信用），同年9月被评为诚信合规示范

---

① 参见刘成安、杨志超：《企业合规第三方监督评估机制的争议问题与完善路径》，载《山东社会科学》2022年第10期。

企业。

三、涉案企业合规整改的典型意义

一是落实“少捕慎诉慎押”刑事司法政策，降低办案对企业正常生产经营的影响。该案中，鉴于 X 公司长期以正规报关为主，不是低报走私犯意的提起者，系共同犯罪的从犯，案发后积极与海关、银行合作，探索水果进口合规经营模式，深圳市检察院经过社会危险性量化评估，对重要业务人员李某、程某作出不捕决定。在跟踪侦查进展，深入了解涉案企业复工复产状况的基础上，深圳市检察院对两名高管张某某、曲某某启动捕后羁押必要性审查。经审查，深圳市检察院认为该案事实已经查清，主要证据已收集完毕，建议侦查机关将两名高管变更强制措施使其回归企业。后侦查机关根据建议及时对张某某、曲某某变更为取保候审，有效避免企业生产停顿带来的影响。

二是坚守法定办案期限，探索合规考察不局限于办案期限的模式。企业合规改革试点要依法有序推进，不能随意突破法律。改革试点中，如何处理合规考察期限和办案期限的关系是亟须厘清的重要问题。根据案件采取强制措施方式的不同，至多存在 6 个半月或 1 年的不同办案期限。本案中，涉案企业作为大型民营企业，其涉案合规风险点及合规管理体系建设较为复杂，合规整改时间无法在案件办理期限内完成。作为企业合规改革第一批试点地区，深圳检察机关根据涉案企业阶段性的合规整改情况作出不起诉决定后，持续督促其进行合规整改，合规考察期限届满后通过第三方工作组开展合规监督评估，确保合规整改充分开展、取得实效。

三是积极促成“合规互认”，彰显企业合规程序价值。检察机关对涉案企业作出不起诉决定后，行政执法机关仍需对涉案企业行政处罚的，检察机关可以提出检察意见。在企业合规整改期限较长的情况下，合规程序往往横跨多个法律程序，前一法律程序中已经开展的企业合规能否得到下一法律程序的认可，是改革试点实践中普遍存在的问题。本案中，深圳市检察机关对涉案企业开展第三方监督评估后，积极促成“合规互认”，将企业合规计划、定期书面报告、合规考察报告等移送深圳海关，作为海关作出处理决定的重要参考，彰显了企业合规的程序价值。

四是设置考察回访程序，确保合规监管延续性。企业合规监督评估后，涉案企业合规体系是否能实现持续有效地运转，直接关系到合规整改的实效。合规不起诉制度下，第三方工作组取得了阶段性制度建设成果，其实效化运行成为事关改革最终成效的关键问题。[①] 本案中，第三方工作组针对涉案企业合规管理体系建设尚待完善之处，再进行为期 1 年的企业合规跟踪回访，助力企业通过持续、全面合规打造核心竞争力。

---

① 参见刘艳红：《涉案企业合规第三方监督评估机制关键问题研究》，载《中国应用法学》2022 年第 6 期。

推荐阅读

1. 陈瑞华:《企业合规基本理论》,法律出版社 2020 年版。

2. 陈瑞华:《企业合规整改中的专项合规计划》,载《政法论坛》2023 年第 1 期。

3. 刘艳红:《涉案企业合规第三方监督评估机制关键问题研究》,载《中国应用法学》2022 年第 6 期。

4. 万曙春、娄万锁、吴展:《海关法学》,法律出版社 2021 年版。

5. 王丽英主编:《海关行政法原理与实务》,中国海关出版社 2022 年版。

6. 吴展:《公共卫生法治视域下的国境卫生检疫法及其实施》,法律出版社 2022 年版。

7. 吴展:《海关行政处罚实务全解与合规指引》,法律出版社 2020 年版。

8. 周万里主编:《企业合规师手册》,法律出版社 2022 年版。

9. 最高人民检察院涉案企业合规研究指导组编:《涉案企业合规办案手册》,中国检察出版社 2022 年版。

第二十九章　税务合规计划

涉案企业合规司法的一个明显特点，是涉税案件占据多数，其中又以涉案中小微企业涉税案件为多数。[①] 按照最高人民检察院对2017年至2021年单位犯罪的数据统计，虚开增值税专用发票、用于骗取出口退税、抵扣税款发票罪案件数总共5512件，约占单位犯罪案件数的40%，位居案件总数第一。北京市海淀区涉案企业合规案件中，涉税犯罪案件比例高达66.67%。[②] 税务合规成为涉案企业合规的常见案件类型。囿于企业的税务合规意识不强、税务合规制度及最佳实践供给不足、税务合规研究滞后等诸多因素，税务合规的理论和实践中在我国尚未形成成熟的体系。而涉案企业合规改革试点推动了企业开展税务合规建设，是涉案企业合规司法的一项重要贡献。

本章首先阐述税务合规和税务合规计划的基本概念，然后简述国际上税务合规的成熟做法，最后提出开展税务合规建设、评估与审查的体系化的框架。

第一节　基础

一、税务合规

（一）概念

税务合规，亦称纳税遵从，是指遵守税法规定。[③] 税法规定，不仅包括税务法律法规、税务机关的规定，也包括企业内部的税务规章制度。税务合规涉及税种，包括增值

---

① 最高人民检察院：《单位犯罪起诉数量从逐年递增到明显下降：涉案企业合规改革试点成效初显》，载https://www.spp.gov.cn/xwfbh/wsfbt/202207/t20220726_567535.shtml#1，最后访问日期：2023年5月7日。不过，在最高人民检察院公布的四批共20件企业合规典型案例中，仅有第一批的一例案件是涉税犯罪。

② 京检在线：《海淀区人民检察院、海淀区工商联重磅发布！〈危害税收征管犯罪涉案企业合规整改指南〉》，载https://mp.weixin.qq.com/s/d6HxyT3Ibgu9ke2aoialHg，最后访问日期：2022年5月7日。

③ 参见周万里主编：《企业合规讲义》，中国法制出版社2022年版，第566页。

税、消费税、企业所得税、印花税、代扣代缴个人所得税等①,也包括关税,②必要时,也涵盖用人单位缴纳的"五险一金"。

具体而言,税务合规作为企业合规的专业领域,包含两层含义。其一,遵守规定。其二,采取措施,确保规定得以遵守。对于企业而言,遵守税法规定、依法纳税是不言而喻的法定义务,这是税务合规的逻辑起点。更重要的是,税务合规包含体系化的措施,应确保企业及其管理者、员工遵守税法规定。

关于税务合规,有两种视角。一是税务机关视角的税务合规。该视角下的税务合规,旨在激励企业(纳税人)自觉纳税,提高税务合规意识,并降低税收征管的执法成本。该思想尤其体现在国家税务总局在2003年发布的《2002年—2006年中国税收征收管理战略规划纲要》中。税务合规在当时被称为纳税遵从或税务遵从。③ 二是企业视角下的税务合规。它关注遵守税法,避免税务法律责任。

(二)相关概念

与税务合规的概念紧密相关的,还有税务管理、税务筹划、税务优化、税务风险管理以及税务战略。另外,税务合规明显体现了内部控制、风险管理的一些特征。

1. 税务管理

税务合规是税务管理的组成部分。税务管理,是以企业总体经营目标为前提,持续提高税务成本收益、降低税负成本的管理行为。④ 税法的复杂性以及对企业业务的全面性影响,决定税务管理的必要性。税务管理包含技术性、防御性以及组织性的要素,⑤由税务筹划、税务优化、税务合规以及税务风险管理组成,其基石是税务战略。税务战略是企业最高管理者为税务管理设定的框架、价值观基础或"价值观指南针"。如图29-1所示,在税务战略的基础之上,税务筹划、税务优化、税务合规和税务风险管理之间相互作用,形成税务管理的闭环。⑥

---

① 如城建和教育费附加、土地使用税。

② 《海关法》第五章;《进出口关税条例》第37条。

③ 参见国家税务总局:《2002年—2006年中国税收征收管理战略规划纲要》第10.2.1条、第11.2.2条;白玉明、黄盛阳:《从税务遵从报告视角探析大企业税务风险管理》,载《税务研究》2017年第11期。

④ 参见胡国强:《税务管理流程下的企业税务风险管理系统设计》,载《会计之友》2014年第14期;企业内部控制编审会编著:《企业内部控制主要风险点、关键控制点与案例解析》,立信会计出版社2021年版,第544页。

⑤ Christoph Kromer, Reinhard Pumpler, Katharina Henschel, Tax Compliance, BB 2013, S. 792. 税务管理的技术性要素,是指企业在遵守税法的前提下进行避税,做税务优化。防御性要素,是指企业及其管理者避免税法和税务刑事责任的风险。组织性要素,则是指企业主动采取组织化措施,确保其在避免不能承受的风险时遵守税法。

⑥ 参见胡国强:《税务管理流程下的企业税务风险管理系统设计》,载《会计之友》2014年第14期。

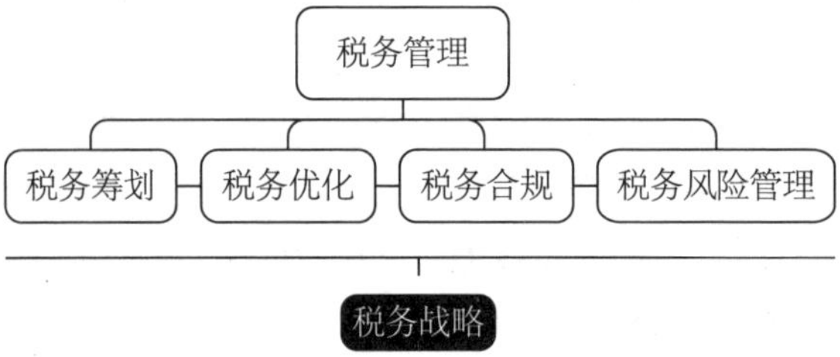

图 29－1　税务管理

2. 税务筹划

税务合规是税务筹划的约束条件。[①] 后者是指企业为实现减轻税负的目的，对投资、融资、收入分配、组织架构等事项所做的事先安排。[②] 税务筹划的主要目标，是实现税负最小化，而税务合规的主要目标是履行纳税义务。由于税务合规具有全面性，涉及与税务相关的企业各个环节和领域，企业在税务筹划环节开展合规管理也不例外。[③]

3. 税务优化

税务优化是基于上述的税务筹划，对企业的具体交易或商业活动涉及税务的事项做优化安排。由于税务筹划和税务优化的目标一致，它们之间的界限并不清晰。一般而言，税务优化关注更为具体的交易，而税务筹划关注对企业的纳税优惠结构的整体、全面的评估。

税法有法律解释余地，是税务优化的基础。企业在税务合规管理中，利用税法的解释适用余地以及税收政策优惠，实现税负优化的目的。在该意义上，税务合规能够提高税务优化的质量，提升企业的经营效率。

4. 税务风险管理

税务风险是对企业纳税产生负面影响的不确定性。[④] 税务风险分为税务法律风险和税务经济风险。[⑤] 前者是企业纳税不符合税法，产生未缴或少缴税款的问题，导致企

① 参见盖地主编：《税务筹划学》，中国人民大学出版社 2022 年版，第 12 页；周万里主编：《企业合规讲义》，中国法制出版社 2022 年版，第 591 页。

② 参见盖地主编：《税务筹划学》，中国人民大学出版社 2022 年版，第 12 页；王永亮：《企业税务筹划合规指南》，人民邮电出版社 2022 年版，第 4 页；奚卫华：《合规纳税》，人民邮电出版社 2023 年版，第 18 页；王永亮：《企业税务筹划合规指南》，人民邮电出版社 2022 年版，第 13 页。

③ 参见夏仕平：《对恶意税收筹划行为法律规制的几个基本问题的探究》，载《当代经济》2016 年第 18 期。

④ 参见周万里主编：《企业合规讲义》，中国法制出版社 2022 年版，第 566 页。

⑤ 参见林天义：《关于加强大企业税务风险管理的思考》，载《税务研究》2010 年第 9 期；盖地、张晓：《企业税务风险管理》，载《财务与会计》2009 年第 8 期；企业内部控制编审会编著：《企业内部控制主要风险点、关键控制点与案例解析》，立信会计出版社 2021 年版，第 545 页。

业面临补税、罚款、缴纳滞纳金、罚金以及声誉受损的风险。税务法律风险本质上属于税务合规风险。税务经济风险则是企业理解、适用税法不正确,没有充分利用税收优惠政策,多缴税款,承担不必要的税收负担。《大企业税务风险管理指引(试行)》所指的税务风险是税务法律风险,即“因没有遵循税法可能遭受的法律制裁、财务损失或声誉损害”。[①]

税务合规与税务风险管理的区别是侧重点。前者以遵守税法规定为则重点,后者则是以税务风险的评估、发现和避免为侧重点。[②] 开展税务风险管理并不意味着百分之百的税务合规,而好的税务合规一定有运行良好的税务风险管理。[③]

二、税务合规风险

税务合规风险是指企业不履行税务合规义务,发生税务不合规的可能性及其后果。[④] 评估税务合规风险,首先要分析税务合规义务。实践中,企业制作税法汇编和税务合规义务清单,是开展税务合规风险的识别基础工作。

(一)税务合规义务

依据我国税法,税务合规义务主要来源,主要包括:

(1)《税收征收管理法》;

(2)《税收征收管理法实施细则》;

(3)《企业所得税法》;

(4)《企业所得税法实施条例》;

(5)《增值税暂行条例》;

(6)《消费税暂行条例》;

(7)《海关法》;

(8)《税收违法行为检举管理办法》;

(9)《发票管理办法》;

(10)《刑法》。

---

① 国家税务总局:《大企业税务风险管理指引(试行)》1.1;盖地、张晓:《企业税务风险管理》,载《财务与会计》2009 年第 8 期。

② 参见胡国强:《税务管理流程下的企业税务风险管理系统设计》,载《会计之友》2014 年第 14 期;Arnulf Starck, Tax Compliance, ZRFC 4/11, S. 161;Christoph Besch/ Arnulf Starck, § 33. Tax Compliance, in Hauschka/Moosmayer/Lösler, Corporate Compliance, 3. Auflage 2016, Rn. 13。

③ 参见周万里主编:《企业合规讲义》,中国法制出版社 2022 年版,第 566 页;Christoph Besch/ Arnulf Starck, § 33. Tax Compliance, in Hauschka/Moosmayer/Lösler, Corporate Compliance, 3. Auflage 2016, Rn. 13。

④ 参见《合规管理体系 要求及使用指南》第 3.24 条。

基于上述法律法规，表 29－1、表 29－2 列举了典型的税务合规义务。

表 29－1　税务合规义务

序号	税务合规义务	依据
1	缴纳税款	《税收征收管理法》第 31 条
2	税务登记	《税收征收管理法》第 15 条
3	账簿、凭证管理	《税收征收管理法》第 19 条
4	发票管理	《税收征收管理法》第 21 条 《发票管理办法》第四章
5	纳税申报	《税收征收管理法》第 25 条
6	配合检查	《税收征收管理法》第 56 条

（二）税务行政处罚

如表 29－2 所示，企业纳税人不履行上述税务合规义务，产生的不利后果首先是承担行政处罚责任。

表 29－2　税务行政处罚

<table>
<tr><th>序号</th><th colspan="2">税务合规义务</th><th>税务行政处罚</th><th>依据</th></tr>
<tr><td rowspan="4">1</td><td rowspan="4">缴纳税款</td><td>偷税</td><td>•追缴税款
•滞纳金
•处不缴或少缴税款 50% 以上 5 倍以下的罚款</td><td>《税收征收管理法》第 63 条</td></tr>
<tr><td>漏税</td><td>•限期改正
•追缴税款
•处 5 万元以下罚款，或骗取税款 1 倍以上 5 倍以下的罚款</td><td>《税收征收管理法》第 64 条</td></tr>
<tr><td>骗税</td><td>•追缴税款
•处骗取税款 1 倍以上 5 倍以下的罚款</td><td>《税收征收管理法》第 66 条</td></tr>
<tr><td>抗税</td><td>•追缴税款
•滞纳金
•处拒缴税款 1 倍以上 5 倍以下的罚款</td><td>《税收征收管理法》第 67 条</td></tr>
<tr><td>2</td><td colspan="2">税务登记</td><td rowspan="2">•限期改正
•处 2000 元以下罚款，或 2000 元以上 1 万元以下罚款</td><td rowspan="2">《税收征收管理法》第 60 条</td></tr>
<tr><td>3</td><td colspan="2">账簿、凭证管理</td></tr>
<tr><td>4</td><td colspan="2">发票管理</td><td>•销毁非法印制的发票
•没收违法所得和作案工具
•处 1 万元以上 5 万元以下的罚款</td><td>《税收征收管理法》第 71 条；《发票管理办法》第 35 条</td></tr>
</table>

续表

序号	税务合规义务	税务行政处罚	依据
5	纳税申报	• 限期改正 • 处 2000 元以下罚款，或 2000 元以上 1 万元以下罚款	《税收征收管理法》第 62 条
6	配合检查	• 处 1 万元以下，或 1 万元以上 5 万元以下的罚款	《税收征收管理法》第 70 条

(三)税务刑事责任

税务犯罪是典型的行政犯，以违反上述税务行政法规为前置条件，具有行政从属性。① 如图 29－2 所示，我国《刑法》规定了十三类危害税收征管罪。在刑事司法实践中，涉案企业通过第三方监督评估机制，开展税务合规建设，主要涉及虚开增值税专用发票犯罪和虚开发票犯罪。

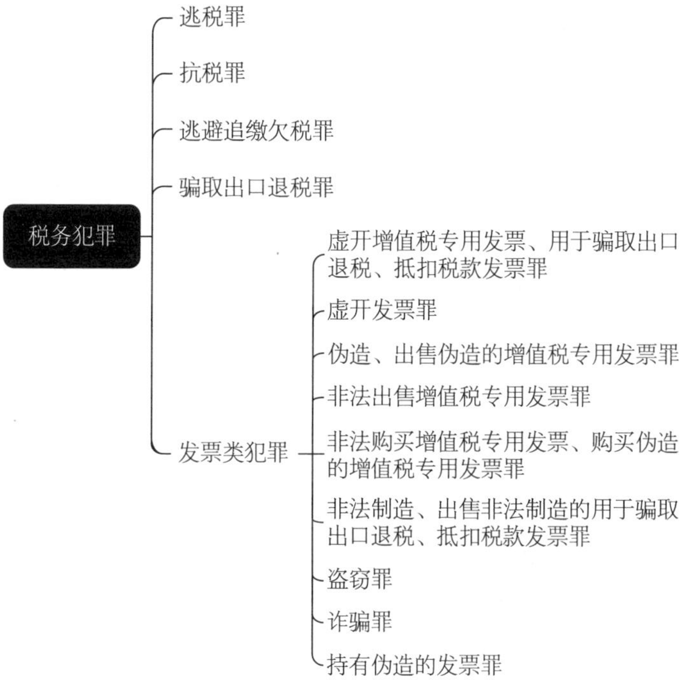

图 29－2　税务犯罪

① 参见陈兴良：《法定犯的性质和界定》，载《中外法学》2020 年第 6 期。

1. 虚开增值税专用发票犯罪

依据《刑法》第205条,虚开增值税专用发票、用于骗取出口退税、抵扣税款发票犯罪,侵害的法益是发票管理秩序和国家税款。这里的发票,不仅包括增值税专用发票和出口退税、抵扣税款其他发票,还包括具有抵扣税款功能的发票,主要有农林牧水产品收购发票、废旧物品收购发票、运输发票以及海关出具的代征增值税专用催款书等。另外,具有抵扣税款、退税功能的凭证,还包括征课消费税产品出口发票。

2. 虚开发票犯罪

依据《刑法》第205条之一,虚开《刑法》第205条规定以外的其他发票,情节严重的,处以2年以下有期徒刑、拘役或管制,并处罚金;情节特别严重的,处以2年以上7年以下有期徒刑,并处罚金。这里所指的“其他发票”,是指除了增值税专用发票和具有出口退税、抵扣税款功能的收付款凭证或者完税凭证的发票。“虚开”,是指不存在商品交易(虚构商品交易内容和税额);或者存在商品交易,但是以少开多。“虚开”的具体方式包括为他人虚开、为自己虚开、让他人为自己虚开或者介绍他人虚开。

按照2022年的立案追诉标准,有表29-4中行为之一并符合相应标准的,涉嫌虚开发票罪的,应予立案追诉:

表29-3　虚开发票罪立案标准

序号	行为	标准
1	虚开发票金额	累计50万元以上
2	虚开发票份数	100份以上,且票面金额在30万元以上
3	违法次数	5年内因虚开发票受过刑事处罚或2次以上行政处罚,又虚开发票,数额达到第1、2项标准60%以上

按照2023年的刑事立案量刑标准,如表29-4所示,有以下行为之一并符合相应标准的,属于虚开发票罪的“情节严重”。

表29-4　虚开发票罪的“情节严重”

序号	行为	标准
1	发票数量	100 < X < 500
2	发票金额	40万元 < X < 200万元
3	违法	5年内虚开行政处罚2次,又虚开的
4	其他情形	—

如表29-5所示,有以下情形之一并符合相应标准的,属于虚开发票罪的“情节特别严重”。

表 29－5　虚开发票罪的“情节特别严重”

序号	行为	标准
1	发票数量	500 < X
2	发票金额	200 万元 < X
3	其他情形	—

三、税务合规计划的概念与标准

(一)概述

税务合规计划,亦称税务合规体系、税务合规管理体系,是指落实税务合规,及时、全面履行纳税义务,避免税务不合规行为的管理体系。在涉案企业合规的语境下,涉案企业已涉嫌危害税收征管犯罪,通过第三方机制开展税务合规整改,不仅要纠正涉嫌的税务违法犯罪行为,还要防止将来相同或类似的税务违法犯罪行为再次发生。如没有特别说明,本章所指的税务合规计划是指涉案企业的税务合规计划。

作为事后合规的措施,税务合规计划以具体案件为出发点,对涉案企业税务合规的组织架构、过程等开展全面整改和优化,以确保涉案企业将来能够及时、全面履行纳税义务。税务合规计划虽以具体问题为导向,但其基本原则、要素以及框架等,与事前的税务合规管理体系没有本质的区别。因此,关于税务合规管理体系的最佳实践,也适用于涉案企业的税务合规计划。

(二)标准

由于《合规指导意见》和《合规评估办法》等涉案企业合规制度的“四梁八柱”是一般性的规定,为税务合规建设和评估确立基本框架,但没有兼顾税务合规的特殊要素,①涉案企业、第三方组织、检察机关等第三方机制主体只能按照个人经验探索税务合规计划的建设、评估及审查的方法。这造成涉案企业税务合规在形式和内容方面差异很大。另外,在税务合规的最佳实践方面,还没有具有针对性的税务合规的规范或标准。如《合规管理体系　要求及使用指南》《中小企业合规管理体系有效性评价》《中央企业合规管理办法》等,都属于普适性的合规计划建设的参考框架。

到目前为止,税务合规与内部控制体系或风险管理的结合,是企业的通行做法。一条路径是财政部等五部门在 2008 年发布的《企业内部控制基本规范》,也是税务内部控制体系的基本依据。另一条路径是税务风险管理,其依据的是国家税务总局在 2009 年

① 如北京市海淀区人民检察院和工商联在《危害税收征管犯罪涉案企业合规整改指南》中,将合规要素区分为基础合规要素和税务专项合规要素(第 5 条)。

发布的《大企业税务风险管理指引(试行)》。

综上所述,涉案企业开展税务合规建设,除了《合规评估办法》,可以参考以下的规定,构建税务合规计划:

1.《合规管理体系　要求及使用指南》;

2.《中央企业合规管理办法》;

3.《企业内部控制基本规范》;

4.《大企业税务风险管理指引(试行)》;

5.《风险管理　指南》。

第二节　国际发展情况

一、经济合作与发展组织

经济合作与发展组织自2006年发布《首尔宣言》以来,围绕“合作”和“透明”这两大主题,推动纳税机关和纳税人之间合作,激励纳税企业建立“税务控制体系”(tax control framework)。① 税务控制体系的形态很多,主要有税务风险管理和税务合规管理。经济合作与发展组织的成员国及一些非成员国国家,包括我国,②通过法律或政策指引,引导企业开展税务合规建设。纳税企业通过建立税务风险管理体系或税务合规管理体系,不仅履行了纳税义务,也赢得了征税机关的信任,降低了纳税机关的执法成本。这使“合作税务合规”自此成为各国税收征收管理的现代模式。其典型方式,是征税机关与大企业签订《税收遵从合作协议》,针对大企业的税务风险管理或税务合规建设开展持续沟通和合作。③ 基于“合作税务合规”的理念,企业开展税务合规建设,代表国家是奥地利。此外,企业基于“税务合规抗辩”的理念,主动开展税务合规建设,代表国家是德国。

---

① See OECD, Third Meeting of the OECD Forum on Tax Administration-Final Seoul Declaration, OECD Publishing 2006, available under https://www.oecd.org/tax/administration/37415572.pdf (2023-05-10); IDW, Positionspapier des Instituts der Wirtschafsprüfer zur veranlagungsnahen Betriebsprüfung v. 19.11.2021, https://www.idw.de/IDW/Medien/Positionspapier/Downloads-IDW/IDW-Positionspapier-Veranlagungsnahe-Betriebspruefung.pdf (2023-05-11).

② 我国也参加了经济合作与发展组织于2006年在韩国首尔举办的税务管理论坛。《首尔宣言》关于在企业层面开展税务风险管理的建议,在我国最终以国家税务总局2009年发布的《大企业税务风险管理指引(试行)》来落实。

③ 如国家税务总局和三家大企业在2012年签署的税收遵从合作协议。对此,参见吴廷高:《国家税务总局首次与大企业签订税收遵从合作协议》,载《中国税务》2012年第11期。

二、奥地利

奥地利财政部基于“公平竞争倡议”，在 2011 年至 2016 年推出“横向监督”(horizontal monitoring)项目，对纳税大企业开展及时的服务和监督，取得了很好的效果，将该项目的一些成功做法吸收进 2018 年的《联邦税法》(Bundesabgabenordnung)中。该法第 153a 条和第 153g 条引入征税机关的“伴随控制”(begleitende Kontrolle)职权，也即征税机关并非进行事后控制，主要是税务检查，而是进行事前控制。被伴随控制的企业，可避免征税机关对其随时开展税务检查。[①] 大企业[②]在伴随控制中，可以直接、持续与征税机关沟通，增强了企业税务管理在法律上的确定性，避免高税负，降低合规成本。针对征税机关实施的伴随控制措施，大企业的“对待给付”是“税务控制体系”[③](Steuerkontrollsystem)建设。

大企业申请进入伴随控制程序的一个条件，是审计师或税务师出具税务控制体系评估报告。[④] 基于奥地利《税务控制体系审计办法》，该税务控制体系应具备以下七个要素，[⑤]即：

(1)控制环境；

(2)税务控制体系的目标；

(3)税务风险评估；

(4)控制措施；

(5)信息与沟通措施；

(6)惩罚与防范措施；

(7)监督和改进措施。

三、德国

税务合规自德国财政部在 2016 年发布《关于适用德国税法第 153 条的说明》以来，成为一个热点的合规话题。德国《税法》第 153 条规定纳税人对错误的或不完整的税务申报的事后纠正义务。德国财政部在该说明中认为，并不是出现不正确的纳税，就意味着税务违法或犯罪，税收征管部门应当调查是否存在逃税或避税的故意或过失。纳税人建立了履行纳税义务的内部运营控制体系。不过，这并不能免除个案审查。这里所

---

① 参见奥地利《联邦税法》第 147 条。

② 大企业是指在提交成为伴随控制对象的申请的近两年，年营业额不低于 4000 万欧元的企业。

③ 基于奥地利的《税务控制体系审计办法》第 2 条定义条款，税务控制体系是指“确保相应税种的计税依据正确，并及时、正确履行由此发生纳税义务的所有措施(过程及其步骤)”。

④ 参见奥地利《联邦税法》第 153a 条第 4 款第 4 项。

⑤ Verordnung des Bundesministers für Finanzen über die Prüfung des Steuerkontrollsystems (SKS-Prüfungsverordnung-SKS-PV).

指的“内部运营控制体系”，主流观点认为，是指税务合规管理体系。[①] 自此，德国学界和实务界探索建立什么样的税务合规管理体系，以避免成立税务违法或犯罪中的故意或过失，即避免产生“有责性”或“责任”。企业的“内部运营控制体系”应满足什么要求？如何建设该体系？对于这些问题，征税机关一直都没有明确的回应。为解决这些问题，德国审计师委员会在2017年专门发布《税务合规管理体系建设和审计实践指引》，[②]联邦税务师协会在2018年发布《税务内部运营控制体系指引》[③]并与手工艺行业联合会在2019年联合发布《手工业企业税务合规》[④]。

在税务合规实践中，《税务合规管理体系建设和审计实践指引》的影响力最大，其方法论得到理论界和实务界的普遍认可和使用。《税务合规管理体系建设和审计实践指引》是德国审计师协会在2011年发布的《合规管理体系合理评估原则》[⑤]在税务领域的具体应用。与后者的思路一致，税务合规管理体系由七个要素构成，[⑥]即：

(1)税务合规文化；

(2)税务合规目标；

(3)税务合规组织；

(4)税务合规风险；

(5)税务合规方案；

(6)税务合规沟通；

(7)税务合规监督和改进。

针对上述每个要素，如图29－3所示，《税务合规管理体系建设和审计实践指引》中都有具体的要求。

---

① Vgl. Roland Köhler, Innerbetriebliches Kontrollsystem (Tax Compliance Management System), StBp 2018; Wolfram Bartuschka, Umsetzung von Tax-Compliance-Management im Mittelstand, CB 2018, 209; IDW Praxishinweis: Ausgestaltung und Prüfung eines Tax Compliance Management Systems gemäß IDW PS 980 (IDW Praxishinweis 1/2016), Rn. 3.

② IDW Praxishinweis: Ausgestaltung und Prüfung eines Tax Compliance Management Systems gemäß IDW PS 980 (IDW Praxishinweis 1/2016).

③ Bundessteuerberaterkammer, Hinweise der Bundessteuerberaterkammer für ein steuerliches innerbetriebliches Kontrollsystem-Steuer-IKS.

④ Bundessteuerberaterkammer/Zentralverband des deutschen Handwerks, Tax Compliance für Handwerksbetriebe.

⑤ 参见周万里：《合规型监管》，人民出版社2021年版，第76～80页。2011年发布的《合规管理体系合理评估原则》在2022年完成首次修订。

⑥ IDW Praxishinweis: Ausgestaltung und Prüfung eines Tax Compliance Management Systems gemäß IDW PS 980 (IDW Praxishinweis 1/2016), Rn. 22.

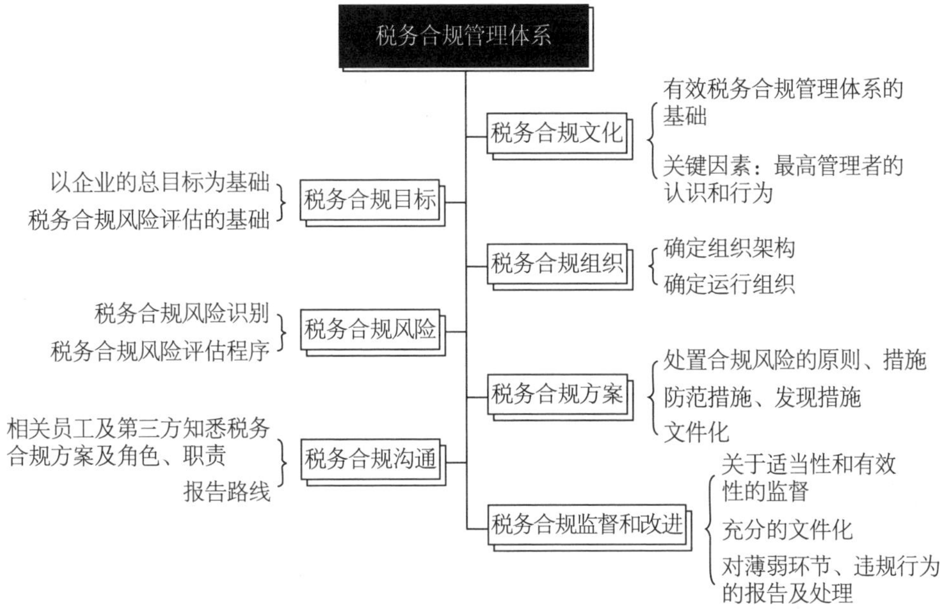

图 29－3　税务合规管理体系

税务合规管理体系的具体形态，由诸多因素共同决定。① 如企业规模大小、业务规模、国际化程度、组织架构、客户群等因素不同，企业税务合规管理体系的形态也会不同。

第三节　税务合规计划

涉案企业应依据《合规指导意见》第 11 条、《合规指导意见实施细则》第 28 条和《合规评估办法》第二章的规定，参照《大企业税务风险管理指引（试行）》等，结合具体案情和税务合规的一般要求，建设具有可行性、有效性和全面性的税务合规计划。② 第三方组织对涉案企业开展税务合规计划建设的情况，进行检查、监督和评估。第三方机制管委会和人民检察院审查第三方组织报送的税务合规考察书面报告。

① IDW Praxishinweis：Ausgestaltung und Prüfung eines Tax Compliance Management Systems gemäß IDW PS 980（IDW Praxishinweis 1/2016），Rn. 24.

② 参见《合规指导意见》第 12 条。

一、税务合规计划建设

涉案企业在开展税务合规计划建设时，一是要面向过去，纠正在过去实施的涉嫌税务违法犯罪的行为；二是要面向未来，建设有效的税务合规计划，防止将来再次发生相同或类似的违法犯罪。为此，涉案企业首先应建立由其实际控制人、主要负责人和直接负责的主管人员等组成的合规建设小组，全面领导和开展税务合规计划工作。[①] 其次如图 29 - 4 所示，一个体系化的税务合规计划应当以税务战略为基础（基石），[②]由纠正措施、税务合规目标、税务合规文化、税务合规组织、税务合规风险、税务合规措施、税务合规沟通以及税务合规监督和改进等要素构成。

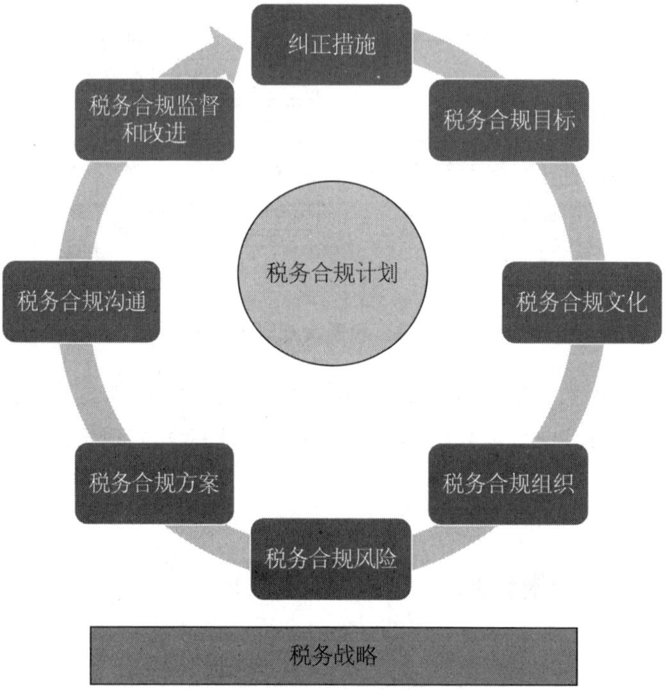

图 29 - 4 税务合规计划

(一)纠正措施

1. 全面停止违法行为

涉案企业应全面停止涉税违法犯罪行为。首先，这不仅包括涉税犯罪行为，还包括涉税行政违法行为等。其次，涉案企业不仅要停止办案机关调查和发现的涉税违法犯

① 参见《合规评估办法》第 4 条。

② 关于税务战略，参见本章第一节关于税务管理的论述。

罪行为，还要停止调查机构尚未发现和掌握的涉税违法犯罪行为，以及关联公司的涉税违法犯罪行为。最后，涉案企业应当对涉税犯罪的相关责任人员追究责任，采取纪律或惩罚措施。

2. 全力配合

涉案企业应全力配合税务机关、公安机关、检察机关以及第三方组织的案件工作。[①]尤其是在税务合规计划的制定与实施阶段，涉案企业应积极与第三方组织沟通合规计划的可行性、有效性及全面性，定期向第三方组织汇报合规整改情况，提供合规整改的工作记录和证明材料等。

3. 补缴税款、滞纳金和罚款

涉案企业在提交合规计划之前，应到税务机关补交税款、缴纳滞纳金。[②] 合规案件整改结束后，人民检察院如果作出不起诉决定，税务机关作出行政处罚决定的，涉案企业还应当缴纳罚款。

（二）税务合规目标

1. 目标设定

税务合规目标是税务合规风险分析的基础和参照点。[③] 税务合规目标的确定，应当以涉案企业经营总目标为基础，并与企业合规管理体系的总目标一致。具体而言，税务合规的主要目标可以如下表述：[④]

（1）税务筹划具有合理商业目的，并符合税法；

（2）经营决策和日常经营活动考虑税收因素的影响，并符合税法；

（3）税务会计事项符合会计制度或准则，并符合税法；

（4）纳税申报和税务缴纳符合税法；

（5）税务登记、账簿凭证管理、税务档案管理以及税务资料准备和报备等事项，符合税法。

由于涉案企业合规有较强的针对性，税务合规目标应回应涉嫌税务违法犯罪行为，设定较为具体并具有针对性的合规目标。

2. 适用范围确定

税务合规目标针对的是特定的税务管理范围，该范围也是税务合规计划实施和评

---

① 参见《合规评估办法》第3条。

② 参见《税收征收管理法》第63条、第64条、第65条等。

③ 参见北京市海淀区人民检察院、北京市海淀区工商联《危害税收征管犯罪涉案企业合规整改指南》第23条。

④ 参见《大企业税务风险管理指引（试行）》1.2。

估的范围。税务合规计划的适用范围,包括适用的税种、组织边界和地域边界。税务合规计划的主要目的是确保涉案企业履行我国税法义务。涉案企业如有境外业务,也应当遵守业务所在国的税法规定,税务合规计划相应地涵盖国际税务合规。

(三)税务合规文化

税务合规文化作为企业文化的组成部分,是税务合规计划的价值观。① 涉案企业实际控制人、主要负责人对合规文化的形成、运作,起到决定性的作用。为此,他们应当作出税务合规承诺,②在企业管理层和基层明确、清楚地表达对税务合规的态度,倡导遵纪守法、诚信纳税的理念。③ 此外,他们应将税务合规融入企业的发展目标、发展战略和业务活动当中,④并形成税务战略。

(四)税务合规组织

税务合规组织的具体形态,由涉案企业类型、规模、业务范围、行业特点等因素决定。⑤ 尤其是涉案企业的规模大小,往往决定了税务合规组织与财务部门、合规部门或业务部门的整合程度,决定了设立专职还是兼职税务合规管理人员,以及什么样的汇报路线。对于小微企业,一般而言设兼职的税务合规管理员,或将税务合规工作外包,即可完成税务合规的基本工作。

对于中大型企业,税务合规负责人、牵头管理部门等人员或部门的职责分工,应当明确、具体、可考核。⑥ 基于不同业务部门的决策,对不同税种产生程度不同的影响,税务合规牵头管理部门或管理员应当有正式通道,指导、监督业务部门涉税决策的合规性。

(五)税务合规风险

涉案企业应以涉税违法犯罪为起点,对税务合规风险进行全面的识别、分析和评价。⑦ 税务合规风险识别的方式,可以是对涉案企业的税务合规做现状调研或尽职调查。通过税务合规风险识别和分析,涉案企业查找其经营活动及其业务流程中存在税务合规风险,评价风险发生的可能性和条件,及风险对实现税务目标的影响程度。⑧

---

① 参见北京市海淀区人民检察院、北京市海淀区工商联《危害税收征管犯罪涉案企业合规整改指南》第20条。

② 参见《合规评估办法》第6条。

③ 参见《大企业税务风险管理指引(试行)》1.5。

④ 参见《合规评估办法》第6条。

⑤ 参见《合规评估办法》第7条。

⑥ 参见《合规评估办法》第7条。

⑦ 参见《合规评估办法》第4条、第14条第1项。

⑧ 参见《大企业税务风险管理指引(试行)》3.1。

在税务合规风险管理中，通常的做法是基于税种及其对应流程，评价税务合规风险。[1] 例如，对于一般性的税务合规义务，涉案企业可采用表 29 – 6 中的格式做税务合规风险分析。[2]

表 29 – 6　税务合规风险分析

风险因素或流程	存在风险描述	风险评价 □ 固有风险 □ 剩余风险			风险处置措施	纳税职责	控制职责
		低	中	高			
1. 税务登记	略	□	□	□	略	略	略
2. 账簿、凭证管理	略	□	□	□	略	略	略
3. 发票管理	略	□	□	□	略	略	略
4. 结论							
基于 1 至 3 风险因素的总风险		□	□	□			
不能识别风险		□					

涉案企业在分析其面临的税务合规风险时，应明确对税务合规风险产生重要影响的因素，包括：[3]

（1）企业治理层和管理层的税务合规意识及对待税务风险的态度；

（2）涉税员工的职业操守和专业胜任能力；

（3）组织机构、经营方式和业务流程；

（4）信息技术的运用；

（5）财务状况、经营成果及现金流情况；

（6）相关内部控制制度的设计和执行；

（7）经济形式、产业政策、市场竞争及行业惯例；

（8）法律法规和监管要求。

涉案企业还应定期评估税务合规风险，开展税务合规风险的动态管理。[4]

---

① Vgl. IDW Praxishinweis：Ausgestaltung und Prüfung eines Tax Compliance Management Systems gemäß IDW PS 980（IDW Praxishinweis 1/2016），Rn. 42.

② Vgl. Walter Niemann/Panagiotis Dodos，Tax Compliance Management System，2021，S. 40.

③ 参见《大企业税务风险管理指引（试行）》3.1。

④ 参见《大企业税务风险管理指引（试行）》3.2 和 3.3。

(六)税务合规措施

1. 概述

基于税务合规风险评估的结论,针对具体的税务合规风险,涉案企业应采取税务合规措施应对。基于《企业内部控制基本规范》第 28 条,如图 29－5 所示,税务合规措施可分为预防性措施和发现性措施。[①] 税务合规重在预防工作。预防性措施既包含合规管理的一般性措施,也包含针对税务合规的特殊性措施。[②]

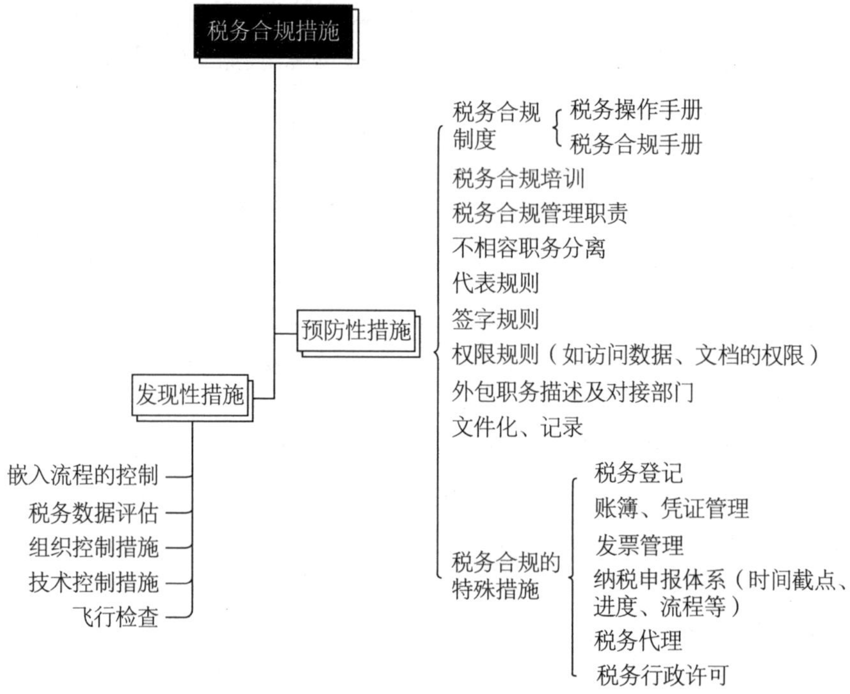

图 29－5　税务合规措施

2. 风险控制矩阵

基于上述税务合规风险评估结果,涉案企业应明确风险对应的关键流程节点,制作风险控制矩阵。它主要由四部分构成,即流程节点、目标、风险和控制措施。中小企业可以制作如表 29－7 的简式风险控制矩阵。

---

① 预防性措施重在阻止不合规行为或结果,包括组织措施(如工作流程的规则、不相容职务分离控制)、组织辅助措施(如流程图、组织架构图、工作手册、工作模板)以及技术辅助措施(如信息化技术控制、测量软件)。发现性控制重在尽早、尽快发现和确定管理缺陷或漏洞。

② 参见北京市海淀区人民检察院、北京市海淀区工商联《危害税收征管犯罪涉案企业合规整改指南》第 24 条、第 25 条。

表 29－7　简式的风险控制矩阵

流程节点	目标	风险	控制措施
纳税申报	及时办理税务申报	错过规定期限办理纳税申报，被罚款	建立纳税申报制度
……	……	……	……

对于中大型企业的税务风险控制矩阵，记录的信息应更为详细。如表 29－8 所示的风险控制矩阵，增加了风险分析及控制活动详细信息。

表 29－8　中等复杂的风险控制矩阵

流程节点	目标	风险分析		控制措施			评价
		风险因素或风险描述	等级	措施	负责人	类型（手工控制或自动控制、预防性控制或发现性控制）	
……	……	……	……	……	……	……	……

3. 税务合规制度

税务合规制度建设作为防范措施之一，应明确涉案企业的税务战略、税务管理原则、目标、组织架构、管理职责、流程等。属于税务合规制度的，包括审查清单、纳税期限清单、行为守则、文件化规则和职责分工规则。

4. 税务操作手册

针对税务合规管理的专业性，实务中发展出的《税务操作手册》（tax operating manual）成为税务合规管理体系的核心组成部分。[①] 其内容通常包括：[②]

（1）税务信息需求指引；

（2）税务登记指引；

（3）税务核算指引；

（4）纳税申报指引；

（5）账簿、凭证保管指引；

（6）报告指引；

（7）纳税期限指引；

① Vgl. Christoph Besch, Arnulf Starck, § 33. Tax Compliance, in Hauschka/Moosmayer/Lösler, Corporate Compliance, 3. Auflage 2016, Rn. 117.

② Vgl. Christoph Kromer, Reinhard Pumpler, Katharina Henschel, Beurteilung der Effektivität eines Tax-Compliance-Systems-Teil 2, CB 2013, 205.

(8)税务风险管理或税务内部控制指引;

(9)税务审计指引;

(10)外部咨询人员的选择和采购标准。

5. 税务合规手册

前述《税务操作手册》也可以成为《税务合规手册》的组成部分。《税务合规手册》为涉案企业的管理者、员工以及作为外部利益相关者的税务机关、审计师、税务师等提供企业税务合规工作的指引或信息源。它在员工培训和沟通中,发挥重要作用。《税务合规手册》的重点内容如下:①

(1)关键流程;

(2)风险及其管理职责归属;

(3)风险管理体系;

(4)税务制度汇总(如税法汇编②);

(5)报告;

(6)记录过程;

(7)审查方法;

(8)专业人员配置、能力及继续教育;

(9)更新。

(七)税务合规沟通

税务合规沟通包括内部沟通和外部沟通。内部沟通的对象是与纳税相关的员工,沟通内容包括税务合规运行机制、税务合规管理部门及其相应的职责、税务合规风险以及税务违规报告途径等。外部沟通的对象是商业伙伴及征税机关,③沟通内容包括税务管理体系及具体的纳税事项。涉案企业还应记录税务合规沟通活动。对于这些活动,税务合规沟通需有专门的制度。④

(八)税务合规监督和改进

涉案企业应建立税务合规监测、举报、调查、处理机制,确保及时发现和监控税务合规风险,纠正和处理税务不合规行为。⑤ 另外,涉案企业应当定期对税务合规计划开展

---

① Vgl. Christoph Kromer, Reinhard Pumpler, Katharina Henschel, Beurteilung der Effektivität eines Tax-Compliance-Systems-Teil 2, CB 2013, 204.

② 参见《大企业税务风险管理指引(试行)》5.2.1 和5.2.2。

③ 参见《大企业税务风险管理指引(试行)》5.2。

④ 参见《大企业税务风险管理指引(试行)》5.1。

⑤ 参见《合规评估办法》第10条。

有效性评估，不断改进和优化税务合规管理制度和流程。① 合规监督的前提是记录和量化。税务合规监督工作内容包括：②

(1)明确税务合规监督的职责；

(2)制定监督方案；

(3)提供充分的人力、财力等开展监督活动；

(4)内部审计部门开展调查；

(5)出具并评估监督报告。

税务合规监督的范围包括税务合规措施的落实情况、税务流程审查、培训情况以及税务委外工作情况(如代账公司的税务活动)等。涉案企业在合规监督活动中发现税务违规行为，应当及时向管理层或合规管理部门报告，并对相关人员采取纪律措施。如果税务管理外包第三方完成，税务合规监督应延伸到第三方的财税服务活动。

二、税务合规计划评估

(一)评估目标

第三方组织对涉案企业的税务合规计划开展有效性评估。③ 有效性是指税务合规计划的目标实现的程度。有效性评估针对的不是涉案企业采取的单个的税务合规措施，而是整个的税务合规计划。在合规计划评估阶段，有效性评估涵盖可行性评估和全面性评估。④

(二)评估内容

第三方组织对税务合规计划开展有效性评估时，尤其是要按照规定的六项重点内容进行评估。⑤ 这六项重点内容是非穷尽的列举，涵盖了涉案企业合规计划建设的工作内容。结合税务合规风险以及涉案企业所在行业、企业类型、规模、业务范围等因素，第三方组织应制定具体的评估指标体系。⑥ 如表 29 - 9 所示，第三方组织可基于八个维度及其具体指标(不完全列举的示例)，评价税务合规计划的完成情况及效果如何，最后在结论部分为这八个维度设定不同权重，形成有效性评估的最终结论。

---

① 参见《大企业税务风险管理指引(试行)》6.1 和 6.2；北京市海淀区人民检察院、北京市海淀区工商联《危害税收征管犯罪涉案企业合规整改指南》第 16 条。

② IDW Praxishinweis: Ausgestaltung und Prüfung eines Tax Compliance Management Systems gemäß IDW PS 980 (IDW Praxishinweis 1/2016), Rn. 53.

③ 参见《合规评估办法》第 14 条。

④ 参见《合规指导意见》第 12 条。

⑤ 参见《合规评估办法》第 14 条。

⑥ 参见《合规评估办法》第 15 条。

表 29-9　税务合规计划评估

		是	否	不相关	税务合规计划缺陷	改进建议
一	纠正措施①					
1	涉案企业是否全面停止涉税违法行为	□	□	□	略	略
	(1)涉案企业是否开展内部调查或自查	□	□	□		
	(2)涉案企业是否明确了涉税违法犯罪的原因(“根源分析”)	□	□	□		
2	涉案企业是否全力配合工作	□	□	□		
	(1)配合征税机关	□	□	□		
	(2)配合办案检察院	□	□	□		
	(3)配合第三方组织	□	□	□		
3	(1)涉案企业是否补缴税款	□	□	□		
	(2)涉案企业是否缴纳滞纳金	□	□	□		
	(3)涉案企业是否缴纳罚款	□	□	□		
4	是否成立合规建设领导小组	□	□	□		
二	税务合规目标					
5	涉案企业是否设定明确的税务合规目标	□	□	□		
三	税务合规文化②					
6	涉案企业是否明确了税务合规文化	□	□	□		
	(1)涉案企业最高管理者是否作出税务合规承诺	□	□	□		
	(2)税务合规文化是否以制度化的形式确定	□	□	□		

① 参见《合规评估办法》第14条第2项。
② 参见《合规评估办法》第14条第6项。

续表

		是	否	不相关	税务合规计划缺陷	改进建议
四	税务合规组织①					
7	(1)涉案企业是否确定税务合规牵头管理部门	□	□	□		
8	(2)税务合规管理职责是否明确描述	□	□	□		
9	(3)是否制作税务合规组织架构图	□	□	□		
10	(4)税务合规管理员的专业能力是否合格	□	□	□		
五	税务合规风险②					
11	是否评估税务合规风险	□	□	□		
	(1)增值税风险分析评估	□	□	□		
	(2)消费税风险评估	□	□	□		
	(3)企业所得税风险评估	□	□	□		
	(4)税务登记风险评估	□	□	□		
	(5)发票风险评估	□	□	□		
六	税务合规措施					
12	是否开展税务部合规制度建设③	□	□	□		
	(1)是否制作税法汇编	□	□	□		
	(2)是否制作《税务合规手册》	□	□	□		
	(3)是否制作《税务操作手册》	□	□	□		
	(4)税务合规制度是结构、内容等是否清晰	□	□	□		

① 参见《合规评估办法》第14条第3项。
② 参见《合规评估办法》第14条第1项。
③ 参见《合规评估办法》第14条第4项。

续表

		是	否	不相关	税务合规计划缺陷	改进建议
13	是否提供税务合规的人力物力保障①	□	□	□		
14	是否开展税务合规培训	□	□	□		
	税务合规培训对象的选择是否具有针对性	□	□	□		
	培训是否有记录	□	□	□		
	涉案企业是否考核培训效果	□	□	□		
	是否有合规培训的监督活动	□	□	□		
15	对于一般性的税务义务，如税务登记、纳税登记，税务风险处置措施是否落实	□	□	□		
	(1)对税务风险处置措施落实情况是否有监督活动	□	□	□		
	(2)落实情况是否有记录	□	□	□		
	(3)监督活动是否有记录	□	□	□		
16	关于增值税风险处置措施是否落实	□	□	□		
	(1)落实责任机关或责任人是否确定	□	□	□		
	(2)是否有监督活动	□	□	□		
	(3)落实和监督活动是否有记录	□	□	□		
七	税务合规沟通					
17	是否与税务相关的员工沟通过税务合规	□	□	□		
18	是否与税务服务商(如财务公司)沟通过税务合规	□	□	□		

① 参见《合规评估办法》第14条第4项。

续表

		是	否	不相关	税务合规计划缺陷	改进建议
八	税务合规监督与改进①					
19	涉案企业是否开展过税务合规监督活动	☐	☐	☐		
	(1)合规监督职责	☐	☐	☐		
	(2)制定监督方案	☐	☐	☐		
	(3)监督活动的人力、财力支持	☐	☐	☐		
	(4)监督结果报告路线	☐	☐	☐		
	(5)监督结果及其评估	☐	☐	☐		
20	是否发现税务合规管理缺陷	☐	☐	☐		
	是否开展根源分析	☐	☐	☐		
21	针对税务违规,是否有惩罚措施	☐	☐	☐		
22	税务合规计划是基于监督报告、评估报告等做改进	☐	☐	☐		

九	结论	有效性		权重	如否,应采取的措施
		是	否		
	(一)纠正措施	☐	☐		
	(二)税务合规目标	☐	☐		
	(三)税务合规文化	☐	☐		
	(四)税务合规组织	☐	☐		
	(五)税务合规风险	☐	☐		
	(六)税务合规方案	☐	☐		
	(七)税务合规沟通	☐	☐		
	(八)税务合规监督和改进	☐	☐		

十	总结论	有效性		对总结论的限定	建议
		是	否		
	税务合规计划	☐	☐		

① 参见《合规评估办法》第14条第5项和第6项。

三、税务合规计划审查

第三方机制管委会和人民检察院对第三方组织报送的税务合规考察报告，以书面审查为主，以调查为辅。审查重点包括：

(1)税务合规评估方案的适当性；

(2)评估材料是否全面、客观、专业，足以支持税务合规考察报告的结论；

(3)第三方组织及其专业人员是否存在可能影响工作履职的不当行为或涉嫌违法犯罪行为。

第四节　小结

税务合规是涉案企业合规司法程序中最常见的案件类型。在我国还没有形成税务合规计划或税务合规管理体系最佳实践或标准的情况下，涉案企业和第三方组织应基于《合规评估办法》，参照《大企业税务风险管理指引(试行)》《合规管理体系　要求及使用指南》等文件，借鉴先进国家税务合规的成熟经验，开展有效税务合规建设和评估。鉴于涉税案件中涉案企业多数是中小微企业，税务合规计划应与中小微企业税务管理的特点相适应，不仅要保证税务合规计划的适当性和有效性，也要为税务筹划和税务优化奠定基础，提高中小微企业的经营效率。另外，税务合规与业务流程有紧密关系，税务合规的关键流程控制以及信息化、数字化建设，是税务合规的重点，也是税务合规管理的发展趋势。

推荐阅读

1. 中华全国工商业联合会等九部门《涉案企业合规建设、评估和审查办法(试行)》。

2. 国家税务总局《大企业税务风险管理指引(试行)》。

3. 财政部等五部门《企业内部控制基本规范》。

4. 北京市海淀区人民检察院、北京市海淀区工商联《危害税收征管犯罪涉案企业合规整改指南》。

5. 浙江省宁波市慈溪市人民检察院、慈溪市工商业联合会、国家税务总局慈溪市税务局《危害税收征管犯罪涉案企业合规整改工作指引》。

6. 周万里主编:《企业合规讲义》，中国法制出版社 2022 年版。

7. 周万里主编:《企业合规师手册》，法律出版社 2022 年版。

8. 周万里主编:《合规管理体系手册》，法律出版社 2023 年版。

第三十章　检察公益诉讼合规整改

第一节　概述

党的二十大报告特别强调："完善公益诉讼制度。"作为检察机关的一项新职能，公益诉讼检察制度被认为是中国式现代化在法治领域的重要体现。目前，对涉案企业推动合规建设主要在刑事领域，但为了充分发挥检察职能，建立具有中国特色的现代企业合规司法制度，更好营造法治化营商环境，有必要在检察公益诉讼工作中探索开展企业合规的路径和方式。这是贯彻落实习近平法治思想，以检察工作现代化服务保障经济社会高质量发展、助推国家治理体系和治理能力现代化的一项创新举措和"四大检察"融合发展的必由之路。

2017 年 6 月 27 日，全国人民代表大会常务委员会通过了《关于修改〈中华人民共和国民事诉讼法〉和〈中华人民共和国行政诉讼法〉的决定》，正式建立了我国检察公益诉讼法律制度。其中，《民事诉讼法》第 55 条第 2 款（2021 年修订后第 58 条第 2 款）规定："人民检察院在履行职责中发现破坏生态环境和资源保护、食品药品安全领域侵害众多消费者合法权益等损害社会公共利益的行为，在没有前款规定的机关和组织或者前款规定的机关和组织不提起诉讼的情况下，可以向人民法院提起诉讼。前款规定的机关或者组织提起诉讼的，人民检察院可以支持起诉。"同时，《行政诉讼法》第 25 条第 4 款规定："人民检察院在履行职责中发现生态环境和资源保护、食品药品安全、国有财产保护、国有土地使用权出让等领域负有监督管理职责的行政机关违法行使职权或者不作为，致使国家利益或者社会公共利益受到侵害的，应当向行政机关提出检察建议，督促其依法履行职责。行政机关不依法履行职责的，人民检察院依法向人民法院提起诉讼。"修改后的两部诉讼法明确列举了生态环境和资源保护、食品药品安全、国有土地使用权出让、国有财产保护等检察机关可以提起公益诉讼的法定案件领域。此后，党的十九届四中全会以及中共中央印发《关于加强新时代检察机关法律监督工作的意见》，均明确要求检察机关积极稳妥拓展公益诉讼案件范围。2018 年以来,新制定、修改的《英雄烈士保护法》《未成年人保护法》《军人地位和权益保护法》《安全生产法》《个人信息保护法》《反垄断法》《反电信网络诈骗法》《妇女权益保护法》等法律不断拓展了检察公益诉讼案件的法定范围。详见表 30－1。

表 30－1 检察公益诉讼案件情况

序号	法律名称	制定或修订日期	条款	领域	备注
1	《民事诉讼法》	2017 年 6 月 27 日	第 55 条第 2 款	生态环境和资源保护、食品药品安全	2021 年修订为第 58 条第 2 款
2	《行政诉讼法》	2017 年 6 月 27 日	第 25 条第 4 款	生态环境和资源保护、食品药品安全、国有土地使用权出让、国有财产保护	
3	《英雄烈士保护法》	2018 年 4 月 27 日	第 25 条第 2、3 款	英雄烈士保护	
4	《未成年人保护法》	2020 年 10 月 17 日	第 106 条	未成年人保护	
5	《军人地位和权益保护法》	2021 年 6 月 10 日	第 62 条	军人地位和权益保护	
6	《安全生产法》	2021 年 6 月 10 日	第 74 条第 2 款	安全生产	
7	《个人信息保护法》	2021 年 8 月 20 日	第 70 条	个人信息保护	
8	《反垄断法》	2022 年 6 月 24 日	第 60 条第 2 款	反垄断	
9	《反电信网络诈骗法》	2022 年 9 月 2 日	第 47 条	反电信网络诈骗	
10	《农产品质量安全法》	2022 年 9 月 2 日	第 79 条第 2 款	食用农产品生产经营	
11	《妇女权益保护法》	2022 年 10 月 30 日	第 77 条	妇女权益保护	

一、检察公益诉讼企业合规的概念

公益诉讼企业合规，是指在检察公益诉讼办案环节中，检察机关通过对特定类型的涉案企业，如涉及生态环境、食药品经营、个人信息处理等国家利益和社会公益领域的互联网平台、科技企业、行业重点企业等，在经营活动中实施的违反国家规定、侵害或危及国家利益和社会公共利益的行为，通过调查、起诉、监督等办案程序，不仅实现修复受损公益的目的，还要让涉案企业消除与国家利益和社会公共利益相关的合规风险，制定专项合规计划或整改报告，完善企业治理结构，健全内部规章制度，形成有效合规管理体系，预防国家利益和社会公共利益再次受到侵害的活动。

二、检察公益诉讼企业合规的价值审视和实践意义

当前，企业合规主要集中在刑事检察领域，即以不起诉或者量刑减让作为激励督促企业建立完善内部控制和风险管理等合规机制。2021 年 6 月，中共中央印发了《关于加强新时代检察机关法律监督工作的意见》，指出："人民检察院是国家的法律监督机关，是保障国家法律统一正确实施的司法机关，是保护国家利益和社会公共利益的重要力量，是国家监督体系的重要组成部门，在推进全面依法治国、建设社会主义法治国家中发挥着重要作用。"这给予公益诉讼检察职能开展企业合规的制度保障和指引。同时，从四大检察协同运作和公益诉讼检察办案功能的角度，对破坏生态环境、危害食品药品安全、侵犯个人信息安全、危害安全生产等侵害国家利益和社会公共利益的企业，以检察监督外力督促企业内部加强合规经营，引导企业开展合法规范建设，依托第三方机制开展合规整改，更易实现公益根本修复和企业良性发展的双重目的。

首先，检察公益诉讼通过企业合规参与社会治理实现"诉源治本"。在检察公益诉讼案件中，既涉及不同领域的国家利益和社会公共利益，也涉及促进优化法治化营商环境和维护平等企业的合法权益。由于检察公益诉讼办案具有从调查核实到审查起诉全流程参与的特点，可以比刑事检察更加见微知著地优先了解到更多案件背后隐藏的深层次问题。在数字经济和互联网经济高速发展的时代，企业使用诸如生物识别技术等新科技手段往往会触及社会管理的"空白点"，进而可能危及个人信息保护等社会公益，仅靠行政管理和私益诉讼既无法实现源头治理目的，也无法引导企业及时开展合规建设保护创新动力。只有在这一领域采取公益诉讼与企业合规相结合的方法才能更有效地解决问题。合规是在公司层级内执行公司结构、程序和决定的一种强制性手段。在法律效力层面，其作为法律制度的主要功能，特别是反垄断合规作为一个原因，以及作为刑事制裁一般规定的指导，是在公司违法或犯罪时，有可能通过缔结和解协议和辩诉交易，以及有罪和无罪协议等方式获得宽大的惩罚。在监管层面，对合规系统的评估确认了公司是按照责任、程序等的明确规则运作的，并且公司是透明的。这也意味着整体

治理框架得到了法律或法规的确认。随着商业和公司行为范围的扩大，不法行为的后果变得更加严重，公司犯罪的数量也在增加，这些公司犯罪的复杂性给法律和执法活动带来了挑战，而现行法律和监管框架中的合规状况就是针对这些现实和挑战而确立的。[①] 此时检察机关作为公益代表，将公益诉讼与企业合规相融合开展相应司法工作，足以实现以高质量法治服务经济社会保质量发展的目标。

其次，检察公益诉讼通过企业合规预防重大风险实现“防患未然”。随着时代的发展，社会各类行业分工日趋细化，企业生产经营活动高度集中，一旦某一企业发生违法或侵害公益的事实，如不及时查找原因消除风险，极有可能出现风险扩大的“蝴蝶效应”，导致犯罪行为及更大的公益损害，甚至引起行业风险。公司合规实际上可以防止非法行为，特别是洗钱、内幕交易、贿赂、会计和银行欺诈等事项，以及对违法行为的刑事和民事责任，包括不正确定价等垄断行为，以及工作场所性骚扰、职业安全、隐私和环境保护等民事违法行为。在这个层面上，合规性强调的是减少雇员非法行为的风险，这可以减少公司对雇主的责任。其次，合规体系通常与积极的价值规范相一致，包括要求员工遵守公司的行为准则和法律之外的做法。后者填补了正式法律规则和执行机制的空白，也被称为商业道德规则或社会责任的要素。[②] 检察机关开展公益诉讼的根本目的在于及时修复公益损害，消除可能危及社会公益的重大风险，但受制于一事一罚、填平责任等行政、民事责任原则的限制，即使法院全部支持了公益诉讼起诉人提出的诉讼请求，也未必能够实现足够的预防性效果，唯有在检察公益诉讼中开展有效的企业合规经营和堵漏建制预防工作，才能起到“办理一案，治理一(企)业，教育一片”的预防效果。

最后，检察公益诉讼通过企业合规服务保障大局实现“稳中求进”。2022 年中央经济工作会议要求各地区各部门积极推出有利于经济稳定的政策，政策发力适当靠前。实践中，检察机关办理的公益诉讼案件可能涉及上市公司、跨国企业、互联网平台等行业“头部企业”，这些涉案企业既是我国经济领域的“重点元素”，也是保障经济发展的“稳定元素”。一方面，检察机关要敢于监督履职，坚定不移地推进社会治理现代化，对企业违法违规侵害国家利益和社会公益的行为坚决制止；另一方面，检察履职也要始终维护社会大局和经济稳定，必须坚持“稳字当头”。发展企业合规一直是一个不断发展的过程。它开始是作为对轻度犯罪的法律制裁的替代工具，公司必须承诺采取某种行为方式；然后合规因素开始考虑到减轻处罚的情况，并逐渐成为监管机构采用的一般机制。合规作为一个系统，对于外部监督者来说，是指一个组织为防止违法行为而采取的

---

① 参见邓峰：《公司合规的源流及中国的制度局限》，载《比较法研究》2020 年第 1 期。

② 参见邓峰：《公司合规的源流及中国的制度局限》，载《比较法研究》2020 年第 1 期。

政策和控制体系,以及在采取行动发现违法行为时确保外部机构的遵守。运营合规、风险控制、内部控制、内部审计等在每个公司都是独立的,但它们是一套程序,公司通过这些程序确保其员工不违反适用的规则、法规或标准。① 检察机关在履行监督职责时通过企业合规可以更好地平衡维护社会公共利益的职责和保持社会整体的经济稳定性。在检察公益诉讼工作中开展企业合规工作,不仅可以积极引导企业树立经营意识,保障企业稳定发展,还能及时、全面地实现合规经营目标,消除可能因诉讼引发的负面舆情对企业商誉造成的不利影响,起到公益充分保护企业稳定发展的效果。

总而言之,在检察公益诉讼案件中,既涉及不同领域的国家利益和社会公共利益,也涉及促进优化法治化营商环境和维护企业的平等合法权益,而企业合规本身就能有效防止非法行为,填补了正式法律规则和执行机制的空白,此时检察机关作为公益代表,将公益诉讼与企业合规融合开展相应司法工作,足以实现以高质量法治服务经济社会高质量发展的目标。在检察公益诉讼工作中开展企业合规工作,可以起到公益充分保护和企业稳定发展双赢效果。

三、相关领域社会公共利益与刑事法益的关系

检察机关开展公益诉讼工作的根本目的是维护公益,防止发生"公地悲剧"。但何为公共利益,在我国法律范围内尚无明确的概念界定。同时,我国《刑法》保护的法益,往往与社会公共利益之间具有很强的相关性或包容性。由于某些领域的刑事法益和公共利益高度相关,因此在开展公益企业合规时,首先要研判需要保护的社会公共利益所属的领域,包括是否属于检察公益诉讼的法定领域或可以办理的拓展领域。② 同时,还要关注所涉社会公共利益与刑事法益的区别,并选择准确的合规路径开展工作。以下主要将检察公益诉讼案件领域与刑事法益相比加以具体说明。

(1)生态环境和资源保护领域。我国《刑法》第六章第六节"破坏环境资源保护罪"的相关罪名保护的法益客体主要是国家的环境和生态资源保护制度。例如,擅自进口废物罪侵犯的客体是国家对废物进口管理制度和环境保护制度;非法狩猎罪和非法采矿罪侵犯的客体分别是国家对野生动物的保护制度和国家的矿产资源保护制度。国家的环境和生态资源保护制度主要体现为环境资源法律法规。如今,越来越多的学者认同环境资源法的"公益性",认为环境资源法学所讲的公共利益具有不特定多数人可以

① 参见邓峰:《公司合规的源流及中国的制度局限》,载《比较法研究》2020 年第 1 期。

② 根据《中共中央关于加强新时代检察机关法律监督工作的意见》的文件精神,检察公益诉讼应当积极、稳妥拓展公益诉讼案件领域。同时,如上海市人大常委会《关于加强检察公益诉讼工作的决定》对检察公益诉讼拓展领域的规定,也是检察机关办理公益诉讼的法律授权。

自由、直接、非排他性地享用环境公共利益的特点，是一种真正的、名副其实的公共利益，[①]具有典型的公共利益属性。且我国环境资源司法活动不断向专业化和专门化方向发展，刑事、民事合一审判的司法实践逐渐成为常态。因此，我国《刑法》保护的环境资源法益与环境公益诉讼保护的公共利益的范围基本重合，并且随着我国环境资源法和污染防治法的不断完善，如《噪声防污染防治法》的实施，相关的刑事法益和公共利益的内涵和保护范围也将得到同步拓展。

(2)消费者保护领域。消费领域公益诉讼主要针对经营者侵害众多不特定消费者合法权益或者具有危及消费者人身、财产安全危险等损害社会公共利益的行为。其体现的社会公共利益的表现形式是消费者合法权益的“集合性”，即“众多不特定”消费者的同一种类合法权益的集合，例如，在江苏省消保委诉乐融致新电子科技(天津)有限公司消费民事公益诉讼纠纷案中，南京市中级人民法院一审认为乐融公司所产智能电视的开机广告侵害了消费者选择权和公平交易权，降低了消费者观看电视的体验，侵害了众多不特定消费者的合法权益，应予整改。[②] 根据《消费者权益保护法》和相关司法解释的规定，对侵害众多消费者合法权益的行为主要由中国消费者协会和省级消费者协会提起民事公益诉讼。同时，检察机关根据《民事诉讼法》的规定，对食品药品安全等领域侵害消费者合法权益的行为可以在发布公告后取得诉权并提起民事公益诉讼。该领域涉及的主要法律包括《食品安全法》《药品安全法》《消费者权益保护法》《广告法》等。以食品安全为例，《刑法》第143条规定的生产销售不符合安全标准的食品罪、第144条规定的生产、销售有毒有害食品罪侵害的法益均是复杂客体，侵犯了国家对食品安全的监督管理制度和不特定多数人的生命、健康权利。《食品安全法》的立法目的主要是保证食品安全和保障公众身体健康和生命安全。虽然在食品安全民事公益诉讼中，检察机关对不符合食品安全标准的食品的证明标准主要也是依据《食品安全法》的相关规定，只是将行政法律和国家标准作为证明手段和法律依据，而非将遵守执行国家法律和安全标准作为公共利益对当事人苛责，这一方面与法律规定的民事侵权责任的承担方式有关，另一方面也给公益诉讼企业合规工作的开展预留了空间。此外，一般来说，刑事案件合规应在构成刑事犯罪的前提下对涉案企业等开展合规建设，而公益诉讼案件无须当事人已构成刑事犯罪，只要其具有侵害众多不特定消费者合法权益的实害或者危险，符合民事侵权责任要件，同时作为食品生产企业等主体实施了违反国家食品安全法律法规和安全标准的行为，存在制度缺漏或管理不足，检察机关即可通过开展企业合

---

① 参见蔡守秋：《中国环境资源法学的基本理论》，中国人民大学出版社2019年版，第12页。

② 该案被《中国消费者报》评选为2020年度十大消费新闻，入选江苏省法院参阅案例。

规建设加强风险防范，发挥公益诉讼的惩戒和预防作用。

（3）个人信息保护领域。2022 年 11 月 1 日《个人信息保护法》实施以来，个人信息保护已成为检察公益诉讼的重点案件领域。[①] 据此，检察机关办理个人信息保护领域民事公益诉讼案件的法律依据从以《消费者权益保护法》为法律依据的消费公益诉讼案件开始向《个人信息保护法》规定的独立案件领域转变，拓展至所有自然人个人信息的保护。[②] 与此相对应，我国《刑法》第 253 条之一规定的侵犯公民个人信息罪，刑事法律保护的客体是公民个人的信息自由和安全，属于侵犯公民民主权利的犯罪，该罪的客观方面还必须达到情节严重才能构成犯罪，更加关注行为的违法性和结果的严重程度。相较而言，我国《民法典》将个人信息权益放在人格权编，注重对自然人合法权利的保护。该领域公益诉讼关注的公共利益主要在于尚未构成刑事犯罪或刑事责任不能充分保护民事权利等现实问题，因而由检察机关或法律授权的组织作为诉讼代表可以节约私益诉讼司法成本，最大限度保护多数不特定自然人个人信息权益，有效解决私益诉讼存在的困难。

四、刑事附带民事公益诉讼中刑事法益与社会公益的关系处理

我国《刑事诉讼法》第 101 条规定了刑事附带民事诉讼制度。以此为基础，2020 年"两高"《关于检察公益诉讼案件适用法律若干问题的解释》（以下简称《公益诉讼解释》）第 20 条确立了刑事附带民事公益诉讼制度，以司法解释的形式对刑事案件中需要追究被告人侵害社会公共利益的民事责任的，规定检察机关可以一并提起附带诉讼，以达到节约司法资源的目的。[③] 从实践中看，刑事附带民事公益诉讼的公益损害事实应该从属于犯罪事实，当公益诉讼事实超出犯罪事实时，不宜对全案提起刑事附带民事公益诉讼。[④] 因此，在开展企业合规活动中，由于刑事附带民事公益诉讼具有诉讼程序的附属性、侵害事实的一致性、违法主体的包含性等特点，当刑事企业合规有效开展时，公益合规的目的也能得到实现。对于犯罪事实不能涵盖公益损害事实，如在销售假冒注册商标的商品犯罪中，对于超出犯罪事实的侵害食品安全公益事实，则应当另行单独提起民事公益诉讼，并适时通过公益诉讼办案程序开展企业合规建设。

---

① 上海检察机关根据 2020 年 7 月 1 日实施的《上海市人大常委会关于加强检察公益诉讼工作的决定》办理了多起个人信息安全领域的行政、民事公益诉讼案件。

② 《个人信息保护法》第 70 条规定："个人信息处理者违反本法规定处理个人信息的，侵害众多个人的权益的，人民检察院、法律规定的消费者组织和由国家网信部门确定的组织可以依法向人民法院提起诉讼。"从而突破了被侵权主体只能是消费者的局限。

③ 参见张雪樵、万春主编：《公益诉讼检察业务》，中国检察出版社 2022 年版，第 95～96 页。

④ 参见习丽嫔、魏再金：《公益损害事实不应超出犯罪事实》，载《检察日报》2020 年 10 月 22 日，第 3 版。

第二节　域外借鉴

行政合作治理是指受行政主体主导的在行政执法和行政管理中由诸多主体共同参与决策和执行的治理过程。合作治理模式在国外的环境与资源保护领域发挥了有效作用,在国外的法律中也有所规定,例如,美国《清洁空气法》在该管理事项中确定了具体的合作模式,《补偿环境项目》和《环境自愿审计披露政策》等环境政策也体现了以合作为中心的思想。

以美国的环境行政为例,美国的行政合作制度主要包含两个层级:一是美国国家环境保护局和各州的环境保护机构之间基于成本效益分析,结合经济和环境两方面的考量达成的合作;二是由监管者和被监管者之间就最大化社会利益的目的进行的合作。前者主要采用订立环境绩效合作协议、启动资金援助和技术援助等方式,而后者主要采用行政和解、环境信息披露等合作方式。考虑到公益诉讼检察环节企业合规并不涉及上级机关和下级机关之间的合作关系,而是着重关注检察机关和企业或是由检察机关间接促进的行政机关与企业之间的关系,这里对以美国国家环境保护局和各州环保机构为例的不同等级行政机关之间的合作制度不做研究,而是主要研究监管者和被监管者之间的合作关系。

这种行政合作制度的发展源于传统"命令—控制型"治理手段存在的局限性。传统的对企业的强制惩罚可能会导致小企业的破产和大企业的信誉损伤,尤其在美国经历了几次社会严重经济动荡的背景下,这种弊端尤为突出,企业遭遇严苛的行政处罚,不仅无法弥补企业作为被监管者的行为为社会带来的损失,在一定程度上可能导致失业严重、经济倒退等社会问题加剧,反而加重了社会矛盾。建立在监管者和被监管者之间的行政合作制度不仅提高了行政执法效率,也提高了行政执法效果,同时降低了执法成本,不仅保护了被监管者的利益,起到了督促被监管者自我守法的作用,还在实际效果上实现了维护社会利益的目的,避免了单纯对被监管者采取强硬处罚手段而实际上对社会利益的损害没有恢复效果的传统行政管理模式的弊端。在环境治理方面,最主要的行政合作治理手段是环境信息披露和行政和解。环境信息披露包括以有毒化学物质释放清单(TRI)制度为代表的强制披露和设置了一系列法律和经济激励政策的自愿披露。行政和解制度则不仅限于在环境保护方面的运用,甚至可以说起在其他领域尤其是金融贸易领域发挥了更大的作用。行政和解制度能让行政执法从原先的事后处罚转变为事前预防,协商性的和解制度不仅遵从了基于"成本—效益"分析的谈判逻辑,还从社会利益最大化的角度实现了监督者和被监督者之间的双赢。我国也引入了行政和解制度,不过有法可依的行政和解制度目前还仅限于在证券和期货监管领域,虽然目前证监会的行政和解制度试点工作仍存在不少缺陷,但依然是对我国传统的行政执法理念的一次重大变革。

公益诉讼检察环节的企业合规也在一定程度上体现了"合作与协商"理念和保护社会利益的考量。公益诉讼检察环节的企业合规和行政合作制度都能够在满足一定条件下实现避免诉讼的效果,前者是通过检察机关和企业达成不起诉协议,在企业制定合理可行的合规计划并履行合规不起诉协议义务后不提起检察民事公益诉讼或者在督促行政机关与企业达成合规不起诉协议并监督其履行义务后不提起检察行政公益诉讼。后者则是有三个维度的参与机制:在损害风险发生前或实际损害扩大前通过守法援助等合作治理手段督促企业履行守法义务、及时进行事前预防;在实际损害发生后但还不需要法律介入时通过行政检查等手段降低损害程度;在损害发生后并达到需要法律惩治的风险程度或者后果时通过信息披露和行政和解等手段使企业获得宽大处罚。同时,公益诉讼检察环节企业合规和行政合作制度都要求双方有合作意愿和协商意识,并且除了极少数带有强制性的措施之外,两者都以双方的主观意愿为基础。企业可以不接受公益诉讼检察环节的合规建议,而是接受公益诉讼可能带来的成本和不利的法律后果和社会影响,检察机关也可以根据一定的自由裁量权不适用企业合规不起诉制度,行政合作制度中企业也可以拒绝合作而是接受可能面临的严格的行政处罚,行政机关采取行政合作也主要依靠行政机关自身的积极性。

公益诉讼检察环节的企业合规和行政合作制度在很多方面都有所区别。首先是两者适用的前提不同,前者是在企业已经民事侵权或者行政违法的基础上,此时检察机关已经能够提起检察民事公益诉讼直接起诉企业或者检察行政公益诉讼督促有监督管理职责的行政机关履行职责;而后者则不需要有此前提,即使企业还未有任何危害行为,依然可以与行政机关达成合作以预防违法行为的发生,督促自我守法。因此,二者的手段也有所不同,前者最常见的措施是达成企业合规不起诉协议,虽然这种不起诉在法律上的定位还存在争议,但其主要目的是企业以制定并履行合规计划为代价换取不被起诉的结果;而后者的路径则更为丰富,包括以预防违法为目的的执法检查、信息公开等措施与以宽大行政处罚为目的的行政和解等制度。

其次,虽然二者都可以达到避免诉讼的效果,但在我国的语境下,其并非为同一种"诉讼"。检察公益诉讼企业合规可以避免进入检察民事公益诉讼和检察行政公益诉讼;而行政合作制度达成的避免诉讼的效果实际上是避免"行政诉讼",这里的"行政诉讼"与我国的行政诉讼含义并不相同。我国的行政诉讼是指行政行为相对人对行政机关的诉讼,而美国的"行政诉讼"是行政机关内部设立的行政法官对相对人的决定。以行政和解为例,行政和解协议需要经行政法官确定达成约束效果,如果没有达成和解协议,则行政法官可以通过行政诉讼进行审理。相对人如果对结果不满意可以向联邦法院提起上诉,要求进行司法审查。所以如果按照我国的语境评价这两者的效果,前者是能够避免诉讼,而后者则可能根据企业的具体情况达成多种效果:避免企业违法,减轻企业责任或是避免企业受到行政处罚(通常采取民事罚金替代的方式)。

第三节　公益诉讼合规建设

一、合规建设的启动

国务院国有资产监督管理委员会于 2017 年发布的《中央企业合规管理指引(试行)》中将“合规风险”定义为“中央企业及其员工因不合规行为,引发法律责任、受到相关处罚、造成经济或声誉损失以及其他负面影响的可能性”。其中的“法律责任”包括刑事责任、行政责任和民事责任。目前,检察机关开展涉案企业合规建设主要针对涉案企业与涉嫌犯罪有密切联系的合规风险,因此开展的合规建设活动也主要避免或预防企业可能承担的刑事责任,但对于企业因不合规的一般违法行为引发的行政责任和民事责任,检察机关同样可以发挥“四大检察”职能帮助企业消除相应的风险,防止再次侵害国家利益和社会公益的情况出现。

在刑事合规中,检察机关可以根据相关规定,向涉案企业制发《涉案企业合规告知书》启动合规建设,而在公益诉讼检察办案环节中,尚没有明确的规定如何向侵害国家利益和社会公共利益的涉案企业提出开展合规建设的文书。在实践中,基于公益诉讼检察“全流程、主动性”的案件办案特点,可以采用比刑事企业合规建设更加多样的启动方式,实践中可以采用的方式主要包括诉前检察建议、签订合规协议、参与行政合规、督促主动合规以及提出合规诉请 5 种。

(一)诉前检察建议

2019 年《人民检察院检察建议工作规定》第 2 条规定:“检察建议是人民检察院依法履行法律监督职责,参与社会治理,维护司法公正,促进依法行政,预防和减少违法犯罪,保护国家利益和社会公共利益,维护个人和组织合法权益,保障法律统一准确实施的重要方式。”该工作规定第 5 条明确将“公益诉讼检察建议”列为检察建议的主要类型。实践中,根据《行政诉讼法》和《人民检察院公益诉讼办案规则》的规定,人民检察院发现法定领域负有监督管理职责的行政机关违反行政职权或者不作为,应当先向行政机关提出检察建议,督促其依法履行职责,行政机关收到检察建议后在整改期限内仍不依法履行职责的,人民检察院可以向人民法院提起诉讼。因此检察公益诉讼诉前办案环节向被监督主体制发的检察建议也被称为“诉前检察建议”。在涉及企业作为当事人的公益诉讼案件中,对特定类型的企业,检察机关也可以向其制发诉前检察建议。一般来说,该类企业是承担一定公共管理职能和重要社会责任的网络运营者、电子商务平台经营者,以及在防止和减少生产安全事故中承担主体责任的生产经营单位。① 例如,杭州市拱墅区检察院在办理无障碍设施民事公益诉讼中,向杭州市公交集团发出的民事公益诉讼诉前检察建议就属于此类型。

在民事公益诉讼诉前检察建议中提出合规建设内容,同样可以践行“诉前实现公益保护目的是最佳司法状态”的理念,利用检察建议的形式既可以实现刑事合规中《涉案企业合规告知书》相同的启动合规建设的告知功能,又可以通过建议的方式明示法律后果,以合规失败将被提起公益诉讼追究侵权民事法律责任作为检察监督的刚性。当然,采用诉前检察建议对涉案企业提出合规建议也有其局限性,目前主要体现在民事诉前检察建议作为一种民事检察公益诉讼探索的新方式,适用的对象需要严格把握,一般不允许超出特定的企业类型和范围,禁止当诉不诉,侵害社会公益的情况发生。

(二)签订合规协议

在民事公益诉讼中,在诉前与侵害国家利益或社会公益的涉案企业达成和解协议,在协议中约定开展企业合规的内容,同样可以实现启动涉案企业合规建设的效果。同时,检察机关和当事人采用适当方式开展磋商并将磋商程序融入听证,可以充分听取当事人和其他各方意见,督促当事人及时制定合规计划,还可将协议进行公告接受社会监督,有利于在协议生效后实现合规目的。

需要注意的是,检察民事公益诉讼中是否适用磋商、达成协议等方式与传统民事诉讼中的当事人和解需要明确区分。虽然在最高人民法院《关于适用〈中华人民共和国民事诉讼法〉的解释》(以下简称《民事诉讼法司法解释》)中明确规定公益诉讼可以和解,法院可以调解,②但检察机关与当事人达成启动涉案企业合规的书面协议仍没有明确的法律依据。同时,检察机关在办理民事公益诉讼案件中应当遵循职权法定原则,不得随意处分涉及公共利益的权利。且检察机关在民事公益诉讼中并非唯一诉权主体,其具有起诉顺位的谦抑性,因此如何规范用好这一做法仍需要不断探索。

(三)参与行政合规

党的十八届四中全会提出的“探索建立检察机关提起公益诉讼制度”主要建立了行

---

① 最高人民检察院《关于积极稳妥拓展公益诉讼案件范围的指导意见》中指出:“为及时有效保护受侵害的公益或者应急处置重大侵害危险,充分发挥检察公益诉讼的预防功能,推动源头治理、系统治理,对于承担一定公共管理职能和重要社会责任的网络运营者、电子商务平台经营者,以及在防止和减少生产安全事故中承担主体责任的生产经营单位,可以探索提出民事公益诉讼诉前检察建议,督促其整改。”

② 《民事诉讼法司法解释》第287条规定:对公益诉讼案件,当事人可以和解,人民法院可以调解。

政公益诉讼制度,行政公益诉讼也是检察公益诉讼的主要司法实践。同时,纵览域外企业合规实践,行政合规仍是企业合规的主要方式。例如,美国的行政和解协议制度和环境“适应性执法”①等,其中很多经验也被我国立法和行政执法的实践所吸收和借鉴,如我国《反垄断法》中的“反垄断领域行政执法承诺制度”。2021 年修订的《行政处罚法》为企业行政合规进一步提供了法律依据和操作空间,该法第33 条第2 款规定“当事人有证据足以证明没有主观过错的,不予行政处罚”。

因此,检察机关通过行政公益诉讼参与企业合规,实质是通过开展行政公益诉讼工作,向行政机关制发诉前检察建议、提起诉讼等方式督促履职,同时针对涉案企业或行业普遍存在的侵害公益的行为,要求行政机关对其开展行政合规,将“双赢多赢共赢”的理念深化到检察公益诉讼办案环节的企业合规工作中去,有利于检察机关与行政机关形成合力,更好地开展企业合规建设,也是实现检察公益诉讼推进国家治理体系和治理能力现代化,推动依法行政的有益探索。

需要注意的是,检察机关开展行政公益诉讼工作的直接监督对象是行政机关而非企业,需要依托行政机关对企业或特定行业开展整治或合规工作,如行政机关开展行业自查,责令企业合规整改,从而对其减轻行政处罚或免于处罚,其决定权在于行政机关依法履职情况,检察机关在参与行政合规过程中需要准确把握法律规定,厘清检察权和行政权的边界,不能逾越权力边界,更不能采用联合执法等代为行使行政权的错误做法。

(四)督促主动合规

对于合规意识和能力较强的大型企业,特别是已组建内部专门的合规组织或团队,或者在专项合规建设中擅于采用国际合规标准的跨国企业,在侵害社会公益行为情节较轻,尚没有造成严重后果的情况下,检察机关可以在公益诉讼调查核实环节向其采用口头或制作笔录等形式直接提出合规建议,充分发动企业的主动性和合规意愿,通过企业自主制定合规计划,落实整改措施等方式实现合规目的,从而及时消除侵害公益的风险。

此种方法的问题在于如何对企业自主制定的合规计划和落实的整改措施开展评估和审查。我们认为,刑事合规中规定对特定企业可由检察机关实施评估和审查,②这种做法可以在公益诉讼合规中督促企业自主开展合规的路径中同样适用,但由于检察机关对专业领域的评估和审查能力的限制,可能仍需要借助外力开展有效性评估,以此实

---

① [美]理查德·B. 斯图尔特等:《美国环境法的改革——规制效率与有效执行》,王慧编译,法律出版社2016 年版,第27 页。

② 《合规评估办案》规定:“针对未启动第三方机制的小微企业合规,可以由人民检察院对其提交的合规计划和整改报告进行审查。”

现合规目的。

（五）提出合规诉请

在诉讼中提出合规诉请的前提是双方经过法庭举证质证，法院可以通过判决支持检察机关提出的所有诉讼请求，或者被告同意承担全部诉讼请求，检察机关在法院的调解下撤回起诉或达成调解协议，是实现合规目的的一种路径。该路径的优势在于，提起公益诉讼后法官在公益诉讼中依职权居于主导地位，有利于督促被告接受检察机关提出的合规诉请，体现检法两家机关通过庭审形式对侵害公益事实的认定和对社会公益的共同维护。

值得注意的是，检察机关提出的要求涉案企业开展合规建设的建议，是否属于《民法典》中侵权责任的承担形式之一，如停止侵害或消除危险之诉？检察机关是否可以在被告已停止侵害的情况下将该诉请单独提出，法院是否可以在被告不履行或履行不到位的情况下强制执行？如经法院调解检察机关与被告达成了含有合规内容的调解协议，后续评估审查工作是由检察机关开展还是法院开展？这些问题目前尚没有明确的答案，需要通过理论研究和实践探索不断总结经验。

综上，我们认为，目前在检察公益诉讼办案环节开展企业合规没有明确的规范的情况下，上述5种方法存在各自的适用对象、优势和不足，具体总结如下，见表30－2。

表30－2　合规诉请提出方式

提出方式	诉前检察建议	签订合规协议	参与行政合规	督促主动合规	提出合规诉请
适用对象	网络运营者、电子商务平台经营者、安全生产单位等	过失或轻微侵害公益的企业	特定行业整治或符合我国行政执法和解制度	企业合规意识和能力较强的跨国企业等	起诉后愿意整改的企业
优势	诉前实现公益维护	效率高，合意程度高	具有行政强制力，适用范围广	企业主动性强	法院主导参与
不足	适用对象范围狭窄	法律依据不足	间接参与合规活动	评估审核要求高	仅能体现在调解中，判决依据不足

二、合规计划的内容

《合规指导意见实施细则》第28条第2款规定："涉案企业提交的合规计划，应当以全面合规为目标、专项合规为重点，主要针对与企业涉嫌犯罪有密切联系的企业内部治理结构、规章制度、人员管理等方面存在的问题，制定可行的合规管理规范，构建有效的合规组织体系，完善相关业务管理流程，健全合规风险防范报告机制，弥补企业制度建设和监督管理漏洞，防止再次发生相同或者类似的违法犯罪。"

同时，2017年国家标准《合规管理体系　指南》（GB/T 35770—2017）中规定的"合规义务”,包括:法律法规;许可、执照或其他形式的授权;监管机构发布的命令、条例或指南;法院判决或行政决定;条约、公约和协议。2022 年《中央企业合规管理办法》规定:“本办法所称的合规,是指企业经营管理行为和员工履职行为符合国家法律法规、监管规定、行业准则和国际条约、规则,以及公司章程、相关规章制度等要求。”

由此可见,合规计划一般包括以下几项主要内容。

1. 法律法规。法律法规中适用于企业的要求构成最常见的合规义务。如果说法律规定是道德规范的最低要求,那么法律法规也就是最低的企业合规要求。在公益合规计划中,一般针对企业侵害或危及的社会公共利益领域,除刑法外的民法典、行政法等相应规定,如与生态环境资源领域相对应的民法典生态修复责任、环境保护法等,与个人信息保护领域相对应的民法典个人信息权益保护条款、个人信息保护法等构成合规义务。

2. 强制性标准。为了维护公共利益或者保护弱势群体,公权力机构可能发布强制性的技术标准或公益标准,或者通过援引的方式就某些非强制性标准赋予其强制约束力。这些标准中的要求适用于组织提供的产品、服务或生产过程时,即构成组织的合规义务。以个人信息保护领域为例,除个人信息保护法外,国家标准《信息安全技术 个人信息安全规定》(GB/T 35273—2020);国际标准化组织发布的 ISO 27701《隐私信息管理系统》等即为组织的合规义务。

3. 监管机构发布的合规文件或指引。例如 2006 年 10 月中国银监会发布的《商业银行合规风险管理指引》、中国保监会 2016 年 12 月发布的《保险公司合规管理办法》,以及 2020 年 3 月中国证监会修订的《证券公司和证券投资基金管理公司合规管理办法》,即是行业监管机构对行业经营机构和从业人员的合规管理提出的要求。目前对于公益诉讼各项领域的指引文件还基本处于空白状态。实践中,检察机关会通过联合相关行业协会等发布合规指引的方式,就某一领域的合规要求建立指引文件,这些也是合规计划的重要参考。例如,上海市杨浦区人民检察院、上海市杨浦区工商业联合会、上海市信息服务业行业协会等联合发布的《企业数据合规指引》,对个人信息保护领域社会公共利益的计划的制定具有指导意义。

4. 法院判决或行政决定。与刑事合规和行政合规不同,公益诉讼企业合规需要企业承担的是民事责任,尤其是消除侵害公益合规风险的预防性责任,因此,在企业可能已经受到法院判决或行政处罚的情况下,企业主动履行刑事责任、行政责任,或私益诉讼中的侵权责任,也是检察机关考量开展企业公益合规,需要在合规计划中写明的内容之一,要求涉案企业主动配合侦查机关、司法机关或行政机关积极履行。

5. 国际条约、公约和协议。跨国公司、涉外企业或者海洋船舶产业等行业的企业组织,在企业合规中往往会涉及国际条约、公约和协议的内容,尤其对我国已加入的国际条约、公约,可能需要一并纳入。

三、激励机制

公益诉讼企业合规的激励机制是什么?这是目前检察机关在开展公益诉讼企业合规中遇到的最重要的问题之一。将公益诉讼合规与行政监管合规、刑事合规之间多方面的比较,我们可以得出公益诉讼企业合规可探索的激励机制。

(一)与行政合规激励机制的比较

2022 年 8 月 1 日起正式实施的新修订的《反垄断法》中第 53 条明确规定:“对反垄断执法机构调查的涉嫌垄断行为,被调查的经营者承诺在反垄断执法机构认可的期限内采取具体措施消除该行为后果的,反垄断执法机构可以决定中止调查。中止调查的决定应当载明被调查的经营者承诺的具体内容。反垄断执法机构决定中止调查的,应当对经营者履行承诺的情况进行监督。经营者履行承诺的,反垄断执法机构可以决定终止调查。”这一条规定被认为是我国在垄断行为的法律规制领域正式引入合规制度的标志。我国现有的行政合规制度可以被划分为两个维度:一是在强制合规制度上的行政监管;二是在行政调查和执行中的法律激励机制。检察机关也具有调查核实权,特别是检察公益诉讼的调查核实权具有与行政机关相同的主动性和先发性,同样可以通过主动收集线索、决定立案调查,查清违法行为等方式开展调查核实工作,实践中也同样可以因为企业的主动整改措施、停止违法行为、损害和风险得到及时赔偿、控制而终结调查程序。但两者的不同之处在于,我国宪法定位决定了检察机关是国家法律监督机关,检察权的本质是法律监督权,检察机关无权行使实体性惩罚权,而仅具有检察建议权。① 因此,我国不能赋予检察机关通过合规不起诉协议对涉罪企业进行罚款等实体性惩罚权。② 这也是行政权和检察权的重要区别。即使在行政公益诉讼中检察机关也只有建议行政机关作出处罚或不处罚的权力。因此,检察公益诉讼企业合规可以借鉴行政合规中的终止调查等激励手段,但无法采用减免或不予处罚的激励手段,也不能通过行政公益诉讼直接影响或干涉行政机关对涉案企业依法作出的处罚决定。

(二)与刑事合规激励机制的比较

首先需要厘清公益诉讼检察与刑事检察的职能区别。虽然有学者在我国检察民事公益诉讼试点初期,将该制度称为“民事公诉”,但相较于刑事检察部门的公诉职能和国家公诉人身份,检察公益诉讼制度与刑事公诉制度有着诸多不同。一是诉讼模式不同。

---

① 参见熊亚文:《理性构建刑事合规的中国路径》,载《比较法研究》2022 年第 3 期。

② 参见时延安:《单位刑事案件的附条件不起诉与企业治理理论探讨》,载《中国刑事法杂志》2020 年第 3 期。

刑事诉讼不同于民事诉讼，是检察机关和审判机关共同审查追究被告人刑事责任的纠问模式，检察机关和被告人不具有平等主体的关系；而在民事诉讼中，基于“两造结构”，检察机关与被告仍是平等主体关系。二是诉讼身份不同。《人民检察院刑事诉讼规则》一贯明确规定“提起公诉的案件，人民检察院应当派员以国家公诉人的身份出席第一审法庭，支持公诉”。而检察机关参加公益诉讼的身份直到“两高”《公益诉讼解释》才明确规定“人民检察院以公益诉讼起诉人身份提起公益诉讼”，从而与一般民事、行政诉讼中的原告相区别。三是诉讼顺位的不同。除自诉案件外，根据《刑事诉讼法》《检察院组织法》等法律规定，检察机关是法定、唯一的刑事公诉主体。在目前的公益诉讼制度设计中，检察机关虽是行政公益诉讼的法定起诉主体，但只能对行政机关提起诉讼，并不能直接对涉案企业提起诉讼；在民事公益诉讼中，由于社会公益领域的专业性特点和检察监督权谦抑性特征，检察机关并非天然的首选起诉主体，而是位于行政机关（生态损害赔偿诉讼和海洋生态环境民事公益诉讼）、社会组织（消费民事公益诉讼和环境民事公益诉讼）之后，具有衔接性和兜底性的特点。因此，检察机关并不能因涉案企业的合规行为而单方代表所有起诉主体使得诉权归于消灭。四是求刑权和诉讼请求的性质不同。刑事企业合规中减缓刑罚的理论基础部分来源于认罪认罚制度的实际应用，主要基于检察官对求刑权的处分权力，是检察权的一部分。而在公益诉讼中，提出诉讼请求并非检察权的具体运用，而是为维护公益目的具体实现。因此检察官并不能因为涉案企业的合规行为而处分已经或必须提出的诉讼请求，如根据鉴定意见必须要求涉案企业承担生态环境损害赔偿责任等。《人民检察院公益诉讼办案规则》也明确规定，仅在诉讼请求全部实现的前提下检察机关才可以撤回起诉或接受调解。① 从以上 4 点区别可以看出，刑事企业合规激励机制中的不起诉或减缓刑罚的激励机制在公益诉讼企业合规中无法直接适用，需要进一步通过理论论证和制度设计加以改造后方可适合检察公益诉讼的实际应用。

综上，从公益诉讼检察与行政机关、刑事检察的职责比较，以及由此延伸至现有行政和刑事合规激励机制来看，检察机关开展公益诉讼企业合规的激励机制不能简单套用现有的合规激励机制，但也存在可以借鉴和探索的内容，主要包括：一是可以根据检察机关依法行使的公益诉讼调查核实权，借鉴行政机关对涉案企业落实整改措施后可以终止调查的制度构建激励机制；二是构建公益诉讼不起诉合规激励机制，通过检察机关主持下的磋商、听证，结合诉前公告制度，使得检察机关在其他顺位靠前的起诉主体

---

① 《人民检察院公益诉讼办案规则》第 99 条规定：“民事公益诉讼案件可以依法在人民法院主持下进行调解。调解协议不得减免诉讼请求载明的民事责任，不得损害社会公共利益。诉讼请求全部实现的，人民检察院可以撤回起诉。……”

明示或默示将诉权由检察机关承接行使的情况下，根据涉案企业整改情况开展不起诉为激励的合规活动。三是区别于刑事合规和行政合规，检察公益诉讼可以探索在诉讼程序中同步向被告单位提出合规整改要求，以此作为诉讼请求或调解、撤回起诉的条件。

第四节　公益合规的评估与审查

一、公益合规评估与审查的模式

（一）检察机关直接评估和审查

《合规评估办法》在总则部分规定："针对未启动第三方机制的小微企业合规，可以由人民检察院对其提交的合规计划和整改报告进行审查。"但不同于刑事合规，在公益诉讼合规中，检察机关不仅需要关注企业的规模，更应当根据企业侵害公益的事实或风险的大小等因素开展综合评估与审查，既要注重企业规模，又要考量公益风险大小，以及其他因素综合判断。例如，检察机关在进行公益诉讼案件的调查中，对于还没有造成实际损害后果的重大风险，可以采取磋商、检察建议等方式向涉案企业直接提出整改要求，督促企业将合规计划或整改报告递交给检察机关进行评估，并在整改期间或到期后由检察机关直接开展调查对整改措施和效果进行审核。

（二）企业自我评估与检察机关审查

如企业已经建立了较为完善的合规组织和内部规定，或者行政机关已经督促责令整改的，检察机关可以要求由企业先行制订计划并开展自我评估，明确存在的公益风险和制度缺陷，并及时查漏补缺形成整改报告并提交给检察机关进行审查。检察机关可以通过自行调查、了解询问等方式审核合规成效，并根据审查情况，通过要求企业签订承诺书、预缴赔偿损害金等方式进一步防止损害的发生，确保合规效果。

（三）第三方参与

除检察机关办理刑事附带民事公益诉讼案件可以根据刑事企业合规的规定启动第三方机制外，其他公益诉讼案件还未建立成熟的第三方机制，但基于公开公正以及专业性的需要，在检察公益诉讼中开展企业合规仍需要在现有工作机制和办案环节中引入第三方参与企业合规的评估和审查工作。因此，检察机关需要打通渠道或搭建平台，将第三方机制构建在既有的办案程序中，以此满足公益诉讼的办案实际需要，而不能直接植入刑事企业合规的第三方机制或者简单另起炉灶重新构建新的第三方机制。

总结来说，目前在检察公益诉讼办案环节合规评估和审核的模式主要有三种，见表30－3。

表 30－3　办案模式

主体	适用条件	评估方式	审查方式
检察机关	综合考虑企业规模、侵害公益风险等方面	检察机关评估合规计划或整改方案	检察机关直接审查
企业＋检察机关	企业有合规能力，侵害公益风险不大	企业对合规计划或整改方案自行评估	检察机关直接审查
第三方组织和人员	一般案件均可	检察机关与第三方组织或专家共同评估	检察机关邀请第三方组织或专家参与审查

二、开展合规评估、审查的方法和要点

目前检察机关开展评估和审查的方法主要有以下三个。

1. 检察听证。最高人民检察院2020年《听证工作规定》第3条规定："人民检察院以听证方式审查案件，应当秉持客观公正立场，以事实为根据，以法律为准绳，做到依法独立行使检察权与保障人民群众的知情权、参与权和监督权相结合。"最高人民检察院第八检察厅的通知指出，应当将听证更好融入公益诉讼办案程序，探索扩大听证适用范围。因此，检察听证是目前开展公益合规评估和审查最重要的方法之一，主要体现在以下方面。

（1）检察听证可以适用于各个合规模式。无论是检察机关直接开展评估与审查，还是第三方参与评估与审查，都可以通过听证的方式进行，由检察机关听取听证员的意见，以公开的方式接受社会评议监督，或者由检察机关主持，邀请有专门知识的专家学者担任听证员或者听证参与方，专业评估、审查企业的合规计划和整改成效，以此达到与第三方机制相同的效果。

（2）检察听证可以适用于各个合规环节。实践中，检察听证既可以在企业开展合规建设、制定合规计划时开展，在检察机关主持下让企业听取各方意见后更好地制定合规计划，也能在评估和审查环节适用，同步融入第三方参与机制和社会监督，有效评价合规整改效果，督促企业进一步完善和加强合规措施。

（3）检察听证可以适用于各类合规主体。不同于其他评估审查方式需要综合考量涉案企业的行业、规模、情节等要素，听证具有高度的适用性和兼容性，对各类企业主体均可以适用。如对于小微企业，可以通过听证突出法治宣传教育功能；对于中大型企业，可以通过听证凝聚各方力量帮助企业更好地整改；对于负有公共管理职能的企业，可以通过听证辨析企业管理义务的法律边界，通过合规活动帮助企业更好地服务社会。

通过检察听证开展合规评估、审查需要注意以下要点。

①规范性。《听证工作规定》和公益诉讼听证规范，对开展听证的场所设置、参加人

员、听证流程都有明确的规定，检察机关需要规范开展听证。

②公开性。检察听证除涉及企业商业秘密等不宜公开的外一般应当公开进行，检察机关开展听证应当保障社会监督的广泛性和透明度。

③兼听性。公开听证应当听取包括企业在内的各方意见，保证检察机关和第三方组织在充分听取各方意见的情况下提出意见、作出决定。

2. 检察建议。最高人民检察院2019年《人民检察院检察建议工作规定》第2条规定："检察建议是人民检察院依法履行法律监督职责，参与社会治理，维护司法公正，促进依法行政，预防和减少违法犯罪，保护国家利益和社会公共利益，维护个人和组织合法权益，保障法律统一正确实施的重要方式。"检察机关通过检察建议开展评估和审查工作，主要是以书面的形式向企业提出合规建议，并对企业的合规计划提出评估和审核意见等，一般适用于检察机关直接对企业开展合规评估和审查的案件。

通过检察建议开展合规评估、审查需要注意以下要点。

(1)注意跟踪监督。检察建议一般应用于检察机关直接对企业开展合规评估和审查的案件，因此对于建议内容的落实情况，需要检察机关全程跟踪，切忌"一发了之"。

(2)注意建议内容。民事公益诉讼检察建议在企业合规中的新探索，不仅有别于行政公益诉讼诉前的检察建议，还要与综合治理类检察建议相区别，强调建议的法律属性，在建议中释明当事人违法行为的法律依据，以及当事人不履行合规义务的后果。

(3)注意送达和落实的方式。制发检察建议可以通过公开宣告、邀请人大代表参与等方式进行，对于专业性较强的合规领域，在跟踪监督落实建议的内容时，检察机关同样可以邀请专家参与评估和审查工作。

3. 提起诉讼

检察公益诉讼是以诉的形式履行法律监督职能，维护国家利益和社会公共利益。尤其是民事公益诉讼，起诉是维护公益的主要手段和路径。在诉讼过程中，法官应对公益损害事实进行调查确认，对原告或公益诉讼起诉人提出的诉讼可能不足以保护公益，或者因自认损害公益的可以释明变更、增加诉讼请求或不予确认。① 民事公益诉讼与一般民事诉讼在程序设计上的区别，主要表现在公益保护优先和当事人权利限制等方面。因此，检察机关通过提起公益诉讼，在提出诉请要求停止公益侵害、赔偿公益损失的基础上，将企业合规计划或整改方案交由法院进行司法审查，并将可执行的部分以判决或

---

① 最高人民法院《关于审理环境民事公益诉讼案件适用法律若干问题的解释》第9条规定："人民法院认为原告提出的诉讼请求不足以保护社会公共利益的，可以向其释明变更或者增加停止侵害、修复生态环境等诉讼请求。"第16条规定："原告在诉讼过程中承认的对己方不利的事实和认可的证据，人民法院认为损害社会公共利益的，应当不予确认。"

调解书的形式予以确认，这有利于促进审判机关和检察机关为维护公益形成司法合力，督促企业更好地开展合规活动，同时通过审判程序强化合规评估、审查的司法属性。

通过提起诉讼开展合规评估、审查需要注意以下要点。

(1)以实现诉讼请求为前提。根据《人民检察院公益诉讼办案规则》的规定，检察机关只有在实现全部诉讼请求的情况下才能接受调解或撤回起诉。因此，在提起诉讼后，检察机关不能因被告接受合规建议而减少已向法院提出的诉讼请求。

(2)注意合规内容的可执行性。经过法院判决或调解，合规内容对被告具有约束力。因此，检察机关向法院提出的要求被告落实的合规建议、评估和审查方案等必须明确且可执行，以便法院在被告不履行合规义务的情况下直接强制执行。

(3)应当接受社会监督和司法审查。《民事诉讼法司法解释》第287条第2、3款规定："当事人达成和解或者调解协议后，人民法院应当将和解或者调解协议践行公告。公告期间不得少于三十日。公告期满后，人民法院经审查，和解或者调解协议不违反社会公共利益的，应当出具调解书；和解或者调解协议违反社会公共利益的，不予出具调解书，继续对案件进行审理并依法作出裁判。"因此，检察机关如需将提出的合规内容体现在调解协议中，首先需要由法院将调解协议进行公告，接受社会监督，然后还要由法院对合规内容进行审查，除了司法解释规定的是否违反公共利益外，法院还应关注检察机关提出的合规内容是否足以达到纠正违法行为并消除公益风险的合规目的。

三、相关案例

(一)案例一：某跨国公司违法收集、处理消费者人脸识别信息案

【基本案情】

S市检察分院在办理一起跨国企业违法收集、使用境内消费者人脸识别信息民事公益诉讼中，认定其未经一般消费者明示同意，违反信息处理必要性原则，违法收集、使用属于个人敏感信息的人脸识别信息，数量巨大，给消费者的人身财产安全造成较大隐患。

鉴于涉案企业态度端正、整改意愿强烈，尚未造成众多不特定消费者的实际公益损害，且企业具有自我合规整改消除建立风险预防机制的能力，检察机关遂在调查程序中向企业提出合规治理建议，督促企业及时删除在档数据、拆除信息采集设备、加强消费者敏感信息保护等机制建设，并视整改情况考虑是否向法院提起民事公益诉讼。涉案企业积极落实检察建议要求，制定企业《数据隐私业务指南》并设立内部数据合规机构，进一步加强员工培训和市场营销行为合规审查。同时，涉案企业主动在媒体公开承诺严格遵守我国法律，强化消费者个人信息保护。在评估和审查环节，经检察机关主动委托第三方技术鉴定机构、公证机关共同参与开展现场评估，并邀请听证员开展公开听证

审查整改效果,提出进一步整改内容,确保公益得到有效维护。检察机关参考技术鉴定意见、公证意见和听证意见,并在听证会后督促涉案企业补充采取了预防措施,确保落实到位,社会公益已得到充分保护,遂依法决定终止调查。

【合规建设】

针对检察机关提出的合规建议,企业主动采取了5项合规措施。

(1)建立内部合规组织。设立亚太数据合规委员会作为常设机构,委员会由数据隐私中心执行官(COE)和各相关部门总监参与,定期审查和讨论在中国的战略项目、新产品开发和其他收集个人信息举措的数据合规问题。

(2)发布业务指南。强调设计个人信息的业务流程和负责部门,强调所有涉及个人信息的项目和业务,都必须按照业务指南规定的流程和原则,进行相关的评估并遵守相关的个人信息保护准则。

(3)加强员工培训。提高员工认知度,利用多种形式宣传公司隐私政策和网络安全、隐私评估流程,利用公司内部网络和App平台发布针对市场销售人员的重点培训课程,增强全体营销人员有关消费者个人信息保护方面的意识。

(4)增强合规审查。对各类市场营销行为进行隐私合规审查,包括宣传公众号和小程序的隐私政策和合规情况,增加销售门店的走访频率,确保门店运营符合法律规范要求。同时聘请外部律师对绝体项目的数据隐私合规问题提供专业的建议和意见。

(5)完善并推广全球范围内的数据安全评估流程,从数据隐私和安全角度审查涉及个人信息的所有项目、供应商和任何系统实施或变更。在启动任何涉及个人信息的项目时,将会单独开展网络安全评估和隐私影响评估两个评估分析,确保仅适当合法地收集敏感信息并以高度安全的方式进行维护。

【评估与审查】

本案中检察机关针对企业具有较好的合规能力,整改意愿较强,经过调查尚未发现已实际造成公益侵害结果等特点,要求企业针对提交的合规计划开展自我评估,由检察机关持续进行审查,并通过公开听证的形式邀请专家学者、代表委员作为听证员,并邀请公证机关、技术鉴定机构共同参与,由听证员审查企业整改措施的落实情况和取得的效果,经过评议后当场提出意见和进一步整改建议供检察机关参考,检察机关根据听证员的评议意见继续跟进督促企业采取补充措施,如向公证机关提交损害保证金,在媒体公开承诺等,以此加强预防和补充企业合规措施的不足和效果。

(二)案例二:某视频传播平台未履行监管义务侵害濒危野生动物资源保护案

【基本案情】

S市检察分院在办理一起某视频传播平台违规发布侵害濒危野生动物资源保护民

事公益诉讼案中,认定平台经营者对视频发布含有的违法内容未尽合理审查义务,致使侵害濒危野生动物资源保护的视频信息大量传播,严重误导社会公众对涉案濒危野生动物的一般认知,不利于对该类珍稀物种资源保护的宣传和引导,损害了社会公共利益。

【合规建设】

检察机关经过调查和咨询相关领域专家,确认该网站发布的视频信息中涉及食用的并非真正的保护野生动物,但确实存在使用濒危野生动物名义误导大众,可能发生侵害该类野生动物的危险,遂以磋商的形式启动网站合规建设,提出合规要求。

1. 停止侵害。对于平台内涉及以濒危野生动物名义进行营销宣传或传播的违法信息开展全网排查,及时采取禁止发布、停止传输、立即消除、防止扩散等措施。

2. 消除影响。主动消除已发布、传输的违法信息对濒危野生动物保护造成的负面影响,发挥平台信息流量宣传优势,积极开展野生动物保护影响,发挥平台信息流量宣传优势,积极开展野生动物保护宣传,通过向社会公开承诺、提出倡议、制作发布公益视频等方式切实履行企业责任。

3. 加强管理。完善平台网络信息管理规定和用户协议内容,对于在平台内发布、传输的与《国家重点保护野生动物名录》列明的野生动物名称有关的网络信息加强有效管理,通过关键词显著提示,内容复核、定期巡查、及时处理举报投诉、设置预防策略等手段强化管理力度。

企业在规定时间内向检察机关提交整改报告:

1. 排查存量信息,及时清理涉及濒危野生动物的违规内容。清理涉及以野生动物名义抓捕、烹饪的关键词条及违规内容,保留、置顶科普和保护野生动物相关的视频内容。

2. 紧急成立专项小组,抽调对《网络安全法》《网络信息内容生态治理规定》《野生动物保护法》等法律法规较熟悉的审核人员成立专门团队开展整改工作。

3. 完善技术预防措施,如在已有保护野生动物相关搜索警示机制下,为濒危野生动物关键词的搜索结果页设立专门的警示页面。

4. 细化审核规则,除重点鉴别视频信息中出现的野生动物真假外,对以濒危野生动物名义发布违规虚假视频,或利用名称标题"蹭流量"的行为加强识别和审核。

5. 加强人员培训,对审核人员就国家重点野生动物名录等知识加强培训,并列入考核内容,与员工绩效挂钩,避免此类事件再次发生。

6. 组织专门团队收集违规典型案例,联合技术团队对样本进行研究,优化 AI 技术辅助人工实现自动拦截涉及濒危野生动物的违规信息。

【评估与审查】

检察机关统筹考虑生态资源公益危害程度、涉案企业的社会影响力、诉讼成本与价值及企业合规可行性等因素，积极引导涉案企业开展合规治理工作，促使企业认识到相关经营行为的违法性、公益侵害性并主动进行整改。检察机关通过邀请平台管理和生物保护领域的专家学者共同开展评估和审查工作，为企业查漏补缺、梳理整改难点，推动企业稳步开展合规治理。在检察机关和专家的共同建议下，涉案企业及时完善视频信息发布审核机制、平台信息技术巡查机制及违规信息投诉处理机制，更新平台用户协议内容，专栏开设公益宣传频道，并与检察机关共同开展涉案物种保护倡议活动、制作公益宣传片等。经过整改，涉案企业变侵害公益"负流量"为野生动物保护"正能量"，检察公益诉讼推动企业合规治理成效显著。

（三）案例三：督促快递行业加强用户个人信息保护案

【基本案情】

S市检察分院在办理一起督促行政机关加强快递行业用户个人信息保护行政公益诉讼案件中，经调查发现多家快递企业经营活动中存在寄递用户个人信息泄露风险隐患，遂向行政监管部门制发检察建议督促履职。

为根本消除个人信息安全隐患、强化寄递用户信息保护，行政机关针对检察建议中提出的全市快递各总部企业及分公司在信息安全管理方面存在不同程度的网络安全技术漏洞大、内部信息管理制度混乱、员工管理不严、企业信息安全意识不强等问题，向全市快递行业下发通知开展行业专项整治，要求各企业开展信息安全自查整改并提交自查报告，向违法企业制发了《责令整改通知书》，逾期不改的将作出行政处罚。检察机关与行政机关共同约谈了违法企业，在企业提交了整改报告后对照报告采用跟进调查等方式审查整改情况，并督促行政机关在征求多方意见的基础上出台了有关寄递服务用户个人信息安全的管理办法，规范快递行业个人信息分级保护、信息安全事件分级响应和处置等机制，切实参与行业合规整改工作。

【合规建设】

在行政机关制发责令整改通知书后，违法企业及时开展自查并形成整改情况报告。

1. 在组织管理方面，成立信息安全领导小组，对公司的信息安全管理工作实行统一指导、分级管理、责任到人。

2. 在制度建设方面，制定并落实《信息安全组织管理办法》《信息安全事件管理规定》《客户信息安全管理制度》等信息安全管理制度，同时依据ISO 27001信息安全管理体系内容，补充完善了多个信息安全管理制度。

3. 在网络安全方面，网络设备和安全设备均提供了身份鉴别机制，在服务器相应文件中设置复杂密码，配置登录失败处理功能，采取 SSH 或 HTTPS 对设备进行远程管理。应用系统数据采用 HTTPS 协议进行传输，防止数据信息在网络传输的过程中被窃取。将应用系统从“账号 + 短信验证”升级为人脸识别登录，并实现账号实名登录，有效避免了账号随意出借等导致的风险。

4. 在数据安全方面，针对数据采取、存储、传输、使用、销毁全周期严格管控，并对数据访问权限和记录进行定期安全审计。

5. 在运维安全方面，对物理环境及机房安全、资产管理、介质管理以及系统安全管理等方面进行了安全管控。

6. 针对自查中发现的账号权限管理、网点安全意识、信息安全制度三个方面存在的问题制定整改计划：对岗位权限改造和网点标准化管理，完成网点的岗位标准化、权限标准化梳理和改造，严格进行分岗分权管理。

【评估与审查】

在行政机关对企业开展调查的基础上，检察机关积极参与行政合规工作，参与行政机关对全市快递总部企业开展集中约谈、召开专题会议、开展专题培训等，督促企业进一步做好信息安全管理基础性工作，强化信息安全防范措施，落实信息安全主体责任。检察机关还通过跟进调查对涉案快递企业整改效果开展审查，采取随机抽取、实地暗访等形式走访该快递企业多家寄递网点，对照企业提交的整改报告，通过与网点负责人谈话、查看信息管理系统等方式，逐项核查销号，确保信息安全技术措施和管理监督机制全部整改落实到位。此外，检察机关还联合行政部门和行业协会开展倡议活动，组织本市主要快递企业座谈交流并签署倡议书，对消费者信息安全保护作出集体公开承诺。同时，考虑到快递行业个人信息安全管理存在制度空白，检察机关还督促行政机关制定出台了行业信息安全管理制度，加强个人信息分级保护和管理，建立信息安全事件分级响应和处置等安全制度。

（四）案例四：某跨境电商企业违规销售国家禁止进口的食品案

【基本案情】

S 市检察分院在办理一起跨境电商平台经营者、平台内经营者违规销售产自国外核辐射区食品民事公益诉讼案中，结合在案证据认定电商企业未依法履行平台监管责任，致使不符合食品安全标准的商品上架流通，严重危害不特定社会公众的身体健康安全，侵犯了社会公共利益，遂向人民法院提起民事公益诉讼。在诉讼过程中，检察机关出示多项证据证明损害消费领域公益的受损事实，电商企业最终承认实施了侵害公益的行为，并愿意在法院的主持下进行调解，承担网络连带侵权民事责任。

【合规建设】

庭审中，因电商企业向法庭表达了愿意接受检察机关提出的全部诉讼请求承担相应法律责任,在法庭调解下,检察机关在原有诉请的基础上,在调解协议中提出合规要求。

一、被告在调解协议达成后30日内,建立健全内部风险控制机制,采用技术手段及时对接海关总署有关禁止和限制进口商品的公告,全面掌握商品禁止和限制进口的政策要求。

二、被告在掌握海关总署上述政策信息后及时采取有效措施加强对平台内在售商品的管理,及时关闭相关禁止和限制进口视频的展示及交易页面,根据行政监管要求将有关情况报送相关部门,敦促平台内经营者做好召回等处理措施,并做好向相关行政监管部门的报告工作,协助消费者追究平台内经营者责任。

三、被告在掌握海关总署上述信息后及时采用技术手段在网页首页醒目位置及时发布进口商品的质量风险检测信息(包括行政监管部门发布的预警信息、禁止进口或限制进口的商品名录等),方便消费者和行政监管部门查询和监督。

法院调解后企业制定了以下整改计划。

(1)开发"新闻政策监控程序",定时获取国家监管部门最新发布的国家法规、政策信息,并发送信息至平台运营中心监控邮件。

(2)研发敏感词库并且不断迭代和更新,敏感词库中的词汇再商户发布商品,包括商品标题、商详内容、买卖双方的互动聊天内容中都将直接屏蔽。除技术方式管控商品发布,平台运营中心监控定期在App或PC前端每天按关键词人工进行巡检,如果巡检到不符合的商品,会用"人工巡检"系统对商品进行操作下架,进一步确保商户发布的商品符合法律法规和平台的要求。

(3)在平台首页展示"公告提醒",方便顾客在选购商品前认真了解国家跨境相关法律法规,查看国家允许进口的商品目录。平台运营客服中心负责对消费者的维权处理。通过线上线下、多部门联合监督,不断完善提升买手商家入驻门槛和审核机制;制度上,建立了神买、验仓、买手信用分末位淘汰制、高风险订单预警制度、奢品护航、平台鉴别、无忧退货,不断修订和完善平台规则体系;措施上,开展全天候平台巡查,强化数据监管,及时进行人工复核,实现风控、品控、鉴别、退货无缝衔接。

【评估与审查】

企业签订调解协议后,检察机关要求企业根据协议内容制定整改报告落实整改措施,同步提交检察机关和法院开展审查。法院对调解协议同步进行了司法审查并及时向社会公告,公告后制作了调解书。检察机关对整改报告评估后提出补充意见,经企业修改落实后逐项核实整改成效。

第五节 总结

当前,虽然检察公益诉讼企业合规经营试点探索工作已经取得一定的积极反响和实践价值,但是仍然面临办案需求旺盛而制度供给不足、企业合规经营适用实践不统一、基于公益维护的第三方监督评估专家智库搭建难、企业合规经营验收标准建设薄弱、宽缓化检察监督措施显示度不高、激励性不足等现实困境,需要在进一步总结巩固办案经验的基础上推动理论、制度层面的搭梁建柱。

一、公益诉讼检察环节企业合规的实践困境

(一)检察公益诉讼企业合规制度供给不足

从前述涉企类案件的生动司法实践来看,检察公益诉讼企业合规经营具有广阔的拓展空间和治理效能,检察机关和涉案企业从自身实际出发都各有需求。然而,与旺盛需求相对的则是匮乏的理论研究和制度供给,导致检察公益诉讼企业合规经营的探索发展师出无名、步履维艰。

当前阶段的企业合规特指企业刑事合规,即以涉案企业合法规范经营为目标开展的刑事检察司法工作,[①]而对具有相同办案诉求的涉企类检察公益诉讼来说,相关理论构建、制度安排、机制建设明显滞后,对指导、规范检察公益诉讼领域企业合规治理造成了较大阻力。

(二)检察机关企业合规经营适用不统一

受制于理论研究的空白、指导政策的缺位、司法实践的匮乏等因素,检察机关在办理涉企类公益诉讼案件时,企业合规经营适用不统一,容易造成各地检察机关适用企业合规经营的"小作坊"现象。例如,某地检察机关办理的社会保障性企业未依法维护、检修供热设备侵害安全生产行政公益诉讼案,检察机关针对涉案企业违反相关法律法规、导致安全生产存在严重事故隐患的情况,主动将公共利益维护与企业合规经营相融合,向负有监管职责的行政机关制发检察建议,督促其依法履职,监督涉案企业依法整改、消除隐患。在另一起商业超市违规销售保健食品、储存生鲜肉不符合食品安全法规危害食品安全的行政公益诉讼案件中,在行政机关责令违规商超进行整改后,检察机关通过部署"回头看"专项监督,联合违规商超开展"企业诚信合规经营承诺"活动,向涉案超市提出了加强食品管理制度建设、严格食品销售安全自查等要求,并将持续跟进监督涉案超市整改情况。

---

① 参见陈瑞华:《企业合规的基本问题》,载《中国法律评论》2020 年第 1 期。

如上案例表明,虽然企业合规经营在检察公益诉讼具体实践中具有广阔的应用场景和旺盛的生命力,但是在缺少顶层设计和统一规划的前提下,各地检察公益诉讼部门对企业合规经营的适用标准、程序运作、文书制式、目标导向等认识不一,这不利于以丰富、成熟、可行的司法实践推动学术理论的繁荣、上层政策的倾斜和实践经验的统一,进而形成检察公益诉讼企业合规经营的品牌连锁效应。

(三)基于公益维护的第三方监督评估组织搭建难

在企业合规经营适用过程中,检察机关是监督者、主导者,不是主办者,不应"大包大揽",不能过度参与、干涉企业的经营、整改活动。[①] 企业合规经营本质属于具有较强专业性、技术性和管理性的企业内部风险防控和监督制约机制,如果由检察机关对整改成效进行监督评估,一方面,可能违反客观公正原则,即检察机关不能既当"裁判员"又当"运动员",这会削弱监督评估考察结果的司法公信力;另一方面,受限于专业知识储备的不足,检察机关无法科学、准确、全面地对整改效果予以监督评估。推动企业开展合规经营,检察机关不能脱离现有的检察职能,但也不应替代企业内部的法律顾问。[②] 因此,通过引入具有相关领域知识背景的第三方主体参与整改成效的监督评估工作,是企业合规评价、验收过程的最佳实践。

目前,企业刑事合规领域已经先后出台《合规指导意见实施细则》《第三方人员办法》两个配套文件,推动刑事检察企业合规不断规范化、制度化、透明化。[③] 受限于顶层设计的缺位、实践样本的不足,检察公益诉讼的第三方监督评估机制始终处于各自为政、一案一策的状态,在司法实务中往往需要耗费大量时间精力在专家资质、学科背景、知识领域的选任上。同时,相关专家学者的选任渠道较为狭窄、沟通联络流程较为烦琐、风险防范难以做实,也就无法保证经认真筛选组成的第三方监督评估专家组的专业性、公正性和客观性。

(四)企业合规经营验收标准建设薄弱

当前检察公益诉讼企业合规经营实践中遇到的最大挑战就是薄弱的合规标准建设与复杂的合规经营需求之间的矛盾。以具体实践为例,随着检察公益诉讼受案范围积极稳妥地拓展,涉企类公益诉讼案件的责任主体更加多元,从传统制造到数字经济,从中小微企业到跨国巨头,从线下生产销售到线上内容创作,都存在不同程度侵害国家利

---

① 参见谈倩、李珂:《我国企业合规第三方监管实证探析——以检察机关企业合规改革试点工作为切入点》,载《中国检察官》2021 年第 11 期。

② 参见《推动企业合规当好称职"老娘舅"》,载《检察日报》2021 年 4 月 19 日,第 1 版。

③ 在企业刑事合规监督评估实践中,目前已经形成检察机关委托行政机关开展监督、联合行政机关开展监督以及选任独立监控人或合规监督员专项监督等模式,为检察公益诉讼企业合规经营的司法探索提供相关借鉴。

益、社会公共利益的违法经营事实,适用企业合规经营的实践土壤十分肥沃。

因此,通过对涉案企业的组成结构、核心业务、运作方式、公益侵害类型等内外部因素进行有效区分,[①]形成符合检察公益诉讼工作实际和企业合规经营需求的多元合规评估标准,探索制定涉企类公益诉讼"合规计划"范本,具有相当的现实性和紧迫感。但从检察公益诉讼企业合规经营发展现状来看,距离形成科学合理、专业精准、各方认同、切实有效的合规评估标准仍有很长一段路要走。

(五)宽缓化检察监督措施显示度不高、激励性不足

在实践较为成熟的刑事检察领域,涉案企业同意开展企业合规的,检察机关往往以不起诉或者较轻的量刑建议作为激励对价,有效避免了因判处实刑或苛刑过重导致企业正常经营困难,进而造成严重的负外部效应。[②] 同时,适用合规还能促使企业"改过自新""对症下药",不断增强企业竞争实力,达到检察办案政治效果、法治效果、社会效果的统一。

在涉企类公益诉讼案件办理中,检察机关的监督方式主要是制发检察建议、向行政主管部门或行业协会提出处理建议以及提起民事公益诉讼等。虽然相关监督措施如诉前公告、诉请赔礼道歉、赔偿损失等,确实会对企业正常经营产生一定的舆论压力和法律后果,但在市场主体对检察公益诉讼普遍认识有限的前提下,相应激励对价如不提起民事公益诉讼、降低损害赔偿金额等,对其适用企业合规经营以换取宽缓化检察监督措施的内在驱动力就尤其需要加强。

二、公益诉讼检察环节企业合规的完善进路

(一)立法层面确立起检察公益诉讼企业合规经营制度

随着检察公益诉讼案件范围的不断拓展和制度运行的持续优化,涉企类案件数呈现爆发式增长趋势。检察公益诉讼通过依法履职实现企业治理规范化、社会治理法治化、国家治理现代化,是新时代检察机关提高政治站位、强化责任担当的创新实践。同时,检察机关开展公益诉讼的根本目的是修复受损的国家利益和社会公共利益,而非与涉案企业进行旷日持久的司法对抗。通过将企业合规经营融入检察办案程序,促使企业真悔过、真合规、真整改,有效避免办理一个案件、破产一个企业等机械司法引发的现实悲剧,才是检察公益诉讼实际践行"双赢、多赢"理念的初心所在。

企业合规制度经过近两年的改革试点,已经逐步取得社会各界的广泛认可,即涉案企业合规改革是惠企利国的好政策。检察机关立足法律监督本职、贯彻新发展理念,积

---

① 参见涂龙科、刘东:《美国企业合规计划的要素与启示》,载《中国检察官》2021年第16期。

② 参见李本灿:《我国企业合规研究的阶段性梳理与反思》,载《华东政法大学学报》2021年第4期。

极转变司法角色，以民营企业“老娘舅”的身份助力企业固本强基、行稳致远。

因此，从四大检察协同发展和企业合规实践价值的角度，加强对检察公益诉讼企业合规经营的顶层设计，推动理论研究和实践探索不断破题、“两条腿走路”，对提高涉企类检察公益诉讼办案质效、真正实现双赢多赢共赢理念大有裨益。

（二）统一检察机关企业合规经营的适用

随着刑事检察领域企业合规的理论研究、政策导向、实践反馈、经验总结的走深走实，企业刑事合规的依法启动、监督评估、考察验收工作越发规范、统一。各地试点检察机关在结合办案实际和试点成效的基础上，充分发挥地域优势，陆续起草、制定了常见涉企犯罪“合规计划”范本、办理企业合规试点案件工作规定等文件，进一步指导企业刑事合规工作的有序开展。①

为避免检察公益诉讼领域检察机关适用企业合规经营各自为政、“盲人摸象”的窘境，同时增强检察能动履职效能，延伸了司法办案触角，以点及面带动企业、行业、区域依法经营、规范治理，检察公益诉讼企业合规经营的适用需要借鉴企业刑事合规的有益经验，增强检察公益诉讼企业合规经营的司法权威、社会认知和企业认可。检察机关应当加强对办案实践经验的总结、提炼，例如，总结、提炼各地检察机关联合行政机关共同督促整改，向涉案企业发起合规经营承诺，通过“公开听证＋合规磋商”的方式形成合规经营共识等“因案施策”的创新有效举措。注重培育相关典型案例，积极以持续可见的丰富实践成果推动检察公益诉讼企业合规经营机制建设，逐步统一企业合规经营适用过程、适用策略和适用路径。

（三）形成科学合理的第三方监督评估机制

第三方监督评估作为企业合规经营程序中最重要的一环，决定着企业合规经营的成与败、检察公益诉讼的诉与罚，因此应当建立检察公益诉讼第三方专业人员监督评估的工作机制和选任规则，实现一站式专业服务供给和规范化监督评估运作。

在司法实践中，可以结合检察公益诉讼办案特点，邀请、聘任生态环境、食药安全、国财国土、知识产权、金融证券、城市安全等领域的人大代表、政协委员、专家学者、监管机构负责人、社会团体组织、有相关技术职称或知识背景的专业人员组成专家库，明确专家库成员的日常管理、业务培训、监督考评机制等职责，根据实际需要动态调整出入库人员。

同时，刑事检察部门在办理环境污染、制售伪劣食药品、侵犯知识产权、内幕交易等案件时适用企业合规，其专家库的组成结构、选任偏好、考察重点等与检察公益诉讼实

---

① 参见毛逸潇：《合规在中国的引入与理论调适——企业合规研究述评》，载《浙江工商大学学报》2021年第2期。

践需求存在一定程度的竞合关系。为提高相关专家库使用效能、最大限度发挥专家智库的作用,可以考虑直接申请使用企业刑事合规专家库,并在今后司法实践中统筹协调两类专家库归并、共享工作。

(四)明确企业合规经营体系建设评估认定标准

检察机关开展企业合规经营的初衷是引导、督促涉案企业依法加强经营风险识别、防范能力,推动企业治理规范化、法治化、国际化。为避免涉案企业“虚假整改”“纸面合规”,使企业合规经营成为“权力寻租”的工具,一方面,既要充分发挥检察机关的主导作用,强化对第三方组织的监督制约;另一方面,还要结合涉案企业的细分行业、经营规模、主营业务等,形成有针对性的企业合规经营体系建设评估认定标准。只有明晰企业合规经营的标准,检察机关、第三方组织、涉案企业等主体在合规整改的方向、目标、成效、预期、信度上才能达成一致认识,企业合规经营的参与透明度、适用实效性和司法公信力才能得到保障。

(五)强化检察公益诉讼企业合规经营激励对价司法权威与社会显示度

企业合规经营的宗旨是通过相应激励对价鼓励涉案企业主动实施旨在发现、预防和制止内部违法行为、风险隐患,实现违法预防的目的。① 为了充分、有效地调动企业合规整改的积极性,就必须在法律范围内明确相应的检察激励对价,使涉案企业对相应的法律后果形成稳定认知和预期判断,并从企业实际利益出发作出适用与否的决策。

因此,在办理公益诉讼案件时,检察机关应当对涉案企业经营状况、公益受损事实、公益修复可能性等予以精准区分,既做到真严管,又做到真厚爱。一方面,对不符合条件的涉案企业,检察机关应当立足公共利益法定代表身份,果断出击、严厉惩戒相关违法经营行为,灵活运用行公衔接、惩罚性赔偿等措施提高其违法成本,有效落实真严管;另一方面,通过推动符合条件的涉案企业开展合规整改,以检察机关主导加第三方组织监督评估的方式,帮助企业排出“毒素”、提升“内功”,以扎实有序、富有成效的整改成果持续彰显企业合规经营的制度魅力,切实做到真厚爱。②

检察机关通过统筹推进严管、厚爱,才能不断提高检察公益诉讼企业合规经营激励对价的司法权威与社会显示度,真正实现“激”在动机、“激”在态度,“励”在行为、“励”在结果,③从而推动涉案企业积极主动依法规范整改,实现涉企类公益诉讼案件溯源治理,以高质量检察服务维护国家利益和社会公共利益。

---

① 参见万方:《企业合规刑事化的发展及启示》,载《中国刑事法杂志》2019 年第 2 期。

② 参见徐日丹:《促进“严管”制度化,防范“厚爱”被滥用——检察机关开展企业合规改革试点工作综述》,载《检察日报》2021 年 4 月 9 日,第 1 版。

③ 参见孙春蕾:《论作为监管激励机制的企业合规》,载《行政管理改革》2021 年第 4 期。

第三十一章　涉案中小企业合规

第一节　涉案中小企业合规概述

一、涉案中小企业合规概念

根据《中小企业促进法》第 2 条的规定，中小企业是指在中华人民共和国境内依法设立的，人员规模、经营规模相对较小的企业，包括中型企业、小型企业和微型企业。根据企业的规模可以划分成中型企业、小型企业和微型企业，具体的划分标准可以参照国家统计局《统计上大中小微型企业划分办法（2017）》的规定。关于中小微企业类型的划分，不同行业部门有不同的认定标准，税务部门、财政部门和工信部门对小微企业的认定标准也不完全相同。另外，结合工信部联企业〔2011〕300 号文件的规定，中型企业、小型企业和微型企业划分标准由国务院有关部门根据企业从业人员、营业收入、资产总额等指标，结合行业特点制定，以工业行业为例，“从业人员 1000 人以下或营业收入 40,000 万元以下的为中小微型企业”。根据相关文件规定，一般认为，从事的是国家非限制和禁止的行业，年应纳税所得税不超过 300 万元，从业人数不超过 300 人，且企业的资产总额不超过 5000 万元的企业，可以认定为小微企业。

企业合规最早纳入法律实践是在 1991 年的美国《联邦量刑指南》，其中规定企业合规计划是“用于预防、发现和制止企业违法犯罪行为的内控机制”，后来该概念也被国际组织和各国的立法文件接受和认可。巴塞尔银监会将合规定义为遵守法律、法规、监管规则或标准。故企业合规，一方面是企业及员工的经营管理行为符合法律法规、规章、行业准则及其他规范性文件，①另一方面是企业为避免或减轻因违法违规经营可能受到行政责任、刑事责任，避免受到更大的经济或其他损失，采取的一种公司治理方式。

---

① 具体而言，一是包括法律、行政法规、行政规章、地方性法规、司法解释等在内的国家法律法规；二是包括各行业协会颁布的行为准则类的成文规范，以及商业习惯、伦理等不成文的规范；三是如世界银行等国际组织设置的合规管理、制裁体系等国际组织条约；四是公司内部制定的规章制度。

二、涉案中小企业合规特征

（一）多表现为“双不起诉”

从最高人民检察院发布的典型案例来看，我国检察机关适用合规不起诉的类型通常是相对不起诉，案件多为犯罪情节轻微，依照《刑法》不需要判处刑罚或免除刑罚，直接负责的主管人员和其他责任人员依法应被判处3年有期徒刑以下刑罚的案件，并对企业和个人作出不起诉决定。犯有轻罪的多为中小企业，对涉案的中小企业合规案件，多表现为对企业、负责人的“双不起诉”，即“放过企业，也放过企业负责人”，对其不追究刑事责任。虽然依法对涉案企业及负责人双不起诉，但实践中依然伴随对企业提出整改意见，推动企业合规建设，建立第三方评估制度，进行合规考察等，制发检察意见要求监管部门对企业和相关人员进行行政处罚等后续工作，由此让涉案企业付出应有的成本与代价，建立健全合规制度防止再犯。

“双不起诉”主要是因为中小微企业与企业主具有天然的不可分割性，这种特性在我国当前市场经济主体形态中表现得尤为明显。中小企业人数少、规模小、股权单一，经营模式体现家族式特征，管理机构简单，没有建立起现代意义上的管理制度，企业管理和决策不是经过集体决定的，企业负责人的行为一般代表了企业的行为，企业行为与企业负责人难以明确区分，企业负责人与企业的命运息息相关。若起诉个人，负责人无法经营管理企业，将导致企业难以生存，甚至破产倒闭，影响员工、客户、商业伙伴、投资人等众多人群的利益，不利于企业及社会经济的稳定。故采取双不起诉制度，促使中小企业对公司制度、管理方式和治理结构进行改造，堵住违法犯罪的制度漏洞，让中小企业在经过一段时间的合规考察和监管后，成为合法合规的商业主体。

但是中小企业合规也面临着一定的困境，一是合规成本高，合规动力不足。中小企业需要投入大量的资金、精力制定合规计划、聘请合规服务人和支付合规业务费等，这对本就利润相对较少的企业而言是一项负担。在我国，企业设立成本低，大多涉案人员更愿意通过注销并新设企业的方式“东山再起”，而不是“亡羊补牢”。二是中小企业本身规范性的欠缺，存在发展起初本就不规范，合规意识较差，可能造成行贿、虚开增值税专用发票、偷税漏税等犯罪隐患。三是中小企业具有脆弱性，资金来源单一，容易被市场和商业信誉影响。一旦企业涉及犯罪，案件进入司法程序，甚至企业资金被冻结、负责人被逮捕的，将造成企业经营混乱、企业失去生存空间。

（二）合规程序相对简化

2021年最高人民检察院等九部门联合发布的《合规指导意见实施细则》，其中第23条第1款规定，“针对小微企业的第三方组织也可以由2名专业人员组成”。第28条规定，“对于小微企业（合规计划）可以视情简化”。《上海市检察机关办理涉案企业合规试点案件工作规定(试行)》第4条对“简式”合规进行了明确规定,“对涉案企业规模较小、合规问题明确、监督评估专业性要求较为简单的案件,可以由负责办理案件的人民检察院向涉案企业制发合规检察建议,明确企业合规计划方向,涉案企业可以不再另行提交企业合规计划。对上述检察建议整改落实情况,负责办理案件的人民检察院可以委托第三方机制管委会在第三方机制专业人员名录库中抽选人员组成第三方组织开展监督考察,并在人员组成要求、监督评估程序、考察期限等方面予以简化。对监督考察结果,参照本规定第十九条,作为人民检察院案件处理决定的重要参考”。

对于大型企业,相较而言建立产权明晰、权责明确、结构规范、制度完善、管理科学的现代公司治理结构,要求其建立高标准、严要求的合规体系具有现实可能性,严格按照标准开展调查,企业作出合规承诺,制定、执行合规计划,组织第三方监督评估,经公开听证后做出处理。对于中小企业而言,如前所述,成本高的合规容易产生动力不足,承受合规监管成本的经济能力较差,要求其建立与大型企业相同的合规计划不现实,也不具有经济效率,因此实践中探索建立简化版合规程序,检察机关制发检察建议,提出合规整改要求,并根据企业的整改情况做出相应处理。

三、涉案中小企业合规意义

(1)提高中小企业的抗风险能力,完善治理结构,维护企业的可持续发展。一是企业通过合规建设,可以有效分割企业与员工、第三方之间的责任。通过对员工、高管进行必要的合规培训,对第三方进行必要的风险评估,在员工或高管发生违法违规行为后,企业就可以将上述合规管理行为作为免除企业责任的重要依据,最大限度地保护企业的权益。二是中小企业通常缺少独立的审计合规部门或人员,仅有财务部门实施内控制度,存在财会人员整体素质偏低,工作制度混乱等问题,故创设符合中小企业特点的内控管理制度,有助于监管和约束员工行为,降低因违法违规带来的法律制裁和监管处罚风险,形成依法依规经营的合规文化,有助于增强市场竞争能力,提升企业声誉并能够获得更多的商业机会。

(2)保护第三方合法权益,履行社会责任。有效的合规计划能够使少部分人的违法违规行为带来的风险及时化解,保护股东、投资人、员工、上下游供货商、消费者及社会公众等第三人的利益,稳定社会秩序。合规文化的形成,有助于企业形成合规经营意识,促使企业承担道德、法律义务,承担必要的社会责任,包括劳工权益保护、环境保护、知识产权保护、个人隐私保护等公共利益的维护。

(3)稳定经济秩序,贯彻落实“六稳”“六保”经济政策要求。我国中小企业被比喻为中国经济的“毛细血管”,据统计,我国中小企业有4000万家,占企业总数的99%,中小企业是我国经济发展和社会发展的主力军,但是中小企业合规管理方面相对薄弱,推行企业合规能够极大地完善我国的营商环境。后疫情时代，企业面临经济下行、国际贸易冲突等生存压力，启动企业合规试点工作有助于在企业犯罪治理中落实缓化司法政策，防止因办案引发企业停工停产、破产倒闭、员工失业等负面连锁反应，稳定经济秩序和建设现代化经济体系。

四、涉案中小企业合规与大型企业合规比较

(一)大型企业合规介绍

湖南建工集团公司曾因在招投标过程中提供虚假的业绩材料受到世界银行的制裁，后在世界银行的督促和监控下，全面重建了合规计划。公司在董事会设置诚信合规委员会，公司总法律顾问兼任首席合规官，由原法律事务部承担合规职能，改名为法律合规部，下设合规处，负责公司的诚信合规工作，彻底将公司的业务、财务和合规管理相分离，由此建立了有效的合规管理体系。另 2014 年，北汽股份公司探索建立符合国际趋势和本土化的企业管理体系，组织体系上设立诚信合规委员会，下设诚信合规办公室，牵头处理公司的合规业务。制度体系上关注商业贿赂、反垄断、反不正当竞争、规范资产交易、招投标、安全环保、产品质量、劳动用工、财务税收、知识产权、商业伙伴等重点领域的合规问题，针对这些合规重点领域，编制并发布合规手册、行为准则等。在合规运行机制上，建立有合规风险识别和评估、合规风险控制、合规监控、合规宣传及培训、合规监督与改进五大运行体系。

再如，2017 年的兰州雀巢案中，法院以雀巢公司建立完善的企业合规体系为依据，认为雀巢公司员工构成的犯罪未体现公司意志，员工未得到公司最高决策层和最高管理层授权，也未向公司汇报，此外，公司还建立了管理员工、培训等相关的规章制度，故认定员工构成个人犯罪，不属于单位犯罪，实现单位责任和员工个人责任的分割。

(二)中小企业合规介绍

根据最高人民法院发布的企业合规改革试点典型案例，在张家港市 L 公司、张某甲等人污染环境案中，2018 年下半年，L 公司在未取得生态环境部门环境评价的情况下建设酸洗池，2019 年 2 月私设暗管，将酸洗废水排放至生活污水管，造成严重环境污染。经生态环境局检测，L 公司排放的废水超过规定标准倍数。2020 年 6 月，张某甲、张某乙、陆某某主动向张家港市公安局投案，如实供述犯罪事实，自愿认罪认罚。后张家港市人民检察院进行办案影响评估并听取 L 公司的合规意愿后，指导该公司开展合规建设。2020 年 10 月，检察机关向 L 公司送达《企业刑事合规告知书》，该公司在第一时间提交了书面合规承诺，后制定了详细的合规计划，2020 年 12 月，检察机关组建以生态环境部门专业人员为组长的评估小组，对 L 公司整改情况及合规建设情况进行评估，经评估合格，通过合规考察。同月，检察机关邀请人民监督员等各界代表，召开公开听证会，

参会人员一致建议对 L 公司作不起诉处理。检察机关经审查作出不起诉决定。

（三）大型企业与中小企业合规对比

（1）单位与员工个人责任的区分程度不同。大型企业中能够通过企业建立有效的合规管理体系，切割单位的主观意志与员工的个人意志，从而区分单位责任与个人责任。国际上对企业合规不起诉的通常是大型企业，且一般对涉案企业作不起诉或暂缓起诉等非罪轻缓的处理，对涉案企业的责任人员则予以追诉甚至判处重刑。中小企业中的组织结构简单，单位的决策就是负责任人的决策，难以区分单位意志和个人意志，并通常作“双不起诉”处理。

（2）企业合规采取的措施不同。大型企业的内部组织结构往往较为完善，所有权和管理权能够有效分离，董事会与监事会之间的权责界限清晰，因此在构建独立的内部监督体系时，可以根据具体的合规要求，分离或新设一个单独的合规部门，按照要求聘请相关专业人员。中小企业限于规模，倾向于配置独立的合规人员或企业合规师，作为企业内部的独立监控人，推进具体的合规工作。

（3）合规整改的模式不同。实践中表现出两种不同的合规整改模式，对涉嫌轻罪的中小企业，检察机关倾向于采用点对点式的整改模式，发现犯罪原因并提出纠错措施，检察机关作出相对不起诉决定，同时制发检察建议，对企业提出相对简单的专门的整改要求。对于大型企业，则采取全面防控模式，评估合规风险并建立合规的体系化整改方案，检察机关对其启动合规考察程序，指派合规监管人，设定合规考察期，在考察期结束之前进行合规整改验收。

第二节　涉案中小企业合规风险点识别与应对

一、企业合规风险点简介

对于合规风险，在中国银监会发布的《商业银行合规指引》中这样界定，“因为没有遵守法律、法律和准则可能遭受法律制裁、监管处罚、重大财务损失和声誉损失的风险”。国资委发布的《中央企业合规管理指引（试行）》中对合规风险的界定与此类似。①故合规风险，是指企业因未能遵循法律法规、监管要求、规则、自律性组织制定的有关准则以及适用企业自身业务的行为准则，而可能遭受法律处罚、监管处罚、重大财务损失或声誉损失的风险。

---

① “企业及其员工因不合规行为，引发法律责任、受到相关处罚、造成经济或声誉损失以及其他负面影响的可能性。”

企业合规风险点则是指依据特定行业确定的企业经常发生的违规行为的高风险爆发点，重点风险领域需要根据企业的重点岗位、重点人员、重点业务加以确定。目前全球的重大重点合规领域有反商业贿赂合规、出口管制合规、反洗钱合规、反不正当竞争合规、个人信息数据保护合规。我国国务院国资委发布的《中央企业合规管理指引（试行）》中确定了合规风险的重点领域有市场交易领域、安全环保领域、产品质量领域、劳动用工领域、财务税收领域、知识产权领域以及商业伙伴领域。企业经营的高风险领域有商业贿赂、不正当竞争、产品质量、税收、知识产权、环境保护等。

二、中小企业合规风险点的类型与识别

从上述合规风险的定义可以看出，按照内容划分，合规风险主要有法律风险、监管处罚风险、财务损失风险、声誉损失风险、经营风险等。

法律风险是指企业在经营中因存在违法违规乃至犯罪行为，可能遭受行政监管部门处罚和司法机关刑事追究的风险。行政监管风险主要指的是企业因违法违规行为受到行政监管部门调查、处罚的监管合规风险。如美国财政部、商务部、证交会等行政监管部门作出的行政处罚、达成的行政和解，以及由此引发的合规风险。该风险对企业产生最大影响的不是罚款本身，而是随之而来的经营资格的剥夺，进而给企业带来经济损失、商业交易资格损失、声誉损失三重损失。刑事追究风险主要指企业受到起诉而被定罪量刑的风险，表现在商业贿赂犯罪、不正当竞争、垄断、违法招投标、生产安全风险和生产污染、生产销售伪劣产品、逃税、虚开发票等犯罪领域。企业一旦被追究刑事责任，一方面企业因被定罪而丧失声誉，导致无法贷款、客户不愿交往等；另一方面则导致企业无法上市等众多发展机会丧失。财务损失风险指的是由于财务管理上的混乱、舞弊、贪腐等行为，企业遭受经济损失，无法实现营利目的，甚至濒临破产的风险。经营风险，也称业务风险，属于经济学范畴，指企业在开展投资并购、市场销售、质量保障等各种业务活动过程中，所面临的投资得不到回报、企业无法营利、生存困难的风险，主要体现投资与回报之间的关系，包括公司的信用风险、市场风险、操作风险以及其他经营风险等。

合规风险识别是发现、确认、描述、分类、整理合规风险的过程，对风险产生原因、影响范围、潜在后果等进行分析归纳，最终生成企业合规风险清单，为下一步合规风险分析和评价明确对象和范围的活动。合规风险识别是合规风险管理的前提基础，一般步骤有建立合规风险识别框架，查找合规风险事件，收集违规案例，编制初步的合规风险清单。合规风险防范需要根据风险点建立日常性的合规管理体系。

风险识别要求企业的合规机制在经营过程中能够起到全流程预警效果，及时识别企业或员工的违规行为，有效进行报告。如鼓励员工或第三方进行举报，保证合规部门或高层能够及时发现违规行为，并相应建立部门的违规报告制度，建立上下一体的合规风险识别机制等，及时发现和披露合规风险和违规事件。① 根据《中小企业合规管理体系有效性评价团体标准》（以下简称《团体标准》）的规定，合规风险识别可以分为强制性义务的识别和自愿性义务的识别。在强制性义务的识别类型上中型企业和小微企业也存在不同的表现形式。

中型企业强制性义务的内容包括：有人员或部门识别与其业务活动、产品和服务相关的重要强制性义务；具备识别与其业务活动、产品和服务相关的强制性义务的方法或举措；具备识别与其业务活动、产品和服务相关的强制性义务制度或流程；具有评估必须遵守的义务要求报告或其他载体；具备表明已经实施识别强制性义务机制的工作事例或其他信息；领导支持识别强制性义务；具备识别强制性义务的人力资源、预算、必备物项工具等；进行合规培训与交流；关注并培育合规文化；识别强制性义务、合规风险，强制性义务与业务活动、产品和服务相关联；识别强制性义务的机制与现有管理措施相匹配。

小微企业强制性义务的内容包括：有人员或部门识别与其业务活动、产品和服务相关的重要强制性义务；具有评估必须遵守的义务要求的报告或者其他载体，或具备表明已经实施该机制的工作事例或者其他信息；领导支持识别强制性义务；具有识别强制性义务的人力资源、预算、必备物项工具等，或进行合规培训与沟通，或关注并培育合规文化；识别强制性义务、合规风险，或强制性义务与业务活动、产品和服务相关联，或识别强制性义务的机制与现有管理措施相匹配。

在自愿性义务的识别类型上中型企业和小微企业也存在不同的表现形式。中型企业自愿性义务的识别内容包括：有人员或部门识别与其业务活动、产品和服务相关的重要自愿性义务；具备识别与其业务活动、产品和服务的方法或举措；具备识别与其业务活动、产品和服务相关的自愿性义务的制度或流程；具备评估自愿性义务的报告或者其他载体；具备表明已经实施识别自愿性义务机制的工作事例或者其他信息；领导支持识别自愿性义务；具备识别自愿性义务的人力资源、预算、必备物项工具等；进行合规培训与沟通；关注并培育合规文化；识别自愿性义务、合规风险；自愿性义务与业务活动、产品和服务相关联；识别自愿性义务的机制与现有管理措施相匹配。

小微企业自愿性义务的识别内容包括：有人员或部门识别与其业务活动、产品和服务相关的重要自愿性义务；具有评估自愿性义务要求的报告或者其他载体，或者具备表明已经实施该机制的工作事例或其他信息；领导支持识别自愿性义务；具备识别自愿性

① 参见陈瑞华：《论企业合规的中国化问题》，载《法律科学（西北政法大学学报）》2020 年第 3 期。

义务的人力资源、预算、必备物项工具,或进行合规培训与沟通,或关注并培育合规文化;识别自愿性义务、合规风险,或自愿性义务与业务活动、产品和服务相关联,或识别自愿性义务的机制与现有管理措施相匹配。

三、中小企业合规风险评估与应对

根据《团体标准》的规定,合规风险评估指标可以分为中型企业和小微企业两大类别。中型企业合规风险评估指标包括:有人员或部门根据风险发生概率和影响程度对与其业务活动、产品和服务相关的合规风险进行评估、分级;具备上述不同等级合规风险进行评估的方法或举措;具备对上述不同等级合规风险进行评估的制度或流程;具备对合规风险进行评估、分级的静态或动态载体;领导支持识别强制性义务;具备识别强制性义务的人力资源、预算、必备物项工具等;进行合规培训与沟通;关注并培育合规文化;识别出优先级的合规风险;合规风险评估与分级风险与业务活动、产品和服务相关联;合规风险评估与分级机制与现有管理措施相匹配。

小微企业合规风险评估指标包括:有人员或部门根据风险发生概率和影响程度对其业务活动、产品和服务相关的合规风险进行评估、分级;具备对合规风险进行评估、分级的静态或动态载体;领导支持进行合规风险评估与分级;识别出优先级的合规风险。

为有效防范风险,需要避免通用性的、大而全的合规计划,区分企业的不同性质和潜在风险,建立针对专门风险的应对体系。中型企业的风险应对体系包括:确定相关人员制定并实施合规风险应对措施;有基于合规评估、分级结果的应对措施;具备实施合规风险应对措施的流程;具备突发合规事件的应对预案;具备对第三方、雇员的合规尽职调查机制;具备表明已经实施风险应对机制的工作事例或者其他信息;定期或不定期对合规风险应对机制有效性进行评审;领导支持合规风险应对机制;具备合规风险应对机制的人力资源、预算、必备物项工具等;进行合规培训与沟通,或关注并培育合规文化;有效处置了优先级的合规风险;合规风险应对机制与业务活动、产品和服务等有关的商业场景相结合;合规风险应对机制嵌入业务流程,或合规风险应对机制与企业其他机制协同。

小微企业的风险应对体系包括:有基于合规评估、分级结果的应对措施;具有实施风险应对机制的报告或者其他载体,或具备表明已经实施风险应对机制的工作事例或其他信息;领导支持合规风险应对机制;有效处置了优先级合规风险;合规风险应对机制与业务活动、产品和服务等有关的商业场景相结合;合规风险应对机制嵌入业务流程。

总之,建立常态化的风险防范机制,根据风险识别结果,设置合规风险应对负责人,应对措施、应对流程,记录与沟通机制、监督与检查机制,以及针对突发合规事件的应对预案等。

第三节　涉案中小企业合规计划的内容

一、如何制定合规计划

合规计划是预防、发现和制止企业违法犯罪行为的内控机制，是由企业主动实施的内部自我管理、约束机制。它贯穿企业犯罪的事先预防、事中刑事诉讼与量刑、事后惩处和损害后果恢复过程。对此，借鉴其他国家制度经验并结合我国中小企业协会发布的《团体标准》，以及最高人民检察院、司法部等多部门联合印发的《合规指导意见》《合规评估办法》等相关规范文件，总结出制定合规计划时需把握核心要素、方式和原则。

（一）核心要素

合规计划的重点在于有效，要能有效地帮助企业规避行政监管和刑事处罚的风险。因此首先要考虑有效合规计划的必备要素，考虑企业的性质、产品、运营范围、合规风险类型等，针对特定企业不同的风险点和风险领域建立不同的员工手册和行为准则，有针对性，避免面面俱到，指令模糊。同时可以吸取同类企业的经验教训，作为重点写入合规计划。

（二）方式

根据合规计划的不同特征，有两种打造合规计划的方式，一是为没有建立合规计划的企业建立一套合规管理体系；二是为已经初步建立起合规体系的企业，针对主要的合规风险，改进现有的合规管理体系。

（三）原则

合规计划要有针对性和有效性。针对性要求针对每个企业不同的性质、业务、公司治理结构和经营方式，围绕合规风险展开。如针对金融行业，首先需要考虑的风险是反洗钱合规风险，制定专门针对反洗钱的合规体系。医疗行业、建筑、房地产行业等，最大的合规风险来自商业贿赂，故要优先考虑建立一套反商业贿赂合规体系。对于中小企业，针对性意味着围绕涉及的罪名、情节对重点风险领域制定合规工作计划，完善生产经营监管流程，集中加强风险点识别，员工参与相关法律培训等，保证精准化、高效化，以最大限度降低合规成本。

有效性是合规计划能够切实有效地防控风险，一方面在预防、识别和应对违法违规行为方面发挥有效作用，企业合规计划能够实时监控违规行为，并在违规事件发生后及时有效地应对；另一方面是在切割企业责任方面产生积极的效果，要求企业在合规培训、合规承诺、合规沟通、合规报告、举报机制、内部调查、处理责任人、积极整改等制度层面进行完善,如企业能够立即停止存在违法违规隐患的业务活动,能够及时惩处违法责任人。

二、合规计划的表现形式

一份完整有效的合规计划内容涉及企业管理的多个方面,包括治理结构、规章制度、人员管理、管理规范、组织体系、报告机制等。但是合规计划的内容不应该一劳永逸地按照模板确定其内容,应该是个性化的、动态的,随着不同企业、不同业务和市场的变化而变化。

根据内容的不同,合规计划可以表现为全面合规、诚信合规和专项合规。全面的合规计划的内容覆盖企业各业务领域、各部门、全体员工,贯穿决策、执行和监管各个环节,建立可行的合规管理规范,有效的合规组织体系,完善的相关业务管理流程,健全的合规风险防范报告机制,能够弥补企业制度建设和监督管理漏洞,全面合规通常针对规模较大的涉罪企业。诚信合规则是以专门针对反腐败、反欺诈、反串谋等为主要内容的合规。专项合规,指的是企业针对重点业务领域、重点管理环节、重点人员建立的专门的合规风险管理、合规管理评估、合规审计等内容的合规计划,如常见的反洗钱合规、数据保护合规,多适用于中小企业。

依据目的的不同,合规计划可以表现为日常性合规计划和合规整改计划,前者是指企业在没有违法、违规或者犯罪的情况下,根据常态化的合规风险评估结果,为防范企业潜在的合规风险建立的合规管理体系;后者则是企业面临行政执法调查、刑事追诉或者国际组织制裁的情况下,针对自身在经营模式、管理方式、决策机制等方面的漏洞和隐患,进行有针对性的制度修复和错误纠正。①

三、合规计划的内容

《合规指导意见》第 11 条规定,涉案企业提交的合规计划,主要围绕与企业涉嫌犯罪有密切联系的企业内部治理结构、规章制度、人员管理等方面存在的问题,制定可行的合规管理规范,构建有效的合规组织体系,健全合规风险防范报告机制,弥补企业制度建设和监督管理漏洞,防止再次发生相同或者类似的违法犯罪。一般来讲,合规计划的内容通常包括合规章程、合规政策和员工手册、合规组织体系、合规实施程序、合规文化。

第一,合规章程体现合规的基本理念和要求,包括合规目标、合规基本原则、合规结构、合规政策等内容,通常规定在公司的总章程或专门制定的公司合规章程中。

---

① 参见陈瑞华:《有效合规管理的两种模式》,载《法制与和社会发展》2022 年第 1 期。

第二,合规政策与员工手册是合规计划中的实体规范,是企业自我监管的主要依据,主要内容就是企业将法律法规具有明确禁止性的规则进行整合,让外部人员和企业遵守。合规政策面向的对象是外部,如客户、合作企业等进行合规管理的依据,用以切割企业责任和客户、第三方之间的责任。员工手册是面向内部的实体规范,既是对企业员工、管理人员加以内部监管的依据,也是在危机发生后切割企业责任与员工责任的依据。主要内容就是依据企业不同的营业范围,对刑事法律规范、相关领域的行政法规、部门规章等进行详细列明,使之成为内部人员统一遵守的行为准则。

第三,合规组织体系是关于企业实施合规管理以及建设企业合规管理体系的组织载体。相较于大型企业、上市公司通常设立专业合规部门,中小企业由于在人力、资源及资金支持等方面的局限性,通常采取合并、混合模式,如法律部门下设合规分部或设置合规专员履行合规管理职责,抑或由法务人员兼任合规官或通过外聘合规顾问的方式构建自身合规体系。《团体标准》第6条规定中小企业的合规管理机构包括合规领导机构、合规管理机构两部分。合规领导机构由合规管理委员会或合规领导小组设置,法定代表人或实际控制人作为企业合规第一责任人。中型企业一般会设置合规管理部门,小微企业应配备至少一名合规专员。

第四,合规实施程序体系包括合规风险的防范、识别、应对体系。防范体系是指合规风险评估、合规尽职调查、合规报告、合规培训一系列为防范合规风险而建立的程序体系。识别体系要求公司的合规计划具有预警效果,防止违法违规行为的发生,包括定期合规报告制度、匿名举报制度、巡回合规检查制度。应对体系则是指违规和犯罪行为一旦发生,企业及时应对处理合规引起的危机,包括及时进行合规内部调查、有效的配合调查、及时报告合规体系的漏洞、缺陷和不足、及时奖励发现违规的自然人,并惩戒实施违规行为的自然人,必要时交由司法机关处理。

第五,合规文化是企业和员工关于开展合规管理、履行合规义务的思想观念、价值标准、道德规范和行为方式,这是合规建设的高度标准。任何企业,无论大小,都要建立合法合规经营的制度文化理念。合规文化包括理念、价值观、行为、荣誉感几个内容。合规理念如员工主动合规、合规能够创造价值等。合规价值观如诚信、正直、诚实守信、依法合规。合规行为如与外部监管部门的有效互动、制定和发放合规手册、签订合规承诺书等。[①] 合规文化要求企业全体员工知晓合规建设的重要性并积极落实,形成良好的企业合规文化氛围。

---

① 参见郭青红:《企业合规管理体系实务指南》,人民法院出版社2019年版,第210~211页。

第四节　涉案中小企业合规计划有效性审查

一、合规计划有效性类别分析

有效的合规计划是指由合规计划形成的整体程序能够保证整个企业的持续有效进行。故其有效性内容包含三个层面:一是具体的行为规范与机制的实体规则,二是保证该行为规范与机制有效运行的执行措施,三是发现违法违规行为时的漏洞弥补措施。①

中小企业更易在公司融资、管理、经营方面发生困难,在诸如常见的商业贿赂、涉税、生态破坏与环境污染、数据安全、安全生产等风险领域,中小企业犯罪案件占比相较于大型企业更高。依据不同风险领域,可以将有效的合规计划分为不同类别。如对从事国际贸易或进出口业务的企业而言,常见的合规专项计划包括反商业贿赂合规计划、诚信合规计划、出口管制合规计划、反洗钱合规计划、数据保护合规计划等。对单纯从事国内业务的企业而言,常见的合规计划主要包括反垄断合规计划、反不正当竞争合规计划、反商业贿赂合规计划、知识产权保护合规计划、反洗钱合规计划、大数据保护合规计划、税收合规计划、证券合规计划、环境保护合规计划等。②

在最高人民检察院编发的《涉案企业合规改革试点参考文件》(以下简称《参考文件》)中,区分商业贿赂类犯罪、涉税类犯罪、环境污染类犯罪、数据安全类犯罪、安全生产类犯罪、知识产权类犯罪六大专项合规计划,并制定有效性评估审查重点。以《参考文件》中的小型企业虚开增值税专用发票案为例,涉案企业依据合法经营方面的漏洞,特别是对外经营、财税管理以及环境保护和安全生产方面的法律风险,针对公司内部治理结构、规章制度、人员管理、企业文化问题制定了适合小型企业人员少、法律风险明显、经营管理疏漏等特点制定了适合自身的合规计划书:一是建立合规管理组织体系,修改公司章程,增设合规内容;任命一名高管担任合规专员,聘请律师担任法律顾问。二是建立健全合规政策,围绕风险点建立合规审查机制、完善财务管理合规制度、增值税专用发票合规管理制度、环境保护合规管理制度、劳动用工、安全生产合规制度。三是建立合规管理运行保障机制,包括飞行检查机制、投诉机制、合规报告机制、合规考核机制。四是培育企业合规文化,针对重点岗位、重点人员进行有针对性的合规培训和教育,开展全体员工的全员性合规培训,发放员工行为手册。其中,专项合规管理制度以税务风险管理制度为例,根据税务风险管理目标、税务管理组织机构、岗位和职责、税务

---

① [美]菲利普·韦勒:《有效的合规计划与企业刑事诉讼》,万方译,载《财经法学》2018 年第 3 期。

② 参见陈瑞华:《中兴公司的专项合规计划》,载《中国律师》2020 年第 2 期。

风险识别和评估、税务风险分类管理制度、税务风险应对策略和内部控制、税务风险沟通机制、税务风险管控的信息化建设、税务管理内部管理及绩效考核机制等。

总体而言，相较于大型企业，要求中小企业在有限的合规考察期内建立覆盖各个领域的合规体系是不现实的，也无法起到应有效果。故中小企业围绕涉嫌犯罪领域建立专项合规计划，根据企业经营管理疏漏建议有针对性的预防、识别和应对流程是确保合规计划行之有效的关键。

二、合规计划有效性审查主体

在美国，《联邦量刑指南》中列举了合规计划有效性的基本要素，并规定法院和检察官有权评估合规计划书面设计是否良好及实施是否有效，且拥有自由裁量权。《联邦起诉商业组织原则》也规定了检察官是否对企业起诉时，需要考量企业内部是否具有合规计划及是否有效，认定企业计划有效的，检察官可以不对企业提出指控。

在我国的企业合规改革试点工作中，检察机关也起着主导作用，检察机关是监督者、主导者，承担发起、引导和联络的职责，对涉案企业的合规计划、合规整改情况进行实质性审查。我国在对企业合规制度探索中主要形成三类模式：一是检察院自我监管模式，检察办案人员自行完成合规计划的监督考察，采用该做法的有青岛市人民检察院。二是检察院委托行政机关监管，检察机关委托相关行政主管部门负责对涉案企业合规建设情况进行考察。将合规建设情况作为最终对涉罪企业是否起诉的主要依据，此类情况以辽宁省人民检察院、宁波市人民检察院为代表。三是独立监控人或合规监督员模式，独立监控人受涉案企业委托，对刑事合规情况进行调查、规划、监督的律师事务所，主要负责合规调查，协助制定合规计划，监督合规计划的执行并向法院出具阶段性报告，本身有无违法违规情形受到检察机关联合行政机关的考核，这种情况以深圳市宝安区人民检察院为典型。

《合规指导意见》探索构建起“检察主导、各方参与、客观中立、强化监督”的企业合规第三方监管机制的可行路径。《合规评估办法》第 1 条也规定涉案企业合规评估是第三方组织对涉案企业专项合规整改计划和相关合规管理体系有效性进行了解、评价、监督和考察的活动。涉案企业合规审查是由负责办案案件的人民检察院对第三方组织的评估过程和结论进行审核。对未启动第三方机制的小微企业合规，可以由人民检察院对其提交的合规计划和整改报告进行审查。这是基于检察机关人员和专业的局限性，其在实践中难以单独对公司经营管理中涉及的合规风险问题作出专业评价。第三方组织一般由专业化的组织机构或人员担任，如律师事务所、会计师事务所、审计师事务所以及具有专业职称的人员等。第三方监管的专业人员，不仅熟悉企业的经营运作，了解企业的真实需求，能够把握企业的内外部风险，真正符合企业现实需要。在此模式下，检察机关是企业合规的监督者、主导者，第三方组织受检察机关委托或指派，具有独立性，负责向检察机关报告工作情况。

三、合规计划有效性审查标准

“合规体系的生命在于行之有效，对于预防和识别违法犯罪行为发挥切实有效的作用，并确保企业形成依法依规经营的文化。”合规计划有效性标准是指监管部门在对涉案企业作出是否宽大处理的决定时，评估涉案企业的合规管理体系能否发挥防范、监控和应对违规行为的作用所采取的标准，评价内容主要涵盖预防机制、识别机制和应对机制三个方面。①

美国司法部认为可通过三个方面评判合规计划的有效性，第一，企业合规计划设计是否完整。完整的企业合规计划应当包括6个方面的内容：风险评估系统、企业内部的规则和程序、培训和交流机制、匿名举报和调查程序、对相关第三方进行管理、确保合并与收购中的合规。第二，企业合规计划是否有足够的资源和权力支持运行。有效的合规计划不能只是书面文章，企业要投入足够的人力、资金等资源确保合规计划的运行，如针对举报渠道的畅通机制、合规的奖惩措施。第三，企业合规计划在实践中是否有效运转。企业要确保定期对合规计划进行审查和更新，在特定的违法违规行为发生后及时调查，积极分析并整治潜在的违法违规行为。英国的《反贿赂法》确立了评判企业是否建立有效合规计划的6项基本原则，包括合比例原则、高层承诺原则、风险评估原则、尽职调查原则、有效沟通原则、监控和评估原则。

我国关于有效性审查标准的规定中，《合规评估办法》第14条指出，第三方组织对涉案企业合规建设有效性评估的重点内容包括：“（一）对涉案合规风险的有效识别、控制；（二）对违规违法行为的及时处置；（三）合规管理机构或者管理人员的合理配置；（四）合规管理制度机制建立以及人力、物力的充分保障；（五）监测、举报、调查、处理机制及合规绩效评价机制的正常运行；（六）持续整改机制和合规文化已经基本形成。”虽然该条规定针对评估重点内容，但其实也从侧面体现了对上述评估内容的正反面评价，实质上也是在评价合规建设是否有效。此外，《团体标准》作为中国中小企业协会组织制定的有关评估中小企业合规管理体系有效性的指标和机制的规范性文件，结合中小企业发展实际，构建了一套既便于在中国实行又能得到国际认可的评价标准。《团体标准》第5.2条规定，合规管理体系有效性评价包括合规管理机构和职责配置、合规风险识别、合规风险应对和持续改进、合规文化建设等方面，并分别附录表格，对各方面评价指标的内容具体细化。《团体标准》第六章至第八章侧重技术指标，第九章专门规定文

---

① 参见陈瑞华：《企业合规基本理论》，法律出版社2020年版，第93页。

化指标，呈现前后递进关系，且在第六章至第八章也多次强调了合规文化，体现合规文化是合规计划有效性的终极指标。

在合规管理机构和职责配置方面，有效性评价应以合规管理机构的适当性、独立性和权威性作为基本标准。企业应根据业务、规模和行业特点设置适当的合规管理机构，保证合规管理部门或合规专员独立行使职能，在企业内部具有一定的权威。在合规风险识别方面，效果上要能够识别出重要合规义务、合规风险，确定合规风险等级和优先管理顺序，并将其与业务活动、产品和服务相关联。在合规风险应对和持续改进方面，要求合规风险应对机制与业务活动、产品和服务结合，嵌入业务流程，并与企业其他机制协同，有效预防或处置中、高等级的合规风险，涵盖日常监测机制、举报机制、报告机制和持续改进机制。在企业文化建设方面，有效性评价应以各个层级、各领域员工所具备的合规知识、合规意识、合规信念和合规行为为基本标准。

涉案中小企业合规典型范例

案例一：张家港市 L 公司、张某甲等人污染环境案

一、基本案情

江苏省张家港市 L 化机有限公司（以下简称 L 公司）系从事不锈钢产品研发和生产的省级高科技民营企业，张某甲、张某乙、陆某某分别系该公司的总经理、副总经理、行政主管。

2018 年下半年，L 公司在未取得生态环境部门环境评价的情况下建设酸洗池，并于 2019 年 2 月私设暗管，将含有镍、铬等重金属的酸洗废水排放至生活污水管，造成严重的环境污染。经苏州市张家港生态环境局现场检测，L 公司排放井内积存水样中总镍浓度为 29.4mg/L、总铬浓度为 29.2mg/L，分别超过《污水综合排放标准》的 29.4 倍和 19.5 倍。2020 年 6 月，张某甲、张某乙、陆某某主动向张家港市公安局投案，如实供述犯罪事实，自愿认罪认罚。

2020 年 8 月，张家港市公安局以 L 公司及张某甲等人涉嫌污染环境罪向张家港市人民检察院移送审查起诉。张家港市人民检察院进行办案影响评估并听取 L 公司的合规意愿后，指导该公司开展合规建设。

二、企业合规整改情况及处理结果

检察机关经审查认为，L 公司及张某甲等人虽涉嫌污染环境罪，但排放污水量较小，尚未造成实质性危害后果，可以进行合规考察监督并参考考察情况依法决定是否适用

不起诉。同时经调查,L公司系省级高科技民营企业,年均纳税400余万元、企业员工90余名、拥有专利20余件,部分产品突破国外垄断。如果公司及其主要经营管理人员被判刑,对国内相关技术领域将造成较大影响。鉴于此,2020年10月,检察机关向L公司送达《企业刑事合规告知书》,该公司在第一时间提交了书面合规承诺以及行业地位、科研力量、纳税贡献、承担社会责任等证明材料。

检察机关在认真审查调查报告、听取行政机关意见以及综合审查企业书面承诺的基础上,对L公司作出合规考察决定。随后,L公司聘请律师对合规建设进行初评,全面排查企业的合规风险,制定详细的合规计划,检察机关委托税务、生态环境、应急管理等部门对合规计划进行专业评估。L公司每月向检察机关书面汇报合规计划的实施情况。2020年12月,组建以生态环境部门专业人员为组长的评估小组,对L公司的整改情况及合规建设情况进行评估,经评估合格,通过合规考察。同月,检察机关邀请人民监督员、相关行政主管部门、工商联等各界代表,召开公开听证会,参会人员一致建议对L公司作不起诉处理。检察机关经审查认为,符合《刑事诉讼法》的相关规定,当场公开宣告不起诉决定,并依法向生态环境部门提出对该公司给予行政处罚的检察意见。2021年3月,苏州市生态环境局根据《水污染防治法》的有关规定,对L公司作出行政处罚决定。

通过开展合规建设,L公司实现了快速转型发展,逐步建立起完备的生产经营、财务管理、合规内控的管理体系,改变了野蛮粗放的发展运营模式,企业家和员工的责任感明显提高,企业抵御和防控经济风险的能力得到进一步增强。2021年L公司一季度销售收入同比增长275%,缴纳税收同比增长333%,成为所在地区增幅最大的企业。

三、典型意义

一是检察机关积极主动发挥合规主导责任。本案中,检察机关在办理涉企犯罪案件时,主动审查是否符合企业合规试点适用条件,并及时征询涉案企业、个人的意见,做好合规的前期准备。在企业合规建设过程中,检察机关会同有关部门,对涉案企业合规计划及实施情况进行检查、评估、考察,引导涉案企业实质化合规整改,取得明显成效。

二是检察机关推动企业合规与检察听证、刑行衔接相结合。本案中,检察机关召开公开听证会,听取各方面意见后对涉案企业依法作出不起诉决定,以公开促公正,提升司法公信力。同时,检察机关结合企业合规情况,主动做好刑行衔接工作,提出检察意见移送有关主管机关处理,防止不起诉后一放了之。

案例二:上海市金山区J有限公司、江某某虚开发票案

一、基本案情

上海市金山区J有限公司(以下简称J公司)成立于1999年,具有上海市预拌商品

混凝土专业承包三级资质，从事商品混凝土生产、运输、销售，在职企业员工总计66人。江某某系J公司的实际负责人。

2017年江某某在经营J公司的过程中，在没有实际交易的情况下，以支付开票费方式通过他人介绍，分别从他人公司处收受虚开的增值税普通发票94份，金额合计人民币900余万元。2020年4月，江某某接民警电话后主动至公安机关，其到案后如实供述了自己的犯罪事实。2020年6月，上海市金山公安分局以J公司、江某某涉嫌虚开发票罪移送上海市金山区人民检察院审查起诉。

二、企业合规整改情况及效果

检察机关受理该案后，赴J公司开展实地考察，询问公司人员，查阅公司相关文件，并通过上海市大数据中心、"信用上海"、第三方征信公司等全面了解企业情况。经审查，检察机关发现J公司目前经营状况良好，有实际业务存在，除2017年亏损、存在虚开发票行为以外，主营业务收入逐年提高，符合开展企业合规的条件。2020年12月，检察机关组织召开听证会，针对J公司开展合规工作，听取侦查机关、J公司诉讼代表人、江某某、辩护律师、人民监督员的意见，经听证认为J公司符合开展企业合规的条件，决定启动合规程序。

2021年1月，检察机关向J公司公开宣告送达《企业合规监督考察决定书》，开展为期6个月的监督考察。考察期伊始，J公司向检察机关提交了《企业合规计划书》，列明准备整改的方向和措施。为监督企业如期履行合规计划，客观公正地评估企业合规整改效果，经检察机关牵头协调，金山区税务局、生态环境局、J公司属地市场监管所和工业园区管理机构各抽调专业人员1人组成第三方组织，对涉案企业进行合规监督评估。第三方组织成员依据各自的管理职能，结合日常行政执法检查等工作，不定时对J公司开展合规计划情况进行考察和评估，督促其如期履行合规计划并提高整改质量，并建档记录监督评估情况。

为整体把控企业合规开展情况，考察期中期时，2021年4月，检察机关开展合规中期走访考察，主动赴J公司了解合规计划的执行情况，向第三方组织了解J公司的整改效果，督促其履行职责。考察期内，J公司补缴了全部税款及滞纳金，按照合规计划聘请了律师和常驻的专业会计师，对公司财务制度进行全方位的把关和审查，制定了新的财务管理制度，规定在原材料购进和申请报销提交的发票方面，财务人员对收到的发票逐一核实真实性，依法入账，规定了特别情况下的领导批准和责任承担方式。另外，考察期内J公司还投资环保设备的改进，开展安全培训，同时对行政管理结构进行优化，完善了相关规章制度。

2021年7月，临近考察期满，检察机关联合第三方组织，赴J公司开展合规期满走访考察。双方对J公司合规整改情况进行整体评价,交流看法。经认真评估,第三方组织向检察机关出具了《企业合规考察情况报告》,认为J公司考察期内无违法违规事项,生产规模有所扩大,公司业务稳步增长,经营状况良好,合规整改评价为合格。2021年8月,检察机关组织召开公开听证会,邀请人民监督员、第三方组织成员参加。听证会结束后,检察机关依法对J公司、江某某作出不起诉决定。

三、典型意义

一是开展调查核实,多维度立体评估企业合规的必要性与可行性。检察机关通过上海大数据中心及"信用上海"数据平台获取企业信息;向企业所在地镇政府、税务机关、企业等进行实地走访调研,全面掌握企业生产经营情况;同时要求企业自行提交近5年的财务审计报告、纳税记录等材料。最终经审查,J公司符合开展企业合规的条件。

二是因地制宜,合理选任第三方组织成员。为发挥专业人员的力量,能够有针对性、有效地开展企业合规监督评估工作,由区税务局、区生态环境局等单位指派专业人员组成第三方组织开展企业合规监督考察,保障了企业合规监督和评估工作的专业性和有效性。

三是强化合规监管,避免流于形式。检察机关在合规考察期内,应积极了解企业合规整改和第三方组织监督评估工作,发挥检察机关的主导责任作用,切实督促推进,并监督工作实效,避免合规工作流于形式。本案中,检察机关要求企业提供《合规计划书》,在考察期内组织开展中期和期满实地考察,并与第三方组织保持联络交流,了解企业合规整改情况,整体把控合规工作,确保合规整改落地落实。

四是以公开促公正,彰显司法正义。本着"应听尽听""能公开尽公开"的工作原则,检察机关将公开听证工作与企业合规试点工作相融合。在本案中,检察机关在开展企业合规的启动环节和考察结束后的评估环节,通过邀请人民监督员、第三方组织成员一同参与,听取各方意见,保障了司法的公信力,也为检察机关作出不起诉决定提供了参考。

附录

关于建立涉案企业合规第三方监督评估机制的指导意见（试行）

（2021 年 6 月 3 日发布）

为贯彻落实习近平总书记重要讲话精神和党中央重大决策部署，在依法推进企业合规改革试点工作中建立健全涉案企业合规第三方监督评估机制，有效惩治预防企业违法犯罪，服务保障经济社会高质量发展，助力推进国家治理体系和治理能力现代化，根据刑法、刑事诉讼法等法律法规及相关政策精神，制定本指导意见。

第一章　总　　则

第一条　涉案企业合规第三方监督评估机制（以下简称第三方机制），是指人民检察院在办理涉企犯罪案件时，对符合企业合规改革试点适用条件的，交由第三方监督评估机制管理委员会（以下简称第三方机制管委会）选任组成的第三方监督评估组织（以下简称第三方组织），对涉案企业的合规承诺进行调查、评估、监督和考察。考察结果作为人民检察院依法处理案件的重要参考。

第二条　第三方机制的建立和运行，应当遵循依法有序、公开公正、平等保护、标本兼治的原则。

第三条　第三方机制适用于公司、企业等市场主体在生产经营活动中涉及的经济犯罪、职务犯罪等案件，既包括公司、企业等实施的单位犯罪案件，也包括公司、企业实际控制人、经营管理人员、关键技术人员等实施的与生产经营活动密切相关的犯罪案件。

第四条　对于同时符合下列条件的涉企犯罪案件，试点地区人民检察院可以根据案件情况适用本指导意见：

（一）涉案企业、个人认罪认罚；

（二）涉案企业能够正常生产经营，承诺建立或者完善企业合规制度，具备启动第三方机制的基本条件；

（三）涉案企业自愿适用第三方机制。

第五条 对于具有下列情形之一的涉企犯罪案件，不适用企业合规试点以及第三方机制：

（一）个人为进行违法犯罪活动而设立公司、企业的；

（二）公司、企业设立后以实施犯罪为主要活动的；

（三）公司、企业人员盗用单位名义实施犯罪的；

（四）涉嫌危害国家安全犯罪、恐怖活动犯罪的；

（五）其他不宜适用的情形。

第二章 第三方机制管委会的组成和职责

第六条 最高人民检察院、国务院国有资产监督管理委员会、财政部、全国工商联会同司法部、生态环境部、国家税务总局、国家市场监督管理总局、中国国际贸易促进委员会等部门组建第三方机制管委会，全国工商联负责承担管委会的日常工作，国务院国有资产监督管理委员会、财政部负责承担管委会中涉及国有企业的日常工作。

第三方机制管委会履行下列职责：

（一）研究制定涉及第三方机制的规范性文件；

（二）研究论证第三方机制涉及的重大法律政策问题；

（三）研究制定第三方机制专业人员名录库的入库条件和管理办法；

（四）研究制定第三方组织及其人员的工作保障和激励制度；

（五）对试点地方第三方机制管委会和第三方组织开展日常监督和巡回检查；

（六）协调相关成员单位对所属或者主管的中华全国律师协会、中国注册会计师协会、中国企业联合会、中国注册税务师协会、中国贸促会全国企业合规委员会（中国贸促会商事法律服务中心）以及其他行业协会、商会、机构等在企业合规领域的业务指导，研究制定涉企犯罪的合规考察标准；

（七）统筹协调全国范围内第三方机制的其他工作。

第七条 第三方机制管委会各成员单位建立联席会议机制，由最高人民检察院、国务院国有资产监督管理委员会、财政部、全国工商联负责同志担任召集人，根据工作需要定期或者不定期召开会议，研究有关重大事项和规范性文件，确定阶段性工作重点和措施。

各成员单位应当按照职责分工，认真落实联席会议确定的工作任务和议定事项，建立健全日常联系、联合调研、信息共享、宣传培训等机制，推动企业合规改革试点和第三方机制相关工作的顺利进行。

第八条 试点地方的人民检察院和国资委、财政部门、工商联应当结合本地实际，参照本指导意见第六条、第七条规定组建本地区的第三方机制管委会并建立联席会议机制。

试点地方第三方机制管委会履行下列职责：

（一）建立本地区第三方机制专业人员名录库，并根据各方意见建议和工作实际进行动态管理；

（二）负责本地区第三方组织及其成员的日常选任、培训、考核工作，确保其依法依规履行职责；

（三）对选任组成的第三方组织及其成员开展日常监督和巡回检查；

（四）对第三方组织的成员违反本指导意见的规定，或者实施其他违反社会公德、职业伦理的行为，严重损害第三方组织形象或公信力的，及时向有关主管机关、协会等提出惩戒建议，涉嫌违法犯罪的，及时向公安司法机关报案或者举报，并将其列入第三方机制专业人员名录库黑名单；

（五）统筹协调本地区第三方机制的其他工作。

第九条 第三方机制管委会应当组建巡回检查小组，按照本指导意见第六条第五项、第八条第三项的规定，对相关组织和人员在第三方机制相关工作中的履职情况开展不预先告知的现场抽查和跟踪监督。

巡回检查小组成员可以由人大代表、政协委员、人民监督员、退休法官、检察官以及会计审计等相关领域的专家学者担任。

第三章 第三方机制的启动和运行

第十条 人民检察院在办理涉企犯罪案件时，应当注意审查是否符合企业合规试点以及第三方机制的适用条件，并及时征询涉案企业、个人的意见。涉案企业、个人及其辩护人、诉讼代理人或者其他相关单位、人员提出适用企业合规试点以及第三方机制申请的，人民检察院应当依法受理并进行审查。

人民检察院经审查认为涉企犯罪案件符合第三方机制适用条件的，可以商请本地区第三方机制管委会启动第三方机制。第三方机制管委会应当根据案件具体情况以及涉案企业类型，从专业人员名录库中分类随机抽取人员组成第三方组织，并向社会公示。

第三方组织组成人员名单应当报送负责办理案件的人民检察院备案。人民检察院或者涉案企业、个人、其他相关单位、人员对选任的第三方组织组成人员提出异议的，第三方机制管委会应当调查核实并视情况做出调整。

第十一条 第三方组织应当要求涉案企业提交专项或者多项合规计划，并明确合规计划的承诺完成时限。

涉案企业提交的合规计划，主要围绕与企业涉嫌犯罪有密切联系的企业内部治理结构、规章制度、人员管理等方面存在的问题，制定可行的合规管理规范，构建有效的合规组织体系，健全合规风险防范报告机制，弥补企业制度建设和监督管理漏洞，防止再次发生相同或者类似的违法犯罪。

第十二条 第三方组织应当对涉案企业合规计划的可行性、有效性与全面性进行审查，提出修改完善的意见建议，并根据案件具体情况和涉案企业承诺履行的期限，确定合规考察期限。

在合规考察期内，第三方组织可以定期或者不定期对涉案企业合规计划履行情况进行检查和评估，可以要求涉案企业定期书面报告合规计划的执行情况，同时抄送负责办理案件的人民检察院。第三方组织发现涉案企业或其人员尚未被办案机关掌握的犯罪事实或者新实施的犯罪行为，应当中止第三方监督评估程序，并向负责办理案件的人民检察院报告。

第十三条 第三方组织在合规考察期届满后，应当对涉案企业的合规计划完成情况进行全面检查、评估和考核，并制作合规考察书面报告，报送负责选任第三方组织的第三方机制管委会和负责办理案件的人民检察院。

第十四条 人民检察院在办理涉企犯罪案件过程中，应当将第三方组织合规考察书面报告、涉案企业合规计划、定期书面报告等合规材料，作为依法作出批准或者不批准逮捕、起诉或者不起诉以及是否变更强制措施等决定，提出量刑建议或者检察建议、检察意见的重要参考。

人民检察院发现涉案企业在预防违法犯罪方面制度不健全、不落实，管理不完善，存在违法犯罪隐患，需要及时消除的，可以结合合规材料，向涉案企业提出检察建议。

人民检察院对涉案企业作出不起诉决定，认为需要给予行政处罚、处分或者没收其违法所得的，应当结合合规材料，依法向有关主管机关提出检察意见。

人民检察院通过第三方机制，发现涉案企业或其人员存在其他违法违规情形的，应当依法将案件线索移送有关主管机关、公安机关或者纪检监察机关处理。

第十五条 人民检察院对于拟作不批准逮捕、不起诉、变更强制措施等决定的涉企犯罪案件，可以根据《人民检察院审查案件听证工作规定》召开听证会，并邀请第三方组织组成人员到会发表意见。

第十六条 负责办理案件的人民检察院应当履行下列职责：

（一）对第三方组织组成人员名单进行备案审查，发现组成人员存在明显不适当情形的，及时向第三方机制管委会提出意见建议；

（二）对涉案企业合规计划、定期书面报告进行审查，向第三方组织提出意见建议；

（三）对第三方组织合规考察书面报告进行审查，向第三方机制管委会提出意见建议，必要时开展调查核实工作；

（四）依法办理涉案企业、个人及其辩护人、诉讼代理人或者其他相关单位、人员在第三方机制运行期间提出的申诉、控告或者有关申请、要求；

（五）刑事诉讼法、人民检察院刑事诉讼规则等法律、司法解释规定的其他法定职责。

第十七条 第三方组织及其组成人员在合规考察期内，可以针对涉案企业合规计划、定期书面报告开展必要的检查、评估，涉案企业应当予以配合。

第三方组织及其组成人员应当履行下列义务：

（一）遵纪守法，勤勉尽责，客观中立；

（二）不得泄露履职过程中知悉的国家秘密、商业秘密和个人隐私；

（三）不得利用履职便利，索取、收受贿赂或者非法侵占涉案企业、个人的财物；

（四）不得利用履职便利，干扰涉案企业正常生产经营活动。

第三方组织组成人员系律师、注册会计师、税务师（注册税务师）等中介组织人员的，在履行第三方监督评估职责期间不得违反规定接受可能有利益关系的业务；在履行第三方监督评估职责结束后一年以内，上述人员及其所在中介组织不得接受涉案企业、个人或者其他有利益关系的单位、人员的业务。

第十八条 涉案企业或其人员在第三方机制运行期间，认为第三方组织或其组成人员存在行为不当或者涉嫌违法犯罪的，可以向负责选任第三方组织的第三方机制管委会反映或者提出异议，或者向负责办理案件的人民检察院提出申诉、控告。

涉案企业及其人员应当按照时限要求认真履行合规计划，不得拒绝履行或者变相不履行合规计划、拒不配合第三方组织合规考察或者实施其他严重违反合规计划的行为。

第四章 附 则

第十九条 纪检监察机关认为涉嫌行贿的企业符合企业合规试点以及第三方机制适用条件，向人民检察院提出建议的，人民检察院可以参照适用本指导意见。

第二十条 试点地方人民检察院、国资委、财政部门、工商联可以结合本地实际，参照本指导意见会同有关部门制定具体实施办法，并按照试点工作要求报送备案。

《关于建立涉案企业合规第三方监督评估机制的指导意见（试行）》实施细则

（2022 年 1 月 4 日发布）

为深入学习贯彻习近平新时代中国特色社会主义思想，全面贯彻习近平法治思想，完整、准确、全面贯彻新发展理念，认真落实最高人民检察院、司法部、财政部、生态环境部、国务院国资委、税务总局、市场监管总局、全国工商联、中国贸促会《关于建立涉案企业合规第三方监督评估机制的指导意见（试行）》（以下简称《指导意见》），依法推进企业合规改革试点工作，规范涉案企业合规第三方监督评估机制管理委员会（以下简称第三方机制管委会）以及第三方监督评估机制（以下简称第三方机制）相关工作有序开展，结合工作实际，制定本实施细则。

第一章　第三方机制管委会的组成和职责

第一条　第三方机制管委会是承担对第三方机制的宏观指导、具体管理、日常监督、统筹协调等职责，确保第三方机制依法、有序、规范运行，以及第三方监督评估组织（以下简称第三方组织）及其组成人员依法依规履行职责的议事协调机构。

第二条　第三方机制管委会成员单位包括最高人民检察院、司法部、财政部、生态环境部、国务院国资委、税务总局、市场监管总局、全国工商联、中国贸促会等部门，并可以根据工作需要增加成员单位。

第三条　第三方机制管委会履行下列职责：

（一）研究制定涉及第三方机制的规范性文件；

（二）研究论证第三方机制涉及的重大法律政策问题；

（三）研究制定第三方机制专业人员名录库的入库条件和管理办法；

（四）研究制定第三方组织及其组成人员的工作保障和激励制度；

（五）对试点地方第三方机制管委会和第三方组织开展日常监督和巡回检查；

（六）协调相关成员单位对所属或者主管的中华全国律师协会、中国注册会计师协会、中国企业联合会、中国注册税务师协会、中国贸促会全国企业合规委员会（中国贸促会商事法律服务中心）以及其他行业协会、商会、机构等在企业合规领域的业务指导，研究制定涉企犯罪的合规考察标准；

（七）统筹协调第三方机制的其他工作。

第二章　第三方机制管委会联席会议的职责

第四条　第三方机制管委会建立联席会议机制，以联席会议形式研究制定重大规范性文件，研究论证重大法律政策问题，研究确定阶段性工作重点和措施，协调议定重大事项，推动管委会有效履职尽责。

第五条　联席会议由最高人民检察院、国务院国资委、财政部、全国工商联有关负责同志担任召集人，管委会其他成员单位有关负责同志担任联席会议成员。联席会议成员因工作变动需要调整的，由所在单位提出，联席会议确定。

第六条　联席会议原则上每半年召开一次，也可以根据工作需要临时召开。涉及企业合规改革试点工作及重大法律政策议题的由最高人民检察院召集，涉及第三方机制管委会日常工作及民营企业议题的由全国工商联召集，涉及国有企业议题的由国务院国资委、财政部召集。召集人可以根据议题邀请其他相关部门、单位以及专家学者参加会议。

第七条　联席会议以纪要形式明确会议议定事项，印发第三方机制管委会各成员单位及有关方面贯彻落实，重大事项按程序报批，落实情况定期报告联席会议。

第八条　联席会议设联络员，由第三方机制管委会各成员单位有关司局负责同志担任。在联席会议召开之前，应当召开联络员会议，研究讨论联席会议议题和需提交联席会议议定的事项及其他有关工作。

联络员应当根据所在单位职能，履行下列职责：

（一）协调本单位与其他成员单位的工作联系；

（二）组织研究起草有关规范性文件，研究论证有关法律政策问题，对有关事项或者议题提出意见建议；

（三）组织研究提出本单位需提交联席会议讨论的议题；

（四）在联席会议成员因故不能参加会议时，受委托参加会议并发表意见；

（五）组织落实联席会议确定的工作任务和议定事项。

第九条　联席会议设联系人，由第三方机制管委会各成员单位有关处级负责同志担任，负责日常联系沟通工作，承办联席会议成员及联络员的交办事项。

第三章　第三方机制管委会办公室的职责

第十条　第三方机制管委会下设办公室作为常设机构，负责承担第三方机制管委会的日常工作。办公室设在全国工商联，由全国工商联有关部门负责同志担任办公室主任，最高人民检察院、国务院国资委、财政部有关部门负责同志担任办公室副主任。

第十一条　第三方机制管委会办公室履行下列职责：

（一）协调督促各成员单位落实联席会议确定的工作任务和议定事项；

（二）收集整理各成员单位提交联席会议研究讨论的议题，负责联席会议和联络员会议的组织筹备工作；

（三）协调指导联席会议联系人开展日常联系沟通工作；

（四）负责国家层面第三方机制专业人员名录库的建立选任、日常管理、动态调整，并建立禁入名单等惩戒机制；

（五）组织开展对试点地方第三方机制管委会和第三方组织日常监督和巡回检查；

（六）承担第三方机制管委会及其联席会议交办的其他工作。

第十二条　第三方机制管委会办公室应当采取有效措施，建立健全第三方机制管委会联合调研、信息共享、案例指导、宣传培训等机制，并加强与中华全国律师协会、中国注册会计师协会、中国企业联合会、中国注册税务师协会、中国贸促会全国企业合规委员会（中国贸促会商事法律服务中心）以及其他行业协会、商会、机构的工作联系。

第十三条　第三方机制管委会办公室牵头组建巡回检查小组，邀请人大代表、政协委员、人民监督员、退休法官、退休检察官以及会计、审计、法律、合规等相关领域的专家学者担任巡回检查小组成员，对试点地方第三方机制管委会和相关第三方组织及其组成人员的履职情况开展不预先告知的现场抽查和跟踪监督。

第三方机制管委会办公室应当将巡回检查情况及时报告第三方机制管委会及其联席会议，并提出改进工作的意见建议。

第十四条　第三方机制管委会办公室可以推动各成员单位、各工作联系单位根据工作需要互派干部挂职交流，探索相关单位工作人员兼任检察官助理制度，并协调各成员单位视情派员参与第三方机制管委会办公室工作，提升企业合规工作专业化规范化水平。

第十五条　试点地方的人民检察院和国资委、财政、工商联等有关单位应当结合本地实际，组建本地区的第三方机制管委会并建立联席会议机制，设立第三方机制管委会办公室负责日常工作。

第四章　第三方组织的性质

第十六条　第三方组织是试点地方第三方机制管委会选任组成的负责对涉案企业的合规承诺及其完成情况进行调查、评估、监督和考察的临时性组织。

第十七条　第三方组织的运行应当遵循依法依规、公开公正、客观中立、专业高效的原则。

第十八条　试点地方第三方机制管委会负责对其选任组成的第三方组织及其组成人员履职期间的监督、检查、考核等工作，确保其依法依规履行职责。

第五章　第三方机制的启动

第十九条　人民检察院在办理涉企犯罪案件时，应当注意审查是否符合企业合规试点以及第三方机制的适用条件，并及时听取涉案企业、人员的意见。经审查认为符合适用条件的，应当商请本地区第三方机制管委会启动第三方机制。

公安机关、纪检监察机关等办案机关提出适用建议的，人民检察院参照前款规定处理。

第二十条　涉案企业、人员及其辩护人、诉讼代理人以及其他相关单位、人员提出适用企业合规试点以及第三方机制申请的，人民检察院应当依法受理并进行审查。经审查认为符合适用条件的，应当商请本地区第三方机制管委会启动第三方机制。

第二十一条　第三方机制管委会收到人民检察院商请后，应当综合考虑案件涉嫌罪名、复杂程度以及涉案企业类型、规模、经营范围、主营业务等因素，从专业人员名录库中分类随机抽取人员组成第三方组织。

专业人员名录库中没有相关领域专业人员的，第三方机制管委会可以采取协商邀请的方式，商请有关专业人员参加第三方组织。

同一个第三方组织一般负责监督评估一个涉案企业。同一案件涉及多个涉案企业，或者涉案企业之间存在明显关联关系的，可以由同一个第三方组织负责监督评估。

第二十二条　涉案企业、人员的居住地与案件办理地不一致的，案件办理地第三方机制管委会可以委托涉案企业、人员居住地第三方机制管委会选任组成第三方组织并开展监督评估，或者可以通过第三方机制管委会成员单位及其所属或者主管的行业协会、商会、机构的异地协作机制，协助开展监督评估。

第二十三条　第三方组织一般由 3 至 7 名专业人员组成，针对小微企业的第三方组织也可以由 2 名专业人员组成。

同一名专业人员在不存在利益关系、保障工作质量的条件下，可以同时担任一个以上第三方组织的组成人员。

第三方机制管委会应当根据工作需要，指定第三方组织牵头负责人，也可由第三方组织组成人员民主推举负责人，并报第三方机制管委会审定。

第二十四条 第三方机制管委会应当将第三方组织组成人员名单及提出意见的方式向社会公示，接受社会监督。

公示期限由第三方机制管委会根据情况决定，但不得少于五个工作日。公示可以通过在涉案单位所在地或者有关新闻媒体、网站发布公示通知等形式进行。

第二十五条 涉案企业、人员或者其他相关单位、人员对选任的第三方组织组成人员提出异议，或者第三方组织组成人员申请回避的，第三方机制管委会应当及时调查核实并视情况作出调整。

公示期满后无异议或者经审查异议不成立的，第三方机制管委会应当将第三方组织组成人员名单报送负责办理案件的人民检察院备案。人民检察院发现组成人员存在明显不适当情形的，应当及时向第三方机制管委会提出意见建议，第三方机制管委会依照本条第一款的规定处理。

第二十六条 人民检察院对第三方机制管委会报送的第三方组织组成人员名单，经审查未提出不同意见的，应当通报第三方机制管委会，并由第三方机制管委会宣告第三方组织成立。

第三方组织存续期间，其组成人员一般不得变更。确需变更的，第三方机制管委会应当依照本实施细则相关规定处理。

第六章 第三方机制的运行

第二十七条 第三方组织成立后，应当在负责办理案件的人民检察院的支持协助下，深入了解企业涉案情况，认真研判涉案企业在合规领域存在的薄弱环节和突出问题，合理确定涉案企业适用的合规计划类型，做好相关前期准备工作。

第三方机制管委会可以根据工作需要，指派专门人员负责与选任组成的第三方组织及负责办理案件的人民检察院、涉案企业联络沟通，协调处理第三方机制启动和运行有关事宜。

第二十八条 第三方组织根据涉案企业情况和工作需要，应当要求涉案企业提交单项或者多项合规计划，对于小微企业可以视情简化。

涉案企业提交的合规计划，应当以全面合规为目标、专项合规为重点，主要针对与企业涉嫌犯罪有密切联系的企业内部治理结构、规章制度、人员管理等方面存在的问题，制定可行的合规管理规范，构建有效的合规组织体系，完善相关业务管理流程，健全合规风险防范报告机制，弥补企业制度建设和监督管理漏洞，防止再次发生相同或者类似的违法犯罪。

第二十九条 第三方组织应当对涉案企业合规计划的可行性、有效性与全面性进行审查，重点审查以下内容：

（一）涉案企业完成合规计划的可能性以及合规计划本身的可操作性；

（二）合规计划对涉案企业预防治理涉嫌的犯罪行为或者类似违法犯罪行为的实效性；

（三）合规计划是否覆盖涉案企业在合规领域的薄弱环节和明显漏洞；

（四）其他根据涉案企业实际情况需要重点审查的内容。

第三方组织应当就合规计划向负责办理案件的人民检察院征求意见，综合审查情况一并向涉案企业提出修改完善的意见。

第三十条 第三方组织根据案件具体情况和涉案企业承诺履行的期限，并向负责办理案件的人民检察院征求意见后，合理确定合规考察期限。

第三十一条 在合规考察期内，第三方组织可以定期或者不定期对涉案企业合规计划履行情况进行监督和评估，可以要求涉案企业定期书面报告合规计划的执行情况，同时抄送负责办理案件的人民检察院。

第三方组织发现涉案企业执行合规计划存在明显偏差或错误的，应当及时进行指导、提出纠正意见，并报告负责办理案件的人民检察院。

第三十二条 第三方组织发现涉案企业或其人员尚未被办案机关掌握的犯罪事实或者新实施的犯罪行为，应当中止第三方监督评估程序，并及时向负责办理案件的人民检察院报告。

负责办理案件的人民检察院接到报告后，依照刑事诉讼法及相关司法解释的规定依法处理。

第三十三条 第三方组织在合规考察期届满后，应当对涉案企业的合规计划完成情况进行全面了解、监督、评估和考核，并制作合规考察书面报告。

合规考察书面报告一般应当包括以下内容：

（一）涉案企业履行合规承诺、落实合规计划情况；

（二）第三方组织开展了解、监督、评估和考核情况；

（三）第三方组织监督评估的程序、方法和依据；

（四）监督评估结论及意见建议；

（五）其他需要说明的问题。

第三十四条 合规考察书面报告应当由第三方组织全体组成人员签名或者盖章

后，报送负责选任第三方组织的第三方机制管委会、负责办理案件的人民检察院等单位。

第三方组织组成人员对合规考察书面报告有不同意见的，应当在报告中说明其不同意见及理由。

第三十五条 本实施细则第三十一条、第三十三条规定的监督、评估方法应当紧密联系企业涉嫌犯罪有关情况，包括但不限于以下方法：

（一）观察、访谈、文本审阅、问卷调查、知识测试；

（二）对涉案企业的相关业务与管理事项，结合业务发生频率、重要性及合规风险高低进行抽样检查；

（三）对涉案企业的相关业务处理流程，结合相关原始文件、业务处理踪迹、操作管理流程等进行穿透式检查；

（四）对涉案企业的相关系统及数据，结合交易数据、业务凭证、工作记录以及权限、参数设置等进行比对检查。

第三十六条 涉案企业及其人员对第三方组织开展的检查、评估应当予以配合并提供便利，如实填写、提交相关文件、材料，不得弄虚作假。

涉案企业或其人员认为第三方组织或其组成人员的检查、评估行为不当或者涉嫌违法犯罪的，可以向负责选任第三方组织的第三方机制管委会反映或者提出异议，或者向负责办理案件的人民检察院提出申诉、控告。

第三十七条 负责选任第三方组织的第三方机制管委会和负责办理案件的人民检察院收到第三方组织报送的合规考察书面报告后，应当及时进行审查，双方认为第三方组织已经完成监督评估工作的，由第三方机制管委会宣告第三方组织解散。

第三十八条 第三方组织组成人员系律师、注册会计师、税务师（注册税务师）等中介组织人员的，在履行第三方监督评估职责期间不得违反规定接受可能有利益关系的业务；在履行第三方监督评估职责结束后二年以内，上述人员及其所在中介组织不得接受涉案企业、人员或者其他有利益关系的单位、人员的业务。

第三十九条 第三方机制管委会或者负责办理案件的人民检察院发现第三方组织或其组成人员故意提供虚假报告或者提供的报告严重失实的，应当依照《指导意见》的规定及时向有关主管机关、协会等提出惩戒建议，涉嫌违法犯罪的，及时向有关机关报案或者举报，并将其列入第三方机制专业人员名录库禁入名单。

第四十条 负责办理案件的人民检察院应当要求知悉案情的第三方组织组成人员，参照执行防止干预司法"三个规定"，严格做好有关事项填报工作。

第七章　附　　则

第四十一条　试点地方第三方机制管委会可以结合本地实际，参照《指导意见》及本实施细则制定具体实施办法，并按照试点工作要求报送备案。

第四十二条　本实施细则由最高人民检察院、国务院国资委、财政部、全国工商联会同司法部、生态环境部、税务总局、市场监管总局、中国贸促会等部门组建的第三方机制管委会负责解释，自印发之日起施行。

涉案企业合规第三方监督评估机制专业人员选任管理办法（试行）

（2022 年 1 月 4 日发布）

为深入学习贯彻习近平新时代中国特色社会主义思想，全面贯彻习近平法治思想，完整、准确、全面贯彻新发展理念，认真落实最高人民检察院、司法部、财政部、生态环境部、国务院国资委、税务总局、市场监管总局、全国工商联、中国贸促会《关于建立涉案企业合规第三方监督评估机制的指导意见（试行）》（以下简称《指导意见》），规范涉案企业合规第三方监督评估机制专业人员（以下简称第三方机制专业人员）选任管理工作，保障涉案企业合规第三方监督评估机制（以下简称第三方机制）有效运行，结合工作实际，制定本办法。

第一章　总　　则

第一条　第三方机制专业人员，是指由涉案企业合规第三方监督评估机制管理委员会（以下简称第三方机制管委会）选任确定，作为第三方监督评估组织（以下简称第三方组织）组成人员参与涉案企业合规第三方监督评估工作的相关领域专业人员，主要包括律师、注册会计师、税务师（注册税务师）、企业合规师、相关领域专家学者以及有关行业协会、商会、机构、社会团体（以下简称有关组织）的专业人员。

生态环境、税务、市场监督管理等政府工作部门中具有专业知识的人员可以被选任确定为第三方机制专业人员，或者可以受第三方机制管委会邀请或者受所在单位委派参加第三方组织及其相关工作，其选任管理具体事宜由第三方机制管委会与其所在单位协商确定。有关政府工作部门所属企事业单位中的专业人员可以被选任确定为第三方机制专业人员，参加第三方组织及其相关工作。

有关单位中具有专门知识的退休人员参加第三方组织及其相关工作的，应当同时符合有关退休人员的管理规定。

第二条 第三方机制专业人员选任管理应当遵循依法依规、公开公正、分级负责、接受监督的原则。

第三条 各级第三方机制管委会统筹协调本级第三方机制专业人员的选任、培训、考核、奖惩、监督等工作。

国家层面第三方机制管委会负责研究制定涉及第三方机制专业人员的规范性文件及保障激励制度,统筹协调全国范围内涉及第三方机制专业人员的相关工作。

上级第三方机制管委会应当加强对下级第三方机制管委会涉及第三方机制专业人员相关工作的具体指导。

第二章 第三方机制专业人员的选任

第四条 国家层面、省级和地市级第三方机制管委会应当组建本级第三方机制专业人员名录库(以下简称名录库)。经省级第三方机制管委会审核同意,有条件的县级第三方机制管委会可以组建名录库。

第五条 名录库以个人作为入库主体,不得以单位、团体作为入库主体。

名录库应当分类组建,总人数不少于五十人。人员数量、组成结构和各专业领域名额分配可以由负责组建名录库的第三方机制管委会根据工作需要自行确定,并可以结合实际进行调整。

省级以下名录库的入库人员限定为本省(自治区、直辖市)区域内的专业人员。因专业人员数量不足未达到组建条件的,可以由省级第三方机制管委会统筹协调相邻地市联合组建名录库。

第六条 第三方机制专业人员应当拥有较好的政治素质和道德品质,具备履行第三方监督评估工作的专业知识、业务能力和时间精力,其所在单位或者所属有关组织同意其参与第三方监督评估工作。

第三方机制专业人员一般应当具备下列条件:

(一)拥护中国共产党领导,拥护我国社会主义法治;

(二)具有良好道德品行和职业操守;

(三)持有本行业执业资格证书,从事本行业工作满三年;

(四)工作业绩突出,近三年考核等次为称职以上;

(五)熟悉企业运行管理或者具备相应专业知识;

(六)近三年未受过与执业行为有关的行政处罚或者行业惩戒;

(七)无受过刑事处罚、被开除公职或者开除党籍等情形;

(八)无其他不适宜履职的情形。

第七条 第三方机制管委会一般应当按照制定计划、发布公告、本人申请、单位推荐、材料审核、考察了解、初定人选、公示监督、确定人选、颁发证书等程序组织实施第三方机制专业人员选任工作。

第八条 第三方机制管委会组织实施第三方机制专业人员选任,应当在成员单位或其所属或者主管的律师协会、注册会计师协会、注册税务师协会等有关组织的官方网站上发布公告。

公告应当载明选任名额、标准条件、报名方式、报名材料和选任工作程序等相关事项,公告期一般不少于二十个工作日。

第九条 第三方机制管委会可以通过审查材料、走访了解、面谈测试等方式对报名人员进行审核考察,并在此基础上提出拟入库人选。

第三方机制管委会可以通过成员单位所属或者主管的有关组织了解核实拟入库人选的相关情况。

第十条 第三方机制管委会应当将拟入库人选名单及监督联系方式向社会公示,接受社会监督。公示可以通过在拟入库人选所在单位或者有关新闻媒体、网站发布公示通知等形式进行,公示期一般不少于七个工作日。

第三方机制管委会对于收到的举报材料、情况反映应当及时进行调查核实,视情提出处理意见。调查核实过程中可以根据情况与举报人、反映人沟通联系。

第十一条 第三方机制管委会在确定拟入库人选时应当综合考虑报名人员的政治素质、执业(工作)时间、工作业绩、研究成果、表彰奖励,以及所在单位的资质条件、人员规模、所获奖励、行业影响力等情况。同等条件下,可以优先考虑担任党代表、人大代表、政协委员、人民团体职务的人选。

第十二条 公示期满后无异议或者经审查异议不成立的,第三方机制管委会应当向入库人员颁发证书,并通知其所在单位或者所属有关组织。名录库人员名单应当在第三方机制管委会成员单位的官方网站上公布,供社会查询。

第三方机制管委会应当明确入库人员的任职期限,一般为二至三年。经第三方机制管委会审核,期满后可以续任。

第三章 第三方机制专业人员的日常管理

第十三条 第三方机制专业人员根据履职需要,可以查阅相关文件资料,参加有关会议和考察活动,接受业务培训。

第十四条 第三方机制专业人员应当认真履职、勤勉尽责,严格履行相关法律法规及《指导意见》等有关保密、回避、廉洁等义务。

第十五条 第三方机制管委会应当结合涉案企业合规第三方监督评估工作情况，定期组织第三方机制专业人员进行业务培训、开展调研考察和座谈交流，总结推广经验做法。

第三方机制管委会有关成员单位应当指导所属或者主管的有关组织，加强本行业、本部门涉及第三方机制相关工作的理论实务研究，积极开展业务培训和工作指导。

第十六条 第三方机制管委会可以通过定期考核、一案一评、随机抽查、巡回检查等方式，对第三方机制专业人员进行考核评价。考核结果作为对第三方机制专业人员奖励激励、续任或者调整出库的重要依据。

第十七条 第三方机制管委会应当建立健全第三方机制专业人员奖励激励制度，对表现突出的第三方机制专业人员给予奖励激励，或向其所在单位或者所属有关组织提出奖励激励的建议。

第十八条 第三方机制管委会应当及时将考核结果、奖励激励情况书面通知本人及所在单位或者所属有关组织，可以通过有关媒体向社会公布。

第十九条 第三方机制管委会应当建立健全第三方机制专业人员履职台账，全面客观记录第三方机制专业人员业务培训、参加活动和履行职责情况，作为确定考核结果的重要参考。

第二十条 第三方机制管委会在对第三方机制专业人员的履职情况开展考核评价时，应当主动征求办理案件的检察机关、巡回检查小组以及涉案企业等意见建议。

第二十一条 第三方机制专业人员有下列情形之一的，考核评价结果应当确定为不合格，并视情作出相应后续处理：

（一）不参加第三方组织工作或者不接受第三方机制管委会分配工作任务，且无正当理由的；

（二）在履行第三方监督评估职责中出现重大失误，造成不良影响的；

（三）在履行第三方监督评估职责中存在行为不当，涉案企业向第三方机制管委会反映或者提出异议，造成不良影响的；

（四）其他造成不良影响或者损害第三方组织形象、公信力的情形。

第二十二条 第三方机制管委会对违反有关义务的第三方机制专业人员，可以谈话提醒、批评教育，或视情通报其所在单位或者所属有关组织，情节严重或者造成严重后果的可以将其调整出库。

第三方机制专业人员有下列情形之一的，第三方机制管委会应当及时将其调整出库：

（一）在选任或者履职中弄虚作假，提供虚假材料或者情况的；

（二）受到刑事处罚、被开除公职或者开除党籍的；

（三）受到行政处罚或者行业惩戒，情节严重的；

（四）违反《指导意见》第十七条第二款第二项至第四项规定的；

（五）利用第三方机制专业人员身份发表与履职无关的言论或者从事与履职无关的活动，造成严重不良影响的；

（六）考核评价结果两次确定为不合格的；

（七）实施严重违反社会公德、职业道德或者其他严重有损第三方机制专业人员形象、公信力行为的；

（八）其他不适宜继续履行第三方监督评估职责的情形。

第三方机制管委会发现第三方机制专业人员的行为涉嫌违规的，应当及时向有关主管机关，或其所在单位或者所属有关组织反映情况、提出惩戒或者处理建议；涉嫌违法犯罪的，应当及时向有关机关报案或者举报。

第二十三条 第三方机制管委会应当建立健全第三方机制专业人员名录库禁入名单制度。对于依照本办法第二十二条规定被调整出库的第三方机制专业人员，应当列入名录库禁入名单。

第三方机制管委会对列入名录库禁入名单的人员应当逐级汇总上报，实现信息共享。

第二十四条 第三方机制专业人员因客观原因不能履职、本人不愿继续履职或者发生影响履职重大事项的，应当及时向第三方机制管委会报告并说明情况，主动辞任第三方机制专业人员。第三方机制管委会应当及时进行审查并将其调整出库。

第二十五条 第三方机制管委会应当根据工作需要，结合履职台账、考核情况以及本人意愿、所在单位或者所属有关组织意见等，定期或者不定期对名录库人员进行动态调整。名录库人员名单调整更新后，应当依照本办法第十二条规定，及时向社会公布。

第四章 工作保障

第二十六条 第三方机制管委会各成员单位、第三方机制专业人员所在单位或者所属有关组织以及涉案企业，应当为第三方机制专业人员履行职责提供必要支持和便利条件。

第二十七条 第三方机制专业人员选任管理工作所需业务经费和第三方机制专业人员履职所需费用，试点地方可以结合本地实际，探索多种经费保障模式。

第五章 附 则

第二十八条 地方各级第三方机制管委会可以结合本地实际，参照本办法制定具体实施细则,并按照试点工作要求报送备案。

有关部门、组织可以结合本行业、本部门实际,制定名录库人员的具体入选标准。

本办法出台前,已组建的各地各级名录库不符合本办法规定的,可以继续试点。

第二十九条 本办法由最高人民检察院、国务院国资委、财政部、全国工商联会同司法部、生态环境部、税务总局、市场监管总局、中国贸促会等部门组建的第三方机制管委会负责解释,自印发之日起施行。

涉案企业合规建设、评估和审查办法（试行）

（2022 年 4 月 19 日发布，全联厅发〔2022〕13 号）

为深入学习贯彻习近平新时代中国特色社会主义思想，全面贯彻习近平法治思想，完整、准确、全面贯彻新发展理念，认真落实最高人民检察院、司法部、财政部、生态环境部、国务院国资委、税务总局、市场监管总局、全国工商联、中国贸促会《关于建立涉案企业合规第三方监督评估机制的指导意见（试行）》（以下简称《指导意见》）及其实施细则，依法推进企业合规改革试点工作，规范第三方监督评估机制（以下简称第三方机制）相关工作有序开展，结合工作实际，制定本办法。

第一章　总　　则

第一条　涉案企业合规建设，是指涉案企业针对与涉嫌犯罪有密切联系的合规风险，制定专项合规整改计划，完善企业治理结构，健全内部规章制度，形成有效合规管理体系的活动。

涉案企业合规评估，是指第三方监督评估组织（以下简称第三方组织）对涉案企业专项合规整改计划和相关合规管理体系有效性进行了解、评价、监督和考察的活动。

涉案企业合规审查，是指负责办理案件的人民检察院对第三方组织的评估过程和结论进行审核。

针对未启动第三方机制的小微企业合规，可以由人民检察院对其提交的合规计划和整改报告进行审查。

第二条　对于涉案企业合规建设经评估符合有效性标准的，人民检察院可以参考评估结论依法作出不批准逮捕、变更强制措施、不起诉的决定，提出从宽处罚的量刑建议，或者向有关主管机关提出从宽处罚、处分的检察意见。

对于涉案企业合规建设经评估未达到有效性标准或者采用弄虚作假手段骗取评估结论的，人民检察院可以依法作出批准逮捕、起诉的决定，提出从严处罚的量刑建议，或者向有关主管机关提出从严处罚、处分的检察意见。

第二章　涉案企业合规建设

第三条　涉案企业应当全面停止涉罪违规违法行为，退缴违规违法所得，补缴税款和滞纳金并缴纳相关罚款，全力配合有关主管机关、公安机关、检察机关及第三方组织的相关工作。

第四条　涉案企业一般应当成立合规建设领导小组，由其实际控制人、主要负责人和直接负责的主管人员等组成，必要时可以聘请外部专业机构或者专业人员参与或者协助。合规建设领导小组应当在全面分析研判企业合规风险的基础上，结合本行业合规建设指引，研究制定专项合规计划和内部规章制度。

第五条　涉案企业制定的专项合规计划，应当能够有效防止再次发生相同或者类似的违法犯罪行为。

第六条　涉案企业实际控制人、主要负责人应当在专项合规计划中作出合规承诺并明确宣示，合规是企业的优先价值，对违规违法行为采取零容忍的态度，确保合规融入企业的发展目标、发展战略和管理体系。

第七条　涉案企业应当设置与企业类型、规模、业务范围、行业特点等相适应的合规管理机构或者管理人员。

合规管理机构或者管理人员可以专设或者兼理，合规管理的职责必须明确、具体、可考核。

第八条　涉案企业应当针对合规风险防控和合规管理机构履职的需要，通过制定合规管理规范、弥补监督管理漏洞等方式，建立健全合规管理的制度机制。

涉案企业的合规管理机构和各层级管理经营组织均应当根据其职能特点设立合规目标，细化合规措施。

合规管理制度机制应当确保合规管理机构或者管理人员独立履行职责，对于涉及重大合规风险的决策具有充分发表意见并参与决策的权利。

第九条　涉案企业应当为合规管理制度机制的有效运行提供必要的人员、培训、宣传、场所、设备和经费等人力物力保障。

第十条　涉案企业应当建立监测、举报、调查、处理机制，保证及时发现和监控合规风险，纠正和处理违规行为。

第十一条　涉案企业应当建立合规绩效评价机制，引入合规指标对企业主要负责人、经营管理人员、关键技术人员等进行考核。

第十二条　涉案企业应当建立持续整改、定期报告等机制，保证合规管理制度机制根据企业经营发展实际不断调整和完善。

第三章　涉案企业合规评估

第十三条　第三方组织可以根据涉案企业情况和工作需要，制定具体细化、可操作的合规评估工作方案。

第十四条　第三方组织对涉案企业专项合规整改计划和相关合规管理体系有效性的评估，重点包括以下内容：

（一）对涉案合规风险的有效识别、控制；

（二）对违规违法行为的及时处置；

（三）合规管理机构或者管理人员的合理配置；

（四）合规管理制度机制建立以及人力物力的充分保障；

（五）监测、举报、调查、处理机制及合规绩效评价机制的正常运行；

（六）持续整改机制和合规文化已经基本形成。

第十五条　第三方组织应当以涉案合规风险整改防控为重点，结合特定行业合规评估指标，制定符合涉案企业实际的评估指标体系。

评估指标的权重可以根据涉案企业类型、规模、业务范围、行业特点以及涉罪行为等因素设置，并适当提高合规管理的重点领域、薄弱环节和重要岗位等方面指标的权重。

第四章　涉案企业合规审查

第十六条　第三方机制管委会和人民检察院收到第三方组织报送的合规考察书面报告后，应当及时进行审查，重点审查以下内容：

（一）第三方组织制定和执行的评估方案是否适当；

（二）评估材料是否全面、客观、专业，足以支持考察报告的结论；

（三）第三方组织或其组成人员是否存在可能影响公正履职的不当行为或者涉嫌违法犯罪行为。

经第三方机制管委会和人民检察院审查，认为第三方组织已经完成监督评估工作的，由第三方机制管委会宣告第三方组织解散。对于审查中发现的疑点和重点问题，人民检察院可以要求第三方组织或其组成人员说明情况，也可以直接进行调查核实。

第十七条　人民检察院对小微企业提交合规计划和整改报告的审查，重点包括合规承诺的履行、合规计划的执行、合规整改的实效等内容。

第十八条　第三方机制管委会收到关于第三方组织或其组成人员存在行为不当或

者涉嫌违法犯罪的反映、异议，或者人民检察院收到上述内容的申诉、控告的，双方应当及时互相通报情况并会商提出处理建议。

第十九条 第三方机制管委会或者人民检察院经审查合规考察书面报告等材料发现，或者经对收到的反映、异议或者申诉、控告调查核实确认，第三方组织或其组成人员存在违反《指导意见》及其实施细则规定的禁止性行为，足以影响评估结论真实性、有效性的，第三方机制管委会应当重新组建第三方组织进行评估。

第五章 附 则

第二十条 本办法所称涉案企业，是指涉嫌单位犯罪的企业，或者实际控制人、经营管理人员、关键技术人员等涉嫌实施与生产经营活动密切相关犯罪的企业。

对与涉案企业存在关联合规风险或者由类案暴露出合规风险的企业，负责办理案件的人民检察院可以对其提出合规整改的检察建议。

第二十一条 涉案企业应当以全面合规为目标、专项合规为重点，并根据规模、业务范围、行业特点等因素变化，逐步增设必要的专项合规计划，推动实现全面合规。

第二十二条 大中小微企业的划分，根据国家相关标准执行。

第二十三条 本办法由国家层面第三方机制管委会负责解释。自印发之日起施行。

上海市涉案企业合规第三方监督评估机制管理委员会工作规则（试行）

（2021年12月13日发布）

为依法有序推进本市涉案企业合规改革试点工作，规范涉案企业合规第三方监督评估机制（以下简称“第三方机制”）相关工作有序开展，根据《关于建立涉案企业合规第三方监督评估机制的指导意见（试行）》等文件，结合上海工作实际，制定本规则。

第一章　总　　则

第一条　【管委会性质】涉案企业合规第三方监督评估机制管理委员会（以下简称“第三方机制管委会”）是承担对第三方机制的宏观指导、具体管理、日常监督、统筹协调等职责，确保第三方机制依法、有序、规范运行，以及第三方监督评估组织（以下简称第三方组织）及其组成人员依法依规履行职责的议事协调机构。

第二条　【工作原则】第三方机制管委会开展工作，应当遵循平等保护、客观公正、规范有序、合法审慎的原则。

第三条　【管委会职责】第三方机制管委会主要履行下列职责：

（一）研究制定涉及第三方机制的规范性文件；

（二）研究论证第三方机制涉及的重大法律政策问题；

（三）研究制定第三方机制专业人员名录库的入库条件和管理办法；

（四）研究制定第三方组织及其组成人员的工作保障和激励制度；

（五）对第三方组织和下级第三方机制管委会开展日常监督和巡回检查，并对下级第三方机制管委会开展工作指导；

（六）协调相关成员单位对所属或者主管的协会组织、机构等在企业合规领域的业务指导，研究制定涉企犯罪的合规考察标准；

（七）复核第三方组织人员对处理结果提出的异议；

(八)负责涉案企业合规第三方监督评估的其他统筹指导、监督管理工作。

第二章 组织架构

第四条 【组织体系】本市设置市、区两级第三方机制管委会。

为服务保障中国(上海)自由贸易试验区临港新片区、长三角一体化发展等国家战略实施,可以根据需要在自贸区临港新片区、虹桥国际开放枢纽等国家战略承载区设置跨行政区划的第三方机制管委会。

本市各试点地区及跨行政区划的第三方机制管委会,接受市第三方机制管委会的监督、指导。

第五条 【成员单位】第三方机制管委会应当由人民检察院、国有资产监督管理委员会、财政局、工商联会同司法局、生态环境局、税务局、市场监督管理局、国际贸易促进委员会等部门组成。

各试点地区可以根据本区域涉企犯罪案件特点,同时商请其他行政机关、事业单位、人民团体或者社会组织参加本地区第三方机制管委会。

第六条 【成员变更】第三方机制管委会成立后,可以根据需要,经联席会议决定,调整成员单位。

第七条 【专业工作组】第三方机制管委会可以根据工作需要成立专业工作组,就第三方机制有关专业问题提供参考意见。

专业工作组可以邀请负责查办职务违法犯罪,以及对金融、知识产权、环境资源、食品药品安全、税收等履行行政监管职责的非成员单位参加。

第三章 管委会联席会议

第八条 【联席会议性质】第三方机制管委会建立联席会议机制,以联席会议形式研究制定重大规范性文件、研究论证重大法律政策问题,研究确定阶段性工作重点和措施,协调议定重大事项,推动管委会有效履职尽责。

第九条 【联席会议成员】联席会议由人民检察院、国有资产监督管理委员会、财政局、工商联负责同志担任召集人,管委会其他成员单位有关负责同志担任联席会议成员。联席会议成员因工作变动需要调整的,由接任者自然替补。

第十条 【联席会议召开】联席会议原则上每半年召开一次,也可以根据工作需要临时召开。涉及涉案企业合规改革试点工作及重大法律政策议题的由人民检察院召集,涉及管委会日常工作及民营企业议题的由工商联召集,涉及国有企业议题的由国有资产监督管理委员会、财政局召集,其他联席会议成员也可根据工作实际,建议召开联席会议。召集人可以根据议题邀请其他相关部门、单位以及专家学者参加会议。

第十一条 【联席会议纪要】联席会议以纪要形式明确会议议定事项，印发管委会各成员单位及有关方面贯彻落实，重大事项按程序报批，落实情况定期报告联席会议。

下级第三方机制管委会应当结合本地工作实际，建立本级第三方机制管委会联席会议机制，根据联席会议形成的会议纪要应当报送市第三方机制管委会办公室备案。

第十二条 【联席会议联络员】联席会议设联络员，由管委会各成员单位有关部门负责人担任。在联席会议召开之前，应当召开联络员会议，研究讨论联席会议议题和需提交联席会议议定的事项及其他有关工作。

联络员应当根据所在单位职能，履行下列职责：

（一）建立协调本单位与其他成员单位的工作联系；

（二）组织研究起草有关规范性文件，研究论证有关法律政策问题，对有关事项或者议题提出意见建议；

（三）组织研究提出本单位需提交联席会议讨论的议题；

（四）在联席会议成员因故不能参加会议时，受委托参加会议并发表意见；

（五）组织落实联席会议确定的工作任务和议定事项。

第十三条 【联席会议联系人】联席会议设联系人，由管委会各成员单位有关工作人员担任，负责日常联系沟通工作，承办联席会议成员及联络员的交办事项。

第四章 管委会日常工作

第十四条 【管委会办公室】第三方机制管委会下设办公室作为常设机构，负责承担管委会的日常工作。办公室设在工商联，主任由工商联的联席会议联络员担任；副主任由人民检察院、国有资产监督管理委员会、财政局的联席会议联络员担任。

第十五条 【管委会办公室职责】第三方机制管委会办公室履行下列职责，并在联席会议上向管委会报告工作。

（一）协调督促各成员单位落实联席会议确定的工作任务和议定事项；

（二）收集整理各成员单位提交联席会议研究讨论的议题，负责联席会议和联络员会议的组织筹备工作；

（三）协调指导联席会议联系人开展日常联系沟通工作；

（四）负责本级第三方机制专业人员名录库的日常管理、动态调整，建立禁入名单等惩戒机制；

（五）根据本级办案检察机关的商请启动第三方机制，组建第三方组织并指定工作牵头负责人，或者审定由第三方组织组成人员民主推举的负责人，将第三方组织人员名单向社会公示，并报送办案检察机关备案；

（六）负责受理涉案企业、个人、其他相关单位、人员对选任的第三方组织组成人员的异议，或者第三方组织组成人员的回避申请，及时调查核实并视情做出调整；

（七）负责受理在第三方机制运行期间，涉案企业及其人员对选任的第三方组织及其成员违反义务、行为不当、利益冲突、违法犯罪等情形的反映和异议，并进行调查核实；

（八）负责受理在第三方机制运行期间，检察机关对选任的第三方组织及其成员违反义务、行为不当、利益冲突、违法犯罪等情形的意见建议，并进行调查核实；

（九）对选任的第三方组织及其成员开展日常监督，建立健全第三方机制专业人员履职台账，作为确定考核结果的重要参考；

（十）负责对选任的第三方组织及其成员业务培训、考核评价，确保其依法依规履行职责；

（十一）组织对第三方组织和下级第三方机制管委会开展日常监督和巡回检查；

（十二）负责就重大事项提请第三方机制管委会审议；

（十三）负责承担第三方机制管委会及其联席会议交办的其他工作。

第十六条　【工作联系】第三方机制管委会办公室应当采取有效措施，建立健全管委会联合调研、信息共享、案例指导、宣传培训等机制。

第十七条　【第三方机制启动】第三方机制管委会办公室履行本规则第十五条第（五）项规定的工作职责时，对办案检察机关商请启动第三方机制时提供的第三方机制启动建议书、社会调查报告等相关材料，经审核认为材料齐全、符合规范要求的，应当启动第三方机制；对材料不齐全或者不符合规范要求的，应当一次性告知办案检察机关在3个工作日内补正，检察机关补正后，应当启动第三方机制。

第十八条　【组建第三方组织】第三方机制管委会办公室决定启动第三方机制、组建第三方组织的，适用《上海市涉案企业合规第三方监督评估组织运行规则（试行）》等相关规定。

第五章　巡回检查

第十九条　【巡回检查小组】第三方机制管委会办公室牵头组建巡回检查小组，邀请人大代表、政协委员、人民监督员、退休法官、检察官以及会计审计等相关领域的专家学者担任巡回检查小组成员，对下级第三方机制管委会和相关第三方组织及其组成人员的履职情况开展不预先告知的现场抽查和跟踪监督。

第三方机制管委会办公室应当将巡回检查情况及时报告第三方机制管委会及其联

席会议,并提出改进工作的意见建议。

第二十条 【巡回检查对象】巡回检查小组可以对以下事项开展巡回检查:

(一)本级第三方机制管委会选任的第三方组织及其组成人员的履职活动;

(二)下级第三方机制管委会及其办公室的履职活动;

(三)完成合规考察后本级检察机关办理案件的涉案企业落实合规检查、评估和考核意见的情况;

(四)本级第三方机制管委会联席会议确定的其他事项。

第二十一条 【巡回检查方式】巡回检查小组可以采取下列方式开展巡回检查:

(一)检查涉案企业合规计划、定期书面报告、第三方组织书面考察报告等合规材料;

(二)到涉案企业检查合规建设、考察和评估情况;

(三)对涉案企业负责人及相关人员就合规计划、建设、考察和评估情况及第三方组织人员履职情况进行访谈;

(四)对第三方组织成员就合规计划、建设、考察和评估情况及自身履职情况进行访谈;

(五)检查下级第三方机制管委会及其办公室有关文件资料,列席其成员单位联席会议。

第二十二条 【巡回检查处理】巡回检查小组在对本级第三方机制管委会选任的第三方组织或者下级管委会及其办公室日常监督、巡回检查中发现的问题,可以根据情况向本级第三方机制管委会提出不同的处理意见建议:

(一)情节较轻的,予以口头纠正;

(二)情节较重的,予以书面批评建议;

(三)可能影响第三方监督、评估效果的,建议延长第三方组织考察期限,或者中止、终止第三方机制;

(四)重新启动第三方机制。

前款第(一)(二)项规定的情况,应当通报检察机关;第(三)(四)项规定的情况,应当商请办案检察机关同意。

第六章 第三方机制的保障

第二十三条 【挂职交流】第三方机制管委会可以推动各成员单位根据工作需要互派干部挂职交流,探索相关单位工作人员兼任检察官助理制度,并视情安排各成员单位派员参与第三方机制管委会办公室工作,提升涉案企业合规工作的专业化和规范化水平。

第二十四条　【咨询答复】市第三方机制管委会可以对第三方组织、下级第三方机制管委会提出的咨询问题，进行研究，并及时作出答复意见。日常咨询答复由第三方机制管委会办公室负责。

第二十五条　【教育培训】市第三方机制管委会应当加强对本市各级专业人员名录库新进人员的职业道德教育和业务素养教育开展培训，确保其依法依规履行职责。

第二十六条　【联合调研】市第三方机制管委会成员单位可以对本市第三方机制的运行情况进行联合调研，也可以邀请非成员单位、社会组织、人民团体参与调研，定期联合发布白皮书，接受社会监督。

第二十七条　【经费保障】第三方机制人员选任管理工作所需业务经费和第三方机制专业人员履职所需费用，各试点地区可以结合本地实际，探索多种经费保障模式。

对涉案企业开展企业合规第三方监督评估的相关经费应当与市场收费相区分，不得向涉案企业摊派费用，或者谋取其他利益。

第二十八条　【其他保障】第三方机制管委会各成员单位、第三方机制专业人员所在单位或者所属有关协会组织以及涉案企业，应当为第三方机制专业人员履行职责提供必要支持和便利条件。

第七章　附　　则

第二十九条　【规则解释】本规则由市第三方机制管委会负责解释。

第三十条　【规则修改】本规则有关条款的修订，需经过市第三方机制管委会半数成员单位出席的联席会议三分之二以上成员同意。

第三十一条　【规则效力】本规则自市第三方机制管委会联席会议审议通过之日起试行。本规则未尽事宜，以上级机关出台的相关规则为准。

试点地方第三方机制管委会可以结合本地实际，参照适用本规则。

上海市涉案企业合规第三方监督评估机制专业人员名录库管理办法（试行）

（2021年12月13日发布）

为依法推进本市涉案企业合规改革试点工作，建立健全涉案企业合规第三方监督评估机制（以下简称“第三方机制”），规范涉案企业合规第三方机制专业人员名录库（以下简称“专业人员名录库”）组建工作，确保第三方机制专业人员依法履行职责，根据《关于建立涉案企业合规第三方监督评估机制的指导意见（试行）》等文件，结合上海工作实际，制定本办法。

第一章　总　　则

第一条　【基本含义】本办法所称专业人员名录库，是指由涉案企业合规第三方监督评估机制管理委员会（以下简称“第三方机制管委会”）经过严格程序选任产生，具备相关领域专业知识与技能，作为涉案企业合规第三方监督评估组织（以下简称“第三方组织”）成员人选的综合性人才库。

第二条　【适用范围】本办法适用于本市范围内专业人员名录库的组建、使用、管理等活动。

第三条　【基本原则】专业人员名录库应当遵循依法有序、公开公正、择优选任、动态管理的原则。

第四条　【组建要求】专业人员名录库由市级第三方机制管委会组建。在市级专业名录库组建前，区级已经组建专业人员名录库的，可以继续运行；尚未组建的，原则上使用市级专业人员名录库。确有需要的，在市级专业名录库组建后，经市级第三方机制管委会审核同意，有条件的区也可以组建区级专业人员名录库。

市级专业人员名录库侧重于全面性、综合性，区级专业人员名录库可以结合本区域实际突出其专业性和区域特色。

为服务保障中国(上海)自由贸易试验区临港新片区、长三角一体化发展等国家战略实施,可以根据需要在自贸区临港新片区、虹桥国际开放枢纽等国家战略承载区,组建跨行政区划的专业人员名录库。

第五条　【统筹共享】专业人员名录库在全市范围内资源共享、统筹使用。根据需求,经相互协商一致,上下级管委会之间、不同区管委会之间可跨级别、跨区域使用专业人员名录库。

第六条　【责任机构】第三方机制管委会是本级专业人员名录库的主管机构,负责依法管理、监督、指导本级专业人员名录库相关工作。市第三方机制管委会负责管理市级和跨行政区划的专业人员名录库,并监督、指导全市专业人员名录库相关工作。

各专业人员名录库管理、监督、指导的日常工作,由各级第三方机制管委会办公室依照本级管委会有关规定负责。

各级人民检察院应当对本级专业人员名录库组成人员进行备案审查,发现人员存在明显不适当情形的,及时向本级第三方机制管委会提出意见建议。

第二章　第三方机制专业人员的选任

第七条　【名录库规模】第三方机制管委会自行确定本级专业人员名录库的名额,市级一般不少于50名。

第八条　【人员范围】专业人员名录库可以由法律、财税、生态环境、市场监管、金融、知识产权等不同领域的专业人员组成。

有关单位中具有专门知识的退休人员选任第三方机制专业人员的,应当同时符合有关退休人员的管理规定。

第九条　【入选条件】专业人员名录库入选人员应同时符合以下条件:

(一)拥护中国共产党的领导、拥护宪法;

(二)遵守国家法律、社会公德,具有良好的政治素质、职业道德;

(三)从事相关领域工作5年以上;

(四)具有较高的专业技术水平,熟悉相关领域或行业的发展动态,熟悉相关法律法规和政策规范;

(五)所在行业或领域具有专业水平或职业等级评定机制的,一般应具备相应中级以上职称或职级;

(六)身体健康,有能力完成评审、评估、咨询等工作。

第十条　【禁止入选情形】有下列情形之一的,不得入选专业人员名录库:

(一)受到过刑事处罚的、被开除公职或者开除党籍等情形;

（二）近三年受过与执业行为有关的行政处罚或者行业惩戒；

（三）被列入失信被执行人名单的；

（四）有其他可能影响专业人员名录库公信力情形的。

第十一条 【选任程序】专业人员名录库选任工作应当依照以下程序进行：

（一）制定方案。各级第三方机制管委会根据本级工作实际，制定包含选任数量、评审办法及管理规定等内容的选任方案。

（二）参选方式。专业人员参加选任一般应采取由其所在单位、组织推荐与个人申报相结合的方式。

（三）发布公告。第三方机制管委会应当以管委会名义在官方网站上发布专业人员名录库人员选任公告。公告期不少于二十个工作日。

选任公告内容应包括：选任名额、选任条件、报名方式、报名材料、工作程序等相关事项。

（四）组织评审。第三方机制管委会派员组成评审组，通过审查材料，并根据需要辅以走访了解、面谈测试等方式，对报名人员进行审核考察，综合考虑报名人员的执业（工作）时间、政治素质、工作业绩、研究成果、表彰奖励，以及所在单位的资质条件、行业影响力等情况，确定专业人员名录库拟入选名单。

（五）公示结果。第三方机制管委会可以通过在有关新闻媒体、网站发布公示通告等形式向社会公示专业人员名录库拟入选名单，并同步报送同级人民检察院备案审查，公示时间不少于七个工作日。公示期内，对拟入选名单有异议的，第三方机制管委会应进行调查核实，并作出调查结论。

（六）入选备案。专业人员名录库拟入选名单经过公示无异议或者经调查异议不成立的，由第三方机制管委会作出入选决定，颁发聘书，向社会公布，供社会查询，并向人民检察院备案。

根据本办法第四条组建的区级专业人员名录库，由同级第三方机制管委会向市级第三方机制管委会备案。

第三章 名录库成员权利义务

第十二条 【一般权利】专业人员名录库成员享有下列权利：

（一）被抽选为第三方组织成员；

（二）参加第三方机制管委会组织的培训；

（三）自愿退出专业人员名录库；

（四）对被处理决定向第三方机制管委会提出申辩。

第十三条 【履职权利】专业人员名录库成员入选第三方组织后,在履职期间享有下列权利:

(一)对涉案企业合规第三方监督评估工作提出意见和建议;

(二)因正当理由不适宜参加涉案企业合规第三方监督评估的,有权提出申请;

(三)有权获得开展涉案企业合规第三方监督评估的必要信息,认为信息不充分时可以要求涉案企业补充相关资料,要求涉案企业补充相关资料的,应当经第三方组织审核同意;

(四)有权独立参与涉案企业合规第三方监督评估并发表意见,不受任何单位或者个人的干预;当个人意见与其他组织成员意见发生分歧时,有权保留个人意见,并在合规考察书面报告中注明不同意见和理由。

第十四条 【一般义务】专业人员名录库成员应当遵守下列义务:

(一)按照第三方机制管委会的要求,提供个人真实材料,技术职称、工作单位等重要信息发生变更时,应在十个工作日内向第三方机制管委会报备;

(二)服从第三方机制管委会的管理;

(三)接受第三方机制管委会组织的培训;

(四)因客观原因不能履职的,或者出现其他影响履职的重大事项,应当及时向第三方机制管委会报告;

(五)在参与涉案企业合规第三方监督评估工作前、履行第三方监督评估职责结束后及时向所在工作单位报备;

(六)遵守法律法规和有关纪律规定。

第十五条 【履职职责】专业人员名录库成员入选第三方组织后,在履职时需履行下列职责:

(一)履行诚实、信用、谨慎、中立的义务,按照规定的权限和程序,遵照利益回避有关要求,依法、独立、客观、公正地进行涉案企业合规第三方监督评估;

(二)参与审查涉案企业制定合规计划的可行性、有效性和全面性,提出修改完善的意见、建议;

(三)在合规考察期内,可以针对涉案企业合规计划、定期书面报告参与开展必要的检查、评估;

(四)合规考察期届满后,参与对涉案企业合规计划的完成情况进行检查、评估和考核,参与制作完成合规考察书面报告,并对所签署的意见负责;

(五)根据办理案件的人民检察院的要求,参加涉案企业的听证会;

(六)合规考察期限内,发现涉案企业或其人员尚未被办案机关掌握的犯罪事实或者新实施的犯罪行为、新出现的不合规行为，及时向第三方机制管委会及负责办理案件的人民检察院报告；

（七）法律、法规规定的其他职责。

第十六条 【禁止性规定】专业人员名录库成员不得有下列行为：

（一）妨碍涉案企业合规第三方监督评估正常进行及案件公正处理；

（二）为规避本办法第十七条第二款规定，而故意拒绝参加第三方组织的监督评估活动，但确有需要经第三方机制管委会同意的除外；

（三）泄露履职过程中知悉的国家秘密、商业秘密、个人隐私和案件信息；

（四）利用成员身份发表、从事与履职无关的言行，造成负面影响或者后果；

（五）利用履职便利，索取、收受贿赂或者非法侵占涉案企业、个人的财物；

（六）利用履职便利，干扰涉案企业正常生产经营活动；

（七）损害涉案企业合法权益的其他行为。

第十七条 【利益冲突】第三方组织组成人员系律师、注册会计师、税务师（注册税务师）等行业中介组织人员的，在履行第三方监督评估职责期间不得违反规定接受可能有利益关系的业务。

在履行第三方监督评估职责结束后二年以内，上述人员及其所在中介组织不得接受涉案企业、个人或者其他有利益关系的单位、人员的业务。

第四章 名录库管理

第十八条 【年度公告】第三方机制管委会每年第一季度审核本级专业人员名录库名单，并在相关网站予以公告，供社会查询。

第十九条 【动态管理】第三方机制管委会对专业人员名录库实行动态管理，根据实际情况及时补充或者调整名录库人员，并予以公告。名录库人员的任职期限，一般为三年。

第二十条 【建立台账】第三方机制管委会应当建立健全第三方机制专业人员履职台账，全面客观记录第三方机制专业人员业务培训、参加活动和履职情况，作为确定动态管理的重要参考。

第二十一条 【考核评估】第三方机制管委会可以通过定期考核、一案一评、随机抽查和巡回检查等方式，对第三方机制专业人员进行考核评价。考核结果作为对第三方机制专业人员表彰奖励、是否续任的重要依据。开展考核评价时，应当主动征求办理案件的检察机关、巡回检查小组以及涉案企业等的意见建议。

第三方机制管委会应当及时将考核结果、表彰奖励情况书面通知本人及所在单位或者所属有关协会组织。

第二十二条　【奖励激励】第三方机制管委会应当建立健全第三方专业人员奖励激励制度，对表现突出的第三方机制专业人员给予奖励激励，或者向其所在单位或者所属有关协会组织提出奖励激励的建议。

第二十三条　【不合格情形】有下列情形之一的，第三方机制专业人员考核评价结果应当确定为不合格：

（一）无正当理由不参加第三方组织工作，或者不接受第三方机制管委会分配工作任务的；

（二）在履行第三方监督评估职责中不负责任，致使工作出现重大失误，造成不良影响的；

（三）在履行第三方监督评估职责中存在行为不当，涉案企业向第三方机制管委会反映或者提出异议，造成不良影响的；

（四）其他造成不良影响或者损害第三方组织形象或公信力的情形。

第二十四条　【自愿退出】专业人员名录库成员自愿申请退出的，需提前七个工作日向第三方机制管委会提出申请，由第三方机制管委会审核通过后收回聘书，并向社会公告。

第二十五条　【调整出库】第三方机制管委会对违反有关义务的第三方机制专业人员，可以谈话提醒、批评教育，或者视情通报其所在单位或者所属有关协会组织，情节严重或者造成严重后果的可以将其调整出库。

第三方机制专业人员有下列情形之一的，第三方机制管委会应当及时将其调整出库：

（一）受到行业处分、行政处罚或刑事处罚、被列入失信被执行人名单，或被取消相关专业执业资格的；

（二）违反本办法第三章的有关规定，情节严重的；

（三）连续两次被评定为考核不合格的；

（四）因身体健康状况、业务能力等原因不能胜任相关工作的；

（五）其他不宜继续担任专业人员名录库成员的情形。

专业人员名录库成员因违纪违法情形被调整出库的，应当列入名录库禁入名单。构成犯罪的，依法追究刑事责任。

各管委会应当将以上情况汇总上报，实现信息共享。

第五章　名录库监管

第二十六条　【主体责任】第三方机制管委会承担本级专业人员名录库的监管责

任。专业人员所在单位或者所属有关协会组织要认真履行责任,加强对专业人员信息的审核把关,及时向第三方机制管委会报告专业人员专业失范、违法违纪等重大事项。

第二十七条 【监管形式】第三方机制管委会通过巡回检查小组对专业人员的履职情况进行日常监督和巡回检查,开展不预先告知的现场抽查和跟踪监督。

第二十八条 【申诉保障】专业人员名录库成员对本人处理有异议的,可向第三方机制管委会提交书面申辩。第三方机制管委会应当在收到申辩书七个工作日内答复在库成员;需进一步核查的,视核查情况予以延长至一个月。

第二十九条 【情况反映】涉案企业或社会公众认为专业人员存在行为不当或者涉嫌违法犯罪的,可以向第三方机制管委会反映或者提出异议,或者向负责办理案件的人民检察院提出控告、申诉。

第三十条 【法律监督】人民检察院应当对专业人员名录库依法进行法律监督,发现在库人员存在明显不适当情形的,及时向第三方机制管委会提出意见建议,或向有关主管机构、协会组织提出检察建议或者意见;发现涉嫌犯罪的,移送有关机关处理。

第六章 附 则

第三十一条 【解释】本办法由市第三方机制管委会负责解释。

第三十二条 【规则效力】本办法自印发之日起试行。本办法未尽事宜,以上级机关出台的相关规则为准。

试点地方第三方机制管委会可以结合本地实际,参照适用本办法。

上海市涉案企业合规第三方监督评估组织运行规则（试行）

（2021年12月13日发布）

为依法有序推进本市涉案企业合规改革试点工作，进一步健全涉案企业合规第三方监督评估机制（以下简称“第三方机制”），规范办理涉企案件，提高司法公信力，根据《关于建立涉案企业合规第三方监督评估机制的指导意见（试行）》等文件精神，结合上海工作实际，制定本规则。

第一章 总 则

第一条 【第三方组织】涉案企业合规第三方监督评估组织（以下简称“第三方组织”），是指涉案企业合规第三方监督评估机制管理委员会（以下简称“第三方机制管委会”）根据涉案企业类型以及案件具体情况，在第三方监督评估机制专业人员名录库中随机抽取组成，对涉案企业合规承诺进行调查、评估、监督和考察的临时性组织。第三方组织考察结果作为人民检察院依法处理案件的重要参考。

第二条 【基本原则】第三方组织的组成和运行，应当遵循依法规范、公开公正、客观中立、专业高效的原则。

第三条 【基本职责】第三方组织在对涉案企业合规监督评估过程中主要履行下列职责：

（一）对涉案企业提交的专项或多项合规计划进行审查，提出修改完善的意见建议；

（二）根据案件具体情况和涉案企业承诺履行的期限，确定合规考察期限；

（三）对涉案企业合规计划履行情况进行检查和评估；

（四）要求涉案企业定期书面报告合规计划的执行情况，对合规计划执行情况进行审查，并同时抄送负责办理案件的人民检察院；

（五）发现涉案企业或其人员尚未被办案机关掌握的犯罪事实或者新实施的犯罪行

为,中止第三方监督评估程序,并向负责办理案件的人民检察院报告;

(六)对涉案企业合规计划完成情况进行检查、评估和考核,出具合规考察书面报告;

(七)其他与涉案企业合规第三方监督评估相关的工作。

第四条 【履职权利】第三方组织在涉案企业合规第三方监督评估中享有下列权利:

(一)要求涉案企业提交专项或多项合规计划,明确合规计划的承诺完成期限;

(二)要求涉案企业及其人员配合考察、评估;

(三)履职权利受到侵害时,可以向人民检察院反映,或者向第三方机制管委会举报、投诉;

(四)享有开展工作必要的条件保障。

第五条 【履职义务】第三方组织及其组成人员在涉案企业合规第三方监督评估中应当履行下列义务:

(一)遵纪守法,勤勉尽责,客观中立;

(二)不得泄露履职过程中知悉的国家秘密、商业秘密和个人隐私;

(三)不得利用履职索取、收受贿赂或者非法侵占涉案企业、个人的财物;

(四)不得利用履职便利,干扰涉案企业正常生产经营活动;

(五)不得实施其他可能影响忠实履行监督评估职责的行为。

第六条 【利益回避】第三方组织组成人员系律师、注册会计师、税务师(注册税务师)等行业中介组织人员的,在监督评估过程中应遵守下列规定:

(一)第三方组织人员与涉案企业存在利害关系,正在或此前二年内为涉案企业提供过相对固定的中介服务,应主动向第三方机制管委会申请回避;

(二)在履行第三方监督评估职责期间不得违反规定接受可能有利益关系的业务;

(三)在履行第三方监督评估职责结束后二年以内,组成人员及其所在中介组织不得接受涉案企业、个人或者其他有利益关系的单位、人员的业务。

第三方组织组成人员在监督评估过程中认为与涉案企业存在其他利益关系可能影响公正履职的,应当主动向第三方机制管委会申请回避。

第七条 【繁简分流】对企业规模较小、合规问题明确、监督评估专业性要求较为简单的案件,负责办理案件的人民检察院可以向涉案企业制发企业合规检察建议提出明确的合规整改建议,涉案企业可以不再另行提交企业合规计划;对涉案企业整改落实情况,参照本规则有关规定,在第三方机制专业人员名录库中抽选人员开展监督考察,并在人员组成要求、监督评估程序、考察期限等方面予以适当简化。

第八条　【办案期限】对涉案企业按照本规则适用第三方机制的时间，计入人民检察院的办案期限。

第二章　第三方机制启动及人员选任

第九条　【启动条件】人民检察院在办理涉企犯罪案件时，经审查同时符合下列条件的，可以决定商请第三方机制管委会启动第三方监督评估机制：

（一）涉案企业、个人认罪认罚；

（二）涉案企业正常生产经营，承诺建立或者完善企业合规制度；

（三）涉案企业、个人自愿同意适用第三方机制；

（四）人民检察院经对涉案企业进行社会调查，出具社会调查评估报告认为涉案企业具备启动第三方机制基本条件。

第十条　【第三方组织组建流程】第三方机制管委会根据同级人民检察院的商请启动第三方机制，一般遵循“一案一组建”的原则，按照以下流程从专业人员名录库中抽选专业人员组建第三方组织：

（一）分类组建。根据案件涉嫌罪名、复杂程度及涉案企业类型、规模、主营业务等因素，合理确定随机抽选的专业人员类型。专业人员名录库中没有相关领域专业人员的，第三方机制管委会可以采取协商邀请的方式，商请有关专业人员参加第三方组织。

（二）随机抽选。第三方机制管委会从选定的专业人员类型中随机抽取总计不少于三人的单数候选人，且与企业涉嫌犯罪问题对应专业领域的候选人比例，一般不少于50%。如被监督评估企业所涉事项有特殊要求，或采用上述办法难以抽选出可胜任监督评估工作的人员，可由第三方机制管委会在名录库范围内直接指定人员。

（三）公示备案。第三方机制管委会应当将抽选的专业人员名单，通过官方“两微一端”或者报刊等及时向社会公开公示五个工作日，公示完成后报送负责办理案件的人民检察院备案。

（四）书面选任。第三方机制管委会应当向抽选的专业人员出具通知书，明确权利义务、工作内容和要求。被抽选人员应当在开展企业合规监督评估前，向第三方机制管委会作出书面诚信保证。

（五）确定牵头负责人。第三方组织应当确定牵头负责人，可以由第三方机制管委会根据工作需要指定，也可由第三方组织组成人员民主推举，并报第三方机制管委会审定。

同一个第三方组织一般负责监督评估一个涉案企业。同一案件涉及多个涉案企业，或者涉案企业之间存在明显关联关系的，可以由同一个第三方组织负责监督评估。

第十一条 【轮转规则】为保障企业合规监督评估的公平公正,同一专业人员被抽选后,在下轮抽选中自动轮空。

同一名专业人员在不存在利益关系、保障工作质量的条件下,可以同时担任一个以上第三方组织的组成人员。

第十二条 【人员调整】公示期间,人民检察院或涉案企业、社会公众对名单提出异议的,第三方机制管委会应当调查核实。经核实具有下列情形之一的,应当重新或补充抽选专业人员:

(一)抽选的人员与被监督评估企业存在重大利益关系应当回避的;

(二)被监督评估企业或社会第三方对抽选的人员名单提出书面异议并有合理理由的;

(三)存在其他可能影响监督结果客观、公平、公正的情形。

调整后的第三方组织人员名单应当根据本规则第十五条的规定,重新进行备案公示。

被决定退出的专业人员在退出决定作出以前所进行的行为是否有效,由第三方机制委员会根据案件情况决定。

第十三条 【异地监督评估】涉案企业、个人的住所地与案件办理地不一致的,案件办理地第三方机制管委会可以委托涉案企业、个人住所地第三方机制管委会选任组成第三方组织并开展监督评估,或者可以通过管委会成员单位及其所属或者主管的协会组织、机构的异地协作机制,协助开展监督评估。

第十四条 【第三方组织成立】公示期满后无异议或者经审查异议不成立的,人民检察院经审查未提出不同意见的,第三方机制管委会应当宣告第三方组织成立。

第三方组织存续期间,其组成人员一般不得变更。确需变更的,第三方机制管委会应当依照本规则第十条至第十二条的规定处理。

第三章 合规计划审查

第十五条 【前期准备】第三方组织成立后,应当深入了解企业涉案情况,认真研判涉案企业在合规领域存在的薄弱环节和突出问题,合理确定涉案企业适用的合规计划类型,做好相关前期准备工作。

第十六条 【合规计划提出】第三方组织应当要求涉案企业在指定期限内提交合规计划,并明确合规计划的承诺完成期限。必要时,人民检察院可以向涉案企业制发企业合规检察建议,明确企业合规计划方向。

涉案企业根据需要,可以委托律师、注册会计师、税务师(注册税务师)等行业中介组织或者其他专业机构、人员辅助制定企业合规计划。相关被委托机构和人员的材料，应当报送第三方组织和负责办理案件的人民检察院备案。

第十七条 【合规计划类别、内容】第三方组织应当要求涉案企业主要针对与企业涉嫌犯罪有密切联系的企业内部治理结构、规章制度、人员管理等方面制定专项合规计划；结合企业自身规模状况、能力范围、涉案情况等确有必要的，也可以要求企业在上述专项合规基础上制定多项合规计划。企业合规计划可以包括以下事项：

（一）合规管理规章制度；

（二）合规管理组织体系；

（三）合规风险预警和应对机制；

（四）合规考核评价机制；

（五）违法行为举报机制；

（六）合规奖惩和纪律处分程序；

（七）合规业务培训机制和合规文化培育机制；

（八）其他合规事项。

第十八条 【专项合规类别】涉案企业根据所涉及的刑事风险领域，可以围绕与犯罪有密切联系的企业合规风险点，选择在以下环节或者领域制定相应的专项合规计划：

（一）市场交易；

（二）安全生产；

（三）环境保护；

（四）产品质量；

（五）劳动用工；

（六）财务税收；

（七）知识产权；

（八）其他与企业生产经营活动相关的领域。

第十九条 【合规计划审查内容】第三方组织应当重点围绕涉案企业有无建立可行的合规管理规范、有效的合规组织体系、健全的合规风险防范报告机制等方面，对涉案企业合规计划的可行性、有效性与全面性进行差异化审查。重点审查以下内容：

（一）涉案企业完成合规计划的可能性以及合规计划本身的可操作性；

（二）合规计划对涉案企业预防治理涉嫌的犯罪行为或者类似犯罪行为的实效性；

（三）合规计划是否全面涵盖涉案企业在合规领域的薄弱环节和明显漏洞。

第三方组织就合规计划向负责办理案件的人民检察院征求意见后，一并向涉案企业提出修改完善的意见建议。

第二十条 【合规计划审查方式】合规计划审查的方式一般包括：

（一）对涉案企业进行走访、调查；

（二）询问涉案企业相关人员；

（三）查阅涉案企业文件；

（四）听取行政主管机关、协会组织或上下游合作企业等意见。

第二十一条 【合规计划调整】第三方组织提出合规计划修改意见建议的，涉案企业应当于七日内进行完善并重新提交第三方组织，同时报送负责办理案件的人民检察院备案。

第二十二条 【案件信息披露】审查过程中，在遵守保密要求的前提下，人民检察院根据需要可以向第三方组织出示案件相关材料，第三方组织也可以商请人民检察院介绍案情、查阅卷宗材料等，案件承办部门应当做好记录。

第二十三条 【确定考察期限】第三方组织根据案件具体情况和涉案企业承诺履行的期限，征询办理案件的人民检察院意见，确定合规考察期限，并报告负责办理案件的人民检察院。合规考察期限的确定应当符合人民检察院办理案件的法定期限要求，自涉案企业收到《涉案企业合规考察通知书》之日起计算，最长不超过十二个月。

第四章 合规考察与评估

第二十四条 【考察宣告】第三方组织对涉案企业启动合规考察的，由办理案件的人民检察院制作《涉案企业合规考察通知书》，向涉案企业公开宣告，并制作笔录。

第二十五条 【考察要求】第三方组织可以要求涉案企业定期出具书面报告，说明合规计划的执行情况。考察期内涉案企业提交定期书面报告一般不得少于二次，并同时报送负责办理案件的人民检察院备案。第三方组织发现涉案企业执行合规计划存在明显偏差或者错误的，应当及时进行指导，提出纠正意见。

第三方组织可以定期或不定期对涉案企业合规计划履行情况进行检查和评估，并制定考察工作台账。

第二十六条 【检察监督】人民检察院对涉案企业定期书面报告进行审查，向第三方组织提出意见建议。人民检察院提出意见建议的，第三方组织可以根据检察机关意见建议，对涉案企业后续合规计划执行提出调整要求。

第二十七条 【考察期限变更】第三方组织可以根据涉案企业实际整改情况，经征询办理案件人民检察院的意见，在符合本规则第二十三条规定的情况下，适当延长或者缩短考察期限，并报第三方机制管委会和负责办理案件的人民检察院备案。

第二十八条 【中止、终止情形处理】第三方组织发现涉案企业、企业实际控制人、经营管理人员或关键技术人员尚未被办案机关掌握的犯罪事实或者新实施的犯罪行为，应当中止第三方监督评估程序，并向负责办理案件的人民检察院报告。负责办理案件的人民检察院接到报告后，依照刑事诉讼法及相关司法解释的规定处理，第三方组织应当根据人民检察院的意见决定是否恢复第三方监督评估程序。

涉案企业经营中发生可能影响企业正常生产、经营、管理的重大事项，应当报告负责办理案件的人民检察院及第三方组织。第三方组织经征询人民检察院意见，决定是否中止或者终止第三方监督评估机制。

第三方监督评估程序终止后出现新的情况，需要重新启动的，按照本规则有关规定重新办理。

第二十九条　【考察报告】第三方组织在合规考察期内，应当对涉案企业的合规计划完成情况进行全面检查、评估和考核，并分别制作合规考察中期书面报告和结项书面报告，报送负责选任第三方组织的第三方机制管委会和负责办理案件的人民检察院。合规考察书面报告一般应当包括以下内容：

（一）涉案企业履行合规承诺、落实合规计划情况；

（二）第三方组织开展监督、检查、评估、考核情况；

（三）第三方组织监督评估的程序、方法和依据；

（四）监督评估结论及意见建议；

（五）其他需要说明的问题。

第三十条　【评估内容】第三方组织评估应当结合企业合规计划，从矫治犯罪、预防再犯的角度，重点针对以下内容开展：

（一）合规环境建设情况；

（二）合规管理制度情况；

（三）合规体系运行情况；

（四）合规运行保障情况；

（五）其他与合规整顿密切相关的情况。

第三十一条　【评估方法】本规则第二十五条、第二十九条规定的检查、评估方法应当紧密联系企业涉嫌犯罪有关情况，包括但不限于以下方法：

（一）观察、访谈、文本审阅、问卷调查、知识测试；

（二）听取行政主管部门、行业组织、上下游合作企业等意见；

（三）对涉案企业的相关业务与管理事项进行抽样检查，按照业务发生频率、重要性及合规风险的高低，从确定的抽样总体中抽取足额样本，并对样本的符合性做出判断；

（四）对涉案企业的相关业务处理流程开展穿透式检查，检查与其相关的原始文件，并根据文件上的业务处理踪迹，追踪流程，对相关管理制度与操作流程的实际运行情况进行验证；

（五）对涉案企业开展相关系统及数据检查，重点检查业务系统中权限、参数设置的合规性，并调取相关交易数据，将其与相应的业务凭证或其他工作记录相比对，以验证相关业务是否按规则运行。

第三十二条 【评估认定】第三方组织应当采取可量化的方式，对涉案企业整改情况按照合格、不合格予以评估认定。

第三十三条 【合规报告制作】合规考察书面报告应当由第三方组织全体组成人员签名或者盖章后，报送负责选任第三方组织的第三方机制管委会和负责办理案件的人民检察院。第三方组织组成人员对合规报告有不同意见的，应当在报告中说明其不同意见及理由。

第三十四条 【调查核实】合规考察结束后，办理案件的人民检察院认为考察报告存在问题的，可以进行调查核实。

经调查核实，对于第三方组织人员存在问题的，应当向第三方机制管委会提出意见建议，由第三方机制管委会作出处理决定；对于考察报告存在问题的，由人民检察院依法审查处理。

第三十五条 【涉案企业义务】涉案企业及其人员对第三方组织开展的检查、评估应当予以配合并提供便利，如实填写、提交相关材料，不得弄虚作假。

第三十六条 【第三方组织解散】负责选任第三方组织的第三方机制管委会和负责办理案件的人民检察院收到第三方组织报送的合规考察书面报告后，应当及时进行审查，双方认为第三方组织已经完成监督评估工作的，由第三方机制管委会宣告第三方组织解散。

第五章 监督制约机制

第三十七条 【备案审查机制】人民检察院对第三方组织组成人员名单进行备案审查时，应着重审查第三方组织组成人员是否存在下列明显不适当情形：

（一）在选拔过程中弄虚作假，提供不实材料的；

（二）受到行业处分、行政处罚或刑事处罚、被列入失信被执行人名单，或被取消相关专业执业资格的；

（三）因不当执业行为被有关部门、行业协会调查，尚未终结的；

（四）第三方组织组成人员与涉案企业、个人具有利害关系，未申请回避的；

（五）第三方组织人员名单公示期间，涉案企业、个人、其他相关单位、人员对选任的

第三方组织组成人员向人民检察院提出举报、控告,并经初步核实情况属实的;

(六)其他可能影响第三方机制运行客观中立性的情形。

人民检察院在对第三方组织组成人员备案审查过程中,发现存在上述明显不适当情形的,经调查核实并报检察长审批,及时将《第三方组织组成人员调整建议书》及相关调查核实材料移送第三方机制管委会。

第三十八条　【巡回检查机制】第三方组织及其组成人员应主动配合第三方机制管委会巡回检查小组(以下简称“巡回检查小组”)的日常监督和巡回检查。巡回检查小组开展现场抽查和跟踪监督,第三方组织及其成员应当按照要求汇报履职情况。

第三十九条　【惩戒机制】第三方机制管委会在日常履职、人民检察院在备案审查或巡回检查小组在巡回检查过程中,发现第三方组织成员存在本规则第三十七条第一款规定的情形,对第三方机制运行造成严重影响的,或者实施其他违反社会公德、职业伦理的行为,严重损害第三方组织形象或公信力的,向有关主管机关、所属有关行业协会等提出惩戒建议;涉嫌违法犯罪的,及时向公安司法机关报案或者举报,由第三方机制管委会按照章程规定责令其退出第三方机制专业人员名录库,并列入禁入名单。

第四十条　【申诉、控告机制】涉案企业或其人员在第三方机制运行期间,认为第三方组织或其组成人员违反本规则第五条、第六条、第三十七条第一款规定的,可以向负责选任第三方组织的第三方机制管委会反映或者提出异议,或者向负责办理案件的人民检察院提出申诉、控告。

负责办理案件的人民检察院依法办理涉案企业、个人及其辩护人、诉讼代理人或其他单位、人员在第三方机制运行期间提出的申诉、控告或者有关申请、请求,并按相关规定要求及时答复。

第六章　附　　则

第四十一条　【“三个规定”填报】负责办理案件的人民检察院应当要求知悉案情的第三方组织组成人员,比照检察人员进行“三个规定”的填报。

第四十二条　【规则解释】本规则由市第三方机制管委会负责解释。

第四十三条　【规则效力】本规则自公布之日起试行。本规则未尽事宜,以上级机关出台的相关规则为准。

试点地方第三方机制管委会可以结合本地实际,参照适用本规则。

最高人民检察院发布的企业合规典型案例关键信息

	编号	案件名称	涉嫌罪名	要旨	关键词	典型意义	单位犯罪/自然人犯罪	行业	企业规模	专项合规	第三方机制	考验期	处理结果
第一批（2021年6月）	1	张家港市L公司、张某甲等人污染环境案	污染环境罪	—	—	一是检察机关积极主动发挥合规主导责任。 二是检察机关推动企业合规与检察听证、刑行衔接相结合	单位犯罪	化工/不锈钢产品研发和生产、高科技企业	小型	环境合规	无	2～3个月（10～12月）	均不起诉+行政处罚
	2	上海市A公司、B公司、关某某虚开增值税专用发票案	虚开增值税发票罪	—	—	一是检察机关推动企业合规与适用认罪认罚从宽制度相结合。 二是检察机关推动企业合规与检察建议相结合	单位犯罪	医疗	规模未知/高新技术企业	财税合规	无	5～6个月（6～11月）	单位判处罚金+责任人判处有期徒刑3年，缓刑5年
	3	王某某、林某某、刘某乙对非国家工作人员行贿案	对非国家工作人员行贿罪/非国家工作人员受贿罪	—	—	检察机关积极推动企业合规与依法适用不起诉相结合	自然人犯罪	音箱设备销售	拟上市企业	反舞弊合规、反商业贿赂合规、知识产权合规	无	未知	对王某某、林某某、刘某乙作出不起诉决定 判处刘某甲有期徒刑6个月 判处陈某拘役5个月

续表

	编号	案件名称	涉嫌罪名	要旨	关键词	典型意义	单位犯罪/自然人犯罪	行业	企业规模	专项合规	第三方机制	考验期	处理结果
第一批（2021年6月）	4	新泰市J公司等建筑企业串通投标系列案件	串通投标罪	—	—	检察机关充分履行自行补充侦查职权，全面查清案件事实，开展社会调查，为适用企业合规提供充分依据。同时，检察机关推动企业合规与不起诉决定、检察听证、检察意见、检察建议等相关工作紧密结合	单位犯罪	建筑业	大型企业	招投标合规	无	无	均不起诉
第二批（2021年12月）	5	上海J公司、朱某某假冒注册商标案——依托长三角一体化协作平台，对涉案企业异地适用第三方监督评估机制	假冒注册商标罪	针对涉案企业注册地、生产经营地和犯罪地分离的情况，依托长三角区域检察协作平台，联合探索建立涉案企业合规异地协作工作机制，合力破解异地社会调查、监督考察、行刑衔接等难题，以检察机关企业合规工作协同化推动长三角营商环境一体化建设，为企业合规异地检察协作提供参考和借鉴	企业合规/异地监督考察/长三角协作/检察一体化	1. 积极探索，为企业合规异地适用第三方机制开拓实践思路。 2. 有序推进，切实防止社会调查“一托了之”。 3. 完善机制，提升监督评估实际效果。 4. 标本兼治，有效防治企业违法犯罪	单位犯罪	智能家居电器、高新技术企业	中小企业	知识产权合规	有	6个月	均不起诉

续表

	编号	案件名称	涉嫌罪名	要旨	关键词	典型意义	单位犯罪/自然人犯罪	行业	企业规模	专项合规	第三方机制	考验期	处理结果
第二批（2021 年 12 月）	6	张家港 S 公司、睢某某销售假冒注册商标的商品案——介入侦查认定“挂案”性质，积极引导涉案小微企业开展合规建设	销售假冒注册商标的商品罪	检察机关推进涉企“挂案”清理过程中，对尚未进入检察环节的案件，可采取介入侦查的形式开展个案会商，认定“挂案”性质，能动清理。对符合企业刑事合规条件的案件，积极引导涉案企业开展合规建设，引入第三方组织进行监督评估，规范推进合规监督考察和“挂案”清理工作。检察机关与公安机关等有关部门积极配合，多措并举合力护航民营经济健康发展	假冒注册商标/“挂案”清理/小微企业合规建设/第三方监督评估	1. 对尚未进入检察环节的涉企“挂案”进行排查，采取与企业合规改革试点结合等方式能动清理。 2. 严格把握企业合规监督考察条件、标准和工作程序，规范清理涉企“挂案”。 3. 与公安机关等有关部门积极配合，多措并举合力护航民营经济健康发展	单位犯罪	商贸业	小微企业	财税合规、知识产权合规	有	6 个月缩短至 3 个月	撤案 + 行政处罚
	7	山东沂南县 Y 公司、姚某明等人串通投标案——异地协作开展第三方监督评估，对第三方组织开展“飞行监管”，促进当地招投标领域行业治理	串通投标罪	在办理企业合规案件过程中，依托第三方监督评估机制，充分发挥异地协作、公开听证、检察建议等作用，促进涉案企业及关联企业共同整改，形成工作合力。组建巡回检查小组，对第三方组织履职情况开展“飞行监管”，确保对涉案企业的监督评估客观公正有效。延伸检察职能，推动行业治理，实现“办理一案、治理一片”效果	串通投标/异地协作/飞行监管/关联企业共同整改/行业治理	1. 积极探索，对第三方组织开展“飞行监管”。 2. 强化协作配合，促进关联企业共同整改。 3. 注重行业治理，实现“办理一案、治理一片”效果	单位 + 自然人	家电销售及售后服务	未知	招投标合规、财税合规	有	3 个月	均不起诉

续表

	编号	案件名称	涉嫌罪名	要旨	关键词	典型意义	单位犯罪/自然人犯罪	行业	企业规模	专项合规	第三方机制	考验期	处理结果
第二批（2021年12月）	8	随州市Z公司、康某某等人重大责任事故案——在涉企危害生产安全犯罪案件中适用企业合规推动当地企业强化安全生产意识	重大责任事故罪	针对涉案企业安全生产管理中的漏洞，检察机关深入开展社会调查，积极引导企业开展合规建设。检察机关委托应急管理局、市场监督管理局、工商联等第三方监督评估机制管委会成员单位以及安全生产协会，共同组成第三方监督评估组织，指导涉案企业及其相关人员结合履行合规计划，认真落实安全生产职责。检察机关对合规考察结果认真审查，组织召开公开听证会，确保合规整改效果，推动当地企业强化安全生产意识	重大责任事故/专项合规整改/第三方监督评估/安全生产	1. 检察机关积极稳妥在涉企危害生产安全犯罪案件中适用企业合规，推动当地企业强化安全生产意识。 2. 检察机关在企业合规试点中注意“因罪施救”“因案明规”。 3. 检察机关积极适用第三方机制，确保监督评估的专业性	自然人犯罪	食品加工	大型企业	生产安全合规	有	3~4个月（5~8月）	均不起诉
	9	深圳X公司走私普通货物案——持续开展合规引导，做好刑事司法与行政管理行业治理的衔接贯通	走私普通货物罪	积极探索检察履职与企业合规的结合方式，发挥少捕、慎诉等刑事司法政策的优势，激励企业加强合规管理。在涉案企业进行合规整改的过程中，检察机关应发挥程序性主导作用及保持中立性，推动企业真正依法合规经营。通过检察履职传导合规理念，加强与行政机关的沟通协作，促进“合规互认”，提升合规效果，增强参与力量，形成保护民营经济健康发展的合力	合规激励/第三方监督评估/行刑衔接/合规传导	1. 落实“少捕慎诉慎押”刑事司法政策，降低办案对企业正常生产经营的影响。 2. 坚守法定办案期限，探索合规考察不局限于办案期限的模式。 3. 积极促成“合规互认”，彰显企业合规程序价值。 4. 设置考察回访程序，确保合规监管的延续性	单位犯罪	水果销售	大型企业	进口合规	有	6个月(3~9月）+1年回访考察期	均不起诉

续表

	编号	案件名称	涉嫌罪名	要旨	关键词	典型意义	单位犯罪/自然人犯罪	行业	企业规模	专项合规	第三方机制	考验期	处理结果
第二批（2021 年 12 月）	10	海南文昌市 S 公司、翁某某掩饰、隐瞒犯罪所得案——非试点地区在法律框架内积极开展企业合规改革相关工作因地制宜推动第三方监督评估机制规范运行	掩饰、隐瞒犯罪所得罪	非试点地区严格按照法律规定和企业合规改革的精神，在本地选择符合条件的涉案高新技术民营企业开展企业合规考察。结合案发原因指导企业制定切实可行的合规计划，根据地方实际，推动第三方监督评估机制规范运行。企业合规整改结束后，检察机关组织公开听证，综合考虑案情及合规考察效果，对涉案企业及责任人依法提起公诉，并提出轻缓量刑建议	掩饰、隐瞒犯罪所得/第三方监督评估/公开听证/轻缓量刑建议	1. 非试点地区在法律框架内积极开展企业合规改革的相关工作。 2. 结合案发原因，指导企业制定切实可行的合规计划。 3. 根据本地实际，推动第三方监督评估机制规范运行。 4. 充分履行检察职能，确保合规工作取得实效	单位犯罪	高新技术	未知	合同、财务合规	有	4～5 个月（4～8 月）	单位判处罚金 + 翁某某有期徒刑 1 年，缓刑1年6个月，并处罚金人民币 1 万元 + 退缴的赃款 125 万余元予以没收，上缴国库
第三批（2022 年 7 月）	11	上海 Z 公司、陈某某等人非法获取计算机信息系统数据案	非法获取计算机信息系统数据罪	检察机关针对互联网科创企业的数据合规漏洞，深入开展社会调查，积极引导涉案企业开展数据合规。综合考虑涉案企业行业属性、技术行为合规规则，组建独立、专业的第三方组织，提升涉案企业数据合规监督评估的有效性。能动创新优化合规考察模式，在疫情期间灵活运用智慧检务开展“云听证”，兼顾办案的公开与效率，助力复工复产。多措并举推动行业治理，促进互联网行业建立健全数据合规经营体系，助力构建健康清朗的网络生态环境	数据合规/监督评估有效性/云听证/行业治理	1. 合规准备工作前移，积极推动侦查过程中合规准备工作，为审查起诉阶段的合规监督考察奠定基础。 2. 组建专业化第三方组织，提升涉案企业数据合规监督评估的有效性。 3. 能动履职强化审查把关，多措并举保障企业有效推进合规整改。 4. 由点及面推动行业治理，助力构建健康清朗的网络生态环境	单位犯罪	互联网	大型企业	数据合规	有	3 个月	均不起诉

续表

	编号	案件名称	涉嫌罪名	要旨	关键词	典型意义	单位犯罪/自然人犯罪	行业	企业规模	专项合规	第三方机制	考验期	处理结果
第三批（2022年7月）	12	王某某泄露内幕信息、金某某内幕交易案	泄露内幕信息罪/内幕交易罪	办理民营企业高管涉证券犯罪案件，要兼顾惩罚个人犯罪和保障民营企业合法权益、激励民营企业合规建设的双重目标。积极适用第三方监督评估机制开展企业合规工作，突出检察机关在合规工作中的全流程主导作用，探索实践“检察建议宏观把控＋检察主导第三方考察＋检察听证事后监督”的企业合规路径。发挥第三方监督评估组织在引导监督涉案企业落实落细合规计划中的专业化作用，以量化式评估验收标准助推企业合规工作取得实效	信息保密合规/证券犯罪/检察建议/第三方监督评估/量化式评估	1. 积极稳妥探索可能判处较重刑罚案件适用合规改革的全流程办案机制。 2. 充分发挥检察职能优势，探索检察机关全流程主导的合规路径。 3. 因案施治，依托专项合规推动民营企业完善法人治理结构。 4. 依托涉案企业合规改革试点，强化资本市场非上市公司内幕信息保密合规管理，涵养资本市场法治生态	自然人犯罪	汽车电子产品研发制造	中大型企业	信息保密合规	有	2个月	判处王某某有期徒刑2年，缓刑2年，并处罚金人民币10万元＋判处金某某有期徒刑2年，缓刑2年，并处罚金人民币20万元

续表

	编号	案件名称	涉嫌罪名	要旨	关键词	典型意义	单位犯罪/自然人犯罪	行业	企业规模	专项合规	第三方机制	考验期	处理结果
第三批（2022年7月）	13	江苏F公司、严某某、王某某提供虚假证明文件案	提供虚假证明文件罪/扰乱市场秩序罪	针对涉案的小微企业开展合规整改,可以根据《涉案企业合规建设、评估和审查办法(试行)》简化合规审查、评估、监管等程序,由检察机关主导合规监管和验收评估,并直接对涉案企业提交的合规计划和整改报告进行审查。针对涉案企业和责任人,应坚持认罪认罚从宽制度和宽严相济刑事政策,准确区分单位及责任人的责任	小微企业/简式合规/中介机构/提供虚假证明文件/检察主导	1. 量身定制,对符合条件的小微企业积极探索简式合规监管。 2. 有的放矢,检察机关在简式合规计划的审查、监管、评估过程中应发挥主导作用。 3. 区分责任,落细落实民营经济司法保护政策	单位犯罪	评估	小微企业	评估业务合规管理	无	6个月	判处严某某有期徒刑2年,罚金10万元 判处王某某有期徒刑1年6个月,缓刑2年,罚金8万元 对单位不起诉
	14	广西陆川县23家矿山企业非法采矿案	非法采矿罪	针对非法采矿系列案涉案企业多、案发原因复杂、办案风险大的特点,依托检察机关纵向和地方各部门横向“系统化”、矿山治理“行业化”、检察队伍“专业化”、办案过程“透明化”的办案模式,创新利用检察大数据赋能企业合规,推动行业整治,构建良好的企业合规文化,促进矿山企业转型升级,实现“办理一类案件,规范一个行业”的效果。同时,在办理破坏环境资源保护的刑事案件中,依法开展公益诉讼检察工作,提升检察工作质效	行业合规/非法采矿/办案模式/第三方监督评估/行业治理	1. 依法能动履职,服务保障地方采矿行业高质量发展。 2. 创新工作方式,强化对第三方组织的履职监督。 3. 刑事检察与公益诉讼检察业务实质性融合,提升检察工作质效。 4. 启动行业合规,推动检察机关落实诉源治理责任	单位犯罪	采矿	小型企业	矿山行业企业合规管理	有	未知	均不起诉

续表

	编号	案件名称	涉嫌罪名	要旨	关键词	典型意义	单位犯罪/自然人犯罪	行业	企业规模	专项合规	第三方机制	考验期	处理结果
第三批（2022年7月）	15	福建省三明市X公司、杨某某、王某某串通投标案	串通投标罪	对于涉案高新技术型民营企业，围绕企业特点全面做好合规前调查，提出整改建议，使涉案企业明确合规整改方向。结合相关领域的合规标准，指导企业细化合规计划，严格督促企业逐条对照落实。综合运用多类型评估、考察机制，确保合规验收环节的质量效果。持续做好不起诉后跟踪回访，助力企业合规守法经营	高科技民营企业合规/串通投标/第三方监督评估/跟踪回访	1. 严格把握企业合规适用标准、条件，围绕企业特点全面做好合规前调查。 2. 多方协作优化合规计划，严格督促企业逐条对照落实。 3. 综合运用多类型评估、考察机制，确保涉案企业合规整改实质化	单位犯罪	通信技术	大型企业	招投标合规	有	3个月	均不起诉
第四批（2023年1月）	16	北京李某某等9人保险诈骗案	保险诈骗罪	针对汽车销售服务企业员工利用工作之便实施的保险诈骗行为，检察机关通过深入调查，积极引导侦查准确认定犯罪主体。启动合规时，考虑汽车销售服务企业与保险公司深度合作的行业特点，组织开展第三方监督评估。邀请保险和汽车销售服务行业各自监管部门共同参与公开审查，确保企业合规整改的针对性和有效性，既注重保障保险公司合法权益，又注重激励汽车销售服务企业推进合规建设。企业合规整改落实后，检察机关能动履职，推动行业合规诉源治理	诉源治理/保险诈骗/专业监督考察/公开听证	1. 依法全面审查，确保企业合规的必要性和可行性。 2. 兼顾企业经营模式和案件特点适用第三方机制，确保企业合规的专业性和科学性。 3. 多措并举支持第三方机制运行，发挥企业合规中检察机关的主导作用。 4. 推进诉源治理，深化企业合规整改实效	自然人犯罪	汽车销售、保险	中型企业	保险合规	有	3个月	除一人外（被判处2年6个月，并处罚金3万元），均不起诉

续表

	编号	案件名称	涉嫌罪名	要旨	关键词	典型意义	单位犯罪/自然人犯罪	行业	企业规模	专项合规	第三方机制	考验期	处理结果
第四批（2023年1月）	17	山东潍坊X公司、张某某污染环境案	污染环境罪	根据污染环境案件的特点有针对性地选任第三方组织，精准开展合规监督评估。结合中外合资企业的特点，外资集团公司要求在华十余家企业同步开展合规建设，探索合规国际标准本土化路径。积极引导外资企业树立生态环境理念，以生态环境合规建设为契机全面推动外资企业的合规建设，积极构建法治化营商环境及生态保护大格局	污染环境/中外合资企业/集团公司普遍推行合规/公开听证	1. 依法能动履职，全面准确把握涉案企业合规改革的主要目的。 2. 坚持检察上下一体，联动办案。 3. 结合中外合资企业特点，外资集团旗下在华十余家同类企业主动、全面开展合规建设，将ESG国际标准本土化，探索建立符合我国国情的专项合规体系	单位犯罪	化工	中外合资/大型企业	环境安全合规（环境保护合规）	有	约3个月	均不起诉
	18	山西新绛南某某等人诈骗案	诈骗罪	检察机关在启动涉案企业合规工作中，主动服务保障乡村振兴战略，积极稳妥在涉案劳动密集型企业中开展合规工作。因企施策，找准方向，标本兼治，为企业量身定制“安全生产＋财税管理”专项合规组合推进路径。积极稳妥探索合规准备工作前移，在“重罪”案件中开展合规改革，坚持量化评估、科学验收，确保企业“真合规”“真整改”	诈骗/合规准备工作前移/专项合规组合/推动区域合规	1. 准确把握涉案企业合规的适用条件，积极稳妥探索对重罪案件适用合规考察程序。 2. 合规准备工作前移，坚持全流程、系统性推进合规改革试点工作。 3. 针对性制定专项合规组合计划，标本兼治推动真合规、真整改	自然人犯罪	生产、批发	中型企业	安全生产＋财税管理	有	3个月	均不起诉

续表

	编号	案件名称	涉嫌罪名	要旨	关键词	典型意义	单位犯罪/自然人犯罪	行业	企业规模	专项合规	第三方机制	考验期	处理结果
第四批（2023年1月）	19	安徽C公司、蔡某某等人滥伐林木、非法占用农用地案	滥伐林木、非法占用农用地罪	检察机关依托“府检联动”工作机制，依法能动履职，加强与行政机关的沟通协作，综合运用行政、经济、司法手段，积极探索生态环境保护领域涉案企业合规适用，对涉多罪名涉案外资企业开展合规考察，通过个案合规推动行业合规，切实营造安商惠企的法治化营商环境，有力护航民营经济高质量发展	外资企业/一体化办案/府检联动/生态修复	1. 注重理念指引，积极探索对多罪名涉案企业开展合规考察。 2. 发挥主导责任，扎实推进合规进程。 3. 延伸监督职能，实现行业合规治理。企业合规的最终目是让企业“活下来”“留得住”“经营得好”	单位+自然人	林业	中型企业	生态环境合规	有	2个月	均不起诉
	20	浙江杭州T公司、陈某某等人帮助信息网络犯罪活动案	帮助信息网络犯罪活动罪	互联网广告的高频性、易变性和非接触性，导致经营互联网广告业务的企业在实际经营过程中，难以判断广告主的违法性，极易成为网络违法犯罪的“帮凶”。检察机关针对互联网广告行业属性、技术行为合规规则，发挥“行政主管＋业务专家”联动监督的叠加优势，以“制度规范＋技术合规”综合施策，提升涉案企业合规监督评估的精准性和有效性。同时，注重强化诉源治理，制定出台企业数据合规指引，积极探索建立对科创企业的适度容错机制，从“治已病”到“治未病”，有效激发市场主体活力，助力数字经济健康发展	帮助信息网络犯罪活动/网络科技公司/互动式广告/制度建构与技术升级/数据合规指引	1. 强化能动履职，深入推进企业整改。 2. 选好第三方组织，确保监督评估效果。 3. 针对犯罪成因的专项合规计划辅之以技术监管，形成行业合规示范效应。 4. 强化诉源治理，助力数字经济发展	单位犯罪	互联网信息行业	中型企业	数据合规	有	3个月	均不起诉

最高人民检察院发布的企业合规典型案例

第一批（2021.6）

编号	案件名称	涉嫌罪名	要旨	关键词	典型意义	单位犯罪/自然人犯罪	行业	企业规模	专项合规	第三方机制	考验期	基本案情	企业合规整改情况
1	张家港市L公司、张某甲等人污染环境案	污染环境罪	——	——	一是检察机关积极主动发挥合规主导责任。本案中，检察机关在办理涉企犯罪案件时，主动审查是否符合企业合规试点适用条件，并及时征询涉案企业、个人的意见，做好合规前期准备。在企业合规建设过程中，检察机关会同有关部门，对涉案企业合规计划及实施情况进行检查、评估、考察，引导涉案企业实质化合规整改，取得明显成效。 二是检察机关推动企业合规与检察听证、刑行衔接相结合。本案中，检察机关召开公开听证会，听取各方面意见后对涉案企业依法作出不起诉决定，以公开促公正，提升司法公信力。同时，检察机关结合企业合规情况，主动做好刑行衔接工作，提出检察意见移送有关主管机关处理，防止不起诉后一放了之。	单位犯罪	化工/不锈钢产品研发和生产、高科技企业	小型	环境合规	无	2~3个月（10~12月）	江苏省张家港市L化机有限公司（以下简称L公司）系从事不锈钢产品研发和生产的省级高科技民营企业，张某甲、张某乙、陆某某分别系该公司的总经理、副总经理、行政主管。 2018年下半年，L公司在未取得生态环境部门环境评价的情况下建设酸洗池，并于2019年2月私设暗管，将含有镍、铬等重金属的酸洗废水排放至生活污水管，造成严重环境污染。苏州市张家港生态环境局现场检测，L公司排放井内积存水样中总镍浓度为29.4mg/L、总铬浓度为29.2mg/L，分别超过《污水综合排放标准》的29.4倍和19.5倍。2020年6月，张某甲、张某乙、陆某某主动向张家港市公安局投案，如实供述犯罪事实，自愿认罪认罚。 2020年8月，张家港市公安局以L公司及张某甲等人涉嫌污染环境罪向张家港市人民检察院移送审查起诉。张家港市人民检察院进行办案影响评估并听取L公司的合规意愿后，指导该公司开展合规建设。	检察机关经审查认为，L公司及张某甲等人虽涉嫌污染环境罪，但排放污水量较小，尚未造成实质性危害后果，可以进行合规考察监督并参考考察情况依法决定是否适用不起诉。同时经调查，L公司系省级高科技民营企业，年均纳税400余万元、企业员工90余名、拥有专利20余件，部分产品突破国外垄断。如果公司及其主要经营管理人员被判刑，对国内相关技术领域将造成较大影响。鉴于此，2020年10月，检察机关向L公司送达《企业刑事合规告知书》，该公司在第一时间提交了书面合规承诺以及行业地位、科研力量、纳税贡献、承担社会责任等证明材料。 检察机关在认真审查调查报告、听取行政机关意见以及综合审查企业书面承诺的基础上，对L公司作出合规考察决定。随后，L公司聘请律师对合规建设进行初评，全面排查企业合规风险，制定详细合规计划，检察机关委托税务、生态环境、应急管理等部门对合规计划进行专业评估。L公司每月向检察机关书面汇报合规计划实施情况。2020年12月，组建以生态环境部门专业人员为组长的评估小组，对L公司整改情况及合规建设情况进行评估，经评估合格，通过合规考察。同月，检察机关邀请人民监督员、相关行政主管部门、工商联等各界代表，召开公开听证会，参会人员一致建议对L公司作不起诉处理。 通过开展合规建设，L公司实现了快速转型发展，逐步建立起完备的生产经营、财务管理、合规内控的管理体系，改变了野蛮粗放的发展运营模式，企业家和员工的责任感明显提高，企业抵御和防控经济风险的能力得到进一步增强。2021年L公司一季度销售收入同比增长275%，缴纳税收同比增长333%，成为所在地区增幅最大的企业。
2	上海市A公司、B公司、关某某虚开增值税专用发票案	虚开增值税发票罪	——	——	一是检察机关推动企业合规与适用认罪认罚从宽制度相结合。本案中，检察机关在督促企业作出合规承诺并开展合规建设的同时，通过适用认罪认罚从宽制度，坚持和落实能不判实刑的提出判缓刑的量刑建议等司法政策，努力让企业“活下来”“留得住”“经营得好”，取得更好的司法办案效果。 二是检察机关推动企业合规与检察建议相结合。本案中，检察机关会同税务机关在回访过程中，发现涉案企业在预防违法犯罪方面制度不健全、不落实，管理不完善，存在违法犯罪隐患，需要及时消除的，结合合规整改情况，向涉案企业制发检察建议，推动其深化实化合规建设，避免合规整改走过场、流于形式。	单位犯罪	医疗	规模未知/高新技术企业	财税合规	无	5-6个月（6月-11月）	被告单位上海A医疗科技股份有限公司（以下简称A公司）、上海B科技有限公司（以下简称B公司），被告人关某某系A、B两家公司的实际控制人。 2016~2018年，关某某在经营A公司、B公司业务期间，在无真实货物交易的情况下，通过他人介绍，采用支付开票费的方式，让他人为两家公司虚开增值税专用发票共219份，价税合计2887余万元，其中税款419余万元已申报抵扣。2019年10月，关某某到案后如实供述上述犯罪事实并补缴涉案税款。 2020年6月，公安机关以A公司、B公司、关某某涉嫌虚开增值税专用发票罪移送检察机关审查起诉。上海市宝山区人民检察院受理案件后，走访涉案企业及有关方面了解情况，督促企业作出合规承诺并开展合规建设	检察机关走访涉案企业了解经营情况，并向当地政府了解其纳税及容纳就业情况。经调查，涉案企业系我国某技术领域的领军企业、上海市高新技术企业，科技实力雄厚，对地方经济发展和增进就业有很大贡献。公司管理人员及员工学历普遍较高，对合规管理的接受度高、执行力强，企业合规具有可行性，检察机关遂督促企业作出合规承诺并开展合规建设。同时，检察机关先后赴多地税务机关对企业提供的纳税材料及涉案税额补缴情况进行核实，并针对关某某在审查起诉阶段提出的立功线索自行补充侦查，认为其具有立功情节。 2020年11月，检察机关以A公司、B公司、关某某涉嫌虚开增值税专用发票罪对其提起公诉并适用认罪认罚从宽制度。12月，上海市宝山区人民法院采纳检察机关全部量刑建议，以虚开增值税专用发票罪分别判处被告单位A公司罚金15万元，B公司罚金6万元，被告人关某某有期徒刑3年，缓刑5年。 法院判决后，检察机关联合税务机关上门回访，发现涉案企业的合规建设仍需进一步完善，遂向其制发检察建议并公开宣告，建议进一步强化合法合规经营意识，严格业务监督流程，提升税收筹划和控制成本能力。检察机关在收到涉案企业对检察建议的回复后，又及时组织合规建设回头看。经了解，涉案企业已经逐步建立合规审计、内部调查、合规举报等有效合规制度，聘请专业人士进行税收筹划，大幅节约生产经营成本，提高市场占有份额。

第一批（2021.6）

编号	案件名称
3	王某某、林某、刘某乙非国家工作员行贿案
4	新泰市J公等建筑企业通投标系案件

涉嫌罪名	要旨	关键词	典型意义	单位犯罪/自然人犯罪	行业	企业规模	专项合规	第三方机制	考验期	基本案情	企业合规整改情况	原量刑	处理结果
对非国家工作人员行贿罪/非国家工作人员受贿罪	——	——	本案中，检察机关积极推动企业合规与依法适用不起诉相结合。依法对涉案企业负责人作出不起诉决定，不是简单一放了之，而是通过对企业提出整改意见，推动企业合规建设，进行合规考察等后续工作，让涉案企业既为违法犯罪付出代价，又吸取教训建立健全防范再犯的合规制度，维护正常的经济秩序。	自然人犯罪	音箱设备销售	拟上市企业	反舞弊合规、反商业贿赂合规、知识产权合规	无	未知	深圳Y科技股份有限公司（以下简称Y公司）系深圳H智能技术有限公司（以下简称H公司）的音响设备供货商。Y公司业务员王某某，为了在H公司音响设备选型中获得照顾，向H公司采购员刘某甲陆续支付好处费25万元，并在刘某甲的暗示下向H公司技术总监陈某行贿24万余元。由王某某通过公司采购流程与深圳市A数码科技有限公司（以下简称A公司）签订采购合同，将资金转入A公司账户，A公司将相关费用扣除后，将剩余的资金转入陈某指定的账户中。Y公司副总裁刘某乙、财务总监林某某，对相关款项进行审核后，王某某从公司领取行贿款项实施行贿。 2019年10月，H公司向深圳市公安局南山分局报案，王某某、林某某、刘某乙及刘某甲、陈某相继到案。2020年3月，深圳市公安局南山分局以王某某、林某某、刘某乙涉嫌对非国家工作人员行贿罪，刘某甲、陈某涉嫌非国家工作人员受贿罪向深圳市南山区人民检察院移送审查起诉。 2020年4月，检察机关对王某某依据《刑事诉讼法》第177条第2款作出不起诉决定，对林某某、刘某乙依据《刑事诉讼法》第177条第1款作出不起诉决定，以陈某、刘某甲涉嫌非国家工作人员受贿罪向深圳市南山区人民法院提起公诉。同月，深圳市南山区人民法院以非国家工作人员受贿罪判处被告人刘某甲有期徒刑6个月，判处被告人陈某拘役5个月。法院判决后，检察机关于2020年7月与Y公司签署合规监管协议，协助企业开展合规建设。	检察机关在司法办案过程中了解到，Y公司属于深圳市南山区拟上市的重点企业，该公司在专业音响领域处于国内领先地位，已经在开展上市前辅导，但本案暴露出Y公司在制度建设和日常管理中存在较大漏洞。检察机关与Y公司签署合规监管协议后，围绕与商业贿赂犯罪有密切联系的企业内部治理结构、规章制度、人员管理等方面存在的问题，制定可行的合规管理规范，构建有效的合规组织体系，健全合规风险防范报告机制，弥补企业制度建设和监督管理漏洞，防止再次发生相同或者类似的违法犯罪。Y公司对内部架构和人员进行了重整，着手制定企业内部反舞弊和防止商业贿赂指引等一系列规章制度，增加企业合规的专门人员。检察机关通过回访Y公司合规建设情况，针对企业可能涉及的知识产权等合规问题进一步提出指导意见，推动企业查漏补缺并重启了上市申报程序。	第一百六十四条【对非国家工作人员行贿罪】为谋取不正当利益，给予公司、企业或者其他单位的工作人员以财物，数额较大的，处三年以下有期徒刑或者拘役；数额巨大的，处三年以上十年以下有期徒刑，并处罚金。 第一百六十三条【非国家工作人员受贿罪】公司、企业或者其他单位的工作人员，利用职务上的便利，索取他人财物或者非法收受他人财物，为他人谋取利益，数额较大的，处三年以下有期徒刑或者拘役，并处罚金；数额巨大或者有其他严重情节的，处三年以上十年以下有期徒刑，并处罚金；数额特别巨大或者有其他特别严重情节的，处十年以上有期徒刑或者无期徒刑，并处罚金。	检察机关对王某某依据《刑事诉讼法》第177条第2款作出不起诉决定，对林某某、刘某乙依据《刑事诉讼法》第177条第1款作出不起诉决定 以非国家工作人员受贿罪判处被告人刘某甲有期徒刑六个月，判处被告人陈某拘役五个月。
串通投标罪	——	——	本案中，检察机关充分履行自行补充侦查职权，全面查清案件事实，开展社会调查，为适用企业合规提供充分依据。同时，检察机关推动企业合规与不起诉决定、检察听证、检察意见、检察建议等相关工作紧密结合，既推动对企业违法犯罪行为依法处罚、教育、矫治，使企业能够改过自新、合规守法经营，又能减少和预防企业再犯罪，使企业更主动地承担社会责任，同时推动当地建筑行业深层次问题的解决，为企业合规建设提供了生动的检察实践。	单位犯罪	建筑业	大型企业	招投标合规	无	无	2013年以来，山东省新泰市J工程有限公司（以下简称J公司）等6家建筑企业，迫于张某黑社会性质组织的影响力，被要挟参与该涉黑组织骨干成员李某某（新城建筑工程公司经理，犯串通投标罪被判处有期徒刑1年零6个月）组织的串通投标。李某某“暗箱操作”统一制作标书、统一控制报价，导致新泰市涉及管道节能改造、道路维修、楼房建设等全市13个建设工程项目被新城建筑工程公司中标。由张某黑社会性质组织案带出的5起串通投标案件，涉及该市1家民营企业、2家国有企业、3家集体企业，均为当地建筑业龙头企业，牵扯面大，社会关注度高。 2020年3月、4月，公安机关将上述5起串通投标案件移送新泰市人民检察院审查起诉。检察机关受理案件后，通过自行补充侦查进一步查清案件事实，同时深入企业开展调查，于2020年5月召开公开听证会，对J公司等6家企业作出不起诉决定。	检察机关通过自行补充侦查，查清J公司等6家企业被胁迫陪标的案件事实。6家企业案发时均受到涉黑组织骨干成员李某某的要挟，处于张某黑社会性质组织控制范围内，被迫出借建筑资质参与陪标，且没有获得任何非法利益。同时，检察机关实地到6家企业走访调查，掌握企业疫情防控常态化下复工复产情况及存在的困难问题；多次到住建部门座谈，了解到6家企业常年承接全市重点工程项目，年创税均达1000万元以上，其中1家企业年创税1亿余元，在繁荣地方经济、城乡建设、劳动力就业等方面做出了突出贡献。如作出起诉决定，6家企业三年内将无法参加任何招投标工程，并被列入银行贷款黑名单，将对企业发展、劳动力就业和全市经济社会稳定造成一定的影响。 2020年5月，泰安市两级检察机关邀请人民监督员等各界代表召开公开听证会，参会人员一致同意对J公司等6家企业及其负责人作不起诉处理。检察机关当场公开宣告不起诉决定，并依法向住建部门提出对6家企业给予行政处罚的检察意见，同时建议对近年来建筑行业的招投标情况进行全面细致摸排自查，净化建筑业招投标环境。听证会结束后，检察机关组织当地10家建筑企业、连同6家涉案企业负责人召开专题座谈会，宣讲企业合规知识，用身边案例警醒企业依法规范经营，从而实现了“办理一案、教育一片、治理社会面”的目的检察机关还向6家涉案企业发出检察建议，要求企业围绕所涉罪名及相关领域开展合规建设，并对合规建设情况进行跟踪监督，最后举办检察建议落实情况公开回复会，对合规建设情况进行验收，从源头上避免再发生类似违法犯罪问题。在合规建设过程中，6家涉案企业缴纳171万余元行政罚款，并对公司监事会作出人事调整，完善公司重大法律风险防控机制。此后6家被不起诉企业积极扩大就业规模，安置就业人数2000余人，先后中标20余项重大民生工程，中标工程总造价20余亿元。	第二百二十三条　投标人相互串通投标报价，损害招标人或者其他投标人利益，情节严重的，处三年以下有期徒刑或者拘役，并处或者单处罚金。	均不起诉

编号	案件名称	涉嫌罪名	要旨	关键词	典型意义	单位犯罪/自然人犯罪	行业	企业规模	专项合规	第三方机制	考验期	基本案情	企业合规整改情况
5	上海J公司、朱某某假冒注册商标案——依托长三角一体化协作平台，对涉案企业异地适用第三方监督评估机制	假冒注册商标罪	针对涉案企业注册地、生产经营地和犯罪地分离的情况，依托长三角区域检察协作平台，联合探索建立涉案企业合规异地协作工作机制，合力破解异地社会调查、监督考察、行刑衔接等难题，以检察机关企业合规工作协同化推动长三角营商环境一体化建设，为企业合规异地检察协作提供参考和借鉴。	企业合规/异地监督考察/长三角协作/检察一体化	1.积极探索，为企业合规异地适用第三方机制开拓实践思路。针对涉案企业注册地、生产经营地和犯罪地分离的情况，上海、浙江检察机关依托长三角区域检察协作平台，通过个案办理探索建立企业合规异地协作工作机制，确立了“委托方发起”“受托方协助”“第三方执行”的合规考察异地协作模式，合力破解异地社会调查、监督考察、行刑衔接等难题，降低司法办案成本，提升办案质效，为推动区域行业现代化治理提供了实践样本。 2.有序推进，切实防止社会调查“一托了之”。本案中，检察机关采取层层递进的工作方式，确保社会调查重点明确、调查结果全面客观。一是事前细化调查提纲。重点围绕涉案企业社会贡献度、企业发展前景、社会综合评价等开展协助调查，一并考察企业家的一贯表现，确保社会调查结果全面客观。二是事中加强沟通协调。浦东新区人民检察院多次赴浙江会商，就调查方式、调查内容及相关要求达成共识，形成办案合力。秀洲区人民检察院协调区市场监管、人社、税务、科技、工商联及行业协会，对涉案公司及个人开展全面调查。三是事后进行专项研讨。检察机关深入审查全部协查材料，研究认为涉案企业符合企业合规改革试点适用条件，并层报上级机关审核备案。 3.完善机制，提升监督评估实际效果。本案中，秀洲区人民检察院联合当地13个部门出台规范性文件，探索构建企业合规“双组六机制”工作模式。“双组”，即检察机关牵头成立“合规监管考察组”和“合规指导组”两个工作组；“六机制”，即联席会议、合规培育、提前介入、会商通报、指导帮扶、审查监管六个协作机制。合规考察中，由合规监管考察组和合规指导组共同研究形成专业意见，并邀请人大代表、政协委员全程参与，提高监管考察的透明度和公信力。 4.标本兼治，有效防治企业违法犯罪。从司法实践看，涉企经济犯罪成因复杂，许多涉及经济社会系统性、深层次矛盾问题，单靠刑事法律的“孤军作战”，难以取得良好的社会治理效果。本案中，检察机关开展企业合规改革以推动源头治理为着力点，针对办案发现的企业经营管理中的突出问题，通过第三方监督评估机制对涉案企业开展扎实有效的合规整改，促进企业依法合规经营发展，对于完善制度机制、形成治理合力具有积极意义。	单位犯罪	智能家居电器、高新技术企业	中小企业	知识产权合规	有	6个月	上海市J智能电器有限公司（以下简称J公司）注册成立于2016年1月，住所地位于浙江省嘉兴市秀洲区，公司以生产智能家居电器为主，拥有专利数百件，有效注册商标3件，近年来先后被评定为浙江省科技型中小企业、国家高新技术企业。公司有员工2000余人，年纳税总额1亿余元，被不起诉人朱某某系该公司股东及实际控制人。 2018年8月，上海T智能科技有限公司（以下简称T公司）与J公司洽谈委托代加工事宜，约定由J公司为T公司代为加工智能垃圾桶，后由于试产样品未达质量标准，且无法按时交货等原因，双方于2018年12月终止合作。为了挽回前期投资损失，2018年12月至2019年11月，朱某某在未获得商标权利人T公司许可的情况下，组织公司员工生产假冒T公司注册商标的智能垃圾桶、垃圾盒，并对外销售获利，涉案金额达560万余元。2020年9月11日，朱某某主动投案后被取保候审。案发后，J公司认罪认罚，赔偿权利人700万元并取得谅解。2020年12月14日，上海市公安局浦东分局以犯罪嫌疑单位J公司、犯罪嫌疑人朱某某涉嫌假冒注册商标罪移送浦东新区人民检察院审查起诉。	一是认真审查，对符合适用条件的企业开展合规试点。浦东新区人民检察院经审查认为，J公司是一家高新技术企业，但公司管理层及员工法律意识淡薄，尤其对涉及商业秘密、专利权、商标权等民事侵权及刑事犯罪认识淡薄，在合同审核、财务审批、采购销售等环节均存在管理不善问题。鉴于J公司具有良好发展前景，犯罪嫌疑人朱某某有自首情节，并认罪认罚赔偿了T公司的损失，且该公司有合规建设意愿，具备启动第三方机制的基本条件，考虑其注册地、生产经营地和犯罪地分离的情况，有必要启动跨区域合规考察。 二是三级联动，开启跨区域合规第三方机制“绿色通道”。2021年4月，浦东新区人民检察院根据沪浙苏皖四地检察院联合制定的《长三角区域检察协作工作办法》，向上海市人民检察院申请启动长三角跨区域协作机制，委托企业所在地的浙江省嘉兴市人民检察院、秀洲区人民检察院协助开展企业合规社会调查及第三方监督考察。两地检察机关签订《第三方监督评估委托函》，明确委托事项及各方职责，确立了“委托方发起”“受托方协助”“第三方执行”的合规考察异地协作模式，由秀洲区人民检察院根据最高人民检察院等九部门联合下发的《关于建立涉案企业合规第三方监督评估机制的指导意见（试行）》成立第三方监督评估组织。随后，秀洲区检察院成立了由律师、区市场监督管理局、区科技局熟悉知识产权工作的专业人员组成的第三方监督评估组织，并邀请人大代表、政协委员对涉案企业同步开展监督考察。 三是有的放矢，确保合规计划“治标更治本”。浦东新区人民检察院结合办案中发现的经营管理不善情况，向J公司制发《合规风险告知书》，从合规风险排查、合规制度建设、合规运行体系及合规文化养成等方面提出整改建议，引导J公司作出合规承诺。第三方组织结合风险告知内容指导企业制定合规计划，明确合规计划的政策性和程序性规定，从责任分配、培训方案到奖惩制度，确保合规计划的针对性和实效性。同时，督促企业对合规计划涉及的组织体系、政策体系、程序体系和风险防控体系等主题进行分解，保证计划的可行性和有效性。J公司制定了包括制定合规章程、健全基层党组织、建立合规组织体系、制定知识产权专项合规政策体系、打造合规程序体系、提升企业合规意识等方面的递进式合规计划，并严格按照时间表扎实推进。 四是找准定位，动态衔接实现异地监管“客观有效”。监督考察期间，第三方组织通过问询谈话、走访调查，深入了解案件背景，帮助企业梳理合规、风控方面的管理漏洞，督促制定专项整改措施。根据第三方组织建议，J公司成立合规工作领导小组，修改公司章程，强化管理职责，先后制定知识产权管理、合同审批、保密管理、员工培训、风险控制等多项合规专项制度，设立合规专岗，实行管理、销售分离，建立合规举报途径，连续开展刑事合规、民事合规及知识产权保护专项培训，外聘合规专业团队定期对企业进行法律风险全面体检，并且每半个月提交一次阶段性书面报告。第三方组织通过书面审查、实地走访、听取汇报等形式，对合规阶段性成效进行监督检查。同时，浦东新区人民检察院为确保异地合规监管的有效性，制作了《企业合规监督考察反馈意见表》，实时动态跟进监督评估进度，对第三方组织成员的组成、合规计划执行、企业定期书面报告、申诉控告处理等提出意见建议。 五是充分评估，确保监督考察及处理结果“公平公正”。考察期限届满，第三方组织评估认为，经过合规管理，J公司提升合规意识，完善组织架构，设立合规专岗，开展专项检查，建立制度指引，强化流程管理，健全风控机制，加强学习培训，完成了从合规组织体系建立到合规政策制定，从合规程序完善到合规文化建设等一系列整改，评定J公司合规整改合格。浦东新区人民检察院联合嘉兴市人民检察院、秀洲区人民检察院通过听取汇报、现场验收、公开评议等方式对监督考察结果的客观性充分论证。2021年9月10日，浦东新区人民检察院邀请人民监督员、侦查机关、异地检察机关代表等进行公开听证。经评议，参与听证各方一致同意对涉案企业及个人作出不起诉决定。

涉嫌罪名	要旨	关键词	典型意义	单位犯罪/自然人犯罪	行业	企业规模	专项合规	第三方机制	考验期	基本案情	企业合规整改情况	原量刑	处理结果
销售假冒注册商标的商品罪	检察机关推进涉企“挂案”清理过程中，对尚未进入检察环节的案件，可采取介入侦查的形式开展个案会商，认定“挂案”性质，能动清理。对符合企业刑事合规条件的案件，积极引导涉案企业开展合规建设，引入第三方组织进行监督评估，规范推进合规监督考察和“挂案”清理工作。检察机关与公安机关等有关部门积极配合，多措并举合力护航民营经济健康发展。	假冒注册商标/“挂案”清理/小微企业合规建设/第三方监督评估	1.对尚未进入检察环节的涉企“挂案”进行排查，采取与企业合规改革试点结合等方式能动清理。检察机关在推进涉企“挂案”清理过程中，除依托统一业务应用系统中排除出相关数据外，还可以通过控告申诉、日常走访、服务企业平台等了解“挂案”线索。对尚未进入检察环节的案件，可采取介入侦查的形式，积极与公安机关开展个案会商。通过听取案件情况、审查在案证据、实地走访调查等工作，与公安机关共同分析是否属于“挂案”“挂案”原因、“挂案”影响以及侦查取证方向、可行性等因素，分类施策、妥善处理。对符合合规监督考察条件的案件，积极引导涉案企业开展合规整改，促进涉企“挂案”清理，最大限度降低“挂案”对企业生产经营的影响。 2.严格把握企业合规监督考察条件、标准和工作程序，规范清理涉企“挂案”。通过企业合规促进“挂案”清理，在具体操作中应该重点把握三点：一是要通过走访调查，深入了解犯罪嫌疑人认罪悔罪态度、企业经营状况、社会贡献、合规意愿以及违法犯罪既往历史等情况，评估涉案企业是否符合开展合规监督考察的条件。二是要加强对外沟通，向公安机关讲清企业合规政策和涉企“挂案”清理意义，争取获得理解和支持。三是要依托第三方监督评估机制，客观公正地跟踪指导企业合规建设、评估合规有效性，以第三方监督评估结论为主要依据，听取行政机关以及公开听证等多方意见，做到“阳光”清理、规范清理。本案中，检察机关按照申请、调查、会商、考察等程序，规范推进企业合规，同时引入第三方组织对企业合规建设进行全程监督，值得肯定。 3.与公安机关等有关部门积极配合，多措并举合力护航民营经济健康发展。为加强对民营经济的平等保护，2020年10月以来，最高人民检察院与公安部联合部署开展涉民营企业刑事诉讼“挂案”专项清理工作。全国检察机关、公安机关强化协作、多措并举，一大批“挂案”得到有效清理，该撤案的及时撤案，该继续侦办的尽快突破，以实际行动服务“六稳”“六保”大局，受到社会各界的广泛好评。同时，检察机关正在深入开展涉案企业合规改革试点，落实“少捕慎诉慎押”刑事司法政策，依法保护涉案企业和企业家人身和财产合法权益，向涉案企业提出整改意见，督促涉案企业作出合规承诺并积极整改。在日常“挂案”清理工作中，检察机关要针对涉案企业暴露出的经营管理、法律风险方面的突出问题，自觉开展企业合规工作，积极适用第三方监督评估机制，会同公安机关等有关部门综合运用经济、行政、刑事等手段，既促进涉案企业合规守法经营，也警示潜在缺乏规制约束的企业遵纪守法发展，逐	单位犯罪	商贸业	小微企业	财税合规、知识产权合规	有	6个月 缩短至 3个月	张家港市S五交化贸易有限公司（以下简称S公司）2015年6月注册成立，注册资本200万元，在职员工3人，睢某某系该公司法定代表人、实际控制人。 2018年11月22日，张家港市市场监督管理局在对S公司进行检查时，发现该公司疑似销售假冒“SKF”商标的轴承，并在其门店及仓库内查获标注“SKF”商标的各种型号轴承27，829个，金额共计68万余元。2018年12月17日，张家港市市场监督管理局将该案移送至张家港市公安局。2019年2月14日，斯凯孚（中国）有限公司出具书面的鉴别报告，认为所查获的标有“SKF”商标的轴承产品均为侵犯该公司注册商标专用权的产品。2019年2月15日，张家港市公安局对本案立案侦查。	一是应公安机关邀请介入侦查。2021年5月初，张家港市人民检察院应张家港市公安局邀请，派员介入听取案件情况。梳理在案证据，本案侦查工作的主要情况如下：第一，睢某某辩称涉案的轴承部分是从山东威海一旧货调剂市场打包购买，部分是从广州H公司、上海J公司购买，认为自己购进的都应该是正品。第二，公安机关经与广州H公司、上海J公司核实，上海J公司系授权的一级代理商，主要经营SKF等品牌轴承。广州H公司从上海J公司进购SKF轴承后进行销售，曾3次通过上海J公司直接发货给S公司，共计54万元。同时，公安机关对山东威海的旧货调剂市场进行了现场调查，发现该市场确实是二手交易市场，无法追溯货品源头。第三，斯凯孚（中国）有限公司出具书面鉴别报告时，未对查获的轴承及包装的真伪进行现场勘查，仅根据清点明细材料出具了鉴别说明和比对示例，且不愿再重新鉴定。此外，该案立案距今超过两年，已属“挂案”状态。 二是及时启动社会调查。检察机关向S公司、睢某某告知企业合规相关政策后，该公司分别向检察机关、公安机关递交了《提请开展刑事合规监督考察的申请书》。随后承办检察官走访企业和市场监督管理局、税务局等行政部门，实地查看公司经营现状、指导填写合规承诺、撰写调查报告。走访调查了解到，该公司系已实际经营6年的小微民营企业，因涉嫌犯罪被立案，在一定程度上影响了经营，资金周转困难，公司面临危机。该公司规章制度不健全，内部管理不完善，尤其是企业采购程序不规范，对供货商资质和货品来源审查不严，单据留存不全，还曾因接受虚开的增值税发票被税务机关行政处罚。检察机关经综合考虑，鉴于S公司有整改行为和较强的合规愿望，认为可以开展企业合规监督考察。 三是深入会商达成共识。检察机关认为，该案证明S公司及睢某某犯罪故意的证据不确实、不充分，公安机关也难以再查明轴承及包装的来源是否合法，案件久拖不决已处于“挂案”状态，亟待清理。检察机关与公安机关共同分析了相关情况，并就该案下一步处理进行会商，双方就企业合规、“挂案”清理工作达成共识。公安机关明确表示，如该公司通过企业合规监督考察时还没有新的证据进展，将作出撤案处理。 四是扎实推进合规考察。经向上级检察机关请示并向张家港市企业合规监管委员会报告后，张家港市人民检察院联合公安机关对S公司启动合规监督考察程序，确定6个月的整改考察期。同时，张家港市企业合规监管委员会根据第三方监督评估机制，从第三方监管人员库中随机抽取组建监督评估小组，跟踪S公司整改、评估合规计划的落实情况。按照合规计划，S公司梳理了企业风险点，制定了《财务管理合规建设制度》《发票制发流程》《货物销售采购流程》等内部制度，并形成规范的公司合同模板。在税务方面，公司从以往直接与代账会计单线联系，转变为与会计所在单位签订合同，对财务人员应尽责任、单位管理职责进行书面约定。在知识产权方面，公司明确渠道商应提供品牌授权证明并备案，每笔发货都注明产品明细，做到采购来路明晰、底数清晰。合规整改期间，检察机关会同第三方监督评估小组，每月通过座谈会、电话联系、查阅资料、实地检查等方式，特别是通过“不打招呼”的随机方式，检查企业合规建设情况。同时，检察机关还向公安机关通报企业合规建设进展情况，邀请参与合规检查，并认真吸收公安机关对合规制度完善提出的意见。2021年8月5日，鉴于该公司员工人数少、业务单一、合规建设相对简易的情况，第三方监督评估小组提出缩短合规监督考察期限的建议。检察机关听取市场监督管理部门、税务部门的意见后，决定将合规监督考察期限缩短至3个月。2021年8月16~18日，第三方监督评估小组对该公司合规有效性进行评估，出具了合规建设合格有效的评估报告。 五是参考考察结果作出处理。2021年8月20日，张家港市人民检察院组织公开听证，综合考虑企业合规整改效果，就是否建议公安机关撤销案件听取意见，听证与会人员一致同意检察机关制发相关检察建议。当日，检察机关向公安机关发出检察建议，公安机关根据检察建议及时作出撤案处理，并移送市场监督管理部门进行行政处罚。检察机关两个月后回访发现，S公司各项经营已步入正轨，因为合规建设，两家大型企业看中S公司合规资质与其建立了长期合作关系，业务预期翻几番，发展势头强劲。	第二百一十四条【销售假冒注册商标的商品罪】销售明知是假冒注册商标的商品，违法所得数额较大或者有其他严重情节的，处三年以下有期徒刑，并处或者单处罚金；违法所得数额巨大或者有其他特别严重情节的，处三年以上十年以下有期徒刑，并处罚金。	检察机关向公安机关发出检察建议，公安机关根据检察建议及时作出撤案处理，并移送市场监督管理部门进行行政处罚。